사치의 제국

사치의 제국

명말 사대부의
사치와 유행의 문화사

우런수 지음

김의정 정민경 정유선 최수경 옮김

글항아리

일러두기

· 원서에서 「 」로 표시된 것을 한국어판에서는 ' ' 또는 " "로 옮겼다.
· 본문의 [ ] 부분은 원문의 이해를 돕기 위해 옮긴이가 보충한 내용이다.
· 본문의 주는 모두 옮긴이의 주이며, 원서의 주는 모두 후주로 처리했다.
· 원서의 단락은 가독성을 위해 내용에 따라 구분했다.

명말 사치 풍조와
사대부 문화

"송강부에는 예전에 버선 가게가 없어 여름에 털로 만든 솜버선을 신는 자가 매우 많았다. 만력 이후에는 자루로 여름 홑버선을 만들었는데 아주 가볍고 예뻤다. 이후 사람들이 멀리서 와서 다투어 그것을 사갔는데, 이 때문에 마을 서쪽 교외에 버선 가게 백여 곳이 문을 열었다."

"저택은 황궁을 좇아 화려하고 복식과 음식은 풍성하지만 옛날에는 그렇지 않았다. 노복과 품팔이꾼까지도 아무렇지 않게 사치를 서로 뽐내니, 예법을 무시하고 분수에 지나치는 경우가 많았다."

위의 글은 모두 명나라 말기에 단기간에 이뤄진 강남의 경제 발전과 사치 풍조를 언급하고 있지만, 이를 바라보는 시선은 약간 다르다. 전자가 단순한 언급이라면 후자에는 이러한 사태를 못마땅하게 바라보는 씁쓸한 시선이 반영되어 있다. 문화의 주체임을 자부하며 스스로를 구별 지으려는 사대부의 위기감이 드러나는 순간이다.

문화 현상은 사회 구조 내부 각 계층 간의 역학관계와 밀접하게 연결

되어 분리될 수 없다. 올바른 문화나 상층 문화가 따로 정해져 있는 것이 아니라, 시대마다 그것이 향유되고 소비되는 흐름이 있기 때문에, 문화 연구는 그 흐름의 방식을 탐구하는 데 초점을 맞출 필요가 있다. 프랑스 사회학자 피에르 부르디외는 저서에서 각 계층 간의 '구별 짓기La Distinction'가 독특한 취향과 유행을 만들어낸다고 주장했다. 남들로부터 자신을 구별하여 두드러지게 하는 것이 사회 집단의 분화와 구조를 유지하는 기본 원리이고, 다양한 계층 간의 구별 짓기는 각 계층이 갖고 있는 자본의 차이에 토대를 둔다고 했다. 세계를 바라보고 분석할 수 있는 심미안을 핵심으로 하는 '문화자본'은 지위나 권력의 획득에 작용하는 중요한 '문화 권력'이 되는 것이다. 이 책은 명말에 두드러졌던 문인층과 상인층의 문화 정체성 구축과 이를 둘러싼 사회 경제적 양상에 관한 기록이다.

과거 국내외 연구자들은 중국 내부의 자본주의적 맹아와 관련해 명말 청초 시기 경제 상황에 주목하면서 주로 생산의 문제에 관심을 기울였다면, 1990년대 이후 학자들은 점차 인류학과 사회학의 영향으로 소비 현상에 주목하게 되었다. 저자 우런수巫仁恕 역시 이 방면에 관심을 기울이며 브로델Fernand Braudel, 매켄드릭Neil Mckendrick, 애드셰드S. A. M Adshead, 포머랜즈Kenneth Pomeranz 등의 연구에 힘입어 유럽과 중국의 물질문화 및 세계 경제라는 거시적 층위에서 중국 명말의 상황을 해석하게 되었다. 또한 명말의 경제와 사치품이라는 구체화된 영역에 있어서, 이 책은 클루나스Craig Clunas 및 브룩Timothy Brook의 저작에 빚을 지고 있기도 하다. 이에 이 책의 서론 및 제1장에는 유행과 사치 그리고 소비 현상에 관한 다양한 연구자와 대표작들이 소개되고 있다. 이것이 이 책의 기본 관점과 토대를 이루는 것이라면 구체적 내용은 주로 사대부들의 소비문화에 관한 것이며, 그 기초 자료로는 지방지, 필기소설, 실록, 개인 문집 및 『고반여사考槃餘事』『준생팔전遵生八箋』『장물지長物志』와 같은 취미와 여가를 위한 서적을 활용했다.

클루나스는 명말 상품경제가 발전함에 따라 신분 지위를 상징하는 것이 토지와 재산 소유에서 사치품의 소장으로 전환되었다고 지적했다. 이에 골동품의 소장과 감상으로 문인 취향의 고상한 품격을 유지하려 한 『장물지』와 같은 책은 한편으로 이들 집단의 정체성에 위기의식이 생기면서 나온 것이라고 지적한 바 있다. 이 책의 저자 역시 '정체성 확보'를 명말 사대부들의 사치 유행 풍조의 핵심으로 보았다. 즉 이들의 모든 문화 활동은 기존 문인 사회의 경계 짓기 그리고 그 문인 사회에 진입하고자 했던 상인 지식층의 경계 허물기에 기반을 두고 있다.

중국은 16세기 후반에 접어들면서 여러 분야에서 새로운 전성기를 맞는다. 자본주의 경제의 성장으로 도시문화가 발달하고, 양명학의 영향으로 전통에 대한 도전, 자의식, 자유, 실험, 개성 등 자유로운 사상이 사람들의 의식을 지배하게 되었다. 또한 낭만, 욕망, 성욕 같은 주제들이 문학과 예술 세계를 지배하게 되었고, 출판업의 성행으로 지식의 상품화와 대중화가 이루어졌다. 이에 따라 이전에는 극소수 남성 지식인만 독점했던 지식을, 여성을 포함한 다양한 계층의 대중이 공유할 수 있게 되었다. 전통적인 권위와 이에 대한 존중은 이미지와 물질에 투영되어 수집·유통되고 도판이 곁들여진 책으로 출판되었다. 뿐만 아니라, 물질에 대한 지나친 소유욕과 집착으로 집안에 대규모의 사치스러운 원림을 조성하고, 장서루藏書樓를 축조하여 과시적으로 책을 모았으며, 자신의 취향에 맞는 '개인 극단家班'을 운영하는 경우도 두드러지게 나타났다. 경제의 중심이 생산에서 소비로 이동했고, 기존의 읽는 문화가 보는 문화로 전환되었다.

명말 사대부들은 그들만의 공간에서 외부와 적극적으로 소통을 시도했고, 자신의 정체성을 물질문화 및 시각문화와 연결 짓기 시작했다. 그들은 오직 그들만을 표상했던 '아雅(우아함의 세계)'를 드러내 보이며, '속俗(속된 세계)'과 구별 짓기를 시도했다. 강남 지역을 중심으로 경제적으로 상당한 부를 축적한 상인들은 사대부들의 구별 짓기에 자극을 받아 부지런히 상층 문화를 확대·재생산하는 한편, 새로운 유행을 만들어내는 데 더욱 심취했다.

명말 사대부들은 상품으로서 가치가 있을 만한 사물의 발굴에 자연히 관심이 쏠리지 않을 수 없었다. 그러한 관심은 종래에 무관심했던 '물物'의 가치를 재발견하는 과정이 되어, 자연물이나 가공물 자체에 대한 관심을 넘어 학문적 연구로까지 발전했다. 특히 상류층 사대부들은 고가품의 주 소비자였는데, 오래된 골동품들은 그 소유자를 위대한 과거나 존경받던 소유자와 연결시켜주는 높은 문화적 자산을 지닌 것으로 평가받았다. 박물학적 지식은 그 자체가 시장에서 구할 수 있는 상품이 되기도 했다. 즉, 당시 출판된 『고반여사』 『준생팔전』 『장물지』와 같은 서적은 세련된 문화상품 소비자를 위한 훌륭한 안내서가 되었다.

이러한 인식을 바탕으로 저자는 명말 사대부의 사치와 유행 풍조를 가마, 복식, 여행, 가구, 음식 등 각기 다른 상징적인 의미를 지닌 물질을 통해 고찰했다. 첫째, 가마와 가마를 타는 행위는 권력의 상징이었다. 이를 통해 정치권력의 조정과 통제가 사회 대중의 소비 수요를 어떻게 끌어내는지를 살펴보았다. 둘째, 복식 스타일의 유행과 변화는 사회 경쟁의 산물을 의미했다. 당시 경제적 능력이 월등한 평민들 사이에 복식의 변혁과 최첨단 유행이 출현하자, 사대부 가운데 하층 문인들은 신분상의 위협과 함께 강한 위기의식을 갖게 되었다. 이에 새로운 스타일의 복식과 의관을 생산하여 이러한 위협과 위기의식에 적극적으로 대처하는 현상이 나타났다. 셋째, 여행은 사대부들만의 소비 품격을 상징했다. 사대부들은 대중의 여행활동이 보편화되고 오락성을 띠는 것에 자극을 받아, 이와 구별 짓기 위해 새로운 여행 방법 및 색다른 여행용품을 개발하는 등 여행 방면에서도 문화적 소비를 강화했다. 넷째, 사대부들은 문인화된 가구를 만들어 물품을 특수화하고 신분의 구별 짓기를 진행했다. 이에 특정 물품의 상품화와 대중화를 억제하는 현상이 나타났다. 다섯째, 음식문화 방면에서 사치 풍조와 구별 짓기를 살펴보았다. 음식 관련 서적과 문인화된 식보食譜를 통해 사대부의 품격 있는 문화가 어떻게 드러나는지 분석했고, 특히 이 장에서는 청대까지 범위를 확장하여 다뤘다.

이 책에는 명말 물질문화 현상에 관해 방대한 양의 인용 자료가 들어 있다. 애초에 옮긴이들이 초고를 만들며 토론할 때는 우선 생소한 서적과 인명이 수없이 출현하는 데 좌절했다. 한편으로는 서론에 등장하는 많은 이론이 각 장절에서 구체화되기보다 단순한 소개에 그치며, 복식, 여행, 음식 등 부문을 달리하는 문화 영역에서의 사치 현상 역시 나열에 그친다는 느낌을 지울 수 없었다. 번역의 어려움까지 더해져 독해 과정은 지난한 작업이었다. 그러나 마지막 교정 원고를 넘기고 한참 뒤 잊고 있었던 자료와 재회하면서, 처음 이 책을 만났을 때의 신선함이 되살아났다. 또한 같은 연구의 길을 가는 한 사람으로서, 한 분야에 매진하여 하나의 주제 아래 이 정도의 자료를 모으고 정리하는 작업이 쉽지 않았을 것임을 새삼 절감하게 되었다. 아직까지 중국 전통 시기의 의식주와 관련된 일상 생활문화에 관한 소개가 미흡한 실정에서, 이 책이 일반 독자와 여러 분야의 연구자들에게 조금이나마 도움이 되기를 진심으로 바란다.

이 책의 인용문들을 따라가보면 400년 전 중국 강남의 도시와 시골 마을의 분주한 움직임들이 그려진다. 정교한 장식장, 세련된 주름치마, 이름도 외우기 힘든 산해진미들 그리고 이를 둘러싼 수많은 사람이 총총히 나타났다가 사라지곤 한다. 최신 유행을 따르느라 온 천하가 들썩거렸던 상황이 수많은 예문에 실려 있다. 구별 짓기란 한 무리의 사람들이 정체성 확보를 위해 신분의 지표로서 의식주의 전 영역에 걸쳐 모든 사물에 의미를 부여하고 차별화하려는 전략이다. 그러나 사실상 권위를 세우려던 수많은 노력은 다양한 계층의 사람들 사이에서 오히려 권위를 해체하고 위아래를 뒤섞으며 역동적인 물결을 만들어냈다. 대명제국은 역사상 정치적 부패와 무능으로 결국 청조에 정권을 빼앗기며 몰락한 제국으로 평가받지만 우리는 이 책을 옮기면서 오히려 명말의 문화가 지녔던 창조적이며 다양한 매력에 관심을 기울일 필요가 있다고 생각하게 되었다.

이제 우리가 번역 작업을 하면서 생소한 그 시대의 문헌과 물질에 대한 정보를 알아내기 위해 노력했던 수많은 시간이 결실을 맺게 되었다. 피할 수 없는 실수는 번역자들이 지고 갈 짐이다. 부디 많은 질정과 제언을 바란다.

2019년 3월
옮긴이 일동

서론

생산에 관한
연구에서
소비에 관한
연구로

'소비'란 무엇인가? 현대인들은 항상 소비를 생산과 투자의 대응물로 구분하지만, 이와 관련된 것이 너무나 광범위해 그 모두를 포괄하여 '소비'라는 단어 하나로 정의 내리기는 어렵다. 일반인의 관념 속에서 소비는 통상적으로 '구매'의 의미와 가깝고 또한 '사용'과 '서비스'의 의미로도 생각할 수 있다. 그 외에 또 소비는 생계라는 기본 수요와 쾌락이라는 기타 소비로 나눌 수 있는데, 후자가 우리의 관념 속에서 '소비'라는 의미로 더 크게 자리 잡고 있다.

20세기 현대성modernity의 특징 중 하나는 바로 대중 소비의 흥성이다. 소비는 현대의 사회경제와 문화생활 속에서 나날이 중요해질 뿐 아니라 [그것에] 매우 큰 영향을 끼치고 있다. 따라서 20여 년 동안 소비문화 연구는 점차 학문 연구의 주변부에서 핵심부로 진입해 역사학과 그 외 다른 학문의 주목을 받게 되었다. 이제 '소비문화consumer culture'는 모든 학문에서 중요한 키워드가 되었다.

그러나 '소비문화'는 '소비'라는 단어와 마찬가지로 다양한 지향과 의미를 지닌다. 경제학적 관점에서 소비는 인간의 욕망 충족에 필요한 물건을 구매하는 행위로 인식된다. 즉 소비는 그저 필요를 충족하는 데 그칠 뿐이다. 문화인류학적 관점에서 소비문화는 인류의 욕망이 문화의 영향을 받는다는 점에서 소비 자체가 바로 인간관계이며 사회적 의무라고 강조한다. 사회학자들은 소비문화를 사회 경쟁, 사회계급 혹은 사회계층, 사회화, 신분 지위 등의 요소와 밀접하게 연결해 연구해야 한다고 생각한다. 정치학적 관점에서 고도로 시장화된 소비문화는 대중문화를 지배하거나 조종하는 도구[1]로서 문화 제국주의 혹은 문화 패권을 소유한 통치계급과 연결 지어야 한다고 주장한다. 이처럼 소비문화 연구는 매우 복잡한 영역으로, 관련된 요소와 지향이 다양함을 알 수 있다.

역사학자들은 소비문화와 소비사회를 20세기 말 자본주의의 산물이아니라 그보다 훨씬 먼 역사 발전의 맥락에서 그 근원을 찾아야 한다고주장한다. 이 때문에 서양* 사학계는 근대 초기early modern를 연구하는데 있어 소비문화를 이미 중요한 연구 영역으로 삼았으며, 중국의 명청사 학계 또한 소비 연구에 한창 기치를 올리고 있다. 따라서 우리는 이책의 주제로 본격적으로 들어가기에 앞서 반드시 중국과 서양 사학계에서의 소비 연구 변화의 맥락을 명확하게 파악할 필요가 있다.

명청 소비문화 연구의 흥기

중국의 명청사 학계에서는 1950년대부터 '자본주의 맹아'와 관련한 토론이 유행하기 시작했는데, '자본주의'에 대한 개념과 이론이 명확하게정립되지 않은 상태에서 다양한 '맹아론萌芽論'이 대두되었다. 이와 관련된 연구를 몇 가지 방향으로 정리할 수 있다.

---

* 이 책에 등장하는 西方, 西歐, 歐美 등은 문맥에 따라 '서양' '서구' 등으로 옮겼다.

하나는 명청 시기의 상업 발달과 상품화 현상으로 인한 국내 시장의 형성을 증명함으로써 [이 시기가 중국이] 봉건주의에서 자본주의로 넘어가는 과도기임을 나타내는 데 치중하고 있다. 또 다른 하나는 [이 시기에 중국의] '봉건적' 생산관계가 쇠퇴하고 와해돼 새로운 자본주의 생산관계의 발전, 특히 고용-노동 관계가 출현했다는 견해에 치중하고 있다. 어떤 학자들은 명말 청초 '계몽사상'의 출현이 바로 자본주의 맹아라고 인식했으며, 또 어떤 학자들은 명청 시기 강남江南 지역 성진城鎮*의 '시민계급' 형성을 자본주의의 맹아로 삼아 연구하기도 했다.

이러한 연구들은 본질적으로 생산관계를 자본주의 형성의 요건으로 삼은 것이어서 무의식적으로 '생산관계 제일주의'라는 논리를 내세운다. 사실 이 같은 연구에서 생산력은 그다지 중요한 위치를 차지하지 않는다. 중국 학계는 1980년대 개혁개방의 영향을 받아 그제야 생산력으로 연구의 시각을 전환하기 시작했다.[1] 서양 학계 역시 마찬가지로 1980년대에 들어서야 '근대 초기'를 연구하는 학자들이 나타나 명청 시기 경제의 대량 상품화 연구를 강조하기 시작했다.[2] 그러나 이들 연구 모형은 교환 시장과 상품화 혹은 생산관계나 생산력 가운데 어느 쪽을 중시하든 관계없이 여전히 관심을 공급에 두는 만큼 수요, 즉 소비 측면의 연구는 홀시해왔다.

여기서 주목할 점은 당시 명청 시기 사회경제사 연구에서 소비의 중요성을 인식한 두 학자가 있었다는 것이다. 바로 중국 학자 푸이링傅衣凌과 미국 학자 양롄성楊聯陞으로, 이 둘은 거의 같은 시기에 명대 육집陸楫(1515~1552)의 사치와 관련한 언급에 관심을 가졌다. 푸이링은 육집의 언

---

* 일정한 규모로 상공화된 거주지.

급을 통해 사치가 사회경제의 발달을 조성하고 '계몽사상의 특징'을 반영해 '당시 자본주의 생산 맹아의 역사적 조건과 서로 부합한다'고 인식했다. 양렌성은 육집의 발언이 소비를 부추겨 사치를 조장한다고 주장하는데, 이는 '경제 분석'에 가까운 생각이라 할 수 있다.[3]

1980년대부터 중국과 타이완의 명청사 학계는 마치 약속이나 한 듯이 사치 소비 문제에 관심을 갖기 시작했다. 타이완에서는 1980년대부터 전에 없던 비약적인 경제 발전이 이루어져 정치민주화에 상당한 영향을 끼쳤고, 역사학자들 역시 명청 소비문화 연구에 열정을 보였다. 중국에서도 개혁개방 이후 소비경제가 대두되면서 소비문화의 탐색에 관한 연구가 시작되었다. 따라서 10여 년 동안 명청 시기의 사치 풍조에 관해 연구하는 분위기가 고조되었고, 과거에 논의되었던 주제에 명청 사치 풍조의 시공時空 변화, 사치 풍조의 성행과 확산 정도, 사치 풍조의 흥성 원인, 사치 풍조의 주도자, 사치 풍조의 역사적 작용 등이 더해졌다.[4] 이러한 연구는 소비를 일종의 '사회 풍조' 혹은 '사회 풍속'으로 보았다. 이는 기존의 사회경제사 연구 범주에서 파생된 새로운 연구 방향이다. 방법론적 측면과 기존의 사회경제사 연구 방향 사이에 극단적인 단절이 생기진 않았지만 여기에서 얻은 결론은 서로 간에 매우 큰 간극을 드러냈다.

명청 시기 사치 풍조와 관련한 토론 가운데 몇몇 논제는 각각의 관점과 입장에서 크고 작은 논쟁을 불러왔다. 특히 사치 풍조의 확산 문제와 역사적 작용에 관해서는 견해가 양극화되었다. 어떤 학자들은 비교적 보수적인 태도를 보였다. 일례로 류즈친劉志琴은 사치 소비가 도시와 농촌으로 양극화되었는데, 사치 풍조가 주로 상업이 발달하고 인구가 집중된 강남과 연해안의 도시 및 시진市鎭*에 조성되었고, 광활한 농촌은 여전히 전통적 생활방식을 따르고 있었다고 말한다.[5]

　도시에서 먹을 것을 구하는 대다수 하층민은 여전히 최저 수준의 생활을 꾸려나가기 위해 고된 노동을 해야 했으며 그 대가로 겨우 생존을 유지하는 일용품만을 얻을 수 있다.[6] 왕자판王家範은 바로 명청 시기 강남의 고高소비에 대해 다음과 같이 주장한다. "여전히 전통적인 귀족 사치 소비의 특징만을 띠며 궁정 소비와 뒤섞여 기형적인 소비를 형성했다. 따라서 [강남의 고소비는] 상품경제의 부풀려진 번영을 야기했을 뿐만 아니라 사회경제의 건강한 발전에도 백해무익했다."[7] 몇몇 학자는 이러한 소비 현상이 전통적인 농본사상의 테두리에서 벗어나지 못했기 때문이라 비판하며 사회 조건의 제약으로 사치 풍조가 악성惡性 팽창을 야기했고, 통치자들의 부패를 더욱 극렬하게 조장했다고 생각한다.[8] 그러나 그 외의 학자들은 사치 풍조를 논할 때 이러한 현상들을 쉽게 일반화하지 말아야 한다고 말한다. 쉬훙徐泓은 명말 강절江浙 지역의 지방지 기록을 근거로 당시의 사치 풍조가 도시에만 그리고 부유한 상인과 부호에게만 한정되지 않았고, 교외 시진의 '심부름꾼이나 품팔이꾼' 또는 '기생이나 노비' 등과 같은 일반 소민小民에게까지 영향을 미쳤다고 지적한다. 이런 현상은 더 나아가 기존 사회질서의 안정뿐 아니라 전통 사회의 계급 제도에도 큰 영향을 끼쳤다고 말한다.[9] 어떤 학자는 이러한 풍조가 도시를 중심으로 점차 농촌으로 전파되었던 만큼 농촌 역시 영향을 받았다고도 강조한다.[10]

　사치의 역사적 작용에도 견해가 대립하는데, 어떤 학자들은 그것에

---

* 비교적 큰 집진集鎭. 집진은 도시와 향촌의 중간 단계에 있는 거주지를 말한다.

대해 부정적 평가를 내린다. 이들은 사치 소비가 유통 영역에만 제한되어 있었을 뿐 생산 영역으로 전환되지 못해 사회경제에 어떠한 도움도 주지 못했다고 본다. 또는 사치성 소비가 더욱 많은 사람을 사치품 생산과 사치 관련 서비스업으로 끌어들여 소농 경제에 심각한 타격을 가해 국가 부세賦稅와 재정에 매우 부정적인 영향을 끼쳤다고 주장한다.[11] 그런데 최근 명청 시기 사치 풍조 연구에서는 사치의 역사적 작용에 대해 긍정적인 평가를 내리기도 한다. 일례로, 어떤 학자들은 사치 풍조의 성행으로 사람들이 생산품의 수요를 증가시키고 시장을 확대시켜서 상품의 생산과 유통에 자극을 주었다고 평가한다. 사치 풍조는 수공업의 발전과 특산품의 생산을 촉진해 뛰어난 장인들과 특산품을 경영하는 유명한 상점들을 출현시켰다. 그 결과, 수공업과 상업의 내부 분업이 점차 세분화되어 생산품 간의 경쟁이 더욱 치열해졌다. 중국 학자들은 이런 현상을 자본주의 맹아의 발전과 연관시킨다.[12] 천궈둥陳國棟은 활발한 사치 행위가 경제적 측면뿐 아니라 제도적 측면과 사회적 측면 모두에 영향을 끼쳤다고 말한다. 예컨대, 수공업과 수공예품의 수요가 빠르게 증가해 공예 기술의 개선이 촉진되었고, 해당 업계에 종사하는 장인 수가 늘어나 관내 수공업과 장인 등록 제도의 해체가 가속화되고 수공업 및 수공업자의 사회적 지위가 높아졌다는 것이다.[13]

서구 학자들이 명청 시기 소비문화 연구에 주력하기 시작한 때는 중국 학계보다 조금 늦은 1990년대부터다. 그러나 그들의 연구는 방법론과 연구 방향, 주요 주제에 이르기까지 중국 학계와 매우 달랐다. 서구 학자들은 사회학과 인류학의 소비문화 이론을 중국사 연구로 끌어들였다. 크레이그 클루나스의 『사치품에 관한 연구: 근대 초기 중국의 물질문화와 사회적 지위Superfluous Things: Material Culture and Social Status in Early

Modern China』(1991)*와 티머시 브룩의 『쾌락의 혼돈: 중국 명대의 상업과 문화The Confusions of Pleasure: Commerce and Culture in Ming China』(1998)는 명청 시기 사회문화사의 또 다른 길을 개척했다.

클루나스는 명말 상품경제가 발전함에 따라 신분 지위의 상징이 토지와 재산 소유에서 사치품의 소장으로 전환되었다고 지적한다. 특히 문화 소비 방면에서 골동이 상품화되어 '우아한 장식'이 되면서 돈만 있으면 바로 골동을 구매해 손에 넣을 수 있게 되었고, 골동의 수요가 공급을 초과하는 사회적 경쟁이 조장되었다. 당시 골동품 구매가 부유층 사이에 유행하여 서로 경쟁적으로 골동을 사재기하면서 겉치레식 문화활동을 하게 되었다. 원래 사대부는 특수한 소비활동을 해왔지만 이후 상인 심지어는 평민들까지도 이를 모방하게 되면서 사회 경쟁의 극심한 압력으로 인한 위기의식이 생겨났다. 클루나스는 또 『장물지』와 같이 품격品味을 감상하는 책을 예로 들며 이 책이 문인 취향의 고급화된 분류를 보여준다고 지적한다. 책에서는 '우아함과 저속함'(편협함과 정밀함, 사용과 감상, 신기함과 교묘함) 등 대립되는 의미의 글자를 사용해 의도적으로 물질문화의 소비를 보편적인 것으로 환원시키고 있다. 이처럼 골동품의 유무로 우아함과 저속함을 구분하는 문화는 활발한 소비의 확산과 최신 유행, 사회모방의 풍조를 조성해 점차 최고 엘리트 신사층士紳層에서부터 부자(특히 휘상徽商)들에게까지 확대되었다.

개괄하면, '최신 유행'이라는 관념의 출현은 명대 사대부가 물품에 대해 느낀 일종의 위기의식을 반영하는 것이라 할 수 있다. 그래서 『장물

---

* 클루나스의 책에서 "superfluous"는 '여분의' '남아도는'이라는 뜻으로 중국어로 옮기면 '장물지長物志'가 되는데, 이후 언급되는 명말 문진형의 『장물지』와 혼동을 피하기 위해 '사치품에 관한 연구'라고 번역했다.

지』와 같은 책의 저자는, 그가 특수한 '우아함'의 품격을 이용해 자신과 '저속한' 사람을 구분하고 있다는 점에서, 실질적으로 유행의 창조자인 셈이다. 클루나스는 상품화가 반드시 사회적 시각에서 이해되어야 한다고 인식한다.[14] 클루나스의 책은 사회적 시각에서 명말의 문화 소비 현상을 새롭게 해석한 경전으로 불릴 만하다. 그러나 클루나스가 지적하는 현상은 물질과 예술품 같은 문화 소비에만 그치는 것이 아니고 일상생활의 물질 소비 방면에서도 볼 수 있다. 그런 만큼 이 책에서는 그 이론의 기초 위에서 한 걸음 더 나아가 다각적 분석을 진행할 것이다.

브룩의 저서는 표면적으로 명대 사회문화사의 일반적 통론을 다룬 것 같아 보이지만 명 왕조 각 시기의 중요한 변화와 특징을 심도 있게 분석하고 있다. 브룩의 책에서 세 번째 장은 명말 소비에 관한 방대한 내용을 담고 있다. 우선 브룩은 명말 곡물 시장이 안정되어 사람들이 시장에서 양식을 얻을 수 있게 되면서 기타 물품의 상품 생산도 가능해졌다고 말한다. 그는 특히 방직물의 생산을 사례로 들어 분석하고 있다. 또한 저자는 무역에 대한 언급에서 은의 유통에 특별히 주목해 '명대 후기에는 백은白銀이 소비와 생산의 윤활유였다'고 말하고 있다. 저자의 가장 큰 공헌은 명말의 '최신 유행' 현상을 포착해낸 것으로, 그는 명말 다변하는 최신 유행의 무대가 각 사회계층의 명분과 지위가 각축했던 장소라고 강조한다. 유행은 상류사회의 기득권자가 만들고 결정하는 것으로, 그 목적이 추종자를 저지·배척하기 위함이고, 그래서 양자 간에는 영원히 끝나지 않는 충돌이 발생한다는 것이다. 브룩은 유행하는 의류업을 사례로 들어 백성들이 신사층을 모방하는 것을 지적하면서 신사는 유행 변화의 대변인이자 동시에 배척자라는 이중 배역을 맡고 있다고 말한다. 그는 이어 클루나스의 연구를 인용하며 감상에 관한 지식이 신분 구별에서 중요하다고 말한다.[15] 아마도 저자는 편폭의 제한으로 그 정도에서 물질 소비의 유행에 대한 토론을 그친 듯하다. 이 책의 제3장에서는 실례를 들어 명말의 최신 유행이 생산에 끼친 영향 및 최신 유행과 상인의 관계, [최신 유행에서] 사대부의 '이중 역할'을 논의할 것이다.

그 밖의 저작들은 중국과 서구를 비교하거나 명청 시기 소비 현상을 세계사 속에 편입시켜 서구의 역사 발전이 진정 특별한가에 대해 다시 새롭게 검토한다. 어떠한 관점에서 말한다 할지라도 그들 연구의 방향과 취지는 여전히 '서양 중심론'을 벗어나기 어렵다. 그러나 더 이상 과거의 '서양충격/중국반응'설 혹은 '현대화' 등과 같은 이론으로 서양 문명을 세계 역사 발전의 유일한 동력으로 보는 것은 아니었다. 그 대표적인 저서로 애드셰드의 『유럽과 중국의 물질문화, 1400~1800: 소비주의의 흥성 Material Culture in Europe and China, 1400-1800: The Rise of Consumerism』 (1997)과 케네스 포머랜즈의 『대분기: 중국과 유럽, 그리고 근대 세계경제의 형성The Great Divergence: China, Europe, and the Making of the Modern World Economy』(2000)을 들 수 있다.

애드셰드는 그의 책에서 다음과 같은 가설을 세웠다. 15세기 세계 경제가 '글로벌화'하면서 어떤 지역은 의식주 및 에너지 등의 물질 소비에 중대 변화가 일어났으며 생산량 역시 대폭 증가했다는 가설이다. 이는 각 나라의 경제에 '수입 대체'의 결과를 가져와 그 나라의 경제 성장을 자극·제고했다. 15세기 이후 물질문화 생산의 일대 변화를 가져온 주요 동력은 심리적 변화로, 이는 곧 애드셰드가 말하는 '소비주의consumer-ism'의 형성과 발전을 의미한다. 애드셰드는 '소비주의'가 경제 행위일 뿐아니라 일종의 물질세계를 대하는 특수한 심리 상태라고 강조하는데, 여기서 심리 상태는 소비를 통해 더 많은 것과 더 좋은 것을 누리는 것을

의미한다.[16]

애드셰드는 물질문화를 6개의 범주, 즉 음식[food], 복식[dress], 주거[shelter], 에너지[utilities], 정보[information], 상징부호[symbolism]로 분류한다. 그러고는 15세기에서 18세기 유럽과 중국의 소비자를 대상으로 그 6개 범주를 어떻게 추출해낼 것인지, 또 각각의 추출과정에서 [유럽과 중국의 소비자 사이] 가치관의 차이의 정도를 어떻게 표현해낼 것인지를 고찰한다. 그의 결론은 다음과 같다. 중국은 남송 시기에 일반적 소비 능력의 선두적 위치에 있다가 15세기 이후에는 그 위치를 서유럽과 북유럽에 추월당했는데, 특히 이는 복식 유행과 에너지 사용에서 가장 두드러졌다. 소비 심리 상태의 발전 방향과 소비 능력의 우열 면에서 유럽과 중국 근대 경제 성장의 선후 및 속도가 결정되었다. 애드셰드의 정책 비교는 매우 참신하지만 중국 소비주의의 심리 상태 평가에 대해서는 여전히 새로운 검토가 필요하다. 이에 관해서는 제3장에서 좀더 진전된 논의를 진행할 것이다.[17]

포머랜즈는 그의 책에서 서양 학계에서 유행하는 관점을 바로잡으려는 시도를 하는데, 그 역시 근대 초기에는 서양이 동양보다 우세했다고 인식하고 있다. 이러한 이론이 나오자마자 중국 학계와 서양 학계에서는 열띤 토론이 벌어졌다.[18] 포머랜즈의 책은 세 가지 시각에서 중국과 서양의 소비 상황을 비교한다.

첫째, 사치품의 대중화와 보편화라는 시각에서 일용 사치품인 차와 설탕을 사례로 들어 비교해 얻은 결론이다. 15~18세기 유럽에서 설탕과 차는 대중에게 보급되지 않은 소비품이었고, 1850년 이후에야 실질적으로 보급되었다. 그러나 같은 시기 중국에서는 설탕과 차의 소비량과 보급 정도가 유럽보다 훨씬 더 높았다.

둘째, 내구성이 있는 물건과 사치품의 소비라는 시각에서 사치품의 소유가 호종扈從제도를 대신하여 신분 지위의 상징이 되었고, 중국에서도 서양과 똑같은 변화를 가져왔다는 것이다. 사치품 소비가 신분 지위를 구분 짓는 척도가 되어 사치품 소비량의 증가를 불러온 것은 아니었을까? 그는 중국과 서양의 비엘리트계층 방직품의 소비량을 비교해본 결과, 중국이 서양보다 적지 않았음을 발견했다. 게다가 기타 서민층의 소비율로 말하자면, 사원의 절기 행사와 참배, 서적 구매, 건축과 오락, 가구 소비 등과 같이 [중국과 서양이] 서로 비슷한 부분이 상당히 많았다.

셋째, 중국과 서양의 수입품 수요와 유행의 변화 속도를 비교해본 결과, 중국은 서양 수입품 중 백은을 제외한 다른 상품에 대해서는 그다지 큰 관심을 보이지 않았다는 것이다. 그러나 중국에 들어온 수입품은 대부분 동남아시아의 제비집과 상어지느러미로, 이것들은 구하기 어려운 사치품이며 중국의 국내 산업 발전에는 거의 도움이 되지 않았다. 반면에 같은 시기 유럽은 식민지의 백은을 동남아시아 상품으로 바꿔 빠른 속도로 변화하고 또 도태되는 유행의 체계를 마련했다. 따라서 18세기 중엽 이후 서양은 소비 속도가 빨라지고 중국은 느려져서 점차 그 간극이 커졌다.[19]

포머랜즈의 책은 애드셰드의 책과 의도가 비슷하지만 기획적인 면을 비교해보면 유럽사 연구 방향에 더욱 근접해 있음이 분명하다. 결국 애드셰드의 책은 그 시기 중국과 서양 양측의 차이점을 강조하고 있고, 포머랜즈의 책은 양측의 유사점을 부각하는 경향이 있다고 볼 수 있다. 필자는 기본적으로 포머랜즈의 견해에 동의하지만 그의 책에 있는 통계 수치만을 놓고 볼 때 사료의 한계를 느낀다. 따라서 이 책 제5장의 부록에서는 새로운 사료를 이용해 앞서 언급한 책의 중국과 서양 가정의 가구 소유 수량 비교 결과를 수정했다.

서양 학계의 소비문화 연구는 중국 학계와 비교해볼 때 역사학이나 문화인류학 및 사회학 등의 학문 영역과 상관없이 더 일찍 성행하기 시작했다. 이 때문에 역사 실증과 이론의 층차 면에서는 그 연구 성과가 더 풍성하다. 명청 시기 소비문화를 연구하는 서양 학자들은 이러한 실증과 이론에서 수많은 자양분을 흡수하고 더 나아가 명청 시기 소비문화에 대해 다양한 해석을 내놓았다. 다음 절에서는 서양 소비문화 연구의 맥락을 정리해보겠다.

서양 소비문화 연구의 맥락

서양 사학계의 소비문화 연구는 1970년대 말에서 1980년대 초까지 점차 확대되었는데, 특히 근대 초기에 대한 연구에 집중되어 있다. 이는 소비문화 흥성의 수많은 배경과 맥락을 다룬 것으로, 한마디로 말하자면 서양 사학에 대한 되돌아보기다.[1]

첫 번째로 지적해야 할 것은 과거 정치사, 경제사, 문화사, 사회사 연구는 모두 소비 유형과 소비과정의 주변화를 다루고 있다는 점이다. 과거 정치사는 줄곧 사학의 주류였으며 수많은 사학자 역시 정치와 종교를 문화사의 핵심으로 삼아 사회 변화를 이해했고 소비는 그저 주변적 의미를 지니는 부산품 정도로 간주해 중시하지 않았다.

두 번째로, 소비문화는 원래 경제사 연구 범주에 속하는 것으로 과거 경제사 연구에서 산업혁명에 관한 논의는 다음의 두 큰 주제에 대해 토의할 때 소비와 함께 언급되었다. 하나는 장기간의 생활수준 추세를 살피는 것으로, 주로 실수입과 부의 분배 및 광의의 생활용품 품질, 그리고 기대수명과 환경 악화까지를 포함한다. 다른 하나는 산업혁명이 그 이전보다 수요의 구조와 규모의 확대에 더 의존하는지에 대한 여부다. 그러나 이러한 경제사 논의에서 소비까지 언급하게 되면 [그 논의는] 주로 생산 변화와 연결된다. 즉 경제사가 주목하는 핵심 문제는, 그것이 임금률 wage rate에 관심을 갖는 것으로 보아, 역시 가정의 총수입과 총지출이 아닌 바로 생산에 있음을 알 수 있다.[2]

세 번째로, 소비문화 연구는 서양 사학계에서 중요한 학문 영역으로 자리 잡아 사회사 범주에서 수많은 방법론을 거쳐 형성되었다.[3] 서양의 제1세대 사회사 학자들이 중시한 것은 사회 저층the bottom up의 역사로, 그 초점은 대부분 생산 영역에서 노동자와 농민의 경험에 집중되었다. 이들은 공통적으로, 마르크스주의자거나 아날학파Annales School* 페르낭 브로델의 사회 분석 유형을 따르든지에 상관없이, 연구의 배경에 문화의 지위와 중요성을 경제 혹은 사회 동력의 아래에 둔다는 중심 가설을 확실히 반영했다. 그러나 1970년대 후기와 1980년대 초기의 제2세대 사회사 학자들은 시야를 확대해 연구 대상을 여러 사회집단으로 넓혔고 또 여러 학문의 연구 방법을 채용해 마르크스주의자 혹은 구조주의자의 주장에 반박했다. 이들은 경제결정론의 인과 유형을 버리고 문화의 중요성을 새롭게 인지했으며, 또 소비문화가 성숙한 연구 과제가 되도록 하여 다시는 생산 영역의 부속품으로 전락하지 않도록 했다.

소비문화 연구가 이처럼 활발해질 수 있었던 이유는 새로운 사료를 발굴하고 이용했기 때문이다. 소비문화 연구자들은 점차 일기, 서신, 장부, 예산, 궁정 기록, 정부 문서, 유행잡지와 광고 등을 소비 연구의 기초

---

* 1929년 프랑스에서 창간된 『경제사회사연보Annales d'histoire économique et sociale』를 중심으로 형성된 학파. 정치보다는 사회, 개인보다는 집단, 연대보다는 구조를 역사 인식의 기본 골격으로 삼아야 한다는 것이 이 학파의 정신이다. 사람들의 일상적 삶을 역사의 무대에 소생시켜주었다는 점에서 사학사에 공헌했다.

자료에 포함시켰는데, 특히 유산遺産 목록과 경매 보고서는 근대 초기 유럽 소비자의 물질문화를 분석하고 새롭게 구성하는 데 유용했다.

사학 저서 가운데 선구적이고 전범이 되는 책은 브로델의 『물질문명과 자본주의, 1400~1800Capitalism and Material Life, 1400-1800』(1974)다. 그의 초기 역사 분석 유형이 수많은 학자에게 비판받기는 했지만, 이 만년의 작품은 이후 역사학계에서 소비문화 연구의 초석이 되었다. 특히 제1권에서 브로델은 서양을 중심으로 다른 문명권의 물질생활을 비교하면서 서양의 자본주의는 하루아침에 출현한 것이 아니라고 주장한다. 서양 자본주의의 기초는 수천 년에 걸친 사람들의 일상적 물질생활 속에서만 존재하며 [또 일상적 물질생활 속에서만] 그 변화의 궤적을 찾아낼 수 있다는 것이다. [브로델이 보기에] 물질생활은 수많은 일상사로 이루어지고 그런 다음에 현실의 체계가 구성되는 것이기 때문에, 그가 말하는 역사는 '오랜 시간' 천천히 변화['장기 지속'의 역사]하는 것이다.

브로델 이후의 또 다른 경전은 영국 사학자 닐 매켄드릭, 존 브루어John Brewer, 존 해럴드 플럼John Harold Plumb의 『소비사회의 탄생: 18세기 영국의 상업화The Birth of a Consumer Society: The Commercialization of Eighteenth-Century England』(1982)로, 이 책은 18세기 영국 중산층의 소비문화를 연구하고 소비혁명론을 제기한다. 저자들은 당시 가정 수입과 수요, 시장의 확대, 도시 인구의 증가, 사치품의 보급, 최신 유행의 흥성, 사회모방의 작용, 사치 관념의 변화 등 영국의 소비 변화를 밝히고 있다. 그들은 첫 번째 '소비사회consumer society'가 영국에서 탄생했으며 수요가 대량생산을 가져왔는데, 역시 산업혁명의 도래로 이 같은 길이 펼쳐진 것이라고 주장한다. 바로 뒤이은 역사 관련 연구는 대부분 매켄드릭 등의 연구를 바탕으로 한 단계 더 검증하는데, 이는 이전의 논의에

대한 반박이다.[4]

이후의 연구는 대략 두 방향으로 나눌 수 있다. 하나는 실증 노선으로, 유산 목록과 같이 사람들이 실제 소유하고 소비한 사회사 사료를 이용해 당시 소비사회의 현상을 새롭게 구성하는 것이다. 최초 연구는 당연히 영국의 소비 현상 연구인데, 이를 시작으로 프랑스·독일·미국의 연구가 연이어 출간되었다. 이러한 연구 성과의 출현은 서양의 다른 국가들과 미국에서도 모두 영국과 같은 소비사회 현상이 나타난 데서 비롯한다. 따라서 이 같은 변화는 소비사회가 각 지역에서 변화 속도만 다를 뿐 거의 같은 궤적으로 진화했음을 보여준다.

수많은 학자가 위의 연구를 매켄드릭 등의 사고와 연결해 가정의 수요 측면에서 검토하기 시작했다.[5] 또 어떤 학자들은 시장의 측면에서 출발해 18세기 서양이 '상품 세계'의 거대한 확장을 경험했다고 주장했다. 지리상의 대발견과 이에 따른 식민 착취로 수많은 새로운 상품이 끊임없이 서양사회로 유입되면서 서양인의 소비 규모가 확대되었고 소비의 내용과 습관에서도 변화가 있었다. 산업자본주의가 기술혁명의 필요조건을 불러왔다는 것이다. 찬드라 머커지Chandra Mukerji는 기존의 소비혁명 주장에 반박해 소비사회의 출현 시기를 15세기와 16세기까지로 끌어올렸다. 머커지는 여러 경제사학자와 보조를 맞추어 당시 대외무역과 국내무역 네트워크의 활성화로 농민과 일반 시민의 개인 소유 물품이 더욱 보급되고 다양화되었음을 지적한다.[6] 또한 머커지는 계몽운동이 전통 이론을 대신하게 되어 물질문화가 수요를 촉진하는 중요한 역할을 맡게 되었다고 본다.[7]

또 다른 유의 학자들은 문화를 탐구하는 경향으로, 소비물품의 상징 및 문화적 의의와 소비에 관한 논의에 주의했다. 이러한 학자들은 새로운 문화사학의 영향과 동시에 인류학과 사회학의 세례를 받았다. 내털리 데이비스Natalie Davis와 카를로 긴츠부르그Carlo Ginzburg 등과 같이 대중문화를 연구하는 새로운 문화사가들은 인류학의 방법으로 대중문화와 엘리트 문화의 관계를 분석해 두 문화 간의 관계뿐 아니라 사학자들의 문화 개념을 풍부히 했다. 이들은 경제결정론을 반대하고 문화와 관념의 역할을 강조하며, 문화를 경제와 사회 구성의 반영으로만 보지 않고 문화가 경제와 사회를 형성하는 데 더욱 주도적인 역할을 한다고 주장한다. 이런 관점은 소비사 연구자를 자극해 소비사회의 문화 방향에 주목하게끔 하며, 권력의 개입을 강조하는 기존의 소비문화 이론에 이의를 제기한다.[8]

소비문화 연구는 서양의 역사학계에 파장을 일으켰을뿐더러 사회과학계에서도 점차 관심을 받기 시작했는데 특히 문화인류학과 사회학 분야에서 두드러졌다. 서양 사학계에서 소비문화 연구의 흥성은 인류학과 사회학 이론에 큰 영향을 끼쳤다. 경제학에서의 소비에 대한 입장은 '효용이론utility theory'으로 말할 수 있는데, 이는 '사람은 자신이 필요한 물건을 구매한다'라는 인식을 갖고 있음을 의미한다. 경제학자들은 소비와 수입 및 저축의 연관성에 주목했지만 정작 소비자의 소비 동기에는 관심이 없었다. 경제학자들은, 그들이 '합리적 선택설'을 제기한 부분이 있긴 하지만, 여전히 사람들의 소비 동기를 소홀히 하고 있다. 소비 동기는 사회적 관계와 문화적 맥락의 영향을 상당히 받는 것으로, 소비 수요가 비경제적 요인에서 비롯할 가능성이 있음을 나타낸다. 게다가 근현대 서양 자본주의의 발전에서 과거 마르크스와 마르크스주의자들은 생산관계에 대해서만 검토했기 때문에 여전히 보충할 부분이 남아 있다. 따라서 인류학과 사회학계에서는 소비의 사회문화적 변화에 주목하기 시작했는데,

이런 연구 방법은 근대 서양 자본주의 발전을 논의하는 데 없어서는 안 되는 것이다. 그 이론상의 공통적 특징은 바로 일종의 소비 동기 구조 motivational structure를 제공하고자 하는 것이라 할 수 있다.[9]

인류학과 사회학은 소비문화 연구 방법에서 각각의 특징을 지닌다. 예를 들어, 인류학의 '물질문화material culture' 연구는 상품 사용자 개인 혹은 집단이 지니는 의미에 주목해 실용적 기능과 아울러 상징을 표현하는 기능도 강조한다.[10] 또한 인류학에서 말하는 소비품은 매우 광범위한데, 물질의 교환까지도 포함한다. 일례로, 아르준 아파두라이Arjun Appadurai는 물질이 교환 때문에 그 가치를 지니며 물질 자체에 생명이 있다고 보았다. 그는 상품이란 단지 물질의 생애 주기life cycle에서 한 단계일 뿐이라고 주장했다. 이고르 코피토프Igor Kopytoff 역시 지적하길, "물질의 삶에 상품화 과정이 있기는 하지만 [상품으로서의 보편적 특징 외에] 애써 특수화되는 과정도 있다. 특수화 단계에서의 상품은 주로 한정된 영역에서 교환이 이뤄지며, 이때 상품의 상징성은 그것의 보편적 특징을 훨씬 넘어선다"고 했다. 밀러D. Miller는 소비자의 주동성을 강조하는데, 바로 소비자는 '창조적 재맥락화creative recontextualization'를 통해 원본을 분리할 수 있는alienable 상품에서 분리될 수 없는inalienable 문화적 물질로 전환시킬 수 있다는 것이다. 이 때문에 소비활동은 일종의 '작업'이며, 상품의 가치를 만들어내는 과정이다.

사회학에서 소비문화 연구는 소비가 사회계층에 어떠한 영향을 끼치는지에 대한 개념과 실질 탐구 혹은 소비가 사회 구조에 어떠한 영향을 끼치는지 등에 관한 연구에 치중되어 있다. 예를 들어, 초기 학자 소스타인 베블런Thorstein Veblen의 과시적 소비conspicuous consumption에 관한 견해는 후대 학계에 큰 영향을 끼쳤다. 피에르 부르디외는 소비 이론을 일종의 사회계층 측면에서 접근해 자아와 타자를 구분하는 연구 방법을 제기했고, 메리 더글러스Mary Douglas와 배런 이셔우드Baron Isherwood 는 물품이 어떻게 사회관계를 정의하는 도구가 되는지를 탐구했다. 물론 이 두 큰 영역[인류학과 사회학]은 소비문화 방면에서 개념이 많이 겹치고 연구 방법에서도 서로 영향을 끼치고 있다.

이 책의 취지와 방법 및 구성

되돌아보면, 과거 중국 사학계와 서양 사학계의 근대 초기 소비문화 연구가 역사 발전의 '결과'에 영향을 받았다는 것은 의심의 여지가 없다. 서양의 산업혁명 시대에 중국은 상대적으로 낙후되어 '성공과 실패로 승 자를 논하는' 생각을 갖게 되었다. 따라서 서양 학자는 산업혁명의 기원 을 더 앞선 시기로 보려는 경향이 있는 반면, 중국 학자들은 명청 소비 문화의 역사적 지위를 쉽게 폄하한다. 이 책을 통해 과거의 역사적 논쟁 을 해결할 수는 없으며 개입할 생각도 없다. 다만 더욱 구체적이고 상세 한 실증 연구로 명말 소비사회와 사대부 소비문화를 검토해 명말 소비사 의 다원적 연구 방향을 개척함으로써 이 시기의 역사를 풍성하게 하고 자 한다.

이 책은 크게 두 축으로 구성되어 있다. 첫째는 근대 초기 중국의 소 비사를 세계사 맥락에 놓고 명말의 중요성을 고찰하는 축이다. 이에 대 해서는 앞서 서술한 서양 역사학자의 저작들이 명말 소비사의 수많은 중 요한 과제를 새롭게 재고하게끔 하는 데 도움을 줄 것이다. 브로델은 근 대 초기 물질문화 연구 분야에 물질문화 발전의 세계사적 기틀을 제공 해준다. 브로델이 닦아놓은 기초와 남겨놓은 공백은, 비록 여전히 유럽 중심론으로 유럽 이외 문명에 대한 관찰과 서술이 매우 불공평하지만,

후학들이 능력을 마음껏 발휘해 그의 부족한 부분을 보충하거나 관점을 수정할 수 있도록 한다. 이 책의 많은 의제는 그 영감을 브로델의 저서에서 얻었다. 그리고 영국학자 매켄드릭 등은 소비사회가 영국에서부터 탄생했다는 소비혁명론을 제기한다. 소비혁명론은 명말 소비문화와 비교할 수 있는 일종의 실마리를 제공할뿐더러 우리에게 명말 사치 풍조에 대한 새로운 시각을 개척하게 한다. 이 책 제1장은 바로 이런 방향으로의 고찰이다.

매켄드릭 등이 제시하는 소비혁명론은 18세기 영국에서 빠르게 변화하는 최신 유행을 따르는 조류가 출현했다는 주장도 포함한다. 더 많은 사람이 상류사회의 소비 행위와 소비 풍조를 모방하고 사회 경쟁을 형성했으며 또 천변만화하는 최신 유행을 불러오고 또 그 유행의 시류를 쫓았다는 것이다. 학자들은 이 현상을 '사회모방social emulation'이라 부른다.[1] 여기에 더해, 유행을 소개하는 광고와 출판물이 출현해 대중의 소비를 자극해 상품을 빠른 속도로 변화시키고 소비 수요를 촉진해 후대의 산업혁명을 가져올 수 있었다.[2] 어떤 학자는 이 같은 해석 방식에 반대한다. 그와 같은 개념은 문화의 영향력은 반드시 위에서 아래로 작용하는 것으로, 마치 엘리트계층만이 유행을 창조·선도할 능력이 있고 하층의 서민 대중은 그 유행을 단지 받아들이기만 할 뿐이라는 선입견을 갖는다는 것이다. 이에 역행하는 수많은 역사적 사례는 이러한 위에서 아래로의 고정된 해석 방식을 뒤집기에 충분하다.[3] 소비혁명이 산업혁명을 촉진했다는 견해의 성립 여부는 차치하더라도, 영국의 역사적 경험은 최신 유행의 역사적 지위를 확보하고 또 우리에게 명말 소비사를 고찰하는 데 새로운 시각을 제공해준다. 이 책 제3장은 바로 이 각도에서 명말의 최신 유행을 검토한다.

서두에서 언급한 바와 같이, 소비문화 연구는 대단히 복잡한 영역으로, 포괄하는 요소와 방향이 매우 넓어 학제 간 연구 방법이 반드시 필요하다. 이 책의 두 번째 축은 바로 사대부 소비문화다. 이를 연구하기 위해서는 새로운 연구 방향과 해석 방식이 필요하며 그러한 방식만이 수많은 복잡한 이치를 더 깊이 이해할 수 있게 해준다. 이에 이 책은 다양한 문화인류학과 사회학 이론 및 방법을 채용해 새롭게 명말 사대부 소비문화를 고찰하고자 한다.

　문화인류학은 물질문화 연구와 물질의 소비 이론을 갖추고 있어 그 방법 면에서도 역사학 연구와 해석에 도움을 준다. 인류학이 이 방면에 기여하는 것 중 하나는, 물질 자체의 특징을 연구할 때 반드시 사회문화와 결합해야만 물성이 어떻게 조성되고 또 사회문화를 두드러지게 하는지를 검토할 수 있다고 강조하는 데 있다. 물성은 상징적 의미를 지니는 것으로, 교환가치로서의 상품일 뿐 아니라 문화적인 의미와 가치를 부여하는 것이기도 하다.[4] 이러한 관점은 우리가 역사상 중요한 소비품을 논의할 때 그 배경의 상징적 의미를 소홀히 하지 말아야 함을 일깨워준다. 아파두라이는 소비의 욕망과 수요에 대한 인식을 한 단계 발전시켜서 사회 제한과 정치적 재정의political redefinition에 귀속시켰다. 전근대 혹은 근대 초기 사회에서 항상 볼 수 있는 '사치금지령'은 바로 소비자의 수요를 정치적으로 조종하고 제어하는 특수한 산물로서, 이를 통해 효과적으로 사회이동을 제한하고 사회계층을 구분할 수 있었다. 아파두라이는 사회성 있는 상품에 가치와 교역을 연결 짓는 것이 바로 정치임을 강조하는데, 이는 어떤 상품이 상징적 의미를 부여받음을 뜻하는 것으로 실제로 결정을 내리는 권력자가 그 의미를 정치화시키는 것이다.[5] 명대에 어떤 물질을 소비하는 것은 상징적인 의미를 지니며, 그 배경에는 통치자가 그 상징을 정치화하려는 의도가 있다. 제2장에서 위와 같은 각도에서 가마문화를 검토할 것이다.

어떤 학자는 물질의 일대기를 전기傳記로 삼아, 물질은 순상품화의 과정을 지니고 비상품의 상징화 과정도 지닌다고 본다. 코피토프는 물질의 상품화 과정 역시 문화적 힘에 대항할 수 있으며 또 물품이 특수화 singularization되어 다른 물품의 상품화를 억제하거나 상품화된 물품이 재특수화되어 좁은 교환 영역으로 한정되기도 한다고 지적한다. 어떤 물품이 사회 내부 군체에 특수화되어 그 내부 집단으로부터 공인받게 되면, 사회 개체는 특수화에 대한 욕망을 불러일으키고 또 문화 신성화라는 무거운 짐을 지게 된다.[6] 이와 같은 각도에서 명말 상황을 분석하기에 가장 적합한 것은 문물 예술품의 소비로, 제5장에서 논의하는 문인 서재의 가구 역시 이에 적합한 예다.

명말 사회 구조와 소비문화의 관계를 분석할 때 사회학 이론은 역사학에 많은 도움을 준다. 막스 베버Max Weber 이후의 사회학 전통은 '경제계급economic class'이 결코 사회계층화social stratification의 유일한 측정 기준은 아니며 교육 혹은 문화를 통해서도 위세를 지니는 '신분 집단[지위 집단]status group'이 형성된다고 인식했다. 신분 집단은, 이들의 특권은 법률과 경제사에서 구체화되었는데, 근대 초기 사회에서 경제계급보다 더 중요했다.[7] 신분 집단은 때때로 자신의 특수한 소비 행위와 유형을 지니며 소비 품격과 격조를 이용해 사회 지위를 구분하기 때문에 소비는 사회계층화와 계급 구분의 상징이 된다. 이런 각도에서 명말의 사회 구조를 관찰한다면, 사대부를 당시 가장 중요한 신분 집단으로 볼 수 있다.

사대부 소비문화 연구에서 사회학 이론은 수많은 해석의 가능성을 제공해준다. 사회학자 베블런은 실용성이 거의 없는 곳에 엄청난 소비를 하는 것을 '과시적 소비'로 분류한다. 과시적 소비는 결코 관능적 혹은 생리적 혜택에 그치는 것이 아니라 사회이동을 막아 먼저 사회 상류층에 올라간 소수 신분 집단을 더욱 제도화하는 작용을 한다.[8] 명말 사대부의 특수한 소비활동, 즉 문화적 소비인 여행, 문물·예술품 구입, 가마와 같은 물질 소비는 모두 이런 각도에서 볼 수 있다.

부르디외는 문화 소비와 품격이 암호 해독과 같은 활동이고 같은 코드를 가진 사람들만이 비로소 감상할 수 있다고 말했다. 그래서 예술과 문화 소비에서 그 감상 능력은 본질적으로 사회의 구분을 합법화하는 기능을 지니는 경향이 있다.[9] 명말 사대부의 소비문화는 특별히 감상의 '품격'을 중시하며 또 사회 구분의 작용을 한다고 말할 수 있다. 최신 유행의 소비는 역시 사회계급의 배경을 벗어날 수 없는데, 사회학자 게오르크 지멜Georg Simmel은 유행이 계급의 산물이며 사회 수요의 산물이라 말한다. 비교적 높은 사회계급이 창조한 최신 유행은 점차 하층계급에 전파되고 하층계급에 의해 모방된다. 화폐경제 시대에는 이러한 현상이 의심할 바 없이 빠른 속도로 진행되며 최신 유행 역시 사회 구조와 연관된다.[10] 우리는 제3장에서 명말 복식의 최신 유행을 살펴보면서 명말 사대부들이 바로 복식 유행의 창조자였음을 발견하게 될 것이다. 또한 이와 같은 사회과학의 이론과 방법은 이 책의 각 부분에서 적용될 것이다.

이 책에서 가장 기본이 되는 사료는 지방지, 필기소설, 실록, 명인 문집이다. 이 가운데 두 형태의 사료는 먼저 설명할 가치가 있다. 하나는 명말의 수많은 사대부가 쓴 우아함을 감상하는 것에 관한 저서로, 도륭屠隆(1542~1605)의 『고반여사』, 고렴高濂(생몰년은 불확실하며 만력 연간에 활동)의 『준생팔전』, 문진형文震亨(1585~1645)의 『장물지長物志』 등을 들 수 있다. 이 저서들은 사대부의 소비문화를 잘 반영하고 있다. 대중의 소비에 관한 연구는 필기소설과 지방지 기록 외에 최근 휘주徽州 문서를 참고했다. 이 자료는 대중의 물품 소비와 수집 및 소장을 고찰하는 데에 많은 도움을 주었다. 현재 볼 수 있는 명대의 휘주 문서에는 아버지가 가산을 후손에게 나누어준 분재기分財記와 집안 내에서 가산을 균등하게 분할하는 구서鬮書가 있다. 이 두 사료의 내용은 서구 근대의 유산 목록 inventory과 매우 비슷하다. 이러한 문서의 첫 쪽에는 통상 그 가족의 분가과정을 기록한 서문이 실려 있고, 다음에는 토지·주택·상점 등 부동산 및 현금 화폐 외에도 금은 그릇과 가구류 등 수많은 동산을 기록한 재산 분배 내용이 실려 있다. 이와 같은 사료를 이용하면 당시 휘주의 일반 대중의 소비 상황을 한눈에 알 수 있다. 자료가 수적으로 충분히 수집되지 않아 자료를 제5장에서 일반 대중의 가구 소비를 살펴볼 때밖에 사용하지 못했지만, 앞으로 이런 사료가 계속 발굴된다면 분명 더욱 자세하게 소비 문제를 검토할 수 있을 것이다. 다음은 이 책 각 장의 주요 내용이다.

제1장 첫 부분은 명말 사치 풍조를 일종의 소비 현상으로 보고 그 이전과 다른 특징을 찾아낼 것이다. 시장 구매율의 증가, 사치품의 일상품화, 사치 소비의 보편화, 최신 유행의 형성, 신분 차등 제도의 붕괴, 새로운 사치 관념의 출현 등은, 영국 학자들이 말하는 18세기 소비혁명론과 비교해볼 때, 명말에 이미 [중국이] 소비사회의 형성기로 진입했음을 증명해줄 것이다. 다음으로는 명말의 경제와 사회, 사상 등을 살펴본다. 바로 상품경제와 시장, 도시화, 가정 수입과 낭만적인 정욕관 등을 포함한 소비사회 형성의 사치 배경 요소를 탐색·분석할 것이다. 마지막 부분에서는 명말 사대부가 과거제도의 제약 및 상품경제의 충격에 직면해 겪는 지위와 생계 변화를 검토한다. 아울러 사회학자 베버의 이론으로 명말

사회 구조를 분석하고 사대부를 신분 집단으로 보아 이들이 신분 지위 면에서 새로운 도전과 자극에 부딪히게 된 상황을 고찰할 것이다.

제2장에서는 물질문화 연구의 측면에서 가마문화를 사례로 들어 정치권력의 지배와 통제가 사회 대중의 물품 소비 수요를 어떻게 이끌어냈는지를 살펴본다. 명초 조정에서는 가마 타는 것을 예법제도로 규정하고 신분에 따른 가마의 차등을 구체적으로 명시했다. 가마 사용의 특권을 이용해 소수 관료계층의 우월성을 두드러지게 해서 신분 지위를 나타낸 것이다. 그러나 가마의 풍조는 명 중엽 이후 유행하기 시작해 무관 및 훈신, 막료 등의 하급 관료, 거인擧人 및 생원生員뿐 아니라 서리胥吏, 상인, 배우조차도 모두 분수에 지나치게 가마를 타고 다녔다. 관방에서는 가마금지령과 처벌을 통해 기존의 제도를 유지하려 했지만 한계가 있었다. 이러한 현상의 배경에는 사회변동과 사회 구조의 변화가 반영되어 있다. 마지막 부분에서는 가마 자체와 가마를 타는 행위가 명대에 이미 정치적·사회적·문화적 상징이 되었으며 사실상 권력의 상징이 되었음을 깊이 있게 분석한다.

제3장에서는 복식 소비를 사례로 들어 명 중기 이후 평민 복식의 변혁과 최첨단 유행의 출현이 제2장의 가마 풍조와 같이 아주 빠른 사회변동과 사회 구조의 변화를 반영하고 있음을 설명한다. 이는 서양 사학자의 기존 중국 복식 소비에 대한 관점을 수정할 수 있다. 다음으로 명 중기 이후 유행이 형성하는 '사회모방' 현상과 유행 주도자, 유행 전파의 매개, 유행 속도와 유행 중심 등을 분석하고, 더 나아가 유행이 사회경제에 끼친 영향을 심도 있게 탐색한다. 복식 스타일의 유행과 변화 풍조에서 영향을 가장 크게 받은 계층은 사대부, 특히 하층 문인계층이었다. 문인들은 복식의 유행으로 인해 자신들의 신분이 위협받는 현상에 상

당히 강한 위기의식을 가지게 되었고, 그 반응은 크게 두 가지로 나타났다. 하나는 [복식과 관련해] 중앙과 지방관에 엄격한 금지령을 내리도록 요구하는 것이었고, 다른 하나는 말과 글로 상황을 폭로하는 것이었다. 이들 방법이 효과가 없을 때 사대부들은 더욱 적극적으로 새로운 분위기와 형식의 복식과 의관을 만들어내어 자신들의 신분과 지위를 새롭게 창조했다. 이런 점에서 유행 복식은 사회 경쟁의 산물이었다.

명말 사대부들이 자신들의 소비문화를 만들어가는 것은 복식의 유행에만 그치지 않았다. 제4장에서는 여행문화를 검토한다. 명말에는 사대부 문화에 여행 풍조가 일어났으며 동시에 대중의 여행도 성행하기 시작했다. 소비라는 각도에서 보면, 명말 대중의 여행활동 보급과 그 오락성은 사대부의 여행문화에 자극을 주었다. 이 점에서 여행 소비는 [사대부와 일반 대중 간] 또 다른 사회 경쟁 영역을 이루어 사대부들로 하여금 각종 형식의 소비 '품격'을 형성케 해 신분을 구분 짓게 하는 수단이 되었다. 이뿐 아니라, 이와 같은 품격의 조성은 단계적 이론과 구체적 실천으로 승화되었다. 어떤 명말 사대부들은 '여행의 도旅道'라는 일종의 여행 이론을 매우 발전시키고 싶어했고, 쓸데없는 옛것은 버리고 새로운 것을 발굴한 '여행 도구'(혹은 전시 방법)를 통해 자신의 신분을 일반인과 구분했다.

소비사회의 탄생은 상품화와 밀접한 관계가 있다. 제5장은 바로 가구를 사례로 들어 명말 가구가 어떻게 상품화 과정에 진입했는지를, 또 가구 만드는 것이 어떻게 독립적인 전문 업종으로 발전했는지를 고찰한다. 이어 세 편의 글을 통해 사회학 관점에서 당시에 존재하는 가구 소비의 세 가지 형태와 그 배후에 반영된 세 사회계층의 소비문화를 함께 분석한다. 이로써 근대 초기 중국은 상품화가 발달한 소비사회로서 이미 서로 다른 사회계층이 소비문화를 통해 신분을 구분하고 시장을 구별하는 현상이 나타났음을 설명할 수 있다. 이외에도 문인들은 특별한 품격의 '문인화된 가구'를 만들었을 뿐 아니라 서재 가구에 문자를 새겨 넣는 것을 특히 좋아했는데 이러한 문자들은, 인류학자의 관점으로 보면 일종의 물품을 특수화하는 방식으로, 상품화를 억제하는 데 사용된다.

명말 사대부들이 만들어낸 품격 감상의 소비문화는 청대에도 이어졌을까, 아니면 발전이 멈추었을까? 제6장에서는 음식문화의 관점으로 음식 서적과 식보食譜를 통해 사대부 품격문화의 연속 혹은 단절의 문제를 살펴본다. 사대부 집단 가운데 일부 문인들은 식보 창작을 통해 자신의 특수한 미각관을 널리 알려 특별히 품격 있는 '문인화된 식보'를 형성했다. 선택적 섭식으로 자신의 '품격'을 표현해 다른 사회집단과 자신의 구분을 용이하게 한 것이다. 또한 명청 사대부들의 필기를 보면, 그들은 문인화된 식보의 이론에 매우 적극적으로 찬성하고 있는데, 이것 또한 사대부 사회집단의 정체성을 반영하는 것이다. 품격을 조성하는 것이 신분을 구분한다는 관점에서 말하자면, 명말 '문인화된 식보'에서 제기하는 음식 이론은 발전의 초기 단계일 뿐이고 청대에 이르러서야 세분화되고 완비되었다. 이를 볼 때, 사대부들의 소비문화는 명청 두 시기를 거치면서 단절되지 않고 상당히 긴밀한 연속성을 지닌 채 이어지고 있음을 알 수 있다.

결론에서는 이 책의 두 큰 축과 관련해 몇 가지 의제를 다룬다.

첫 번째 축은 명말 소비사회의 세계사적 위치다. 명말에 출현한 소비사회의 현상을 통해 영국 사학자의 '소비혁명consumer revolution'에 관한 역사 해석을 수정할 수 있을 것이다. 그리고 소비사회에서 산업의 변혁을 촉진하는 관건이 되는 요소는 바로 유행으로, 명말 유행의 빠른 변화가 어떻게 소비 수요를 불러왔는지 그리고 소비 수요의 자극으로 산업 발달이 어떻게 촉진되었는지를 검토한다.

두 번째 축은 사대부들의 소비문화다. 이 책에서 얻은 연구 성과들을 통해 우선 명말 사회 구조의 변동, 특히 문인과 상인의 관계 변화를 살펴볼 수 있을 것이다. 또 다른 하나는 명말 사대부들이 소비문화를 통해 그들의 신분 지위를 다시 새롭게 만든 점을 설명할 것이다. 명말에서 청대에 이르기까지 유행을 창조하는 사대부들의 역할이 또 어떠한 변화를 가져왔는지도 다룬다. 마지막 부분에서는 사학사와 관념사의 각도에서 '소비'가 중국사에서 왜 그토록 오랫동안 소홀히 여겨져왔는지를 새롭게 검토한다.

소비사회의
형성

저택은 황궁을 좇아 화려하고 복식과 음식은 풍성하지만 옛날에는 그렇지 않았다. 노복豪奴과 품팔이꾼까지도 아무렇지 않게 사치를 서로 뽐내니, 예법을 무시하고 분수에 지나치는 경우가 많았다.

_ 만력 연간『중수곤산현지 강역·풍속重修崑山縣志 疆域·風俗』[1]

서론에서 과거의 학자들은 명말의 사치를 '사회 풍조'의 일종으로 보고 있다고 지적했지만, 학계에서는 각기 다른 관점을 가지고 있다. 학자 일부는 전통적 역사관을 유지한 채 그 평가 때마다 도덕적으로 판단해서 사치의 의의를 논할 때에도 역시 정면 공격을 받아왔다. 명말 사치 풍조를 소비 현상의 일종으로 보고 기존의 것과 다른 특징을 찾아내어 영국 학자[매켄드릭 등]가 논한 18세기 소비혁명론과 비교한다면, 양자 간에 많은 유사점을 발견할 수 있을 것이다. 제1장에서는 명말의 사치 풍조 현상을 서술하는 것 외에도 소비 현상의 특징을 분석하고, 더 나아가 중국이 명말에 '소비사회' 형성기로 진입했음을 논증한다.

소비사회는 명말에 탄생했는데 이는 단일 요소로 인해 형성된 것이 아니라 당시의 여러 특수한 배경 속에서 이루어졌다. 이 장의 두 번째 부분에서는 명말의 경제, 사회, 사상 등에서 소비사회를 형성한 여러 배경 요소를 분석한다.

이 책의 또 다른 축은 바로 명말 사대부의 소비문화다. 주제로 들어가기에 앞서 반드시 명말 사회경제와 제도의 변천이 사대부 집단에 끼친 영향에 대해 살펴보아야 한다. 이에 이 장 마지막 부분에서는 과거제도의 제약을 받았던 당시 사대부들이 상품경제의 충격과 사회 구조의 변화에 직면하게 되면서 특히 그들의 신분 지위가 새로운 도전과 자극을 받은 점에 대해 다뤄보고자 한다.

1. ____

소비의
사치 풍조

명말 사치 풍조의 형성에 대해서는 기존 연구에서 이미 다루어졌다. 사치 풍조의 형성은 시간 면에서는 명 정통正統 연간(1436~1449)에서 정덕正德 연간(1506~1521)부터, 공간 면에서는 경제가 가장 발달한 강남 지역에서부터 그 변화가 나타났다. 사치 풍조는 가정嘉靖 연간(1522~1566) 이후 점차 확연해졌으며, [강남 이외] 다른 지역도 만력萬曆 연간(1573~1619) 이후부터는 변화하기 시작했다. 경제가 비교적 낙후된 지역은 대도시를 중심으로 비슷한 현상이 나타났다. 강남은 사치 풍조의 시발점이라 말할 수 있다. 이에 대해 귀유광歸有光(1506~1571)은 강남 사회의 풍조 변화를 이렇게 말하고 있다. "무릇 도시에서 시작되어 나중에는 교외에까지 이르렀으며, 문인 집안에서 시작되어 나중에는 시민에까지 이르렀다.[1]

기존 연구에서는 명말 문헌에서 보이는 사치 행위가 의식주와 교통 등 일상생활에서도 나타났다고 지적했다. 명말 필기와 지방지 중 「풍속지」, 특히 강남 지역 관련 사료는 종종 이러한 일상 소비활동의 변화를 언급하고 있다(이 책에서 '강남' 지역은 명대 [강소성] 소주蘇州, 송강松江, 상주常州, 진강鎭江, 응천應天([지금의 난징南京], [절강성] 항주杭州, 가흥嘉興, 호주湖州 등의 여덟 부府를 말한다). 이에 명말 사치 풍조 현상에 대해 아래에서 개략적으로 설명하고자 한다.

음식의 사치는 연회에서 가장 잘 드러난다. 명 전기에는 연회 시 식재료를 그다지 중요하게 여기지 않아서 채소와 육류의 종류 및 양 또한 많지 않았으나, 명 중엽 이후 [식재료가] 점차 화려해졌다. 가정 시기 하양준何良俊(1506~1576?)*은 명초 송강부의 연회에 대해 다음과 같이 묘사한다. "단지 과일 다섯 가지, 육류 다섯 가지뿐이다. 귀한 손님이나 사돈이 방문할 때에만 새우, 게, 가막조개, 대합 등 서너 개를 추가하지만, 이 역시 한 해에 한두 번도 되지 않는다."²

그러나 명말에 이르러 상황은 달라졌다. "지금은 항상 연회를 벌이고, 차렸다 하면 육류 반찬이 반드시 열 가지는 된다. 게다가 산해진미를 늘어놓거나 먼 곳의 진귀한 음식을 구해와서 서로 만족스럽게 한다."³ 상류층의 연회는 더욱 사치스러워 명대 사조제謝肇淛(1567~1624)**는 이렇게 말한다. "오늘날 부잣집에서는 산속의 진미와 바닷속의 먹을 것까지 힘닿는 대로 구하고 남쪽의 굴 껍데기, 북쪽의 곰 발바닥, 동해의 전복 구이, 서역의 말젖까지 갖추었으니 진정 옛사람이 말하는 작은 천하를 갖추었다고 하겠다. 연회 한 번 여는 비용이 중간층의 가산을 다 털어도 마련할 수가 없도다."⁴

관리와 사대부의 연회는 고정된 형식으로 일회성이었지만 점차 빈번

---

* 명나라 관료이자 학자로, 자는 원랑元郞, 호는 자호거사柘湖居士다. 저서로는 『사우재총설』『세설신어보世說新語補』『하씨어림何氏語林』『청삼각집淸森閣集』『자호집柘湖集』 등이 있다.
** 만력 20년(1592) 진사. 자는 재항在杭, 호는 무림武林 또는 소초재주인小草齋主人으로, 만년의 호는 산수로인山水勞人이다. 벼슬하며 사천, 섬서, 호남, 호북, 광서, 광동, 강소, 절강 등지의 명산대천을 거치면서 작품을 남겨 민파閩派 시인의 대표가 되었다. 저서로는 『오잡조』『태모산지太姥山志』 등이 있다.

해졌고 연회 비용도 대단히 많이 들어갔다. 식재료도 육류뿐 아니라 희귀하고 진귀한 제비집까지 등장할 정도였다. 서계徐階(1503~1583)는 명말에 지부知府와 추관推官*이 순안巡按을 초대해 연회를 베푼 사례를 들어 말한다. "오늘날에는 태부太府[지부] 이하 모두 각각 연회를 열고 네 절추節推[추관] 또한 각각 답례를 한다. 무릇 성대하게 연회를 차리는 경우가 열리면 [답례 연회는] 그 열 배가 드니 비용을 감당할 수 없었다. [순안과] 전별할 때마다 제비집 요리 두 근짜리 한 접시가 들었다. 고을에는 이러한 요리가 매우 드물어 절추의 심부름꾼에게 사 오게 하여 연회를 치렀다."5 먹는 것뿐 아니라 음식 그릇에도 신경을 썼고 또한 배우의 공연을 여흥으로 삼기도 했다. 『명산장名山藏』에 가정 연간 전후 50년 동안의 사대부의 연회 변화에 대한 설명이 있다. "손님이 오면 거친 채소 반찬 네댓 가지에 고기 한 가지를 더 얹었는데, 아주 큰 만찬이다. 나무 의자로 둥글게 둘러앉아 한잔하고 '술친구陶同知'라 부른다. (…) 오늘날 사대부 집안에서 손님을 접대할 때는 음식이 백 가지가 넘으며 금과 옥으로 된 좋은 그릇을 쓰고 무희와 잘생긴 아이들을 두고 갖가지 현악기 소리를 요란하게 울린다."6

강남에서는 주택 역시 점차 화려해졌다. 명초 관리가 주거하던 집은 자못 소박했으나 명 중엽 이후에는 변했다. 상주부 강음현江陰縣을 예로 들면 다음과 같다. "국초에 민가는 일찍이 검소하고 소박하여 들보 다섯에 방 세 칸으로 매우 협소했다. (…) 성화成化 연간(1465~1487) 이후 부자들의 집은 분수에 지나쳐 제후의 집과 같았다."7 『명산장』에는 가정 연간의 변화를 기록하고 있다. "당시 사람들의 가옥 중 부자의 것은 불과

---

* 지부는 부府의 일급 행정 수장, 추관은 추국할 때 죄인을 신문하던 관원을 말한다.

工자형 8칸 혹은 움집으로 사방에 10채에 불과했다. 오늘날에는 중당重堂의 침상, 회랑의 계단, 정원 정자의 못, 금빛과 푸른색이 어우러져 이루 다 표현할 수가 없다."[8] 강남의 사대부는 이러한 풍조를 가져온 사람들이었다. 어떤 이는 다음과 같이 말했다. "관리가 저택 꾸미기를 좋아했으니 이 또한 폐단의 하나였다. (…) 관직을 그만두고 나이가 들어 주머니가 두둑해지면, 결국 토목공사를 크게 일으켜 잔뜩 사치스럽고 호화롭게 꾸밈으로써 [자신의] 뜻[욕망]을 드러냈다."[9]

일반 사대부들은 저택을 꾸미는 데 적게는 은 수십 냥에서 많게는 은 수백 냥을 썼다. 가장 사치스러운 것은 정원을 만들고 꾸미는 일이었다. 정원 하나 두는 데 적어도 은 1000냥이 들지만 많게는 [그 정원 하나로] 1만 금의 영예를 가질 수도 있었다. 하양준은 다음처럼 묘사한다. "무릇 집안에 천금이 쌓여 있으면 담과 집은 조금만 꾸미되 반드시 정원은 잘 꾸미고 싶어한다. 힘이 좀 있는 사대부 집안이라면 분명 [정원 꾸미는 것으로] 서로 이기고 싶어한다. 삼오三吳* 지역에서는 정원이 격자무늬로 배치되어 있어 시전과 민가를 태반이나 침범하고 있다."[10]

복식은 명 중기 이후 점차 사치스러워졌는데 건륭乾隆 시기(1736~1795) 『오강현지吳江縣志』에 명대 복식 풍조의 변화가 나와 있다. "명초에 마을에서는 풍속이 성실함과 소박함을 숭상하여" "백성들은 모두 띠풀로 지붕을 이었고 삼베치마와 가시나무비녀가 고작이었으며" "시집가고 장가들 때에도 은으로 장식하는 데 그쳤으며 겉옷 역시 생견을 사용하는 데 그쳤다."[11] 그러나 "가정 연간에 이르러 서민의 아내도 대부분 명부命婦[봉작封爵을 받은 부인]의 옷을 입었고, 부잣집에서는 또한 수두獸頭

---

* 오군吳郡, 오흥군吳興郡, 회계군會稽郡. 원래 회계會稽에서 나뉜 데서 삼오라고 한다.

[짐승 머리 또는 짐승 머리 모양의 무늬]를 수놓았다."[12] 가정 연간의 『태평현지太平縣志』에서도 명초의 태평현 상황을 설명하고 있다. "옷은 세포細布[올이 가는 삼베]와 토겸土縑[가는 실로 짠 비단] 정도에 지나지 않았다. 관리라 해도 고관대작이 아니면 저사紵絲[모시풀 껍질로 만든 실과 명주실을 섞어서 짠 겸직포兼織布]를 쓸 수 없었다. 여자들은 부지런히 실을 잣고 누에를 키웠으며 복식은 남자의 신분을 따랐다. 선비의 아내로 직위를 하사받지 않으면 장삼과 허리띠를 할 수 없었다."[13]

그러나 성화·홍치弘治 연간(1465~1505)에 이르러 이러한 풍조에 큰 변화가 일어나 고급 의복을 입는 것이 크게 유행했다. "남자 옷에 문양을 수놓고, 청색 견에 청색 명주를 덧대 '츤의襯衣[속옷]'라고 했다. 신발의 실도 호화로운 것을 썼으며, 여자들은 채색 비단옷에 금주金珠, 석산石山, 호백虎魄[호박], 취적관翠翟冠을 착용했으며 혼례 예복에는 장삼에 띠를 묶고 붉은 취장을 두르는 것으로 마감했다."[14]

가마는 원래 명청 시기 관청에서 삼품 이상의 고급 관원에게만 허가되었지만, 명 중엽 이후로는 일반인에게도 가마 타는 것이 점차 보편화되었다. 하양준은 거인이 가마를 타는 상황에 대해 이렇게 기록했다. "가마 옆에서 수행하는 이는 20여 명으로 모두 새 청색 포의를 입었는데 [그 규모가] 매우 성대했다." 또한 남경 무관이 가마를 탄 일에 대해서는 "길에서 휘장이 깔끔하고 호위 시종들이 성대한 교자를 보고 물으면 반드시 병마사[무관]의 교자였다"[15]라고 썼다.

다른 교통수단 역시 화려함과 안락함을 구하고자 했는데, 특히 여행 풍조가 성행하면서 놀잇배遊船도 갖가지 새로운 형식이 출현했다. 숭정崇禎 연간(1628~1644)의 『송강부지松江府志』에는 송강부 선박의 변화에 대해 언급하고 있다. "처음에는 화물선航船, 놀잇배游山船, 관선座船[관청에서 운영하는 배], 원양선長路船이 있었는데, 오늘날에는 낭선浪船[여객과 화물을 실어 나르는 배], 누선樓船[다락이 있는 배. 외관이 누각과 비슷해 이러한 명칭이 붙었으며, 주로 해전이나 뱃놀이에 쓰였다], 붉은 난간朱欄, 비취색 휘막翠幕, 그물淨如, 작은 오두막精盧이 있어 여행객들이 때때로 손님을 불러 그곳에서 연회를 베풀며 멀고 가까운 곳으로 다녔다."16 당시 송강부에는 원래 배의 종류가 많지 않았으나 후에 점차 다양해졌으며, 대부분은 바로 여유旅遊[여행과 유람] 목적의 배였다. 놀잇배로 가장 많이 불린 배의 명칭은 '화방畫舫'으로, '배우와 피리, 북을 싣고 주연酒筵을 하는 놀잇배'를 모두 이처럼 불렀다. (명나라 사람 전희언錢希言의 고증에 따르면, 두 배를 서로 나란히 엮은 것을 '방舫'이라 하는데, 당시 사람들이 모두 [용어를] 섞어 써서 모든 배를 방이라 칭하게 되었다.)17 화방은 항상 강남에서 상인들이 부를 과시하기 위해 전시하는 도구였다. 가장 좋은 예로는 남경 진회하秦淮河에 화방이 구름같이 모여들어 경관을 이루었는데, 사람들은 이를 '등선燈船'이라고 불렀다. "작은 화방은 40~50척 정도로, 조각한 난간이 둘러싸고 있고, 비취색 장막을 덮었다. 배는 스무 명이 탈 수 있고, 사람들은 북 치고 피리 부는 것을 연습하고 있는데 대부분 공연하는 사람들이다. 양쪽에는 양각등羊角燈*을 걸었는데, 대략 배 안의 사람 수만큼 걸려 있고, 장식용 술이 늘어서 있다. 끈으로 배를 연결하여 꼬리가 이어져 있으니 마치 [전체가] 하나의 배와 같았다."18 제4장에서 우리는 재산이 그리 많지 않은 사대부도 직접 놀잇배 혹은 화방을 구입하는 일을 예시로 삼았음을 알 수 있을 것이다.

---

* 양의 뿔을 고아서 만든, 투명하고 얇은 껍질을 씌운 등. 주로 귀족의 저택 문 앞에 걸어놓거나 외출할 때 사용했으며, 일반적으로 표면에 저택 주인의 성씨나 관직명을 써놓았다.

2.

소비사회의
형성

'사치'는 사회 풍조의 일종이면서 소비 행위의 일종이다. 소비문화의 각도에서 사치 풍조를 보면, 명말의 사치는 몇 가지 중요한 특징을 지니고 있다. 이와 같은 특징은 명말의 발전이 이전 시기를 뛰어넘었음을 설명해줄 뿐 아니라 명말이 바로 '소비사회'의 형성기였음을 보여준다.

1) 시장 구매율의 증가

명말의 사치 현상을 보면 사람들이 시장에서 [물품을] 구매하는 비율이 점점 높아지고 있음을 알 수 있다. 이는 당연히 생산력이 높아지고 시장 기능이 점점 성숙해진 것과 관련이 있다. 이에 대해 사조제는 북경 시장을 다음과 같이 회고한다.

스무 살 때 연경[북경] 시장에 갔었는데 없는 것이 너무 많아서 닭·거위·

양·돼지 외에 생선 하나를 얻으면 희귀품이라 생각했다. 20년이 지나니 생선과 게는 강남에서 흔해졌고, 바지락, 은어, 피조개, 대게 등은 시장에 겹겹이 쌓여 넘쳐나게 되었다. 이 역시 [이러한] 풍조가 남쪽에서 북쪽으로 왔다는 증거다.[1]

가금류, 가축류, 해산물 같은 식품뿐만 아니라 과거에는 가정에서 직접 만들었던 수많은 일용품이 [명말에는] 오늘날처럼 상품이 되어 일반인도 시장에서 손쉽게 구매할 수 있게 되었다. 명 고기원顧起元(1565~1628)은 『객좌췌어客座贅語』에서 명말 남경 성내城內 시장의 변화된 상황을 설명하고 있다. "근래에는 비단옷을 입고 명주 신발을 신는 사람이 많아지고, 포의를 입고 짚신을 신는 자들이 줄어드니 땔나무와 찧은 쌀 외에도 모든 물건을 다 거래소 공급에 의지한다."[2] 그래서 그는 상인이 아주 쉽게 부자가 된다고 말하고 있다. 청 진조범陳祖范(1676~1754)의 『진사업집陳司業集』에 보면 "여러 고로故老[경험이 많고 옛일을 잘 알고 있는 늙은이]에게 들었다"라는 기록이 있는데, 이는 소주부 상숙현常熟縣의 명말 청초 시기 풍속의 변화를 묘사한 내용이다.

예전에는 신과 버선을 집안 여자들이 만들었는데, 오늘날에는 여러 시장에서 두루 판다. 예전에는 찻집과 술집이 많이 없었고, 집에서 기름·창자·육포를 파는 사람들이 항상 팔리지 않을 것을 걱정했는데, 오늘날에는 거리마다 [찻집과 술집이] 넘쳐나고, [물품을] 아침마다 내다놓으면 저녁엔 눈 깜짝할 새 다 팔린다. (…) 옷과 신발은 점포에 있고 차와 술은 술집에 있어 예전보다 그 수가 나날이 늘어난다. 게으른 자들은 바느질을 하지 않아도 되고 밥도 지을 필요가 없고, 옷과 음식은 아주 신선하고 화려하니 풍속이 매우 사치스러웠다."[3]

인용한 문장은 상숙현의 소비 행위 변화를 지적한 것이다. 하나는 가정에서 직접 만들었던 신과 버선을 점차 시장 점포에서 살 수 있게 되었다는 점이고, 또 하나는 음식을 파는 찻집과 술집이 과거에는 그다지 많지 않았을뿐더러 손님이 오지 않을까 걱정했었는데 이후에는 우후죽순처럼 여기저기 생겨났을 뿐 아니라 늘 손님으로 꽉 찼다는 점이다.

복식에 대해서는 만력 연간 『양주부지揚州府志』에서 당시 시장과 상점에서 파는 각종 '건巾'의 형식과 다양한 양식의 모자를 설명하고 있다. "군의 성내에는 사방의 물품이 다 모여 있다. 보자기·건·머리띠를 임의로 괴상하게 만드는데, 시장에는 진건晉巾·당건唐巾·자미건紫薇巾·소요건逍遙巾·동파건東坡巾이 있어 종류마다 다 다른 것을 판다."[4] 명나라 사람 범렴范濂은 『운간거목초雲間據目抄』에서 송강부에서는 갖가지 형식의 신발과 버선을 파는 가게가 번창했다고 적고 있다.

마을에는 가죽신 가게와 짚신 가게가 전혀 없었는데, 만력 연간 이후 남자들이 신을 만들기 시작하여 점차 가볍고 예쁘게 만들더니 마을 동쪽에 가게가 넓게 여럿 들어섰다. (…) 의흥에 사씨 성을 가진 자가 송강부에서 손님으로 머물렀는데, 그가 조개풀로 신 입구의 거친 부분을 매우 정교하게 매듭짓자 귀공자들이 앞다투어 그것을 사려고 했다. 그래서 이것을 '사대포혜史大蒲鞋'라고 했다. 이후 의흥의 신발업자들이 대여섯씩 무리를 지어 마을에 가게를 열었는데, 이런 집이 수백여 곳이 되었다. (…) 송강부에는 예전에 버선 가게가 없어 여름에 털로 만든 솜버선을 신는 자가 매우 많았다. 만력 이후에는 자루로 여름 홑버선을 만들었는데 매우 가볍고 예뺐다. 이후 사람들이 멀리서 와서 다투어 그것을 사 갔는데 이 때문에 마을 서쪽 교외에 버선 가게 백여 개가 문을 열었다.[5]

숭정 시기 『태창주지太倉州志』에는 이런 기록이 있다. "주치전州治前과 병비도兵備道 서쪽 길에 술집이 줄줄이 생겨났는데, 그곳에서는 매일 배우를 선택해 노래 부르게 하고 술과 고기가 지천으로 깔려 있었다. 무릇 관가의 노비나 부잣집 하인이 가산을 털어 태반을 여기에 썼다."[6] 이를 통해 모자 가게, 버선 가게, 신발 가게, 술집 등이 명말 강남 대도시에서 매우 발달했음을 알 수 있다. 이처럼 상점과 시장의 발달은 소비자에게 수많은 편리함을 가져다주었다.

2) 사치품이 일상품으로

두 번째 특징은 과거 사치품으로 여겨지던 물품이 점차 일반 서민에게 일상품이 되었다는 점이다. 절강의 만력 연간 『소흥부지紹興府志』는 당시 상황을 이렇게 설명한다. "베옷은 입지 않았고, 채소를 먹인 물고기는 먹지 않았다. 사방에서 기이하고 아름다운 것만 애써 구하니 산해진미가 극에 달했다."[7] 이런 현상은 복식 소비에서 가장 현저했다. 명말 이후 소주부 상숙현 지방지에는 당시 의복의 옷감에 대한 기록이 잘 나타나 있다. "옛날 여염집 의복은 대부분 갈옷이었으나" "지금은 여름에는 깁옷[비단옷]을 많이 입고 겨울에는 종종 갖옷을 겹쳐 입는다."[8] 또 명대 가구 시장에서 고급 가구였던 '세목細木 가구'[우수하고 단단한 목재로 만든 일용 가구]는 명말에 이르러 일반인도 누구나 살 수 있는 가구가 되었다. 범렴은 다음처럼 말한다. "서탁이나 선의禪椅* 같은 세목 가구는 내가 어렸을 때 본 적이 없다. 민간에서는 은행잎 색이 도는 금칠한 네모난 탁자를 사용하는 정도였다."9 그러나 융경隆慶과 만력 연간 이후 세목 가구는 일반적인 물품이 되어 특수성을 잃었다. "부잣집 자제들은 호사스러워 거목椐木도 귀하게 여기지 않았다. [그들은] 침상, 장, 소탁자, 탁자 모두에 화리花梨, 영목癭木, 오목烏木, 상사목相思木, 황양목黃楊木을 사용했는데 극히 귀하고 정교하게 만들어 만금을 족히 들였으니 이러한 풍속이 한때를 풍미했다."10

사치스러운 의류와 장신구가 일상품으로 바뀌게 된 가장 큰 원인은 바로 매우 높았던 가격이 점차 일반 상품 가격으로 떨어졌기 때문이다. 예를 들어, 가정 연간 이전 송강부에서 성행했던 '와릉종모瓦楞騣帽'**는 가정 연간 초 생원이 쓰기 시작해 20년 뒤에는 부유한 백성까지 착용했지만 구매력이 있는 자가 여전히 매우 적었다. 이유는 와릉종모의 가격이 매우 비쌌기 때문인데, 만력 연간 이후에는 그 가격이 크게 떨어져 빈부에 상관없이 누구나 와릉종모를 쓰게 되었다.11 똑같은 상황이 절강 항주부에도 일어났다. 가정 중기 와릉종모는 가격이 4~5냥이나 되어 부자가 아니면 착용할 수 없었는데, 만력 38년(1610) 이후에는 가격이 불과 1~2전으로 떨어져 거지도 와릉종모를 착용할 수 있게 되었다.12

---

* 참선용 의자. 선사가 의자 위에 가부좌를 틀고 앉아 참선할 수 있다고 하여 이러한 명칭이 붙었다.
** 중국 남자 모자의 하나. 모자의 정수리 부분의 접힌 모양이 기와의 모서리瓦楞와 같아서 이런 이름이 붙었다. 고대에 서민들이 썼던 것으로 사대부의 네모난 모자와 구별되었다. 소나 말의 꼬리로 엮어 만들기도 했다. 가정 연간 초에는 생원들이 썼고 후에는 민간에서도 썼다.

3) 사치 소비의 보편화

명말 사치 풍조는 그 이전 시기의 사치와 구분되는 가장 큰 차이점이 있다. 바로 이전 시기의 사치 행위는 대부분 고관대작 혹은 대부호 같은 상층 사회의 극소수만이 행한 데 비해 명말의 사치 풍조는 사회 중하층에 널리 퍼져 있었다는 점이다. 만력 연간 『중수곤산현지』를 보면, 곤산현崑山縣은 옛부터 사람들이 일정한 자산만 있으면 사치를 하면서 절약하지 않았다고 한다. "오늘날은 또 예전과 비할 바가 아니다." "저택은 황궁을 좇아 화려하고, 복식과 음식은 풍성하지만 옛날에는 그렇지 않았다. 노복과 품팔이꾼까지도 아무렇지 않게 사치를 서로 뽐내니, 예법을 무시하고 분수에 지나치는 경우가 많았다."[13] 송강부 상해현上海縣 역시 "시정市井[저잣거리]에서 경박한 자들이 열다섯 명씩 무리를 지어 다니며 집안에 돈이 없어도 화려한 의상에 좋은 신을 신었다"고 했다.[14] 항주부 또한 "부와 신분을 따지지 않고 화려한 비단옷만 서로 바라보니, 가난한 자들조차도 무리해서 화려하게 장식하고 한껏 뽐내며 부유한 모습으로 꾸민다"고 했다.[15] 이를 통해 노비와 상인 및 시정의 소민은 물론 가난한 백성들까지도 상류사회의 사치 소비 형태를 모방하고 있음을 알 수 있다. 이어 李漁(1611~1679)는 『한정우기閑情偶寄』에서 다음처럼 말한다.

근래 가난하고 천한 집안에서 이따금 부잣집 흉내를 낸다. 부자들이 어쩌다 능라비단을 입으면 베옷을 천하게 여겨 부끄러워하며 반드시 능라비단을 구해 그것을 따라 한다. 부자들이 주취珠翠[진주와 비취]를 숭상하면 금과 옥을 예사로운 것이라 무시하고 가짜 주취로 그것을 대신한다. 매사에 이렇게 해 습관이 되었는데, 옛것을 숭상해서 새로운 것을 몰아낸다고 생

각하지 오늘날의 것을 만들어서 옛것에 반대한다는 것을 깨닫지 못한다.[16]

청대 섭몽주葉夢珠는 명말 청초에 송강부에서 복식의 내부 장식에 대한 사치를 서로 이기려 다투었던 원인을 회고하고 있다.

아마도 원래 사대부 집안에서 시작해 노비와 첩들도 이것(복식 내부 장식)을 모방했으며, 또 몰래 가져다 쓰다 친척들은 물론 그 이웃에까지 이르게 되었다. 부자들이 처음 기이한 것을 만들었고, 이후 그것이 이전보다 아름다우면 그것을 얻은 자는 분수에 지나치다고 여기지 않고 영예롭다 여겼고, 얻지 못한 자는 평안한 것이 아니라 부끄럽다 여겼다. 혹 그들 중에는 재산이 장신구 하나 살 형편도 안 되거나 일 년 수입이 옷 한 벌 만들 수 없을 만큼 여유가 없는 자들도 유행을 좇으니, 결국 돌이킬 수 없게 되어 세상의 도를 관장하는 이들에게 깊은 걱정거리가 되었다. 나는 어려서부터 (복식의) 내부 장식은 소박해야 한다고 들었다. 숭정 연간부터 점차 사치스러워져 오늘날에 이르러서는 사치가 분에 크게 넘치고 있다.[17]

위 인용문을 보면, 당시의 복식 풍조는 부귀한 고관대작의 영향을 받았고 이를 다시 그 집안의 처첩과 노비가 그들의 친척과 이웃에게 전파해서 일반 백성까지도 널리 모방해 사치스럽게 복식을 치장하려고 애썼음을 알 수 있다.

또 연회의 사치 풍조가 돈 있는 집안에도 영향을 끼쳐 저택에 손님들을 초대해 연회 벌이는 것을 따라 했으며, 심지어 중인도 이를 모방했다. 만력 연간 『가정현지嘉定縣志』에는 이런 기록이 있다. "부잣집에서 손님을 초대하면, 차린 음식이 매우 고급스러웠다. 산해진미는 매번 한 상 가득

했다. 중인들도 그것을 선망하며 따라 했는데 연회 한 번의 비용으로 매 번 수개월 치 음식값을 썼다."[18]

이러한 현상은 주거에서도 마찬가지였다. 일반 중산층 백성 가운데 재산이 좀 있다고 하는 사람들 역시 집 꾸미기에 돈을 썼다. 명 고기원의 『객좌췌어』에 정덕 연간 이전 남경에서는 집이 작아서 대부분 대청 뒤에 "간혹 호사가들이 나목羅木에 그림을 그렸는데, 대부분 소박하고 가지런하여 지나치지 않았다"[19]라고 기록하고 있다. 그러나 가정 연간 말에는 "사대부의 집은 말할 것도 없고 백성의 집도 세 칸짜리 집 객실에 천금을 쓰는 경우가 있으니, 집은 눈부시게 화려하고 지나치게 높이 솟아 있었고, 종종 겹처마 지붕에 동물 형상으로 장식한 용마루는 관아처럼 보였으며, 정원은 분수에 지나치게 공후를 모방했다. 아래로는 구란勾闌[기방]도 화려하게 장식하는 경우가 많았다"라고 하고 있다.[20] 정원을 지어 꾸미는 것 역시 더 이상 사대부만 독점하는 일이 아니었다. 명 하교원何喬遠(1557~1633)은 이처럼 말한다. "무릇 집안에 천금이 쌓여 있으면 담과 집은 조금만 꾸미되 반드시 정원은 잘 꾸미고 싶어한다."[21] 앞서 언급한 '세목 가구'라고 하는 고급 가구 역시 명말에는 점차 보편화되어 "융경·만력 이래에는 노비와 심부름꾼의 집이라 할지라도 모두 세목 가구를 사용했다"라고 한다.[22]

교통수단에서도 같은 현상이 나타났다. 명 중기 이후 무관이 문관의 가마를 모방했고, 미관말직의 벼슬아치도 가마를 탔으며 감생監生과 생원도 이를 모방했다. 그 외의 상인, 주인의 세력을 믿고 전횡하는 노복, 서리, 배우 등도 다투어 이를 모방했다. 명말 청초 일부 사대부들은 가마타기가 이미 "분수에 지나침이 끝이 없는僭濫之極" 배우들까지도 신분을 무시하고 가마를 탄다고 한탄했다. 공위龔煒(1704~1769?)는 『소림필담巢林

筆談』에서 다음처럼 말한다. "견여를 타는 일에 대해 옛사람들은 사람으로 가축을 대신한다고 여겼다. 그러나 경대부는 낙향해 있더라도 지위와 명망이 이미 높아 [가마를 이용하여] 마땅히 체통을 세워야 하므로, 이를 일러 분수에 지나침이 끝이 없다僭濫之極고는 하지 않는다. [그런데] 비천한 배우들마저 가마를 타고 공연하는 지경에 이르렀구나."[23]

4) 유행의 형성

명말의 사치는 이미 생계 소비의 차원을 넘어섰으며 좋아하는 소비 유형이 고정된 한편 끊임없는 변화를 추구하기도 했다. 남직례南直隸 응천부應天府는 육합현六合縣에 속했는데, 가정 연간 『육합현지六合縣志』에 그 지역의 복식 유행이 기록되어 있다. "사대부의 복식 외에도 민간의 복식 또한 장단과 높이에서 수시로 양식이 달라졌다."[24] 『객좌췌어』에서도 남경 부녀자의 복식 변화 속도에 대해 "삼십 년 전에는 겨우 십여 년에 한 번 변했지만" "근래에는 이삼 년도 못 되어 머리의 크기와 높이, 옷소매의 너비와 길이, 꽃비녀花鈿의 양식과 선염渲染한 얼굴색, 머리 장식, 신발끈 공예 등 변하지 않은 것이 없다"라고 기록하고 있다. 이처럼 머리 장식, 옷소매, 문양, 색깔 등도 변하지 않는 것이 없었다.[25] 서민 복식도 후대로 갈수록 소비자들이 좋아하는 형태로의 변화가 빨라졌는데, 이것이 바로 유행이 시대 풍조였음을 의미한다.

명말 복식은 각종 형식이 유행했는데, 일반 사인이 착용하는 모자를 예로 들면 당시 사람들은 이를 '건巾'이라고 불렀다. 섭몽주는 명말 청초에 위로는 관료 대신에서 아래로는 생원에 이르기까지 사각 방건方巾을 썼으며 "이후 건은 양식이 바뀌어서 혹 높거나 낮거나 방형이거나 편형이거나, 진대와 당대의 건을 모방하거나 혹은 시류에 따라 제작했고, 사대부가 아니라면 감히 착용하지 못했다"라고 했다.[26] 명말 모자의 유행양식은 매우 다양해 섭몽주가 말한 진건晉巾, 당건 외에도 한건漢巾, 제갈건諸葛巾, 순양건純陽巾, 동파건 등이 있었다. 이러한 건의 양식은 이전 시기에 이미 있었던 것인데 명말에 이르러 '복고' 혹은 '옛것을 즐기는' 풍조로 크게 유행했다. 양명건陽明巾, 구화건九華巾, 옥대건玉臺巾, 소요건, 사모건紗帽巾, 화양건華陽巾, 사개건四開巾, 용건勇巾, 능운건凌雲巾, 방산건方山巾, 정건靖巾 등과 같은 건의 양식은 명대에 새롭게 만들어진 것이다. 신 역시 빨리 변화하는 최신의 유행 양식을 추구했다. 『객좌췌어』에서는 명말남경에서 유행하는 신을 다음과 같이 묘사하고 있다. "발에 신는 신은예전에는 운리雲履, 소리素履가 유일했고 다른 형식은 없었다. 지금은 방형, 단검短臉, 구혜毬鞋, 나한羅漢 등이 있다."[27]

명말 복식의 변화는 현재 소위 '유행 의상'에 해당하는 옷을 출현시켰는데, 당시 "경박한 자들의 옷과 모자는 옛 법도를 모두 바꾼 것으로 이를 유행 양식時樣이라 한다"[28]라고 했다. 만력 연간 『통주지通州志』는 양주부 통주의 복식 변화에 대해 기록하고 있다.

오늘날 마을 자제들은 능라비단도 진귀하게 생각하지 않고 먼 오 지역의명주와 송대 풍격으로 낙타털로 짠 직물을 구하여 그중에서 비싸고 아름다운 것으로 옷을 만드니 바지와 버선 역시 다채롭다. 옷을 만들 때 치마를 길게 하고 깃을 넓게 하며 허리를 넓게 하고 잔주름을 잡아 매우 빠르게 변화하는 '유행 양식'이라 하니, 이를 소위 '복요服妖'(옷의 재앙)라 했다.[29]

"마을 자제들"이 먼 곳에 있는 "비싸고 아름다운" 희귀한 옷감을 구해 다시 "변화를 많이 주고는" 새롭고 기이한 양식으로 만드는데, 이를 '유행 양식'이라고 한다. 이는 바로 유행을 창조하고 유행을 이끌어나감과 동시에 대량 소비를 부추기는 동력이다(제3장 참조).

5) 신분제도의 붕괴

이러한 사치 풍조는 명 조정이 규정한 신분제도를 점차 와해시키고 있었다. 한대 이후 전통 시기 중국 정부는 사회질서의 안정을 위하여 예교제도의 틀을 통해 유가의 상하와 귀천을 구별해야 한다는 주장을 폈다. '높고 낮음을 밝히고, 귀함과 천함을 구별하는明尊卑 別貴賤' 예교제도의 틀과 규범은 사람들의 생활과 행동, 인간관계 등의 측면까지 두루 관련되었다. 역대 정사의 거의 모든 부분마다 「여복지輿服志」가 있는데, 역대 통치계급은 예교제도에 근거해 사회 각 계층의 소비 행위를 관리했다. 명조와 청조를 막론하고 신분제도를 법으로 명문화해 규정했다. 관리 품계와 공명에 따라 신분의 등급을 구분하고 소비를 어떻게 해야 하는지에 대하여 특수한 권리를 부여해 '높고 낮음을 밝히고, 귀함과 천함을 구별하는' 제도를 마련한 것이다. 명 태조는 예교 체제를 규정하여 관리의 관복·가옥·가마·채찍·휘장 등에 대해 효과적으로 "그 옷을 보고 귀함과 천함을 알 수 있고 그 용도를 보고 등급과 위엄을 밝힐 수 있는"[30] 이상적인 사회를 희망했다.

이와 같은 제도는 사회 변화가 완만하거나 혹은 정체되었을 때 비교적 어느 정도 유지될 수 있었다. 명초에는 법령이 비교적 엄격하고 또 생산력이 부흥하는 '성장기'였기 때문에 "땅은 넓고 인구는 적어" "사람들이 검소하고 소박한" 상황이 나타났다. 사람들은 그저 열심히 농사짓고 방직해서 노역에 참여했고, 또 소비할 능력이 없었기에 그러한 제도를 수행할 수 있었다.[31] 이처럼 명초에는 관청에서 정한 신분제도를 보편적으로 따랐고 신분을 뛰어넘는 상황은 거의 일어나지 않았다. 그러나 명 중엽 이후 민간의 경제력이 갑자기 좋아지자 점차 형성된 사치 풍조가 신분제도를 파괴했다. 가정 연간 『경현지涇縣志』를 보면, 경현은 명초에 전쟁에서 막 벗어나 땅이 넓고 인구가 적어 사람들이 검소하고 소박했으며 남자들은 농사를 짓고 부녀자들은 열심히 방직과 양잠을 했다. "옷은 거친 베옷만을 입고, 현달한 관리가 아니면 저사를 자주 입지 않았다. 거주하는 집엔 대청이 없었고, 오로지 높고 넓음만을 따졌다."[32] 그러나 성화·홍치 연간(1465~1505) 이후부터 변화하는데, "생산활동 기간이 오래되어 부역이 가벼워지고 비용이 줄어들어 백성의 자산이 늘어나자 점차 사치스러워"졌기 때문이다.[33] 생산활동 기간이 오래되어 백성들은 모아둔 재산이 아주 많아졌고 그들의 구매력과 구매욕은 이미 원래 관부에서 규범화한 소비 형식을 뛰어넘었다.

바로 이 때문에 우리는 수많은 사대부의 문헌에서 사치 현상에 대해 "분수에 지나친僭越" 혹은 "이루 말로 다 할 수 없을 정도僭擬不可言"라는 표현을 발견할 수 있다. 이와 같은 표현은 당시 일반 백성의 사치를 형용하는 것으로, 이는 원래 정부가 규정한 신분제도를 위반하는 것이다. 장한張瀚(1511~1593)은 『송창몽어松窗夢語』에서 "나라의 사대부와 부녀자의 복식은 모두 제도로 정해져 있다. 홍무洪武 연간(1368~1398)에는 율령을 엄격히 밝혔고, 사람들이 [이를] 유일한 법으로 받들었다. 사치스러운 풍조로 바뀌니 사람들은 모두 부유하고 사치스러움을 숭상하는 데 뜻을 두어 명확하게 금지했음을 다시 알지 못하고 모두 그것[사치 풍조]을 따랐다. (…) 오늘날 남자는 문양이 들어간 비단옷을 입고 여자는 금과 옥으로 치장을 하니, 모두 분수에 지나침이 끝이 없으며 나라에서 금하는 정도를 넘어섰다."³⁴ 가정 연간 『오강현지』에서 "사치 풍조 때문에 대부분 분수에 지나쳤다. 서민의 아내도 대부분 명부의 옷을 입었고 부잣집에서는 또한 수두를 수놓으니, 이를 바로 고칠 수가 없었다"라고 말하고 있다.³⁵ 명말의 서민 복식은 남자가 문양 있는 비단옷을 입든지 혹은 여자가 금구슬로 장식을 하든지 상관없이 모두 원래의 규범대로 정해진 제도를 더 이상 따르지 않았다. 심지어 평민 부녀자는 고관의 명부 복식과 분위기를 유행대로 모방했다. 여기에서 우리는 평민 복식에 유행하는 풍조의 형식 변화를 볼 수 있는데, 이미 "분수에 지나침이 끝이 없을僭擬 無涯" 정도다.

이러한 갖가지 선을 넘는 소비 현상은 원래 있던 신분제도에 충격을 가했고 그리하여 소위 '사치금지령禁奢令'이 선포되었다. 명 정부는 사치금지령을 119번이나 내렸다. 그중 헌종憲宗 성화 연간(1465~1487) 이전은 11번뿐이고 나머지는 모두 그 이후에 내린 것이다. 후에 사치 풍조가 더욱 성행해 금지령은 점점 형식적인 규정으로만 남았다.³⁶

6) 사치에 대한 새로운 관념

명말 사대부의 풍속에 대해 논의할 때, 사치 관념은 중요한 초점이 된다. 전통적인 '검소함을 숭상하고 사치스러움을 무시하던崇儉黜奢' 관념은 명말에 새로운 화두로 출현했다. 지식계층에서 출현한 '사치 숭상'에 대한 논의는 명말 상품경제의 발전에서 비롯한 새로운 소비 관념이었다.[37] 사치관의 논쟁은 항상 강남의 도시에서 대중의 '유람활동游觀', 즉 묘회廟會,* 등시燈市,** 봄나들이 등을 예로 들었기에, 여기에서도 유람활동을 중심으로 사치 관념의 변화를 살펴본다.

　관리와 사대부들은 [유람활동에] 부정적 견해를 나타냈는데, 그들은 전통 경제 관념 속의 '본말론本末論'에서 이러한 여가활동은 결코 좋은 풍속이 아니라고 여겼다. 장한은 『송창몽어』에서 다음처럼 묘사한다. "우리 절강의 풍속에 등시의 화려함은 천하 제일이며, 사람들은 이를 원래 그런 것으로 여겼다." 이어서 그는 절강의 등시는 사치가 너무 지나쳐 후환이 있을 것이라고 비평하며 이런 오락활동을 "말단을 쫓는 것"이라 여기고 있다. 강남 도시 내에 이와 같은 사치가 지나치게 기승을 부려 농업 생산 같은 '본'업에 영향을 끼쳤기에 지방관은 [그러한 사치를] 더욱더 금지했다. 지방관이 [사치를] 금지하지 않으면 "사치와 화려함을 좋아함으로써 눈과 귀가 연회와 나들이의 쾌락에 빠져" 국가와 민생에 해를 끼칠 것이다. 이는 바로 소위 "오늘날의 세상 풍조가 상하 모두에게 해가 될 것이다!"라고 한 상황이다.[38] 또한 관리가 재정 세수를 하는 입장에서 비평한 것도 있다. 내각수보內閣首輔 신시행申時行(1535~1614)은 『오산행吳山行』에서 소주는 9월에 높은 곳을 찾아 올라 유람하는 풍조가 유행했다고 하는데 사대부와 일반 백성이 모두 이에 적극적으로 참여했다고 한다. 그러나 신시행은 글에서 노인의 말을 빌려 이렇게 말하고 있다. "온 나라가 미친 듯이 부질없이 사치를 부려 해가 다르게 창고와 궤짝에 물품이

---

* 사원이나 사당 부근에 모여 제사와 오락 및 상품 매매 등의 활동을 하는 명절 풍속. 묘시廟市, 절장節場이라고도 한다.
** 등롱燈籠을 파는 시장.

부족해졌다. 현의 관리들이 부역과 조세를 늘리니 여염집의 궁핍한 상황을 어느 누가 긍휼히 여길 것인가. 베틀의 굴대가 텅 빈 것[베틀이 놀고 있는 것]이 더욱 한탄스럽도다."[39] 이러한 유람활동이 너무 사치스러워 낭비가 심해져 관부와 백성들의 저축이 적어지고 하루아침에 지방정부가 세금과 부역을 증가시키니 사람들은 이를 부담할 능력이 없어 나라의 근간이 동요될 수밖에 없었다.

그러나 사대부들은 그렇게 생각하지 않았다. 그들은 유람활동의 흥성이 좋지 못한 것이라고 여기지 않았다. 강영과江盈科(1553~1605)*는 「유호구기游虎丘記」에서 자신과 임실참任實驂이 함께 호구**로 놀러 갔을 때를 기록하고 있다. 그는 "비늘과 같은 화선畫船[화방]들에서 악기 소리 물 끓듯 일어나고 도성의 남녀들은 아름답게 차려입고 각기 술과 고기를 가져와 악기를 타고 바둑을 두고 도박을 하고 주사위 놀이를 하는" 풍경을 보았다. 임실참은 강영과에게 소주에서 5~6년 전에 대기근이 발생해서 "해마다 곡식이 자라지 않아 쌀이 진주처럼 귀하니, 백주대낮에도 쌀을 들고 저잣거리를 지나가면 건장한 남자들이 쫓아와 팔을 비틀어 식량을 빼앗아갔다. 남자들은 사람을 팔아서야 비로소 조 한 되를 얻었다. 노인, 병자, 아이, 허약자 중에서는 죽은 자가 속출했다"고 말했다. 그러나 불과 몇 년 지나지 않아 다시 번영하여 "오늘날 피리 소리와 북소리가 나는 화선이 앞뒤에 맞닿아 있고" "기장의 싹이 푸릇푸릇하고 여리게 나서 농부 삼대가 춤을 추고 풍년을 기뻐했다." 그래서 그들은 감개무량하여 말했다. "예전에 왜 힘들었고, 지금 왜 즐거운지" "유일하게 나와 너만이 옛날의 고통을 추억하고 오늘날의 즐거움을 누리고 있구나."[40] 강영과는 유

---

* 만력 20년 진사. 자는 진지進之. '공안파'의 주요 성원.
** 태호에 있는 동정서산과 동정동산, 동산洞山과 정산庭山을 합쳐 부르는 용어.

람 풍조가 점점 흥성해짐을 통해 옛날의 고통과 오늘날의 즐거움을 대조하고 있다. 그의 관념 속에서 유람 풍조의 흥성은 바로 태평성대의 풍경이었던 것이다. 또 전여성田汝成(가정 5년[1584] 진사)은 저서 『서호유람지西湖遊覽志』 「서序」에서 이 유람 관련 서적을 썼을 때 사치 풍조를 조장했다는 비판을 받았다고 술회하고 있다. "내가 이 책에서 노는 일과 가무에 대한 이야기를 많이 써서 욕망을 부추기고 사치를 선동해 교화에 도움이 되지 않는다고 흠을 잡았다." 그러나 전여성은 그렇게 보지 않았다. 그는 항주 서호*의 유람활동이 번성했던 것 자체는 사실이라고 여겼다. "노는 일과 가무에 대한 이야기를 꺼려하여 그럴듯한 장면을 꾸미는 것은 더욱 거짓을 부추길 뿐이니 사학자는 하지 않는 일이다."[41] 그는 또 유람활동에 결코 부당한 점이 있다고 여기지 않았다.

'사치 숭상' 논의를 언급한 지식계층 가운데 가장 유명한 이는 바로 강남 문인과 상인의 배경을 모두 갖춘 육집이다. 물론 육집의 주장은 사실 어떤 부분에서는 전통 관념의 연장이기는 하다. 그는 사치 금지를 반대해 북송 범중엄范仲淹(989~1052)이 절서를 다스릴 때 삼은 '놀이를 권장하는遊嬉' '공진工賑' 정책을 계승했다. '부자들에게 돈을 걷어서 가난한 자를 도와준다는損富益貧' 육집의 주장 또한 『맹자』의 "서로 생산한 물건을 바꾸어 남는 것으로 부족한 것을 보충해야 한다"[42]는 견해를 넘어서지 못했다. 그러나 부인할 수 없는 것은 육집의 수많은 주장이 당시에는 모두 새로운 관념으로 여겨졌다는 점이다. 예를 들면, 육집은 개인은 마땅히 전체 국가경제와 분리해서 논의되어야 한다고 보았다. 그는 술집과 배우, 직조장 등의 '말업末業'에 대한 긍정과 '사치는 민생에 도움이 된다奢

---

* 원래 전당강錢塘江과 서로 연결된 해안의 포구였는데, 진흙과 모래로 막혀 육지의 인공호수로 조성되었다. 중국의 10대 명승지.

易治生는 주장', 또 여기에서 파생된 '부를 보존하는保富' 관념 등을 인식하고 있었다. 『겸가당고兼葭堂稿』에서 그는 유람활동의 긍정적인 작용을 언급하고 있다.

소주와 항주의 호수와 산만 가지고 얘기해보면, 그곳에 사는 사람은 때맞춰 유람하는데 유람에는 반드시 화방, 진수성찬, 좋은 술, 가무가 있어야 하니 가히 사치라 할 수 있다. 가마꾼, 뱃사공, 가동, 무기舞妓 등 호수와 산에 기대어 먹고사는 자들이 몇이나 되는지 모른다. (…) 이렇듯 양식과 고기를 사치하면 농부와 백정도 이익을 나누어 가지게 되고, 화려한 비단을 사치하면 상인과 직조하는 자도 이익을 나누어 가지게 된다. 이는 바로 『맹자』에서 말한 "서로 생산한 물건을 바꾸어 남는 것으로 부족한 것을 보충해야 한다"와 같다.[43]

육집은 소주·항주의 유람활동에 대해 표면적으로는 사치로 보았지만, 이와 같은 사치 소비는 오히려 많은 이에게 취업의 기회를 제공한다고 여겼다.

이후 끊임없이 유사한 논점이 제기되었다. 만력 연간 왕사성王士性 (1547~1598)*은 『광지역廣志繹』에서 항주의 '유람'에 대해 [육집과] 유사한 견해를 제시한다. "유람은 비록 소박한 풍속은 아니지만 서호는 이미 유람지가 되어 백성도 이에 의지해 이익을 낸다. 매일 천금 이상이 되니 관리가 때때로 그것[유람]을 금지했는데, 원래는 풍속을 바꾸고자 한 것이

---

* 만력 5년 진사. 자는 항숙恒叔, 호는 태초太初. 여러 관직을 거쳤으며, 유람을 좋아해 가는 곳마다 정확한 고증에 힘썼다. 중국 인문학의 개산조사開山祖師로 평가된다. 저서에 『오악유초五岳遊草』, 12권, 『광유지廣遊志』 2권, 『광지역廣志繹』 5권, 『옥현집玉峴集』 등이 있다. 『광지역』은 가치가 높은 인문지리서다.

다. 그러나 어부, 뱃사공, 예인, 장사치, 술집 주인은 모두 그 본업을 잃었으니 [유람 금지는] 이러한 사람들에게는 도움이 되지 않는다."[44] 왕사성은 '유람'과 같은 사치스럽고 낭비로 보이는 풍속이 오히려 그곳 사람들에게 아주 많은 취업 기회를 주기에 근본적으로 그것의 금지를 강화할 필요가 없다고 생각했다. 섭권葉權(1522~1578) 역시 『현박편賢博編』에서 항주 서호의 예를 들어 "항주의 사치는 전씨錢氏 때 이미 그러했고 남송은 더욱 사치스러웠으니 유래가 있는 것이다. 도시 사람들城中人은 농사짓는 일을 하지 않고 백성들은 장사해서 먹고사니 일 년의 계획을 서호에 의지한다. 모든 사람의 분묘는 두 산에 두었고 사방의 손님들은 서호의 풍경을 갈망하여, 놀이를 금지하면 백성은 생계가 끊긴다." 섭권은 항주와 그 부근 주민이 관광 여행객의 소비에 기대어 생계를 도모한다고 여겼다. 하루아침에 관광을 금지하면 오히려 백성의 생업이 없어진다는 얘기다. 과거 전쟁이 날 때마다 서호의 관광업이 쇠락해 백성의 생계가 곤란해졌는데, 이는 결코 태평성대의 광경은 아니었다. 그래서 그는 또 "내가 어렸을 때 보니 놀면 놀수록 번성해져 소민은 점차 안락해졌다. 어찌 이를 금지하겠는가?"라고 했다.[45] 섭권 역시 관광업이 더욱 발전하고 사치스러워질수록 좋은 현상이라고 여겨 왕사성과 같이 이러한 활동을 정부에서 금지해야 한다고는 주장하지 않았다.

7) 결론

위에서 말한 여러 사례와 유사한 현상이 송대, 특히 남송의 항주 일대에 이미 일어났지만, 자세히 보면 송과 명말의 상황에는 분명히 매우 큰 차이가 있다.[46] 일본 학자 시바 요시노부斯波義信의 연구에 따르면, 송대 일반 대중의 소비는 쌀, 땔감, 기름, 소금, 차, 술, 생선, 소수 대중의 옷감 등 기본 일상 필수품을 중심으로 확대되고 또 '다양화'되어 사람들의 시장에서의 구매력이 커졌음을 보여준다. 그러나 명말에는 시장에서 제공하는 소비품이 음식과 옷감류의 일상 필수품에 그치지 않고 신발·의류·모자 등으로 늘어나 다양화 면에서는 송대를 훨씬 뛰어넘는다. 시바 요시노부는 또 송대의 사치를 '대중화'의 경향이 있었다고 지적한다. 즉 사치 풍조는 궁정과 사대부계층에서 일반 백성으로, 중앙에서 지방으로 점차 침투되었다는 것이다. 그러나 침투된 정도를 명말과 비교해보면 송대에는 실제 사치 풍조가 '중간층 혹은 평민 가운데 조금 살 만한 자'에까지 널리 퍼져 있었다는 사료가 매우 적다. 또한 지역을 논함에 있어서도 북송 개봉開封과 남송 항주 등 거의 수도에 집중되어 있었다. 그래서 사치 소비의 사회계층 보급 정도와 지역 확대에 대해 논해본다면, 송대는 명말에 비교할 바가 전혀 아니다. 확실히 송대도 명대와 같이 수많은 사치금지령이 내려졌지만, 송대에는 주로 금은진주와 장식의 사용을 금했고 서민이 '분에 넘치게 사용하는' 것을 제재하는 금지령은 결코 많지 않았다. 송대에는 통치자의 경제적 고려가 신분 등급제의 유지 목적을 훨씬 뛰어넘었다. 더구나 금지령에서 제기한 '사인과 서인의 사치를 금지한다'는 류의 공식 담론은 결코 일반 백성이 사치 소비를 행할 능력이 있었음을 증명하지 않는다.[47] 사치품이 보급되어 일상품이 된 예는 송대에 거의 없었다. 더욱이 유행의 형성과 육집이 주장한 '사치는 민생에 도움이 된다'는 주장은 송대에는 일찍이 없었던 새로운 변화이자 관념이었다. 정리해서 말하자면, 위에서 밝힌 명말 변화의 특징 중 일부분은 이전에는 볼 수 없었거나 꿈도 꾸지 못했던 것이다.

영국 사학자 매켄드릭 등이 제기하는 소비혁명론은 18세기 영국에서 독특한 '소비혁명'이 출현했음을 주장한다. 그들은 18세기 영국인의 구매와 그들이 소유한 물품 수량이 전에 없던 수준이라 사람들의 시장 구매율이 증가하고 사치품도 일상품화되었다고 언급한다. 과거 부자들만 가질 수 있는 물건이 18세기에는 더 이상 일반인이 가질 수 없는 몽상의 것이 아니었다는 주장이다. [매켄드릭 등에 따르면] 하층사회라 하더라도 과거 상층사회가 소비하는 물품을 살 수 있는 능력을 가지기 시작했다. 따라서 더 많은 사람이 상류층의 소비 행위와 소비 성향을 모방해 사회적 경쟁을 이루어 유행이 빠른 속도로 변하고 시류를 따라가는 추세를 형성했다. 이와 같은 특징은 또 당시 소비 능력이 확대됨에 따라 전에는 없었던 하층사회까지 침투하는 소비 경향을 만들어냈고 경제에도 유례없는 영향을 끼쳤으니, 이를 소위 '소비사회'라고 불렀다. 이처럼 세계 최초의 소비사회는 영국에서 일어났고 또 그것은 산업혁명의 도래를 위한 밑받침이 되었다. 이 밖에도 영국의 18세기 소비혁명은 17세기를 기원으로 하는 지식계의 논쟁과도 관련이 있다. 1690년대 지식계에서는 이미 사치관에 대한 논의를 제기해 18세기 하반기에 이르면 혁명적인 소비관이 널리 받아들여진 것이다.[48]

그러나 위에서 말한 현상은 명말 시기에도 나타났다. 이 장에서 명말 소비 현상의 특징으로 시장 구매율의 증가, 사치품의 일상품화, 사치의 보편화, 유행의 형성, 신분제도의 붕괴, 사치관의 신개념 등을 들었는데, 과거에 사치로만 여겨졌던 사회 풍조가 명말 시기에 출현한 것은 중요한 역사적 의미를 반영하는 것이다. 이전의 중국에서도 대대로 사치 현상이 출현했었지만 이는 대부분 통치계급이나 부유층에 국한되었다. 명말 사치 풍조에 이르러서야 비로소 사치 현상이 처음으로 사회 하층계급에까지 파급된 것이다. 명말에 사치 풍조가 성행하면서 지식계에서도 사치에 관한 새로운 서술이 출현했다. 과거에 이미 여러 학자가 육집의 주장을 18세기 영국 버나드 맨더빌Bernard de Mandeville(1670~1733)의 『꿀벌의 우화: 개인의 죄악 혹은 대중의 이익The Fable of the Bees: Or Private Vices, Publick Benefits』*과 비교했는데, 이 시기 중국과 서양의 소비 사상은 그 내용이 아주 비슷하다. 그러므로 명말을 중국의 첫 '소비사회'가 형성된 시기로 보는 것이 지나친 시각은 아닐 것이다.

---

* 국내에서는 『꿀벌의 우화: 개인의 악덕, 사회의 이익』(최윤재 옮김, 문예출판사, 2011)으로 출간되었다.

3. _____

소비사회의
흥성 배경

명말의 소비사회 현상은 어떻게 형성된 것일까? 과거의 연구는 이 문제에 대해 전혀 깊이 검토하지 않았다. 당시의 사회적·경제적·사상적 배경을 분석한다면, 적어도 아래 네 방면에서 소비 풍조와 소비 대중의 형성을 이끌어냈음을 충분히 알 수 있을 것이다.

1) 상품경제와 국내외 시장의 확장

명초에는 국민의 부담을 줄이고 생활을 안정시키면서 원명대에 일어났던 전쟁으로 인한 파괴를 회복하는 과정을 거친다. 명 중기 이후 경제 생산력의 회복을 제외하고 소비사회 형성을 촉진한 최대의 원동력은 바로 상품경제의 발전으로, 상품경제의 발전은 시장의 확대에서 그 실마리를 찾을 수 있다.

과거 중국 경제사학계가 주목했던 초점 중 하나는 바로 중국이 아편전쟁에서 패하고 서양에 의해 개방되기 전에 이미 전국적 시장을 형성했었는가였다. 중국 학계와 외국 학계를 막론하고 이 문제를 둘러싼 논쟁이 벌어졌다.[1] 다시 과거의 논쟁을 돌이켜보면 수많은 다른 견해는 때때로 다른 시대를 기반으로 하고 있다. 중국 학자들이 주장하는 '만력에서 건륭까지' 혹은 서양 학자들이 항상 사용하는 '제국 말기Late Imperial China' 같은 명칭은 명말과 청의 전성기 두 시기를 정확히 구분해주지 못한다. 명말과 청 전성기 간의 발전 정도 차이를 자세히 살펴보면 사실상 '전국적 시장' 형성의 경향을 보이는 수많은 요소가 청의 전성기에 와서야 분명하게 나타났음을 발견할 수 있다.[2]

명말 국내 시장의 발전은 한계가 있긴 하지만 그 이전을 넘어서는 많은 특징이 있다. 명 가정·만력 연간 이후부터 수많은 상품이 이미 여러 지역을 넘나드는 시장에 진입했음을 볼 수 있다. 명말 지방지에서는 각지의 비교적 유명한 시장이 모여 있는 장소를 발견할 수 있다. 가정 연간 『하간부지河間府志』의 북직례北直隸 하간부 시장과 만력 연간 『연서鉛書』의 강서성 광신부廣信府 연산현鉛山縣에 대한 기록을 보면, 그곳에 모이는 상품은 그 종류가 많을 뿐 아니라 대부분 전국 각지에서 온 것임을 알 수 있다. 또 장거리 무역에 대해 말하자면, 명대 장거리 무역 상품은 소수 부잣집에서 소비하는 사치품과 생산품에서 백성들의 생필품 위주로 바뀌었고 또 양식·소금·면화·면포·실·방직품 등을 포함하는 공산품이 끊임없이 시장에 유통되었다. 국내 무역은 이미 지역 분업이라는 특징을 보일 만큼 발전했다. 동남 연해의 강소성, 절강성, 복건성, 광동성 등은 수공업 제품과 고소득 작물로 유명했다. 생산품은 내륙의 각 성으로 운반되었고 내륙의 호광湖廣[호북과 호남], 강서 등의 성은 이를 양식으로 교환했다. 수많은 농촌의 농민은 상품경제의 발전에 따른 시장의 이윤이라는 유인誘因으로 생산된 양식, 고소득 작물, 수공예품을 시장에 내다 팔

아 직접 시장경제에 개입했다.[3]

이러한 명말의 경제 발전은 당시 중국이 이미 시장경제에 완전히 도달했음을 의미하지는 않으며 전국적 시장이 형성되었거나 자본주의가 출현했다고 판단하기도 어렵다. 학자들은 장거리 무역과 그 상품들이 전체 시장 교역의 비중에서 아직 제한적이었다고 지적한다. 또한 당시 시장은 여전히 많은 한계가 있었는데, 브로델이 말한 시장경제와 차경제次經濟(자급자족, 소규모 교환)는 공존했으며 서로 의존적이었다.[4] 그렇다고는 해도 명말 국내 시장의 발전으로 인해 이전에 없던 소비자가 시장에서 물건을 구매하는 비율이 높아지는 상황이 출현했음을 부정할 수는 없다.

소비 수요의 증가를 연구할 때는 국제무역 부분을 반드시 고려해야 한다. 명대 중기 이후 대외무역에 관한 연구 성과는 이미 명 정부가 '문을 닫아걸었다'는 과거의 판에 박힌 인상을 수정했다.[5] 가정 연간에서 만력 연간 동남 연해 지역의 대외무역 활동은 이미 관방 조공무역의 제한을 타파했고 민간의 개인 해상무역이 빠르게 발전했다. 중국 연해 상인과 동아시아 국가 무역 상품 가운데 중국의 수출품은 방직품, 생사, 차, 도자기 등이며, 수입품은 식품(상어지느러미와 제비집 등), 향료(소목蘇木, 후추 등), 목재, 무소뿔, 상아 등이다.

특히 서양에서는 포르투갈·스페인·네덜란드 등의 나라가 16세기경 차례로 동아시아에 와서 중국 상인과의 무역에 종사하는데, 사실 그들도 동남아시아의 무역 주도권을 쟁탈하러 온 것이었다. 중국은 이 시기 세계경제world economy 체제에 진입했다고 할 수 있다. 브로델 같은 과거 몇몇 중요한 서양 학자의 연구에는 다른 문명들을 불변하는 '전통'적인 문명으로 보고 있는데, 이매뉴얼 월러스틴Immanuel Wallerstein의 '세계 체제' 이론world system theory 역시 마찬가지로 유럽을 중심으로 삼고 있다. 근래 어떤 학자들은 위 두 학설이 초기 국제무역 체제에서 유럽이 야말로 변경에 있었고 중국이 오히려 중심에 있었음을 무시했다고 비판한다. 중국의 대외무역 흑자는 중국이 최대 생산력과 경쟁력, 중심적 위치를 갖추고 있음을 보여준다. 명청 시기 중국의 대외무역은 동남아 향료 무역을 위주로 하여 유럽인과의 무역에는 결코 그리 큰 관심이 없었다. 유럽인은 단지 일찌감치 발달해서 만들어져 있던 무역 네트워크에 개입했을 뿐이다.[6] 중국 생산품에 대한 서양인의 수요가 매우 크긴 했지만, 서양 생산품에 대한 중국의 관심은 은에 집중되어 미주의 백은이 대량으로 중국에 유입되었다. 또한 일본과의 무역으로도 백은이 유입되어 명말 경제 발전에 상당한 영향을 끼쳤다.[7]

대외무역은 명말 경제에 몇 가지 영향을 끼쳤다. 우선 대외무역의 확대로 국내 수공업자와 농민이 이익을 꾀할 수 있었다. 대외무역은 특히 당시 수공업과 면사 생산의 중심지, 즉 강남 지역의 전문화와 상품경제 발전을 이끌었다. 또한 상품의 생산을 촉진해 물가 인하에 유리하게 작용했다.[8]

또한 백은이 지속적으로 유입되면서 중국의 화폐 공급량이 대폭 증가했다. 화폐 공급의 증가는 화폐경제 발전에 중요한 작용을 했다. 화폐는 상품 유통에 도움이 되어 명말 상품경제의 발전, 장거리 무역, 국내 시장의 발전에 긍정적인 영향을 끼쳤다.[9] 사학자 윌리엄 S. 애트웰William S. Atwell은 다음과 같이 말한다. "(명말에는) 광산업이 억제되었고 또한 동전 주조의 문제가 중국을 지속적으로 곤욕스럽게 했기 때문에 당시의 화폐경제는 상당 부분 수입한 백은에 의존할 수밖에 없었다. 백은으로 화폐 공급을 증가시켜 교역과 소비자의 믿음을 유지시킬 수 있었다."[10] 국내 소비자에 대해 언급하자면, 동남아와 일본의 물건이 대량으로 중국에 유입되면서 소비 물품이 더욱 다양해져 중국인의 소비 취향을 바꿔놓았다. 명말 사대부는 일본이 만든 가구와 향품香品을 대단히 애호했다.[11] 이 또한 상품의 수량이 많아져 과거에는 사치품이었던 물건도 가격이 낮아질 수 있었다. 제비집과 상어지느러미 같은 과거에 희귀했던 식재료는 명말에 이르러 연회에 빠지지 않는 좋은 요리가 되었고, 앞서 언급한 배경에서 크게 벗어나지 않는다.

소비 수요의 관점으로 과거의 연구 성과를 새롭게 검토해보면, 명말 시장 및 상품화의 발전과 소비 수요의 확대는 서로 불가분의 관계임을 확신할 수 있다. 수요와 공급이 일정 정도의 발전과 평균에 이르지 못하면 시장은 확대될 수 없다. 명말 시장이 확대된 배경에는 수요와 공급 양 측면의 증가와 발전이 반영되어 있다.

2) 도시화의 성장

어떤 학자가 명청 경제에 관한 연구를 비판할 때 상품 공급의 측면만을 중시한다면, 이는 중국에는 수요가 무한대인 어떤 시장이 존재하며 상인이 상품을 제공하기만 하면 그에 상응하는 시장의 수요가 생긴다고 상정하는 듯하다. 이것은 연구 방법상의 심각한 오류다.[12] 명말 시장의 수요와 소비 측면이 확대된 원인을 다시 추적해본다면, 우리는 소비 대중의 확대라는 답에 도달할 수밖에 없다. 그렇다면 명말 소비 대중의 확대는 어떻게 형성되었을까? 도시사 연구 역시 이에 대한 중요한 배경을 제공해준다.

과거의 어떤 학자는 남송 이후부터 19세기 사이 중국 도시 인구 증가의 속도 하락이 극점(10퍼센트 이하)에 다다라, 도시 인구가 총인구에서 차지하는 비중이 장기적으로 하락했다고 본다. 또한 도시 인구는 대도시가 아니라 소도시에 집중되었다고 한다.[13] 그러나 최근의 연구는 이 시기의 도시화가 이미 지속적으로 확대되고 있었으며, 특히 강남의 도시화는 계속 발전하고 있었음을 보여준다. 학자들은 강남의 도시 인구 비중을 다시 계산해 17세기에는 약 15퍼센트, 18~19세기에는 19~20퍼센트까지 높아졌다고 본다. 리보중李伯重은 강소 강남 지구의 도시 인구 비중을 명말인 1620년에는 15퍼센트, 청대에는 20퍼센트로 계산하고 있다. 차오수지曹樹基는 강소 강남 지역의 인구 비중을 명말 15퍼센트, 청대 16.3퍼센트로 추산한다. 두 학자의 명말 강남 도시화 비율은 모두 15퍼센트이며, 청대의 비율은 조금씩 다르지만, 대체로 전자[리보중의 추산]가 후자[차오수지의 추산]보다 조금 높은 것으로 나타난다. 이후 룽덩가오龍登高는 청대 중엽 강소 강남의 도시 인구 비율을 19.2퍼센트로 수정했고, 류스지劉石吉는 건륭 연간 『오강현지』 시진의 호구 기록에 따라 강남 소주 일대의 시진 인구수를 총 인구수의 35퍼센트로 계산하고 있다. 이들이 제시한 강남 도시화 정도는 모두 과거 외국인 학자 길버트 로즈먼Gilbert Rozman과 G. 윌리엄 스키너G. William Skinner의 연구보다 7퍼센트 더 높게 나타난다.[14] 강남 도시화 현상은 도시 인구와 시진 인구의 급속한 증가 외에 도시 내 건축 밀도의 증가를 불러와 거리가 좁아지고 하수도가 막히는 현상이 일어났다. 그러나 인구는 도시에서 성 밖 일대까지 확대되었고, 시진 외곽 지역의 규모 역시 변화가 컸기에 '주민 만 세대居民萬家'라는 주장이 있다. 학자들은 그것을 '소주항주형 도시蘇杭型城市'라 칭하며 발전의 원인을 주로 공상업工商業의 발전에서 찾는다.[15]

강남의 도시화 원인이 공상업의 발전인 만큼 도시 내의 사회 구조 역시 상황에 따라 변했다. 당시 도시화로 증가하는 인구의 대부분은 외지에서 온 장인과 상인들이었다. 도시 안 역시 사대부 출신의 상인과 부유한 백성들의 이주지가 되었다. 송강부 지역은 이전에 "시골 사대부들이 대부분 성 밖에 거주했는데" "지금은 반드시 성안에 거주한다"[16]라는 기록을 볼 수 있다. 이 또한 과거 일본학자가 말하는 '향신론郷紳論'과 관련해 토론이 벌어진 내용 중 하나다.[17] 이러한 향신*의 도시 거주화 현상은 명에서 청으로 넘어간 이후 더욱 뚜렷해진 만큼, 사실 시진에서도 사회 구조의 변화가 나타났다고 할 수 있다.[18] 이러한 도시의 사회 구조 변화로 소비 대중이 출현했다. 그들은 벌어들인 화폐를 생활용품과 사치품으로 바꾸었다. 동시에 도시의 소비력 역시 수많은 취업 기회를 제공했는데, 이는 『명산장』에서 응천부 율양현溧陽縣의 정덕·가정 연간의 변화를 묘사한 것에서 볼 수 있다. "당시 사람들은 모두 자신의 힘으로 살았고, 시장 사람들은 들에 포진되어 있었다. (…) 지금 사람들은 모두 남의 힘으로 먹고사니, 들녘의 사람들은 시전으로 모여들었다. 무뢰한들은 주먹을 쓰고 입을 놀리며 부정한 방법으로 돈을 벌어들이니 굳은살이 박히는 것을 어리석다 나무란다."[19] 역시 이와 같은 배경하에 육집 등의 관심을 불러일으켜 '사치는 민생에 도움이 된다'는 관념이 만들어졌다.

도시화가 소비 생산에 끼친 영향에 대해서는 18세기 영국이 전형적인 사례를 보여준다. 영국이 '소비혁명'을 일으켰다고 주장하는 학자는 도시화가 소비혁명을 불러온 중요한 동력 중 하나라고 주장한다. 18세기 영국의 도시화 정도는 이미 상당히 높아서, 1700년에는 16퍼센트의 인구

---

* 과거에 합격하고 벼슬을 하지 않은 사람, 낙방 서생, 문화 소양을 가진 중소 지주, 낙향하거나 장기간 요양하는 중소 관리, 종중의 원로 등과 같이 지역사회에 영향력을 미치는 관리도 아니고 일반 서민도 아닌 인물들.

가 5000명 이상의 도시에 살았으며 7퍼센트 인구는 소도시에 거주했다. 이는 당시 영국 인구의 4분의 1에서 5분의 1이 이미 도시에 살고, 그 도시 인구 가운데 3분의 1에서 2분의 1이 런던에 거주하고 있었음을 보여준다. 1750년에 이르러서는 4분의 1을 넘는 인구가 도시에 살게 되었다. 로나 웨더릴Lorna Weatherill의 연구에 의하면 일상 필수품에서는 약간의 차이만 있었지만 사치품(바닥이 평편한 냄비, 도기, 종, 서적 등)에서는 도시와 농촌 간의 소비 차이가 매우 컸다. 그리고 장식품과 새로운 물품(거울, 커튼, 유리 등)을 소유한 자는 농촌보다 도시에 더 많이 분포되어 있었다. 당시 수많은 제조품과 수입품이 대도시에 집중되었는데, 통상적으로 도시는 시장망과 유통망이 집중된 공간이었다. 또 도시는 화물의 소매가 모이는 공간이기도 하여 도시 거주민이 소비활동을 하기에 편리하다. 이 역시 물품을 소유하는 사람들의 행위에 영향을 주었다.[20]

앞서 말한 강남 도시화의 정도는 명말에 이미 상당히 높아져 있었고 청대까지도 지속적으로 발전했는데, 이는 18세기 영국과 비교해도 손색이 없다. 그렇다면 명청의 강남 도시화 역시 소비 수요의 확대를 촉진한 것이 분명하다. 과거에는 중국 도시사 연구자 프레더릭 W. 모트Frederick. W. Mote가 전통 시기 중국의 도시와 농촌이 연계되어 있었다고 주장했다. 물론 건축 형식, 생활방식, 의복 양식 등에서 도시와 농촌 간에 다른 점은 전혀 없었다. 이뿐 아니라 도시와 지방에 대한 엘리트의 태도, 경제활동을 하는 시장 지역과 상업 중심 지역, 문화활동의 구조와 특성 또한 도시 내에만 제한된 것이 아니었다. 그러나 모트는 도시 사람이 지방 사람보다 더 다채롭고 자극적인 생활을 누린 것은 사실이며, 또 도시 사람이 지방 사람보다 더 많은 원산지 물품에 대해 정보를 얻고 먼 지역에서도 이를 얻을 수 있으며, 고급 수공예품을 살 수 있고, 행정부와 직접적으로 접촉할 수 있었음을 인정했다. 따라서 '도시적 태도city attitude'는 확실히 중국에 존재했었다.[21] 최근 왕정화王正華는 명말 도시 풍속도 연구에서 수많은 시장, 오락, 상점, 상품 구매 같은 활동 가운데 당시 사람들의 도시에 대한 인상印象 중 하나로 바로 소비 성향을 지적해낸다.[22] 소비의 관점으로 도시의 특수성urbanity을 보면, 과거의 도시사 연구는 도시와 지방 간의 연속 혹은 단절에 관한 논의를 보충·수정해주었으며 동시에 소비 대중의 확대와 증가의 중요한 배경 요인을 제공해주었다. 의심할 바 없이, 공상업 발전 외에 소비 성향은 명청 강남 도시의 특성 중 하나였고, 이는 명청 사치 풍조가 도시에서 흥기하게 된 원인이었으며, 또한 유행 풍조가 어떻게 강남의 대도시에서 중심이 되었는지를 말해주기도 한다.

3) 가정 수입의 증가

더 많은 사람이 사치 소비를 할 수 있게 되기 위한 가장 중요한 조건은 사람들의 수입이 크게 증가하는 것이다. 한편 생산력이 제한되고 소득이 성장하지 않는 상황에서 어떻게 사치 소비를 할 수 있었을까? 매켄드릭 같은 사람들은 18세기 영국에서는 노동 임금에 대한 태도가 바뀌면서 합리적인 임금 인상으로 생산 동력을 키울 수 있었기 때문에 노동자의 생활수준과 소비가 제고되었다고 주장한다. 또 거기에 부녀자와 아동이 일손을 보태 가정 수입이 많아지자 노동자계급 가정에도 필수품 소비뿐 아니라 사치품 소비가 시작되었다고 한다. 그렇다곤 해도 18세기 영국의 임금 증가가 눈에 띌 정도는 아니었는데, 영국은 어떻게 대량 소비 능력을 가지게 되었을까? 경제사가 얀 더프리스Jan de Vries는 '근면혁명industrious revolution'이라는 가설을 제기해 이전 학자들의 부족한 해석을 보충한다. 그는 18세기 영국의 농촌 가정은 자신들이 생산한 물품을 시장에서 팔았고 또 부녀자와 아동의 노동력은 농업과 공업의 생산을 확대했다고 생각한다. 부녀자와 아동은 비교적 낮은 임금으로 생산에 참여했지만 이러한 가정 노동력의 새로운 재배치는 결과적으로 가정의 총수입을 증가시켰고 더 나아가 일반 가정의 도시에서의 상품 소비 능력을 더욱 향상시켰다.[23]

　명말 소비사회가 어떻게 형성되었는지 다시 검토해보면, 가장 핵심적인 문제는 바로 소비자의 소비 능력이 향상된 이유는 소득의 증가와 직접적인 관련이 있다. 명말 사치 소비는 또 하위계층으로 확대될 수 있었는데, 이는 하층사회의 수입 능력이 상당히 상승했음을 보여준다. 이와 같은 영국의 역사 경험은 사치 소비의 확대가 당시 가정 수입의 제고와 관련 있음을 설명해준다. 가정 수입의 제고는 또 부녀자가 생산에 투입된 것과 불가분의 관계가 있다. 근래 명청 부녀사와 경제사 관련 연구의 성과는 부녀자의 직접적 수입 혹은 그들의 가정 내 경제적 위치가 점차 상승했음을 보여준다. 많은 학자가 이미 다음과 같이 고찰했다. 상품화와 시장화의 추세하에 명청 부녀자의 노동력은 점차 생산력 면에서 일정한 비중을 차지하게 되었다. 명청 시기는 인구과잉으로 토지와 인구의 비례가 맞지 않아 농업 생산력이 제한되어 점차 많은 부녀자가 농업을 부업으로 삼거나 가내수공업에 종사해 가계에 보탬이 되었다. 송강부에서는 도시나 지방에 상관없이 수많은 부녀자가 방직에 종사했다. "동네 할멈은 새벽에 비단을 안고 시장에 가서 면과 바꿔 돌아오자마자 이튿날 다시 비단을 안고 [시장에] 나가니 잠깐 쉴 틈도 없다. 비단을 짜는 사람은 하루에 한 필을 짜니 밤새도록 잠을 자지 않기도 한다. 농가 수확은 정부에 이자를 주고 나면 한 해도 못 되어 창고가 비어버리니 의식衣食을 모두 여기[부녀자의 방직]에 의지했다."[24] 즉 농가의 수확은 확실히 한계가 있어 가정의 부녀자들이 방직에 종사해 소득을 얻었던 것이다. 부녀자들의 방직은 기본 생활 소비를 유지하며 가계에 보탬이 될 수 있었을 뿐 아니라 다른 소비도 가능하게 했다.[25]

리보중은 '남자는 밭을 갈고 여자는 길쌈하는' 것에 관련된 연구에서 강남 지역을 사례로 들어 설명한다. 명 초기와 중기에 성행하던 생산 유형은 '남편과 아내가 함께 일하는' 방식으로 곧 남녀 모두가 [각기] 농사와 방직에 참여하는 것이었다. 이는 명말부터 소위 '남자는 밭을 갈고 여자는 길쌈하는' 분업 방식이 점차 확립되었음을 보여준다. 이런 변화가 나타난 이유는 우선 인구의 팽창을 들 수 있다. 인구가 늘자 사람들이 일굴 땅의 면적이 줄어들었고, 성인 남자 한 명이 충분히 밭을 갈고 씨를 뿌릴 수 있게 되어 부녀자들은 밭일을 하지 않아도 되었던 것이다. 이에 부녀자들은 더 많은 시간을 집 안에서 방직할 수 있었고 숙련된 기술을 익혀 시장에서의 경쟁력을 확보하는 데 유리해졌다. 이는 가정 노동력의 가장 합리적인 분배라 할 수 있는데, 생산율도 높았고 임금률도 높았다.[26] 명말 이래 부녀자가 방직업에 종사해서 얻은 수입은 과거에 비해 높아져 가정 생계에 더욱 중요한 재원이 되었다. 포머랜즈는 강남 부녀자가 가정에서 방직 부업에 종사하는 것은 가정 노동력을 새롭게 재배치하는 유형으로, 영국의 '노동혁명'과 매우 유사해 이와 마찬가지로 수입 증가와 소비 촉진이라는 효과를 낳았다고 지적한다.[27]

이 밖에 강남 지역의 지방지는 부녀자들의 소비 현상을 통해 방직이나 농업에 종사하는 부녀자들이 의복 소비에 지나치게 사치스러웠음을 증명하고 있다. 우선 강남의 방직업에서 영향력 있었던 소주부의 사례를 들자면, 융경 연간의 『장주현지』에서는 소주성 내에서 방직업에 종사하는 부녀자들을 "매우 화려하고 현란한 옷을 입기 좋아했다"고 묘사한다.[28] 부녀자는 명말 소주에서 방직업 종사 인구 가운데 상당히 큰 비중을 차지하고 있었다. 비단에 자수를 잘 놓는 소주 부녀자들의 정교함은 다른 지역에서는 따라올 수가 없었다. 소주의 부녀자들이 만든 방직물은 시장에서 높은 가격에 팔릴 수밖에 없었고, 그 결과 소주 부녀자들의 복식과 화장 소비가 매우 사치스러웠던 것도 당연했다. 명말 특히 강남의 부녀자들은 일용 소비, 공간 소비, 유행 소비를 막론하고 사람들에게 깊은 인상을 주었는데, 이러한 소비는 가정에서 방직에 종사하던 부녀자들이 했으리라 생각된다.[29]

4) 낭만적인 정욕 관념의 확산

명말에 사치 소비 현상이 보편적으로 형성된 데에는 경제 요인 외에 사상의 변화도 매우 중요했다. 어떤 사상이 소비사회의 탄생을 추동했을까? 또 어떤 사상 풍조가 소비 욕망의 합리화와 소비를 자극하는 정당성에 유리했던 것일까? 우리는 이에 대해 생각해볼 필요가 있다.

콜린 캠벨Colin Campbell 같은 서양 학자는 '윤리'적 각도에서 영국 소비혁명의 발생 원인을 해석하며 베버의 신교 윤리와 자본주의를 연관시킨 연구를 바탕으로 낭만주의 윤리와 소비혁명의 관계를 탐색하고자 했다. 그는 17세기 말에서 18세기 초 신교 이론에서 감각feeling의 중요성을 제고한 후, 이어서 감상주의Sentimentalism에서 낭만주의, 낭만주의에서 보헤미아니즘Bohemianism까지 연결시킨다. 이들 사조는 쾌락주의, 자아 표현, 불안정, 정감의 강조를 통해 소비혁명을 공고히 했다. 18세기 낭만주의의 특징 가운데 하나인 자아의식의 발전은 감각의 가치, 특히 즐거움의 가치를 중시해 지식 면에서 소비 모델을 합리화했다고 할 수 있다. 18세기 영국 중산층은 낭만주의 소설을 읽으며 낭만적 희열의 감각을 강화했고 현대 소비의 주요 특징인 '자율적 상상의 쾌락주의autonomous imaginative hedonism'를 발전시켰다.[30]

이러한 관점은 우리에게 흥미로운 문제를 생각하게 한다. 명말에는 공교롭게도 정욕과 예교를 놓고 서로 대립하며 논쟁이 벌어졌는데, 이는 근래 명청 사회의 문화사 논의에 있어 중요한 과제 중 하나다. 명말 정욕 관념의 성행은 사치 소비의 성행과 시기적으로 중첩되어 있기 때문에 이 둘은 매우 미묘한 관련이 있을 수 있다. 일찍이 명대 중엽 문학계에서 이몽양李夢陽(1475~1531)은 '성색聲色'에 대해 다음처럼 새롭게 해석했다. "천지간에는 오직 성과 색뿐인데, 사람이 어찌 능히 빠지지 않을 수 있겠는가? 성색이란 오행의 정수로 정신의 바탕이 되는 것이다. 무릇 물체는 구멍이 있어야 소리가 나고 색깔이 없으면 사라진다. 이를 초월하면서도 얽매이지 않는 것, 이를 일러 '빠지지 않는다'라고 한다."[31] 그는 우주관과 가치관을 연결해 하늘과 사람을 합치고 성색의 문제를 관찰함으로써 성색이 인생에서 갖는 의미를 긍정하고, 적당히 거리를 두는 원칙을 제시했다.

명말 원굉도袁宏道(1568~1610)는 '다섯 즐거움五快活'의 구호를 더욱 높이 외쳤다.

눈으로는 세상의 색을 모두 보고, 귀로는 세상의 소리를 모조리 듣고, 몸으로는 세상의 신선함을 온전히 느끼고, 입으로는 세상의 이야기를 다 하는 것이 첫 번째 즐거움이다. 사당 앞에는 정鼎이 줄지어 있고, 사당 뒤에는 노랫소리가 넘치고, 객들은 자리에 가득하고, 남녀가 서로 신발을 엇섞어 앉고, 등불 기운이 하늘을 덮히는 가운데 주취가 땅에 떨어지고, 돈이 부족해서 전답으로 충당하는 것이 두 번째 즐거움이다. 상자 안에는 만권의 책이 있는데 모두 진기한 것이다. 저택 둔덕에는 건물이 하나 있는데 그 안에서 마음 맞는 벗 십여 명과 약속하니, 식견이 뛰어난 사람들, 예를 들면 사마천司馬遷, 나관중羅貫中, 관한경關漢卿을 대표로 세워서 편을 나눠 각각 한 권씩을 써내게 한다. 멀리는 당송 시대의 고루한 유가들의 누추함을 꾸며주고 가까이로는 한 시대의 끝내지 못한 글들을 완성하니, 이것이 세 번째 즐거움이다. 천금으로 배 한 척을 사서 배에는 악단을 배치하고, 기녀와 첩 몇과 함께 유람객 몇몇이 배를 띄워 늙음이 오려는 것도 모르니, 이것이 네 번째 즐거움이다. 인생의 향락도 이런 지경에 이르면 십 년도 못 되어 가산을 탕진한다. 그러한 연후에 일신이 거리에서 궁핍해져 아침에 그날 저녁이 어찌될지도 모른 채 가기歌妓의 처소에서 밥을 구걸하고, 고아나 노인의 음식을 함께 나누어 먹고, 고향 친척과 왕래하면서도 즐거워 부끄러움을 모르는 것이 다섯 번째 즐거움이다.[32]

원굉도는 화려한 의복을 입고, 미식을 맛보고, 성색을 즐기며, 기생과 노는 데 큰돈을 쓰는 소비 행위를 인지상정이라고 생각했다. 이는 감각적 쾌락을 당연한 것으로 보고 사람의 천성과 부합한다고 여겨 인생 가치의 일면을 실현하는 것이라 인식한 것이다. 이외에 명말 사상계는 태주학파泰州學派와 이지李贄(1527~1602) 등의 주도하에 대중의 정욕 관념에 매우 큰 영향을 끼쳤다. 이는 과거 정주程朱의 학문에서처럼 하늘의 이치를 밝히며 인간의 욕망을 소멸시킨다는 예교의 풍속을 뒤흔들었다. 종교계의 예를 들면 불교의 선종과 도교의 방중술, 내단內丹*의 수련 역시 정감과 감각의 쾌락에 대한 합리화에 많은 영향을 줬다.[33] 이로써 알 수 있는 것은 명말 사대부 문화에서 정욕을 중시하고 감각의 쾌락을 직시하는 사조가 두드러지게 나타났다는 점이다. 이러한 사조는 사람들이 감각적 욕망을 추구하는 데 합리화의 기초와 동력을 제공해주었다. 욕망을 합리화한 뒤, 사람들은 자연히 필요로 인해 소비와 구매로 직행했고 더 이상 절약을 출발점에 두지 않았다.

위와 같이 정욕관이 사람들의 소비 행위에 영향을 끼쳤다면, 상류층 사회는 새로운 정욕관의 영향을 받아 사치 소비를 하게 되었다. 그러나 명말의 사치 풍조는 사회 대중에게까지 파급되었다. 정욕관은 어떻게 사회 대중에게까지 침투되었을까? 혹은 어떠한 경로로 전파되었을까? 또 어떤 시스템이 정욕관과 사치 소비를 매개했을까? 이러한 문제들에 관해 장한은 일찍이 흥미로운 관찰을 했다.

무릇 옛날에 오나라 노래라고 불렸던 것은 그 유래가 오래 되었다. 오늘날 놀기 좋아하는 사람들은 기꺼이 배우가 된다. 근래 이삼십 년간 부잣집에서는 금과 비단을 내어 복식과 그릇과 기구를 마련하고 악기를 연주하는 사람들을 늘어세우고 십여 명을 불러 무리를 만들어 희곡을 공연한다. 호사가는 음탕한 글을 경쟁적으로 짓고 서로 돌아가며 창화唱和한다. 마을 안에 여기에서 입고 먹는 자가 몇천 명이나 되는지 모르겠다. 사람의 마음이 방탕하게 즐기는 것을 기쁨으로 여기니, 세상 풍속이 경쟁적으로 사치

---

* 도가에서 단전 안의 정기를 수련하는 것.

를 쫓고 있다. 법령을 어기면서도 꺼릴 줄 모르는구나.[34]

　장한의 주장은 당시 유행하는 희곡풍을 비판하고 있지만, 글 마지막에서 그는 희곡이 "사람의 마음이 방탕하게 즐기는 것을 기쁨으로 여기니, 세상 풍속이 경쟁적으로 사치를 쫓고 있다"고 특별히 지적한다. 이는 희곡의 내용이 정욕과 향락을 마음껏 누리게 하여 사람들의 사치 풍조를 자극했다는 말이기도 하다. 이 말을 통해 우리는 통속문학이 사치 소비를 촉진했음을 통찰해낼 수 있다.

　과거에 이미 통속문학과 색정 출판물에 관한 연구가 적지 않았으나, 그 초점이 소비 행위를 자극하느냐의 각도에 있지는 않았다. 민간의 산가山歌, 성행하는 희곡, 대량 출판된 색정소설 같은 명말 통속문학 작품은 그 내용상 성애性愛의 즐거움과 향락이라는 공통된 특색이 있다. 이뿐 아니라 『금병매사화金瓶梅詞話』와 같은 것은 직접적으로 대량의 소비 정보를 끼워 넣기도 했다. 어떤 학자는 『금병매사화』가 일용유서日用類書와 비슷하며 분야는 다르지만 그와 똑같은 특징이 있다고 지적한다. 양자는 모두 명말 문화생활에 그 중점을 두었고 일상생활을 지식으로 삼고 있다는 것이다.[35] 『금병매사화』가 묘사하는 일상생활 지식에는 소비 정보가 매우 큰 비중을 차지한다. 책에는 서문경西門慶 일가의 소비를 의식주·교통·오락의 사례를 들어 매우 상세하게 묘사하고 있으며, 또 그들의 가구 형식이나 가격과 같은 소비물품의 등급을 명확하게 보여주고 있다. 이를 엄숭嚴嵩(1480~1569)이 차압당했던 목록인 『천수빙산록天水氷山錄』과 비교해보면 고급 가구의 형태와 제작 등급 면에서 매우 부합함을 알 수 있다(자세한 것은 제5장 참조).

　지금까지의 내용에서 다음과 같은 사항을 이끌어낼 수 있다. 명말 통속문학은 정욕관의 전파 통로일 뿐 아니라 정욕관과 사치 소비 양자 간의 중요한 매개였다. 더 나아가 그것은 사회 대중에게 감각적 향락을 합리화하는 경향이 있었으며 진일보한 사치 풍조를 가져왔다. 사람의 마음이 변한 후, 과거 관리들이 그랬듯 신분 등급의 '예법' 규범을 정해 사람들의 소비 행위를 속박할 가능성은 점차 희박해지고 이름뿐인 규칙으로만 남게 되었다.

5) 결론

소비사회가 명말에 탄생한 이유는 명 중엽 이후 경제·사회·사상·문화 등의 방면에서 일대 변화가 있었기 때문이다. 명 중엽 이후 생산력이 점차 회복되었을 뿐 아니라 상품경제가 발전했는데, 이는 시장의 확대에서 그 실마리를 찾아볼 수 있다. 국내 시장의 확대와 시장 기능의 성숙은 사람들의 시장 구매율을 점차 높였다. 해외 시장의 확대는 국내외 상품 생산을 촉진해 상품 가격을 낮추게 하는 것 외에도 다양하고 많은 외국 물품이 중국에 수입되게 하여 명말 사회의 새로운 소비 품격과 풍조를 가져왔다. 특히 대량의 백은이 중국에 유입되어 화폐경제와 상품경제의 발전을 촉진해 소비 구매에 대한 확신을 증가시켰다. 소비사회의 형성은 반드시 대량의 소비 대중이 있어야만 방대한 소비 수요를 구성할 수 있다. 명말 도시화의 발달로 인해 대량의 공상업자와 지방 신사가 성진에 모여 놀라운 소비 잠재력을 가진 소비 대중을 구성했는데, 특히 강남의 대도시에서 그러했다. 따라서 명말 사치 풍조는 도시에서 발전해서 지방으로 전파되었고, 최신 유행 역시 대도시를 중심으로 발전해나갔다.

명말 사회에서는 사치 소비가 하층계급에서도 이미 보이고 있는데, 이는 사회의 소비 능력이 크게 증가했음을 말해준다. 이런 현상이 형성되기 위한 선결 조건으로는 일반인의 수입 향상에 따른 소비 능력의 증가가 있다. 명말 부녀자들이 가내 방직 수공업에 투입되었고 그 소득은 가정 수입의 향상을 가져와 소비에 유리하게 작용했는데, 이와 같은 소비는 특히 강남 지역에서 가장 두드러졌다. 사상 방면에서 명말 사대부 문화에 나타나는 정욕관은 인류의 감각적 쾌락을 직시하는 것으로서, 통속문학에서도 하층민의 것과 같은 [사대부의] 정욕관을 볼 수 있다. 색정소설에도 대량의 소비 정보가 섞여 있다. 이러한 사상 문화의 변화는 사람들의 물질 향락에 대한 욕망을 합리화하고 사치 풍조를 이끌어냈다. 이뿐 아니라 과거에 관부에서 정립한 예제禮制에까지 타격을 주었다. 관부에서 거듭 천명한 '사치 금지'는 결국엔 유명무실해졌다.

사대부의
신분 지위 변화

일본 학자 미야자키 이치사다宮崎市定는 소위 '사대부'를, 특정한 맥락에서 엄격히 구분할 수 있는 경우를 제외하면, 관직을 지낸 적이 있는 사람(관원과 퇴직 향신 포함)과 관직에는 오르지 않았지만 직함이 있는 사람(거인, 감생, 생원 등)으로 널리 가리킨다.[1] '사대부'라는 호칭은 명 시기에는 일반적으로 첫 번째 유형이지만 문헌상에서는 두 번째 유형으로도 정의된다. 일례로, 만력 연간의 『통주지』에서 통주 지역 홍치·정덕 연간의 풍속을 언급하는 경우가 그러하다. "내 고향의 옛날 풍속은 이미 볼 수가 없다. 홍치·정덕 연간에는 근본과 결과에 충실하는 풍조가 있었는데, 사대부는 집에서 문양 없는 옷을 입고, 검은색 조복에 베로 된 관을 썼다. 글과 학문으로 이름난 유생들도 역시 흰 도포에 검소한 신을 신고 저잣거리를 돌아다녔다."[2] 이 지방지 작자의 개념은 모든 유생이 '사대부' 집단의 일원이었음을 확실하게 보여준다.

명말 사치 풍조의 성행과 소비사회의 형성은 분명 사대부에게 타격을 줄 수밖에 없었다. 전통사회에서 '사민四民'의 맨 위에 있는 사대부들은 이러한 타격에 상당히 민감했다. 만력 연간의 『상해현지上海縣志』 작자는 가정 연간 이후 상해의 사회 변화를 묘사하면서 다음과 같이 탄식한다. "명망 있는 호족들이 사치를 다투어 뽐내느라 연회에는 산해의 진미가 다 나왔고, 집은 온통 조각으로 장식되어 있었고, 노비는 천 명을 헤아릴 정도로 많았으며, 시종들의 가마와 복식은 사대부를 능멸할 정도에까지 이르렀다."[3] 사대부들은 이미 부자들이 사치를 통해 그들의 신분 지위를 높이려 하고, 심지어 그들을 수행하는 종이 매우 많고 그 종들의 가마와 복식도 아름다워 '사대부를 능멸할陵轢士類' 정도에 이르렀음을 깊이 깨달았다. 이는 곧 사대부들이 자신들의 신분 지위가 위협받고 있다고 느꼈음을 보여준다. 그러나 명말 사대부의 소비 현상에 대한 이러한 반응은 신분 지위가 처한 상황과 관련이 있다. 따라서 이는 당시 정치제도와 경제 환경의 변화, 그에 따른 사회 구조의 변화와 관련된 것이기도 하다.

1) 과거 합격의 어려움

사대부는 명말에 반드시 치러야 할 큰 시련과 마주쳐야 했는데, 그것은 바로 과거 시험이었다. 특히 사대부 집단 중 수가 가장 많은 생원, 즉 일반 문인에게 과거는 인생의 가장 큰 난관이었다. 명나라 유생 고염무顧炎武(1613~1682)의 추정에 따르면, 명대에 전국의 생원은 약 50만 명이며, 3년에 한 번 치러지는 진사 시험에서 단지 200~300명만 뽑혀 30년 뒤에도 겨우 2000~3000명의 진사가 나올 뿐이었다.[4] 이는 당시 중국의 총인구 1억 수천만 가운데 극소수라 할 수 있다. 과거 합격률은 거인 시험을 보는 향시 합격률이 가장 낮았고 그 경쟁 역시 가장 치열했다. 미야자키 이치사다의 통계에 따르면, 명청 시기 생원에서 거인이 되는 향시 합격률은 1퍼센트 정도다. 거인의 진사 합격률은 대략 30분의 1이다. 생원에서 진사가 될 가능성은 3000분의 1이며, 그중 향시 합격률이 가장 낮다.[5] 뒤의 표는 필자가 최근 수집한 명대 각 지역의 향시 합격률이다. 자료가 완전하지 못해 어느 해는 기록을 찾지 못했으며 또 각 시험의 참가자 수가 너무 많기도 하고 또 너무 적기도 해서 약간 의심스러운 수치를 제외하긴 했지만, 그런대로 일반적인 추세를 볼 수 있다. 명대 향시 거인 합격률은 명초에서 중기에 이르는 동안(대략 가정 연간 이후) 5퍼센트 이상에서 4퍼센트 이하로 떨어진 것으로 보아 경쟁이 치열했음을 확실하게 알 수 있다.[6]

명대 생원의 정원은 전국 총 인구의 갑작스러운 증가에 따라 [시험] 초기의 정원으로 제한하기가 쉽지 않았다. 명초에는 생원의 정원이 있었으나 오래지 않아 정원을 늘렸고 이후에는 정원에 구애받지 않았다. 선덕宣德 연간(1425~1434)에 '늘어난 생원' 가운데 초기에는 보수를 받는 자를 일러 '늠선생원廩膳生員'이라 했고, 후에 정원 외를 뽑아 제생諸生의 말단에 두고 '부학생원附學生員[부생]'이라 했다.[7] 시간이 흐름에 따라 생원이 너무 많아져서 결국 과거 구도의 가장 밑에서는 심각한 적체 현상이 일어났고, [정원 증원은] 개개 생원의 상승 기회에 도리어 백해무익하게 작용했다.[8] 우진청吳金城은 명초에는 생원이 3만~6만 명가량(전체 인구의 0.1퍼센트에 조금 못 미침)이었고, 16세기에는 31만여 명, 명말에는 무려 50여만 명(전체 인구의 0.33퍼센트 남짓)에 이르렀다고 한다. 그 결과, 명 중엽 이후 생원의 공생貢生* 시험 경쟁률이 명초의 40 대 1에서 300 대 1

---

* 명청 시기 각 성에서 제1차 과거 시험에 합격한 사람.

표 1. 명대 각 지역의 향시 합격률

지역	향시 연대	응시자 수	거인 합격자 수	합격률 (%)	자료 출처
응천부	명 홍치 5년(1492)	2300	135	5.9	(1)
	명 가정 원년(1522)	불상	135	-	(1)
	명 가정 19년(1540)	4400	135	3.0	(1)
	명 가정 28년(1549)	4500	135	3.0	(1)
	명 만력 25년(1597)	불상	145	-	(2)
	명 만력 31년(1603)	6000	145	2.4	(2)
	명 숭정 3년(1630)	7500	150	2.0	(2)
순천부	명 경태 원년(1450)	1400	225	16	(2)
	명 순천 3년(1457)	3000	135	4.5	(2)
	명 성화 22년(1486)	2300	135	5.8	(2)
	명 가정 7년(1527)	3517	135	3.8	(2)
	명 가정 10년(1531)	1900	135	7.1	(1)
	명 가정 37년(1558)	3500	135	3.9	(2)
	명 만력 37년(1609)	4600	135	2.9	(1)
절강	명 정덕 11년(1516)	2200	90	4.1	(1)
	명 가정 7년(1528)	2800	90	3.2	(1)
	명 가정 25년(1546)	3000	90	3.0	(2)
	명 가정 37년(1558)	4000	90	2.3	(2)
	명 융경 2년(1568)	6000	95	1.6	(2)
	명 만력 10년(1582)	2700	90	3.3	(1)
	명 만력 34년(1606)	3800	90	2.4	(1)
	명 천계 원년(1621)	4790	100	2.1	(2)
하남	명 가정 10년(1531)	불상	80	-	(2)
	명 만력 7년(1579)	2400	80	3.3	(1)
	명 만력 34년(1606)	불상	80	-	(1)

지역	향시 연대	응시자 수	거인 합격자 수	합격률 (%)	자료 출처
산동	명 성화 원년(1465)	미상	75	-	(1)
	명 성화 19년(1483)	1200	75	6.3	(2)
	명 홍치 2년(1489)	1200	75	6.3	(1)
	명 홍치 17년(1504)	1400	75	5.4	(2)
	명 가정 23년(1544)	2000	75	3.8	(2)
	명 가정 31년(1552)	미상	75	-	(1)
	명 만력 13년(1585)	2000	75	3.8	(1)
	명 만력 22년(1594)	미상	75	-	(1)
산서	명 가정 10년(1531)	1400	65	4.6	(1)
	명 가정 16년(1537)	불상	65	-	(2)
	청 강희 32년(1693)	2000	40	2.0	(2)
	청 강희 47년(1708)	3600	53	1.4	(2)
강서	명 경태 6년(1456)	2000	100	5.0	(2)
	명 천계 7년(1627)	5300	102	1.9	(2)
복건	명 가정 37년(1609)	3700	90	2.4	(2)
귀주	명 가정 16년(1537)	800	25	3.1	(1)
	명 숭정 12년(1639)	1400	37	2.6	(2)
호광	명 홍치 2년(1489)	1600	85	5.3	(1)
	명 만력 원년(1573)	2800	90	3.2	(2)

자료 출처:

(1) 林麗月, 「科場競爭與天下之公: 明代科擧區域配額問題的一些考察」, 『國立臺灣師範大學歷史學報』 第 20期(1992年6月), 54, 56, 57, 58, 59쪽.

(2) 巫仁恕, 『明淸城市民變硏究—傳統中國城市群衆集體行動之分析』(臺灣大學歷史學硏究所博士論文, 1996), 194쪽.

혹은 400 대 1까지 높아졌다. 같은 시기 향시의 경쟁률 역시 59 대 1에서 300 대 1로 크게 높아졌다. 따라서 생원은 원래 관리에 임용될 수 있는 길이었으나 대거 적체 현상이 나타나 거인일지라도 관직을 얻기가 어려웠다. 생원의 약 60~70퍼센트는 그저 생원의 직함만으로 평생을 살았던 것이다.

그러나 일반 문인의 수가 팽창하면서 연납捐納*이라는 또 다른 출사 경로가 크게 열렸다. 영종英宗은 토목보土木堡의 변** 이후 국자감생에게 연납을 할 수 있도록 했고, 이에 일반 문인들은 출사하는 데 또 경쟁자가 늘어 과거로 출사하는 경로가 더 막히게 되었다.[9] 『봉헌유기蓬軒類記』는 다음과 같이 설명한다.

오중吳中[소주]에는 지독하게 많아 안 팔리는 물건을 일러 재고品店底이라 했는데, 지방 학교 학생들 가운데 오랫동안 공부했지만 합격이 안 된 자들 역시 그렇게 보았다. (…) 그러나 선덕·정통 연간에는 감생에 과생科生·공생·관생官生 세 종류뿐이어서, 이들은 순서대로 추천받아 임용될 수 있었다. 경태 연간 이후 감생 중에는 군마 및 관련 용품을 바치는 자, 구휼미를 바치는 자도 있었으니, 과생과 공생일지라도 역시 출로가 막히게 되었다. 중간에 [자기] 순서가 돌아오지 않을 것을 헤아린 자들은 대부분 가르치는 직업을 구했고 나머지는 선발될 때까지 기다렸는데 늙어 죽는 이가

---

* 국가에 금전이나 곡식을 기부하면 벼슬을 주는 방식. 정부 재정을 보충하기 위한 용도였다. '감연監捐'을 바치고 국자감 학생의 신분을 취득하는 것을 '예감例監'이라 하고, '공연貢捐'을 바치고 공생의 신분을 취득하는 것을 '예공例貢'이라 한다.
** 정통 14년(1449) 영종이 몽골 부족을 통일한 오이라트족에게 토목보에서 포로가 된 사건. 몽고 오이라트Oirat(와랄 부락瓦剌部落)의 태사太師 야선也先의 군대가 명을 침공하자, 영종이 50만 군사와 100여 문무백관을 이끌고 직접 출정했다가 토목보(지금의 허베이성 화이라이懷來 동부)에서 포위되어 명군은 대패를 당하고 영종은 몽고군에게 포로가 되었다. 이후 대종代宗이 즉위하게 된다. '토목의 변'이라고도 한다.

태반이었다.[10]

　과거에 참여하는 하층의 부학생원도 돈을 주고 관직을 살 수 있었다. [명대 숭정 연간의 화본소설집] 『형세언型世言』 제23회에서는 130냥을 가지면 생원 자리를 살 수 있고, 600냥을 가지면 지방관 손에서 공생 자리를 얻을 수 있다고 묘사하고 있다.[11]

　이처럼 연납으로 관직을 얻은 수많은 대부호는 정치적 신분을 가지게 되어 일반 문인계층에게 위협이 되었다. 왕기王錡(1433~1499)는 『우포잡기寓圃雜記』에서 그 전형적인 사례를 제시한다.

　　조정에서 중히 쓰이는 자는 이름 있는 관직[의 관리]이고, 서민이 두려워하는 자는 현의 관리다. 근래 부자들이 은을 주고 지휘指揮직을 사는데 삼품 관리이니, 현관이 어찌 그것을 막겠는가? 우연히 성에 들어가다 길을 여는 추졸을 만났는데, 금색과 자색이 휘황찬란하고 관아의 벼슬아치들과 길을 나누어서 갔다. 사대부들은 그것을 보고 피하느라 여념이 없었다. 사람들에게 물어보고서야 돈을 주고 산 지휘라는 것을 알게 되었다. 호랑이에게 날개를 달아준 꼴이니 이보다 심할 수 없구나.[12]

　이와 같은 사례처럼 명 중엽 이후 연납의 방법으로 관직을 사는 일이 성행했는데, 위 인용문에 시대부들의 쓸쓸한 마음이 매우 잘 표현되어 있다. 왕기는 또 이렇게 말하고 있다. "근래 관직을 사는 금액이 매우 헐값이라 양민과 천민에 관계없이 은 사십 냥이면 즉시 관직을 얻으니, 이를 일러 의관義官이라고 했다." "그런지라 하인, 노복, 거지, 무뢰한들이 하나같이 재력이 없어도 돈을 빌려 관직을 사니, 무릇 참람되이 횡포 부리는 일은 모두 그들의 짓이다."[13] 그는 "참람되이 행패 부리는 일"을 하인, 노비, 거지, 무뢰한 등이 돈을 주고 산 "의관"들에 모두 돌리고 있다. 말이 지나친 감이 있긴 하지만, 위 인용문을 통해 당시 사대부들이 노비 무리가 돈을 주고 관직을 얻은 일에 대해 몹시 불만스러워하고 있음을 알 수 있다.

승려가 많으면 죽이 모자라듯, 일반 문인은 그 수가 많아 과거로 출사하는 길이 막히게 되었다. 생원은 과거 경쟁이 점차 치열해져 출로가 제한되었다. 절대 다수의 생원은 자격을 가진 신분이라 법적으로 부역을 면제받는 특권이 있었고 문화적 힘을 장악하고 있긴 했지만 소수만이 높은 관직으로 나갈 수 있었다. 게다가 그들의 신분은 경제력과는 아무런 관련이 없었다. 출사 외에 돈을 벌 수 있는 방법으로는 무엇이 있었을까? 생원들은 국가가 보장하는 특권을 이용해 점차 사리를 채우게 되었고, 많은 생원이 재물과 관련된 소송을 독점하기도 했다.[14]

2) 상품경제의 새로운 출로

한편 명말 사대부들도 안 되는 과거 시험에만 매달리지는 않았는데, 상품경제가 발전함에 따라 사대부들에게도 생계를 모색할 수 있는 또 다른 출로가 제공되었다. 명 태조 주원장朱元璋(재위 1368~1398)은 관리들의 공무 집행에 특별한 주의를 기울여 "관리의 집은 관할 구역 안에서 장사를 할 수 없다"거나 "공후公侯나 내외 문무관원 중 사품 이상의 관리는 돈을 빌려줄 수 없다"[15]라고 명문화해 이를 엄격히 금했다. 명초에는 사대부가 공상업에 종사하는 것이 극히 드물었으나 명 중엽 이후에는 적잖은 사대부가 공상업을 운영했다. 비교적 유명한 사례는 다음과 같다. 가정 연간에 호주湖州 사람인 예부상서禮部尚書 동분董分(1510~1595)은 많은 전답과 재산뿐 아니라 "백여 곳의 전당포가 있어 각각 대大상인이 그곳을 관리하니 매년 이자로 벌어들이는 돈만 수백만이었다."[16] 만력 연간에 순무호광도찰원巡撫湖廣都察院 우부도어사右副都御史에 임명된 진휘秦輝가 집안 노비들에게 전당포를 열게 하니, "무석·소주·상주 등 각처에 십여 곳의 전당포가 있었는데, 전당포마다 삼만 금이 넘는 돈을 가지고 있었다."[17] 수보 서계는 재임할 때에 고향인 송강부 화정현華亭縣에서 "방직하는 부녀자를 많이 고용해 해마다 모은 비단을 헤아려 시장 사람들에게 팔았다."[18] 특히 상품경제와 수공업이 발달한 강남 지역에서는 동분이나 서계 같은 고관뿐 아니라 일반 사대부의 집안에서도 공상업에 종사하는 사람이 많았다. 그래서 세상에서는 이런 말이 떠돌았다. "오중의 사대부들은 대부분 장사를 중요하게 여기고" "그 수완은 평민보다 갑절로 뛰어나며" "오중의 사람들은 방직을 생업으로 삼으니 사대부의 집에서도 대부분 방직으로 이득을 얻는다. 그 풍속이 근면하고 돈을 잘 불리기에 부자들이다."[19]

하층 문인들은 대량의 자본을 가지고 공상업에 투자하는 위의 사대부 같지는 않았지만 상품경제의 환경하에서 생계를 도모할 수 있었다. 사대부가 갖추어야 할 문화자본 중 하나가 바로 글을 지을 수 있는 것이었던 만큼, 그들은 타인에게 돈을 받고 '윤필潤筆'을 해줄 수 있었다. 윤필의 출현은 상품경제의 발전과 상관이 있다. 윤필은 명초에는 그다지 보편적이지 않았으나 15세기 중엽 이후 점차 성행했고 그 비용도 대폭 높아졌다. 16세기 이후 명말의 시문과 서화는 모두 정식으로 문화시장의 상품이 되었다. 수많은 명사가 다른 방식으로 윤필에 대한 중시를 나타냈다. 가장 유명한 예로 당인唐寅(1470~1523)을 들 수 있는데, 당인은 커다란 장부에 자신이 다른 사람을 위해 글을 지은 바를 기록해두고 장부 표지에는 '이시利市'*라는 두 글자를 제목으로 써두었다.[20]

또 강남의 대도시에는 상품경제가 발전함에 따라 출판업이 흥행했는데, 이는 하층 문인의 또 다른 새로운 출로가 되었다. 『유림외사儒林外史』에 나오는 이러한 수많은 문인에 대한 묘사 중 특히 흥미로운 부분은 광초인匡超人과 마이선생馬二先生이 항주 문한루文瀚樓 서점에서 과거 시험 참고서를 편찬하는 활동을 상당히 상세하게 묘사한 대목이다. 서점에서는 숙소, 음식, 등불 기름 등을 제공했을 뿐만 아니라 책이 완성된 후에는 [그 저자에게] 사례를 했으며, 이뿐 아니라 산동山東과 하남河南의 객상客商들이 먼저 와서 책을 예약하기도 했다. 이는 당시 과거 시험 관련 서적은 판로가 넓고 가격이 괜찮으며 이윤이 높아 문인들에게 또 다른 생계를 모색하게 해주었거니와 더 나아가 부를 쌓을 길을 열어주기도 했음을 보여준다.[21]

3) 문인과 상인 지위의 흥망

사회학적 관점에서 사회 구조를 분석해보면, 서론에서 언급한 대로, 적어도 사회계층의 높낮이를 가늠하는 두 표준이 있다. 재물과 자본으로 구분하는 '경제계급'과 교육이나 문화를 통해 명성을 세우는 '신분 집단[지위 집단]'이다. 이러한 각도에서 명대의 사회 구조를 살펴보면 사대

---

* '이윤' '이익' 또는 "물품'을 팔아 이익을 얻음." 윤필이 곧 사고파는 상품이 되었음을 알 수 있다.

부는 당시 가장 중요한 신분 집단이며, 상인은 경제계급 속의 새로운 귀족이라 할 수 있다. 명말 문인을 위협하는 사회계층과 관련해 가장 주목할 것은 상인의 지위가 높아졌다는 점이다. 위잉스余英時가 언급한 것처럼 "명청 사회 구조의 가장 큰 변화는 이 두 계층의 상승과 하락, 이합과 집산에 있었다.[22] 명말 상품경제의 발전으로, 자본과 재물이 많은 경제계급인 상인계층이 형성되었다. 수많은 상인 자제는 연납을 통해 관직을 얻었다. 왕도곤汪道昆(1525~1593)의 『태함집太函集』에는 "재물로 관직을 얻은"[23] 휘상의 전기가 기록되어 있다.

근래 많은 학자가 16세기 이후 상업이 발전함에 따라 유가 사대부들이 상인의 사회적 지위를 새롭게 평가했다고 지적한다. 상인의 지위가 높아지면서 문인과 상인의 관계에도 변화가 나타났다. 사회사 관점에서 보면, 상인이 부분적으로 사대부에 속했던 기능을 얻음에 따라 상인의 사회적 역할도 점차 중요해졌다. 사상사 관점에서 보면, 명청 상인이 자아의식을 가지게 됨에 따라 자신들의 사회적 지위가 이미 문인들의 그것과 대등해졌다고 여기게 되었다. 이에 "문인과 상인은 기술은 다르지만 마음은 같고" "좋은 상인이 큰 선비에게 어찌 뒤지겠는가" "사대부와 상인이 한데 섞였다士商相混"[24]는 말이 나오게 되었다. 사실 명 중기 이후에는 문인과 상인 간 구분이 명확하지 않았는데, 상인은 돈을 주고 관직을 사서 벼슬길에 나갈 수 있었고 문인 또한 장사를 통해 부를 쌓을 수 있었기 때문이다. 특히 명청 시기에는 "유학을 버리고 상인이 되는" 사례가 매우 많았다.[25]

4) 결론

명말 사대부 중에 소수의 문인은 과거를 통해 높은 관직에 올랐기에 당연히 경제 방면에서 어느 정도 압력을 덜 받았다. 그러나 대부분의 문인은 과거 길이 막혀 평생토록 생원 신분으로 지내야 했다. 상품경제가 발달하면서 그들에게 또 다른 생계 수단이 생기긴 했지만 모든 사람이 부를 쌓을 수는 없었다. 이에 명예로서의 신분과 실제 경제력 사이에 차이가 생겼다. 그러나 상품경제와 돈을 주고 관직을 사는 제도는 부자, 특히 상인을 만들어냈고 이들은 경제력을 이용해 정치적·사회적 지위를 가질 수 있었다. 명말 사대부 집단은 신흥 경제계층인 상인의 도전을 정면으로 받았다. 특히 경제력이 비교적 약한 하층 문인들은 부를 쌓아 돈으로 관직을 산 상인계층에게 더욱 큰 위협을 받았다. 이와 같은 사회구조의 변화는 사대부의 소비문화에 반영되었다. 이에 명말 사대부의 소비문화를 분석하고자 할 때에는 반드시 상술한 이 사회경제적 배경을 고려해야만 한다.

사회학자들은 근대 초기의 신분 집단들이 종종 자신들만의 특수한 소비 행위와 유형을 가지고 있다고 보았다. 그들이 소비의 품격과 격조를 이용해 사회적 지위를 구분했기 때문에 소비는 사회 신분을 분화시키고 시장을 구분하는 상징이 되었다. 소비의 관점에서 보면, 명말 상인들에게서 가장 명확하게 드러나는 특징은 바로 그들의 사치스러운 소비 행위다. 그래서 어떤 학자는 명청 시기 사치 소비는 당연히 상인들의 사치, 특히 강남 지역에서 부를 쌓은 염상鹽商들의 사치에서 비롯한다고 본다. 그렇다면 사대부들은 어떻게 소비 행위를 통해 자신의 소비문화와 상징을 발전시켰을까? 또한 어떻게 사대부 집단의 신분적 친밀감을 높이고 다른 사회계층과 자신들을 구별했을까? 앞으로 이를 여러 방면에서 분석해보겠다.

제 2 장

소비와
권력의 상징:
가마문화를
중심으로

수레는 덜커덩덜커덩 말은 느릿느릿. 조만간 누가 와서 안부를 물을까?
황제의 뜻은 분명 늙은 대신을 우대하여, 특별히 교서 내려 삼품 이상에
가마를 허락하셨네.

_ 육심, 『엄산집·삼품 이상에 가마를 허락하는 교지를 받들어』[1]

소비의 각도에서 보면, 기물은 실용적 가치 외에 신분 지위와 권력 및
부를 나타내는 상징인 동시에 사회 구조도 어느 정도 반영하고 있다. 기
물의 소비와 사용의 변화는 기술의 진보를 설명하거니와 사회 변화와 사
회 구조의 변화도 반영한다. 교통수단도 기물의 일종으로 이러한 의미
를 지니고 있다. 중국 고대에 봉건제도가 붕괴된 이후, 신분 지위를 상
징하는 정鼎[세발 솥]과 이彝[제사용 술그릇] 등의 기물이 점차 그 중요성
을 잃어가면서 수레와 의복, 가옥, 인수印綬* 등이 이를 대체했다. 후한後
漢(25~220) 이래 역사서에 「여복지」가 출현한 것으로 미루어 특히 수레
와 복식이 가장 중시되었던 것으로 보인다. 수레와 복식 제도는 계급을
분명히 나누었다. 그 의도는 '계급에 따라 나누고列等威' '사대부와 서민을
구별하며別士庶' '과도한 사치를 억제하는抑僭奢' 것에 있었다. 한대에서 수
대 사이에 등장한 수레 및 복식 제도의 가장 큰 변화는 소 수레가 유행

---

* 신분이나 위계, 벼슬의 등급을 나타내는 관인官印을 몸에 매어 차기 위한 끈.

해 말 수레를 대체한 일인데, 이는 한말 청담淸談 사상의 영향에서 비롯한 것이었다. 당대에 이르러 또 한 번 커다란 변화가 일어났다. 원래 한대의 사대부는 예제에 근거해 외출할 때는 말을 직접 타지 않고 반드시 수레를 타는 풍습이 있었다. 남북조 시기에 이르러 전쟁이 빈번히 일어나 전투복을 자주 입게 되자 말 타는 것에 익숙해진 사대부가 점차 늘어났다. 당대에는, 특별한 경우를 제외하면, 대부분의 사대부와 서민이 수레 대신 말을 타게 되었다.[2] 그러나 송대에 가마가 출현한 뒤에는 점점 가마가 말을 대체하게 되었다.

중국 고대 가마는, 그 원형이 견여肩輿*나 보련步輦**으로 중국 역사에서 기원은 매우 이르지만, 초기에는 일부 귀족과 남방 사대부의 교통수단에 불과했다. 그러던 것이 송대에는 기존의 견여와 보련에 있던 승의乘椅[앉는 의자]와 당의躺椅[눕는 의자]가 평상平床의 형태로 개량된 '교자轎子'가 출현했다. 교자는 그 형태가 독특해 서양에서는 유사한 기물이 발견되지 않는다.[3] 교자는 남송 시기에 크게 유행했으며, 남송 상류층에서는 보행의 대체 수단으로 교자를 사용했다. 명초에는 풍조가 다시 바뀌어 도성의 관리까지도 말이나 나귀를 탔다. 명 중기 정덕·가정 연간 이후에는 다시 교자가 유행해 청대까지 지속되었다. 교자는 이처럼 교통수단의 일종으로 명대 사람들의 일상생활에서 매우 중요한 위치를 차지했다. 이뿐만 아니라 교자 자체와 교자를 타는 행위가 이미 사회·정치·문화 면에서 상징적 의미를 가지게 되었다.

---

* 초기에는 산에 오를 때 쓰는 도구였으나 나중에는 평지에서도 교통수단으로 이용되었다. 초기의 견여는 긴 장대 두 개 사이에 의자를 놓고 사람이 앉는 형태였고 휘장이나 지붕은 없었다. 두 사람이 어깨에 메고 가서 '견여'라 했다.
** 왕이 사용하는 가마를 일반적으로 '연輦'이라 한다. 원래 바퀴가 있었으나 진秦 이후에 바퀴를 빼고 사람이 메는 형태로 바뀌어 '보련'이라 했다.

가마의 중요성에 관해서는 일찍이 수많은 역사가의 저술에서 주목하고 또 고증했다.[4] 그러나 이후의 관련 연구들은 대부분 통론적 성격의 것으로 그 초점이 가마의 기원과 형태를 고증하는 데 집중하고 있다.[5] 이 밖에 최근 명대 사회 풍조의 변화에 관한 연구 중 가마에 주의한 학자도 적지 않다.[6] 그러나 물질문화의 각도에서 '가마'의 상징적 의의를 깊이 탐색한 전문 연구는 아직 보이지 않으므로, 이 과제는 더 연구될 필요성이 있다. 이 장에서는 이러한 각도에서 명대에 이동수단을 대표하는 가마의 상징적 의미를 다시 다뤄보고자 한다.

이 장에서는 우선 명대 이전 가마의 출현까지를 설명하고 가마가 유행한 외부 원인을 살펴본 뒤, 이어 명초 관리들의 제도화된 가마문화에 대해 서술할 것이다. 명초에 정부가 가마 이용을 제도화하는 과정에는 소비를 지배하는 정치권력의 특수 기능이 개입되어 있었다. 그러나 시간이 흐름에 따라 가마를 타는 풍조가 점차 사회적으로 유행했다. 이에 이전의 가마 규정도 계속해 도전을 받아 바뀌었고 정부에서도 상응하는 여러 대책을 내놓기 시작했다. 소비의 역사라는 각도에서 보면, 가마의 유행은 사회의 변동과 구조의 변화를 반영하므로 그 역사적 의의는 탐구할 가치가 있다. 이 장의 마지막 부분에서는 가마 이용에 내포된 여러 문화적 의의를 고찰해 가마가 단순한 교통수단의 의미를 넘어 정치권력과 사회적 정체성 혹은 정치문화 영역에서 가지는 특수한 상징적 의미를 밝힐 것이다.

명대 초기·중기의
가마문화

1) 명대 이전의 가마문화

이전에 사람들은 남송 고종高宗 건염建炎 연간(1127~1130)부터 가마를 타기 시작했다고 생각했으나, 사실은 북송 초기 문헌에 이미 '轎(교)' 자가 나와 있다.[1] 그러나 그 형태는 지붕과 휘장이 없는 견여에 불과하며 이후에 말하는 교자는 아직 아니었다. 엄밀히 말해, 북송 말에 이르러 비로소 '교자'에 휘장과 지붕이 덮였고[2] 또 이 시기에 와서야 관리들에게 '교자'가 유행하게 되었다.[3] 남송 무명씨의 『애일재총초愛日齋叢抄』에 의하면, 북송 시기 군현의 지방관 중에는 이미 가마를 탄 사람이 있었다고 한다.[4] 도성의 관리들이 교자를 타는 규정은 휘종徽宗 정화政和 3년(1113)에 시작되었는데, "폭설이 내려 십여 일 동안 그치지 않아 평지에 눈이 여덟 자 넘게 쌓였다. 길이 미끄러워 인마人馬가 다닐 수 없으니 여러 관리에게 교자를 타고 입조하도록 조서를 내렸다."[5] 그렇지만 이 조치는 임시방편일 뿐 정해진 제도가 아니었으며, 한때 기후의 변화가 생겨 잠시 관리들에게 교자를 타도록 허가한 것이었다.

북송 후기에 이르러 교자를 타는 풍조가 성행하기 시작했다. 신종神宗 시기에는 종실 사람들이 휘장을 드리운 견여를 타고 출입하는 것이 유행했는데, 수행 인원의 위세가 지나쳤다고 한다.[6] 북송 말년에 이르러 도성인 개봉에서는 선비와 호족이 교자를 타고 출입했다.[7] 도성 개봉의 서민에게서도 교자를 타는 사례가 나타나기 시작해, 휘종 정화 7년(1117)에는 신하들이 다음과 같이 상주했다. "현재 도성 내에서 난교暖轎[사방에 휘장을 친 겨울용 교자]는 임명을 받은 관리뿐 아니라 부자, 평민, 창기, 배우, 천민에 이르기까지 늘상 타고 다니게 되었습니다."[8] 그러나 이러한 몇몇 증거로는 개봉 이외 지역에서 서민에게 얼마나 교자가 보급되었는지를 설명할 수가 없다. 북송 시기는 이후 남송 시기에 비하면 말을 타는 경우가 여전히 교자를 타는 일보다 더 많았다. 또한 북송 시기 서민이 교자를 타는 풍조도 여전히 북송 말년의 개봉 지역에 한정되었다.

송 황실이 남쪽으로 천도한 이후, 남방의 도시 환경과 기후는 북방과 매우 달랐는데, 특히 다습한 기후로 도시의 도로가 질퍽거려 말을 타면 쉬이 미끄러지고 의복이 더러워졌다. 그래서 교자가 말이나 견여 대신에 훌륭한 대안이 되었다. 남송 이후에는 관리가 교자 타는 것을 허락하면서 이것이 점차 제도화되었는데, 『건염이래조야잡기建炎以來朝野雜記』에는 다음과 같은 기록이 있다. "옛이야기에 따르면 문무백관이 출입할 때 모두 말을 탔다. 건염 초기, 황제께서 양주의 벽돌이 미끄러우니 대신들에게 '군신일체라 짐은 여러 신하가 위험한 길을 이리저리 차마 다니게 할 수 없어 특별히 교자 사용을 허락하노라'라고 말씀하셨다. (…) 지금 황궁의 문무백관은 입조할 때가 아니면 말을 타는 사람이 없다."[9] 이 시기에 이르러 교자를 탈 수 있는 대상이 점차 넓어졌지만 여전히 교자를 탄 채로 황궁에는 들어올 수 없었으며, 예우를 받는 중신만이 비로소 교자를 타고 황궁의 문까지 들어올 수 있었다.[10] 관리들에게 교자 사용을 허가한 뒤부터는 교자가 말타기를 대신했다. 주희朱熹의 『주자어류朱子語類』에 나오는 기록을 보자. "남쪽으로 천도하기 전에는 교자를 타는 사대부가 그다지 많지 않았지만" "남으로 천도한 이후부터 현재에 이르러서는 교자를 타지 않는 사람이 없다."[11] 『주자어류』의 여러 기록에 따르면, 남송 관리들은 교자를 도성 내에서 교통수단으로 늘 사용했고 사대부의 교자 사용도 이미 일상이 되었다.[12] 문관과 사대부까지도 교자를 탔을 뿐만 아니라, 『주자어류』에서는 "지금 문무백관들은 지위 고하를 막론하고 모두 교자를 이용한다. 명을 전하는 환관들까지도 교자를 탄다"[13]고 탄식했다. 장택단張擇端이 그린 「청명상하도淸明上河圖」에도 송대 사람이 도시에서 교자를 타는 모습이 묘사되어 있다(그림 2-1).

당연히 교자는 북송 말에 견여에서 교자로 변화한 뒤 기술적으로 개

그림 2-1. 「청명상하도」 속의 교자, 장택단

량되어 확실히 교통수단으로서 장점을 가지게 된다. 교자는 지붕과 휘장이 추가되어 침상 형태로 개량된 뒤 과거의 견여나 말타기보다 더 편안해졌다. 북송 시기 공무중孔武仲(1041?~1097?)은 교자와 말의 장단점을 비교하고 있다. 교자는 날씨가 매우 추울 때 타면 따스하고 편안한 것이 장점이지만 공간이 협소해 탑승자가 견디기 어려운 것이 결점이라고 했다.[14] 남송 시기에 이르러 교자는 형식이 다시 한번 개량되어 각종 안전하고 편안한 장치가 점차 갖추어졌다. 진회秦檜(1090~1155)가 입조할 때 사용한 교자에 대해 다음과 같은 기록이 있다. "촘촘하게 수놓인 담요를 치고 들어갈 수 없을 정도로 두껍게 둘러쌌으니, 이것이 바로 휘장교자다"[15]라고 한 데서 교자의 방한 기능이 더 좋아졌음을 알 수 있다. 또 『수심집·유건옹묘지명水心集·劉建翁墓誌銘』에는 유건옹*이 집이 누추해도 수리하지 않았음을 언급하며 자조적으로 말하고 있다. "숙부가 계실 때부터 각지에서 보전莆田[복건성] 땅을 지나는 사람 중에 집을 방문하지 않은 사람이 없었다. 지금의 교자는 옛날보다 커졌으니 세상이 변했구나."[16] 이 언급은 교자 내부의 공간이 더 넓어졌고 또 남송 사대부들 사이에 교자가 유행했음을 보여준다.

교자는 북송 말년 이래로 지리 환경, 기후 변화, 정책 전환, 기술 개량 등으로 편안한 교통수단으로서 그 기반을 닦게 된다.

---

* 유기회劉起晦. 자가 건옹. 순희淳熙 5년(1178) 진사. 주희의 제자. 귀계현貴溪縣 지주知州, 강서안무사기의江西安撫司機宜, 비서성정자祕書省正字 등을 지냈다.

2) 명대 가마 유행의 외부적 요인

송대 이래 가마가 유행하게 된 객관적 요인들은 명대 이후에도 여전히 존재했다. 예를 들면, 가마는 남방의 지형과 기후 조건에 있어 말보다 이용하기에 더 적합했으며, 명대 사람들은 이 사실을 더 잘 알고 있었다. 육용陸容(1436~1494)은 『숙원잡기菽園雜記』에서 가마가 교통수단으로서 가진 장점을 언급하고 있다. "남방에도 나귀와 말을 거래하는 곳이 있는가? 있다 하더라도 산과 고개가 험준하고 좁은 곳에서는 말과 나귀가 다닐 수가 없다. 두 사람이 가마를 메면 매우 편리하고 빠르다. 이는 또 백성의 편의를 따라야 하므로 한 가지 의견만 고집할 수는 없다."[17] 『황명영화류편皇明泳化類編』에도 이야기 하나가 실려 있는데, 융경 연간 강도어사江都御史 오시吳時가 남경에 부임하러 와서 사품 이하 각 아문衙門의 관원은 관례대로 모두 말을 타야 한다고 요구했다. 그러나 그 결과 도리어 불편해졌는데 그 이유는 이러하다. "사람들은 다음과 같이 말한다. 남경에는 길에 청석靑石 섬돌이 깔려 있어 말이 잘 넘어지기에 매번 고통을 호소하는 자가 많다. 또 살 수 있는 말도 없거니와 말을 사려 해도 매우 비싸다. 사람들은 스스로 돈을 마련하여 두 사람이 메는 작은 가마를 빌려 출입하는 것이 매우 편리하다고들 한다."[18] 남방 도시의 도로는 대부분 돌이 깔린 길이고 게다가 기후가 다습해 말이 미끄러지고 사람이 다치는 사고가 빈번했음을 알 수 있다. 또한 남방에는 말이 적어 말을 사거나 빌리려 해도 비용이 너무 많이 들어 교자를 빌리는 것이 도리어 편리했다.

가마는 기술 측면에서도 명대에 이르러 한층 개선되었다. 명 왕기王圻가 편찬한 『삼재도회三才圖會』의 견여도와 교자도(그림 2-2)를 보면 다음

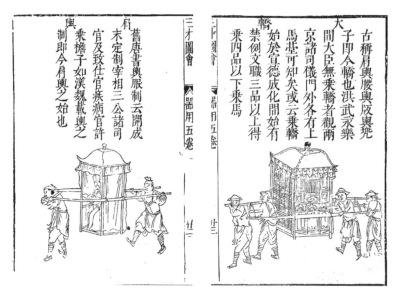

그림 2-2. 『삼재도회』의 대교大轎와 견여, 왕기

사실을 알 수 있다. 명대 사람들은 송대 교자를 '견여'라 불렀으며 송대 교자를 또 한 번 개량했다. 우선 공간이 넓어졌고 장식이 화려해졌다. 또한 지지대를 가마 중간 부위에 고정한 뒤 가마꾼이 직접 어깨로 지지대를 메지 않고 두 지지대 사이에 줄 하나를 묶은 다음 그 줄 사이에 다른 멜대를 하나 꿰어놓아, 가마꾼은 이 멜대를 메고 손으로 지지대를 잡고서 발을 맞추어 걸어갔다. 그 줄은 가마꾼이 걸을 때나 도로가 울퉁불퉁할 경우 가마의 균형을 잡아주고 흔들림을 완화해주어, 가마를 탄 사람은 매우 편안했다.

이 밖에 사조제는 『오잡조五雜組』에서 [가마 유행의] 또 다른 중요한 객관적 요소인 원가 문제를 언급하고 있다. 가마 고용비와 말 고용비를 비교해, 가마 고용비가 말 고용비보다 저렴하다고 지적한 것이다. "대개 말

타기에는 말을 빌려야만 할 뿐 아니라 또 견마잡이를 고용해야 해서 도리어 견여보다 비용이 더 많이 든다. 이는 단지 수고로움과 편안함의 차이만은 아니다."[19] 가마꾼 고용 비용에 대해서는 명대 후기 소설에 그 기록이 많이 나타난다. 『금병매金瓶梅』에 나오는 가마와 말의 이용 가격을 비교해보면, 일반적으로 말의 가격은 약 35~80냥으로 가마 이용 시에 드는 은자 5~6푼에 비하면 정말로 너무 비쌌다.[20] 만력 연간(1573~1619) 절강의 장응유張應兪가 편찬한 『강호기문두편신서江湖奇聞杜騙新書』에 기록된 가마 메기와 기타 물품의 가격을 보자.

종이 가격: 소주 시장에서 종이 한 상자를 은자 8냥에 판매(「교활한 중개업자가 종이를 사취하여 그의 딸로 보상받다狡牙脫紙以女償」).

말 가격: 좋은 말 한 필의 가격은 은자 40냥(「나쁜 말로 비단을 사취하다假馬脫緞」).

비단 가격: 비단 3필의 가격은 은자 4냥 4전, 1필에 평균 1냥 4전 정도(「경성의 점포에 나타난 향마적*京城店中響馬賊」).

가마 메는 가격: 복건에서 육로 120리 가마 메는 가격은 1전 6푼, 때에 따라 또 1전 2푼이나 1전 4푼까지 하락(「빗자루로 사기를 쳐 가마꾼을 희롱하다詐以帚柄耍轎夫」).

한약재: 강서 장수진樟樹鎮의 당귀 1담(100근)에 10냥, 천궁 1담에 6냥, 가격이 낮을 때에는 당귀 1담에 겨우 3냥 7전(「가격을 높이 올려 도리어 이익을 놓치다高攃重價反失利」).[21]

---

* 사람이 없고 조용한 숲속의 작은 길을 막고 그 길을 지나는 사람의 재물을 빼앗아 말을 타고 달아나는 작은 도적.

위 물가 비교에서 가마꾼 고용 비용이 다른 물가보다 훨씬 저렴했음을 알 수 있다.

명대에 가마꾼의 고용이 이처럼 편리하고 가격 또한 저렴해진 것은 명대 후기의 노동력 시장과 밀접한 관계가 있다. 사조제는 이를 직접 경험하고 다음처럼 토로한다.

국초, 진사는 모두 걸어다니다가 나중에는 나귀를 탔다. 홍치와 정통 연간에 이르러 두셋이 함께 말 한 필을 고용하는 일이 있었으며, 그 후 결국 모두 말을 타게 되었다. 나는 만력 임진년(만력 20년, 1592)에 과거에 합격했는데, 당시에는 관리와 여러 진사가 모두 말을 탔다. 큰 비바람이 있으면 간혹 견여를 탔다. 그 후 지금까지 겨우 이십 년이 지났는데, 말을 타는 사람이 완전히 종적을 감추었으니, 역시 사람들의 마음이 여기[가마]에 쏠린 것이다. 게다가 도성에서 이 일로 먹고사는 사람이 거의 만여 명에 이르니, 금지할 수 없거니와 금지할 필요도 없다.[22]

위 글에는 명대 진사가 처음에는 걸어다니다가 이후 나귀와 말을 탔고 마지막에 가마를 타는 것이 일상이 되는 상황이 기록되어 있다. 가마 이용을 금지하기 어려웠던 이유는 "도성에서 이 일로 먹고사는 사람이 거의 만여 명에 이르"렀기 때문이다. 북경 같은 대도시에서 수많은 사람이 가마꾼으로 생계를 유지했음을 알 수 있다. 예수회 선교사 마테오 리치Matteo Ricci(1552~1610)가 목격한 바에 따르면, 만력 연간 북경에 이미 가마나 말을 빌려주는 점포가 여러 군데 있었으며 점포에서는 또 거리나 지명의 안내 책자도 제공했다."[23] 명대 후기에 출판된 상업용 길 안내 책자에 따르면, 서비스업에 종사하는 가마꾼들이 강남의 육로에서는 매

우 흔하게 보였다고 하니 가마꾼의 고용이 편리했을뿐더러 그 가격도 저렴했음을 알 수 있다.[24]

제1장에서 명대 중기 이후 상품경제의 발전이 도시화를 가져왔을 뿐 아니라 그러한 도시가 잠재력이 풍부한 소비 시장으로 변모하게 된 상황을 언급했다. 먼저 당시 농촌의 갑작스러운 인구 증가로 넘쳐나는 노동력이 도시로 유입되어 도시에 대량의 인력 시장이 형성되었다. 또한 도시 자체 역시 거상과 부호들이 몰리는 지역이 되었으며 상인들도 이에 가세해, 도시 내부의 소비에 이른바 '사치스러운' 사회 풍조가 나타났다. 도시화가 이루어지자 노동력을 제공할 수 있는 노동 시장이 형성되었고, 향신과 상인 및 부호들의 사치 소비도 유입 인구에 취업 기회를 제공해주었다. 도시에서는 이제 각 부류의 사람들, 즉 위로는 향신, 생원, 상인, 아래로는 정처 없이 떠도는 계층인 가마꾼과 짐꾼, 서리와 하급 벼슬아치에서 나졸, 무뢰한, 노비, 예인[놀이패]에 이르기까지 각양각색의 사람들을 볼 수 있었다. 이 모든 사람이 도시경제에 의존해 생활했다.

이 밖에 가마 풍조의 유행과 관련해 명대에는 송대에 나타나지 않은 요인들도 있었다. 그것은 바로 명대 말기 여행 풍조가 크게 성행해 가마가 산수 유람에 주요한 교통수단이 되었다는 점이다. 명대 소설을 보면 명대 사람들은 여행을 자주 다녔고, 여행에 관한 명대 시에는 '轎(교)'자가 여러 번 출현한다. 시사詩詞 이외 많은 유람기에서도 가마를 타고 경치를 감상하는 상황(제4장 참조)이 자주 언급된다. 명초와 명말의 산수화를 비교해보면, 그림 속 인물이 타고 있는 교통수단에 커다란 변화가 나타나는 것을 발견할 수 있다. 명초에는 말이나 나귀 심지어 소를 타다가 명말에는 그림 속 인물들이 모두 가마를 타고 있다. 수많은 명승지의 산기슭에 무리를 지어 휴식을 취하며 손님을 기다리는 가마꾼도 볼 수 있

그림 2-3. 「지형산도支
硎山圖」(부분), 명 육치
陸治(1469~1576)

「석설산도石屑山圖」
(부분), 장굉張宏(만력
41년, 1613)

다(그림 2-3 아래).

남방의 지형과 기후 조건, 가마 제작 기술의 향상, 명대 말기 노동력의 공급 과잉으로 인한 가마 이용 가격의 하락, 도시화와 상업화가 가져온 소비력의 확대 및 여행의 흥성 등은 명대 중기 이후 가마의 유행 풍조를 불러왔다. 그러나 단순히 이런 외부 요인만으로는 가마의 유행을 온전히 설명할 수 없다. 사실 가마 이용은 신체적 욕구를 만족시키는 것일뿐더러 문화적 소비로서 지성 및 심리와도 관련이 있다. 따라서 이는 당시의 총체적인 정치적·사회적·문화적 맥락과 관련시켜 보아야 한다.

3) 명대 가마 이용의 제도화

명대에 이르러 가마가 점차 유행한 원인은 정부 정책의 영향을 벗어날 수 없다. 명대 정부의 가마 이용 규정은 이전 시대보다 훨씬 엄격했다. 북송 초 관리들에게는 말을 타는 것만 허가되었다. 그리고 오대五代의 제도를 좇아 특수한 상황에서 황제의 성은을 입은 일부 관리만이 견여나 교자를 타고 입조할 수 있게 하여 그 관리에 대한 예우를 표시했다.[25] 남송 이후 대소 백관들은 모두 가마를 탔으며, 『경원조법사류慶元條法事類』에도 서민이 교자를 탔을 때 "[누군가로 하여금] 부채를 이용해 [교자] 주위를 가리도록 시킬 수" 없게 헤 괴도한 겉치레를 금지했다.[26] 그러나 북송이나 남송을 막론하고 가마 이용에 대해 아직 체계적인 규정이 없었고 엄격히 신분을 제한하지도 않았다. 명대에 들어서 정부가 가마 이용에 대해 완전하고 제도화된 일련의 규정을 제정했다.[27] 이러한 제도는 명대 전기에 마련되었으며, 그중에는 신분에 따른 구별, 문무 관리의 구별, 가마에서 내려 길을 피하는 행위에 관해 모두 명확하게 규정했다. 동시에 송대와 마찬가지로 일부 파격적인 예외를 두어 황제의 총애와 신임을 표시했다.

• 신분에 따른 구별

명대 가마는 관용과 민용으로 나뉜다. 관용 가마는 네 명이 메는 '대교大轎'이며, 민용 가마는 혼례용의 화교花轎를 제외하면 모두 두 명이 메는 '소교小轎'다. 다음은 『대명회전大明會典』에 나오는 가마제도 내용이다.

> 홍무 원년(1368), 용봉문을 장식하지 못하도록 규정했다. 관직이 일품에서 삼품까지는 금칠 장식, 은색 교룡두[교룡 모양의 교간轎幹 끝 장식], 수놓은 술, 청색 휘장을 허용한다. 사품과 오품은 흰색 사자두[사자 모양의 교간 끝 장식], 수놓은 술, 청색 휘장을 허용한다. 육품에서 구품까지는 흰색 운두[구름 모양의 교간 끝 장식], 흰색 술, 청색 휘장을 허용한다. 가마[제도]를 수레제도와 비교한다면, 서민의 수레에는 흑색 칠을 하고, 교간 끝부분이 장식 없이 평평하고, 납작 지붕에 흑색 휘장을 사용한다. 가마는 수레제도와 같으며 구름 문양 사용을 불허한다.
>
> 홍무 6년(1373), 배, 수레, 가마에는 붉은 칠 외에 여러 색의 장식이 허용된다. 오품 이상은 수레에 청색 휘장을 사용하며 나머지는 모두 불허한다. 가마는 부인과 관리 및 백성 중 늙고 병든 사람만 타도록 허용한다.[28]

명대 홍무 원년에는 수레와 가마의 제도를 관용과 민용으로 구분해 규정했다. 관용 가마는 관리의 품계와 신분의 차이에 따라 제한을 두어 우선 장식과 색, 재질에서 관리의 품계와 맞추었다. 서민의 수레와 가마는 색을 흑색만 사용할 수 있었고, 또한 형식 면에서 교간 끝부분이 장식 없이 평평하고 납작한 지붕에 무늬 없는 '흑색 휘장'을 사용했으며 구름 문양 장식의 사용을 금지했다. 홍무 6년에는 또 수레와 가마에 붉은 칠을 금지하고 오품 이상의 관리만이 청색 휘장을 사용할 수 있었으며, 서민 중에는 부녀자와 늙어 병든 사람만이 비로소 가마를 탈 수 있었다. 흥미로운 사실은, 처음에는 신분을 구분하는 기준이 그 사람이 이용하는 교통수단의 장식, 형상과 구조, 색에 근거했을 뿐 서민의 가마 이용 자체에 대해서는 그다지 엄격하게 금지하지 않았다가 이후에 다시 서민이 가마를 이용할 수 있는 범위를 더욱 엄격하게 축소했다는 점이다.

경태제景泰帝(재위 1449~1457) 시기에 이르러 새로운 제도가 또 나타나, 가마 이용의 기준을 통해 더욱 분명히 관리의 품계를 내세워 신분을 차등화했다. 『대명회전』에 따르면 다음과 같다. "경태 4년(1453), 도성에 있는 삼품 이상은 가마 이용을 허가하고 나머지는 허가하지 않는다. 지방의 각 관청에서는 일체 가마 이용을 불허한다."[29] 이처럼 원래 남송 이래 명초까지는 모든 관리가 가마를 이용했으나, 이 시기에 이르면 삼품 이상의 고급 관리에게만 가마 이용이 허용되고 다른 관리들은 일체 가마 이용이 불허되어 말만 탈 수 있었다.

• 무관과 훈신, 외척의 구별

명 효종은 홍치 7년(1491) 조령을 내려, 가마를 타는 관리는 관례에 따라 사인교만 허락하고 훈신으로 무관인 사람은 가마 이용을 불허했다.

남경과 북경 및 지방의 문무 관리 가운데 성지聖旨를 받은 자와 관례대로 가마 이용이 허가된 문무 관리를 제외한 나머지 사람들은 사인교만 탈 수

있음을 공포한다. 남경과 북경의 오군도독부관사 그리고 내외진수內外鎭守
와 수비守備 등의 관리, 공작·후작·백작 및 도독 등의 관리는 노소를 막
론하고 일체 가마 이용을 불허한다. 규정을 위배하여 가마를 타고 제멋대
로 팔인교를 사용하는 자는 증거를 밝혀 상주케 한다.[30]

명대에 영지를 하사받은 공신과 외척은 공작·후작·백작 3등급이 있
었다. 이를 세습한 후손 가운데 재능이 있는 사람은 대부분 오군도독부
五軍都督府와 남경수비南京에 투입되거나 진수총병관鎭守總兵官[*] 등의 무직
에 임명되었다.[31] 따라서 위의 글에 언급된 고위 무관은 모두 훈신의 후
예인 것이다. 사실 위의 규정은 홍치 7년 이전에 이미 존재했는데,『사암
소승槎庵小乘』과『춘명몽여록春明夢餘錄』같은 역사서에서 이러한 제도가
명초에 시작되었다고 지적하고 있다.[32] 또『명사明史』에 이러한 기록이 있
다. "태조께서 훈신이 말타기와 활쏘기를 그만두는 것을 원하지 않으셔
서, 상공上公이라도 외출할 때에는 반드시 말을 타게 했다."[33] 이 규정은
언제 시작되었는지 알 수 없으나 명 태조의 사고방식과 관련이 있으므
로, 홍치 7년의 조령은 태조의 규정을 다시 한번 천명했을 뿐이다. 바꿔
말하면, 고위 문관만이 가마를 탈 수 있었으며 하급 관리는 말을 탈 수
밖에 없었다. 이에 대해『명사』에서도 "고위 문관만이 가마를 타고, 일반
관리는 말을 탄다"고 언급하고 있다.[34]

---

[*] 무관직의 하나. 경사京師에서 지방에 위소衛所를 설립해두고, 전쟁이 나면 장령을 총병관으로 임
명해 위소의 군대를 통솔시켰다. 총병관은 전쟁이 끝나면 장군의 인장을 반납하고 군대는 각 위소로
돌아갔으므로 임시 파견직에 속했으며, 품계와 정원이 없고 공작·후작·백작·도독이 임명되었다. 정
통 이후 점차 상설 무관직으로 바뀌었다.

• 길에서 마주치면 신분이 높은 순서대로 지나간다

명초에는 관리가 서로 길에서 만나면 길을 비켜주어 예를 표시하는 규정을 두었다. 『대명회전』에 따르면, 명 홍무 20년(1387)에 규정한 것으로, 원칙상 하급 관리는 길에서 고관을 만났을 경우 다음처럼 행동한다. 관리는 [상대가] 세 품계 이상 높으면 말을 끌고 피하고, 두 품계 높으면 말을 끌고 길옆으로 서며, 한 품계 높으면 신속하게 오른쪽으로 양보해 지나가야 한다. 문신은 공작과 후작 및 부마駙馬에 대해서도 특별히 예우를 표해야 했으며, 일품과 이품 관리가 공작과 후작 및 부마를 만나면 말을 끌고 그 옆에 서 있어야 했다. 삼품 이하의 관리가 공작과 후작 및 부마를 만나면 말을 끌고 피해야 했다. 서민이 길에서 관리를 만나는 경우에 대해서도 예의 규정이 있었다. "가마와 말을 구입해서 타고 다니는 거리의 모든 군인과 백성은 멀리서 공작과 후작과 부마 및 일품 관리 이하 사품까지의 관리가 지나가는 것을 보면 즉시 말에서 내려 길을 양보하라."[35] 이후 관리들이 점차 말에서 가마로 바꿔 탄 이후에도 이러한 예법이 적용되어, 하급 관리가 길에서 고관을 만나면 가마에서 내려 길을 피해야 했다.

또한 각지 관리가 종실과 왕부王府의 대문 앞을 지날 때에도 가마에서 내려 경의를 표해야 했다. 16세기에 중국에 왔던 포르투갈인 갈리오테 페레이라Galiote Pereira[또는 Galeote Pereira]는 계림桂林에 위치한 왕부를 이렇게 묘사한다. "이 왕부의 저택 사방에는 담이 둘러져 있는데 담은 그리 높지 않으나, 담 바깥쪽 한 면이 홍색으로 칠해져 있다. (…) 네 문 가운데 가장 중요한 문은 대로를 향해 있는데, 아무리 나이 많은 이라도 그곳을 지날 때에는 모두 반드시 가마나 말에서 내려야 한다."[36]

명대의 황제와 관리는 가마를 타고 서로 만났을 때 가마에서 내려

길을 피해주는 예의를 매우 중시했다. 천순 2년(1458), 복건도사福建都司
가 경하표慶賀表를 바치러 오던 도중 염운사鹽運司를 지날 때에 염운사 유
기劉璣가 견여에서 내리지 않아 복건도사 군사들이 유기에게 불경하다
고 지적하자, 유기가 노하여 군사들에게 곤장을 때렸다. 이 사건이 조정
에 알려져, 황제가 안찰사按察使에게 유기를 체포해 심문하도록 영을 내렸
다.[37] 또 직례直隷[수도에 직접 예속된 지역] 사람 송걸宋傑(?~1474)은 경태
연간에 좌부도어사와 참찬감숙군무參贊甘肅軍務를 지냈는데, 순안어사巡按
御史 아무개가 길에서 그를 만났으나 가마에서 내리지 않는 것을 보았다.
송걸은 이에 개의치 않아서 "군자 됨을 잃지 않았다"는 명성을 얻었다.[38]
이로 보건대, 예법을 개의치 않은 사람은 분명히 소수였을 것이다. 특히
남경과 북경에는 많은 관리가 모여들었기에 가마를 탄 채 길에서 서로
마주칠 기회가 상당히 많았다. 가정 15년(1533) 남경에서 급사중給事中이
상서의 가마를 만나도 피하지 않은 사건이 일어나, 조야를 한바탕 뒤흔
든 정치 풍파가 발생했다(이 장 '4. 가마의 상징적 의미' 참조).

· **가마 이용의 파격적인 예외**

명대에는 위에서 언급한 규정 외에 송대와 마찬가지로 '파격적인 예
외'가 있었으며, 일부 중신을 예우하고 신임해 그들에게 특별히 견여와
교자를 타고 궁중을 출입하도록 허가하거나 무관 훈신에게 견여와 교
자를 이용하도록 혜택을 주었다. 『명사』에 언급된 사례를 들면, 선덕 시
기 소보少保 황회黃淮(1367~1449)가 견여를 타고 궁중에 들어와 서원西
苑에서 노닐었으며, 가정 시기 엄숭이 팔순이 되어 조서를 받고 궁궐에
견여를 타고 출입했다. 무신의 사례로, 곽훈郭勛(?~1541)과 주희충朱希忠
(1516~1572)은 황제가 남방을 순시할 때 특명으로 견여를 타고 황제를

호위했는데, 이후에는 항상 견여를 탈 수 있도록 허락받았다.[39]

이처럼 중신과 노신 및 무관 훈신들이 은전과 우대를 받아 위에서 언급한 제도의 제한을 받지 않은 경우 외에도, 황제가 과도언관科道言官(즉 감찰어사와 육과급사중)[40]에 대해서도 특별히 우대한 사례가 있다. 헌종 성화 연간(1465~1487) 남경 이과급사중 칠품관 왕양王讓(천순 8년 진사)은 "조정에서 언관을 우대하여 왕양이 더욱 방자해져서, 회의 때마다 매번 육경六卿과 대등하게 앉고, 길에서 대신을 만나도 예를 행하지 않으며, 혹 두 사람이 메는 견여가 지나가면 왕양은 반드시 가운데로 말을 채찍질하며 좌우를 돌아보며 이를 지나쳤다. 관리들은 흘겨보면서 아무도 대항하지 못했다."[41] 또 무종武宗 시기 우참의右參議 위눌魏訥이 우첨도어사右僉都御史로 승진했는데, 비록 사품이었으나 흠차대신이라 황제는 [그에게] 특별히 가마 이용을 허락했다.[42] 이후 이런 사례는 과도관과 육부 신료들 사이에 충돌이 일어날 씨앗이 되었다.

이러한 제도의 수립에서 알 수 있는 가장 중요한 것은 정부가 가마에 특별한 의미를 부여했다는 점이다. 정부에서 의도적으로 문신 가운데 고급 관리(삼품 이상)를 특권을 가진 신분 집단으로 편입시켰음을 명대 가마제도를 통해 알 수 있다. 이와 같은 신분 지위를 통해 정치적으로 권리를 누릴 뿐만 아니라 생활 방식에서도 가마 이용이라는 특권을 향유하게 되면서, 가마제도는 특권층들의 특별한 소비 영역이 되었다. 관부에서 제정한 가마제도도 그 형성과정을 따지고 보면 이러한 지위를 지닌 집단의 특권이 법률제도로 구체화하는 과정임을 알 수 있다.

명말 가마의
유행과 보급

명대 정부는 송대 정부보다 가마 규정을 더욱 엄격하고 구체적으로 제도화했다. 그러나 명 중엽 이후가 되면 규정을 어기고 가마를 타는 사례가 송대보다 훨씬 잦았다. 송대 당시 가마 사용은 특정 지역(북송과 남송의 도성인 개봉, 항주, 기타 대도시 등)에 국한되었으며 주로 사대부계층에 집중되었다. 이에 비해 명대 중엽에는 이미 가마가 전국 각 대도시와 기타 사회계층에도 확산되었다.

1) 명대 초기: 말이나 나귀를 타다

명초 관리들은 외출할 때 대부분 나귀를 탔다. 태조가 육부의 상서와 지방관들에게 말타기를 허용했고, 아울러 병부에 유서諭書를 내려 지시했다. "승선포정사사承宣布政使司와 제형안찰사사提刑按察使司의 관리, 방면方面[한 지방 군부의 요직이나 장관]과 중신, 부·주·현의 관리, 지역의 군사 책임자는 백성에게 위세 부리지 않도록 나귀를 타고 다니게 하라."[1] 명초에는 경성에 근무하는 조정의 관리라도 말이나 나귀를 교통수단으로 이용했는데, 나귀를 타는 경우가 말을 타는 경우보다 많았을 것이다. 호시胡侍(1492~1553)가 쓴 『진주선眞珠船』에서 『초목자草木子』의 기록을 인용해, 홍무 연간에 이공기李公紀라는 사람이 응천부치중治中으로 천거된 후 이에 관해 읊은 시를 전하고 있다. "오품의 경성 관리도 훌륭하다 하여, 허리에 은장식 요대와 상아패를 찬다네. 간혹 거리에서 나귀를 타고 지나가면 사람들은 봄놀이 가서 돌아오지 않는다 하네."² 또 병부상서 금주錦州 금헌민金獻民(성화 20년 진사)은 이렇게 말한다. "성화 말기 어사가 되었을 때 항상 나귀를 타고 조례에 참석했는데, 동료 가운데 그런 사람이 많았다."³ 이를 통해 명초에는 남경과 북경에서 나귀를 타고 다닌 관리가 적지 않았음을 알 수 있다.⁴

2) 무관 훈신이 가마를 타다

남경의 무관 훈신들은 가장 먼저 그리고 가장 적극적으로 조정의 가마 규정을 바꾸려 했다. 명초에는 무관 훈신은 가마를 탈 수 없다는 규정이 있었지만, 영종 정통 5년(1440)에 남경수비 등의 무관이 멋대로 가마를 타기도 했다.⁵ 헌종 성화 연간(1465~1487)에는 또 남경급사중 왕양이 남경 황성을 수비하는 장교와 병졸들의 문란한 행실을 상주했다. 무관인 도독 등의 관리까지도 "대부분 말을 타지 않고 사사로이 경성의 군사를 부려 견여를 타고 출입하면서, [주인이] 호령하고 [시종이 이에] 따르는 상황이 실로 번잡스럽습니다. 장군은 교만하고 병졸은 불손합니다."⁶ 헌종이 상주문을 본 뒤 노하여, 남경은 선조들의 근본이 되는 중요한 지역인데 갑자기 법도가 이 지경으로 문란해졌다고 병부를 질책했다. 헌종은 내외수비에게 이문移文[관아 사이에 주고받던 공문서]을 보내어 군기를 엄하게 하고 무관으로서 말을 타지 않고 가마를 타는 자는 즉시 퇴임시키라고 영을 내렸다. 그러나 기존의 상황이 완전히 바뀌지는 않았다. 효종 홍치 9년(1496) 병과도급사중兵科都給事中 양영楊濚(성화 23년 진사) 등이 아뢰었다. "옛 제도에 신하가 병이 들어 청원하면 그때서야 비로소 가마가 허락되었으며, 이는 단지 일시적으로 시행되었을 뿐입니다. 현재 경성 군부의 장군들은 오랫동안 말을 타지 않았고 평상시에도 가마를 타는 자가 많으니, 비상사태를 막을 수 없거니와 육군六軍을 통솔하지 못할까 두렵습니다."[7] 많은 무신이 여전히 "평상시에도 가마를 탔음"을 알 수 있다.

가정 시기 이후 무관 훈신들은 곽훈의 전례를 들어 계속해서 각종 명목으로 가마 사용 요청을 상주하기 시작했고, 대부분 허가를 받았다.[8] 표면적으로 세종世宗은 [이와 같은 경우가] "상례常例는 아니다"라고 했지만, 사실상 기존의 가마 관련 제도는 이미 유명무실해졌다. 이후 신종과 희종 시기에도 이러한 상황은 여전했다.[9] 가정 연간 이후에는 특별한 경축일에 무관 훈신에게 견여를 하사하기도 했다. 가정 43년(1564) 8월 만수성절萬壽聖節[황제 탄신]에 [황제 세종이] 여러 신하에게 성은을 베풀었는데 그중 주희충의 동생인 도독 주희효朱喜孝(1518~1574)에게 견여를 하사한 바 있다.[10] 광종光宗과 희종熹宗이 등극했을 때와 희종의 황태자가 탄생했을 때에도 훈신들에게 성은을 베풀어 오군도독부와 종인부宗人府[황족의 족보, 벼슬, 상벌, 제사 등의 사무를 처리하는 기구]의 무관 중 탁월한 실적이 있는 자에게 직함 1등급을 높여주거나 견여를 하사했다.[11] 이들 무관 훈신은 명목상으로 '견여 사용'을 간청했거나 '견여'를 하사받은 사례지만, 실제로 이들이 탄 것은 '교자'였다. 상황이 이렇게 되자 무관 훈신들이 공공연히 가마를 타는 것은 이미 낯선 광경이 아니었으며 가마를 가지고 서로 경쟁적으로 과시하는 상황까지 나타났다. 가정 5년(1526) 병과급사중 여량黎良은 다음과 같이 상소한다.

옛 제도에 경성의 문관 사품 이하와 공작·후작·백작·도독 등의 관리는 가마를 사용할 수 없습니다. 무관은 마올馬杌*을 사용할 수 없고 외출할 때 소교를 탈 수 없습니다. 언젠가부터 훈신이 말 타는 것을 꺼리고 경쟁적으로 가마를 타기 시작했는데, 이는 과연 조정에서 〔가마를〕 하사한 것 때문입니까? 아니면 안 되는 줄 알면서도 이를 행하는 자들 때문입니까?[12]

가정 13년(1534) 예과도급사중 반대빈潘大賓도 이렇게 말한다. "무관 중에는 말타기와 활쏘기를 익히지 않고, 군사를 부려 디딤대를 놓고 말을 타며, 가마를 타고 외출하는 자도 있습니다."[13] 이제 가마는 무관들이 신분을 과시하는 상징이 되었다.

3) 일반 관리가 가마를 타다

경태 연간에 삼품 이하의 관리는 가마를 탈 수 없다고 규정했지만, 명 중엽 이후에는 큰 변화가 나타났다. 변화는 강남 지역에서 가장 두드러졌다. 송강부 화정현 사람 하양준은 그가 편찬한 『사우재총설四友齋叢說』

---

* 말을 타고 내릴 때 밟아 디디는, 다리가 네 개 달린 일종의 의자.

에서 강남 지역의 관리가 퇴근 시 걸어 다니기에서 말타기로, 이후 가마 사용으로 변화하는 과정을 설명한다.

예전에 어느 어른께서 하시는 말씀을 들었는데, 태조 시기에는 지방관들이 임명되어 귀향할지라도 걸어서 갔다고 한다. 헌종 성화 연간에 사대부가 말을 타기 시작했고, 홍치와 정덕 연간이 되면 모두가 가마를 탔다.[14]

이는 명 중엽 홍치와 정덕 연간에 강남 지역 관리들 사이에서 이미 가마를 타는 것이 유행하기 시작했음을 보여준다. 고기원도 『객좌췌어』에서 이를 매우 자세하게 묘사한다.

『사우재총설』에 기록하기를, 선배들이 관복을 입고 나귀를 타는 것이 정통 연간에서 가정 연간까지는 일상적인 일이라 이를 이상하게 여기지 않았다. 얼마 뒤에, 총재冢宰[이부상서] 손비양孫丕揚(1531~1614)이 일찍이 사람들에게 말하기를 "가정 병진년(1556) 과거 급제 하던 날에 같은 부서의 진사와 함께 나귀를 타고 인사드리러 다녔고, 황도에는 걸어서 들어갔다"고 했다. 돌아가신 둘째 할아버지도 말씀하시기를 "융경 연간 초 남경 국자감의 관리들은 대부분 걸어서 관청으로 들어갔으며, 평상복을 입고 시장에 걸어가 물건을 사는 자도 있었다. 오늘날에는 이제 막 진사가 된 자들의 가마 시종들까지도 장안에서 거들먹거리고, 별 볼 일 없는 관리들도 안장, 견여, 요선腰扇[가운데가 잘록한 쥘부채]을 갖추지 않으면 결코 외출하지 않는다. 또 예전 중윤中允 경전계景前溪가 남경 국자감의 관리로 있을 때, 집에서 암컷 노새 한 마리를 길러 이를 타고 국자감으로 등청했는데 주위 사람들이 비웃어도 상관치 않았다. 지금은 군부의 하급 관리조차 이런 것을 타는 자가 전혀 없다. 그런 이가 있다면 틀림없이 지나가는 사람들에게 야유를 받을 것이다. 기억을 더듬어보니, 내가 무술년과 기해년(만력 26~27년, 1598~1599)에 경성에 있을 때는 말을 탔는데, 후에 임인년(1602)에 도성으로 들어가보니 사람들이 저마다 작은 가마를 타고 있었으며 말을 탄 이가 한 사람도 없었다. 사물은 시대에 따라 변하기 마련이니, 이것도 그 하나다.[15]

고기원은 하양준의 견해에 일부는 동의했지만, 그의 기억 속에 가마 사용은 하양준이 말한 시기보다 늦은 융경 말에서 만력 초 이후에야 비로소 성행했다. 그는 또 『노서露書』에 근거하여 말한다. "조정의 제도에 남북의 관리는 모두 말을 타야 했으나, 융경 연간에 남경 사람들은 말에 통 익숙해지지 않아 소교를 타기 시작했다. 몇 년이 못 되어 북경도 남경과 같아졌다." 고기원의 말이 비교적 정확하다.[16] 또한 고기원이 북경에서 직접 경험한 바에 의하면, 북경에서 가마는 만력 후기가 되어서야 비로소 유행하기 시작했다고 한다. 이와 같은 사실 역시 강남 지역에서 북경보다 더 빨리 가마가 유행했음을 말해준다. 마지막 부분에서 고기원은 당시에 이미 고관들의 말타기가 사람들에게 웃음거리가 되었으며 이제 막 진사가 된 사람과 "군부의 하급 관리"조차 "지나가는 사람들에게 야유받는 것"을 면하기 위해 더 이상 말을 타지 않고 모두 가마를 탔다고 했다.

만력 이후 북경에서도 남경처럼 사람들은 더 이상 말을 타지 않고 가마를 이용했다. 이런 상황은 『만력야획편萬曆野獲編』에서도 언급된다. "옛 제도에는 문관 삼품 이상이라야만 비로소 견여를 탈 수 있었다. 지금은 도성의 대소 관리가 모두 견여를 타고 출입한다. 처음에는 여인용 교자

女轎처럼 휘장을 드리우고 벽제*를 하지 않더니, 지금은 휘장을 걷고 앞에서 길을 선도하여 남경과 비슷해졌다."17 『용당소품涌幢小品』에서도 이에 관해 언급하고 있다. "지금 남경에서는 대소 관리를 막론하고 모두 가마를 타는데, 사인용과 이인용의 구분이 있을 뿐으로 남경에서는 [가마를 타는 것이] 더 편리하다고들 말한다. 북경에서도 견여를 타고 출입한다. 위경력衛經歷과 같은 군대의 지휘관들이 모두 그러했는데 [가마꾼] 인건비가 매우 저렴하여 외부에서는 전사典史**만이 말을 탄다. 오래지 않아 북경역시 당연히 [남경처럼] 변하리라."18 이러한 상황 때문에 만력 21년(1593)에 황제가 조서를 내렸다.

근래 사대부와 백성의 사치가 성행하여 분수에 지나치고 규정을 위반하니, 내외 아문은 법에 따라 엄격히 집행하여 [이들을] 잡아다 다스려라. 법이 지켜지지 않는 것은 위에서부터 [법을] 어기기 때문이다. 근래에 듣건대 도성의 관리들이 대개 저택에 살며, 견여를 타고 출입하고, 밤낮으로 모여 술을 마신다고 한다. 도성에서 사치와 방종이 이와 같으니, 창위廠衛***에서 모두 잡아들여 처리하라.19

4) 거인과 생원이 가마를 타다

명 중엽 이후에는 거인도 가마를 타기 시작했다. 하양준은 『사우재총

---

* 辟除. 가마 앞에서 "물렀거라"라고 외치며 위세를 부리거나 사람들의 가마 앞 통행을 막던 일.
** 품계에 들어가지 않는 관명으로, 지현知縣의 아래에서 집포緝捕와 감옥의 일을 담당하는 속관.
*** 홍무 15년(1382)에 설립된 정찰 기구. 황제의 이목과 손발 역할을 했다. 창은 동창東廠(1420), 서창西廠(1477), 내행창內行廠(정덕 초)을, 위는 금의위錦衣衛를 지칭한다.

설』에서 언제부터 거인이 가마를 타기 시작했는지에 대해 언급한다.

동자원董子元은, 거인이 가마를 탄 것은 아마도 장덕유張德瑜로부터 시작
되었을 것이라고 했다. 그[장덕유]가 처음 중도에서 돌아왔을 때 병 때문
에 사람을 대할 수 없었기에 가마를 타고 갔다. 다른 사람들도 이리하여
모두 가마를 타게 되었다. 나와 교류가 있던 소주의 오문吳門 원존니袁尊尼
(1523~1574)는 진사에 합격하기 전에 여러 번 나를 찾아왔다. 그는 그저
비단모자 쓴 동자 둘을 거느린 행색으로 걸어서 왔다. 나는 임진년(1592)
에 세공歲貢*에 응시하기 위해 학교를 떠났고, 임자년(1612)에 이부 선발에
응시하러 도성에 왔는데, 그사이 이십 년이 지나도록 하루도 가마를 탄
적이 없다. [그런데] 지금은 국자감의 학생 가운데 가마를 타지 않는 사람
이 없다.[20]

원래 장덕유는 병 때문에 말 대신 가마를 탄 것이고, 이는 일시적인
것이었다. 그런데 그가 조롱이나 비난·처벌을 받지 않자, 이후에는 거인
이 가마를 타는 것이 오히려 상례가 되었다. 범렴은 『운간거목초』에서
다음과 같이 지적한다. "춘원春元(거인)이 천으로 가마를 둘러싸는 것은
가정 을묘년 장덕유로부터 시작되었는데, 하양준은 이에 대해 개탄한 바
있다. 이후에는 이것이 대체로 일상적인 것이 되었다."[21] 명대 후기에는
거인이 가마를 타고 성대하게 행차하는 사례까지 있었는데, 지방 관리를
능가할 정도였다고 한다. 하양준은 자신이 경험한 일을 언급한다.

---

* 일반적으로 매년 혹은 2~3년에 한 번씩, 부·주·현의 학교에서 늠생廩生(정부장학금을 받는 생
원)을 선발해 국자감으로 들여보내 공부시키는 일.

하루는 외출했다가 우연히 한 거인의 가마와 마주쳤다. 가마 옆에서 수행하는 이는 이십여 명으로 모두 새 청색 포의를 입었는데 [그 규모가] 매우 성대했다. 나는 단지 시골뜨기 하인 서넛만 대동했으니 어찌 감히 그들과 길을 다투겠는가? 길가에서 이들을 피해 지나가기를 기다려야 했다.[22]

거인이 가마를 타고 부리는 위세가 대단해 지방 관리인 하양준까지도 길을 비켜줘야 했다. 하양준에게 이런 상황은 실로 '사대부의 위풍이 날로 쇠락하여, 인심이 옛날과 달라진士風日下, 人心不古' 일이었다.

하양준은 거인이 가마를 타는 것은 그래도 지나친 것이 아니라고 생각했다. "벼슬을 하지 않은 선비士子가 일단 향시에 합격하면 보통 사람들과는 구분되니 견여에 휘장을 치더라도 지나칠 것이 없기" 때문이다.[23] 그러나 그가 활동하던 시대에는 생원과 국자감 학생마저 가마를 탔는데, 그는 이를 매우 못마땅하게 여겼다. "유독 근래에는 국자감 학생과 생원들 모두 [가마를] 사용하는데, [이들이 가마 타는 것은] 너무 이른 듯하다."[24] 수재와 생원이 언제부터 가마를 타기 시작했으며 또 어떻게 그것이 가능했는지는, 하양준의 주장에 따르면, 다음과 같다. "대개 수재 열 중 셋이 가마를 탄다. 새로 진학한 수재들이 가마를 타기 시작한 것은 융경 4년(1570)부터다. 대개 이들은 모두 사대부의 자제이거나 힘 있는 집안 출신이기 때문이다."[25] 가마를 탈 능력이 되는 생원은 대부분 관리의 자제이거나 부호 거상의 집안인 듯하다. 이뿐 아니라 송강부에서는 아직 수재에도 합격하지 못한 동생童生*도 가마를 탔다. 이에 범렴은 다음처럼 언급한다.

---

* 나이에 관계없이 시험에 합격해 생원 자격을 얻기 이전의 과거 시험 준비생. 수재가 되지 못한 사람을 지칭하며, 문동文童, 유동儒童이라고도 한다.

더욱 가소로운 것은 대갓집 자제가 동생이 되면 즉시 가마를 타고 시종을 대동하여 거리에서 허장성세를 부리며 거인과 똑같이 행세하는 일이다. 이는 부형이 제대로 가르치지 못했음을 어느 정도 엿볼 수 있으나 결국 자제들 자질이 원래 그러한 것으로, 그리해서는 안 된다. 동생들의 인품이 제대로 형성되지 않으면 나중에 무슨 꼴이 될지 알 수 없다. 올바르게 익히고 부지런하게 일해야 하며 절대로 태만해서는 안 된다. 더구나 경박한 송강부의 풍속은 아침 꽃이 저녁에 떨어지듯 그 변한 모습이 곧바로 드러난다.[26]

이를 보면 나중에는 동생들도 습관적으로 가마를 타기 시작했음이 분명하다. 이는 어느 정도 거인들에게 영향을 받은 결과일 것이다. 동생들은 가마를 타는 행위를 통해 자신들이 거인들과 대등하게 되기를 꿈꾸었다.

5) 가마: 신분 질서를 허물다

명대에는 영종이 토목보의 변을 당한 뒤부터 연납이 시작된다. 명대 후기가 되면 많은 부호와 거상이 연납으로 관직을 살 수 있었다. 이들은 대부분 실제 직책은 없었지만 관작을 받은 뒤에는 관리를 흉내 내어 대단히 위세를 부리며 가마를 타곤 했다. 동함董含(1624~1697)의 『삼강지략三岡識略』은 다음과 같이 지적한다. "근래 연납으로 관직을 얻는 길이 열려, 대갓집 자제와 시골 선비들이 재물을 싣고 갔다가 돌아와서는 관리라고 자칭하며 가마에 휘장을 치고 탄다. 구름 떼같이 많은 시종이 커다란 글자가 새겨진 명패를 받쳐 들고 거리를 가득 채우며 잘난 체했다."[27] 왕응규王應奎(1683~1760)는 명말의 이런 현상을 비판한다. "부자가 돈을 바치고 벼슬을 얻어도 공사公士와 잠요簪褭*처럼 말단 관리에 불과한데 가마를 타고 출입하며 자신이 불구가 된 것처럼 행동한다. 풍조가 [이처럼] 경박하니 지각 있는 사람은 입을 닫는다."[28] 이 지적에서 사대부계층이 상인과 부호가 가마를 타는 현상에 대해 매우 불만을 보였음을 알 수 있다.

경우에 따라서는 주인의 위세를 등에 업은 노비들도 연납을 통해 기세등등하게 휘장을 펼치고 가마를 타는 사례가 있었다. 심덕부沈德符(1578~1642)는 『만력야획편』에서 이와 같이 탄식한다. "근일 연납 사례가 많아져, 옥졸 무리도 모두 은자를 내고 무장의 지위를 받는다. 금자색 옷을 걸치고 황금색 덮개를 쓰고 길을 가득 메우지만 어쩌겠는가."[29] 심덕부는 일찍이 항주에서 다음과 같은 사례를 직접 보았다. 금의위제수錦衣衛緹帥 사계서史繼書 집안의 노복 장문흥蔣文興은 남의 공로를 가로채 백호관百戶官이 되어 사람을 체포하러 절강에 파견되었는데, 이때 "팔인교를 타고, 갈색 지붕을 덮었으니" 그 기세가 등등했음을 알 수 있다.[30] 사대부들은 이런 현상을 받아들이기가 더욱 힘들었다. 만력 연간 소주 지역에 떠돌았던 이야기가 있다. 이 지역의 '오일랑吳一郎'이라는 사람은 남의 집 노복이었다가 훗날 장사로 치부해 연납으로 관직을 얻었다. 하루는 사인교를 타고 혼인 잔치에 갔는데 그곳의 유명한 거인 장봉익張鳳翼(1550~1636)이 그를 공개적으로 조롱하고 괴롭혀 그는 부득이하게 중간에 일어나 자리를 떠나야 했다.[31]

---

* 진秦의 20등급 작위 가운데 제18위. 제20위가 공사, 제19위가 상조上造라 여기서는 제일 낮은 직급의 관리를 지칭한다.

하급 관리뿐만 아니라 명말의 서리나 서역書役[서기] 중에서도 제멋대로 교자나 견여를 타는 이가 있었다. 만력 28년(1600), 통만선대세감通灣宣大稅監 장엽張燁은 서기 모봉毛鳳 등이 제멋대로 견여를 타고, 땅을 거짓으로 측량하고, 백성의 재물을 공갈 사취하고, 백성의 목숨을 가벼이 죽이고, 백성의 양식과 돈을 빼앗는 등 지방을 어지럽히고 반목하게 하는 여러 간악한 죄상을 상주했다.[32] 또 오현吳玄은 어느 공문에서 이처럼 말하고 있다. "돼먹지 못한 아전조차도, 가마에 탄 학처럼, 아무 자격도 없이 벼슬을 얻으면 너나없이 감히 가마를 끌라고 명령을 내려 덩달아 사치를 부립니다. [따라서] 서리들이 모두 규정을 무시한 채 가마를 타면 명분으로는 질서를 어긴 것이고, 물질의 이득으로 보더라도 이는 단지 허영일 뿐입니다." 이에 그는 자기 부서의 관리가 모든 역참을 지나갈 때, "현의 역참에서 가마를 타라고 내주는 자가 있으면, 주는 자와 받는 자 모두 연좌해 추궁하라"고 엄히 명했다.[33] 이러한 사례를 통해 보건대, 명대 중엽 이후에는 지방의 부·현 서리 및 서기 등도 기회만 있으면 백성을 징발해 가마를 메도록 했으니, 가마 신분 관련 규정이 완전히 무시되었음을 알 수 있다.

명말 청초에 이르면 가마와 관련된 신분 질서는 이미 '극도로 문란해진다'. 사대부들은 배우들마저 가마를 제멋대로 이용한다고 탄식했다. 공위는 『소림필담』에서 이렇게 말한다. "견여를 타는 일에 대해 옛사람들은 사람으로 가축을 대신한다고 여겼다. 그러나 경대부는 낙향해 있더라도 지위와 명망이 이미 높아 [가마를 이용하여] 마땅히 체통을 세워야 하므로, 이를 일러 분수에 지나침이 끝이 없다고는 하지 않는다. [그런데] 비천한 배우들마저 가마를 타고 공연하는 지경에 이르렀구나."[34] 가마를 타는 사례는 명대 소설에도 숱하게 나타난다. 또한 명대 풍속도를 통해서도 명대 사람들의 가마 이용이 빈번했고 널리 보급되었음을 알 수 있다(그림 2-4).

앞서 제시한 바와 같이, 명 중기 이후에 무관들이 문관들의 가마 타는 것을 모방하자 하급 관리들 또한 규정을 무시하고 가마를 탔고, 국자감 학생과 생원들도 이를 따라 했으며 상인과 권세가의 노비, 배우 등도 줄줄이 가마를 타기 시작했다. 원래 가마를 탈 수 있는 이들은 소수의 고급 관리였기 때문에, 가마는 신분과 지위를 대표하는 하나의 상징으로 사람들에게 보편적으로 받아들여지고 있었다. 생산력이 아직 회복되지 않았고 경제도 발전되기 전이었던 명초에는 지위가 높은 소수 집단의 특권을 보장하는 가마의 신분제도가 그래도 유지될 수 있었다. 그러나 명 중엽에 경제가 회복되어 번영하자 가마를 향한 사람들의 욕망은 자극받기 시작한다. 특히 강남과 남경·북경의 대도시에는 거대한 경제자본economic capital을 소유한 집단이 출현한다. 위에서 언급한 무관 훈신, 거인과 사대부, 혹은 국자감 학생, 생원, 상인, 서리 등과 같은 힘 있는 집안에서는 서로 다투어 모방하며 경제자본을 사회적 신분을 상징하는 소비 형태에 투입하고자 했다. 이로 인해 가마문화가 유행하기 시작했다.[35]

그림 2-4. 『남도번회도南都繁會
圖』(부분), 명 작자 미상(구영仇
英 작품으로 가탁假託)

『청명상하도』(명 구영 작품이라 전함)

『청명상하도』(명 구영 작품이라 전함)

3.

정부의
대응 정책

명대 중기 이후 가마를 타는 풍조가 유행하
자 정부도 이에 대한 대책을 내놓았다. 정부는 도에 넘치는 가마 이용에
대해 금지령을 거듭 내려 처벌했다. 또 한편으로는 관리의 요구에 대응
하기 위해 지방에서는 새로운 가마제도를 내놓았는데, 바로 역참 가마꾼
제도다. 이 같은 예를 통해, 정부 대책의 실제적 효과와 역참 가마꾼이
남용되는 상황을 살펴보고자 한다.

1) 제도 위반에 대한 처벌

명대 전기 관리들의 가마 등급에 관한 규정은 철저하게 시행되었다.
성조成祖 영락 원년(1403)에 부마도위駙馬都尉 호관胡觀이 도에 넘치게도 진
왕晉王의 가마를 타서 급사중 주경周景 등에게 탄핵당했다. 그러나 성조
는 조서를 내려 호관의 죄를 용서했고 오히려 진왕을 심하게 책망하는
글을 내렸다.[1] 이러한 처벌은 가벼운 편으로, 이후 유사한 경우의 처벌은

이 수준에 그치지 않았다. 경태 2년(1451)에 순안어사 감택甘澤이 영흥永興왕부를 지나며 가마에서 내리지 않아 예법을 준수하지 않았다고 문책을 당했다.[2] 영종 천순 6년(1462)에 감찰어사 이걸李傑(1443~1517)은 직례 지역을 순행할 때 "팔인교를 타고, 제멋대로 번을 서지 않아 관청의 법규를 위반한 것이 매우 많았다"는 등의 이유로 탄핵을 받았다. 이걸은 결국 금의위의 옥에 갇혔다가 형부로 보내졌고 돈을 납부해서 형을 감면받고 복직하고자 했다. 그러나 영종은 이걸이 법률을 위배했으므로 복직할 수 없다며 그를 전사로 강등했다.[3]

이처럼 가마 관련 법률 위반으로 처벌한 사례는 명대 전기에는 분명 많지 않았다. 명대 중엽 이후부터는 관부에서 제정한 가마 관련 규정이 끊임없이 도전을 받아, 제도를 위반하고 가마를 타서 탄핵받는 사례가 갈수록 많아졌다. 문관이 처벌을 받은 사례로는, 정덕 13년(1518)에 섬서포정사의 우포정사右布政使 이승훈李承勛과 안찰사 양유강楊惟康이 규정을 위반하고 가마를 타서 각각 4개월 감봉 처분을 받은 일을 들 수 있다.[4] 무관과 훈신이 제도를 위반해 가마를 탄 사례에 대해 효종 홍치 8년(1495)에 남경감찰어사 왕존충王存忠 등이 상주했다. "지금 성국공成國公 주의朱儀, 위국공魏國公 서보徐俌, 무정백武靖伯 조승경趙承慶, 남경금의위 대봉지휘사帶俸指揮使 왕예王銳는 가마를 타고 출입하고 있으며, 주의와 서보 및 승경은 팔인교를 타기까지 하여 방자함이 더욱 심합니다." 그들은 주의 등을 예부에 보내어 법대로 다스리기를 요구했으나, 황제는 그들을 모두 용서하고 다시 죄를 저지르지 않도록 유서를 내렸을 뿐이다.[5]

가마에서 내려 길을 비키지 않아 처벌을 받은 사례도 있었다. 성화 7년(1471) 대부代府 양원왕襄垣王 주사언朱仕埢이 그의 아우 진국장군鎭國將軍 주사즐朱仕墌에게 모욕을 당했다고 상주하자, 황제는 조서를 내려 "길에

서 형을 만나도 가마에서 내리지 않는" 등의 행위에 대해 주사즐을 심하게 책망했다.[6]

가정 이후에는 가마를 타서 법률 위반으로 처벌받은 사례가 더욱 많았으며, 문관 가운데 예법에 맞지 않게 가마를 타는 사람도 있었다. 가정 16년(1537) 형부에서 조례에 따라 사면되어 군대에 편입된 태상시 경太常寺卿 장악張鶚은 행재소行在所에서 가마를 타서 처벌을 받았으며,[7] 만력 3년(1575)에 도찰원 우첨도어사 진성陳省은 방자하게도 휘장을 드리운 가마를 타서 3개월 감봉 처분을 받았다.[8] 또 만력 7년(1579)에 감숙순무 후동래侯東萊의 아들 후세은侯世恩은 신분에 맞지 않게 감합勘合[일종의 증명서]과 가마용 일산日傘 및 깃발, 악대 등을 사용했다는 명목으로 탄핵을 받아 세습 지위가 박탈되었으며, 후동래는 해당 직급에서 감봉 처분을 받았다.[9]

가정 이후, 무관과 훈신 중에서도 마음대로 가마를 타서 처벌받은 자가 더욱 많아졌다. 가정 11년(1532)에 남경중부南京中府 도독동지都督同知 양굉楊宏이 예법에 맞지 않게 견여를 타서 어사에게 탄핵을 받아 3개월 감봉 처분을 받았다.[10] 가정 15년(1536)에 회원후懷遠侯 상현진常玄振이 견여를 함부로 타서 녹미祿米 두 달치의 감봉 처분을 받았다.[11] 가정 23년(1544) 하남의 강북운량파총江北運糧把總 전세위田世威가 조운선에 개인 화물을 함께 실은 것과 가마를 함부로 탄 것 등의 이유로 조운아문漕運衙門에서 그를 체포해 심문하라는 조서가 내려졌다.[12]

앞서 설명한 대로, 효종 홍치 연간 남경에서 무관이 가마를 타다가 처벌받은 사례가 발생했다. 그러나 가정 16년(1537)에는 또 남경수비 진원후鎭遠侯 고환顧寰이 법도에 어긋나게 가마를 이용하겠다고 요청하자 황제는 고환에게 경솔하다고 책망하고 녹미 1개월 치를 감봉하라고 조서를 내렸다.[13] 융경 2년(1568)에 이르러 또 남경협동協同수비 응성백應城伯 손문동孫文棟, 좌군도독부와 조강操江순무를 겸임한 풍윤백豐潤伯 조문병曹文炳, 우군도독부 영강후永康侯 서교송徐喬松 등의 무관과 훈신이 멋대로 가마를 타고 출입해 각각 녹봉 2개월 감봉 및 파직의 처벌을 받았다.[14] 만력 7년(1579)에 성의백誠意伯 유세연劉世延이 자주 견여를 타서 법을 위반하자 호과급사중戶科給事中 부작주傅作舟가 유세연이 교만하게 법을 무시한 것을 탄핵해 녹미 1년 치를 감봉하도록 처벌받았다.[15]

대체로 명대 중엽 이후부터 가마 제도를 위반해 처벌받은 사례가 점차 증가했고, 가정 이후에는 더욱 빈번했다. 그리고 무관과 훈신이 처벌받은 사례가 문관보다 더 많았다.

2) 거듭되는 금지령

북송 후기 견여나 가마를 타는 풍조가 성행하기 시작했을 때, 정부에서 금지령을 내리는 일이 있었다. 신종 시기(1067~1085)에는 종실이 주렴을 드리운 견여를 타고 출입하는 것과 시종들이 지나치게 위세 부리는 것을 금지했다. 인종仁宗 시기(1023~1063)에는 민가에서 '견여'를 타지 못하도록 금지했다. 철종 소성紹聖 2년(1095)에 도성의 사대부와 세도가들이 가마를 타고 출입하는 것과 분수에 지나치게 [가마] 제도를 위반하는 것을 금지했다. 휘종 정화 7년(1117)에 품계를 받은 관리가 아니면 난교를 타지 못하게 하는 금지령을 다시 내렸으며, 또한 "군대를 지휘하도록 파견된 무신과 변방의 안무사安撫使* 및 주마승수走馬承受**는 모두 가마를 타서는 안 된다"고 했다.[16]

명대에 이르러 이러한 금지령은 더욱 빈번해졌다. 특히 16세기, 명 중엽 이후인 홍치 7년(1494)에 관리만이 사인교를 탈 수 있고, 무관과 훈신은 교자를 탈 수 없다고 규정한 이후, 가마 금지령이 거듭 내려졌다. 당시에 반복적으로 발표된 금지령은 표 2에 정리되어 있다.

이와 같은 금지령이 효과를 발휘했는지를 당시 사료에서 살펴보면, 명대 후기의 금지령에 대한 기록은 만력 초기 장거정張居正이 주도해 엄격하게 금지령을 집행한 일에 관한 것뿐이다. 『만력야획편』에서는 다음처럼 언급하고 있다. "옛날에는 도성에 있는 삼품 이상의 대신만이 비로소 교자를 탈 수 있었다. (…) 만력 초 가정 말에는 조정 예법제도의 기강이 해이해져 사품 관리까지도 모두 휘장을 친 교자를 타고, 그 이하는 두 사람이 메는 작은 견여를 타는 풍조가 지속된 지 이미 오래였다. 이에 강릉[강릉 사람인 장거정을 지칭]이 정권을 잡고 여러 해 동안 옛 제도를 복원해 남경에서도 삼가 받들어 행하게 되었다." 그러나 장거정이 사망한 뒤에는 [상황이] 크게 변해, "근래 황제께서 깊이 칩거하셔서 조정을 돌보지 않으시자 도성 거리에 견여가 가득하니, 처음 [황제께서] 즉위하셨을 때와 같이 복원하셔야 마땅할 듯합니다"[17]라는 기록이 있다. 『사암소승』에서도 같은 내용이 언급되고 있다. "만력 초부터 이 제도가 매우 엄격해졌는데, 현재는 무관도 모두 휘장을 친 대형 교자를 타고 방망이를 든 여러 시종이 앞에서 길을 선도합니다. 문관 역시 아래로 병마와 현의 좌이佐貳[보좌관]에 이르기까지 견여를 타지 않는 자가 없습니다. 세상사 변화가 마침내 이 지경에 이르렀으므로, 늙은 제가 이처럼 개탄하지 않을

---

* 중앙에서 지방의 사무를 처리하도록 파견한 관리. 재난과 용병을 위해 특별히 파견된 사자.
** 관직명. 각 노路에 1인으로, 일이 없으면 1년에 1회 입조해 상주하고, 변경에 경보警報가 있으면 불시에 역마를 타고 신속하게 보고했다.

표 2. 명대 중·후기에 반포된 가마 금지령

시기	사유	금지령	자료 출처
정덕 원년 (1506)	예부상서와 도어사 등이 상소해 옛 사례를 다시 천명.	남경과 북경의 사품 이하 문관과 오군도독부관사, 내외진수와 수비, 공작·후작·백작 및 도독은 노소를 불문하고 모두 가마 이용을 불허한다. 나머지 군직 가운데 말 타듯이 간이 의자를 설치한 소교를 타고 출입하는 자는 벌하도록 한다.	『명무종실록』, 권14, 정덕 원년 6월 신유, 423쪽.
정덕 2년 (1507)	전년의 사례를 조사해 문무관직의 예법제도를 밝히도록 하명.	그중에는 "의장대와 시종, 그리고 가마 이용 시 사용하는 부채와 여러 용품을 등급에 따라 차등함"이 포함되어 있으며, 방을 붙여 금지령을 천명해 문무관원이 모두 준수토록 했다.	『명무종실록』, 권23, 정덕 2년 3월 임오, 635~636쪽.
가정 5년 (1526)	병과급사중 여량이 무관과 훈신들에게 가마가 유행하므로, 옛 제도를 들어 이를 금지하는 것이 마땅하다고 상소.	지금부터 남경과 북경의 오군도독부를 비롯해 도성 외부의 진수와 공작·후작·백작 및 도독 등의 관리, 황실 친척과 부마 및 도성에 있는 사품 이하 문관, 도성 외부의 삼사 이하 관리로 가마를 타거나 무관 가운데 말을 탈 때 마올을 사용하거나 소교를 타고 출입하는 자는 규정에 따라 심문하고 강등하도록 했으며, 병부상서도 군영으로 갈 때 말을 타고 가야 한다.	『명세종실록』, 권66, 가정 오년 칠월 을사, 1538~1539쪽.
가정 15년 (1536)	예부상서 곽도霍韜는 "예법제도에 따라, 도성에 근무하는 삼품 이상의 관리만이 가마를 탈 수 있는데, 근래 문관은 모두 견여를 사용하거나 여인용 교자를 탑승합니다. 예법제도를 천명하여 신하들이 따르도록 하십시오"라고 함.[18]	사품 이하는 가마 이용을 불허하고 견여도 사용할 수 없도록 정했다.	『명사』, 권65, 「여복일·공경이하거여輿服一·公卿以下車輿」, 1612쪽.

시기	사유	금지령	자료 출처
융경 2년 (1568)	급사중 서상 徐尚이 응성백 손문동 등이 가마를 타고 출입하며 더할 나위 없이 방자하다고 상주해, 황제가 손문동 등의 녹봉을 감봉.	남경과 북경의 문관과 무관 중에 특별한 은전을 받지 않은 자는 가마 이용을 불허하며, 사품 이하 문관은 사사로이 휘장을 친 가마를 탈 수 없다. 이를 위반하는 자는 육과급사중과 도찰원 감찰어사들이 죄상을 상주하도록 한다.	『명목종실록』, 권27, 융경 2년 12월 계미, 717~718쪽; 『명사』, 권65, 「여복일·공경이하거여」, 1612쪽.
만력 3년 (1575)	부마도위 허종성許從誠이 견여 이용을 요청해 도급사중 채여현蔡汝賢에게 규탄을 받자, 예부에서 이에 관해 낱낱이 상주.	황제도 상주문에 따라 금지령을 비준했다. "무관과 훈신·척신 등은 모두 사사로이 휘장을 친 사인교를 사용해서는 안 된다. 군관은 마을 사용해 말을 타서는 안 된다." "위반자를 과도관과 순시아문에 고발하여 죄상을 밝히고 처벌하라. 지휘관 이하는 외위로 파견하고, 외위는 변위로 파견하며, 모두 '대봉차조帶俸差操'*하도록 하라.[19]	『명신종실록』, 권34, 만력 3년 정월 임술, 796~797쪽; 『대명회전』, 권62, 「방옥기용등제房屋器用等第」, 3b~4a쪽.
만력 21년 (1593)	예과도급사중 장정관張貞觀은 별의 변화가 기이하게 나타나자 사치를 금하도록 주청했다.	황제가 말했다. "근래 듣건대, 도성의 관리들이 대개 저택에 살며, 견여를 타고 출입하고, 밤낮으로 모여 술을 마신다고 한다. 도성에서 사치와 방종이 이와 같으니, 창위에서 모두 잡아들여 처리하라."	『명신종실록』, 권263, 만력 21년 8월 경술, 4892~4893쪽.
천계 5년 (1626)		조정에서 강력하게 옛 규정을 회복해 삼품 이하는 더 이상 견여를 타는 자가 없도록 히리고 조서를 내렸다.	내사행來斯行, 『사암소승』, 권15, 「견여」, 15b쪽.

---

* 군인이 지방의 법률을 어기면 규정에 따라 비록 계속 봉록이 지급되어 군사 업무에 종사하고 있더라도 군직을 삭탈해야 마땅했으므로, 이를 '대봉차조'라 한다.

수 없습니다."[20] 표에서 볼 수 있듯, 만력 3년에 다시 가마 금지령을 내린 뒤 21년에 또 장정관이 도에 지나치는 행위를 금하는 주청을 올렸다는 사실은 만력 시기 가마 금지령이 엄격하다가 이후 점차 해이해지는 과정을 반영하는 것이다.

두 번째로 이러한 금지령은 처벌이 수반되어야 하고 집행과정에서 감찰 관리가 직분을 다하는지 예의 주시해야 했다. 두 사례를 들어보면 다음과 같다. 하나는 명대 최선崔銑(1478~1541)이 가정 시기에 지은 순무 왕덕명王德明 묘지명에서, 왕덕명이 산서를 순찰할 때 "몸가짐을 바르게 하고 관리를 엄하게 다스리며, 방자하게 가마를 타지 않고 백성을 함부로 부리지 않으며, 일을 확실히 하여 실제 이익을 얻고 쓸데없는 것을 없애버리자 탐관오리들이 불편해하기 시작했다"[21]라고 칭찬했다. 산서순무 왕덕명은 지방관의 도에 넘치는 가마 이용과 백성들의 노역 남용을 엄격하게 다스렸다. 그러나 또 다른 사례에서는 이에 대한 실질적 효과가 제한적이었음을 알 수 있다. 명대 나홍선羅洪先(1504~1564)은 자신의 문집에 실린 사천안찰사부사四川按察司副使 오규吳逵(1491~1553) 묘지명에서 다음처럼 말하고 있다. "왕어사가 가마 이용을 금지하자 각 군에서는 대부분 거짓으로 보고했는데, 오규만이 매달 약간의 가마꾼을 부리는 것을 보고했다. 이에 왕어사는 오규가 속이지 않은 것에 탄복해 금지령을 완화했다."[22] 지방의 직무를 책임진 순무·순안어사·안찰사 등의 관리들이 직분대로 금지령을 집행한다면 하부 관리들에게 관청 가마꾼에게 매달 임금을 지급하는 횟수와 가마꾼의 인원수를 보고하라고 요구했어야 한다. 그러나 각 부·주·현의 하급 관리들은 그것에 관해 사실대로 보고하지 않았다는 것을 이 사례가 설명해주고 있다. 어사 자신조차도 늘 법규를 위반하는데 어떻게 다른 사람에게 제도를 준수하라고 책망할 수 있겠는가?

왕방직王邦直은 다음처럼 말한다. "또한 가마 이용에 대해 말하자면, 어사가 말을 타는 것은 법규에 분명히 명시되어 있습니다. 어사가 도성 외부에서 가마를 타고 다니니 관리들이 모두 제멋대로 타고 다니는 것입니다. 이에 어사는 이를 금지시킬 수 없습니다. 신이 생각건대 관리들이 예법에 어긋나게 사치하면 마땅히 어사를 책망해야 합니다."[23] 명대에는 과도관과 언관을 크게 예우했지만, 가마가 허용된 경우는 극히 드물어서 순안어사가 외부에서 멋대로 가마를 타서 각지의 관리들도 이를 따라했던 것이다. 이로 미루어 볼 때, 위의 금지령과 처벌이 위협적이어서 [도에 넘치는 가마 이용을] 저지시키는 효과를 발휘했는지는 의문스럽다.

명 중엽 이후 반복적인 가마 금지령과 제도 위반에 대한 빈번한 처벌은 급변하는 사회에서 정부가 소수의 특권을 보호하기 위해 만든 가마 제도가 심각한 도전에 직면했다는 사실을 반영하는 것이다.

3) 역참 가마꾼의 출현과 남용

제도화된 관청 가마꾼의 기원은 원대의 역참제도에서 시작되었다. 원대에는 각 지역에 역참이 설치되어 있었다. 특히 강절江浙과 강서 등지에는 '교참轎站'과 '육참陸站'이라는 역참이 있어 이곳에 가마를 비치해두었고, 경우에 따라서는 '마참馬站'*에도 가마를 준비해두었다.[24] 이 제도는 명초에 폐지되어 더 이상 역참에 가마를 비치해두지 않았으나, 명 중기 이후에 다시 바뀌었다.

---

* 말을 교통수단으로 비치해둔 고대 역참의 일종.

명초 관청의 가마꾼은 소수의 고관만을 위해 근무했는데, 이는 가마가 신분 지위의 상징이어서 소수의 관리만이 탈 자격이 있었기 때문이다. 그러나 관리들은 지방을 순시할 때마다 그 기회를 이용해 가마를 요청하기에 이르렀다. 이미 명대 초기에 이러한 사례가 있었다. 선덕 4년(1429)에 황제가 병부에 조서를 내렸다. "들건대, 복건 등지로 파견 나가는 관리가 마땅히 지급된 배나 말을 타지 않고 모두 가마를 타려 한다. 또한 규정을 어기며 억지로 [가마를] 요구하는 경우가 많으니 백성들이 괴로워한다고 한다." 이에 가마 금지령을 방으로 붙이도록 병부에 명하고, 아울러 순안어사와 안찰사의 관리들에게도 불시에 감찰하도록 했다.[25] 아이러니하게도 이 시기 가마를 요구하고 가혹하게 가마꾼을 학대한 소수의 위반 사례가 하필이면 황제가 "불시에 감찰하라"고 명을 내린 안찰사였다. 영종 정통 5년(1440)에 산동안찰사부사 종록鍾祿이 제남부濟南府 등에서 공무를 집행할 때 가마꾼이 가마를 메었으며, 또 관청의 말과 시종을 개인이 멋대로 사용해 형부의 처벌을 받았다.[26] 정통 12년(1447)에도 사천안찰사 조태曹泰가 지방을 순시할 때 가마꾼을 때려죽이고 지휘 등의 관리에게 태형을 가했다가 체포되어 심문을 받았다.[27]

관리들이 가마 이용을 선호하는 풍조가 점차 널리 퍼져, 관리들이 순시할 때 때때로 지방 역참에 가마꾼과 거마를 준비하도록 요구하는 일이 가정 연간 무렵부터 시작되었다. 지방 정부에서는 이갑정역里甲丁役*의 항목 아래 '접체강교부接遞扛轎夫'라는 조목을 두었다. 접체강교부는 매

---

* 명대 부역제도의 하나. '이갑'은 명대 사회의 기본 조직이다. 도시의 '里(리)'는 '坊(방)'이라고도 한다. 1리의 가구 수는 110호다. 1리에서 정량丁糧이 많은 10호를 추천해 이장里長으로 삼고, 나머지 100호를 10갑으로 나누어 갑수甲首를 두었다. 이갑을 단위로 부과되는 요역을 '이역里役'이나 '갑역甲役'이라 한다. '정량'은 인구에 따라 곡식으로 징수하는 세금이다. 명대 남자 16세 이상을 '정丁'이라 하여 1인당 쌀 한 섬을 징수했으며, 시간이 지나면서 액수와 징수 방법에 여러 변화가 있었다.

년 이갑정량에 따라 고용해 요역에 응하게 했는데 주로 역참을 지나가는 관리의 수요에 충당되었다.[28] 명 중엽 이후 이러한 역참 가마꾼 제도를 남용하는 상황이 더욱 심해졌다. 가정 41년(1562)에 도찰원 좌도어사 반은潘殷 등은 남경의 상황을 이처럼 지적한다. "순성어사巡城御史가 가마를 타고 관청의 가마꾼을 많이 부리며 술자리를 열고 악공을 부르니 [제가] 귀로 듣고 눈으로 본 바로는 관리의 체통을 완전히 잃었습니다. 남경과 북경의 육부와 도찰원에 명하여 이를 엄히 금하게 하시옵소서."[29] 명 중엽 이후 남경성의 순성어사들이 관청의 가마꾼을 부려 커다란 교자를 타고 신분을 과시했음이 잘 드러난다. 이에 대해 만력 시기 왕방직은 『휼민십사소恤民十事疏』에서 다음과 같이 언급한다.

세 번째, 관리를 훈계하여 지나친 사치를 없애시옵소서. (…) 근래 법망이 엉성해져 관리가 [그 기강이] 해이해졌습니다. 상사가 순시하러 갈 때의 여비는 당연히 정해진 규정이 있습니다만, 지금은 추가로 지불합니다. 산해진미를 다 맛보고 남북의 기이한 채소와 과일을 먹는 데 쓰이는 비용은 모두 백성의 재물입니다. 각 관리가 말을 타고 왕래하는 것도 정해진 규정이 있지만 지금은 모두 견여를 타는 것으로 바뀌었습니다. 교대로 번갈아 바꾸면 만 리 길도 갈 수 있습니다. [백성들이] 양식을 싸들고 [관리들을] 맞이하는 일이 열흘이 지나도 그치지 않습니다. 이에 쓰이는 것은 모두 백성의 노동이옵니다.[30]

이 상소문은 명대 중엽 이후 순시하는 관리가 말을 타지 않고 견여를 선호했으며 또한 그 위세가 대단했다는 점을 생생하게 묘사하고 있다. 이 모든 사항은 각지 담당자들이 이갑의 부역으로 준비해놓은 가마꾼들

이 많았으며, 또한 "교대로 번갈아 바꾸면 만 리 길도 갈 수 있습니다"라
고 했다. 왕방직은 또 근래에는 역참 가마꾼 제도의 남용이 너무 심하다
고 말하고 있다. "관청을 왕래할 때는 허가서에 의지하지 않고 명패만을
사용하고, 인부를 파견할 때는 관청만을 믿고 오직 종이 증명서에만 의
존합니다. 어떤 곳은 가마가 일이십 대이고 가마꾼이 팔구십 명인데, 많
은 곳은 [가마꾼이] 이삼백 명이고 적은 경우에도 사오십 필의 말을 사
용합니다. 백성들은 재물도 이미 고갈되고 삶도 피폐해졌으니 온 천하에
그렇지 않은 곳이 없습니다."[31] 이와 같은 사례가 매우 많았으므로, 만력
3년(1575)에 조정에서는 명을 내려 위처럼 가마를 강제로 징발하거나 관
청의 가마꾼을 남용하는 행위를 엄격하게 금지했다. 이후 다음처럼 규정
했다. "공무로 파견된 관리라도 가마꾼과 말을 원래의 수보다 지나치게
초과하는 것은 어느 아문이건 모두 불허한다. [어기는 자는] 마땅히 무안
관撫按官[순무와 순안]에게 넘기도록 하라."[32]

명대 후기에 관리들이 관청 가마꾼 제도의 남용에 대해 얼마나 엄격
하게 처리했는지를 아래의 두 사례에서 알 수 있다. 하나는 가정 연간 남
경형과급사중南京刑科給事中 장영명張永明(1499~1566)의 일로, 그는 관리들
이 관청의 가마꾼을 남용하는 상황에 대해 신랄하게 상주했다. "역참에
서 가마꾼을 담당하는 관리가 매우 피곤해합니다." 이어서 왕王 아무개
가 남경태복시 경南京太僕寺卿에서 광록시 경光祿寺卿으로 승진해 부임할
때, 가마꾼과 거마를 남용한 상황을 열거했다.

신이 조사해보니, 원래 남경태복시 경을 맡았다가 광록시 경으로 오른
왕 아무개가 벼슬을 옮겨 부임했는데, 그 행장이 백십 꾸러미나 되었습니
다. 우선 사십 꾸러미는 몽성蒙城과 박주亳州에서 동관潼關까지 가서 섬서

로 들어가 부임지로 출발시켰고, 칠십 꾸러미는 뒤에 출발시켜 세 운반조로 나누어 왕모의 부임 행차를 따라갔습니다. 무거운 꾸러미에는 인부를 셋 썼으며 가벼운 꾸러미에는 인부가 둘이었고, 또 왕 아무개와 그의 가족은 팔인교 세 대에 나누어 탔는데, 교자 한 대마다 인부를 두 조로 나누어 모두 열여섯이었습니다. 사인교 네 대에 한 대마다 인부를 여섯씩 고용했습니다. 나타교騾駝轎* 두 대에는 보조 인부가 모두 여덟이었습니다. 왕 아무개의 일행을 자세히 살펴보면, 시종을 드는 남녀 종복이 타는 말이나 노새의 수는 많았지만 계산에서 제외되고, 실제로 고용한 가마꾼만 모두 팔십 명이었고 노복은 열여섯 명이었습니다. 가마꾼은 두 갈래 노정에 모두 이백사십여 명으로 인부마다 하루에 역참을 두 곳 지나갔으며 공임은 은 1전 2푼으로, 왕 아무개는 하루에 모두 차은差銀** 40여 냥을 소비했습니다. 남경에서 임지까지 그리고 섬서성에 들어오는 두 노선은 모두 거의 3000리로, 낭비한 은이 1000냥이 넘습니다. (…) 신이 일찍이 산동 남직례 지역을 왕래하다가 추주鄒州, 등주滕州, 서주徐州 지역을 보니 예전의 마을이 지금은 백성들이 모두 도망가 폐허가 되었습니다. 지금 옛날의 토지에는 잡초가 무성합니다. 물어보니 모두 말하기를 백성들이 강제 노역으로 인한 괴로움 때문이라 합니다.[33]

광록시에는 최고 관리로 경卿 1인을 두었는데 정삼품이었고, 소경小卿 2인은 정오품이었다. 장영명이 상주문에서 언급한 광록시 경 '왕' 대인은 남경에서 북경으로 부임하고, 그 가족은 고향 섬서로 돌아가는 두 갈래

---

* 산서성 삭주朔州와 평로平魯 일대에서 유행한, 지방 특색이 농후한 민간의 혼인용 교자. 노새 두 마리가 앞뒤에서 교자를 싣고 움직인다.
** 소작농이 다른 현에서 소작할 때 납부하는 인두세.

노선에서, 홍치 7년 팔인교를 사사로이 탈 수 없다는 규정을 위반했다. 이뿐 아니라 가마꾼과 관청의 하인 및 짐꾼 등 적어도 240여 명을 고용해 하루 경비가 40여 냥에 이르러, "백성들이 강제 노역으로 인해 괴롭다"는 말이 이상하지 않았다.

또 다른 사례는 만력 39년(1611)에 발생했다. 섬서성 경양부慶陽府의 세공 유봉덕劉鳳德이 판관으로 선출되어, "추관의 이름을 사칭하여 감합勘合[부절符節 혹은 신표信標]을 빌려 역참에서 가마꾼 269명과 수행원이 타는 역마 140필을 사용했으며, 깃발과 기타 항목은 이에 맞게 했다." 판관은 지주의 보좌관으로 종칠품관에 불과한데도 이처럼 대담하게 가마를 타는 등 위세가 대단했다.³⁴

일부 관리는 가마를 타고 외출하는 것이 습관이 되어, 늙어 퇴임해 고향으로 돌아오면서도 여전히 가마 앞에서 모두 길을 비키게 하여 과거의 위세를 유지하려 했으니, 이는 마치 『열세편閱世編』에 묘사된 명말의 향신과 같았다. "외출하면 반드시 커다란 가마에 타고 문하의 노복을 뒤따르게 했으며 교자의 일산을 든 인부 다섯은 모두 홍색 조끼를 입고 머리에 홍색 전립氈笠[모직으로 만든 모자]을 써서, 마치 현임 관리의 모습과 같았다."³⁵ 그러나 이들[퇴임 관리]은 가마꾼과 노역 비용을 모두 지방 정부에서 부담하도록 요구했다. 이와 같은 우대책에 대한 최초의 정부 규정은 소수의 원로 중신에만 한정되었는데, 하양준이 『사우재총설』에서 다음과 같이 언급한다. "그러므로 원로가 설사 사직하더라도 조정에서는 현인들을 우대하여 처음에는 해마다 가마꾼을 뽑으라는 명을 내렸다. 그러나 가마꾼은 겨우 둘이었고 반드시 교지를 내린 뒤에만 선발하도록 했으니 이외의 경우에 어찌 남용될 수 있었겠는가?"³⁶ 그러나 명대 중기 이후에는 벼슬을 그만둔 관리들이 지방에 가마꾼을 요청하는 상황이 더욱 많아져 "근래 고향에 거주하는 사대부들이 모두 부와 현에 가마꾼을 요청하는데, 여러 차례 금지를 해도 끝내 없어지지 않습니다. 간혹 부와 현에서 [가마꾼을] 내어주지 않으면 이러쿵저러쿵 비난을 하니 이는 조정의 기강을 능멸하는 것입니다"라고 한 바와 같다.[37]

관부에서는 끊임없이 제도를 위반하는 가마 이용을 처벌하고 또 금지령을 여러 번 내렸지만, 지방에서 관리들의 요구에 부응해 마련된 역참 가마꾼 제도는 사회 현실과의 일종의 타협인 동시에 백성의 요역 부담을 가중시키는 것이었다. 이러한 사실은 가마 풍조가 이미 거스를 수 없는 추세가 되었음을 설명해준다.

가마의
상징적 의미

명대의 가마는 교통수단일 뿐만 아니라 많은 상징적 의미를 가지고 있었다. 아래에서는 사회 신분, 정치 권력, 정치 문화 세 방면에서 가마의 상징적 의미를 살펴보고자 한다.

1) 사회 신분의 상징: 과시적 소비

교통수단의 소비 형태에 불과하던 가마는 정부의 예법제도로 편입되면서 바로 신분 지위의 상징으로 변화되었다. 명대 양신楊愼(1488~1559)은 당송 시대 황제와 명대 관리의 교통수단을 비교하고 있다.

당대 황제는 궁중에 있을 때라도 가마를 타고 다녔다. 그러나 송 태조는 궁중에서는 모두 걸어다니도록 훈계하면서 침전에서 정전으로 나갈 때도 넓은 뜰을 지나면서 약간의 추위와 더위쯤은 무릅쓰게 했는데, 이는 몸가짐이나 행동을 삼가라는 법이었다. 이 내용은 여대방呂大防(1027~1097)

의 상주문에 보인다. 내가 생각하기에 황제의 궁궐이 매우 넓었으니 가마를 타고 다니는 것이 지나치지 않았다. 지금의 관리들은 손님을 전송하러 청사廳事[관청에서 집무를 보고 사건을 심사하는 대청]에서 중문까지 가는 데도 대부분 가마를 탄다. 멀어야 수십 보 사이인데 왜 꼭 그리 해야 하는가? 하물며 시작은 모두 걸어 다니던 미천한 선비였음에랴?[1]

작자인 양신은 세종 가정 연간에 대례의大禮議*로 인해 삭탈관직되어 운남으로 귀양 갔으며 저술이 많은 것으로 유명하다. 위에서 지적하듯, 명 중엽 이후 "모두 시작은 걸어다니던 미천한 선비"였던 관리가 일단 고위 관리가 되고 나서는 손님을 전송하는 몇 걸음마저 가마를 타려 했다. 사실 가마는 바로 신분 지위를 상징했고, 가마를 타는 것은 관리와 "미천한 선비"의 신분 차이를 드러낼 수 있는 행위였다. 특히 고위 관리는 자신의 신분 지위를 더욱 과시하려 가마를 탔는데, 육심陸深(1477~1544)은 세종 가정 18년(1539)에 정삼품 '첨사부첨사詹事府詹事'로 승진해 가마를 탈 수 있게 되자 바로 「삼품 이상에 가마를 허락하는 교지를 받들어奉旨三品乘轎」라는 시를 지었다.

수레는 덜커덩덜커덩 말은 느릿느릿, 조만간 누가 와서 안부를 물을까? 황제의 뜻은 분명 늙은 대신을 우대하여, 특별히 교서 내려 삼품 이상에 가마를 허락하셨네.[2]

---

* 중국 전례典禮 논쟁의 하나. 가정 황제가 지방의 번왕에서 황제로 등극하자, 통치계급 내부에서 황통 문제를 둘러싸고 정치 논쟁이 발생했으며, 논쟁의 초점은 가정 황제의 생부 흥헌왕興獻王 주우원朱祐杬(1476~1519)의 존호를 어떻게 확정하는가에 관한 문제였다. 이는 실제로는 논쟁을 통해 가정 황제가 선대(정덕)의 대신과 언관에게 타격을 주어 자신의 통치 기반을 공고히 하기 위해 밀어붙인 정책이었다. 가정 즉위 초인 1521년 4월에 시작되어 1524년에 가정의 일방적인 승리로 막을 내렸다.

시에서 작자의 득의한 모습을 볼 수 있다.

가마로 인해 사회 신분의 상징적 의미를 지니는 수많은 행동이 파생되었는데, 앞서 언급한 『대명회전』에 평민이 사품 이상의 관리를 보면 바로 말에서 내려 길을 비켜 피해야 한다는 규정 또한 그 예다. 명대의 많은 관리(사품 이하의 관리라 하더라도)는 모두 이 규정을 마음에 두어 가마를 타고 순시할 때면 반드시 평민이 길을 비켜줌으로써 관리의 위엄이 드러나길 바랐다. 육찬陸粲(1494~1551)의 『설청說聽』에는 남경에서 일어난 어사 사양좌史良佐에 관한 이야기가 실려 있다.

사양좌는 남경 사람으로 서성西城을 순시하는 어사가 되었다. 그는 동성東城에서 살았는데, 출입할 때마다 동성 사람들이 길을 비키지 않는 것에 노하여 하루는 몇 명을 잡아다 동성어사에게 보냈다. 어사가 문책하자 그 우두머리가 말했다. "저희는 예倪 상서님 때문에 실수했습니다." 어사가 말했다. "상서가 어찌했는가?" 대답했다. "예 상서님도 남경 사람으로 병부에 있을 때 매번 견여를 타고 마을 문을 지나갔는데, 저희가 혹 비키려 할 때마다 사람을 시켜 타이르며 '그대들과는 같은 고향 사람이다. 내가 마을 문을 지나가며 수레에서 내릴 수도 없는데, 어찌 그대들을 힘들게 하겠느냐?'라고 했습니다. 저희의 어리석은 생각에 사 공이 예 공과 같다고 여겨 피하지 않았는데, 사 공이 화내실 줄은 몰랐습니다." 어사가 그의 말을 옳다고 여겨 모두 풀어주었다.[3]

여기서 예 상서는 바로 예악倪岳(1444~1501)이다. 이 이야기는 명대에는 예악처럼 가마를 타고 "물렀거라" 소리치며 위세를 뽐내지 않는 관리가 매우 적었음을 설명해준다. 우리는 명대 소설에서 하급 관리조차도 가마를 타고 출입하며 "물렀거라" 외치는 경우를 볼 수 있다.

평소 관리가 가마를 탈 때에는 평민에게 길을 비키도록 했을뿐더러 손님을 접대할 때에도 가마를 타는 관리의 신분이 자신과 서로 맞는지 유의했다. 걸맞지 않으면 하양준이 『사우재총설』에서 언급한 상황이 벌어졌다.

> 방쌍강이 순무일 때 나는 아직 남경에 있었다. 그가 자림柘林을 순행하러 나왔다는 말을 듣고 내 형님과 동생이 함께 만나러 갔다. 문지기가 곧장 동생은 맞이하여 들어가게 했지만 형님의 가마는 단숨에 내쫓았다. 대개 방쌍강이 재임할 때, 무릇 지방의 관리가 만나러 가면 모두 출신을 구분했기 때문이다. 무릇 조정의 임명을 받기 전에는 출신을 논할 수 있지만 이미 임명을 받아 도성의 관리가 되면 모두 조정에서 녹봉을 받는 신하가 된다. 예로부터 왕의 신하는 비록 미천해도 제후의 위에 두었으니 왕의 신하를 중시함은 바로 천자를 존중하는 이유다. 어찌 다시 출신을 들먹이겠는가? 방쌍강은 핵심을 모른다고 할 수 있다. 형님은 순무가 이러한 지시를 내렸으니 당연히 스스로 헤아려 멀리 비켜야 했음을 왜 몰랐는가? 무릇 일개 무대撫臺*는 만나도 이익이 없고 만나지 않아도 손해가 없거늘, 어찌 이처럼 안절부절못하여 스스로 욕을 당했단 말인가? 형님은 분수를 모른다고 할 수 있다.[4]

방쌍강은 바로 방렴方廉(1513~1582)으로, 자는 이청以淸이고 호는 쌍강雙江이며 절강성 신성新城 사람이다. 가정 20년(1541)에 진사가 되어 우부

---

* 순무의 별칭.

도어사와 호광순무를 지냈다. 하양준 형제가 방렴을 방문한 이 이야기에서 방렴은 관리의 출신과 신분을 매우 중시해, "무릇 지방의 관리가 만나러 가면 모두 출신을 구분"했다. 하양준의 동생은 방렴과 같은 해에 과거에 합격해서 예우를 받았지만, 그의 형은 아마도 신분이 낮아 가마가 문지기에게 저지당한 듯하다.

이뿐만 아니라 관리의 집안사람들도 신분의 과시를 중시했기 때문에 가마는 신분을 드러내는 데 없어서는 안 되는 상징물이 되었다. 소설 『금병매』에도 서문경의 가족들이 가마를 타고 관리처럼 "물렀거라" 소리치는 장면이 나온다. 또 육심의 『엄산집儼山集』 강서가서江西家書 중 1편에는 작자가 도성으로 과거를 보러 가는 아들에게 도중에 비용을 아끼지 말고 훌륭한 가마와 배를 고용하길 당부하는 내용이 나온다.

내가 구강九江을 순행하던 6월 5일에 집에서 보낸 편지를 받고서야 네가 과거를 본다는 소식을 처음 알았다. 이름이 4등에 있지만 향시를 볼 수 있게 되었으니, 이는 또한 직권자가 장려하는 의미다. 너는 마땅히 자립하여 너를 알아주신 분을 저버리지 말라. 남경으로 가게 되면 요자명姚子明과 같이 배를 타는 것이 정말 좋겠구나. (…) 단양으로 가는 육로에서는 여인용 가마를 한 대 빌리되 가마꾼을 한두 명 더 준비하고 짐도 함께 운반하거라. 강을 따라 배를 타고 성으로 들어갈 땐 큰 배를 빌리는 것이 매우 편리하니 이러한 일에 돈을 아끼지 말거라.[5]

겉보기엔 부친이 과거 보러 가는 자식의 안전과 편의를 위해 가마와 배를 빌리도록 하는 것 같지만, "가마꾼을 한두 명 더 준비하고" "큰 배"를 빌리게 하는 것을 보면 신분을 과시하려 했음을 알 수 있다.[6]

가마가 이미 사회적 지위의 상징이 되자 관직과 사회적 신분이 비교적 낮은 관리들은 사회적 교류를 위해 예물로 가마를 보내어 상사에게 아부했다. 명 선덕 5년(1430)에 순안강서감찰어사 유백대劉伯大는 죄인에게 내사교승內使轎乘[환관이 타는 가마] 등을 받았다가 처벌을 받았다.[7] 명초에는 지방관이 규정에 따라 순시할 경우, 관부의 역참에서 말이나 가마를 지급하지 않아 오히려 관리 사회에서 아첨하는 풍조가 생겨나 마침내 하급 관리가 사사로이 관부의 가마를 사용하게 되었다. 선덕 8년(1433)에 귀주안찰사 응이평應履平(건문建文 2년 진사)이 상주해, 진범陳凡은 방면관方面官으로서 관할지를 공무 순시할 때 규정에 따라 역참의 거마를 받을 수 없었다. 그러나 "또 그에게 아첨하는 자가 사사로이 배와 가마를 준비하여 그를 영접하고 배웅해 백성의 생업을 방해했다."[8] 이와 같은 관직 사회의 문화는 명 중엽에 이르러 이미 일종의 관례 또는 악습이 된 듯하다. 무종 정덕 연간에 남경예부상서를 지낸 소보邵寶(1460~1527)가 사직하고 낙향할 때 어떤 관리가 네 명이 메는 가마를 고용해 그를 전송하려 했다. 소보는 「부후명부復侯明府」를 지어 관청에서 가마꾼을 보내 전송하는 것을 거절했는데, '예법'에 부합하지 않다고 여겼기 때문이다. "대신이 사직할 때 가마꾼이 있음은 그 은혜가 황제에게서 나오는 것이니 낙향함은 사직함에 비할 바가 아니다. 그러니 하는 일도 없이 사저에서 한가로이 지내며 가까운 데는 가마꾼이 없어야 하거늘 있어야 한다고 여겨 가마를 타고 다니니 그 혐의가 크지 않겠는가? 무릇 예에 따라 혐의를 피해야 하니 나는 비록 불민하지만 삼가지 않을 수 없다."[9] 이처럼 하급 관리가 상사에게 가마를 선물하는 일은 불평등한 거래, 즉 하급 관리가 이를 이용해 다른 보상을 바라는 것이었다.

가마를 소비 측면에서 보면 '과시적 소비'라 말할 수 있다. 이러한 행위는 사실 전혀 쓸데없는 소비 방식으로 보이지만 감각적이거나 생리적인 즐거움을 누리는 것뿐 아니라 사회의 흐름을 막아 이미 사회 상류층으로 상승한 소수의 집단을 더욱 제도화하는 기능을 했다. 이 때문에 이와 같은 생활방식은 신분을 구분하는 근거가 되었고, 그 상황은 사대부계층에서 특히 분명하게 나타났다.

송대 사대부가 가마에 대해 언급한 가장 대표적인 주장으로는 당연히 왕안석王安石의 "사람으로 가축을 대신하지 않는다不以人代畜"는 말을 꼽아야 할 것이다. 이 말은 소백온邵伯溫(1057~1134)의 『문견록聞見錄』에서 볼 수 있다. "왕안석은 재상직을 그만두고 종산鍾山에 거주하며 나귀만을 탔다. 어떤 사람이 그에게 견여를 권하자 그가 정색하며 말했다. '예로부터 왕공이 비록 무도할지라도 감히 사람으로 가축을 대신하지 않았다.'"[10] 이후 남송의 이학가 중에는 이로써 조심하는 사람이 많았다. 주희는 『주자어류』에서 "사람으로 가축을 대신하지 않는다"는 인도주의적 정신을 다시 서술했다. 그러나 명대 사대부들이 가마에 대해 말할 때는 이미 왕안석의 "사람으로 가축을 대신하지 않는다"는 인도주의적 정신을 말하는 자가 적어지고,[11] 오히려 사대부가 가마를 타는 것은 일종의 '체통'이라 강조했다. 『소림필담』의 작자 공위의 말이다.

"견여를 타는 일에 대해 옛사람들은 사람으로 가축을 대신한다고 여겼다. 그러나 경대부는 낙향해 있더라도 지위와 명망이 이미 높아 (가마를 이용하여) 마땅히 체통을 세워야 하므로, 이를 일러 분수에 지나침이 끝이 없다고는 하지 않는다. (그런데) 비천한 배우들마저 가마를 타고 공연하는 지경에 이르렀구나."[12]

명대 중엽 이후의 사대부는 한편으로는 예법에 어긋나게 가마를 타는 상황을 비판하기도 했지만, 위로는 고관대신에서부터 아래로는 거인과 생원에 이르기까지 모두 다투어 가마를 탔다. 이는 독점적 소비 방식을 통해 사회 신분을 구분해 자신들의 기존 지위를 유지하기 위해서였다. 위 인용문의 작자는 "분수에 지나침이 극에 달했다"라고 비판했지만, 사실 당시 사대부들은 가마를 다른 사회계층과 자신들을 구분해주는 중요한 상징적 소비품으로 여겼다. 이는 하양준이 가마 풍조를 논하는 말에서도 볼 수 있다.

> 옛날 공자께서 말씀하셨다. "내가 대부가 된 뒤로는 걸어다닐 수 없었다." 사대부가 이미 벼슬길에 들어서면 지위에 맞는 관복을 입으니 상인 무리와 거리에서 부대끼는 것은 우아하지 못한 듯하다. 이에 가마가 오히려 통용될 만하구나.[13]

작자는 가마를 탐으로써 우아하지 않은 "상인 무리"와 신분의 차이를 확실히 구분할 수 있다고 여겼다. 동함도 이와 마찬가지로 『삼강지략』에서 거인과 생원이 가마를 타는 것을 비판하지 않으며 "선비가 향시에 합격하고 나면 견여도 지나친 것이 아닌데 옛 현인들은 오히려 이를 비난하기도 했다"고 했다. 그러나 '대갓집 자제와 저잣거리 평민'이 가마 타는 행위에 대해서는 "이는 또 인심이 갈수록 타락하고 세상의 도리가 더욱 나빠지는 것"이라고 여겼다.[14]

사실 명대 후기에는 대도시에서 각 부류의 사람들이 다투어 가마를 탔기 때문에 사회계층 사이에 지위 다툼이 수없이 일어났다. 일반 관리들 사이에서 가마가 유행하자 거인과 국자감 학생 및 생원들도 다투어 가마를 탔는데, 이는 서로 사회적 지위를 겨루는 의미가 있었다. 만력 7년(1579) 5월 남경에서 선비들이 집단으로 관리를 구타한 사건이 발생했는데, 『명신종실록明神宗實錄』에 기록되어 있다.

옛 제도에 도성의 사품 이하 관리는 휘장을 친 가마를 멋대로 탈 수 없었고 생도는 무리를 모아 관리를 구타할 수 없었다. 남경의 서반序班 곽정림 郭廷林이 견여를 타고 길을 비키라고 소리치다 국자감 학생 섭문현聶文賢을 만났는데, [섭문현이] 관청을 둘러싸고 소란을 피우며 [곽정림을] 구타했다. 도찰원에서 조사하여 상주하고 그를[섭문현을] 쫓아냈다.[15]

'서반'은 명나라 홍려시鴻臚寺의 속관屬官으로 종구품이며 조정의 의례를 관장하는 시반侍班, 제반齊班, 규의糾儀, 전찬傳贊 등과 직무가 같다. 이 정도의 하급 관리도 남경 성내에서 모두 가마를 타고 길을 비키게 했으니, 이런 행동은 당연히 과거에 합격한 거인이나 국자감 학생 등의 불만을 일으켜 결국 집단 폭행과 관청에서 소란을 피우는 폭동이 일어난 것이다. 그 주동자는 국자감 학생 섭문현으로 생원들을 대동하고 [하급 관리를] 구타했으니, 이는 바로 신분 지위로 인한 전쟁이었다.

2) 정치권력의 상징: 정치투쟁의 매개

가마제도가 확립된 후, 가마는 정부에서 정한 신분제도의 지표뿐만 아니라 동시에 정치권력의 상징이 되었으며, 실제 가마를 타는 행위 자체도 정치권력을 과시하는 것이 되었다. 가마 규정과 제도의 변천 뒤에는 권력구조의 변화와 조정이 반영되어 있다. 예를 들어 관리들이 서로 만났을 때 지위에 따라 길을 피하던 제도도 조정되었다. 명대 전기에 관리들이 서로 만났을 때 상하 지위에 따라 길을 피하던 규정이 명대 후기에는 완전히 적용되지는 않았다. 이는 명조의 체제 변화에 따라 관리의 신분 지위도 변화되었기 때문이다.『만력야획편』에 다음 기록이 있다.

각신閣臣에 대한 예의는 백관과 달라, 대소 신료가 모두 길을 피했다. 오직 태재太宰(이부상서)만 대등한 예의로 [각신을] 대했지만 모두 그러한 것은 아니었다. 태재가 나가면 오직 대구경大九卿[*] 같은 고위 관리와 한림원만이 말을 멈추고 길을 양보하여 지나가기를 기다렸다. 기타 오부五部 이하 하급 관리는 모두 길을 피했으며, 지위가 높은 과도관이라도 감히 대등하게 예를 올리지 못했다. 소재(이부시랑)가 외출할 때면 그 제도가 오부의 장관과 같았으나 기타 아경亞卿들은 그렇지 않았다. 예로부터 서길사庶吉士^{**}는 대학사와 태재에겐 길을 멈추고 피했으며, 나머지 관리에게는 모두 길옆의 먼 곳에서 예를 다했다. 우리 고향 사람인 태재 육오태陸五台(육광조陸光祖, 1521~1597)는 처음에 황제를 도와 계미년(1583)과 갑신년(1584) 사이에 과거를 주관했는데, 길에서 서길사를 만나 길을 비키게 했다가 오히려 크게 모욕을 받고 각하閣下에게 호소했으나 바로잡을 수 없었다. 이에 울분을 토하며 사람들에게 말했다. "지금 도성에 있는 관리 중에 관리의 직위도 모르고 가마를 피하지도 않는 별종이 넷 있는데, 첫째는 환관이고 둘

<small>
* 이·호·예·병·형·공의 육부와 도찰원, 통정사通政司, 대리시大理寺 등 9부의 수장.

** 한림원 내의 단기 직위. 진사 합격생 가운데 뛰어난 자를 뽑아 임명하며, 한림원에서 학습한 뒤에 다시 관직이 수여되었다. 서상庶常이라고도 한다. 현대의 인턴과 유사하다.
</small>

째는 아녀자며 셋째는 궁궐에 들어오는 코끼리*고 넷째는 서길사다." 여러 서길사가 이 말을 듣고 더욱 원망하며 뜻을 모아 대항했는데, 지금은 어찌 되었는지 알 수 없다![16]

인용문에서도 말하듯이, 내각內閣이 성립된 뒤 지위와 권력이 점차 커져 모든 관리가 길에서 이들 내각을 만나면 피해야 했다. 같은 품계에서도 여전히 상하의 구분이 있었는데, 육부 중에도 이부상서吏部尙書가 가장 높아 다른 오부의 상서들이 길을 비켜야 했고, 대학사만이 이부상서와 대등해 길을 비키지 않아도 되었다. 또 이부시랑侍郎은 다른 오부의 상서와 나란히 갈 수도 있었다. 대학사는 또 종종 한림원으로 이동했기 때문에 한림원 서길사의 지위도 이에 따라 높아졌다. 서길사는 대학사와 이부상서에게만 길을 비키다가 나중에는 이부상서에게도 길을 비키지 않았다. 여기에는 명대 중기 이후 황제를 도와 정무를 처리하는 직속 기구인 내각의 권한이 육부보다 높아지는 경향이 반영되어 있다. 『만력야획편』에는 또 가정 이후에 내각과 이부상서가 길에서 만나자 서로 피한 실례가 실려 있다.

자고로 육부의 상서는 모두 내각[의 각신]에게 길을 비켜주었지만 태재만은 그렇지 않았다. 분의分宜(엄숭)**가 권력을 잡은 뒤로는 총재(모두 이부상서를 가리킨다)도 길을 비켜, 마침내 옛일이 되었다. 육평호陸平湖(육광조)는 처음으로 이를 바로잡았는데, 미리 가마꾼에게 당부하여 길을 돌아가 내

---

* 공연을 위해 도성의 궁중으로 코끼리를 들여오는 것을 의미하는 듯하다. 서길사를 환관, 아녀자, 코끼리 아래에 거론함으로써 서길사를 비하하려는 것으로 보인다.
** 이하 분의, 평호, 부평, 신건, 복청 등 출신지로 해당 인물을 칭하고 있다.

각과 서로 만나지 않도록 했다. 이 때문에 그가 임기를 마칠 때까지 내각과 육부가 예의를 다툴 일이 없었다. 후에 손부평孫富平(손비양)은 육광조의 사례만을 따르며 가마꾼들에게 [길을 비킬 것을] 알려주지 않았다가 갑자기 장신건張新建(장위張位)을 만나자 가마에서 내려 인사하려고 했지만, 장위가 부채로 얼굴을 가린 채 돌아보지도 않고 가버려 마침내 원한을 맺게 되었다. 아마도 후에 내각과 육부가 서로 싸우는 큰 사건이 벌어졌는데, 이 일 또한 절치부심하게 된 하나의 빌미가 되었을 것이다. 손비양이 다시 출사했을 때는 복청福淸(섭향고葉向高, 1559~1627) 혼자 승상이었기에 기세등등했다. 섭향고는 선배인 손비양이 명망이 두터워 길을 양보하지 않을지도 모른다고 생각했다. 그러나 손비양이 앞의 일을 거울로 삼아 후환이 없도록 길을 비키자 섭향고는 자신의 기대 이상임에 크게 기뻐했다. 이후 모든 업무가 형제가 화목하듯이壎篪* 순조로워졌다.[17]

이 사례는 가정 이후 내각의 권력이 막강해져 육부의 수장인 이부상서라도 [내각의 각신에게] 길을 비켜주어야 했음을 설명해준다. 육광조는 대학사를 만나면 길을 돌아가도록 미리 가마꾼에게 당부했으나, 후임자 손비양은 그 도리를 알지 못해 길에서 대학사 장위를 만나고도 길을 비키지 않아 결국에는 원수가 되어 사임하는 지경에 이르렀다. 손비양이 다시 이부상서가 되어 내각의 우두머리인 섭향고를 만났을 때 "후환이 없도록 길을 비키자" 비로소 내각과 육부가 화해했다.

사실 명대에 관리가 길에서 서로 만났을 때 지위에 따라 길을 양보하는 제도는 관리들 사이에 원한과 대립을 조성하는 가장 흔한 이유

---

* 원문의 '훈지壎篪'는 '훈지상화壎篪相和'의 준말로, '형이 훈이라는 악기를 불면 아우는 지라는 악기를 불어 화답한다'는 뜻이다. 형제간처럼 화목함을 비유적으로 이르는 말이다.

가 되었다. 명대 역사상 가장 유명한 사건은 가정 연간에 발생한 곽도 (1487~1540)와 하언夏言(1482~1548)의 정치투쟁이다. 가정 12년(1533)에 곽도는 남경예부상서였고 하언은 예부상서였다. 둘의 원한은 유숙상劉淑相의 사건에서 시작되었다. 처음 순천부윤順天府尹 유숙상이 사사로이 뇌물을 받아 심문을 받았는데, 유숙상은 하언이 통판通判 비완함費完陷과 결탁해 자신을 해하려 한다고 의심했다. 이에 유숙상이 하언을 무고했다가 도리어 가정 황제의 노여움을 사서 하옥되었다. 하언은 유숙상이 곽도와 사이가 좋았기에 곽도가 배후에서 유숙상을 조종했다고 의심했다. 결국 하언은 곽도가 황제를 모시고 능을 참배하러 가야 하는데도 오히려 은산사銀山寺에 멀리 놀러갔으므로 매우 불경하다고 상주했다. 곽도는 극력으로 변호하고 나서야 혐의에서 풀려날 수 있었다. 이때가 가정 15년 (1536) 12월로, 공교롭게 또 남경급사중 증균曾鈞이 말을 타고 가다가 상서 유룡劉龍과 반진潘珍(1477~1548) 두 사람의 가마를 만났는데도 길을 비키지 않아 유룡과 증균이 이를 상주했다. 곽도는 유룡의 입장에서 증균을 탄핵하면서 하급 관리에게는 가마를 금지해야 한다고 요청했다.

정해진 예의 규정에 따라 도성의 삼품 이상 관리가 가마를 타고 서로 만났을 때 길을 비키는 데는 매우 분명한 등급제도가 있습니다. 그런데도 근래 남경에서는 품계의 고하를 막론하고 모두 견여를 사용하거나 여인용 가마를 타면서 거리에서 서로 만나도 하급 관리가 고위 관리를 피하지 않습니다. 작년 급사중 증균이 말을 타고 가다가 길에서 상서 유룡과 반진의 가마와 부딪쳤습니다. 이에 증균은 유룡과 서로 비방하는 상소를 올렸습니다. 신은 예의를 담당하는 관리이니 예의제도를 공표하여 신으로 하여금 준수할 수 있도록 해주시옵소서.[18]

이외에도 예과급사중 이충탁李充濁(가정 5년 진사)과 조매曹邁 등은 각각 상소문을 올려 황제를 가까이서 모시는 신하가 길을 비키는 것은 부당하다고 항변하면서 곽도를 매우 공격했다. 황제는 이에 모여 상의하도록 예부와 도찰원에 조서를 내렸다. 곽도는 이충탁 등이 하언을 뒷배로 믿고 있다고 의심해, 이충탁을 간신 무리라고 공격하면서 하언이 배후에서 그를 조종하고 있다고 했다. 하언은 더욱 분노해 곽도의 대역죄 10여 건을 폭로했다. 당시 황제는 곽도에게 이미 불만이 있는 데다가 유숙상이 또한 옥중에서 하언의 다른 일을 거론하는지라 매우 노하여 유숙상을 심문토록 했다. 유숙상은 결국 곽도가 주모자라고 자백했고 가정 황제는 유숙상을 평민으로 강등하고 곽도의 녹봉을 한 등급 내렸다.

세종[가정 황제]은 명을 내려 길을 비키는 것에 대한 논쟁을 대간臺諫과 예부를 통해 논의하도록 했다. 이에 좌도어사 왕정상王廷相(1474~1544)은 예부시랑 황종명黃宗明(?~1536), 장벽張璧(1475~1545) 등과 만나 『대명회전』을 인용해 육과급사중은 마땅히 옛 제도를 따라야 한다고 했다. 육과급사중은 길에서 구경대신九卿大臣을 만나면 모두 말을 끌고 길을 피해야 마땅하고, 사품 이하의 하급 관리는 말만을 탈 수 있고 가마는 탈 수 없다고 상세히 설명했는데, 기본적으로는 곽도가 상주한 내용과 동일했다. 가정 황제는 이러한 논의에 따라 조서를 내리면서 이후에 일부러 이를 위배하는 자는 반드시 그 죄를 다스리도록 했지만 남경의 여러 급사중과 이사는 여전히 태연자약히게 가마를 타고 다녔다. 곽도가 제차 상주해 황제가 다시 칙령을 내렸지만 남경의 급사중과 어사 관리들은 달가워하지 않았다. 이후에 조매가 동급 관리들과 함께 곽도와 다투었으나 결국 가정 황제가 쌍방을 수개월 감봉 처벌함으로써 이 정치투쟁은 마감되었다.[19] 이 사건은 결국 남경의 육과급사중에게 타격을 입히기는커녕 오히려 그들의 기세를 더욱 끌어올려 심지어는 육과급사중이 육부와 서로 대등한 예를 취하게 되는 계기가 되었다. 이에 심덕부는 다음과 같이 말했다. "옛 제도에는 급사중이 육부의 상서들에게 길을 비켰는데, 가정 연간부터 남경의 급사중 증군이 말을 타고 가다가 상서 유룡과 반진의 가마와 부딪쳐서 서로 논쟁하니 황제께서 옛 제도를 따르라고 하셨지만 끝내 고쳐지지 않았다. 지금 남경의 육과급사중들은 육부의 관리와 동석해서 회의하여 엄연히 동료 같으니, 길에서 만나면 서로 가마에서 내려 읍할 것이다."[20]

가마를 타는 행위도 정치투쟁의 빌미가 될 수 있었다. 명대에는 관리가 가마 규정을 어겼음을 규탄하는 수많은 사건이 있었고 그 배후에는 여러 정치적 색채를 띤 알력이 숨어 있었다. 영종 천순 6년(1462)에 감찰어사 이걸이 직례를 다스릴 때, 조운도독 서공徐恭에게는 통괄할 만한 재능이 없으므로 문무 대신을 한 명씩 뽑아 [서공을] 대체해야 한다고 상주했다. 이 일은 서공에게 원한을 샀고 서공은 앙심을 품었다. 때마침 대하위지휘동지大河衛指揮同知 장란張欒(1446~1519)이 이걸에게 매질을 당해 서공에게 하소연을 했고, 이걸의 친척인 회안부지부淮安府知府 양일영楊日永이 곤장을 쳐서 사람을 죽이자 그 가족들도 서공에게 하소연을 했다. 서공은 이 기회를 이용해 이걸을 탄핵하는 조서를 올렸다. "장란은 황족임에도 이걸에게 매질을 당했고, 양일영은 이걸과 친척이라는 이유로 방자하게 사람을 죽였습니다. 이뿐 아니라 이걸은 팔인교를 타고 제멋대로 번도 서지 않으니 관청에서 법을 어기는 일이 매우 많습니다." 서공은 먼저 [이걸이] 황족을 욕보이고 방자하게 사람을 죽인 일을 빌미로 삼고 거기에 다시 [이걸이] 규정을 어기고 멋대로 팔인교를 탄 일도 덧붙여서 구실로 삼았는데, 과연 효과가 있었다. 이걸은 체포되어 금의위에서 심문받았다. 그 후 형부에서 이걸에게 속전을 받고 복직시켜야 한다는 논의가 있었지만, 영종은 오히려 이걸이 "제도를 어그러뜨려 복직시킬 수 없다"고 했다.[21] 또 헌종 성화 6년(1470)에 촉왕부蜀王府의 호위병사 15명이 대낮에 저자에서 남의 돈을 빼앗다가 사람들에게 잡혀 사천안찰사 곽기郭紀에게 넘겨졌다. 곽기는 죄인들을 중히 다스렸는데 그들 중 곤장을 맞고 세 명이 사망했다. 이에 촉왕은 곽기가 잔혹하다고 상주하면서 그가 가마를 타고 단례문端禮門[촉왕부의 정문]에서 내리지 않은 채 수문천호守門千戶[문지기 천호장]를 질책한 일이 있다고 고발했다. 이로 인해 곽기는 체포되어 옥에 갇혔다가 후에 사면을 받고 석방되었다.[22]

관리들 사이의 정치적 알력 이외에 왕조마다 권력을 장악했던 환관도 늘 가마제도를 빌미로 문신을 공격해서 자신들의 권위를 세웠다. 가장 대표적인 사례로는 헌종 시기 왕직汪直과 무종 시기 유근劉瑾을 들 수 있다. 헌종 시기 권력을 장악한 왕직은 성화 13년(1477)에 또 문무 관리의 가마제도를 엄격히 금하면서 명초 영종 시기까지 소급해서 언급했다. "홍무 연간과 영락 연간에는 감히 가마를 타는 신하가 없었다. 정통 시기에는 연로한 문관이 간혹 견여를 탔다. 경태 연간 이후로 사보師保*가 많아져 지금에 이르니 남경과 북경의 오품 이상 관리 중에 가마를 타지 않는 자가 없다. [가마 타는 일을] 문관은 육십 세 이상의 삼품 관리만 허용하고 무관은 일체 금지함이 마땅하다." 사실 이 상주문은 도어사 오수吳綬가 지었는데, 오수는 바로 왕직의 심복이었다. 금지령이 내려진 후 "시행되자마자 사람들이 모두 [금지령을] 두려워하여, 사례감司禮監**이 길을 나서도 조심스레 비켰다고 한다."[23] 금지령이 내려진 지 한 달이 못 되어

---

* 황제를 보필하거나 황실의 자제를 가르치는 일을 담당한 관리
** 명초, 환관 12감을 총괄·감독하는 기구. 여기서는 그 소속 환관을 말한다.

부마도위 황용黃鏞과 순천부부윤 호예胡睿(정통 10년 진사)가 가마와 말을 타고 습관대로 나갔다가 집사자緝事者*에게 들켜 금의위에 하옥되었다. 이로써 왕직이 가마 금지령을 이용해 권위를 세우려는 의도가 매우 분명했음을 알 수 있다.[24]

무종 시기에 권력을 잡은 환관 유근은 이 방면에서 더욱 엄격하고 철저하게 집행했다. 그는 동창이나 금의위의 나졸들을 파견해 신하들이 가마제도를 위반하는지 다방면으로 정탐했다. 정덕 2년(1507)에는 유근이 거짓 조서를 꾸며 상보사경尙寶司卿 최선崔璿과 호광부사副使 요상姚祥을 장안 좌우문左右門 밖에서 칼을 씌웠고,** 공부낭중工部郎中 장위를 장가만張家灣에서 칼을 씌웠다. 이 셋 가운데 한 명은 책봉을 위해 사신으로 갔고, 한 명은 직이 올라 부임하러 갔으며, 한 명은 황하를 순시하다가 유근의 나졸들에게 가마 규정을 어긴 사실이 발각되어 처벌을 받은 것이다. 『무종실록』에는 다음과 같이 기록되어 있다.

이전에는 명을 받고 사신으로 멀리 나가는 관리들은 대부분 가마를 탔고 시종들도 역참의 말을 탈 수 있었으니 인습의 폐단이 오래되었구나. 유근이 정권을 잡고는 위세를 세우기 위해 [가마제도를] 엄격하게 금지하니 최선 등이 결국 규정을 어겨 죄를 얻었다.[25]

진홍모陳洪謨(1474~1555)도 『계세기문繼世紀聞』에서 다음처럼 말한다. "역적 유근이 정권을 잡고 위세를 떨치기 위해 마침내 나졸들을 파견해 체

---

* 정탐과 체포 등을 담당하는 관리.
** 칼을 씌워 감옥 밖이나 관청의 아문 앞에서 여러 사람에게 구경시켜 치욕을 주는 명대의 형벌. 형기는 1개월, 2개월, 3개월, 6개월, 무기의 5종이 있었다. 칼의 무게는 20~30근에서 150근 등으로 차등이 있었다.

포하고 하옥시켰다."[26] 위의 사건은 당시에 보아도 아주 작은 일이었으나 이를 중죄로 만든 것은 모두 유근이 자신의 권위를 세우기 위해서였다.[27] 이에 영종 시기에는 가마 규정을 어겨 체포되고 하옥된 관리들이 특히 많았다.[28]

유근은 정덕 5년(1510) 8월에 죽임을 당했지만, 무종은 여전히 환관을 중용했기에 각지의 진수태감鎭守太監들은 여전히 그 위세를 믿고 가마 규정이라는 명목을 빌려 자신들의 뜻에 맞지 않는 문신들을 모함했다. 정덕 11년(1516)에 진수태감 왕당王堂이 신선한 특산물을 골라 진상했는데, 절강안찰사첨사僉事 한방기韓邦奇(1479~1555)가 이와 같은 행위는 마땅치 않으니 중지해야 한다고 상주했다. 또 왕당을 멸시해 사항을 일체 보고하지 않았다. 왕당은 분에 겨워 결국 한방기가 "진상을 방해하고" "함부로 가마를 탔다"는 등의 위법 사항을 들어 상주했다. 이에 한방기를 금의위에 하옥하고 심문한 뒤 서민으로 강등하라는 조서가 내려졌다.[29] 어떤 진수태감은 길가에서 공공연하게 문관의 가마를 강탈하고 모욕을 주는 대담한 짓을 하기에까지 이르렀다. 정덕 14년(1519)에 남경감찰어사 범로范輅(1474~1536, 정덕 6년 진사)가 강서의 군적軍籍을 감찰하다가 진수태감 필진畢眞이 저지른 여러 불법적인 일을 발견하고 탄핵했는데, 영왕寧王도 범로를 싫어했다. 영왕과 필진 두 사람은 범로에게 죄를 덮어씌우려 했지만 사실 기회가 없었다. 하루는 범로가 가마를 타고 가다 필진을 만났는데, 필진이 갑자기 범로의 가마를 빼앗고는 그의 [함부로 가마를 탄] 죄를 들추었다.[30]

3) 정치문화의 상징:
문관과 무관 간 투쟁과 문인의 우월감

훈신과 황족 및 무관이 함부로 가마를 타는 것을 둘러싼 논쟁의 배후에는 명대 문관과 무관의 지위 변동이 반영되어 있다. 명 개국 초에는 무관이 가장 중요해 무관이 출병할 경우에 문관을 고문으로 많이 등용했다. 홍무 연간에는 상공이 장군의 인장을 지녔으며, 후에는 공작·후작·백작·도독이 총병관이 되어 '괘인장군掛印將軍'이라 불렸다. 전쟁이 일어나면 총병관이 장군의 인장을 가지고 출병했으며, 총병관이 개선해 도성으로 돌아오면 차고 있던 인장을 조정에 바쳤다. 후에는 일부 지방의 총병관이 점차 고정되어 '진수鎭守'라 불리며 독자적으로 한 지방의 군사 업무를 맡았다. 그러나 정통 연간 이후, 문관의 지위가 점차 높아져서 출정할 때 문관을 총독이나 순무로 임명하고 제독군무提督軍務나 찬리군무贊理軍務, 참찬군무參贊軍務라는 칭호를 덧붙여주었다. 명말에는 심지어 각신(내각대학사)이 군대를 통솔했는데 그 지위와 권세가 매우 대단했다. 이리하여 무관은 군사를 이끌고 전쟁에 참가하면서도 문관의 지휘를 받아야 했다.[31] 이뿐만 아니라 최고 중앙 군사 기구인 오군도독부에서 원래 가지고 있었던 무관의 선발, 군대의 훈련과 파견, 전장에서의 진퇴 권한이 영락 연간 이후에는 모두 병부로 이관되었다.[32] 군대의 재정은 각지 위소衛所*에서 관할하던 것에서 영종 초기(1435)에 지방 부·주·현의 관리가 맡게 되면서 무관의 재정 권한이 약화되었다. 16세기 후기에는 심

---

* 명대 군대 편제의 하나. 위는 5600명의 군사를 통솔했으며, 위 아래에 천호소千戶所(1120명의 군사)를, 천호소 아래에 백호소百戶所(112명의 군사)를 두었다. 하나의 부府에 소를 설치하고 몇 개의 부에 위를 설치했다.

지어 하층 군대의 보급까지도 모두 문관에게 귀속되었다.[33] 언급한 제도들은 원래 문관에게 무관을 견제하게 하여 무관의 세력 확장을 막으려는 것이었지만, 그 결과 오히려 무관의 지위가 갈수록 하락했다.

명대 중기 이후 무관의 지위는 갈수록 떨어졌지만 공을 세운 수많은 무관도 각종 명목을 들어 견여나 교자를 탈 수 있게 해달라고 상주했다. 이는 한편으로는 '가마'가 신분의 상징이 되어 무관조차도 이러한 상징을 인정하기 시작했음을 보여준다. 다른 한편으로는 과거 "태조께서 훈신이 말타기와 활쏘기를 그만두는 것을 원하지 않으셔서" 가마를 타지 못하게 했던 의도가 오히려 무관의 지위를 떨어뜨렸다는 사실을 무관들은 이미 인식하고 있었다. 그래서 무관들은 가마를 통해 과거 오랜 세월 지속되었던 문관과 무관의 불평등이 타파되길 바라고 있었다.

명말 관리 사회에서는 무관과 문관이 가마 문제를 가지고 서로 힘을 겨루는 장면을 여럿 볼 수 있었다. 신종 만력 12년(1584)에는 영년백永年伯 왕위王偉에게 가마를 허용하자, 예과급사중 만상춘萬象春이 적극적으로 말리며 상주했다. "공작, 후작, 백작, 황족, 부마에게 가마를 허용하지 않는 것이 선조의 제도입니다! 서안백瑞安伯 진경행陳景行, 무청백武淸伯 이위李偉는 황궁 두 분 태후의 부친이지만 봉지를 받고 노년이 되어서야 비로소 견여를 하사받았습니다. 근래의 정국공定國公 서문벽徐文璧도 조정의 고위 관리로서 봉지를 물려받은 지 오래되어서야 간청하여 견여를 받았습니다. 지금 왕위는 황족이라 해도 태후의 부친으로 보기엔 거리가 있고, 작위가 존귀하다 해도 봉지를 받은 해가 아직 얼마 되지 않았으니 어찌 봉지를 지킨다는 구실로 참람되이 견여를 요청할 수 있습니까?"[34] 만상춘은 "선조의 제도"를 가져다 무관과 훈신에게 견여를 허용하는 것을 반대하고 있다. 또 천계天啓 원년(1621)에 희종이 즉위한 뒤 공을 세운 황족과 금의위에 직접 견여를 하사하고 그해 8월 또 성국공 주순신朱純臣의 견여 요청을 허가하자, 결국 문관이 불만을 터뜨리며 분분히 상주했다. 예부의 문관 주도등周道登은 『대명회전』에는 이러한 제도가 없다며 적극적으로 피력했다.

조례를 찾아보니 무릇 공을 세운 황족과 금의위 당상관에게 각각 복색을 하사함은 모두 황제의 특별한 은혜입니다. 전례에 빗대어 문서를 작성하여 주청했지만, 견여와 같은 것은 은전의 사례에는 아직 없었습니다. 그래서 황제께서 하사하시지 않았음에도 전례에 어긋나게 주청하는 것은 입 안되어도 모두 행해지지 않았사옵니다. 지금 금의위 도독 노사공이 망의蟒衣*와 비어복飛魚服**을 주청했지만, 상소문에는 이와 같은 사례가 없었는지라 결국 요청하지 않았더니 하급 부서에서 수긍하지 않았습니다. 다행히 조례에 따라 하사하라는 성지가 있었고 이에 따라 주순신이 이어서 요청하니 윤허하시지 않은 바가 없었습니다. 신의 부서에서 문제 삼을 수가 없었으니 국가의 거복車服제도가 이로부터 문란해질까 두렵습니다. 처음부터 훈계하시어 이러한 길을 열지 않으시는 것이 마땅하오니 [황족의 견여 이용을] 폐지해주실 것을 청하옵니다.[35]

이어서 예과급사중 이정백李精白도 진언했다. "전에 왕명보王明輔가 세 번 견여를 청했을 때는 모두 하급 부서에서 의논했습니다. 그러나 주순

---

* 망문蟒紋을 수놓은 관복. 망蟒(이무기)의 형태가 용과 유사하며, 명대의 망은 용보다 발가락이 하나 적을 뿐이었으므로, 황제의 특별 하사가 아니면 망의를 입을 수가 없었다.
** 명대 관복의 하나. 국가 직조국에서 전문적으로 비어형의 옷감을 짜서 용 문양이 아닌 옷을 만들었는데, 이를 '비어복'이라 한다. 일정한 품계가 되어야 비로소 입을 수가 있었으며, 망포 다음으로 장중한 복식이었다. 정덕 연간에는 무신으로 참장參將과 유격遊擊 이하는 모두 입을 수 있었으며, 가정과 융경 연간에는 육부의 대신과 지방 장관뿐 아니라 군대를 시찰하는 대원수 등에게 하사했다.

신만이 바로 허락을 받았으니 이는 정치 체제를 어그러뜨리고 선조의 제도를 위반한 것이옵니다. 국가의 은전은 한정되어 있으나 신하들의 바람은 끝이 없어 [재정 유지가] 계속되기 어렵습니다. 바라옵건대 명을 거두시어 신중하고 아끼심을 보여주시옵소서."[36] 이 논쟁에서 문관은 『대명회전』"정치 체제""선조의 제도"를 구실로 삼았으나, 사실은 원래 문관만이 가지는 가마에 대한 권리를 보호해 문관 배후의 우월감을 유지하기 위해서였다. 이후에도 문관들은 무관이 상벌에 관해 비판할 때 또다시 견여나 교자를 무관에 하사하는 것이 부당하다고 했다. 천계 2년(1622) 예과급사중 팽여남彭汝楠은 상벌이 도리에 맞지 않는다고 말한다.

> 육부의 관리가 승진하면 견여를 특별히 하사하시는 것이 바로 선조들이 제창한 은전입니다. 지금 이를 문제 삼는다는 말은 들어보지 못했으며, 걸핏하면 특별한 은전을 요청합니다. 또한 심한 경우는 신하들이 일하다 죽은 사례를 가지고 우대를 받지만, 반드시 큰 공을 세우고 환난을 방지하여야만 순직했다고 할 수 있습니다. 지금은 경중을 따지지 않고 단지 관리로 죽으면 요란하게 예우를 받으니 모두 삼가야 할 바입니다.[37]

상소문에는 문관의 입장이 매우 선명하게 드러나 있다. 공을 세우지 못한 무관 하덕何德이 어찌 견여를 하사받아 문신과 대등하게 대우받을 수 있겠느냐는 것이다. 위의 기록들에는 조정에서 문관과 무관이 서로 다투는 장면이 들어 있다.

이 밖에도 명대 사대부들이 무관이 함부로 가마를 타는 현상에 대해 토로하는 불만은 사대부의 저서에 수없이 등장한다. 심덕부는 『만력야획편』에서 '황족의 견여 남용'에 대한 기원을 떠들썩하게 제시하며 말한다.

"무관이 상공처럼 존귀해져도 가마를 탈 수 없었고 말을 탈 때도 마울을 허용하지 않았습니다. 근래에 이르러 정공定公·성공成公·영공英公 삼공만이 여러 대에 걸쳐 하늘에 제사를 지냈다거나 오래도록 높은 자리에 있었다는 이유로 간혹 견여를 하사받았는데, 이는 전례에 없던 일입니다." 가정 연간부터 만력 연간에 더 많은 무관에게 견여가 허용되자 심덕부는 크게 탄식한다. "언관도 이에 대해 뭐라 하지 못하게 되니 이때부터 황족들이 너나없이 견여를 청함이 부지기수여서 이에 견여 타는 것도 귀하지 않게 되었구나!"[38] 이 구절에는 약간의 무력감과 풍자가 담겨 있는데, 무관의 가마가 점차 많아져 원래 문관의 특권이었던 가마가 더 이상 "귀하지 않게 되었"기 때문이다. 또 이렴李濂(정덕 9년 진사)의 「승교설乘轎說」을 예로 들면, 그는 문장 앞부분에서 가마의 역사적 기원을 고증하고 이어서 명대의 상황을 지적하고 있다.

우리 나라의 제도에 남경과 북경의 삼품 이상의 문관에게는 가마를 타도록 허락했다. 사품 이하는 당상관이라도 말을 탔고 외지에서 근무할 때는 마울을 사용할 수 있었으며, 부·주·현의 관리는 모두 말을 하사받았다. 무관으로 공작·후작·백작 이하는 모두 말을 탔지만 또한 마울을 사용할 수 없었다. 이를 준수하지 않는 자는 제도 위반으로 처벌을 받았다. 사대부가 늙고 병들어 퇴임할 때 도성에서 먼 경우 편의를 고려했는데, 이는 법령에 그 내용이 분명했다. 속관이나 도사都司도 가마를 타면 저자 사람들이 보고 웅성댔는데, 모두 예로부터 없었던 일이라고 여겼다. 그런데도 관찰사는 [이를] 꾸짖지 않고 대신들은 따지지 않으니 정말로 개탄스럽구나! (…) 또 당나라 「여복지」(『구당서舊唐書』 「여복지」)에 따르면, '개성 연간(836~840)에는 제도가 정해지지 않아 재상, 삼공,* 사보, 상서령尙書令,

복야僕射 및 사직한 관리가 병이 들어야 첨자檐子를 타게 했으니, 이는 한위 漢魏 시기의 재여載輿나 보여步輿**의 제도와 같았다. 삼품 이상의 관리와 자 사刺史는 병이 들어야 또한 잠시 가마를 사용할 수 있었다. 무릇 당조의 제도唐制가 이와 같아 당시 번진에서 세력을 떨치던 신하들도 감히 참람되 이 어기는 자가 없었는데, 지금은 있으니, 나는 저들이 무슨 근거로 가마 를 타는지 알 수가 없다.[39]

겉으로 보기에 이렴은 일반 하급 관리와 서민의 가마 이용, 즉 "속관이 나 도사도 가마를 타"는 행위에 불만을 표출하고 있지만, 후반부에서는 당나라 번진의 사례를 들며 "당시 번진에서 세력을 떨치던 신하들도 감 히 참람되이 어기는 자가 없었는데, 지금은 있으니, 나는 저들이 무슨 근 거로 가마를 타는지 알 수가 없다"고 지적하고 있다. 이 말은 그가 무관 이 함부로 가마를 타는 행위에 더 주목하고 있었음을 반영한다.

또한 현실생활의 몇몇 실제 사례를 통해 무관이 가마를 타는 현상에 대한 문관의 감정을 읽을 수 있다. 하양준은 남경에 대한 인상을 이렇게 적어놓고 있다.

내가 처음 남경에 갔을 때, 오성병마사五城兵馬司***는 감히 휘장이 쳐진 교 자를 타지 않았고 여인용 교자만을 탔다. 길에서 각 아문의 장관을 만나 면 교자에서 내려 인가人家로 피했으며, 나와 같은 관리를 만나도 그러했

---

* 태사太師, 태부太傅, 태보太保.
** 재여와 보여는 책상다리를 하고 앉아 타는 지붕이 없이 간단한 가마다.
*** 명대 영락 2년(1404)에 북경으로 도읍을 옮긴 뒤에 북경병마지휘사를 다시 나누어 설치한 병마 사. 동·서·남·북과 중앙의 5개로 나누어지고, 정육품에 병부 소속이었다. 치안과 화재 방지, 하천과 거리의 정리 등을 담당했다.

다. 삼사 년이 못 되어 길에서 휘장이 깔끔하고 호위 시종들이 성대한 교자를 보고 물으면, 틀림없이 병마사의 교자였으며, 각 아문의 관리들과 나란히 제 갈 길을 달렸다. 그들이 길을 피하는 관리는 오직 과도관과 병부의 각 담당관뿐이었다. 한두 순성도장道長이 뇌물을 받은 일이 오성병마사에게 발각되었는데, 오성병마사는 그들의 응견鷹犬[주구, 앞잡이]이 되어 자신이 가진 권한으로 누가, 무엇을, 어떻게 했는지 묻지 않았기에 순성도장의 세력을 믿고 아마도 이처럼 방자하고 거리낌이 없게 되었을 것이다. 이에 조정의 체통이 모두 이러한 놈들에 의해 무너지고 있음을 알겠다. 애석하고 애석하다.[40]

하양준은 과거에는 무관들이 소박한 여인용 가마만을 타면서 자신을 만나면 오히려 가마에서 내려 인가로 피해 들어갔는데, 지금은 남경의 순성어사가 오성병마사를 눈과 귀로 삼아 오히려 그 기세를 조장하니 [오성병마사들이] 화려하고 커다란 가마를 탈 뿐 아니라 심지어는 문관 대신을 만나도 피하지 않는다고 지적한다. 하양준의 탄식 속에는 상당한 불만이 배어 있다. 또 다른 실례는 엽춘급葉春及(1532~1595)이 융경 4년부터 만력 2년 사이(1570~1574)에 복건 혜안현惠安縣에 근무할 때 발생한 집단 항의 사건이다. 사건의 원인은 이 현에 안찰사의 분사分司인 아문부衙門府가 있어 도독부의 병졸들이 이곳을 차지하려고 다투었는데, 주장主將의 병졸이 곧장 많은 짐을 가지고 들어오면서 이장里長이 인부와 말을 준비하지 않았음을 빌미 삼아 이장 곽남기郭南箕를 구타한 데 있다. 이에 이장과 마을의 노인 및 생원 등은 군문軍門으로 무리 지어 가서 호소했다. 엽춘급은 바로 백성들을 타이르며 잠시 돌아가 있도록 권유했다. 그가 지은 『금유사민禁諭士民』에도 자신이 도독을 만나 직접 목격한 바가 언급되어 있다.

길에서 도독을 만나 말에서 내려 알현하려 하니, 병졸이 나의 시종을 막고선 재삼 말을 몰아 내리지 못하게 했다. 『대명회전』에 따르면 칠품 관리는 두 사람이 길을 열고 지현知縣, 친민親民, 정관正官도 시종 넷을 하사받았다고 한다. 문관은 가마 규정이 있지만, 도독은 가마뿐 아니라 팔인용 가마도 함부로 탈 수 없고 황제께 보고하는 시종과 말에도 정해진 수가 있다. 그러나 저들이 대동한 시종은 백여 명으로 셀 수조차 없고 모습도 정말 왕과 같은 정도여서, 나는 몰래 기록하여 의문을 제기했다. 하물며 규정에 총병관이 변방의 초소로 나갈 경우, 각각 그곳 관문의 말을 타야 하고 역참의 말과 수레는 사용할 수 없는데, 지금은 격문처럼 [말과 수레가] 재빠르게 갖추어지니, 다른 규정이 있는지 여부는 알지 못하겠다. 내가 시종 둘을 데리고 말을 타고 [도독을] 배알하러 갔지만, 병졸이 보고 쫓아내면서 내 말까지 몰아냈다. 대저 병졸은 글을 알지 못하니 전제典制를 알지 못하는 것을 어찌 책망하겠는가? 그러므로 교만하고 횡폭하기가 이와 같은 것도 어찌 주인이 시킨 것이겠는가?[41]

엽춘급도 『대명회전』의 규정을 가져다 "문관은 가마 규정이 있지만, 도독은 가마뿐 아니라 팔인용 가마도 함부로 탈 수 없고 황제께 보고하는 시종과 말에도 정해진 수가 있다"고 강조한다. 그러나 이 도독은 시종이 수백 명으로 분명 정부의 규정을 멋대로 어겼기에, 엽춘급의 눈에는 이미 "몰래 기록하여 의문을 제기했다"고 한 것이다. 게다가 칠품 문관이 전제에 따라 말을 타고 [도독을] 만나러 갔다가 오히려 일개 무관의 병졸에게 쫓겨났으니 정말로 이런 일을 참는다면 참지 못할 것이 뭐가 있겠는가!

또한 연납으로 무관직을 산 사람들은 사대부들이 더욱 무시했다. 이는 『만력야획편』의 이야기를 통해 알 수 있다.

근래의 일을 돌이켜보니, 도성에서 통쾌한 일이 하나 있었다. 작고한 부마 허종성許從誠이 세종 황제의 딸 가선공주嘉善公主와 혼인하여 현순顯純이라는 서자가 있었는데, 태학생으로 돈으로 관직을 사서 명목상 제수를 받았다. 그는 가진 재산도 많았고 총기도 조금 있어서 시와 그림을 익혀 사대부와 교류했다. 하루는 말을 탄 시종을 거느리고 작은 교자를 탄 채 정양문正陽門의 기반가碁盤街라는 곳을 지나다가 순성어사 목천안穆天顔을 만나자 교자에서 내려 서로 양보하며 읍하고는 헤어졌다. 목천안이 〔허종성이〕 어떤 관리인지 물었더니 시종이 평소 그〔허종성〕를 싫어해 돈으로 관직을 산 무관이라 대답했다. 목천안이 대로하여 〔허종성을〕 쫓아가서 데리고 와 길가에서 벌거벗겨 곤장을 치니 길 가던 사람들이 모두 야유했다.[42]

이상의 실례는 엽춘급과 같은 칠품 지현일지라도 명말 사대부들이 원래 무관을 무시했다는 사실을 보여준다. 한편으로 무관들도 갖은 방법으로 과시적 소비품인 가마를 빌려 자신의 지위를 높이고자 했다.

5.

결론

1

가마는 중국에서 그 기원이 비록 매우 오래됐지만 송대 이후에 이르러서야 정식으로 출현했다. 북송 시기에는 여전히 주로 말을 탔으며, 북송 말에서 남송 초에 이르러서야 많은 주관적·객관적 요소로 가마가 상류사회의 교통수단이 되었다. 이후 원대에는 일부 역참에 관청용 가마가 비치되었지만 명초에 이르러 폐지되었다. 명대 중기 이후에 도시 경제가 발달하면서 노동 시장이 흥성하고 가마의 원가와 비용이 낮아졌을뿐더러 또한 도시에 거주하는 지주나 향신, 거상 및 부호들이 거대한 소비 시장을 만들어냈다. 게다가 여행이 유행하고 가마 기술이 개선되면서 가마를 타는 풍조가 일어났고, 가마가 사회에서 유행하게 되었다. 그러나 가마의 유행 속에는 이러한 외부의 객관적 요인 외에도 내부의 문화적 요인도 있다.

물질문화를 연구하는 문화인류학자의 시각에서 보자면, 물품의 소비는 인류의 생리적 욕구만을 만족시키는 것이 아니라 사회문화적 가치관의 규범과 제약을 받는 것이기도 하다. 정치권력에 의한 지배와 통제는 사회 대중으로 하여금 물품을 소비하게 하고 어떤 물품에 대한 소비는 사회적 실천social practice과 사회계층을 분류classification하는 기능을 갖게 한다. 명대 초기 조정에서는 가마를 예제禮制에 편입시킴으로써 신분에 따라 가마를 타는 등급의 차이를 구체적으로 정했다. 또한 무관과 문관이 [가마를 타고 가다가] 서로 마주쳤을 때 길을 양보하는 일 및 파격적 예외 등을 더욱 상세하게 규제해 송원 시기의 규정보다 더 제도화했다. 이 때문에 명대에는 가마를 이용해 의식적으로 소수 관료계층의 우월성을 강조했으며 지위를 가진 소수 집단에 가마의 특권을 부여해 [그들로 하여금] 신분 지위를 과시하도록 했으니, 이로 인해 가마가 관료의 신분 지위를 상징하게 되었다. 이는 정치권력을 장악함으로써 사회계층 간 유동을 효과적으로 제한하기 위해서였다.

2

그러나 명대 중엽 이후에는 가마가 유행하기 시작해 무관과 공신, 군부 하급 관리, 거인과 생원뿐 아니라 서리와 상인 및 배우들까지도 함부로 가마를 탔다. 이는 가마가 신분을 대표한다는 생각이 이미 사람들에게 보편적으로 퍼져 있었음을 나타낸다. 즉 사회의 신흥 세력이 일단 강력한 경제력을 소유한 뒤에는 상류사회 소수 집단의 소비 형태를 온갖 방법으로 모방하고 학습해 자신의 신분과 사회적 지위를 끌어올리고자 하는데, 가마는 바로 그들이 적극적으로 학습한 항목이었다. 정부에서는 이미 이러한 현상의 출현을 의식해, 가마 금지령을 반복적으로 내리고 제도 위반에 대한 처벌을 강화해 이미 정해진 제도를 유지하는 동시에 기존의 신분 집단이 보호되기를 희망했다. 그러나 그 효과는 감찰관이 공무를 성실하게 수행하는가의 여부에 달려 있었다. 만력 초, 장거정이 정권을 잡았을 때는 가마 금지령과 그에 대한 처벌이 철저하게 집행되었지만, 이외의 시기에는 일부 실례에서 살펴볼 수 있듯 지방관들이 대부분 형식적으로 일을 처리할 뿐이었다. 오히려 관리의 요구에 부응해 가정 이후에는 역참 가마꾼 제도가 출현했고 그 제도의 남용 또한 민간의 요역 부담이 과중해지는 요인이 되었다.

명대 중엽 이후에는 가마와 기타 기물(예를 들면 복식)의 소비에서 유사한 현상이 나타났다. 당시 문헌에서는 예법에 어긋나는 사치스러운 소비가 퍼졌다고 여겼지만, 사실은 이 현상의 배후에는 사회변동과 사회구조의 변화가 반영되어 있었다. 인류학자 아파두라이의 이론을 빌려 명대 중기 이후의 소비를 살펴본다면, 중국은 이 시기에 '특허 체계coupon or license system'의 사회에서 '유행 체계fashion system의 사회로 변화되었다고 볼 수 있다. 여기서 말하는 특허 체계의 사회란 사회의 흐름이 정체되고 소비에 수많은 제한이 가해져 소수의 신분 지위가 보장되는 사회다. 반면 유행 체계의 사회란 상류사회의 소비를 모방하는 하층사회 사람들이 갈수록 많아지고, 정부의 사치금지령이 갈수록 빈번해지며, 소비물품의 창조와 유행의 변화가 갈수록 더 신속해지는 사회다.[1] 다음 장에서는 복식 소비를 통해 유행과 사회 구조의 변천 관계를 더 깊이 있게 검토할 것이다.

3

근대 15세기 이후의 물질문화와 일상생활을 연구하는 가장 대표적인 서양 역사학자로는 브로델을 들 수 있다. 그는 육로 수송 방식에서 중국과 서양은 차이가 있다고 지적했다. 서양에서는 말이 속도의 상징이자 노정을 단축하는 가장 좋은 수단으로 여겨져 당시에 마차의 개량과 말의 번식에 전력을 다했다. 반면에 중국은 인건비가 낮아 운송은 주로 가마를 메는 인력에 의지했으며 다른 수단을 사용하지 않아 운송 속도 또한 빨라지지 않았다.[2] 지금까지의 논의를 통해 우리는 중국 역사상 가마의 출현이 교통수단의 변화뿐만 아니라 사실 수많은 상징적 의미도 내포하고 있음을 알 수 있다. 중국도 서양과 마찬가지로 속도가 빠른 말을 사용했지만 인력으로 메는 가마는 중국인에게 교통수단이자 권력의 상징이기도 했다. 왜냐하면 가마와 가마를 타는 행위는 명대에 이미 사회·정치·문화의 상징으로 발전했기 때문이다.

가마는 일종의 사회적 신분의 상징이었다. 가마가 예제에 편입되고 관리의 지위에 따라 가마를 타게 함으로써 가마의 소비 방식은 일종의 '과시적 소비'가 되었다. 돈을 들여 가마꾼을 고용하는 것 자체에는 실제로 유용함이 전혀 없어 보이지만 이것이 바로 신분 지위를 표상해주었다. 실제 생활에서는 이러한 소비 방식에 따라 지위의 고하를 구분할 수 있었다. 따라서 가마는 교통수단일뿐더러 지위를 가진 집단이 다른 사람과 자신을 구분하는 상징적 도구였던 것이다. 명대 중기 이후에는 수많은 관리가 가마를 특히 중시해 비용을 아끼지 않고 가마를 빌렸으며, 가마를 탈 때도 서민이 길을 비키도록 요구했다. 사람을 응대하고 사귈 때에도 가마를 탄 손님의 신분이 자신과 걸맞은지에 유의했다. 심지어는 속관들이 사사로이 가마를 준비해 장관에게 아부하는 사례도 있었으니, 이는 모두 신분 지위를 과시하기 위함이었다. 과거 송대 유학자들에게는 "사람으로 가축을 대신하지 않는다"고 언급하며 가마를 타지 말아야 한 다는 인도주의적 생각이 있었다. 그러나 명대 사대부에게로 오면 가마를 타는 일이 바로 '체통'과 관계된 일로 여겨졌는데, 이는 모두 다른 사람과 자신을 구분 짓기 위함이었다.

가마는 또한 정치문화의 상징이기도 했다. 명대 말기에 상품경제가 발 달하면서 대도시 내부에서는 다른 사회계층이 경제적으로 두각을 드러 냈다. 이들이 다투어 가마를 타기 시작하면서 가마로 인한 사회적 논쟁 이 발생했다. 이런 여러 현상은 당시 수많은 서로 다른 사회계층 사이의 신분 경쟁을 보여주는데, 그중 문관과 무관의 투쟁이 가장 두드러졌다. 명초 공을 세운 무관이 말을 타지 않을까 걱정되어 가마를 허용하지 않 았던 규정이 오히려 무관의 신분 지위를 점점 낮추는 한 원인이 되었다. 명대 중기에는 무관들이 문관들을 본떠 가마를 요구함으로써 자신의 신 분 지위를 높이려 했으나, 이는 사대부들의 강력한 반대를 불러왔고 이 와 같은 현상은 문관과 무관의 투쟁에서 더욱 선명하게 드러났다.

가마는 정치권력의 상징이기도 했다. 가마가 제도화된 이후에 가마를 타는 일 자체는 정치권력을 과시하는 일이 되었다. 예를 들면, 관리가 가 마를 타고 가다가 서로 만났을 때 길을 비키는 제도의 변화에는 명대 중 앙정부 내 권력 구조의 변화가 반영되어 있다. 명대 중엽 이후 내각과 육 부의 지위 변동은 관리가 길을 피하는 새롭게 형성된 관례에 드러나 있 다. 가마에 관한 수많은 규정도 정치투쟁의 구실이 될 수 있었다. 명대 언관들이 규정을 위반해 가마를 탄 관리를 규탄했던 수많은 안건을 보 면, 그 배후에는 여러 정치적 힘겨루기의 의도가 깔려 있었다. 또 명대 환관과 문관 사이의 권력투쟁에서 환관은 예법에 어긋나게 가마를 탔다는 명목으로 항상 문관의 사기를 억압하고 자신들의 권위를 세웠다.

제3장

새로운
유행의 형성:

복식문화를
사례로

넓고 좁음 높고 낮음이 차례로 바뀌어 원래 기준과 모두 다르다네.
눈앞에서 이처럼 기교를 부리니 촌스러운 양식이 어찌 다시 유행하겠는가?[1]

유변兪弁,* 『산초가어山樵暇語』에 인용된 사탁謝鐸의 시에서

명말에 새로운 유행은 복식에서 가장 분명하게 드러난다. 궁정 사람이나 관리 등 상류층뿐 아니라 평민의 복식에 이르기까지 사회 전체에 유행이 확산했다. 아날학파의 거장 브로델은 "복식사는 원료, 공예, 원가, 문화 성향, 유행과 사회계층 등의 문제를 포함한다. 사회가 안정적인 상태라면 복식의 변화는 그다지 크지 않겠지만, 모든 사회질서가 급변할 때라면 입는 옷도 변하게 된다"[2]고 했다. 이렇게 보면, 복식사가 언급하는 범위와 방향은 상당히 넓으며 동시에 사회 변화의 큰 지표가 된다고 할 수 있다.

서양 역사학계의 근대 복식에 관한 연구는 상당히 다원화되어 있고 풍부한 데 비해, 중국 복식사 연구는 상대적으로 연혁을 서술하는 수준에 머물러 있다. 또한 중국의 역대 문헌 속에서 복식 관련 기록은 제왕,

---

* 명대의 장서가(1488~1547). 서적 모으기를 좋아해 자지당紫芝堂과 일로당逸老堂에 수많은 책을 소장했다. 시문에 뛰어났으며 저서에 『산초가어』 『일로당시화逸老堂詩話』 등이 있다. 사탁은 명대의 이학가이자 다릉시파茶陵詩派의 중요 시인이다.

공경대부, 관리, 명부에 대한 것이 대부분이고, 평민의 복식에 대한 언급은 거의 없다. 우연히 [평민의 복식이] 기록되었다 할지라도 대부분 법률과 금지령에 대한 것이며, 구체적 형태에 대한 소개는 부족하다. 이 때문에 과거 중국 복식사는 상류층의 복식에만 그 연구가 집중되어 있고 평민 복식에 관한 연구는 거의 이루어지지 않았다. 사실 평민의 복식은 중국 복식 문화사에서 중요한 위치를 차지한다. 평민 복식은 귀족 관리의 복식보다 훨씬 더 일상생활과 가깝기 때문에 사회경제와 문화사상의 변화를 더 잘 반영한다. 다행히도 명말에는 이전과는 다르게 문헌자료가 풍부해 우리에게 평민 복식을 살펴볼 기회를 제공해준다. 우리는 이들 자료를 통해 명말에 이미 상당한 변화가 나타나고 있었음을 알 수 있다.[3]

이 장의 주 내용 중 하나는 명말에 평민 복식이 어떻게 유행되었고 그것이 사회 구조와 경제에 어떠한 영향을 끼쳤는가를 살펴보는 것이다. 먼저 명 초기에서 전반기까지의 평민 복식제도와 사회 풍조에 대해 알아보고, 다음으로 명대 중기 이후 평민 복식의 유행과 작용을 분석할 것이다. 분석할 내용은 각종 복식 형식의 유행, 그 유행의 주도자와 전파 매개, 그 유행 속도와 유행의 중심 등이다. 또한 더 나아가 유행이 사회경제에 끼친 작용도 살펴볼 것이다.

이 장의 또 다른 주요 내용은 새로운 유행이 사대부에게 끼친 영향이다. 명말 복식의 변화를 언급한 많은 사료에는 사실 대부분 중요한 가치판단 요소가 있다. 이러한 사료는 모두 사대부가 쓴 문장이므로, 이를 하나의 '텍스트'로 분석한다면 그 서술 뒤에 숨겨진 사대부의 심리 상태를 살펴볼 수 있을 것이다. 이 장의 후반부는 명말 사대부들이 평민의 복식 풍조에 대해 어떻게 반응했고 어떻게 비평했는지를 연구한다. 필자는 이와 같은 방향으로 복식문화를 분석할 것이다.

1.

명초의 평민 복식제도와
사회 풍조

한대 이래 전통 시대의 중국은 사회질서를 안
정시키기 위해 제도의 틀 속에서 유가의 상하귀천이라는 구별이 필요하
다는 주장을 펼쳐왔다. 이 '높고 낮음을 밝히고 귀함과 천함을 구별하는'
제도의 틀은 사람의 생활, 행위, 인간관계 등 여러 방면에 관련되어 있었
다. 중국 고대사회의 제도 중에 의복은 매우 특수한 위치를 차지한다. 의
복은 추위를 막아 피부를 보호해주고 삶을 아름답게 해줄 뿐 아니라 사
회적 계급을 구분하고 정권을 유지하는 중요한 수단이기도 했다. 하夏와
상商 때부터 복식이 발전해 서주西周 시기에는 점차 관복제도가 형성되었
다. 진한秦漢 시기가 되어서는 기본적인 복식제도가 완성되었다. 이때부
터 제왕, 후비, 고관대작부터 일반 백성에 이르기까지 복식에는 모두 일
정한 구별이 생기게 되었다. 그래서 역대 정사에는 거의 모두 「여복지」를
두어, 통치계급이 일련의 예법에 근거해 사회 각 계층의 복식을 어떻게
관리했는지를 주로 기록했다. 이 때문에 사람의 외관을 꾸며주는 중요한
생활필수품인 복식은 생활 속에서 자연스럽게 신분과 등급의 지표가 되
었다.[1] 명대 역시 예외가 아니었다. 단 명초의 복식제도는 좀더 복잡한

정치적·사회적·경제적 배경이 있었다.

명 태조 주원장은 즉위한 지 막 한 달이 되었을 때, "의복을 당제唐制로 바꾸라"는 조서를 내렸다. 그는 원나라가 "오랑캐의 풍속으로 중국의 제도를 모두 바꾼" 일은 "예교를 폐기하는" 행위라고 여겨 "모두 중국의 옛 제도로 회복시키려고" 했다.[2] 주원장이 제정한 복식제도는 "중국과 오랑캐를 구별하는別華夷" 것임을 명확히 보여주고 있다. 이외에도 그는 또 "고대 제왕이 천하를 다스릴 때는 반드시 예법을 제정해 귀함과 천함을 구별하고 등급과 위엄을 밝혔기" 때문에, 역대 제왕이 모두 복식에 관한 금지령을 내렸다고 여겼다. 그런데 원대의 복식제도는 "사치스럽게 흘러, 민간 백성들이 입고 먹고 사는 것이 공경대부들과 차이가 없었으며, 비천한 노복이 종종 민간 백성들보다 더 사치를 부렸다." 따라서 결국 "귀한 자와 천한 자의 등급이 사라지고, 예법이 어그러지고 법도가 무너지게 되었으니" 이 또한 원나라 멸망의 원인이라고 보았다.[3] 그래서 주원장은 개국 초기에 전쟁이 빈번한 와중에도 복식제도를 제정하는 데 힘을 쏟았다. 이 역시 "귀함과 천함을 구별하고 등급과 위엄을 밝히기" 위해서였다.[4]

명초 홍무 연간에 명 태조는 복식에 매우 주의를 기울여 제왕, 왕후, 장군, 재상에서 장사꾼과 심부름꾼에 이르기까지 전국 모든 사람의 복식 모양, 옷감, 색깔, 도안, 심지어는 소매길이까지도 직접 관장했다. 주원장이 재위한 30년 동안 반포된 복식 규정은 매우 세밀하고 구체적이어서 100개 항목이 넘었다. 이처럼 법으로 규정된 복식은 이미 사회 상하 계층의 사람들을 일목요연하게 구분했다.[5] 이렇게 신분과 지위를 구분하려는 시도는 이후 명대의 몇몇 황제에게서도 이어졌다. 이들은 그와 같은 생각을 실천하기 위해, 정도의 차이는 있었지만 계속해서 새로운 법을 제정했다. 중국 역사상 대부분의 왕조가 특수한 복식제도를 제정하고 수많은 법령을 반포했지만, 명대처럼 번잡했던 경우는 없었다.

명초의 복식제도 중에 민간의 복식에 관한 규정은 대체적으로 선비 복식, 서민 복식, 여성 복식 세 가지로 나눌 수 있다.

선비 복식이 규정하는 범위는 주로 자격은 있으나 아직 출사하지 않은 생원·감생·거인 등이었다.[6] 『대명회전』과 『명사』 등을 보면, 선비와 평민의 경우 홍무 3년(1370)에는 사대건四帶巾을 쓰도록 규정했다가, 나중에는 사방평정건四方平定巾*으로 바뀌었다. 또한 [둥근 깃의] 반령의盤領衣를 입도록 했는데 황색은 제외되었다.[7] 이에 대해 심문沈文의 『성군초정기聖君初政記』에는 다음과 같이 기록되어 있다. "홍무 3년 2월, 사방평정건을 쓰도록 제정하여 세상에 반포했다. 백성들이 쓰는 사대건이 마땅치 않아 이를 다시 제정하여 선비들과 백성들이 착용하도록 했다"[8] 사방평정건은 선비와 평민이 모두 쓸 수 있었지만, 현존하는 많은 목판인쇄 도상을 살펴보면 방건方巾은 주로 지식인, 중소 지주, 휴직 중인 관료 등이 썼다.[9] 홍무 24년(1381) 10월에는 생원의 두건과 복장이 정해졌다. 태조는 학교가 바로 나라를 위한 인재들이 모여 있는 곳인데, 선비의 복장과 서리의 복장에 차이가 없으니 이를 바꾸어서 구분토록 해야 한다고 생각했다. 태조는 공부시랑工部侍郞 진규秦逵에게 양식을 만들어 바치도록 명하고 이를 세 번을 고치고서야 제도를 확정했다. 옥색 비단으로 옷을 만들고 관수寬袖[넓은 소매], 조연皂緣[검은색 테두리], 백조帛絛(비단으로 둥글게 꼰 검은색 끈), 연건軟巾[부드러운 두건], 수대垂帶[늘어뜨린 띠]를 갖추었는데, 이를 '난삼襴衫'**이라 칭했다. 태조는 또한 옷을 직접 입어보고서

---

* 명대 유생들이 쓰는 네모진 형태의 모자.

야 세상에 펼쳐 내놓아 사용을 시행했다. 홍희洪熙 연간(1425) 인종은 감생의 옷 색깔을 남색에서 청색으로 바꾸도록 했다. 가정 황제 세종은 왕위에 오른 뒤, "복장이 괴이하여 상하의 구분이 없는"[10] 현상을 매우 싫어했다. 가정 22년(1543)에 예부에서 상소를 올렸다. "최근에 선비와 백성의 복장이 괴이해져서 능운건凌雲巾 등의 두건을 만들고 있습니다. 법도를 무시함이 너무 심하여 예법이 어그러졌습니다."[11] 세종은 관청에 조서를 내려 이를 금하도록 했다. 가정 7년(1528) 평상복에 대해 논의하면서 세종은 직접 관복 한 벌을 도안해서는 예부를 통해 천하에 펼치도록 했다. 아울러 그 복장을 '충정관복忠靜冠服'(그림 3-1)이라 이름 짓고 현縣 단위 이상의 모든 관원이 입도록 했다. 그러나 나중에 이 관복은 오히려 일반 선비들이 따라 입게 되었다. 이에 만력 2년(1574)에는 신종이 거인·감생·유생에게 충정관복 입는 것을 금지했고, 또한 금기양리錦綺鑲履[비단 신발]와 산개傘盖[양산] 및 난이煖耳[귀가리개]를 사용하지 못하게 했다. 이를 위반하는 자는 오성어사에게 보내 심문하도록 했다. 명대는, 위의 규제들로 알 수 있듯, 선비들의 복식을 매우 중시해서 이전 시대보다 더욱 엄격하게 규정했다.

일반 백성의 복식에서는 홍무 3년(1370)에 선비와 평민들에게 사방평정건을 쓰도록 개정하기는 했지만, 대부분의 평민들은 망건網巾과 육합일통모六合一統帽를 썼다. 육합일통모는 소모小帽 또는 납모拉帽라고도 하고 후대에는 과피모瓜皮帽라고도 불렸다. 이는 여섯 조각의 비단을 이어 만들고 이음새를 옥으로 장식한 것으로, 모든 백성이 착용했다. 당시 남방의 백성들은 겨울에 모두 육합일통모를 썼는데, 원래 육합일통모는 심

** 당대에 시작되어 송명 시기에 성행했던 사대부의 장삼長衫. 적삼 아래에 가로로 내리닫이 옷襴이 있어 이러한 명칭이 붙었다.

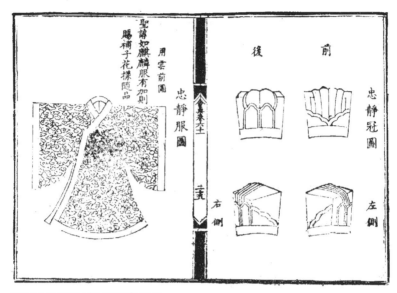

그림 3-1. 『대명회전』에 그려진 충정관복

부름꾼들이 쓰던 것이지만 편리성 때문에 나중에 선비와 백성들도 쓰게 되었다.[12] 명대 사람이 그린 「황도적승도皇都積勝圖」에는 상인, 심부름꾼, 소시민들이 대부분 육합일통모를 쓰고 있는 것이 보인다(그림 3-2, 3-3). 망건의 유래는 다음과 같다. 태조가 신락관神樂觀에 갔을 때 도사가 등불 아래에서 망건을 만드는 것을 보았다. 태조가 망건을 써보니 수많은 머리카락이 모두 가지런해졌다. 이에 망건을 천하에 널리 펼쳐 사람들이 귀천 없이 모두 쓰게 했다고 한다.[13] 명대 송응성宋應星(1587~1666)의 『천공개물天工開物』에 실린 삽화에는 농민과 잡일꾼들이 대부분 망건을 쓰고 있는 모습이 보인다(그림 3-4). 이 밖에 평민들의 복장에도 대부분 제한이 있었다. 홍무 3년에는 조서를 내려 남녀의 복식에 금수金繡[금실 자수],

그림 3-2. 「황도적승도」에 그려진 서민들이 육합일통모를 쓴 모습

그림 3-3.

그림 3-4. 『천공개물』 삽도에 그려진 망건

금기錦綺[무늬가 있는 비단], 저사, 능라는 함부로 사용할 수 없으며, 주紬[명주], 견絹, 소사素紗[흰색 비단]만을 사용하게 했고, 신에는 꽃무늬 장식이나 금실 장식을 하지 못하게 했다. 머리 장식이나 비녀·팔찌에는 금옥金玉이나 주취를 금하고 은만 사용하도록 했다. 홍무 6년(1373)에는 또 평민 두건의 장식으로 금옥, 마노, 산호, 호박을 사용하지 못하도록 했는데 구품에 들지 못하는 관료도 마찬가지였다. 평민의 관모는 사각형으로 꼭지가 없었고 모자에 다는 구슬은 수정과 향나무만을 허용했다. 홍무 23년(1390)에 태조는 또 문무관원 및 기민耆民[나이 많고 덕이 있는 백성], 생원, 서민의 복식에 옷의 길이와 소매의 길이·너비 등을 규정했다. 문관과 공작·후작·부마의 의복 길이는 "옷깃에서 옷자락까지는 땅에서 1치 떨어져야 하고, 소매길이는 손을 넘겨야 하며 이를 다시 걷어 올렸을 때 팔꿈치까지 닿아야 한다. 어깨통*의 너비는 한 자이고 소맷부리는 9치로 해야 한다."[14] 기민과 생원의 복식 역시 이와 같으나 다만 소매가 손을 덮어 다시 걷어 올릴 때 팔꿈치에 3치쯤 못 미쳐야 했다. 무관의 의복 길이는 땅에서 5치 떨어져 있어야 했고, 소매길이는 손을 7치쯤 지나야 했으며, 어깨통의 너비는 1자, 소맷부리는 주먹이 겨우 나올 정도여야 했다. 평민의 의복은 길이가 땅에서 5치 떨어져야 했고, 소매길이는 손을 6치쯤 지나야 했으며, 어깨통의 너비는 1자, 소맷부리는 5치여야 했다.[15] 이러한 평민 복식제도의 규정을 통해서 알 수 있듯이, 국가에서는 일반 평민에게 재질이 고급스럽고 색깔이 선명하거나 값비싼 장식이 달린 옷을 입지 못하도록 했고 의복의 길이까지도 제한을 두었다.

주목할 것은 명초 평민 복식 규정에서 농민을 중시하고 상인을 낮추

---

* 수장袖桩. 어깨 부위의 소매가 시작되는 부분. 수근袖根이라고도 한다.

려는 의도를 확실히 엿볼 수 있다는 점이다. 홍무 14년(1381)에 농민에게는 주·사·견·포布로 옷을 해 입는 것을 허용하면서 상인들에게는 단지 견과 포만을 허용했다. 농가에서도 상인이 된 자가 있으면 주와 사로 지은 옷을 입을 수 없었다. 홍무 22년(1389)에 농민에게는 대나무 삿갓斗笠이나 부들 삿갓蒲笠을 쓰고 저잣거리를 출입하는 것을 금하지 않았지만, 농업에 종사하지 않는 자에게는 이를 허용하지 않았다. 정부는 복식제도를 통해 의도적으로 상인을 노비와 같은 천민과 동일시해 상인의 사회적 지위를 끌어내리려 했다. 정덕 원년(1506)에 제정된 "상인, 노복, 배우, 천민은 담비 갖옷을 입는 것을 허용하지 않는다"[16]고 한 규정이 그러하다. 물론 이러한 정책은 과거 왕조에서 농민을 중시하고 상인을 억눌렀던 경향을 잇는 것으로 명대에도 한동안 유지되었다. 가정 연간 『선부진지宣府鎮志』에는 다음과 같이 나와 있다.

옛날 상인의 집에서는 맛 좋은 음식을 먹고, 화려한 옷을 입으며, 악기를 연주하며 즐기니 권문세가보다 더욱 나아 보였다. 단지 가옥과 관포冠袍만이 규정에 제한이 있어 감히 예법을 어기지 못했다.[17]

그러나 나중에는 규제의 효력에도 한계가 있었다. 바로 가정 연간의 호시가 『진주선』에서 말한 바와 같았다.

한 고조 8년에 상인은 수놓거나 주름진 무늬의 비단옷을 입지 못하게 했다. 부견苻堅은 기술자, 상인, 하인, 노복, 여인에게 금은과 수놓은 비단을 사용하지 못하게 하고, 이를 어긴 자는 기시棄市에 처했다. 홍무 14년(1381)에 농민에게는 주·사·견·포로 옷을 해 입는 것을 허락했지만, 상인에게는 견과 포만 입도록 했다. 농민 집안에 상인이 한 명이라도 있다면 역시 주와 사로 옷을 해 입는 것을 허락지 않았다. 그런데 지금의 농민은 갈포(세갈포細葛布)로 만든 바지도 걸치지 못하지만 상인은 종종 비단 바지를 해 입는다[18]

인용문을 통해 명말 경제의 발달로 상인의 경제적 지위가 높아졌음을 알 수 있다. 상인의 강력한 소비 능력은 이미 정부의 법령으로도 억제할 수 없었거니와 농민이 따라잡을 수도 없는 상황이었다.

여성 복식에서 명부들은 특수한 복식이 있었고, 일반 평민 부녀자들도 그들만의 복식이 있었으며, 노비 또한 복식 규정이 있어 이를 함부로 어길 수 없었다. 명부 복식제도는 홍무 원년(1368)부터 있었는데, 관冠 장식, 머리 모양, 의복 색깔, 옷감, 머리 장식 등이 모두 품계에 따라 규정되어 있었다.[19]

선비 및 평민의 아내 복식은 홍무 3년(1370)에 제정되었다. 머리 장식은 은도금을, 귀고리는 금 구슬을, 팔찌는 은을 사용했고, 의복은 옅은 색의 단삼團衫을 입었는데 저사·능라·주견紬絹을 사용했다. 홍무 5년(1372)에 또 조칙을 내려 민간 부녀자들의 예복에는 자시紫紬[거친 비단]만을 사용하고 금실 자수는 쓰지 못하게 했다. 포삼袍衫은 자색·녹색·도홍색桃紅色[분홍색] 및 옅은 색만 사용했고 대홍색大紅色[진홍색]·아청색鴉靑色[검푸른색]·황색의 사용을 불허했으며, 띠는 남색 견과 무명을 사용하도록 했다. 미혼 여성은 머리를 세 갈래로 땋고 금비녀와 주두쟁珠頭鬃을 꽂게 했으며, 좁은 소매의 배자褙子를 입도록 했다. 또한 하녀의 복식은 "머리를 높이 틀어 올리고 견포로 된 좁은 옷깃에 길이가 긴 치마를 입었는데, 그중 어린 하녀는 머리를 두 갈래로 하고 긴 소매에 짧은 윗옷과 긴 치마를 입게" 했다.[20] 성화 연간(1465~1487) 이후부터 명초의 복식제도가 흔들리고 민간 여성들이 규정을 위반하는 사례가 점차 나타나면서 정부는 끊임없이 금지령을 내렸다. 성화 10년(1474)에는 관료와 민간의 부녀자들에게 황금색이 섞인 옷을 함부로 입거나 머리에 보석 장식을 하는 것을 금지했다. 또한 정덕 원년(1506)에는 명령을 내려 군대와 민간의 부녀자들에게 금박으로 무늬를 넣은 옷과 휘장, 보석 장신구 및 팔찌를 금지했다.[21] 명대 후기에 이르면 이런 금지령은 그다지 큰 효과를 보지 못했던 것으로 보인다.

이상은 명초 평민 복식에 관한 각종 규정이었다. 이러한 복식제도는 신분을 구분하기 위함과 동시에 절약을 강조하고 사치에 반대하려는 의미도 있었다.[22] 명대 지방지를 보면, 실제로 명초에는 평민들의 복식이 소박하고 규정이 잘 지켜졌다는 사실을 알 수 있다. 다음은 옹정雍正 연간 『섬서통지陝西通志』에서 인용한 『경양현지涇陽縣志』의 기록이다.

명초에는 제법 고대와 가까워서 사람들이 소박함을 숭상했다. 도시 사람의 차림새도 그다지 화려하지 않았다. 시골의 어른들은 간혹 모자를 쓰고 신은 신지만 버선은 신지 않았고, 기물은 오지그릇을 썼으며 가옥도 누추했다.[23]

어떤 이가 지나치게 화려한 복장을 한다면 도리어 사람들의 반감을 불러일으켰을 것이다. 가정 연간 『강음현지江陰縣志』의 기록에 명초 남직례 상주부 강음현의 상황이 보인다.

국초에 민가는 일찍이 검소하고 소박하여 들보 다섯에 방 세 칸으로 매우 협소했다. 복식은 흰옷을 입었고, 노인은 거친 베로 만든 장삼을 걸치고 평두건을 썼다. 젊은이들이 저잣거리에 놀러나갈 때 화려한 옷을 한번 입기라도 하면, 사람들이 이를 탓하고 웅성거렸다.[24]

명초 여성의 복식 역시 이와 같았다. 『서원잡기西園雜記』에 보면 "국초에 민간 부녀자들은 혼인 잔치에서 모두 단오團襖를 예복으로 입었다. 어떤 이는 능라를 또 어떤 이는 저사를 입고 모두 수놓은 깃을 아래로 늘어뜨려서 마치 하피霞帔(예복용 어깨덧옷, 지금의 숄)의 형식과 비슷하게 했는데, 나 또한 본 적이 있다. 벼슬이 있는 집안으로서 은봉恩封이 있는 자가 아니면 감히 관과 도포를 사용하지 못했다."[25] 명초 선비 복식 역시 국가에서 정한 제도를 따랐다. 천계 연간 『회안부지淮安府志』에 언급된 명초 선비 복식에 따르면, "앞 세대 학궁의 수재들은 항상 의복과 신을 착용하는 데서 푸른 천을 사용했고, 벼슬한 이가 아니면 비단을 걸치지 않았다"고 했다.[26]

그 후 각 지방지의 기록을 통해 보면, 이처럼 소박하게 규제를 지키는 상황은 상당히 긴 시간 유지되었음을 알 수 있다. 『송강부지松江府志』에서는 "명이 시작된 이후로 검소하게 변했다. 천순 연간부터 경태 연간 이전에는 남자들이 좁은 소매에 짧은 옷을 입고 장삼 자락의 폭도 매우 좁았는데, 선비들도 그러했다. 부녀자들은 평평한 머리 모양에 넓은 저고리를 입어 복식이 매우 소박하고 고풍스러웠다. 혼례식에는 '긴 저고리大衣'라고 하는 겉옷을 입었는데 옷깃과 소맷부리에 금테를 두르거나 박음질로 장식했다. 채색 수실과 금실은 관리 집안이라 해도 절대로 사용하지 못했다"고 했다.[27] 만력 연간의 『신창현지新昌縣志』에서는 성화 연간 이전의 선비와 서민의 복식을 기록하고 있다. "성화 연간 이전에 평민들은 부유한 자나 가난한 자를 막론하고 모두 국가 제도를 준수하여 평정건[사방평정건]을 쓰고 청색 직신直身*을 입고 화혜靴鞋를 신었으며 매우 검소했다.[28] 하남부 의양현宜陽縣은 명초 이래로 "풍속이 순박하고 아름다워, 전하는 말에 따르면 명 융경 연간에서 만력 연간에 학교에는 운두리雲頭履**를 신고 다니는 선비가 없었고, 서민은 금은과 주취를 착용하지 않았다"고 했다.[29] 이처럼 각 지역의 경제 상황이 달라서 명초 복식제도가 유지되는 시간도 지역마다 차이가 있었음을 알 수 있다.

사실 명초에는 이러한 제도가 시행되는 데 비교적 유리했다. 가정 연간 『태평현지』에서는 다음과 같이 나와 있다.

국초에 막 전쟁이 끝나 인구는 적고 땅은 넓어 좋은 밭도 대개 1무畝에 금 한 냥을 넘지 않았다. 이때는 원말의 정치적 폐단을 없애느라 법망이 아직 엄격했고, 백성 가운데서 간혹 사치하여 법도를 어기고 범법하는 경우에는 곧장 그 집안을 몰수하여, 사람들이 감히 활보하고 다니지 못했다. 남자들은 힘써 밭을 갈고 요역을 실행했으며, 옷은 세포와 토겸 정도에 지나지 않았다. 관리라 해도 고관대작이 아니면 저사를 쓸 수 없었다. 여자들은 부지런히 실을 잣고 누에를 키웠으며 복식은 남자의 신분을 따랐다. 선비의 아내로 직위를 하사받지 않으면 장삼과 허리띠를 할 수 없었다. (…) 선덕과 정통 연간에 이르러 점차 〔나라가〕 번성하면서 이후에는 〔복식〕 법망도 점차 느슨해졌다.[30]

---

* 도포道袍 또는 직철直裰과 더불어 명대 선비들이 즐겨 입은 중요한 복식. 직신은 양쪽에 끈이 있고 밖으로 여민다. 도포는 양쪽에 끈이 있고 안으로 여민다. 직철은 양쪽이 트여 있고 여미지 않는다.
** 신발의 앞머리가 영지버섯 모양인 신. 당대唐代에 유행했으며, 명대 이래로 대부분의 관리와 사대부가 신었다. 운리雲履, 조화朝靴, 조혜朝鞋라고도 한다.

이 밖에 안휘성安徽省 영국부寧國府 경현의 경우도 가정 연간 『경현지』에 유사한 정황이 언급되어 있다.

국초에 막 전쟁이 끝나 땅은 넓고 인구는 적어 좋은 밭도 1무에 금 한 냥에 지나지 않았다. 사람들은 검소함을 숭상했다. 남자는 힘써 밭을 갈고 요역을 실행했으며, 옷은 토포土布*에 지나지 않았다. 고관대작이 아니고는 번번이 저사를 사용할 수 없었다. 여자들은 부지런히 실을 잣고 누에를 길렀다.[31]

이상의 두 사례에서 명초에는 법망이 비교적 엄격했고 경제 상황이 이제 막 회복되기 시작해, "인구는 적고 땅은 넓"으며 "사람들은 검소함을 숭상하는" 상황이었음을 알 수 있다. 사람들은 힘써 밭 갈고 베를 짜서 요역을 감당했으며, 소비 능력도 높지 않았다. 그래서 명초에는 보편적으로 정부에서 정한 복식제도를 따랐으며 법제를 넘어서는 상황이 발생하지 않았다. 이는 또한 명초의 사회가 비교적 안정적인 상태였음을 말해주는 것이기도 하다. 사회 전체의 질서는 아직 큰 변동이 없었으며 그래서 평민들의 복식 또한 큰 변화가 없었다.

---

* 면으로 짠 천. 조포粗布나 가직포家織布라고도 한다.

2.

명말 평민 복식의
유행 양상

각 지역의 지방지를 통해 보면, 제1장에서 말한 바와 같이, 명 가정 연간(1522~1566), 즉 대략 16세기에는 평민들의 복식에 큰 변화가 일어났음을 알 수 있다. 명초에는 검소해 규제를 지켰지만, 복식은 가정 연간 이후 사치스럽고 호화로운 방향으로 변했으며 관련 규정을 위반하는 일까지 있었다. 이전 학자들의 연구를 보면, 복식의 유행 추세가 변화된 지역은 다음과 같다. 남직례와 북직례에서 동남쪽의 복건과 절강 및 광동, 화북華北의 하남과 섬서 및 산서, 화중華中의 강서와 호광, 이뿐 아니라 사천에 이르기까지 각기 다른 정도로 변화하고 있음을 알 수 있다.[1] 평민 복식의 변화는 이 시기에 이미 유행이 되었다. 이에 다음에서 복식이 변화된 형식을 몇 가지 이야기하고자 한다.

명초에는 관부의 복식 금지령이 여전히 엄격해서 특이한 복장의 유행은 매우 드물었다. 성화 연간(1465~1487)에서 홍치 연간(1488~1505)까지는 조선에서 건너온 수입품인 마미군馬尾裙*이 한차례 유행했다. 『숙원잡기』에는 당시 북경에서 마미군이 유행하다 결국 금지되는 과정이 나와 있다.

마미군은 조선에서 비롯되어 도성으로 유입되었다. 도성 사람들이 사서 입었으나, 아직 이를 직조할 줄 아는 이는 없었다. 처음에는 부유한 상인과 귀공자와 가기歌妓들만 입었다. 이후에 무신들도 많이 입었으며, 도성에 이를 직조하여 파는 사람도 생겨났다. 이리하여 귀천을 막론하고 [마미군을] 입는 사람이 날로 많아져서, 성화 연간 말에는 조정의 관료 가운데서도 입는 사람이 많았다. 대저 아랫도리에 사치스러운 옷을 입는 자는 예쁘게 보이고자 할 뿐이다. [마미군을] 내각대학사 만안萬安은 여름이건 겨울이건 벗지 않았고, 종백宗伯 주홍모周洪謨(1421~1492)는 허리에 두 겹으로 겹쳐 입었다. 나이가 어린 후작과 백작, 부마 중에서는 활시위로 옷자락을 꿰어 입는 이까지 있었다. 대신 가운데 이[마마군]를 입지 않는 이는 이부시랑(吏部侍郎) 여순黎淳(1423~1492) 한 사람뿐이었다. 이것은 복요다. 홍치 연간 초에 비로소 [마미군] 금지령이 내려졌다.[2]

마미군은 성화 연간 이전에 일찌감치 북경에 전해졌다. 그러나 이를 만들 줄 아는 사람이 없어서 초기에는 유행하지 않다가 도성에서 이를 직조해 파는 사람이 생겨나면서 널리 유행하기 시작했다. 전하는 말에 따르면, 이러한 풍조가 크게 유행해 홍치 연간 초에 한 급사중이 건의했다고 한다. "도성의 선비들이 마미군을 즐겨 입어 사람들이 몰래 관청 말들의 말총을 뽑아 훔쳐가고 있습니다. 이는 국가의 대계를 어지럽히는 행위이니 금지시켜주시기를 청하옵니다."[3] 이에 비로소 마미군이 금지되

---

* 명대 중기 이후 남자들이 입었던 치마. 말의 꼬리털(말총)로 만들어 빳빳해서, 입으면 하반신의 겉모습이 펼친 우산처럼 보였다. '발군髮裙이라고도 한다.

었다. 비록 이 외국 의상의 유행은 관부의 강력한 간섭과 금지 하에 자취를 감추었으나, 시간이 흐르면서 복식 유행의 풍조는 관부에서 막을 수 없을 지경에 이르렀다.

가정 연간에서 만력 연간에 또 한차례 외국 의상이 유행했다. 당시 문단의 리더였던 왕세정王世貞(1526~1590)은 사대부 사이에서 성행한 '고습袴褶'의 유행을 언급하고 있다.

> 고습은 오랑캐의 옷이다. 소매가 짧거나 없어서 옷이 중간에 잘려 있다. 아래쪽은 가로로 접혀 있고, 그 아래에 다시 세로로 접혀 있다. 소매가 긴 것은 '예살曳撒'*이라 한다. 허리 중간이 잘려 한 줄로 가로선이 있는 것은 '정자의程子衣'라 하고, 선이 없는 것은 '도포道袍'라고도 하고 '직철直掇'이라고도 한다. 이 셋은 집에 한가로이 있을 때의 평상복이다. 근래에 들어와 갑자기 정자의와 도포가 지나치게 수수하므로, 사대부의 연회에는 반드시 예살을 입어야 된다고들 한다. 이는 오랑캐의 옷을 훌륭히 여기고 전통 복장은 가벼이 여기는 것이니 나는 따르지 않겠다.[4]

고습은 원래 외국에서 전해져온 '오랑캐 옷'이다. 그러나 사대부 사이에서 광범위하게 유행했고, 예살과 정자의 및 도포의 세 종류로 구분되기까지 했다. 또한 평상시에 입는 옷에서 연회에 입는 정식 복장으로 변모했다. 이러한 상황에까지 이르자 관부에서는 각종 복식의 유행을 더 이상 금지하기 어려웠다.

---

* 주단綢緞으로 만든 주름이 잡힌 장포長袍. 몽골족의 단색 예복인 질손質孫(몽골어 jisum)에서 유래했다.

1) 복고

명말에 복식이 변화하면서 '유행 의상時裝'이 출현했다. 당시에는 "경박한 자들의 의관은 옛 법도를 모두 바꾼 것으로 이를 유행 양식時樣이라 한다"고 했다.[5] 그리고 여성들의 복식과 화장은 당시 사람들이 '시장時粧' 혹은 '시세장時世粧'이라 했다. 원굉도의 [유람기]「하화탕荷花蕩」*에서는 소주의 명승인 하화탕에 사람들이 운집한 모습을 이렇게 묘사한다. "배 안의 미인들은 모두 유행하는 화장을 하고 옅은 색 옷을 입고 있다. 어깨와 발이 부딪칠 정도로 사람이 많아 땀이 겹비단을 적실 정도로 비 오듯 흐른다."[6] 이러한 유행 형식은 형태가 다양했는데, '복고'풍은 사대부들의 두건 양식의 변화에서 가장 두드러졌다. 고기원은 『객좌췌어』에서 남경의 상황을 다음과 같이 기록한다.

남경의 복식은 융경 연간에서 만력 연간 이전에는 아직 소박하여 관리들은 충정관을 쓰고 선비들은 방건을 쓸 뿐이었다. 근년에 들어 특이한 형태와 괴이한 모양이 날로 달로 다르고 새로워진다. 사대부들이 머리에 쓰는 것들도 명칭이 매우 많아졌으니 한건, 진건, 당건,** 제갈건, 순양건, 동파건,*** 양명건, 구화건, 옥대건, 소요건, 사모건, 화양건, 사개건, 용건이 있었다.[7]

---

* 강소성 금호현金湖縣의 횡교진橫橋鎭에 있는 연꽃이 무성한 호수. 소동파가 배를 띄우고 밤에 유람하고는 "술 사오니 횡탕교 위에 달 떠오르고, 청산사 뒤의 샘물로 차를 끓인다酒沽橫蕩橋頭月, 茶煮靑山廟後泉"라는 명구를 지었다고 한다.
** 오사모烏紗帽(관복을 입을 때 쓰는 사로 만든 검은색 모자)와 비슷한 모양으로 당대 남자가 착용하던 두건. 연시사건軟翅絲巾이라고도 한다.
*** 오각건烏角巾으로 소동파가 썼다는 두건.

인용문에서 말한 각각의 두건 양식은 사실 각기 다른 형식의 모자들이다(그림 3-5).

어떤 형식의 변화라도 상상해 만들어낼 수는 없다. [변화의] 대부분은 먼저 오래된 소재에서 영감을 찾는 만큼, '복고'풍은 갖가지 유행의 시작이 되었다. 『서원잡기』에 다음과 같은 기록이 있다.

> 가정 연간 초에는 사대부 중에만 두건을 쓰는 이들이 있었다. 지금은 서민이라도 두건을 쓴다. 당건, 정건, 파건坡巾, 화양건, 화정건和靖巾, 옥대건, 제갈건, 능운건, 방산건, 양명건이 있는데, 그 양식이 각기 다르다. 여염집에서도 거의 착용하니 풍속이 크게 바뀐 것이다.[8]

위 둘째 단락에서 인용한 진건·당건·제갈건·동파건 등은 모두 이전 시대에 있었던 모자의 형식이었는데 명대에 와서 다시 유행한 것이다. 사실 명대에 유행한 이전 시대 두건 양식은 매우 많았으며, 여기서 거론한 것은 그 일부일 뿐이다. 인용문의 배열 순서를 보면 최신 유행은 이러한 '복고'풍의 두건이었음을 알 수 있다. 『유청일찰留青日札』에서는 당건·동파건·제갈건의 기원을 말하고 있다. "당건은 당나라의 양식으로 끈이 네 개인데, 두 개는 머리 뒤로 매고 두 개는 옷깃 아래로 묶어서 견고하여 벗겨지지 않는다. 대가 두 개인지 네 개인지의 차이만 있다. 요즘은 두 개는 위로 매고 두 개는 뒤로 늘어뜨린다. 지금의 진사건進士巾 역시 당건이라고 부른다." "동파건은 소식蘇軾이 남긴 양식이다." "갈건은 제갈공명에게서 유래했으며, 도연명이 술을 거르는 데 사용했다. 당나라 측천무후 시절에 여러 신하에게 갈건을 나누어주고 이를 무가고건자武家高巾子라고 불렀다 한다."[9] 『삼재도회』에도 기록이 보인다. 당건의 "양식은 옛것과 비

그림 3-5. 명대에 유행한 각종 두건 양식
가장 위의 그림은 사방평정건이다. 출처: 沈從文, 『中國古代服食研究』(上海: 上海書店, 2002), 571쪽에서 인용. 중간 그림은 왼쪽에서 오른쪽으로 주건周巾, 당건, 동파건이며, 아래 그림은 왼쪽에서 오른쪽으로 순양건, 능운건, 표표건飄飄巾이다.

슷한데 확인할 수는 없다. 일찍이 당대 사람들의 그림에서 제왕들이 많이 착용하는 것을 보았다. 이것은 옛날에는 사대부들이 쓰던 것이 아니었지만 지금은 대개 사대부들이 착용하고 있다." 동파건에 대해서는 "동파거사東坡居士 소식이 착용한 데서 붙은 이름이다. 일찍이 그 그림[소식의 초상화]을 보았는데, 지금의 관복도 이와 유사하다"고 했다. 그러나 '한건'에 대해서는 "한대의 관복은 대개 옛 법제를 따랐는데 이 두건은 아직 없었다. 아무래도 일반적인 것을 싫어하고 새로운 것을 좋아하는 자가 만들어내서는 한나라의 이름을 빌린 듯하다"고 했다.[10] 그런데 당시에 어떤 사람은 한건이 전 왕조에서 내려온 양식으로 알고 있었다. 복고의 유행 속에서 어떤 사람은 당나라나 진나라 사람처럼 꾸미고 다니기도 했다. 풍몽룡馮夢龍(1574~1646)은 우스운 일화 하나를 전한다.

적기년翟耆年은 신기한 것을 좋아하여 복식을 완전히 당나라 사람처럼 하고 다니며 스스로 당나라풍이라 했다. 하루는 허언주許彦周를 만나러 갔는데 언주가 좌계鬠髻(여성의 머리 모양으로 머리를 빗어 정수리에서 틀어 올려 만든 트레머리. 조계抓髻라고도 한다)를 하고 독비고犢鼻褌*를 입고 높은 신을 신고 맞으러 나왔다. 적기년이 깜짝 놀랐다. 언주는 차분히 말하기를 "나는 진나라 옷을 입은 것인데, 공께서는 무얼 그리 놀라시오? 당신만 당나라 옷 입으라는 법이 있나요?"라고 했다.[11]

이러한 복고풍은 여성들의 복식에서도 찾아볼 수 있다. 『유청일찰留青日札』에서는 '세간군細簡裙' 혹은 '화군畵裙'이라 하는 치마에 대해 기록하

---

* 짧은 바지. 독비곤犊鼻褌이라고도 한다.

고 있는데, 당시 항주와 북방에서 한때 유행한 복식이다.

양梁 간문제簡文帝(503~551)의 시에 "비단 치마는 마땅히 폭이 좁고 단
출해야 하느니"라는 구절이 있다. 우선 광서 지방의 여성들이 긴 치마 입
은 것을 보면, 뒤로 땅에 네다섯 자가 끌리고 길을 갈 때면 여종 둘이 치
마를 앞에서 들어준다. 매우 단출하고 폭이 좁아 이를 마아간馬牙裙이라
부르는데, 아마 옛날부터 있었던 양식일 것이다. 이는 한 문제(재위 기원전
180~157)의 후궁들이 입던 땅에 끌리지 않던 옷과는 다르다. 『운서韻書』
에서는 "간군襉裙은 치마폭에 주름이 져 있는 것이다"라고 했다. 항주의
부녀자는 여유 있고 깔끔하게 허리끈을 높이 묶고, 부드러우면서 얇은 것
[치마]을 선호했다. 북방에서는 [치마를] 아직도 땅에 끌리게 입었는데, 전
족纏足을 하지 않아 아마 치마로 [발을] 덮으려고 한 것이라. 또한 두목
杜牧의 시 「버선을 노래하여詠襪」에서는 "오릉의 소년들 취한 그를 놀리며,
웃으면서 꽃을 든 채 화려한 치마입고 나오네"라고 했다. 이렇게 당나라
때의 치마도 발을 가릴 수 있었다. 화려한 치마는 요즘 풍속에 매우 성행
하고 있다.[12]

『유청일찰』의 저자 전예형田藝衡의 고증에 따르면, 위 인용문에 나오는
치마 형식은 분명 당대唐代에 이미 존재했다. 명대에는 광서 지역에 이러
한 복식이 보존되어 내려오다 복고 바람이 한바탕 불자 다시 전국적으
로 유행했을 것이다. '복고'의 풍조는 결코 복식에만 국한되었던 것은 아
니었다. 이락李樂(가정 27년 진사)은 『견문잡기見聞雜記』에서 다음과 같이
말하고 있다. "지금 천하 사람들은 여러 방면에서 옛것을 우러른다. 옷은
당대의 비단과 송대의 직금織金[무늬를 넣어 짠 비단]을 숭상하고, 두건은

진건이나 당건이나 동파건을 숭상한다. 벼루는 동작대연銅雀臺硯*을 귀히 여기고, 먹은 이정규李廷珪**의 제품을 귀히 여긴다. 글씨는 왕희지와 저수량褚遂良***을 모범으로 삼고, 그림은 조맹부와 황공망黃公望****의 풍격을 추구한다. 오직 사람에서만은 옛사람을 그리워하지 않는다."[13] 복고 혹은 옛것을 우러르는 풍조는 명말에 대단히 성행한 소비 방식중 하나였다. 예로 든 복식, 벼루, 먹, 서화 등은 모두 이와 같은 복고 풍조에 편중되어 있었다.

2) 독특함

유행의 또 다른 변화 형태는 '독특함' 혹은 '새로움'이다. 숭정 연간『흥녕현지興寧縣志』에는 "간혹 나이 어린 자제 가운데, 붉은색과 자색을 입고 주홍색 신을 신으며 두건과 버선을 다르게 하여 새로움을 추구하는 이가 있었다"라고 나와 있다.[14] 송강부 사람 범렴은『운간거목초』에서 당시 남성 복식의 변화를 기록하고 있다. 남성 복식은 초기의 양식에서 '호복胡服'으로, 이후에는 "양명의陽明衣, 십팔학사의十八學士衣, 이십사기의二十四氣衣"로 변화했다. 융경 연간에서 만력 연간 이후가 되면 "모두 도포를 입었으나 옛날에는 모두 양명의를 입었다"라고 하고 있다. 그는 이러한 유

---

* 동작대의 기와나 벽돌로 만들었다는 와연瓦硯이나 징니연澄泥硯.
** 오대 시기의 유명한 묵공墨工. 안휘성 흡현歙縣에서 '천하제일품'으로 불리는 먹을 만들어 송대에 조정으로 진상되었다.
*** 당나라의 유명한 서예가(596~658). 구양순歐陽詢, 우세남虞世南, 설직薛稷과 함께 초당사대가初唐四大家로 불린다.
**** 송·원대 화가(1269~1354). 호가 대치도인大癡道人으로 천강산수淺絳山水(연한 붉은색이 들어간 수묵산수화)로 유명하다. 원대 사대가의 한 사람으로 조맹부에게 가르침을 받았다.

행이 "그 마음이 독특함을 좋아하고 옛것을 좋아하지 않기" 때문이라 했다.[15] 이는 복고풍이 유행한 뒤에도 그 복고풍이 충분히 새롭지 않다는 이유로 더욱 신기한 양식을 찾아 독특함을 내세우게 되었다는 뜻이다. 두건 양식만 보아도, 앞의 『객좌췌어』에서 말한 순양건·능운건·양명건·옥대건 등은 바로 복고풍 이후에 새로 유행한 복식이다. 양명건은 신건백新建伯 왕양명王陽明*이 만든 것이고, 순양건은 일명 낙천건樂天巾**으로 한 또는 당의 두건과 매우 유사하다. 순양건은 신선의 이름을 땄고, 낙천건은 사람의 이름을 딴 것이다. 능운건은 명말의 생원들이 만들어냈다. 옥대건은 산에서 이름을 딴 것으로 그 모양이 산처럼 생겼다. 이와 같은 두건 양식은 명말에 비로소 새롭게 나와 유행한 것이다. 두건 양식의 추세가 복고에서 새로움으로 변화하는 과정의 예는 다음과 같다. 숭정 연간의 『송강부지』에는 명말 때부터 "지금 사람들은 이미 당나라와 진晉나라의 양식을 케케묵었다고 여겨" "젊은이들은 모두 순양건을 쓰는" 상황이라 하고 있다.[16] 명말에 한차례 당과 진의 두건 양식이 유행했다지만 그 양식은 이미 점점 퇴조하고 새롭고 신기한 순양건으로 대체되었음을 알 수 있다.

새로움에 대한 추구가 극에 이르자 중국 복식사의 한 특징인 남녀 의상이 혼합되는 현상이 나타났다. 강남 지역의 사례를 들면, 『견문잡기』에서는 가정 연간 후기부터 융경 연간과 만력 연간의 두 시기에 걸쳐 호주부湖州府에서는 "부귀한 집안의 공자公子들의 옷 색깔이 대개 여성의 화장과 두건의 양식과 흡사하여, 그 괴이함이 형용하기 어려울 지경이

---

* 양명학의 창시자 왕수인王守仁(1472~1528). 자字는 백안伯安, 호는 양명이고, 후에 군공軍功을 세워 신건백의 작위를 받았다.
** 중국 옛 두건의 하나. 팔선八仙 중 한 명인 여순양呂純陽(즉 여동빈呂洞賓)이 사용했다고 한다. 도사들이 많이 착용하던 두건이다.

었다"고 했다.[17] 강남뿐만 아니라 다른 지역에서도 유사한 상황이 벌어졌다. 안휘성 경현 사람 소옹蕭雍(만력 시기의 진사)은 『적산회약赤山會約』에서 "또한 여자가 남자의 관을 쓰고 남자는 여자의 치마를 입어, 음양이 반대되니 매우 상서롭지 못하다"고 했다.[18] 순치 연간의 하남성 개봉부開封府 외곽 상부현祥符縣의 『현지縣志』에서는 명의 『개봉지開封志』를 인용해 명말에 유행한 복식의 특징을 묘사하고 있다.

> 명말에 이르러 [유행 복식은] 더욱 제멋대로가 된다. 기녀들은 쪽을 드러내고 망건을 써서 완전히 남자와 같았다. 수재들은 짧은 옷에 긴 치마를 입어 멀리서 보면 여자인지 의심스러웠다. 두건은 구화건을 쓰고 신은 나한리羅漢履를 신는데, 이는 선배를 모욕하고 본분을 저버리는 것으로 정말로 슬퍼할 만하다.[19]

소옹과 지방지의 작자는 모두 이러한 현상을 비판하며 사회질서를 해치는 것이라 여겼다. 당시 중앙의 관원 가운데에도 이런 풍조를 비판한 이가 있었다. 『숭정장편崇禎長編』에는 숭정 3년(1630) 예과급사중 갈응두葛應斗의 상소가 기록되어 있다. "태평세월이 지속되니 풍속이 날로 사치스러워지고 있습니다. 사대부와 서민들은 복식에서 분수에 지나치고 왕공을 흉내 내며 검소함을 부끄럽게 여기고 정렴함貞廉을 어리석다 하면서 남자가 여자 복장을 하고 여자가 도사의 복장을 합니다."[20] 남녀의 복식이 혼합되는 상황은 명말에 이미 상당히 유행했던 것으로 보인다.

3) 모방에서 참월*로

세상과 속세를 가장 놀라게 한 일은 '왕의 복식'까지 유행 양식이 되었다는 것이다. 만력 연간 『신수여요현지新修餘姚縣志』에는 절강성 소흥부의 상황이 보인다.

온 마을 집집마다 귀천을 막론하고 대개 방건과 긴 옷을 입는다. 근래에는 새로운 것을 추구하고 자랑하니 두건은 반드시 여러 사람을 놀라게 할 만한 것을 쓴다. 또한 왕의 복식으로 치장하는데 반드시 세상에 과시하고 자랑하려 여러 색깔로 테를 둘렀다. 옛날의 당건과 학창의鶴氅衣** 종류는 또한 별 볼 일 없는 것이 되었다. 부녀자의 복식으로 말하면 달마다 달라지고 해마다 새로워진다. 희귀하고 특이한 것을 힘써 쫓으니 진실로 그 끝을 알 수 없구나.[21]

이 인용문을 보면 유행 복식의 양상이 새로운 것을 추구하다 보니 복고 형식인 '당건' 및 깃털로 만든 외투인 '학창의'는 이미 평범하고 진부한 것이 되어버렸고, 이에 민간에서는 상류층의 스타일을 모방하기 시작했음을 알 수 있다. '왕의 복식'이라는 양식이 이미 민간에서 유행 스타일이 되었을 뿐 아니라 고급 관리의 복식도 민간에서 모방하는 중요 대상이 되었다. 앞서 거론했듯, 명초 홍무 23년(1390)에 태조는 조정 관료와 서민의 복식을 논의한 바 있다. 여기서 서민과 문무관원 및 기민과 생원들의 옷의 길이, 소매길이, 소맷부리 너비 등의 모든 치수를 규정했

---

* 僭越, 분수에 넘쳐 지나침.
** 소매가 넓고 뒤 솔기가 갈라진 흰옷의 가를 검은 천으로 넓게 댄 윗옷.

다. 그러나 이후 가정 연간에는 "지금 부녀자의 상의는 문관과 같고 하의는 무관과 같다. 그러나 남자의 옷은 이보다 더 심하니, 이것이 이 시대의 양식인가?"라고 하는 상황이 되었다.[22] 가정 연간 『오강현지』에 당시 상황이 보인다. "사치 풍조 때문에 대부분 분수에 지나쳤다. 서민의 아내도 대부분 명부의 옷을 입었고 부잣집에서는 또한 수두를 수놓으니, 이를 바로 고칠 수가 없었다."[23] 복건성 건녕현建寧縣의 가정 연간 『현지』에는 당시 풍조가 점점 사치스러워지는 상황이 묘사되어 있는데 복식에 관해서는 다음과 같다. "남자들은 복식에서 모두 와롱모瓦籠帽를 쓰고, 옷과 신은 모두 저사를 사용했는데, 수시로 새로운 양식으로 바꾸었다. 여자들은 화려한 비단옷을 입고, 구슬과 비취 및 황금으로 장식하고 허리띠를 묶어 툭하면 명부처럼 행세했다."[24] 이를 보면 남성 복식에서뿐만 아니라 일반 평민 여성들도 상류층 관리 부인의 복식을 따라 했음을 알 수 있다. 건륭 연간 『오강현지』에서도 명대 복식 유행의 변화에 대해 지적하고 있다. "명초에 마을에서는 풍속이 성실함과 소박함을 숭상하여" "백성들은 모두 띠풀로 지붕을 이었고 삼베치마와 가시나무비녀가 고작이었으며" "시집가고 장가들 때에도 은으로 장식하는 데 그쳤으며 겉옷 역시 생견을 사용하는 데 그쳤다." "가정 연간에 이르러 서민의 아내도 대부분 명부의 옷을 입었고 부잣집에서는 또한 수두를 수놓았다. 분수를 지키는 자들은 이러한 상황을 바로 고칠 수 없음을 한탄했다."[25] 장한은 『송창몽어』에서 서민 여성의 의복 장식이 남성의 그것처럼 모두 명부의 복식을 모방했고 황후와 왕비를 모방하려는 움직임까지 있었던 명말의 상황을 언급하고 있다.

나라의 사대부와 부녀자의 복식은 모두 제도로 정해 있었다. 홍무 연간

(1368~1398)에는 율령을 엄격히 밝혔고, 사람들이 〔이를〕 유일한 법으로 받들었다. 사치스러운 풍조로 바뀌니 사람들은 모두 부유하고 사치스러움을 숭상하는 데 뜻을 두어 명확하게 금지했었음을 다시 알지 못하고 모두 그것〔사치 풍조〕을 따랐다. 예를 들면, 비취 구슬로 장식한 관 및 용과 봉황으로 장식한 옷은 황후와 왕비만이 입을 수 있었다. 봉함을 받은 부인의 관은 사품 이상은 금을 사용하고 오품 이하는 도금된 것이나 은을 사용했다. 소매가 넓은 옷의 경우 오품 이상은 저사와 능라를 사용하고 6품 이하는 능라와 단견緞絹을 사용하는 등 모두 제한이 있었다. 오늘날 남자들은 문양이 들어간 비단옷을 입고 여자는 금과 옥으로 치장을 하니, 모두 분수에 지나침이 끝이 없으며 나라에서 금하는 정도를 넘어섰다.[26]

서민 복식의 유행도 그 형태가 변화해 이미 "분수에 지나침이 끝이 없는僭越無涯" 지경에 이르렀음을 알 수 있다.

3.

유행의
기능

1) 사회의 모방과 유행의 속도

복고풍과 새로운 형식 같은 유행의 변화는 경제력을 기본으로 한다. 경제력의 향상은 일반 대중으로 하여금 새롭게 변화하는 복식을 추구하도록 하기 때문이다. 이러한 현상은 일종의 감각을 만족시키고자 하는 요구에서 나오는 것이기도 하다. 그러나 복식의 유행 풍조가 모방하고 분수에 지나치는 풍조로 바뀌는 경우에는 복식 유행 이면에 그 변화의 동력이 존재한다. 이 변화의 동력은 경제력이 아니라 일종의 특수한 소비심리다. 아울러 복식은 경제력의 표현만이 아니라 사회적 신분과 지위의 상징으로도 간주되었으며, 정치적 지위의 상징으로까지 여겨졌다. 이에 서민 계층 가운데 부유한 상인들과 같이 돈이 있는 계층이 마음껏 소비할 수 있게 되었을 때, 이들은 이미 참신하고 화려하며 사치스러운 것을 입는 데 만족하지 않고 더 나아가 관리와 명부 및 사대부의 복식을 모방하고자 했다. 이러한 행위는 '사회모방'이라고 일컬어진다. 이는 당시 돈 있는 계층이 자신들의 경제력을 통해 상류사회의 소비를 모방해 '사회이동social mobility'에 따른 수직 상승을 꾀하려는 의도를 반영한다. 만력 연간 심덕부는 당시 "천하의 복식이 분수에 지나쳐 등급이 사라지게 된 자"를 세 종류로 나누었는데, 이는 바로 훈작勳爵, 내관內官, 부인婦人이었다.[1] 앞의 두 유형은 관복을 분수에 지나치게 입은 예이고, 뒤의 유형은 평민 복식에서 분수에 지나친 대표적인 예다.

그러나 사회모방 현상이 단순히 하층계급이 상류층을 모방한 것만이 아니듯 유행 역시 완전히 위에서 아래로의 일방적인 모방만 있었던 것은 아니다. 통치계급이나 엘리트계층이 선도하지 않은 유행도 있었다. 명말 부녀자들에게 유행했던 복식은 간혹 기녀들에 의한 것이었는데, 기녀들이야말로 사회의 유행을 이끌었던 선두 주자였다. 구체적으로 말하면, 남경 진회의 기녀 복장이 유행했는데, 명말 소주 사람 여회余懷는 다음처럼 지적하고 있다. "남곡南曲*의 의상과 화장을 사방에서 따라 했다. (…) 저고리의 길이와 소매의 너비가 수시로 변했는데, 사람들은 이를 '유행 양식'이라고 보았다." 담천談遷(1594~1657)은 『조림잡조棗林雜俎』에서 "홍치 연간에서 정덕 연간에는 양갓집에서 창기娼妓처럼 꾸미는 것을 수치스러워했다"고 말하고 있다. 그러나 그는 명말에 이르러 "내가 지금 세상 부녀자의 차림을 보건대, 거의 창기로 바뀐 듯하다"고 탄식했다.[2] 그 중 '명기名妓' 부류는 유행을 앞서서 만들고 이끄는 존재였다. 원중도袁中道(1570~1623)는 진설쟁陳雪箏과 모양冒襄(1611~1693)이 묘사한 동소완董小宛(1624~1651)의 복식을 "사대부 부녀자들이 모두 모방했다"고 했다.[3]

이 밖에 상인의 복식은, 앞서 인용한 『진주선』과 수많은 명대 필기소설에 묘사된 바와 같이, 명 태조의 상인 복식 규정을 완전히 위반하고

* 중국 원대 말기에 남쪽 절강성의 항주를 중심으로 발달한 희곡.

명말에 이르러 더욱 화려하고 사치스러워졌다.[4] 상인 가운데 심하게 화려한 복식 착용을 시도한 자들로는 염상을 들 수 있는데, 염상의 대본영인 양주揚州에서 이러한 모습이 많이 보였다. 만력 연간의 『강도현지江都縣志』를 보자.

오늘날의 상인들은 이전과는 너무 달라져 도처에서 온 상인들이 곳곳에 자리를 펴고 장사를 하니 열에 하나는 쉽게 부자가 되었다. 부자가 되면 수시로 집 안을 장식하고, 처첩을 두며 많은 하인을 부리고, 음식과 옷차림은 왕과 같이 했다. 또 재물을 바쳐 높은 벼슬을 구하고 요직을 맡은 자와 결탁하며, 출입할 때의 거마도 매우 화려했다. 부인은 특별한 일이 없어도 항상 아름다운 모습으로 꾸몄는데, 경쟁적으로 정성 들여 화장하고 조각되어 있는 금과 옥으로 머리 장식을 하며 빛이 나는 구슬과 물총새의 깃털을 함께 사용했다. 옷은 비단에 수를 놓았고, 속옷도 모두 문양 있는 비단으로 해 입는 등 사치와 화려함이 극에 이르렀다. 이러한 일은 상인 집안에서는 열에 아홉이 그러했으며, 마을의 부유하고* 경박한 자제들이 다투어 모방했다.[5]

이로써 당시 복식의 유행은 대부분 상인과 상인의 부인들이 주도했음을 알 수 있다.

민간 희곡은 원대 이후 줄곧 일반 대중의 중요한 오락거리였으며, 배우들의 의상과 분장은 때때로 복식을 유행시키는 요소가 되었다. 만력 연간 『저양지滁陽志』의 작자는 당시 명말에 유행한 관모의 장식을 회고하

---

* 원문은 "여우閭右." '마을의 오른편에 사는 사람'이라는 뜻이다. 고대에는 25가구를 한 마을로 하여 오른편에 부유한 사람이 살았던 데서 비롯된 말로, 여기서는 부유한 사람을 말한다.

며 어떤 것은 배우가 전파한 것이라고 말한다.

남자의 높은 관冠은 높을 때는 챙을 얹기도 했는데, 곧 낮아져 '변고邊鼓'
라 불렀고, 또 끝이 뾰족한 것은 '연자蓮子'라고 불렀다. 옷은 위가 길고 아
래가 짧은 것을 '경수磬垂'라 했는데, 위가 짧고 아래가 긴 것도 있었다. 상
투는 소라 모양과 죽순 모양이 있었고 심지어는 작은 탑만 했다가 곧 작
아졌으니 무엇을 따라야 할지 모두 알지 못했다. 심지어는 배우들이 극을
할 때 오랑캐의 모자와 복장을 서로 모방하여 시끄럽게 떠들고 이리저리
날뛰었는데 정말 오랑캐의 모습 같았다. 이렇게 방탕하고 사치스러운 모습
은 모두 지난 수십 년 동안의 일이다.[6]

명말 희곡은 매우 발달해 전에 없는 성황을 누렸다. 더욱이 남희南戲의
성행으로 남방의 곤강崑腔과 익양강弋陽腔 및 해염강海鹽腔 등의 지방 희
곡이 크게 유행했다. 동시에 지방 경제의 발달로 오락을 위한 소비 또한
대단한 발전을 보였다. 도시의 내부에도 많은 직업 극단인 희반戲班이 결
성되었고, 뛰어난 극단은 공연 요청을 자주 받아 대도시 각지를 돌아다
녔다. 이에 당시 유행하는 복식이 다른 도시로 유입되어 복식 유행에 영
향을 끼치기도 했다.

이 밖에도 명말 복식 유행 사례 중 적지 않은 부분에서 사대부, 그것
도 특히 하층 사대부들이 적극적이고 의도적으로 새로운 복식의 유행을
창조했다는 사실을 발견하게 된다. 이와 같은 현상은 사대부들의 복식
유행에 대한 특수한 견해를 반영한다. 다음 절에서는 사대부의 행위와
담론이라는 두 방면으로 나누어 이에 대해 살펴보려고 한다.

명대 후기로 갈수록 유행하는 복식의 변화 속도는 빨라졌다. 가정 연

간 『현지』에서는 남직례 응천부 소속 육합현의 복식 유행에 대해 "사대부의 복식 외에도 민간의 복식 또한 장단과 높이에서 수시로 양식이 달라졌다"고 했다.[7] 부녀자 복식 유행의 변화 속도 또한 눈에 띄었다. 『객좌췌어』에서 남경 부녀자의 복식 변화 속도에 대해 "삼십 년 전에는 겨우 십여 년에 한 번 변했지만" "근래에는 이삼 년도 안 되어 머리 장식, 옷소매와 무늬, 색깔 등 바뀌지 않는 것이 없었다"고 했다.[8] 명말 송강부의 부녀자들에게 유행한 머리 모양도 변화가 매우 빨라서 "여자들의 머리도 그 모양이 시시각각 변하여 최근에는 작고 짧다. 쪽진 머리가 구름과 같이 뒤를 덮은 것은 순양계純陽髻이며 불룩하게 솟은 것은 관계官髻다. 또 구슬로 꾸미거나 뒤에서 묶은 것이 있고, 비취로 장식하여 용봉으로 만든 것도 있다"고 했다.[9] 숭정 연간 『가흥현지嘉興縣志』에도 가흥현의 문인들과 부녀자들의 빠른 복식 변화에 대해 기록하고 있다.

> 두건과 의복, 기물을 사용함에 문인들의 건책巾幘(머리를 묶는 두건)과 부녀자들의 계총笄總(머리에 꽂는 비녀)은 특별히 정해진 형식이 없다. 처음에는 조금 높았다가 높다 못해 쳉에 걸려 낮아지기도 하고, 또한 조금 낮은 것은 낮다 못해 이마에 붙기도 한다. 갑자기 뾰족해지거나 갑자기 뭉툭해지거나, 혹은 살짝 납작해지거나 살짝 넓어지기도 했고, 진건이나 당건이나 동파건이나 낙천건이나 화양건으로 완전히 유행을 쫓아가기도 했다. 누가 만들어 유행하게 되었는지 알 수 없었지만, 약속이나 한 듯 똑같아 귀신의 조화와 같은데 그렇게 한 사람을 알지 못했다.[10]

강남 지역뿐 아니라 하남 개봉부의 태강현太康縣에서도 위와 유사한 상황이 나타났다. 가정 연간 『현지』의 기록이다.

홍치 연간(1488~1505)에 부녀자의 윗옷은 치마의 허리를 가릴 뿐이었다. 부자들은 나羅〔얇고 성긴 비단〕, 단緞〔두껍고 광택이 있는 비단〕, 사紗〔얇고 가는 비단〕, 견絹〔정교한 비단〕을 사용했고, 금실로 짠 긴 소매 옷을 입었으며, 치마는 금실로 무릎에 주름을 잡았고(치마폭의 접히는 부분), 트레머리의 높이는 1치 남짓이었다. 정덕 연간(1506~1521)에 이르러 윗옷이 점차 커지고 치마 주름은 점점 많아졌으며, 윗옷에는 금실로 수놓은 흉배胸背를 달았고, 트레머리는 점차 높아졌다. 가정 연간 초에 윗옷은 커져서 무릎까지 닿았고, 치마는 짧았으며 주름이 적었다. 트레머리는 높아서 관리의 모자와 같았고 모두 쇠줄로 지지대를 만들어 높이가 6~7치이며 아래 둘레는 1자 2~3치 남짓이었다.[11]

인용문에 따르면, 홍치 연간에서 가정 연간 초까지 대략 20년 동안 부녀자의 복식과 머리 모양은 세 차례 변화가 있었다. 이러한 현상은 유행의 창조와 변화가 상당히 빨랐으며 동시에 유행의 전파도 이미 상당히 빠르게 발전해, "수시로 양식이 달라지는" 상황을 반영하고 있다.

2) 유행의 중심과 역할

유행의 전파는 시장의 유통망과 상당히 겹친다. 유행의 전파는 시장의 유통망에 의지하며 그 중심이 되는 시장이 있는 도시에서 그 주변 지역으로 퍼져나갔다. 그래서 한 지역의 유행은 대개 도시를 중심으로 이루어졌다. 당시의 대도시는 전문적으로 복식과 신·모자 등을 파는 점포가 많았고(그림 3-6), 또 도시 사람들의 옷차림과 복식의 양식을 시골 농

그림 3-6. 명대 사람이 그린 『남도번회도』 중의 신발 가게. 간판에 신발의 그림이 그려져 있고, 경성식 신발 가게라고 적혀 있다.

민의 그것과 비교하면 차이가 났다. 가정 연간 『선부진지宣府鎭志』의 기록
은 복식에도 도시와 시골의 구별이 존재했음을 말해준다.

> 도시에는 바지와 상의가 둘로 나누어진 옷을 입는 남자가 한 사람도 없으
> 며, 그런 남자가 있다면 사람들이 '촌놈村夫'이라고 비웃었다. (도시에는) 은비
> 녀와 귀고리를 한 부녀자가 한 사람도 없으며, 그런 부녀자가 있다면 사람들
> 이 '촌 아낙村婦'이라고 비웃었다. 절대로 두건과 긴 옷을 입고 나귀를 타지
> 않으며, 그런 사람이 있다면 사람들이 '길거리 도사街道士'라고 비웃었다.[12]

'촌놈' '촌 아낙' '길거리 도사'라는 칭호가 정말 시골 농민을 지칭하는
말은 아닐지라도, 이처럼 조소 어린 단어들은 도시 사람이 복식 유행에
서 매우 앞서 있으며 시골 농민은 복장에서 시대에 뒤떨어져 있음을 비
하하고 있다. 하남 지역의 복식과 관冠의 변화를 개봉부 태강현을 사례
로 들어 살펴보면, 가정 연간 『현지』에서 명초 이후 남성 복장과 관의 변
화를 상세하게 기록하고 있다.

> 국초 옷의 주름은 앞이 일곱 개 뒤가 여덟 개였다. 홍치 연간에는 상의는
> 길고 하의는 짧았으며 주름이 많았다. 정덕 연간 초에는 상의는 짧고 하의
> 는 상의의 3분의 1정도 길었으며 사대부의 경우는 (상의가) 거의 중정中停*
> 까지 왔다. 관은 정수리가 평평하고 높이는 1지 남짓했고 사대부의 경우
> 에는 8~9치보다 작지 않았다. 가정 연간 초의 복식은 상의가 길고 하의
> 가 짧아져 홍치 연간과 비슷했다. 당시 저잣거리 소년들의 모자는 뾰족하

---

* 허리. 고대에는 얼굴이나 신체를 상중하의 삼정三停으로 나누었는데, 신체의 경우 그 중간인 허리
가 중정에 속한다.

고 길었는데, 속칭 '변고모邊鼓帽'라고 했다.[13]

위의 인용문에서 "저잣거리 소년들"이 만들어 유행시킨 모자의 양식을 볼 수 있는데, 이는 "도시城市"를 중심으로 형성된 유행이었다. 이처럼 한 지역의 유행은 도시 주민이 주도하고 시골은 도시를 모방했으며, 각 현에서의 유행 복식 또한 그 현보다 한 등급 높은 지방 중심지의 유행을 따르고 있었다. 절강성 호주부 무강현의 가정 연간 『무강현지武康縣志』에는 "남자와 부인의 복식은 일정하지 않아 모두 성省의 도시를 모방했다. 그러나 검소한 기풍도 완전히 없어지지는 않았다"고 했다.[14]

당시 유행 복식의 중심지는 강남 지역이었고 그중 으뜸은 소주였다. 북경의 유행 복식조차 강남의 영향을 받았다. 우신행于愼行(1545~1608)은 융경 연간에서 만력 연간 북경의 모습을 이렇게 말한다. "내가 최근의 도성을 살펴보니 (…) 의복과 기물은 예전처럼 검게 물들이지 않고, 대부분 오吳 지방[강소성 남부]의 풍조를 모방하여 우아하고 깨끗한 것을 서로 높이 산다."[15] 또 숭정 시기 어떤 이는 이처럼 말한다. "옛날 북경의 부녀자들은 모두 정수리에 높은 트레머리를 했다. 일이 년 사이부터 명선鳴蟬*과 추마계墜馬髻**를 하고 우아한 남쪽 지방의 치장을 좋아했다. 관가에서는 끝이 뾰족하고 바닥이 평평한 신을 신어 걸어다닐 때 소리가 나지 않았는데, 황태후라 할지라도 대개 오풍吳風을 따랐다."[16] 명말 소주에서 발전해나온 수많은 새로운 복식 또한 그 증거가 된다. 『한정우기』에 언급된 부인들 사이에서 유행한 복식인 백간군百襉裙과 월화군月華裙, 『이

---

* 밑머리에 매미 날개 모양으로 둥그스름하게 치장하는 머리 모양.
** 뒤쪽으로 늘어뜨려 흘러내리게 치장하는 머리 모양. 한대부터 청대까지 지속되었다. 전한 시대 도용陶俑이나 목용木俑에 이미 추마계의 형상이 보인다. 타마계, 왜타계倭墮髻라고도 한다.

각박안경기二刻拍案驚奇』에 기록된 불량배 소년들과 도사 사이에서 유행한 백주모百柱帽 등은 모두 소주에서 나온 것이다.[17] 당시 소주에서 나온 유행 복식을 '소의蘇意' 혹은 '소양蘇樣'이라 불렀다. 이 복식의 주요 포인트는 높은 관과 낮은 신발 및 넓고 우아한 도포 등이었고, 여기에 어울리는 장식으로는 소주의 정교한 수공예와 질 좋은 비단 제품이 강조되었다.[18] 이에 대해 명나라 사람 설강薛岡(1561~?)은 『천작당필여天爵堂筆餘』에서 다음과 같이 묘사한다.

'소의'는 좋은 표현이 아니며 이전에는 이런 말이 없었다. 병신년(1596)에 항주의 관리가 좁은 버선에 얕은 신을 신은 사람의 볼기를 치고 차꼬를 씌워 사람들에게 구경시켰다. 그에게 죄명을 붙이기가 어려워 소의범인蘇意犯人이라 했는데, 사람들이 웃음거리로 삼았다. 여기에서 점차 파생되어 이젠 드물고 신기한 것을 소의라고 통칭하게 되었다. 그러나 기를 쓰고 〔소의를〕 모방하는 것은 북쪽 사람들이 더 심했다.[19]

위 인용된 글을 통해 당시 유행에서 소주의 위상을 알 수 있거니와 일부 지방 관료들이 이른바 '소의'를 악습으로 간주하고 법을 제정해 이러한 유행 풍조가 퍼지는 것을 금지하려 했다는 점도 알 수 있다. 이 밖에 남방의 도성인 남경 또한 당시 유행의 주요 중심지였으며, 그 영향력은 멀게는 강시 지역까지 미쳤다. 가정 연간 『광신부지廣信府志』에서는 광신부의 의상·모자·신의 규정이 "도성의 유행에 따라 수시로 바뀌었다"고 했다.[20] 또한 강서성 길안부吉安府 영풍현永豐縣의 경우, 가정 연간 간행본 『현지』에 따르면 홍치와 성화 연간 이후 서민 복식의 유행 또한 "다른 지역의 의상과 모자, 신의 양식이 도성의 유행에 따라 수시로 바뀌었

다"고 했다.[21]

소주가 당시 복식 유행의 중심이 될 수 있었던 것은 수공업의 발전과 밀접한 관련이 있다. 소주의 유행 복식은 복식 소비에 대한 대량 수요를 만들어냄과 동시에 생산과 제작 특히 의류업과 방직업을 활성화시켰다. 소주의 수공업은 가정 연간에서 만력 연간(1573~1620)까지 번영했다. 명 청 이래로 소주의 비단 산업은 남경 및 항주와 더불어 전국 비단 생산의 3대 기지가 되었다. 이 가운데 소주와 송강松江 일대는 중국 내에서 유명한 면화 방직업의 중심지이기도 해서 '의피천하衣被天下'라고 불렸다.[22] 장한의 『송창몽어』에서는 강남의 소주가 복식 유행의 중심지가 된 이유를 다음과 같이 적고 있다.

민간의 풍속은 강남이 강북보다 사치스럽다. 강남의 사치는 삼오 지역보다 심한 곳이 없다. 예부터 오 지역의 풍습은 사치스럽고 화려하며 기이한 것을 즐겨 사람들이 모두 이를 보고 좋았다. 오 지역에서 만든 복식은 화려했는데, 오 지역 사람들은 복식이 화려하지 않으면 우아하지 않다고 여겼다. 오 지역에서 만든 기물은 아름다웠는데, 오 지역 사람들은 기물이 아름답지 않으면 진귀하지 않다고 여겼다. 사방[전국]에서 오 지역의 복식을 중시하니 오 지역의 복식은 더욱 정교해졌다. 사방에서 오 지역의 기물을 귀히 여기니 오 지역의 기물은 더욱 정교해졌다. 이리하여 오 지역에서 사치스러운 자는 더욱 사치스러워졌고 사방에서는 오 지역을 추종했으니 어찌 이를 되돌려서 검소하게 만들겠는가? 대개 인간의 감정은 검소한 것에서 사치스러운 것으로 나아가기는 쉽고, 사치스러운 것에서 검소한 것으로 되돌아가기는 어렵다. (…) 직조에 뛰어난 사람이 비단을 일 년 내내 짜도 한 치가 안 되니 아주 작은 크기*의 합사合絲 비단이 한 길 크기의 그

냥 비단보다 비쌌다. 한 주먹 크기의 기물은 일 년 내내 지은 농사 값에 해당되었고, 몇 치짜리 합사 비단은 일 년 내내 직조한 그냥 비단과 맞먹었다.[23]

강남 소주의 수공업은 명나라 도시 중 제일 월등할 정도로 발달했으며 소주에서 만든 옷이 줄곧 화려하고 새로운 것을 중시해왔기 때문에, 소주는 명대 복식 유행에서 중심지가 될 수 있었다. 그리고 소주 사람들 가운데 수공업 종사자는 이를 통해 생계를 해결하게 되어, "몇 치짜리 합사 비단은 일 년 내내 직조한 그냥 비단과 맞먹었다." 명 중엽 소주 지방지에는 이미 소주의 수공업자가 사람들이 소비하고자 하는 유행을 따라갈 줄 알았으며, 때에 맞추어 가장 세련된 상품을 내놓을 줄도 알았다고 묘사하고 있다. 이른바 "저잣거리에서는 정교하고 화려한 것이 많았으며, 시류에 부응하고 수요에 맞추어 사람들이 바라는 대로 따랐다."[24]

명나라 사람 육집陸楫(1515~1552)은 『겸가당잡저적초蒹葭堂雜著摘抄』에서 다음과 같이 말한다. "지금 천하의 재물은 오와 월 지역에 있다. 오 지역의 사치는 소주와 항주의 백성보다 더 극성스러운 곳이 없다. 땅 한 치도 경작하지 않으면서 입으로 수수를 먹고, 베틀 북 한 번 잡지 않으면서 몸에는 수놓은 옷을 입는데, 그런 사람이 얼마나 되는지 알 수 없을 정도다. 이는 아마도 풍속이 사치스러워 말단을 쫓는 무리가 많은 까닭이다."[25] 당시 소주와 항주에는 직조도 하지 않고 밭을 갈지도 않는 수많은 상인이 모여들었다. 그들은 옷 입는 데 특별히 신경을 써서 매우 비중 있는 소비자가 되었고 동시에 강남 의류업의 발달을 촉진했다. 의류 산

---

* 원문은 "치수錙銖." 치錙는 한 냥의 4분의 1, 수銖는 한 냥의 24분의 1이다. 아주 적은 양을 나타낸다.

업은 강남 지역에서 이미 상품화와 전문화의 길로 발전하고 있었다. 명대 후기 소주의 의류 산업은 송강 지역의 모자 제조와 버선 제조, 항주의 헝겊신·가죽신·장화 및 모자 등과 더불어 만력 연간 이래로 줄곧 특산품이 되었다.[26]

명대 강남 방직업의 발전은 일정 정도 그 공을 소비 수요의 확대로 돌려야 한다. 명대 강남 지역의 면화 방직업과 견직물의 생산 규모는 명말에 이르러 상당히 확대되었고 특히 생산기술 면에서 큰 진전이 있었다. 생산도구 방면에서 명말에는 1인이 솜을 탈 수 있는 '태창거太倉車'가 출현했다. 또한 견직물 방직기 가운데 가장 중요한 발전은 '화기花機'*인데, 명말에는 이전의 평신식平身式을 완전히 개조해 사신식斜身式의 화기가 만들어졌다. 사신식 화기는 제품의 품질을 높였을 뿐만 아니라 단위 노동시간당 생산량도 대폭 증가시켰다. 또한 생산 공예 방면에서 면화 방직업은 면의 품질을 눈에 띄게 향상시켰다. 명말 숭정 연간 송강부에서 생산된 면포는 비단인 비화포飛花布**처럼 세밀해 새면주賽綿綢라고까지 불렸다. 이 밖에 면포의 염색 기술도 향상되어 소주의 면포는 청색과 백색의 선이 섞인 '기화포棊花布[바둑무늬]'와 꽃무늬가 염색된 '약반포藥班布[작약무늬]'가 새로 만들어졌다. 비단 공예의 발전은 주로 무늬가 있는 직물의 생산기술과 '숙화熟貨'***의 생산기술, 염색 공예 방면에 있었다. 명말 염색 기술의 발달로 강남의 견직물 염색 공업은 전에 없는 번영을 누리게 되는데, 최소한 120종 이상의 비단 색깔 중 적지 않은 부분이 명말에 만들어졌다. 이로 볼 때, 명말의 사치, 소비의 수요, 유행의 변화는 강남 비단

---

* 무늬를 찍어낼 수 있는 방직기.
** 상해 송강 일대에서 생산되는 결이 고운 비단.
*** 원료를 가공해 생산한 완제품.

산업이 아름다움이 눈에 가득 차고 오색찬란한 빛이 만발한 새로운 상품을 개발해내도록 한 것이다. 그리고 강남의 방직 기술 또한 다른 지역으로 전파되었다. 복건성 복주福州의 비단 직조 기술은 강남에서 유입되었는데, 비단 직기를 4층으로 만들어 이때부터 이 지역의 직금이 유명해졌다.[27]

수요는 공급을 불러오기 마련으로, 대량으로 제작된 사치품은 일반 상품의 수준으로 값이 떨어졌다. 따라서 원래 사치스러웠던 옷감과 복식이 점차 일상품으로 변모되었다. 명 견직물과 면포는 명말에 이르러 가격이 뚜렷하게 하락했다. 학자들은 명대 정통 연간에서 가정 연간에 이르기까지 견직물 가격이 눈에 띄게 하락했는데, 송대에 비해 11퍼센트가량 떨어졌다고 보고 있다. 마찬가지로 면포도 명초 홍무 30년(1397)에 세금을 징수할 때는 면포 1필이 쌀 6말에 해당할 정도로 가격이 매우 높았다. 그러나 명말 청초의 기록을 보면, 상해의 표포標布*는 1필에 대략 은자 1전錢[1전=10분의 1냥] 5~6푼이었고, 가장 결이 고운 것도 1전 7~8푼에서 2전 정도에 불과했다. 쌀 한 섬이 면포 대여섯 필이었으므로 면포 가격이 큰 폭으로 하락했음을 알 수 있다.[28] 모자 제조업에 관한 전형적인 예로는 명말에 매우 유행한 '와릉종모'(그림 3-7)를 들 수 있다.

원래 와릉종모는 매우 비싼 사치품으로 송강부에서는 "가정 연간 초에 생원들만 썼다. 가정 20년이 지나자 부유한 백성들도 사용했지만 겨우 한둘가량 쓰는 것을 볼 수 있을 뿐이었으며 값이 매우 비쌌다. (…) 만력 연간 이후로는 빈부를 막론하고 모두 와릉종모를 썼고 값도 매우 쌌다."[29] 이 같은 상황은 절강성 항주에서도 나타났다. 항주에서는 가정

---

* 질이 좋은 면포의 종류.

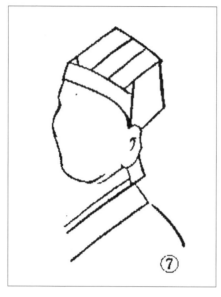

그림 3-7. 와릉모
자료 출처: (明) 張岱 纂, 『越中三不朽圖贊』

연간 중기에 와릉모의 가격이 네댓 냥 정도 하여 부유한 집안이 아니면 쓸 수 없었으나, 만력 38년(1610) 이후에는 값이 1~2전에 불과해 거지도 쓸 수 있었다.[30] 심지어 멀리 사천의 가정현嘉定縣에서는 "남자는 사대부의 관이나 방건을 쓰고 나머지는 와릉모를 사용했다"[31]고 했다. 또한 송 강부에서는 원래 탕구포혜宕口蒲鞋*가 "처음에는 진기하게 여겨졌는데" 의흥宜興 사람이 여기저기 가게를 연 이후에는 "값이 매우 싸져서, 그곳 사람들도 다투어 그 일에 종사했다"고 했다.[32]

---

* 부들로 엮은 신. 앞부분이 터져 있어 여름에 시원하게 신을 수 있었다.

복식의 유행에 대한 사대부의 반응

1) 위기의식의 출현

명말의 많은 사대부는 더욱 적극적이고 의도적으로 복식을 창조하거나 유행을 따라갔다. 사대부 복식의 품격과 양식은 당시의 유행과 흐름을 같이했으며 유행보다 앞서나가는 듯도 했다. 천계 연간 『감주부지贛州府志』의 작자는 다음처럼 말한다.

이리하여 지금은 소박한 것을 바꾸어 화려하게 꾸미고 검소한 것을 바꾸어 사치를 한다. 복식기용服飾器用이나 천박한 연회를 서로 선망하여 모방한다. 또 귀함과 천함이나 현명함과 어리석음을 불문하고 방건을 쓰고, 수놓은 옷을 입으며, 붉은 신을 신는다. 덮개 정수리는 은으로 장식하고, 음악은 청동북을 사용하며, 윗사람을 무시하고 신분 계급을 무너뜨리니 법과 제도가 무슨 소용이 있는가? 후배 사대부들도 스스로 한마음이 되어, (…) 추종하니 일반 백성을 이끌 수 없구나. 도리어 저잣거리 잡배와 똑같이 하려 하는 자도 있으니 배우지 못한 과실이도다.[1]

작자의 비평은 "후배 사대부"들도 남의 장단에 춤을 추며 유행 감각을 추종해 풍속의 변화를 이끌 수 없다고 직접적으로 지적하고 있다. 실제로 이러한 현상에는 하층 사대부들의 매우 강렬한 위기의식이 반영되어 있다. 명말의 변화하는 평민 복식에 가장 영향을 받은 대상은 아마도 사대부계층일 것이다. 명초부터 복식제도에는 지식인에 대한 존중을 표시하기 위해 특별한 규정을 두었다. 일례로, '난삼'과 '청의青衣' 등은 지식인과 일반 평민 사이에 신분과 지위를 구분하기 위한 것이었다. 바로 이락이 "관과 의복은 몸을 구분하기 위한 것으로 아름답게 꾸미기 위한 것이 아니다"라고 말한 바와 같다.[2]

그러나 제1장에서 말한 바와 같이, 사대부가 너무 많아짐에 따라 사람에 비해 자리가 적어져서 과거를 통한 벼슬길이 좁아졌다. 이 밖에 영종 시기 토목보의 변란 이후로 국자감 생도의 경우 연납을 할 수 있게 되어 사대부는 또 경쟁자가 많아졌고 과거를 통한 벼슬길이 좁아지는 상황도 점차 심화되었다. 그리고 연납으로 관리가 된 수많은 부호가 정치적 지위를 향유하면서 이들의 신분이 사대부계층을 위협하게 되었다. 사대부를 위협하는 사회계층 가운데 가장 주목할 것은 상인계층이었다. 16세기 이후 상업이 발전하면서 전통 사대부는 상인의 사회적 지위를 새롭게 평가하지 않을 수 없었고, 상인들도 자신들의 사회적 지위가 이미 사대부와 대등한 수준에 이르렀다는 점을 인식하게 되었다. 이에 '사대부와 상인이 한데 섞였다士商相混'는 주장이 나타났다. 명말에는 이미 사대부와 상인 사이의 경계가 분명하지 않았다. 상인은 연납으로 벼슬길에 들어섰고 사대부 중에도 경제활동으로 부자가 된 사람이 있었던 만큼 복식제도에 관한 법령에서 상인의 복식 변화를 엄격하게 금지하는 것이 불가능했다. 청대 여사홍黎士弘(1618~1697)은 『인서당필기仁恕堂筆記』

에서 이렇게 말한다.

대개 전대의 황제는 농업을 중시하고 상업을 억제하려는 뜻이 있었는데, 지금은 베나 비단을 파는 상인을 막론하고 태연자약하여 분수에 지나치는 행동인 줄 알지 못한다. 또 사대부이면서 상인이고, 관리이면서 상인인 자가 있으니 어떻게 장사치와 구분할 수 있겠는가? 저점邸店[여각]에서 금초金貂*를 자랑하고 수륙을 종횡하니 이 또한 풍속과 민생을 거듭 탄식할 만하구나.³

위는 청대 문헌이지만 묘사한 내용은 명대부터 이미 이러했다. 작자가 말한 "사대부이면서 상인이고, 관리이면서 상인인 자"가 바로 명대에 상인의 복식제도를 엄금하는 법령이 집행되지 못한 주요 원인이었다. 하층 노복의 무리도 연납의 방법으로 관직을 얻을 수 있었는데, 왕기는 『우포잡기』에서 다음처럼 말한다. "근래 관직을 사는 금액이 매우 헐해서 양민과 천민에 관계없이 은 사십 냥이면 즉시 관직을 얻으니, 이를 일러 의관이라고 했다." "그런지라 하인, 노복, 거지, 무뢰한들이 하나같이 재력이 없어도 돈을 빌려 관직을 사니, 무릇 참람되이 횡포 부리는 일은 모두 그들의 짓이다."⁴

일반 백성이 충분히 소비할 만한 경제력을 가지게 되고 복식 관련 법령과 제도 또한 느슨해지자 과거에는 고귀한 '지식인'의 것으로 여겨졌던 의관과 복식을 너도나도 모방했다. 이에 사대부계층은 자신들의 신분 지위가 위협받는다고 심각하게 인식하게 되었다. 하교원의 『명산장』을 보

---

* 한나라 이후 황제의 좌우에 있는 시신侍臣의 관에 다는 장식.

면, 강소 율양현 사람 마일룡馬一龍이 마을 기로회耆老會에 24명을 초청해 50년 이래로 일어난 풍속의 변화를 설명했을 때 그중에 한 사람이 이처럼 지적했다. "당시 자제들은 과거 공부를 가벼이 여기지 않았으므로 공부하여 성취를 이루지 못하면, 감히 유생의 두건과 복장을 멋대로 사용하지 않았다."[5] 그러나 뒤로 갈수록 일반 평민들은 유생의 두건과 복장을 모두 착용했다. 이런 사례는 각 지방의 지방지에서 살펴볼 수 있다. 숭정 연간 북직례 보정부保定府의 『내구현지內邱縣志』에는 다음과 같은 기록이 있다.

만력 연간 초에 동자의 머리는 여전히 총각처럼 길었으며, 선비는 생원이 되어야 비로소 망건을 썼는데 이를 '관건冠巾'이라고 했다. 평민도 이십여 세가 되어서야 망건을 썼는데, 모두 관을 쓰던 유풍이다. (⋯) 만력 초기에 서민은 권삽脧靸*을 신었고, 수재는 쌍검혜雙臉鞋**를 신었으며, 머리에 충정관을 쓰는 지방의 명망가가 아니면 테로 장식한 운두리를 신을 수 없었다. 운두리는 '조리朝履'라고도 불렀고 민간에서는 '조혜朝鞋'라 했는데 천자에게 조회하러 갈 때 신는 신을 말한다. 근래에는 문지기나 가마꾼이라도 운두리를 신지 않는 자가 없고, 점쟁이나 의생이라도 방건을 쓰지 않는 자가 없다. 당건, 진건, 동파건, 낙천건을 쓰는 자 또한 있다.[6]

충정관복 관련 제도는 가정 7년(1528)에 세종이 직접 입안해 예부에서 천하에 반포하도록 한 것으로, 도성에 있는 칠품 이상과 팔품 이하의 한림원과 국자감 생원 및 지방 지현 이상의 모든 관리와 유학 교관, 그리

---

* 지금의 슬리퍼.
** 신발의 발등 부분을 감싸는 부위에 두 줄기 평행으로 가죽을 덧댄 신발.

고 무관직의 도독 이상인 자가 착용하도록 규정한 평상복이다.[7] 두건과 복식의 착용에 관하여는 청초 요정린姚廷遴(1628~1697)의 『역년기歷年記』에 명말 복색의 등급이 실려 있다. "향신, 거인, 공생, 수재는 모두 두건을 쓰고 서민은 모자를 쓰며" "서민은 아무리 부자라도 두건 착용을 불허한다."[8] 운두리는, 위 인용문에서 이미 설명했듯이, 향신만이 신는 신발이다. 이로써 보건대 방건과 충정관을 쓰고 운두리를 신는 원래의 규정은 사대부라야 비로소 그 착용이 가능했거나 사대부 사이에 유행했던 복식이었지만, 만력 연간에 이르러 문지기, 가마꾼과 점쟁이, 의생들도 모두 이를 모방해 착용했다. 만력 연간에 편찬된 절강성 소흥부의 『신창현지』에도 사대부의 관과 두건이 점점 부호의 자제들에게 모방되는 과정이 나와 있다.

성화 연간(1465~1487) 이전에 평민들은 부유한 자나 가난한 자를 막론하고 모두 국가의 제도를 준수하여 평정건을 쓰고 청색 직신을 입고 화혜를 신었으며 매우 검소했다. 후에 점차 사치스러워져서 사대부의 높은 관과 넓은 허리띠를 착용했으며, 책을 좀 읽어 유동儒童[과거 응시자]이 된 자도 방건과 채색신 및 색깔옷을 착용했고, 부호의 자제는 예법에 어긋난 복장을 하기도 했다.[9]

『운간거목초』는 원래 사대부의 복식인 '포포布袍'가 송강부에서 남루하게 여겨졌으며 심지어 불한당에게까지 애용되는 상황을 지적한다.

포포는 바로 유가의 평상복인데, 요즈음에는 남루하다고 무시받는다. 가난한 자는 반드시 색깔 있는 비단 옷을 입어야 다소 화려하다고 한다. 그리고 불한당도 전당포에서 옛날 옷감과 복장을 찾아 새로운 양식으로 개조하여 부잣집 공자와 나란히 앉는데, 이 또한 기이한 일이다.[10]

평민이 사대부의 복식을 모방한 데서 일이 그쳤다면 그뿐이지만, 일부 경제가 발달한 지역 특히 강남에서는 비천한 직종으로 여겨지는 수많은 사람, 예를 들면 노복, 배우, 나졸, 도붓장수 무리가 물가가 하락하고 자신들의 경제력이 향상됨에 따라 사대부의 복식을 모방했다. "거간꾼과 품팔이꾼 부류의 미천한 무리도 방건을 착용하여 금령의 엄격함을 알지 못했고, 배우와 나졸, 가난한 도붓장수 무리가 운두리를 신고 꼬리를 물며 거리를 다녀도 사람들이 이상하다 여기지 않는" 상황이 되었다.[11] 명말에 복사復社[중국 명대 말기의 문학적 결사]의 영수 장채張采(1596~1648)가 편찬한 숭정 연간의 『태창주지』에서는 나졸의 복식 변화를 지적한다. "옛날 나졸은 청의를 입고 관부에 예속되어 비천한 일을 하면서 일에 쉽게 싫증을 냈다. 지금은 몸에 비단옷을 걸치고 그 처와 딸은 수놓은 치마를 입는다. 기사년(숭정 2년, 1629)에서 경오년(1630) 사이에는 겉은 융단으로 하고 속은 비단으로 만든 복장을 한 자가 이백 몇십 명이었다."[12] 명말의 명사 진계유陳繼儒(1558~1639)가 편찬한 숭정 연간의 『송강부지』에서도 현지 풍속의 일대 변화가 보이는데, 바로 어린 남자 종의 복식 변화다.

어린 남자 종의 변화다. 처음에 사대부를 따라다닐 때는 모두 청포의靑布衣*를 입었는데, 여름에는 푸른 모시를 착용했고 겨울에는 갈색 옷을 입었

---

* 청색이나 흑색의 천으로 만든 옷으로, 비천한 어린 남자 종과 여자 종이 평상복으로 입는 푸른 상의와 치마. 대해청大海靑이라고도 한다.

다. 이는 바로 갖춰 입은 정장이었지만 항상 착용하지는 않았다. 근래에는 어린 종이 모두 검은색의 비단옷을 입는데, 심지어는 천청색天靑色(azure, 하늘색)과 짙은 녹색까지 입고 속치마와 속옷은 홍색이나 자색까지 입고서는 빈객을 맞이하여 좌우에서 시립한 채 태연하게 이상하다고 여기지 않는다. 심지어 삼공이나 팔좌八座*의 사이에 있을 때에도 이런 일이 있다. 무릇 말단 관리의 집에서도 부잣집 자제들과 함께 예쁘게 치장하면서 등급이나 지위는 무시하니 그 집안의 법도를 알 만하다.[13]

진계유가 이처럼 어린 남자 종의 복식 변화를 중시한 것으로 보아 그는 자신의 신분과 사회적 지위가 위협받는 것에 매우 민감했음을 알 수 있다. 기타 각지의 지방지에 모두 유사한 기록이 있는데, 예를 들어 만력 연간 강남 소주부의 『중수곤산현지』에서는 현지의 풍속을 비판하고 있다. "저택은 황궁을 좇아 화려하고 복식과 음식은 풍성하지만 옛날에는 그렇지 않았다. 노복과 품팔이꾼까지도 아무렇지 않게 사치를 서로 뽐내니, 예법을 무시하고 분수에 지나치는 경우가 많았다."[14] 북직례 보정부 기주冀州에서도 "비록 비천한 사람이나 벼락부자가 된 사람이라도 모두 의관을 함께 갖추어 높은 자리에 앉았다"는 내용이 보인다.[15] 만력 연간 복건성 복녕부福寧府의 『복안현지福安縣志』에는 현지의 풍속이 사치스러워 예의제도에 어긋나는 점을 기록하고 있다. "풍속이 사치스럽고 타락하여 방건이 거리를 가득 채우고, 사대부의 신분을 표시하는 기물이 시골 부자들에게 모방되었으며, 백정과 도붓장수와 노복도 운리를 신고 흰색으로 옷깃을 두른 자가 있었다."[16] 천계 연간의 『회안부지』에는 이렇게 기

---

* 수당 이래 육부의 상서尙書와 좌복야·우복야. 청대에는 육부상서에 대한 칭호로 사용되었다. 상서 등의 고관을 지칭하기도 한다.

록되어 있다. "근래에는 옷을 운금雲錦으로 장식하고 갑부들은 호화롭게 치장하니 두건과 옷자락이 제도와 다르게 사치스러워지며 규방에서는 화려함을 과시하고 품팔이와 배우가 문아한 유생의 의관과 서로 뒤섞여서 귀천의 구분이 없어졌다."[17] 산서성 평양부平陽府 임분현臨汾縣의 만력 연간 『현지』에서, 작자 형운로邢雲路(만력 8년 진사)는 「청정사례의請正四禮儀」라는 글을 지어 매우 분노하며 설명하고 있다.

민간에서는 빈부귀천에 관계없이 한 살에서 열 살에 이르기까지 모두 두건을 착용한다. 젖비린내 나는 어린 종이 웃통을 벗고 맨발에 땔감이나 쌀을 질 때도 머리에는 두건을 쓰니 어찌 의미가 있겠는가! 막 약관이 된 자가 모두 능운건이나 충정건을 착용하니, 가난한 자는 재산을 다 털어 그렇게 한다. 천한 예술가 부류마저 능운건이나 충정건을 쓰고 당건이나 진건을 착용하기를 당연하게 여긴다. 한 맹인 점쟁이가 메추리 꽁지 빠진 것(낡은 옷을 비유)처럼 옷은 몸을 반도 못 가리면서도 손으론 딱따기를 흔들고 머리에는 관과 두건을 착용하니, 거리를 가득 채운 이 모두 그러하다. 관이 분수에 지나치게 된 것이 하나같이 이러한 지경에 이르렀다.[18]

숭정 연간의 『오정현지烏程縣志』에서 작자는 부호와 세도가들이 노복들에게 복식제도를 위반하도록 조장한 것에 더욱 원망을 품는다.

지금은 방탕한 자제들이 홍색이나 자주색을 신기한 옷으로 여겨 능환綾紈〔무늬가 있는 비단과 흰 비단〕으로 비단 배자를 만들며, 부귀한 집에서는 노복을 종용하여 또한 분수에 지나치게 두건을 쓰게 하고 신을 신게 한다. 기교로 자주 새롭게 바꾸고 진귀한 음식이 기이함을 다투면서 다만 눈과 입에 제공하는 놀이일 뿐이라고 하니 의관을 착용하는 무리도 얼굴을 붉히며 이를 행한다. 이는 크게 바로잡아야 하는 것이다.[19]

복식의 표면적 상징 의미뿐 아니라 실제 사교 장소에서도 사대부가 처했던 곤경을 찾아볼 수 있다. 『통주지』에는 현지[통주]에서 화려한 복식이 유행한 뒤, "화려한 문양의 옷을 입지 않고 고향 사람의 모임에 가면 고향 사람들이 몰래 비웃으며 윗자리에 앉지 못하게 했다"고 기록하고 있다.[20] 결국에는 복식으로 사대부와 서민 심지어는 천민을 구분하던 과거의 제도가 붕괴되어 '귀한 자와 천한 자의 등급이 사라지는' 현상이 형성되었다. 섬서성 서안부西安府 함녕현咸寧縣에서는 명말에 "호화롭게 비단옷을 입은 자들이 거리를 가득 메웠는데 예법에 어긋나게 비단바지에 운두리를 신은 기생, 배우, 나졸, 노복의 무리였다" "귀천에 관계없이 모두 그러했다"고 했다.[21] 섬서성 서안부 부평현富平縣에서 만력 연간에 간행된 『현지』에서는 작자 손비양이 당시 '귀한 자와 천한 자의 등급이 사라지는' 사회 현상을 지탄하고 있다.

요즈음 풍속은 사치스러운 것을 숭상하여 남자는 반드시 한이나 당이나 송의 비단을 사용하고, 여자는 반드시 금이나 옥이나 비취로 장식한다. 관과 신은 더 심하게 화려하여 능운건이나 동파건이나 충정건이나 변건匾巾을 쓰고 적석赤舃(바닥이 두꺼운 신)이나 운두리나 상변箱邊이나 편와片瓦를 신은 채 거리에서 과시하고 다니는데, 거의 귀천이 없이 동일하다.[22]

이미 누구나 사대부계층의 복식을 모방하게 되었을 때, 사대부의 실제 사회적 지위도 나락으로 추락해 사람들에게 중시받지 못했다. 가정 연간

『오강현지』에서는 귀천의 등급이 점차 사라져 사대부가 하급 관리나 노복들에게도 존중받지 못하는 상황이 보인다.

> 국초에는 풍속이 순후하여 귀천에 차등이 있었으므로, 세족 자제들이 비록 조상의 위업을 계승할 수 없어도 하급 관리나 노복의 무리가 도리어 양보할 줄 알아 감히 대등한 예를 취하거나 나란히 가지 못했다. 간혹 길에서 서로 마주치더라도 손을 모으고 서서 지나가기를 기다렸으므로, 함부로 입을 놀리는 자가 적었다. 정덕 연간 이전에는 이러한 풍속이 아직 남아 있었으나 근래에는 방자해져 거리낌이 없다. 노복이나 나졸들이 가장 심해서, 일을 할 때면 구실을 만들어 거절하고 뇌물을 받을 때면 돈을 요구하는 것을 자신의 일로 여긴다. 일개 거인이 되기를 원하지 않는다고 스스로 말하는 자까지 있었으니, 오호 슬프도다![23]

종합해보면, 명말 복식 풍조는 과거 귀천의 등급을 구분하는 상징을 타파해 사회 관념에 커다란 변화를 일으켰다. 과거 일반 평민과 달랐던 사대부들의 복식은 이제 평민이 가장 쉽게 모방하는 대상이 되어버렸고, 사대부 자체는 또 과거 길이 막혀 관직으로 들어갈 방법이 없었다. 그래서 사대부가 받은 사회적 충격이 가장 컸으며 심리적으로 나타난 위기의식도 다른 상류계급보다 훨씬 더 뚜렷했다.

2) 금지령을 반포할 것을 다시 요구하다

이에 사대부계층은 원망을 품기 시작했고 이러한 유행 풍조를 대대적으로 비판했다. 그들이 가장 참을 수 없었던 것은 사치스러운 복식문화가 아니라 벼락부자들이 사대부 고유의 신분적 상징인 복식제도에 도전한 일이었다. 일부 사대부는 상서를 올려 조정에서 [복식] 금지령을 내려줄 것을 요구했다. 홍문과洪文科는 『어규금고語窺今古』에서 다음과 같은 견해를 밝힌다.

> 진건, 한건, 당건은 이전 시대 유학자의 관이었다. 우리 명에서는 과거가 흥성하여 관리와 유생이 겸용했다. 수십 년 전에는 인심이 아직 순박하여 정말로 뛰어난 유생이 아니라면 모두 자신의 직분을 지켰다. 점차 문장을 업으로 하고 시문을 짓는 자들도 [진건, 한건, 당건을] 착용했는데, 아직은 그래도 괜찮았다. 요즘 크게 놀랄 정도로 달라졌다. 일개 평민이 향시와 회시에 합격하여 문묘에 들어갔다는 말을 듣지 못했는데, 일자무식이면서도 갑자기 재산을 모아 작은 모자에 만족하지 않고 우뚝하게 관을 높게 하고 널찍이 소매를 넓혀 평강리平康里*를 활보하니, 이것은 무슨 두건인가? '은초패銀招牌'라고 한다. 여러 사람도 예법을 어겨 착용하는 지경이 되었으니, 이를 '성전모省錢帽'라 한다. 어떤 사람이 요행히도 과거에 합격하면 친인척이 모두 유생의 두건으로 바꾸니, 이를 '음습건蔭襲巾'이라 한다. 그러므로 속담에 "온 성이 과거 시험으로 들썩거리면, 온 천지가 방건이라네"라는 비난이 있게 되었다. 아아! 또한 너무 지나치구나! 오직 이 사건을 처리힐 이사대御史臺에 사람이 부족힌 것이 애석할 따름이니, 그렇지 않으면 조정에서 순건어사巡巾御史를 파견하고 중원을 순찰하게 하여 이러한 무리를 만나면 곤장을 쳐 처벌해야 마땅하거늘.[24]

---

* 당나라 장안 단봉가丹鳳街에 있던 기녀의 거주지.

홍문과는 "온 성이 과거 시험으로 들썩거리면, 온 천지가 방건이라네"
라며 그 현상을 애통해할 뿐만 아니라 조정에서 '순건어사'라는 직책을
만들어 전문적으로 각지에 파견해 관에서 정한 복식제도에 어긋나는 자
를 곤장으로 처벌하기를 희망하고 있다. 또 이런 '나쁜 풍속惡俗'을 징계
해야 한다고 더 상세하게 진술한 이가 있었는데, 바로 가정 연간에 부副
도어사를 지냈던 왕횡王鋐(홍치 15년 진사)이다. 그는 「흠준성훈엄금사치소
欽遵聖訓嚴禁奢侈疏」에서 복식을 단속하는 정책을 건의한다.

> 현재 부유한 백성의 남녀 의복과 머리 장식은 지나치게 예법에 어긋나 온
> 몸에 비단을 휘감고 머리에는 금은보화가 가득한데도 버젓이 이상하다고
> 여기지 않습니다. 어찌 순안어사에게 명을 내려 주·부·현의 관리를 감독
> 시켜 금지령을 엄격하게 시행하지 않으시옵니까? 지금 이후로 이전 항목
> 의 금지령을 위반한 복식이 있으면, 지방의 이웃 사람들에게 체포를 돕게
> 하고 압송하여 법에 따라 죄를 묻고, 복식은 압수하여 관부에 귀속하셔야
> 하옵니다. 지방에서 인정에 사로잡혀 [이를] 시행하지 않다가 사건이 발각
> 되면 모두 취조하여 처벌하시옵소서.[25]

왕횡은, 그의 전기에 근거하면, 처음에 재주가 뛰어났으며 자신의 신
분을 낮춤으로써 자못 명성을 얻었다. 사람됨에서 계략이 치밀해 겉으
로는 정직했으나 속으로는 음험했고 항상 때를 잘 살펴서 취사선택에
능했다.[26] 그의 위와 같은 의견은 아마도 사람들의 요구를 잘 살펴 올린
것으로 보인다.

사실상 명조의 거의 모든 황제가 복식제도의 사치스러움과 분수에 지
나치는 상황에 매우 유의해 금지령을 엄격하게 집행하도록 지방관에게

요구했다. 명대 필기와 각 지방의 「풍속지」에서도 분수에 지나친 복식에 관해 언급하는 경우에는, 지방관이 책임을 지고 마땅히 그런 사람들을 잘 징계하도록 강조하고 있다. 서함徐咸은 『서원잡기』에서 부녀자가 시집 갈 때의 복식이 예법에 어긋나는 상황을 비판한 것 외에도, 지방 관청에 서 이에 대해 금지령을 내려주길 바라고 있다.

국초에 민간의 부녀자들은 혼인 잔치에서 모두 단오를 예복으로 입었다. 어떤 이는 능라를, 또 어떤 이는 저사를 입고 모두 수놓은 것을 아래로 늘 어뜨려서 마치 하피의 형식과 비슷하게 했는데, 나 또한 본 적이 있다. 벼 슬이 있는 집안으로서 은봉이 있는 자가 아니면 감히 관과 도포를 사용하 지 못했다. 지금은 서민의 집안에서도 혼사를 치르게 되면 반드시 구슬로 장식한 모자와 도포 및 허리띠를 빌려 영화로운 한때를 지낸다. 마을의 부 유한 백성은 반드시 양산涼傘을 빌려 신부를 가린다. 분수에 지나침이 이 지경에 이르러 너무나 가소로운데, 관리가 금지 조항을 엄하게 천명하지 않으면 어떻게 이러한 상황을 개혁하겠는가?[27]

만력 연간의 『중수곤산현지』의 작자 주세창周世昌도 다음처럼 말하고 있다.

옛 기록에서 "사람에게 일정한 소득이 있으면 사치스러움이 많고 검소함 이 적었다"라고 했으니 인정이 사치로 흐르기 쉬운 것을 알겠다. 옛날에 이 미 그러했지만 오늘날은 또 예전과 비할 바가 아니다. "저택은 황궁을 좇 아 화려하고 복식과 음식은 풍성하지만 옛날에는 그렇지 않았다. 노복과 품팔이꾼까지도 아무렇지 않게 사치를 서로 뽐내니, 예법을 무시하고 분수에 지나치는 경우가 많았다." 백성을 위하는 지방관이라면 이러한 기회를 잡아 사치를 변화시켜 인도하는 것이 풍속을 바로잡는 첫째 임무다.[28]

그러나 솔직히 말해 풍속을 바로잡자는 명목 뒤에 숨은 동기는 지방관이나 조정에서 다시 이들 하층 사대부를 중시해주기를 바란 것이었다. 가정 연간 산서성 평양부의 『익성현지翼城縣志』에 지방관이 생원의 생계를 중시해야 한다고 강력하게 요구하는 것이 보인다.

인정이 현명함을 경시하고 이처럼 이익을 중시하니 변화의 기회를 현명한 관리에게 바랄 수 있는가? 근래 생원 아무개 등은 가난하여 혼례를 치를 수 없고 아무개 등은 가난하여 장례를 치를 수가 없어, 지현이 녹봉을 내어 구제하고 일을 마칠 수 있도록 했으니, 이 또한 변화할 때다.[29]

분명 많은 지방관이 복식이 화려하고 분수에 넘치는 것에 대한 문제점을 의식하고 있었기 때문에 이 방면에서 금지령을 내렸다. 북직례 진정부眞定府 위현威縣의 지현은 가정 25년(1546)에 사치금지령을 내렸는데, 이는 흉년에 절약하자는 것이 출발점이 되었다.[30] 만력 시기 강서성 남안부南安府 『부지』에서도 융경 말기에 예법에 어긋나게 충정관을 착용한 자가 있다고 했는데, 이에 대해 지부 호회주胡懷周가 훈계하고 있다.

『대명회전』을 살펴보니, 충정관복은 (…) 그 주州의 양사兩司*를 보좌하는 수령에게는 모두 불허한다. 무관직인 도독에게는 허용하고 부총병과 참參,

---

* 민정 담당의 승선포정사사와 형벌 담당의 제형안찰사사.

유游에게는 모두 불허하며, 어기는 자는 제도 위반으로 논죄한다. 또 주자건과 동파건, 양명건은 학문을 닦는 유생이 아니면 역시 허용하지 않으며, 어기는 자는 처벌한다.[31]

또 명말의 명신 좌무제左懋第(1601~1645)는 숭정 4년(1631)에 진사가 되어 처음 섬서성 한성韓城지현으로 부임했는데, 매우 잘 다스렸다.[32] 지현 시절에 『숭검서崇儉書』를 지어 백성을 훈계했다.

평민, 관노 및 각 노복은 청포의만을 착용하되 청둔견靑屯絹만을 사용해야지 주단紬緞과 사라紗羅를 멋대로 입거나 색이 들어간 신을 신어서는 안 된다. 아녀자 및 사대부와 서민의 집안에서는 금실로 짠 꽃무늬로 두른 보복補服과 은대 착용을 불허한다. 노복의 처는 금은보화로 머리를 장식하는 것과 주단과 사라 등의 복식 착용을 불허하며, 무명과 모시만 입어야 한다. (…) 사대부의 의복은 홍색, 자색, 황색 사용을 불허한다.[33]

그러나 이들 지방관이 집행한 법령은 중앙의 금지령과 마찬가지로 효과가 제한적이었다. 어떤 사대부는 이 일을 언급했다가 사대부들 사이에서 한바탕 조롱을 받기까지 했는데, 이 일이 진부하다고 여겨졌기 때문이다. 『객좌췌어』에서는 다음과 같이 말하고 있다.

여막[상주喪主가 거처하는 여막]을 제도에 위반되게 짓는 것은 명조의 법률에서 매우 명확하게 금지하여 『대명률大明律』에 아주 엄격하게 갖추어 기록했다. 현재 법이 오래되자 해이해져서 사대부들 사이에 다시 공표하자는 논의가 있기에 잘못이라고 여기지 않았는데, 무리 지어 일어나 [그 논의를]

헐뜯으니 참으로 한심하구나.[34]

여기서 우리는 사대부들이 명초의 복식제도로 돌아가서 자신들 고유의 신분 지위 상징을 회복하려고 노력했으나, 이미 불가능한 일이 되었음을 알 수가 있다. 바로 만력 연간 『저양지』의 작자 대서경戴瑞卿이 "번잡함과 간결함, 순후함과 천박함은 종종 세상과 더불어 변화하여 혹은 옛날에는 없었으나 지금은 존재하고, 혹은 옛날에 성행했으나 지금은 쇠퇴했으니 이를 막으려 해도 어쩔 수가 없다"고 말하는 바와 같다.[35] 이리하여 어떤 사대부들은 방침을 바꾸어 또 다른 방식으로 새롭게 자신들의 신분을 만들어낸다.

3) 복식을 창조해 신분을 재정립하다

사대부들은 기타 사회계층이 다투어 자신들의 복식을 모방해 자신들이 원래 가지고 있던 사회적 신분과 지위의 상징이 점차 도전을 받는 상황에서, 더욱 적극적으로 사대부들의 형상을 재정립하기 시작했다. 그들은 끊임없이 자신들의 의관 장식을 새롭게 바꾸어 원래 관부에 존재하던 복식제도를 대체해나갔는데, 『가흥현지』의 작자가 말한 바와 같다.

가장 이상한 것은 문학文學이 방건을 보거나 관리가 충정건을 보면 반드시 침을 뱉으며 속물이라 여긴다는 점이다. 그래서 점쟁이와 같이 비천한 사람이나 유외流外*의 한미한 자들이 공공연하게 답습하여도 책망하지 않으니 어쩔 것인가?[36]

사실 이 또한 이상할 것이 없다. 위에서 송강부의 명사 진계유는 『송강부지』에서 노복의 복식이 "모두 검은색 비단옷을 입었고" "무릇 말단 관리의 집에서도 부잣집 자제들과 함께 경쟁적으로 예쁘게 치장했다"고 했다. 그러나 진계유 자신도 새로운 양식을 창조하려고 노력해 복식의 신新유행을 만들었다. 범렴은 『운간거목초』에서 진계유가 고안한 복식을 묘사하고 있다. "동생들이 쓰는 방포건은 진계유에게서 나왔는데, 두 표대飄帶로 정수리에서 묶었다."[37] 진계유가 자신만의 풍격을 창조한 이유는 그의 문집 속 「서원첨인書遠僉人」에 잘 나타나 있다.

옛말에 '관리가 되어서는 다른 부류의 사람들과 접촉하지 않는다'고 했고, 또 '소인과 인연을 맺어서는 안 된다'고 했는데, 참으로 명언이다. 근래 사대부의 풍속이 일변하여 논밭과 집에 신경 쓰니 거간꾼만 집에 득실거린다. 거간꾼을 끌어내달라고 부탁하면, 서리가 집안으로 들어와 〔제〕세력을 믿고 위협한다. 농단하며 뇌물을 독차지하니, 여대輿臺**를 사사로이 양성하고, 배우와 같은 비천한 자들이 모두 유생의 복장을 한 채 귀빈으로 벌여 앉는다. 너나 할 것 없이 술을 마시고 노래하면서 밤을 새우고 새벽이 되어도 즐기니 염치를 또다시 물을 줄 아는 이가 있을는지 모르겠구나.[38]

진계유는 복식을 언급하지는 않지만, 글 속에서 이미 "여대를 사사로이 양성하고, 배우와 같은 비천한 자들이 모두 유생의 복장을 하는" 일에 대

---

* 관리의 구품에 들어가지 못하는 자로 주로 관청의 아전을 지칭. 여기에도 품계가 있었고 평가를 통해 유내流內로 승진할 수 있었다.
** 고대 10등급으로 사람을 구분한 것 가운데 두 등급의 명칭. 여는 제6등이고 대는 제10등이다. 일반적으로 천역에 종사하는 사람을 지칭한다.

해 매우 한탄스러워 하고 있다. 이는 아마 진계유가 새로운 풍격의 복식을 고안하려는 이유가 여대와 배우의 무리가 모방하는 유생의 복장과 구별되는 복장을 만들기 위해서였을 것이다. 결과적으로 우리가 볼 수 있는 명말의 수많은 새로운 유행 복장이나 분수에 지나치는 의관은 사실상 하층 사대부가 의도적으로 창조한 것이었다. 일례로 가정 연간의 『광평부지廣平府志』에서 능운건의 유래를 설명하는 바와 같다.

> 충정건의 모양에 대해 말하자면, 잡직이나 무관 혹은 역졸驛卒이나 창고지기 등의 관리들이 모두 분수에 지나치게 사용했고, 유생과 학자는 그 아름다운 모습을 선망하여 금실로 구름을 장식하고는 '능운건'이라 이름 지었다.[39]

충정건(관)은 원래 관리 전용이었으나 후에 생원도 분수에 지나치게 사용했고 결국 일반 백성도 모두 남용하자, 생원 무리가 또 별도로 새로운 양식[능운건]을 만든 것이었다.

명말 사대부들이 의도적으로 복식의 양식을 창조해 유행을 주도한 사례는 아주 많다. 절강성 가흥부嘉興府 동향현桐鄕縣 사람 장이상張履祥 (1611~1674) 역시 스스로 두건을 만들었는데, 「연보」에 따르면 다음과 같다.

> 숭정 연간에 복식이 괴이하고 사치스러워져서, 두건은 몇 치로 짧아지고 소매는 땅을 덮을 정도로 넓어지거나 혹은 한 자도 못 되었다. 선생[장이상]이 홀로 심의深衣*의 본의를 모방하여 소매는 1자 2치로 하고 관은 옛 제도를 지켰다. 놀리는 자들이 선생을 "장방건長方巾"이라 불렀고, 어떤 이

가 "선생은 어째서 의관을 특이하게 하시지?"라고 말하자 선생이 웃으며 말했다. "내가 어찌 남과 다르겠는가? 사람은 원래 다 다른 것이거늘."[40]

장이상은 옛것을 모방하려고 했지만 사실은 여전히 뭇사람과 다른 두 건을 만들어 자신의 신분 지위가 다르다는 점을 드러내려 했다. 또 명말 소주의 저명한 극작가 장봉익의 부친은 "여름에 성긴 망건을 만들어 두건에 썼는데 [망건이] 겨우 몇 올에 불과했으나 고을 사람들이 다투어 모방했다."[41] 만력 연간 동림당東林黨의 유명한 당인이었던 유종주劉宗周 (1578~1645)는 일설에 "거처에는 항상 낡은 휘장과 부서진 평상이 있고, 무너진 흙 부엌에 깨진 솥을 썼는데, 사대부들이 멋지게 꾸미고 말을 타고 왔다가도 대부분 옷을 망쳐서 들어왔다. 우연히 그가 자주색 꽃무늬의 무명옷을 입자 사대부가 따라서 모방했으므로 무명 값이 갑자기 올랐다"고 했다.[42] 유종주는 무의식적으로 새로운 복식을 유행시킨 듯하지만 "사대부가 따라서 모방하는" 상황으로 볼 때, 당시 수많은 사대부는 확실히 복식을 새롭게 바꾸어 자신의 신분 지위를 드러내기를 희망했다.

이 밖에도 사대부계층 가운데 거인은 이미 관리가 될 자격이 있었기에 명대 중기 이후부터 거인의 지위는 생원과 그 차이가 갈수록 벌어졌다. 이에 거인들은 자기 고유의 의관을 만들어 다른 사대부계층과 자신들을 구별하기 시작했다. 거인이 확립한 자신들의 형상은 다른 사람의 신분과 자신들이 다른 점을 두드러지게 나타내는 것으로, 가장 좋은 사례는 절강성 사람 서복조徐復祚가 『화당각총담花當閣叢談』에 기록한 내용이다.

---

* 상의와 하의가 하나로 연결된 원통형의 장삼.

부사자部使者 왕화王化가 절강 지역을 순무할 때 한 거인이 관원모를 쓰고 배알했다. 왕화가 물었다. "이 관은 언제부터 시작되었는가?" 거인이 대답했다. "대인께서 교자를 타는 해부터 시작되었습니다." 왕화가 크게 부끄러워하며 〔거인을〕 오히려 더 예우했다. 촌로村老(작자 자신)가 말한다. "관원모의 제도는 듣기에 선조祖宗 때에 제후의 수레에 주었던 것으로 먼 길을 갈 때 햇볕을 가리는 용도였으며, 생각해보면 당나라의 석모席帽*와 송나라의 중대重戴**와 같은 것이었습니다. 춘원〔거인〕의 무리가 스스로 생원이나 감생과 구별하기 위하여 이것을 가져다 자신들의 관으로 삼았습니다. 삼십 년 전에 우리 마을의 춘원은 모두 이를 착용했으나 군에서만은 사용하지 않았습니다. 그 제도를 어기고 착용했음은 물론이고 또한 우아하게 보이지도 않았습니다. 지금은 우리 마을에서도 유생의 두건을 착용하고 있습니다.[43]

인용문에서 거인인 춘원의 무리가 생원이나 감생과의 신분 차이를 구별하기 위해 스스로 새로운 관의 양식을 수립했음을 알 수 있다.

그러나 사대부가 새로운 양식을 창조한 뒤 얼마 지나지 않아 이 새로운 양식의 복식 또한 평민이 다투어 모방했다. 앞서 언급했듯이, 사대부들이 충정건을 능운건으로 바꾼 뒤 어떻게 되었는지 〔명대〕 여영린余永麟의 『북창쇄어北窓瑣語』를 통해 살펴보자.

근래 두건의 양식이 또 한 가지 나타났는데, 명주를 재질로 하고 테두리

---

* 사방이 아래로 늘어져 햇살과 얼굴을 가릴 수 있는 모자. 등으로 만든 자리를 뼈대로 하여 전립과 비슷한 형태다.
** 건 위에 또 모자를 덧쓰는 것. 당대 선비들이 많이 착용했으며, 송대 초기 어사대에서 사용했다.

를 남색의 끈으로 둘러 충정건의 모양과 비슷하지만, 이름을 바꾸어 '능운건'이라 했다. 비록 상인과 평민이라도 이것을 착용하는 자가 있었으니, 아! 풍속이 참으로 무너졌구나.[44]

이는 절강성 구주衢州와 엄주부嚴州府 등의 상황이다. 풍몽룡의 『고금담개古今譚槪』에는 소주의 진사 조규曹奎가 만든 대수포大袖袍[소매가 넓은 도포]가 기록되어 있는데 이 또한 결국 매우 빠르게 소주 사람들에게 모방되었다.

진사 조규가 소매가 넓은 도포를 만들자 양연이 "소매가 어찌 이렇게 넓을 필요가 있는가?"라고 물었다. 조규가 대답했다. "천하의 백성을 담으려 한다네." 양연이 웃으며 말했다. "한 사람은 담을 수 있겠네." 지금 우리 소주에는 온통 조규로구나.[45]

명말 유행의 출현은 이러한 상황 아래에서 끊임없이 추종되고 혁신되었다. 이 같은 현상의 배경에는 각 사회계층 간에 신분 지위를 추구하기 위해 벌인 상호 경쟁이 있다. 그래서 유행 복식과 유행 풍조는, 다른 각도에서 말하자면, 바로 사회 경쟁의 산물이라고 할 수 있다. 당시 사탁謝鐸(1435~1510)은 다음의 시를 지었다. "넓고 좁음 높고 낮음이 차례로 바뀌어 원래 기준과 모두 다르다네. 눈앞에서 이처럼 기교를 부리니 촌스러운 양식이 어찌 다시 유행하겠는가?"[46] 이 시는 사대부들이 다른 사회계층과의 경쟁 속에서 복식의 유행을 수시로 애써 좇고 창조함으로써 자신의 신분과 지위를 보존하려 했던 마음을 잘 반영하고 있다.

복식 풍조를 비판하는 사대부들의 담론

1) 고대 예법 각도에서의 비평

사료를 통해, 우리는 수많은 사대부가 여러 각도에서 당시 사회의 복식 변화에 대해 갖가지 비판을 제기했음을 알 수 있다. 우선 지방지 속의 「풍속지」를 보면 작자는 종종 복식 관련 기록을 '관례冠禮' 조목에 배치하고 당시 평민 의관 복식의 유행 풍조를 '예'의 관점에서 비판하며 이러한 차림새가 예의제도에 부합하지 않는다고 주장했다. 산서성 평양부 임분현의 사례를 보면, 만력 연간의 『임분현지』에서 작자 형운로가 「청정사례의」를 지어 비판하고 있다.

지금 20세에 관례를 못 치르고 30세가 된 자가 있는데, 나이를 감추고 용모를 꾸미며 "나는 아직 총각으로 젊다"고 한다. 젊다면 마땅히 젊게 대우해야 하지만 엄연히 두건을 착용하여 그 높이가 1자쯤에 이르고 있다. 또 자字와 호號로 당당하게 행세하며 어른을 무시해도 어른이 도리어 피하게 되니, 이것이 무슨 예법이란 말인가![1]

또 강서의 가정 연간 『광신부지』에 의하면, 성화와 홍치 연간에는 현지의 의관 및 신에 관한 제도가 모두 신분에 부합했다고 한다. 그러나 가정 연간 이후 복식에 변화가 발생했다. "이제는 신분에 따라 나누어 만들지 않고 재산에 따라 만든다. 부유하고 권세가 있어 예법에서 벗어나는 자도 이미 많아졌다." 그래서 작자는 이런 현상도 고대 예법의 각도에서 비판하며 탄식하고 있다. "아! 사치에 심하게 빠져서 예법에 어긋나는 예가 많아졌다. 소박함은 사라지고 풍족함이 그 자리를 대신하니, 어찌 믿을 수 있겠는가? 풍속을 관찰하는 자는 느낄 수 있을 것이다."[2]

여기서 명대 예학의 발전에 관해 이야기할 필요가 있다. 최근 어떤 학자는 명대의 예학은 실천을 중시해 고증학과 경학 연구를 중시한 청대의 태도와는 커다란 차이가 있다고 지적했다.[3] 당시 사대부들은 명대 중기 이후 사치 풍조가 널리 확산된 사회 상황에 직면해 있었다. 여기에는 평민 복식의 변화 등 여러 현상이 포함되어 있는데, 이는 당시 사대부들에게 상당히 커다란 영향을 미쳤다. 일부 사상가는 이와 같은 사회 변화에 충격을 받고 이상으로 추구하던 '고대 예법'에 근거해 예를 실천함으로써 풍속을 바로잡으려 했다. 비교적 이른 시기의 진헌장陳獻章(1428~1500) 같은 사람은 광동 신회지현新會知縣의 정적丁積이 『예식禮式』을 쓰는 것을 도와주고, 여기에 이 책을 쓴 이유를 다음과 같이 밝히고 있다.

백성들이 사치하고 분수에 지나친 것을 추구하므로, 그대가 홍무 시대의 예법을 밝히기 위해 문공文公[주희]의 관혼상제 예의제도를 참고하여 『예식』 한 권으로 간추려서 백성들에게 지킬 근거로 삼게 하기 위함이라.[4]

이 밖에 담약수湛若水(1466~1560)는 남경에서 관리로 지낼 때, "남경의 풍속은 사치를 숭상하므로, 장례제도를 제정·반포해 행하도록 했다"
는 기록이 있다.[5] 마찬가지로 지방지의 「풍속지」에도 [이와 유사한] 수많
은 논의가 있으며, '예'로 백성의 풍속을 교화할 것을 주장했다. 또한 세
상 사람들에게 그와 같은 교화는 지방관과 향대부의 책임이라고 강하게
주의를 환기시켰다. 가정 시기 북직례 진정부의 『획록현지獲鹿縣志』에서
작자는 획록현을 이렇게 묘사한다. "부유한 집안에서는 사치와 화려함을
다툴 줄만 알지 예를 지키려는 의지는 없는 듯하다." "가르침을 바로 세
우고 정치를 올바르게 할 책임은 현령과 향대부에게 있을 것이다."[6] 그러
나 재미있는 것은 진헌장과 담약수 같은 사람들은 예의로 백성의 풍속
을 교화하는 것을 중시했지만, 오히려 복식에서는 종종 기발한 고안을
하기도 했다는 점이다. 굴대균屆大均(1630~1696)은 일찍이 진헌장이 처음
만든 옥대건을 언급했으며, 담약수는 자연상自然裳과 심성관心性冠을 만들
었다고 했다.[7]

청초에는 예학이 중시되어 '예학주의'나 '예로 이학을 대신하는以禮代理'
풍조가 나타났다.[8] 우리는 그 전신을 명말 사대부가 '예'로 사회의 '사치'
풍조를 비판한 데서 찾아볼 수 있을 것이다.

2) '복요'론으로 비판하다

당시 많은 사대부가 이러한 복식 변화를 종종 '복요服妖'라는 용어로
묘사했다. 만력 연간의 『통주지』에서는 비싸고 아름다우며 순식간에 유
행이 바뀌는, 이른바 '유행 양식'이라 불리는 옷과 장신구를 '복요'라고 했
다. 만력 연간의 『중수천주부지重修泉州府志』에서도 현지의 유행 복식을

"이전에 말하던 재앙이다古所謂妖也"라고 했다. 앞서 언급한 명대 중기에 한때 유행했던 마미군을 육용의 『숙원잡기』와 왕기의 『우포잡기』에서도 복요에 비유했다. '복요'라는 용어는 어디서 유래했을까? 그 의미는 또 무엇인가? 고기원은 『객좌췌어』에서 이렇게 언급한 바 있다. "아아! 음양오행을 연구한 자는 복요에서 증거를 찾을 것이다."[9] 이를 보면 '복요'가 음양오행설과 관련 있음을 알 수 있다. 복요에 관한 역사상 가장 오래된 기록은 분명 『상서대전尚書大傳』「홍범오행전洪範五行傳」의 언급일 것이다.

> 모습이 공손하지 않은 것을 '공경스럽지 않다'고 하는데, 그 재앙이 미친 듯이 날뛰면 그 벌로 비가 계속해서 내리며, 그 끝은 타인에게 악하게 되는 것이다. 이러한 시절에 복요가 나타난다.[10]

그 이후에 반고班固는 『한서漢書』「오행지五行志」에서 다음처럼 말한다.

> 「홍범오행전」에서 다음과 같이 말했다. "모습이 공손하지 않은 것을 '공경스럽지 않다'고 하는데, 그 재앙이 미친 듯이 날뛰면 그 벌로 비가 계속해서 내리며, 그 끝은 타인에게 악하게 되는 것이다. 이러한 시절에 복요가 나타나고, 이러한 시절에 거북이 많아지는 재앙이 나타나며, 이러한 시절에 닭이 병에 걸리는 재앙이 나타나고, 이러한 시절에 생식기가 윗몸에 자라나는 병이 나타나며, 이러한 시절에 청생青眚과 청양青祥*이 나타난다. 오직 금金이 목木을 해치면, (…) 풍속이 미쳐 날뛰고 절조가 변하고 법도가 바뀌어, 경박하고 기괴한 복장을 하므로 복요가 나타난다.[11]

---

* 그 본성을 상실하게 됨에 따라 생기는 변괴다. 청青은 오행五行 중 목의 색깔이며, 생眚과 상祥은 각기 사물의 안과 밖에서 생기는 변괴를 말한다.

복요는 이처럼 기괴한 복장을 입으면 악운이 몸에 닥칠 수 있음을 의미한다. 작게는 자신과 집안이 화를 입고, 크게는 국가의 흥망을 위협한다. 이는 한대 유학자들이 오행설과 천인감응설天人感應說에 근거해 만들어낸 주장으로, 역대로 이와 비슷한 기록이 계속 있어왔다.

첫째, 역대 정사正史에 실린 「오행지」에서는 늘 '복요'라는 용어로 개인 본인과 집안에 화를 당하는 원인을 설명했다. 위나라 상서 하안何晏은 부인네의 옷을 좋아하여 집안이 망했다.[12] 또 한나라 말기 대장군 양기梁冀의 집안에서 수미愁眉,* 제장啼妝,** 추마계, 절요보折腰步,*** 우치소齲齒笑**** 등으로 치장하자 [이 풍조가] 도성에서 유행했는데, 훗날 집안 전체가 몰살당했다.[13] 명대 사대부들은 이 설에 근거해 당시 유행하던 복식의 풍조가 오래가서는 안 된다고 극력으로 주장했다. 절강성 해염海鹽 출신 전기錢琦(1469~1549)는 세상 사람들이 복식과 음식에 지나치게 사치하면 쉽게 화를 당한다고 주의를 주며 경고하고 있다.

사람 한 몸이 거주하는 공간은 방 하나면 되고, 먹는 것은 한 번 배부르면 되고, 입는 것은 한 번 따스하면 된다. 근래 사치가 유행하여 집과 옷과 음식 모두에 경쟁적으로 기상천외하지만 쓸모없는 것淫巧을 추구한다. 낭비해서 천하 만물을 다 없어지게 하고, 지나치게 누려 받을 복에 한도가 생기니, 화와 복은 이를 따라가는 것이 우주의 필연적 이치임을 그 누가 알겠는가.[14]

---

* 가늘고 구부러지며 색이 비교적 진하고 눈초리가 살짝 올라간 눈썹 화장법.
** 분을 눈초리 아래에 엷게 칠해 울었던 흔적처럼 보이게 하는 화장법. 한자를 달리해 㖠妝/㖠妝(제장)이라고도 한다.
*** 허리를 흔들어 살랑거리는 걸음걸이. 현대 모델의 걸음걸이와 비슷하다고 추정된다.
**** 치통을 앓는 듯이 웃어 즐겁지 않은 웃음.

가정 연간『광평부지』의 작자도『한서』의 기록을 인용해 자신이 직접 목격한 경험을 증언하고 있다.

『좌전』에 "군자의 옷이 적합하지 않으면, 몸에 재앙이 된다"고 했다. 이 글을 읽을 때마다 매번 근거가 있는지 의심했다. 대개 저 사람이 〔그가〕 입은 옷과 어울리지 않으면 모욕을 받는 것에 그칠 뿐이지 어찌 재앙까지 되겠는가? 내가 현재 황제께서 개정하여 정하신 충정건 모양을 가서 보았더니, 계급과 그에 따른 위의威儀가 명확하여 어긋남이 없었다. 분수에 지나치게 사용하는 자는 모두 죄가 될 것이다. 내가 또 도성에 가서 보았더니, 매번 관모와 복식이 괴이한 사람은 체포되어 옥에 갇히고 죄수와 짝이 되니 벌을 받고 몸을 다치는 자도 있었다. 이에 의복이 재앙이 된다는 말에 명확한 증험이 있음을 알았다.[15]

위『광평부지』의 작자는 북경에서 괴이한 복장을 한 사람들이 종종 체포되어 옥에 갇히는 것을 보았다. 기이한 복장을 한 자는 이 '복요'로 말미암아 화를 당할 수 있었음을 말해준다.

둘째, 역대 정사에서도 국가의 쇠락과 사회 혼란을 군왕이나 백성에게 기이한 복장이 유행했기 때문이라 원인을 돌리고, 이를 '복요'라 칭하는 경우가 있었다. 특히 자주 보이는 것은 호복을 추종하는 풍조인데, 이를 가리켜 '복요'가 요망을 떨이 결국 천하 대란과 국가 멸망을 초래했다는 것이다. 한나라 말기 동탁董卓의 난, 진나라 말기 오호五胡의 난, 당나라 안녹산安祿山의 난 등이다. 명나라 사대부들은 이러한 역사 전고를 인용해 복식제도 금지령을 강조했다. 복식 유행 풍조가 국가 멸망과 사회 혼란을 야기하는 '복요'이기 때문에 엄격하게 복식 유행 풍조를 금지해야 마땅하다는 것이다. 진사언陳士彦은 만력 연간의 『하간부지』에서 서진西晉 말기 동란의 근원을 다음과 같이 설명한다.

현재 하간 지역의 남자들 사이에 옷깃을 왼쪽으로 여미는 자가 있는데, 특히 부녀자들이 그리하는 자가 더욱 많다. 젊은이들이 여우나 개의 꼬리털을 둥글게 말아서 관을 만들고, 몸에는 털가죽을 걸치고 옷이라 하니, 이를 일러 '달장達粧'이라 한다. 머리를 풀어 헤치고 들에서 제사를 지내니 성인이 걱정하지만 금지할 수가 없으니, 어찌할 것인가? 진나라 태강 연간(280~289)의 풍속에는 담요를 두건으로 쓰고 바지통을 띠로 묶기까지 했는데, 백성들은 이에 대해 서로를 놀려 오랑캐胡兒라 했다. 얼마 뒤에 유연劉淵과 석륵石勒의 난*이 결국 일어났다.[16]

사대부가 복식제도 금지령을 논하면서 역사적 전고 속의 '복요'를 사례로 들어 왕이 기이한 복장을 금지한 것을 설명하고 합리화한 경우도 있다. 최선은 『사익士翼』에서 이처럼 말한 바 있다. "옷이라는 것은 몸의 무늬다. 고대의 복식은 아직은 복원할 수 없지만, 반드시 넓고 고박하며 우아해야 마땅하다. 어찌 풍속을 쫓아 교활하게 굴겠는가? 대개 풍속의 변화는 복식에서 시작된다. 그래서 주나라 사람은 「도인사都人士」**를 통해 왕이 이상한 복장을 금지한 옛 시절을 그리워했으며, 이전의 역사서에서는 복요를 비난했다."[17]

셋째, 왕조가 혼란한 시기마다 복요설이 특히 성행했다. 북송과 남송

---

* 흉노족 유연(251~310)과 갈족羯族 석륵(274~333)이 서진 말에 일으킨 반란. 308년에 유연은 황제라 칭하여 전조前趙를 세웠고, 319년에 석륵은 조왕趙王이라 칭하여 후조後趙를 세웠다.
** 『시경·소아詩經·小雅』의 작품 중 하나. 「모시·서毛詩·序」에 의하면, 주나라 사람들이 당시 의복이 계속 변화하는 것을 풍자하며 옛 시대를 그리워한 노래라고 한다.

의 교체기에 금의 군대가 대규모로 남하하자 사회 풍조는 돌변하고 조정은 하루도 편한 날이 없었다. 이때 '복요'설이 특히 성행했다. 남송 후기에는 세상사가 불안정해지자 '기이한 복장'이 매우 유행했다. 이 역시 늘 '복요'라고 지적되었는데, 당시 사람들은 이를 '오행'의 원리로 경고했다.[18] 명말 사대부들은 변란에 직면하자 이전 시대와 마찬가지로 변란이 현지의 백성들이 기이한 복장을 좋아한 '복요' 때문에 일어났고 결국에는 본인과 가족이 변을 당하게 된 것이라 했다. 명말의 사회와 정국은 불안했고, 특히 요동遼東과 섬서 두 지역이 그러했다. 당시 요동의 전란이 바로 유행 복식 때문이라고 비판한 사대부들이 있었다. 숭정 연간의 『내구현지』에는 만력 연간 이후 북직례 보정부 내구현에서 부유한 부녀자들이 양관梁冠*을 쓰고 홍포紅袍를 입으며 시대絁帶[가는 비단띠]를 매고 또 '백화포百花袍[무늬가 화려한 옷]'를 입은 상황이 기록되어 있다. 작자는 뒤이어 이런 양상이 복요 현상이라고 비판했다. 작자는 명말 요동 지역 복식에 일어난 커다란 변화 때문에 전란이 야기되기라도 한 듯 말하고 있다.

만력 연간 요동에서 속된 복식이 유행했는데 오색 빛깔이 찬란했으나, 삼십 년이 못 되어 사람들이 [그에] 포로가 되는 지경에 빠졌다. 이 백화포가 [유행한 지] 이미 이십여 년이나 되었다. 몸에 적절치 못한 옷을 입는 것은 재앙인데 전쟁의 재앙과 함께 합쳐져 시체가 계곡을 메울 것이다. 하늘에서 꺼리는 행위를 하면 어찌 평안하겠는가?[19]

---

* 역대 조정에서 문관이 즐겨 착용했던 예관禮冠의 일종. 품계에 따라 위로 불쑥 솟아난 양梁의 수가 달라서, 일품은 7량, 이품은 6량, 삼품은 5량, 사품은 4량, 오품은 3량, 육칠품은 2량, 팔구품은 1량이었다.

과연 내구현에서도 "백화포"가 유행한 지 20년 뒤에 요동과 마찬가지로 "전쟁의 재앙과 합쳐져 시체가 계곡을 메웠다."

명청 교체기에 경세치용의 학설로 유명한 대大유학자 고염무도 복식이 나라를 망친다는 논리로 왕조의 흥망을 해석했다. 그는 『일지록日知錄』의 '호복' 조에서 역대에 유행했던 호복이 왕조의 쇠망을 초래한 수많은 '복요'의 사례를 기록하는 동시에 앞서 말한 만력 연간의 『하간부지』를 인용해 논평하고 있다. "이 책은 만력 43년(1615)에 지어졌으며, 이십 년이 못 되어 요동의 난이 일어났다! 오늘날 호복과 만영緩纓*은 모두 오랑캐의 풍속이다. 높은 관모와 바닥이 높은 신발은 더 이상 중화의 풍속이 아니다. 유식한 사대부도 그 비뚤어진 흐름을 한탄스러워 하지 않고 그것을 난의 원인이라고 밝히지 않는구나."[20] 고염무는 '관복' 조에서 숭정 연간 『내구현지』를 포함해 명말 복식 변화의 사례 일부를 나열하고 별도로 그 이유를 설명한다.

> 『한서』 「오행지」에 "풍속이 방탕하고 해이해지며 예절이 변질되고 법도가 바뀌어 경박하고 기괴한 복식을 하므로 복요가 나타났다"고 했다. 내가 본 오륙십 년 동안의 복식 변화도 이미 많았는데, 갑자기 관모를 찢어버리고 오랑캐의 제도를 따르는 상황에까지 이르렀다. 그래서 들은 바를 기록하여 후인에게 보여주려 한다.[21]

이것과 관련된 고염무의 주장 가운데서는 그가 「오행지」 중 '복요'의 전통을 근거로 하여 명나라가 쇠망한 원인을 반성한 것도 보인다.

---

* 무사의 관에 사용하는 거칠고 무늬가 없는 모자의 끈.

그림 3-8. 수전의

문인 이어의 『한정우기』에서도 명말 여성 사이에 유행한 '수전의水田衣'
를 언급하고 있다(그림 3-8). 수전의는 처음에는 민간 여인들의 옷이었는
데 점차 대갓집 규수의 옷이 되었고, 숭정 연간에 특히 유행했다. 이어는
이 풍조를 크게 꾸짖는다.

풍속이 선호하는 것의 변화는 항상 운수와 관련이 있다. 이러한 제도는 지
금 일어난 것이 아니라 숭정 말년에 시작되었다. 내가 이를 보고 괴이하게
여겨 일찍이 사람들에게 "까닭 없이 의복의 모양을 바꾸었다면 아마 이와
비슷한 것이 있었거나 이렇게 만든 사람이 있었을 것이다. 천하에서 땅이

무너지고 붕괴된 사건이 있었는가?"라고 물었다. 얼마 지나지 않아 이자성의 난이 사방에서 일어나 중원 지역을 찢어발기니, 사람들은 내 말이 불행히도 들어맞았다고 했다.[22]

명에서 청으로 왕조 교체를 경험한 명나라의 유민 이어는 다른 명나라 유민과 마찬가지로 만년에 명이 멸망한 원인에 대해 항상 생각했다. 그는 국가의 '운수'와 유행하는 '풍속'의 변천을 연계했다. 그는 부녀자가 수전의를 입은 것은 "까닭 없이 의복의 모양을 바꾼" 일종의 풍속 변화이며 최종적으로 국가의 붕괴를 불러왔다고 주장했다. 『명사』 「오행지」에도 '복요' 항목이 있다. 그중 숭정 연간 평민계층에서 유행했던 머리를 묶는 책건幘巾인 '불인친不認親'을 특별히 지적하는데, 이것이 바로 일종의 복요이며 명말 북방의 몰락을 야기했다고 한다.

숭정 연간, (…) 당시 북방의 백성들이 책건을 만들었다. 책건의 차양이 밑으로 기울어져서 저절로 눈이 가려져 이를 '불인친'이라 했다. 그 뒤 도적들이 난리를 일으켜 백성들이 흩어지니, 길에서 친척을 만나면 울음을 삼키며 감히 말을 못하거나 어깨를 밀치며 떠나갔다.[23]

내용을 종합해보면, 명말 사대부의 비난으로 '복요'설이 매우 유행했다. 이러한 비난의 내용은 개인의 신체와 가족이 화를 당한 원인을 설명하거나 관부의 복식 금지령을 토론하는 것에서부터, 명청 교체기에 대한 해석과 국가 흥망의 원인에 대한 토론에 이르기까지 다양했다. 한대 유가의 음양오행설과 천인감응설이 여전히 명청 시기 사대부의 사상에 영향을 끼치고 있었던 것이다.

3) 심미적 각도에서 '우아함과 저속함'으로 비평하다

사대부들은 자신들의 복식을 모방하거나 사치스러운 옷감으로 된 옷을 입고 희한하게 치장한 벼락부자들이 거리를 가득 채우는 것을 보았다. 그러나 자신들은 오히려 이처럼 사치 부릴 능력이 없음을 발견했을 때 마음속으로 이를 인정하기 어려웠을 것이다. 따라서 새로운 복식 스타일을 만들어내어 자신들의 신분 지위를 재확립하려고 노력했거니와, 미학적 각도에서 자기 합리화를 시작하고 이를 통해 당시 평민들의 유행 복식을 비판했다. 서복조는 『화당각총담』에서 명초 태조가 제정한 의복제도가 신분별로 의복의 길이, 소매의 길이, 소매의 폭 등을 달리 규정했다고 서술했다. 그러나 그는 "지금 부녀자의 상의는 문관과 같아서 땅에서 한 치쯤 떨어지니, 치마와 상의가 같아졌다. 남자의 옷 모양은 옛날과 크게 달라져서 소매의 너비가 거의 한 필이다. 남녀가 모두 이러하니 도저히 보아줄 수가 없다"고 했다.[24] 그런데 그가 "도저히 보아줄 수가 없다"고 했던 이유는 사실 평민 대중이 모두 정해진 의복제도를 지키지 않아 신분 지위가 혼란해졌기 때문일 뿐이었다. 또 명말 소주에서 유행했던 '월화군'이라는 치마는 오색五色을 모두 갖추고 있어 수공과 재료가 보통 치마보다 10배는 더 들었다. 이어는 『한정우기』에서 이를 비판한다. "[이런 옷은] 물자를 마구 낭비하는 일임은 말할 필요가 없을 것이다. 또 보기에 그다지 좋지도 않으니, 대개 하체에 착용하는 옷은 색이 마땅히 옅어야 하고 짙어서는 안 되며, 마땅히 단순해야 하고 어지러워서는 안 된다."[25] 이어는 미학적 시각에서 치마의 색깔은 단색이고 옅은 색이어야 아름다우며, 다색이고 짙은 색은 사실 적당하지 않다는 주장이다. 서복조와 이어의 의견을 통해서 볼 때, 그들 사대부들은 복식에 대해 각기 나름대로의 심미관을 갖고 있었음을 알 수 있다. 단지 그것을 체계적 이론으로 형성시키지 못했을 뿐이다.

일부 사대부는 더 나아가 이른바 '우아함과 저속함'을 구분해 자신의 고급스러운 심미관에 따른 복식을 '우아함'이라고 규정지었다. 그래서 모방이 심하고 분수에 맞지 않으며 사치스럽고 기이하기 짝이 없는 그러한 저속한 평민들 복식과는 다르다는 점을 부각시키고 있다. 만력 연간 『형주부지衡州府志』의 작자는 형양현衡陽縣의 복식 변화를 이렇게 서술한다.

> 최근에는 경쟁하듯 사치를 부리고 옛 뜻을 잃어버렸다. 집에는 벽돌 하나 비축해놓은 것도 없으면서 몸에는 비단으로 장식한다. 잔치 한 번의 비용이 가난한 집 몇 달치의 식비에 해당한다. 사대부의 두건은 한건이나 당건을 모방하고 옷은 필히 땅에 끌린다. 민간에서는 이를 서로 선망하며 모방하니 우아함과 저속함이 구분되지 않는다.[26]

작자는 사대부들의 복고 풍조를 반대하는 것이 아니다. 오히려 일반 서민들의 "민간에서는 이를 서로 선망하여 모방하는" 풍조가 "우아함과 저속함이 구분되지 않는다"고 비판하는 것이다. 이는 사대부의 복식이 바로 '우아함'이며 여염집에서 모방하는 풍조가 '저속함'임을 뜻한다. 또 홍치 연간의 『오강지吳江志』에서는 복식 풍속을 기록하며 이를 풍자하는 비평을 덧붙이고 있다. "풍속이 갈수록 사치스러워 더 타락했다. 서민의 집에서 관리 집안 부인의 복식을 마구 착용하고, 게다가 여기에 꽃을 새긴 은띠까지 맨다. 그러면서도 뻔뻔히 부끄러운 줄도 모르니, 어리석은 풍속의 무지함이 가소로운 지경이다."[27] 작자는 평민 복식의 사치스럽고 분수에 지나친 변화를 "어리석은 풍속"이라고 했다. 또 만력 연간의 『장

『주현지』에서도 소주에서 경쟁적으로 사치를 부리는 풍조를 기록하고 있는데, 소주의 서쪽이 동쪽보다 더 심했다고 했다. 그러나 소주의 동쪽은 방직에 종사하는 여성들의 의복과 치장이 특히 화려해『장주현지』의 작자는 "우아함이 없다欠雅"는 말로 이를 비판하고 있다.

> 고운 단장에 화려한 옷을 입고, 추마계나 반아盤鴉[틀어 올린 머리]를 한 채 산가지를 들고 장사를 하는 광경은 소주의 동부 봉葑, 누婁, 제齊* 지방에서는 드물 것이다. 직조에 종사하는 이들을 속칭 '베 짜는 여인機房婦女'라고 한다. 이들은 화려하게 치장하는 것을 좋아해서 꾸미긴 하지만 우아함이 없다.[28]

명말에는 기물의 미학을 감상하는 방법을 설명한 저서가 많이 출현했다. 그 저자는 대부분 사대부나 문인이었는데, 이들은 우아함과 저속함의 구분에 특히 민감했다. 이들 사대부나 문인은 유행하는 복식 풍조를 서술하면서 어느 것이 우아하고 어느 것이 저속한지 고심해 구분했다. 문진형은『장물지』에서 의복 장식을 언급하면서 첫머리에 그 요지를 설명하고 있다.

> 의관제도는 반드시 시대에 어울려야 한다. 우리는 낡은 옷을 입고 새끼줄로 허리를 맬 수는 없지만, 또 옥이나 구슬을 주렁주렁 달아서도 안 된다. 여름에는 갈옷을 입고 겨울에는 갖옷을 입어야 하며, 복장은 우아해야 한다. 도시에서는 유가의 풍도가 있어야 하고 산으로 들어가면 은자의 형상

---

* 소주성 동쪽에 있는 성문의 이름인 봉문, 누문, 제문. 소주 동부 지역.

이 있어야 한다. 쓸데없이 오색으로 물들이고 수 놓은 천으로 치장하여 동산銅山과 금굴金穴을 가진 부자들과 더불어 사치와 화려함을 겨룬다면, 또한 어찌 『시경』에서 읊은 찬란한 의복의 뜻을 가질 수 있겠는가?*29

문진형은 복식을 착용할 때 "반드시 시대에 어울려야 하며" 결코 시류를 추종해서는 안 되고, 복식이 자신의 신분과 지위에 적합해야 한다고 주장한다. 또한 그는 "동산과 금굴을 가진 부자들"과 같은 상인이나 부호들이 자신의 신분에 위협과 압력이 되고 있음을 민감하게 느끼고 있다. 그래서 사대부의 의관은 그들만의 '우아'한 풍격을 가지고 있어야 하고, 사치스럽고 화려한 풍조를 추구하는 상인이나 부호와 함께 언급되어서는 안 되었다. 그가 보기에 이러한 "사치와 화려함을 겨루는" 풍조는 '저속'한 것이었다.30 그는 계속 실례를 들어가며 당시 각종 복식에서의 '저속함'과 '우아함'을 분명히 하고 있다. '이불'을 언급할 때에는 산동의 잠주蠶綢[누에실로 만든 비단]는 차등품이며 낙화유수落花流水와 자백紫白** 등의 비단은 "모두 아름답지만 그다지 우아하지 못하다"고 했다. 또 비단에 수많은 나비 무늬를 그린 것도 있는데 "접몽이라 칭하는 비단 역시 저속하다"고 했다. 두건의 장식에 관해서는 "당건은 한나라 양식에서 그리 멀어지지 않았지만, 지금 유행하는 비운건批雲巾은 제일 저속한데 어쩌면 어떤 이가 마음대로 만들었을 수도 있다. 폭건幅巾[천으로 머리를 씌우고 묶는 건]은 가장 오래되었으나 사용하기에 불편하다"고 했다.31

실용적 각도에서 당시의 유행 풍조를 비판한 사대부도 있었는데, 그러

---

* 『시경』「소아·대동小雅·大東」의 "서쪽의 사람은 의복이 찬란하네西人之子, 粲粲衣服"에서 나온 구절. '찬찬粲粲'은 선명한 모습을 의미한다.
** 명대에 유행한 비단의 명칭. 낙화유수는 한 송이 또는 꽃가지 형태의 매화나 도화와 함께 물결 문양이 있는 비단이고, 자백은 자주색과 백색의 두 겹으로 된 고급 비단이다.

한 유행은 아름답지 못할뿐더러 현실에 부합하지도 않는다고 주장했다. 해령海寧 사람 허돈구許敦球(1541~1611)는 『경소필기敬所筆記』에서 신의 변화와 그에 대한 견해를 기록하고 있다. "당시 투혜套鞋와 포혜는 모두 바닥이 깊고 뒤축이 높았다. 지금은 바닥이 얕고 뒤축이 낮아 급히 걸으려 하면 벗겨지고, 벗겨지면 다니기 어렵다. 이 또한 가소로운 것이다."[32] 만력 연간 『저양지』의 작자 대서경은 명말 현지에서 유행한 복식이 매우 잘못되었다고 여겼다. "사대부가 높은 관과 넓은 허리띠를 하고, 소매는 길어 무릎을 덮는다. 신은 청색과 홍색과 황색과 녹색 등 한 가지 색만이 아니고 모두 코가 낮고 굽이 얕아서 신이 조금만 해져도 양말이 번번이 땅에 끌리니 우스꽝스럽구나."[33] 대서경 또한 미관과 실용의 측면에서 논하고 있다.

6.

결론

1

명나라는 초기에 일반 평민의 복식에 관한 여러 복잡한 규정을 제정했다. 그 주요 목적은 중국과 오랑캐를 구분하고 검소함을 선양해 사치를 억제하는 것, 그리고 등급이 분명한 사회를 유지하려는 것이었다. 이와 같은 복잡한 규정에는 사대부를 우대하고 농업을 중시하며 상업을 억제하려는 의도가 드러나 있다. 이러한 규제는 명대에 상당히 오랜 시간 유지되었으며, 당시 서민 복식은 확실히 검소하고 제도를 준수했다. 당시 사회가 주로 전체적인 시대 조류 아래에서 안정되고 정체된 상태를 보여주고 있었으므로, 규제가 객관적으로 유지될 수 있었던 것이다. 그러나 명대 중기 이후에 평민 복식에 변화가 나타나기 시작했으며, 점차 '유행복時裝'이 득세하는 복식 풍조가 형성된다. 유행 풍조의 양상도 다양해 복고풍이나 최신풍이 있었으며, 상류계급을 모방하는 이른바 '분수에 지나치는僭越' 풍조도 형성되었다. 그리고 여성들도 분수에 지나치는 풍조와 유행을 촉진하는 중요한 주역 가운데 하나였다. 이러한 사실은 명나라 평민 복식은 이 시기에 이르러 변화가 발생했으며, 앞 장에서 말한 가마 사용 풍조와 마찬가지로, '특허 체계'에서 '유행 체계'로 사회가 변화하고 있음을 말해준다.

과거의 서양 역사학자들은 중국 근세의 복식을 언급할 때, 당시 중국에 있는 [서양] 선교사가 관찰한 자료를 통해 중국에서 복식의 변화 정도를 종종 평가절하한다. 예를 들면 브로델은 15세기부터 18세기에 이르는 중국 복식을 언급하며, 중국 사회는 안정 상태에 있었기 때문에 몇백 년 동안 커다란 변화가 없었고 유행 풍조 또한 없었다고 주장했다.[1] 애드셰드는 중국과 서양의 15세기 이후 물질문화를 비교한 뒤, 양자의 '소비주의' 심리가 다르다고 강조했다. 애드셰드는 중국에서 복식은 '예법이 유행보다 더 중요하다'고 했다. 또한 역대의 복식제도는 사대부의 손에 좌지우지되었고, 이는 유럽에서 여성들이 복식의 유행을 주도한 것과는 다르다고 했다. 그래서 중국인의 복식에는 유럽과 같이 신속하게 출현해 지속된 유행 풍조가 존재하지 않았고, 자신이 말하는 더 많이 소비하고 더 잘 향유하려는 소비주의 심리도 존재하지 않았다는 것이다. 그리고 소비주의와 소비 능력을 비교했을 때 중국이 서양에 비해 낙후되어 있었으므로, 결국 경제가 성장하는 근대에 중국과 서양의 발전 순서와 속도에 차이가 발생했다고 말한다.[2] 그러나 이 장에서 논의된 내용을 보면, 브로델과 애드셰드 두 역사학자가 중국과 서양의 복식을 비교하면서 명말 복식 소비의 변화를 평가절하한 것은 분명하다. 당시 중국 복식에 대한 그들의 인상을 재검토할 필요가 있다.

2

명말에는 유행 풍조가 형성되는 동시에 사회에서 모방하는 현상이 출현했는데, 이는 당시 사회가 고도로 유동적인 상태였음을 반영한다. 평민 복식에서 유행한 모방과 분수에 지나친 풍조는 서민의 소비 심리가 변화하기 시작했음을 말해준다. 사람들은 복식이 실용성과 화려함뿐 아니라 신분 지위의 상징이기도 함을 의식하고 있었던 것이다. 수많은 거상은 복식을 통해 적극적으로 자신의 신분 지위를 과시함으로써 기존의 사회계층을 타파하려 노력했다. 또한 사회의 모방 현상은, 기녀와 배우의 분장이 유행 풍조를 전파하는 중요한 역할을 했다는 점에서 알 수 있듯, 하류층이 상류층을 모방하는 일방적 방향만 있었던 것이 아니라 하층 사회에서도 유행 풍조를 만들어내는 능력과 조건을 가지고 있었다.

이러한 유행 풍조의 신속한 변화는 유행의 전파 속도가 빨랐다는 사실을 의미하기도 한다. 유행의 전파는 바로 시장 조직을 통해 도시에서 주변 지역으로 전파되었다. 물론 도시가 상당히 중요한 역할을 했고 유행복의 형성과 전파의 중심이 되기도 했다. 특히 강남의 도시, 그중에서도 소주는 유행 풍조의 중심지였다. 유행의 빠른 변화는 소비 수요를 가져왔고, 소비 수요의 자극을 받은 강남의 방직업과 의류업은 더욱 발전했다. 과거 사치품으로 간주되던 일부 계층의 고급 복식도 대량생산을 통해 가격이 크게 낮아져 일반인의 일상품이 되었다.

3

복식 풍조의 유행과 변화 조류 속에서 영향을 가장 크게 받은 것은 사대부계층, 특히 하층 사대부계층이었다. 명대 중기 이후, 과거를 통한 벼슬길이 점점 막히고 게다가 다른 사회계층의 경제적 지위가 높아져 사대부들의 사회적 지위가 이미 전과 크게 달라졌다. 상대적으로 상인 계층의 사회적 지위가 높아지면서, 이미 "사대부와 상인이 한데 섞이는" 현상이 나타났다. 마침내 명초 복식제도에서 농업을 중시하고 상업을 경시하는 정신은 "사대부이면서 상인이고, 관리이면서 상인이었기" 때문에 지속되기 어려워졌다. 심지어 과거 비천한 직업으로 간주되던 일부 사회계층에서도 모두 경제력이 향상되어 사대부의 복식을 다투어 모방했다. 그래서 "품팔이꾼 부류의 배우나 노복과 문아한 유생과 의관이 한데 섞여서, 귀함과 천함의 구분이 없어지는" 상황에 이르렀다. 명초 사대부를 우대하던 복식제도는 이 시기에 이르러 이미 붕괴된다. 사대부들은 이처럼 신분을 위협받는 현상에 직면하자 마침내 매우 심각한 위기의식을 갖게 되었다.

그래서 사대부들은 두 방식으로 대응했다. 하나는 실제 행동으로 대응한 것인데, 중앙과 지방관에게 다시 금지령을 내려 일반 서민들에게 제도에서 벗어난 복식 착용을 금지시키도록 요구했지만 결국에는 "막으려 해도 어쩔 수가 없었다." 다른 한 방면으로는 입과 붓을 통해 성토하는 것이었다. 일부는 '고대 예법'이라는 명목을 내세워 백성의 풍속을 교화하려 했다. 이것은 비록 큰 효과는 없었지만, 나중에 청초 '예학禮學 부흥'의 시발점이 되었다. 일부는 전통을 인용해 음양오행설을 기초로 '복요'설을 내세워 기이한 복식이 자신과 가족에게 화를 가져올 수 있다고 강조하거나 복식제도 금지령을 합리화했다. 특히 명청 교체기에는 이런 주장으로 국가의 쇠퇴와 멸망을 해석하고 검토했다. 이 때문에 왕조의 흥망으로 어지러운 시절이 되면 전통적인 음양오행설은 더욱 영향력을 발휘하게 되었다.

사대부들은 복식 금지령이 효과를 거두지 못하고 여러 비판도 먹히지 않자 더욱 적극적으로 자신들만의 새로운 풍격과 형식의 복식 및 의관을 만들어내 자신들의 신분과 지위를 재정립했다. 동시에 그것을 미학적 각도에서 합리화해 '우아함과 저속함'이라는 구분을 만들어내어 사대부 자신들의 복식이 가진 품격이 대중의 그것과 다르다는 점을 부각했다. 미국 학자 브룩은 명말의 유행 복식을 포괄하는 개념인 패션에 대해 이야기하면서, 패션은 사실상 엘리트계층이 창조한 것으로 엘리트계층을 하층사회와 구분하는 배타성을 갖고 있다고 지적한다.[3] 엘리트계층인 사대부계층이 명말에 유행 패션을 창조하려 노력한 것은, 본문에서 알 수 있듯, 그들이 사회 기타 계층과 경쟁에 직면했기 때문이다. 특히 상인계층은 경제적 지위를 통해 사회적 지위가 향상되었다. 상인들은 소비 심리 면에서도 복식이 사회 지위의 상징임을 인식해, 당시 유행 패션을 촉진하는 데 힘을 아끼지 않았고 상당히 중요한 역할을 했다. 사대부계층이 직면한 경쟁과 도전에는 신분 지위와 문화적 패권 경쟁이 포함되어 있었다. 이 때문에 사대부들은 더 적극적이고 더 의도적으로 새로운 유행 복식의 패션을 창조해 자신들의 신분과 지위를 재정립하고 유지할 수밖에 없었다. 유행 복식과 유행 패션은 사회 경쟁의 산물이라 할 수 있다. 따라서 이러한 사회계층 간 경쟁 속에서 명말 사대부와 평민의 의관 및 복식에는 다양하고 많은 변화가 나타났다.

명말 사대부들이 소비문화 영역에서 형성한 품격은 복식 풍조에 반

영되어 있었고 품격의 창조는 이론의 정립과 구체적 실천으로까지 승화
되었다. 다음 장에서는 여행의 소비문화를 통해 더 깊이 탐색해보고자
한다.

제4장

소비의 품격과
신분의 구분:

여행문화를
사례로

사람들이 성에서 물밀듯이 쏟아져 나와 음악 소리와 웃음소리가 산림을 들썩여 밤새도록 끝이 없다. 급기야 언덕과 계곡마다 술판이 벌어져 더럽고 혼잡하니 한스러울 지경이다. 나는 초열흘에 군郡에 도착하여, 며칠 밤을 계속 호구에서 놀았다. 달빛이 정말 아름다웠고, 유람객들은 아직 적었다. 바람 불고 달빛 비치는 정자 사이에, 붉게 단장하고 악기를 연주하며 노래를 부르는 한두 무리가 있는 것도 나쁘지 않았다. 그러나 역시 산이 텅 비고 인적이 없을 때, 혼자 가서 마음속으로 즐기는 것만은 못했다.

_ 이유방李流芳, 「유호산교소기遊虎山橋小記」[1]

명말 소비사회가 형성되면서 많은 소비활동이 점차 사회 하층민에게까지 확산되어 기존의 엘리트계층-사대부의 소비문화에 충격을 주었다. 이리하여 소비문화는 일종의 사회적 경쟁을 불러왔으니, 이는 소비를 통해 사회적 신분의 정체성을 얻으려는 것이었다. 이 경쟁의 과정에서 명말 사대부는 또한 '품격品味'과 관련된 일련의 논의를 발전시켰는데, 그 목적은 다른 계층과 자신들을 구분 짓기 위함이었다. 앞 장에서 우리는 이미 복식의 유행이 신분을 구분하고 있음을 살펴보았다. 이번 장에서는 여행을 사례로, 한 걸음 더 나아가 명말 사대부들이 어떻게 소비의 '품격'을 만들어냈는지 또한 어떻게 그것으로 신분을 구분했는지 탐색해보겠다.

[여행과 유람을 뜻하는] '여유旅遊'라는 말은 중국 남북조 문헌에서 최초

로 등장한다. 양나라 시인 심약沈約은 시 「비재행悲哉行」에서 이렇게 읊는다. "여유는 봄날을 아름답게 하고, 봄날은 유람객을 아름답게 하네."[2] 당대唐代에 이르러 '여유'라는 말은 많이 사용되기 시작했다. 이 시기에 이 단어가 출현했다는 것은 중국이 오랜 여행의 역사를 지니고 있음을 반영한다.[3] 본문에서 살펴보려는 주제는 이러한 '여유'이지 '여행旅行'이 아니다. 정의를 내리자면, 여유라는 말이 여행과 크게 다른 점은, 여행은 중점이 뒷글자인 '행行[다닌다]'에 있어 유람[노닐면서 구경하는 것]이 그 주요 목적이 아니지만, 여유는 그 중점이 '유遊[노닌다]'에 있으니 유람이야말로 그 최대의 목적이다.[*]

중국은 역사적으로 여행이 상당히 일찍 출현했다. 그러나 명대, 특히 명말에 이르러 여행 풍조가 극에 다다랐다. 당시에 쓰인 많은 '유람기遊記'들은 이전에 문학사 연구자들이 소품문을 연구할 때의 소새로 자주 사용되었다.[4] 이 밖에 여행을 다룬 산수화 작품들이 있는데 이 또한 예술사 연구자들의 연구 대상이 되고 있다.[5] 사학계에서는 최근 들어 명말의 여행에 대해 주목하기 시작했다. 그러나 여행의 소비문화에 대해 아직까지 완전하고 깊이 있는 분석은 없다.[6]

명말 여행의 흥성은 이미 상류층에서 사회 대중으로 확산되었다. 여행은 엘리트 관료의 공무를 위한 여행 및 사대부의 여행에서 대중의 여행에 이르기까지 확대되었다. 이 장 제1절에서는 여행의 발전을 두 방향으로 나누어 기술할 것이다. 그다음으로, 여행의 형성과 특징 및 여행이 조성된 사회적 경쟁에 대해 살펴볼 것이다. 마지막으로 사대부들이 어떻게

---

[*] 저자는 논의를 진행하는 데서 '여행'과 달리 노닐면서 구경하는 데 목적이 있는 '여유'라는 말이 적합하다고 표명했다. '여유'는 한국어로 '여행' 혹은 '유람'이 되는데, 포괄적 용어로는 '여행'이 적합하다고 보아 '여행'으로 번역했다.

'품격'을 만들었는지 서술하고자 한다. 또 대부분의 유람기가 다루고 있는 여행에 관한 내용은 대개 강남 지역 사람들의 것이기 때문에, 그 범위는 강남 지역이 중심이 되었다. 따라서 본문의 논의는 강남을 중심으로 한다.

1.

사대부들 사이에 퍼진
여행 풍조

1) 관리의 유람과 사대부의 유람

명말의 많은 사대부는 여행을 좋아했다. 이는 그들이 자신의 성격을 묘사하는 데서 드러난다. 원중도는 스스로를 이렇게 평가한다. "천하에 질박하면서 신령스러운 흥취가 있는 것으로 산수보다 나은 게 없다. 나는 젊었을 때에 이것을 알고 좋아했다. 그러나 잡다한 기호로 분산되어 이에 충실하지는 못했다. 나이 마흔이 넘어 비로소 여행을 좋아하여 여기에 빠졌는데, 사람들 가운데 나를 신기하게 생각하는 자가 있었다."[1] 추적광鄒迪光(1550~1626)*은 자신이 좋아하는 것을 이야기하다가 다음처럼 말한다. "나는 옛날에 몸이 약해서 명승지를 별로 가보지 못했고 여행을 할 형편은 아니었으나, 유독 여행을 좋아했다. 니는 □히여 가난을 해결할 수 없었으나 바쁘게 살면서도 눈은 먼 곳에 가 있었으니, 마음이

---

* 만력 2년 진사. 자는 언길彦吉, 호는 우곡愚谷. 무석無錫 사람. 만력 17년에 관직을 그만두고 은거해 자연을 즐기며 살았다. 시문과 산수화에 뛰어났으며, 저서로 『권계도설勸戒圖說』 『태상제선법어보집太上諸仙法語補集』 등이 있다.

초조하여 밥을 먹다가도 수저 멈추기를 거듭했다. 그러나 아름다운 산수를 지나갈 때면 그곳을 다녀가지 않은 적이 없었다."[2] [명대의] 정재鄭材도 이렇게 말한다. "나는 타고난 성정이 놀러가는 것을 좋아했다. 벼슬살이를 하면서도 여행은 그만두지 못했는데, 여행에 나선 다음에는 노모께서 집안에 계시니 감히 멀리 나가지 못했다. 얼마 뒤에 오두막에서 『예기』를 읽고서야 여행을 그만두었다."[3] 혹은 어떤 인물을 묘사할 때, 여행을 좋아한다는 표현을 자주 발견하게 된다. 진계유는 「민유초서閩游草序」에서 친구 주공미周公美의 성격을 묘사한다. "나이 마흔도 안 되어 집안일에서 손을 놓았는데, 효성스럽고 현명한 아들이 있어 세상살이에 마음을 쓰지 않아도 되었다. 공미는 날마다 여러 사람과 어울려 책 읽고 술마시기를 좋아, 이를 일러 '산유山游[산천 유람]'라 했다."[4] 또 자칭 일생 여행을 좋아했다는 주국정朱國禎(1558~1632)은 당시 사대부 가운데 여행을 좋아하기로 왕사성을 넘어서는 이가 없다고 했다. 그의 말에 따르면, 왕사성은 "성품이 유람을 좋아하는 데다가 또 하늘이 도와주어 벼슬을 하면서 천하의 반을 돌아다녔다"고 했다.[5]

명말 각양각색의 여행 관련 출판물 가운데 가장 자주 보게 되는 것이 수많은 유람기다. 이러한 서적의 대량 출현은 명대 말기 사대부들의 여행이 얼마나 유행했는지를 보여준다. 명대 문인의 문집 가운데 유람기의 수량을 연구한 사학자 저우전허周振鶴의 통계 자료에 따르면, 유람기는 명대 전기·중기에는 그다지 많지 않았고, 가정 연간(1522~1566)에 이르러 점차 많아져 만력 연간(1573~1620) 이후 대량으로 출현했다.[6] 문집에는 유람기 이외에 유람시도 헤아릴 수 없을 정도로 많다. 단행본의 유람기와 유람시도 대량으로 세상에 나왔는데 통상 어느 지역의 '유초遊草'나 '유기遊記'를 책 이름으로 했다. 각 지역의 저명한 유람 명승지를 중심으로 고대부터 그 당시에 이르기까지 관련 있는 유람기와 유람시를 한데 모아 총집으로 만든 예까지 있다. 오군吳郡의 도목都穆(1458~1525)이 편찬한 『유명산기遊名山記』와 왕세정이 편찬한 『명산기광편名山記廣編』 등이 바로 그와 같은 사례다. 이러한 유람기는 역으로 명말 사대부들의 여행에 직접 영향을 끼치기도 했으니, 어떤 독자들은 유람기를 다 읽고 과감하게 여행을 떠나기도 했다. 왕사임王思任(1575~1646)은 「기유紀遊」에서 자신은 원래 "천태산天台山*과 안탕산雁蕩山**의 뛰어난 경치"에 대단히 관심이 있었다고 언급하며, 이른바 "마음에 품은 것이 이십 년, 꿈에 나타난 것이 며칠 밤"이라 했다. 마지막에 여행을 떠나기로 결심한 계기에 대해 "우연히 가부駕部*** 장숙지張肅之의 「태유초台遊草」를 읽게 된 것이니, 바로 소매를 걷어붙이고 일어나, 나막신을 신고 뜰을 나와, 행장을 갖추고 문밖에 이르러, 배를 타고 오색구름 찬란한 물가에 이르렀다"라고 한다.[7]

이렇게 볼 때, 「태유초」는 단순히 문학작품이 아니라 일종의 여행안내서가 되어 여행을 가고 싶은 사람들의 감성을 자극했다고 말할 수 있을 것이다.[8]

나중에는 그림과 글이 함께 실린 여행 관련 책자가 나왔는데, 이 같은 풍조는 만력 37년(1609)에 간행된 『신전해내기관新鐫海內奇觀』에서 시작되었다. 여기에는 전국 각 지역의 풍경 명승도 130여 폭이 실려 있다(그림 4-1). 『신전해내기관』의 편집 방식은 이후 명산 유람기에 그림을 싣게 되는 계기가 되었다. 『신전해내기관』은 출판 뒤에 많은 독자에게 환영을 받아 당시 제법 영향력이 있는 책이 되었다. 이 밖에 당시 유행한 산수화

---

* 절강성 동부 태주시台州市 천태현에 있으며 동북-서남 방향으로 뻗어 있는 명산.
** 절강성 온주시溫州市와 태주시台州市에 있는 중국 10대 명산의 하나.
*** 거가사車駕司. 천자의 전차, 의장儀仗, 파발, 마구간 등을 관리하는 부서.

그림 4-1. 『신전해내기관』의 삽도

역시 여행안내서와 유사한 기능이 있었다. 이러한 산수화 작품은 늘 '와
유책臥遊冊'이라는 명칭을 가지고 있었다. 우순희虞淳熙(1553~1621)*의 「오
악승람서五嶽勝覽序」를 보면 그림과 글이 함께 실린 화집畫集이 단순한 유
람기보다 더 흡인력 있었음을 알 수 있다.

　최근에는 「대사俗史」「대종기俗宗記」「오악기五岳記」「유명산기游名山記」가 있
다. 그리고 태복太僕 왕사성에게 「유악도문游岳圖文」이 있는데, 기이한 이야

---

* 만력 11년 진사. 자 장유長孺, 절강성 전당錢塘 사람. 만력 21년에 관직을 그만두고 전당의 남산
회봉回峯에 30여 년 동안 은거했다. 저서에 『우덕원집虞德園集』과 『효경집령孝經集靈』 등이 있다.

기를 덧붙이고 상흠桑欽*과 역도원酈道元 등 여러 사람의 말을 참고했다. 종일 와유臥游한다 해도 오악五嶽인 동악東嶽 태산泰山(산동성), 서악西嶽 화산華山(섬서성), 남악南嶽 형산衡山(호남성), 북악 항산恒山(산서성), 중악中嶽 숭산嵩山(하남성)을 다 돌아보지 못할 것이다. 하물며 해보亥步**처럼 성큼성큼 걷는다 해도, 남의 집 혼례식 보러 가는 정도밖에는 안 될 것이다.[9]

다음으로, 명말에 산수화 수집을 좋아했던 하양준은 『사우재총설』에서 자신이 산수화를 수집하게 된 까닭을 보통의 명산 유람기들은 글만 있어 글과 그림이 곁들어 있는 산수화만큼 훌륭하지 못하기 때문이라고 설명한다.

내가 옛날 산에 오른 사람들을 보니 모두 명산을 유람한 기록이 있었다. 그 문필이 훌륭하여 묘사에 뛰어나고 힘써 형용하여 정묘한 부분이 곳곳에 있다 하더라도 사람들이 글 속에서만 상상하게 되므로, 결국 그 진면목을 알지 못한다. 비단에 그린 그림에는 눈만 들어보면 그윽하고 깊은 산수와 흩어졌다 모이는 안개와 구름이 모두 있다. 내가 그 사이에서 상상하며 노닐 수 있으니, 도리어 문장보다 천만 배 훌륭하지 아니한가?[10]

그리고 하양준은 노년에 산수화를 수집한 목적이 여행 가고 싶은 욕망을 만족시키기 위한 것이라고 직접 말하고 있다. "바로 근력이 떨어져 명산을 두루 다닐 수 없으니, 하루에 한 폭씩 마루에 걸어놓고, 시내와

---

* 한나라의 저명한 지리학자. 『수경水經』의 저자라 한다. 훗날 북위의 역도원이 여기에 주를 달아 『수경주水經注』를 저술했다.
** 중국 전설 속 인물. 우임금의 신하 수해豎亥가 아주 달리기를 잘한 데서, 후에 달리기 잘하는 사람을 '해보'라 하게 되었다.

산의 깊숙한 곳을 골라 그 사이를 돌아다니는 상상을 한다. 이 또한 종병宗炳*이 '와유'했던 그 뜻이다."[11] 이것이 바로 하양준이 말한 '와유'의 흥취다.[12] 따라서 또 다른 각도에서 보면, 와유책과 산수화는 그의 여행 안내서라고 할 수 있다. 그것들은 사람들에게 여행지에 대한 시각적 인상을 제공해, 현대의 풍경화나 엽서처럼, 여행할 때 사람들에게 특정한 경치에 관심을 두도록 했던 것이다.

중국의 역대 통일 제국은 영토가 광활해 지방 관원들이 일반적으로 본적지에서 먼 곳에 부임했다. 이 때문에 이른바 '관리가 되어 공무로 사방을 주유한다宦遊四方'는 상황이 일찍부터 있었다. 그러나 명말에 이르면 '관리의 유람宦遊'은 점차 편안히 즐기는 여행이라는 의미로 바뀌었다. 명대 지방관에게 가장 중요한 행정 업무는 전곡錢穀[화폐와 곡식]과 형명刑名 [소송]이었다. 화폐와 곡식을 세금으로 거두는 것은 매년 특정한 시기에 하는 일이고, 소송은 일상적 행정 업무였다. 따라서 관원들은 '소송이 없는 시기'에 여행할 수 있었다. 천계 연간(1621~1626) 산서포정사 문상봉文翔鳳은 「청니간 길상사를 유람하고 적다游靑泥澗吉詳寺雜記」에서 "사월 어느 날, 또 교외의 사당에서 활쏘기와 무예를 시험했는데, 소송도 없고 해도 아직 지지 않았다. 나는 말을 달려 2리도 못 가 신시[오후 5시]가 되자 결국 말을 몰고 돌아왔다"고 했다.[13] 또한 왕임형王臨亨은 조양潮陽을 지날 때 벗이 그곳의 금성金城이 가장 뛰어나다고 한 것을 기억하고, "심판하여 처벌하는 일을 마치고 다른 일이 없어, 두 별가別駕**와 함께 금성으로

---

* 남조 송나라 사람(375~443). 자는 소문少文. 서예, 그림, 거문고에 뛰어났으며 불교에 심취해 혜원慧遠 선사의 백련사白蓮社에 참가했다. 30여 년 동안 산천을 두루 유람했으며, 편력했던 뛰어난 경치를 거실의 벽에 그려놓고 "마음이 맑아야 도가 보이고, 누워서 유람한다澄懷觀道, 臥以游之"라 했다. 저서에 『화산수서畵山水序』가 있다.
** 별가종사사別駕從事使. 명대에는 각 주의 통판通判을 지칭했다.

놀러갔다. 둘러보며 즐거워하면서 주사柱史*의 말이 틀리지 않았다"고 했다.[14]

명말에는 상류층 사대부들만 '관리의 유람'을 한 것이 아니고 중하류층 사대부들의 '사대부의 유람土遊'도 매우 유행했다. 거인은 바로 사대부의 유람 열풍을 불러온 주요 동력 중 하나였다. 가장 유명한 사례로 당시 강남의 황성증黃省曾(1490~1540)만 한 이가 없을 것이다. 소주 사람 황성증은 타고난 성품이 다른 사람보다 탁월하게 풍류를 좋아하고 우아했다. 가정 17년(1538) 도성으로 가서 과거 시험을 볼 때, 마침 친구 전여성과 오문[소주]을 지나다가 서호의 뛰어난 경치에 대해 이야기를 나누게 되었다. 이에 황성증은 바로 마음이 동해 행장을 차려 여행을 떠나 며칠을 계속 놀다가 과거를 보지 않았다. 일설에 황성증은 또 스스로 '오악산인五岳山人'이라 했다고 한다. 전여성은 이러한 그를 놀려 말했다. "그대는 진정한 산사람이다. 산수에 빠져 공명을 돌아보지 않았으니 가히 산에 흥을 가진 이라 할 만하다."[15]

생원이 여행을 좋아한 사례도 자주 발견된다. 공안파公安派 작가 구탄丘坦은 자가 탄지坦之이고 호가 장유長孺이며 호광 마성麻城 사람이다. 만력 34년(1606) 무과 향시에서 1등을 했고 관직이 해주참장海州參將에 이르렀다. 시를 잘 짓고 글씨를 잘 썼으며 여행을 좋아했다. 그가 제생이었을 때 원씨袁氏 형제와 어울렸다. 원굉도는 오현吳縣의 지현을 지낼 때 일찍이 구탄에게 편지를 써서 함께 강남의 태호太湖를 유람하자고 청했다. "근자에 여행에 관심이 있으신지요? 무원주인茂苑主人(원굉도 자신을 지칭)은 비록 손님께 드릴 돈은 없지만, 아직 취할 만한 술이 있고 마실 만한

---

* 주하사柱下史. 어사御史. 여기서는 왕임형의 벗을 가리킨다.

차가 있습니다. 태호는 작은 호수지만 유람할 만하고 동정산洞庭山*은 오를 만하니, 그다지 쓸쓸하지는 않을 겁니다. 어떠신지요?"[16] 생원 신분에 불과했던 송강의 명사 진계유도 여행을 좋아했다. 그는 자칭 속세에서 여행을 좋아하는 사람으로, 환룡씨豢龍氏**처럼 숨고 다람쥐처럼 몸을 구부린 채 산수 사이를 느긋하게 거닐며 원래의 성정을 조금만 드러냈다. 진계유와 여행하는 벗들은 그를 "늙은 원숭이와 외로운 학"이라 놀렸고, 심지어 "매번 집안일을 그만두고 명산과 인연 맺는 일만 했다"고 조롱했다.[17]

여기서 언급할 만한 사실은 명말 청초 재녀才女들의 시문에서 여성들이 늘 공무 수행 중인 남편을 따라 여행을 했음을 보여주고 있다는 점이다. 이 밖에 벼슬하는 문인 집안의 부인들은 집안일을 하면서도 여가 시간에 밖으로 나가 노닐며 즐거움을 찾았는데, 이는 당시 풍조였다.[18]

2) 사대부 여행의 양상

사대부들이 실제 여행을 할 때는 먼저 여행지를 선택해야 했다. 사대부들이 지은 이른바 '유람기'를 살펴볼 때, 여행할 만한 곳은 명산과 큰 호수와 원림의 세 가지로 집약된다.[19] 일반적으로 여행지로 선택되는 명산은 항상 다음 몇 가지 조건을 갖추고 있었다. 명승고적, 고찰, 기이한 샘물, 유명한 바위, 대형 사원 혹은 종교적 성지 등이다. 주의할 것은 명

---

* 태호에 있는 동정서산과 동정동산, 동산洞山과 정산庭山을 합쳐 부르는 용어.
** 중국 고대 인물. 순임금 시절에 동보董父라는 사람이 있었는데 용을 잘 길러 많은 용이 그의 주위로 날아올랐으며, 순임금이 이 사실을 듣고 기뻐해 그에게 '환룡'이라는 성을 하사했다고 한다.

산과 큰 호수가 여행 명소이기는 했지만 거리가 멀고 경비가 많이 들며 위험 부담이 있어 실제 여행에 나서는 사람이 많지 않았다는 점이다. 물론 외진 곳에 있고 유명하지도 않은 곳이라면 더더욱 말할 필요가 없었다. 비원록費元祿의 말처럼, 그의 고향 연산현에는 아름다운 경관이 있으나 아무도 알지 못했던 원인은 바로 이러한 맥락에서 이해된다. "요점을 말하자면 지역이 외져서 아직 우아한 선비들의 평가를 거치지 못한 것뿐이니, 선입견을 가지고 논해서는 안 된다."[20] 반대로 거리가 가까운 곳은 교통이 편리해서 여행객이 많았다.

당시 경제와 문화의 중심지 강남 지역에서 장거리 여행, 즉 이른바 '장유壯遊'를 할 수 있었던 사대부는 여전히 소수였다. 대부분의 사대부는 여전히 단거리 여행만 할 수 있었고 그들의 목적지는 강남 부근의 명산이었다. 양순길楊循吉(1456~1544)은 이런 현상에 대해 다음과 같이 말한다. "오중吳中[소주]의 산은 대부분 소주성 서쪽에 있어 오기가 멀다. 지금 오 지역 사람 가운데 항상 여행하는 사람들은 그곳에서 가까이 사는 이들뿐이고, 매우 외지고 멀리 떨어진 곳은 가는 사람이 없다. 그러나 먼 곳의 사람은 비록 우리는 매우 가까워 갈 수 있는 산이라 하더라도 또 여행할 수 있는 경우가 드물다."[21]

그러나 강남에는 사대부와 문인들이 모여들어 해당 지역에 관한 유람기를 많이 남겨 전국적으로 유명한 여행 명승지를 많이 탄생시켰다. 『오현지吳縣志』에 수록된, 해당 지역을 묘사한 유람기의 수는 놀랄 정도로 많다. 이를 통해 강남의 명승지가 이름을 날리게 된 원인을 미루어 짐작할 수 있다. 사조제는 소주 호구를 예로 들며 말한다. "산과 강은 모름지기 적당한 지역에 있어야 한다. 궁벽한 지역에 있어 거마의 자취가 끊어진 곳이라면, 매몰되어 사람들에게 알려지지 않은 곳이 많을 것이다. 고

소姑蘇[소주]의 호구와 추鄒의 대역大嶧*과 같은 곳은 작은 언덕에 불과하니 말할 만한 게 무엇이 있겠는가? 그러나 그 지역은 배와 수레가 모여드는 곳으로, 노닐며 감상하는 이들이 천년토록 끊어지지 않았다. 이 역시 행운인가, 불행인가?"[22]

교통수단은 여행에서 매우 중요한 요건이다. 명대 말기의 사대부는 이른바 '유구遊具' 혹은 '제승지구濟勝之具'라 불리는 여행 소품을 매우 중시했다. 이는 여행할 때의 교통수단 및 휴대 물품을 가리키는 것으로, 여행 목적지에 순조롭게 도착할 수 있느냐의 여부는 이 여행 소품이 빠짐없이 갖추어졌는지에 달려 있었다. 명말 문인의 유람기를 보면 교통수단의 편리성을 매우 중시했다. 예를 들어, 장한은 『송창몽어』에서 그가 촉으로 여행 갔을 때의 경험을 제시하고 있다. 그가 삼협三峽을 빠져나와 상강湘江을 내려갈 때 양안에는 복사꽃이 만개해 천 리에 배를 띄우니, "진실로 통쾌한 유람"이었다. 그러나 유감스러운 것은 "다만 배가 잘못 만들어져 사방의 노가 모두 흔들리고 갑판이 요동쳐서, 배에 탄 사람이 편안히 앉을 수가 없었다는 점이다. 하물며 삐거덕거리는 소리가 귀를 찔러 얼굴을 마주하고도 말소리가 들리지 않을 정도였다. 다른 곳의 배와는 딴판이었다."[23] 여행의 흥미를 크게 떨어뜨리는 불편한 배는 여행자들에게 못마땅할 수밖에 없었다.

여행에서 휴대해야 할 물품으로는 무엇이 있을까? 우리는 사대부들이 유람 전에 광범위하게 친구들에게 보낸 요청서에서 이를 알 수 있다. 장대張岱(1597~1685)**의 「유산소계游山小啓」에 소개된 내용을 살펴보자.

---

* 산동성 추성시鄒城市에 있는 산. 추산騶山, 추역산鄒嶧山, 동산東山, 소태산小泰山이라고도 하며 공자가 올랐다는 동산이 바로 이 산이다.
** 명말 청초의 문학가이자 역사학자. 호는 도암陶庵이고, 산음山陰(지금의 저장성浙江省 사오싱紹興) 사람이다. 차 품평에 특히 뛰어났다.

대개 여행할 때에는 한 사람이 주관하여 작은 배를 준비하고 방석, 다과, 술잔, 젓가락, 향로, 땔감과 쌀 등을 준비합니다. 각자 모두 바구니 하나와 물병 하나, 요리 두 가지를 휴대합니다. 특별히 정해진 여행 목적지가 없고, 특별히 정해진 출발 시기가 없으며, 참여 인원에도 제한이 없지만 여섯이 넘으면 배를 두 척으로 나누어 탑니다. 술을 많이 마시는 사람은 술을 더 많이 빚어와야 합니다. 모월 모일에 모지로 여행을 가서 배를 모처에 정박합니다. 나머지는 오른쪽을 보십시오. 아무개 노선생이 말씀하시길, 모某 도구는 〔여행〕 주관자가 준비하라고 하셨습니다.[24]

편지에서는 여행을 떠날 때 휴대해야 할 물건을 자세하게 기록하고 있다. 다과, 요리 두 가지, 차와 술 각 한 주전자, 땔감과 쌀 등을 비롯해 방석, 술잔, 젓가락, 향로 등과 같이 여행에 필요한 각종 도구를 거론하고 있다. 여기에는 여행 필수품이 아니라 차와 술 등 사치 소비품도 다량 포함하고 있다. 장대의 서신에서는 음식물 용기와 음식물에 대해서도 말하고 있어, 사대부들이 여행 중에도 음식에 상당한 주의를 기울였음을 알 수 있다.[25] 더욱이 술과 차는 흥을 돋우는 중요한 마실 거리로서, 요희맹姚希孟(1579~1636)이 지적한 바와 같이, "한 말 술은 더더욱 없어서는 안 되는" 것이었다.[26] 명대 중엽에 이미 이러한 현상이 나타났다. 서유정徐有貞(1407~1472)은 벗과 함께 소주의 운암雲巖을 한편으로는 유람하면서 감상하고 한편으로는 산해진미를 즐기면서 술과 차를 마셨다. 서유정 일행은 "차례대로 둘러앉아 마시며 사마공정司馬公貞 모임의 예를 따랐으며, 술이 오면 스스로 따라 마셨고 술을 권하느라 산가지를 놓지 않았다. 시절은 바야흐로 국화가 만개하고, (…) 산해진미가 여기저기 놓여 있었다. 매번 술이 서너 혹은 네댓 순배 돌면 한 번씩 차로 속을 씻어냈다. 그래서 술이 적당히 올랐을 뿐 취하지는 않았으며, 취하더라도 인사불성이 되지는 않았다."[27] 이런 현상은 명말에 더욱 현저해졌다. 왕임형은 광동 소주韶州 부근을 유람하면서 "사공에게 산음山陰으로 배를 젓게 하고, 샘물을 길어 차를 끓여 옅은 녹차를 양껏 마셨다"고 했다.[28]

이처럼 여행지에서 술을 마시거나 차를 데우기 위한 술병이나 찻주전자 등은 없어서는 안 되는 품목이 되었다. 이일화李日華는 일기에 일찍이 항주에 가려다가 눈이 너무 많이 와서 가지 못한 일을 기록하고 있다. "마침내 세군細君, 형아亨兒, 축손丑孫과 더불어 술 단지와 찻상을 눈밭에 펼쳐놓았다."[29] 진계유는 「유도화기游桃花記」에서 이렇게 쓰고 있다. "나는 화조절花朝節* 바로 이튿날에 진산인陳山人 부자를 불러 술을 데워 소합小榼을 들고 호안보胡安甫, 송빈지宋賓之, 맹직부孟直夫와 함께 다리를 건너 성 동쪽에 이르렀는데 복사꽃이 무성했다."[30] 여기서 그가 말하는 '합榼'은 바로 뚜껑이 있는 술통이다.

물론 사대부들의 특성상 직접 이러한 물품을 지고 오는 경우는 거의 없었다. 게다가 가지고 가는 물건이 많았던 만큼 일반적으로 노복들이 사대부들을 수행했을 것이다. 노복 중에는 노래를 잘하는 동자도 포함되었다. 이일화의 일기에는 여러 차례 친구들과 유람을 나간 일을 기록하고 있는데, 가기와 가동歌童을 동반했다고 쓰고 있다. "놀이에는 사이사이에 음악이 연주되었으며, 연주와 노래가 섞여 진행되었고, 또한 폭죽으로 흥을 돋우는 자가 있었다." 혹은 "가동으로 하여금 새로운 노래나 연극을 시켜 즐거움을 더했으며 세상사에 초탈한 채 만족해했다."[31] 추적

---

* 꽃 축제가 열리는 중국의 전통적 기념일. 음력 2월 2일이나 2월 12일 또는 2월 15일에 거행되며, 꽃의 생일이라 한다. 이 기간 사람들은 짝을 지어 교외로 나와 꽃을 감상하는데, 이를 답청踏靑이라고도 부른다. 여인들은 오색의 채색 종이를 오려 꽃가지에 붙이는데, 이를 '상홍賞紅'이라 한다.

광은 오문의 여러 산을 유람할 때 가마를 열한 대 빌려 일곱 대에는 주인과 손님을 태우고 네 대에는 동자를 태웠다. "노래를 잘하는 가동들이 있었는데 이들에게는 목소리를 다칠까봐 힘든 일을 시키지 않았다. 따라서 여러 술과 안주 두 바리, 요와 이불 세 바리는 노복 네댓 명이 따로 오솔길을 따라 가지고 왔다."[32] 이들 가동의 주요 임무는 주인을 즐겁게 하는 것이었다. 또 원굉도는 만력 23년(1595)에 원중도·강영과와 함께 방산方山*에 올라 달을 구경할 때, "장구희藏鉤戱**를 마음껏 즐겼고, 어린 노복으로 하여금 벌주를 따르도록 했으며", 이슬이 옷을 적시는 한밤중이 되어서야 술기운을 못 이기고 비로소 돌아왔다.[33] 이 밖에 사대부가 유람할 때는 요리사 몇을 더 동반했다. 왕사임은 「유경정산기游敬亭山記」에서 "요리사가 나를 따라와 유운각留雲閣 위에서 한잔 술로 위로했다"고 했다.[34] 그는 천태산과 안탕산의 명승을 유람할 때도 "서기 한 명, 동자 한명, 요리사 한 명, 집사管辦 한 명, 힘쓰는 사람 둘이 있으면 떠날 것이다"라고 했다.[35] 요리사를 대동하는 목적은 주인의 입맛을 만족시키기 위해서였다.

명대 사람의 유람기에서는 기녀나 배우를 대동하는 경우가 자주 보이며, 가장 유명한 것은 담원춘譚元春(1586~1637)의 「재유오룡담기再游烏龍潭記」에 나오는 '희姬'에 대한 묘사일 것이다.[36]

비가 부슬부슬 내려 천마을 저시자, 기슭에 올라가고 싶은 마음이 없어졌다. 조금 있다가 비가 들이붓듯 쏟아지자 손님 일곱과 기녀 여섯이 모두

---

* 지금의 장쑤성 난징시 장닝구江寧區에 있는 산.
** 두 편으로 나누어 대구帶鉤(허리띠 따위를 죄어 고정하는 장치가 되어 있는 장식물. 오늘날의 버클)를 여러 사람에게 전달해 대구가 누구 손에 있는지를 알아맞혀 승부를 정하는 놀이.

우산을 가지고 천막 속에 섰는데, 옷자락이 다 젖었다. 비바람이 일시에 몰아쳐 오룡담에 갈 수 없었다. 기녀들은 비단 버선이 망가지는 것도 아랑 곳않고 두려워하며 기슭에 올라갔다. 여행객들은 이내 다른 곳으로 옮겼는데 채 자리를 잡기도 전에 비가 숲 끝에서 날아와 휘몰아치며 그치지 않았다. 떨어지는 빗소리가 오룡담 속으로 다 들어가지 못하고, 마치 연못과 다투는 듯했다. 갑자기 천둥이 치자, 기녀들이 모두 귀를 막고 깊숙한 곳으로 몸을 숨기려 했다. (…) 갑자기 한 기녀가 어두컴컴한 곳에서 나타나서야 아득히 먼 곳까지 어지러워진 것을 알게 되었다. 온 세상은 오룡담에 삼켜지거나 혹은 오룡담이 만들어놓은 것뿐이었다. 그래서 그 여인에게 어떻게 왔는지를 물으니 길이 다 없어진 것은 아니라고 했는데, 어찌 기이하지 않은가?[37]

이 유람기에서는 수행하는 기녀들이 비를 만났을 때의 궁색한 모습을 상당히 길게 묘사하고 있다. 작자에게 이 사건은 여행 도중 꽤 유쾌한 일이었던 듯하다. 여기서 [여행할 때] 기녀를 동반하는 행위가 당시 사대부들의 사교계에서는 매우 풍류스러운 일이었음을 알 수 있다.[38] 이일화의 일기에서도 여행할 때나 또는 초대를 받았을 때 참석해보니 가기를 대동하거나 '희'가 공연을 해 여행객을 즐겁게 했다는 일을 여러 차례 언급하고 있다. 예를 들면, 이일화가 정程씨 성을 가진 휘상이 술이 있는 배를 타고 호수를 유람하자고 제의해서 가보니, "광릉廣陵의 완함阮咸[네 줄 현악기] 연주자를 둘 불렀는데, 악기 소리와 노랫소리가 다투어 울려 자못 양주涼州*의 풍취가 있었다. 술이 한창 오르고 달도 떠오르자, 연우루煙雨

---

* 지금의 간쑤성 서북부에 있는 우웨이武威. 비단길의 중요한 지점으로 중국 서부의 변방이다. 양주의 풍조는 이국적인 음조로 추정된다.

樓에 올라 맑게 휘파람을 불었다. 두 연주자는 오 지역의 새로운 노래를 불렀는데, 매우 부드러워 사람을 매혹시켰다"고 한다.[39]

대중 여행의 성행

명말 이후에는 여행이 사대부뿐 아니라 대중적으로도 유행하게 된다. 이는 여러 방면에서 볼 수 있다. 우선 도시경제의 발달에 따라 대도시 주변의 경치 좋은 장소들이 대중이 모여 유람하는 명승지가 된다. 이 밖에 전통적으로 내려오는 세시 풍속에 더해 명대 중엽에는 묘회 행사가 새롭게 많이 생겼다. 이러한 민간신앙과 관련된 묘회는 여행 풍조도 함께 불러왔다. 아울러 진향進香[참배]도 명말에 이르러 더욱 활성화되었는데, 이는 표면적으로는 종교적 성격을 보이지만 사실은 오락적 성격을 지닌 여행이었다.

1) 도시의 여행

명말 이후, 도시경제의 발달로 북경·소주·항주·남경 등과 같은 대도시 부근의 많은 명승지에서는 '도시의 남녀都人士女'들이 구름처럼 모여 유람하는데 '온 나라가 미친 듯한' 모습이 나타났다. 북경을 예로 들면,

원중도는 「서산십기西山十記」에서 북경 서직문西直門 밖의 서호를 묘사하고 있다. "매년 한여름이 되면, 연꽃이 십 리나 비단처럼 깔려 향기로운 바람이 가득하다. 남녀가 함께 모여 흐르는 물에 술잔을 띄우기 가장 좋은 장소가 되었다."[1] 원굉도의 「유고량교기游高梁橋記」에서도 북경 서직문 밖의 고량교를 묘사하고 있다. "도시에서 가장 아름다운 곳으로" "봄빛이 가득할 때 성안의 남녀들이 구름처럼 모여들었고, 관리와 사대부도 아주 바쁘지 않으면 모두 이곳에 왔다."[2] 원중도가 묘사하는 북경의 향산香山* 은 "아름다운 계절이 오면, 도시의 남녀들이 서로 옷깃이 스치고 수레가 닿을 정도로 모여든다. 비단옷이 바람에 펄럭이고 향기로운 땀이 비처럼 휘날리니, 번화하고 아름다운 또 하나의 명승지다."[3]

항주의 경우에는 송이 강남으로 천도한 뒤부터 서호가 이미 여행객들의 성지가 되었는데, 이 명성은 명대에도 쇠하지 않았다. 우순희는 항주의 서호와 그 인근 혜일봉慧日峯 사이의 아름다운 경치를 묘사하면서 여행객들이 붐비는 광경을 언급하고 있다. "꼭대기에 오르니 해가 떠올라 강과 호수에 비친다. 강의 배는 나뭇잎 같고, 호수의 배는 오리 같다. 금당錦塘**과 소제蘇堤***에는 유람객들이 개미 떼 같고, 피리 소리 북소리 은은히 울려 그 소리 매미 같다. 비늘 같은 기왓장, 틀어 올린 여인네 머리 같은 산. 이것들은 성안에서 볼 수 있는 절강성 밖의 풍경이다."[4]

장한의 「송창몽어」에도 경치가 뛰어난 서호를 유람하는 모습이 묘사되어 있다.

---

* 지금의 베이징 하이뎬海淀區 서쪽에 있는 산. 베이징의 저명한 산림공원이며 정의원靜宜園이라고도 한다.
** 백제白堤. 서호를 외호와 내호로 구분하는 긴 제방. 당나라 때 쌓았으며, 명대에 복숭아와 버들을 두루 심어 십금당十錦塘이라 불리게 되었다.
*** 북송 원우元祐 5년(1090), 소식이 항주지주일 때 서호를 준설한 흙으로 쌓은 제방. 서호 10경의 하나이기도 하다.

항주의 풍속은 성묘를 봄가을로 한다. 두 산이 성에서 가깝고 또 서호의 뛰어난 경치가 있어, 청명과 상강의 두 절기에는 반드시 묘에 제사를 지낸다. 이는 『예기』에 '비 내려 적시면 이를 밟으며 두려워하고, 서리 내려 적시면 이를 밟으며 슬퍼한다'라고 한 구절의 의미일 것이다. 그러나 늦봄 복사꽃과 버들이 만개할 때, 소제육교蘇堤六橋*를 바라보면 마치 비단처럼 펼쳐져 있다. 깊은 가을에는 부용꽃이 양 기슭에 피고 호수의 빛과 서로 어우러져 아름다움을 겨룬다. 또한 이 두 계절은 화창하고 맑아서 유독 사람들이 즐길 만하다. 온 성의 남녀가 모두 서쪽 교외로 나와, 무리를 지어 꽃을 찾아다니고, 조각배를 띄워 상앗대를 젓는다. 노랫소리가 길을 가득 채우고 퉁소 소리 북소리 들려온다. 유람객들은 봄바람과 가을 달 사이에서 완전히 자유로워지니 즐거워 돌아갈 줄 모른다. 사방으로 푸른 산을 돌아보며 안개 어린 물가를 이리저리 돌아다니니, 정말로 그림 속을 옮겨 놓은 듯하다. 진실로 극락세계로다.[5]

왕숙승王叔承도 이렇게 서호를 형용한다. "호수에는 온통 붉은 연꽃을 심어놓아, 봄 여름 늦가을과 같이 이채로운 계절에는 비단 구름이 끝없이 펼쳐지는 듯하다. 호수에 배를 띄우고 즐겁게 유람하는데, 화려한 큰 놀잇배畫艦나 작은 배舴艋가 이파리처럼 가볍게 노를 저어간다. 즐겁게 노는 남녀 중에는 청루의 기녀가 많은데, 유람하느라 쉴 틈이 없다. 화려한 비단과 꽃 버들이 요염함을 서로 북돋운다."[6]

남경에서도 도시 유람을 했다. 왕사성은 『광지역』에서 진회하 일대를 다음처럼 묘사한다. "여름에 수면이 막 넓어지면 소주와 상주에 산을 유

---

* 북에서 남으로 과홍교跨虹橋, 동포교東浦橋, 압제교壓堤橋, 망산교望山橋, 쇄란교鎖瀾橋, 영파교映波橋의 6개 다리.

람하는 배遊山船*가 백여 척이다. 중류에 다다르면 퉁소와 북을 치는 남녀가 전부 몰려나오고, 누각 위와 배 안의 사람들이 서로 번갈아 바라보며 구경한다."[7] 남경의 또 다른 명승지로는 우화대雨花臺도 있다. 정덕 연간 『강녕현지江寧縣志』의 기록이다. "이월에는 술을 가지고 산으로 유람을 간다. 성 남쪽의 우화대에 사람이 가장 많았는데, 답청이라 하며 매일 저녁이 되어 돌아가는 유람객들이 마치 개미 떼와 같이 많았다. 삼월이 되면 하루도 쉬는 날이 없었다."[8]

소주에는 사람들에게 잘 알려진 명승지와 유람활동이 더 많았다. 정덕 연간의 『고소지姑蘇志』에서는 다음과 같이 말한다. "이월에 따뜻해지기 시작하면 누선樓船에 피리를 싣고 산을 유람한다. 호구산虎丘山, 천평산天平山, 관음산觀音山, 상방산上方山 같은 산들이 가장 북적거렸다. 산 아래에는 가볍고 작은 죽여竹輿가 나는 듯이 오르내렸다."[9] 천평산은 지형산支硎山[관음산]에서 남쪽으로 5리 떨어진 곳에 있다. "[이 산들] 모두 유람객들이 모여드는 곳으로, [각각은] 소박한 경치와 화려한 볼거리의 차이는 있으나, 모두 산림에 빛을 더해준다."[10] 산 말고 소주 부근의 하화탕 또한 중요한 관광 명소였다. 원굉도는 유명한 유람기 「하화탕」에서 봉문封門**밖 하화탕에 매년 [음력] 6월 24일 행락객이 가장 많을 때의 상황을 묘사하고 있다. "화방이 구름처럼 모여들어, 고기잡이배와 작은 배는 구하려고 찾아도 하나도 없다. 또한 배 안의 미인들은 모두 유행하는 화장을 하고 옅은 색 옷을 입고 있다. 어깨와 발이 부딪칠 정도로 사람이 많아 땀이 겹비단을 적실 정도로 비 오듯 흐른다. 남녀가 뒤섞여 있고 경치는

---

* 연회를 베풀며 유람하는 배. 선연船宴, 등선燈船이라고도 한다.
** 소주성 동쪽에 있었던 문. 원래 봉문葑門이었으나, 주위에 연못이 많아 순무가 풍부하게 생산되어 '봉문葑門'으로 명칭이 바뀌었다. 1950년대에 헐렸다.

황홀하여, 이를 형용할 수 없을 지경이다. 휘장을 들추면 천만 송이 꽃이 웃음을 겨룰 것이고, 소매를 들면 어지러운 구름이 협곡에서 피어날 것이다. 부채를 휘두르면 별이 흘러가고 달이 비치며, 노랫소리를 들으면 우레가 치고 파도가 몰려오는 듯하다"라고 했다. 문장 마지막 부분에서 원굉도는 이러한 모습을 "소주 사람들의 화려한 나들이"의 절정을 보여주는 것이라 했다.[11] 소주 서쪽에 위치한 석호는 세 봉우리에 둘러싸여 있다. 당대唐代에 이미 이곳에 능가사楞伽寺라는 절이 세워졌다. 예로부터 많은 사람이 유람을 했고 명대에도 마찬가지였다. 주봉길朱逢吉*의 「유석호기遊石湖記」에 다음과 같은 대목이 있다. "이전 왕조부터 성 안팎과 촌락 백여 리에 이르기까지, 남녀노소가 봄과 여름이 되면 원근에서 줄지어 배를 타고 온다. 배에 술과 안주는 물론 음악과 놀이 도구까지 싣고 온다. 그냥 걷기도 하고 말이나 나귀, 죽두竹兜**를 타기도 한다. 다투어 술통과 식기 등을 가지고 따라간다. 어떤 이는 높은 곳에 올라가 종일토록 마음을 즐겁게 하는데, 이러한 사람들로 인산인해를 이룬다. 끝나면 잔치를 베풀어 태평세월을 즐기는데, 지금까지도 그렇게 한다."[12]

2) 묘회 행사

명말에는 전통적인 명절 이외에 새로운 묘회 행사가 많이 생겼다. 과거에 비해 명말 청초의 묘회 행사는 종류도 다양해지고 빈번해졌으며

---

* 자는 이정以貞, 호는 나초懶樵, 청대 숭덕崇德 연간 사람. 여러 관직을 두루 거쳤으며 소주 태호의 수리 시설과 북경의 둔전을 시찰한 일이 있다. 청렴하여 향현사鄉賢祠(고을 현인을 추모하는 사당)에 모셔졌다. 저서에 『목민심감牧民心鑑』『동자습童子習』과 『문집文集』 4권이 있다.
** 의자는 있으나 사방의 벽과 천정이 없는 대나무로 만든 간편한 가마.

활동 공간도 확산되었다.[13] 일부 지역의 묘회는 더욱 발전해 성진을 중심으로 도시와 시골이 긴밀히 하나로 연결되어 '순회巡會[순회하는 묘회]' 행사를 하기도 한다. 「오사편吳社編」에서는 오통신五通神*에게 제사 지내는 소주성 내의 '오방현성회五方賢聖會'를 묘사하고 있다. 이에 의하면, 성안에 '회수會首[대표자]'가 있어 그 행사를 주관한다고 했다. 또한 성안과 성 밖 주변 시골의 참여자에 관해서도 기록했는데 이들을 '모임의 조력자助會' 라고 칭했다.

> 황폐한 작은 도시와 성 밖의 촌락에서는 묘회를 열 수 없다. 간혹 외지고 험한 동네에서는 몇몇 무리가 온 동네를 치장하고 각각 지혜를 짜냄으로써 큰 묘회를 성사시키고 여기에 참여하려는 사람을 '모임의 조력자'라고 했다.[14]

이 밖에 또 해전량解錢糧이라는 풍습이 있었다. 이는 시市나 진鎭 부근에서 마을 사당村廟을 받드는 백성들이 시나 진의 신묘神廟(진의 성황묘城隍廟와 동악행궁東嶽行宮이나 총관묘總管廟 등)의 탄신 경축에 동전이나 지폐를 바치고, 마을 사당의 신상을 시나 진까지 모시고 와서 참배하는 행사다. 모임의 조력자나 해전량 모두 명대 중기 이후 강남 상품경제의 발전을 보여주고 있다. 이런 풍습은 소농 경제와 시장의 관계를 강화해, 농민들의 일상생활 범위는 '촌락'을 벗어나 특정한 시·진·현을 중심으로 재편된다.[15]

이와 같은 대규모의 순회활동은 도시와 시나 진을 중심으로 이루어졌

---

* 중국 강남 지역 민간신앙의 재신財神. 화를 끼치는 들 귀신으로 제사를 지내 재난을 피하고 복을 받기를 기원해 재신으로 변화되었다. 오랑신五郞神이나 오창신五猖神이라고도 한다.

다. 주변의 향촌들을 함께 뭉치게 하는 묘회는 사실 시골의 농민들에게 농한기에 도시로 단거리 여행을 할 기회가 되었다. 명말 소주의 유명한 성황신 '삼순회三巡會'가 그 예다. 「식소록識小錄」에는 다음과 같은 기록이 있다. "처음에는 부府의 성황만이 참여했는데 몇 년 뒤에는 두 현에서도 성황이 나왔다. 얼마 안 되어 각 향촌에서 모두 [성황이] 나왔다. 소주의 산당山塘 일대에는 구경꾼이 구름 같았고, 악대와 깃발이 거리를 가득 메웠다. 부녀자들은 집을 빌려서까지 구경을 했다. (…) 을유년(1645)의 난 이후, 사람들은 더욱 많아져서 산당에서 호구까지 한 치의 틈도 없을 지경이었다. 지식인들은 이를 상서롭지 못하게 여겼다."[16] 강희 연간『소주부지蘇州府志』에서는 성황이 묘회를 순회하게 된 기원을 언급한다. "명말에 호사가들이 함께 열 개 마을의 토지로 제사를 보조했다. 성대한 제수와 행렬이 산당 거리에 끝없이 이어지고 놀이 나온 사람들로 북적거렸다."[17] 이러한 '이동 묘회'가 도시와 시골 사람의 또 다른 형태의 여행이 되었음을 알 수 있다.

3) 종교적 참배

대중의 여행 형태 중에는 여정이 비교적 길고 종교적 성격을 지니는 참배활동도 있었다. 소주에서는 [음력] 2월 19일의 관음 탄생일에 지형산에서 참배활동이 있었다. 6월 19일은 관음 성도일인데 이날에도 신도와 백성들이 지형산으로 가 참배했다.[18] 원굉도의 「호상잡서湖上雜敍」에 의하면, 그가 여행을 좋아해 "서호에는 대략 세 번 갔다"고 했다.[19] 서호 주변에 있는 소경사昭慶寺에서 닷새, 법상사法相寺와 천축사天竺寺에서 하루씩을 묵었다고 했다. 그러나 그는 신도의 천축산 참배활동이 특히 인상 깊었다. "천축산은 그 주변이 [사람들로] 성처럼 빽빽이 차 있다. 2월 18일 밤에 여기에 묵었다. 향을 사르는 남녀들이 온 골짜기와 들을 뒤덮었다. 그중 태반은 밖에 그냥 있다가 아침이 되어서야 떠났다. 절 위아래에 사람이 연기가 퍼지듯 가득하여 가까이 갈 수 없었다."[20] 화북 지역의 참배활동도 매우 성황을 이루었다. 가장 대표적인 것이 벽하원군碧霞元君[*]에 관한 신앙이었다. 장대복張大復(1554~1630)은 「제상간월기濟上看月記」에서 만력 27년(1599) 하북 탁주涿州를 지날 때 본 광경을 기록하고 있는데, 대중이 벽하궁으로 가서 참배하는 모습이다.

탁주를 지나는 날에, (…) 때로 쇠북 소리와 경쇠 소리가 들렸다. 어떤 사람은 "이 소리는 벽하궁의 참배객이다"라고 했다. 가서 엿보니, 저잣거리에 남녀가 모여들어 내 말이 더 갈 수가 없었다. 재빨리 저잣거리를 빠져나오니, 수많은 사람이 말에 타고 있었고 치장이 아름다웠다. 백여 명마다 한 무리를 이루었는데 깃발을 들고 향로를 받든 채 징을 두드리고 목탁을 치는 이들이 수만 명을 헤아렸다. 길 옆에는 남자 무당과 여승, 거지와 가수, 벙어리 여인과 사지가 마비된 사람이 보잘것없는 양식을 바치며 천당天堂에 귀한 복을 기원하듯 했다. 쥐나 고슴도치처럼 빠르게 여기저기 뛰어다니는[**] 이들이 황토에 자라는 풀보다 많았다. 일대의 그윽한 향기는 물씬물씬 사람의 코를 찔렀다. 음력 오월 계절풍이 불고 가랑비가 뿌려 한기가 몸에 스며들 때가 되어서야 드디어 수레에서 내려 모래벌판으로 달려갈

---

[*] 인간의 선악을 명찰한다는 도교의 여신. 태산낭낭泰山娘娘, 태산노내내泰山老奶奶, 태산노모泰山老母라고도 한다.

[**] 원문은 鼠竄猬起. 鼠竄(서찬)은 쥐가 놀라서 뛰어다니다. 猬起(위기)는 고슴도치 털이 일어나듯 갑자기 일어선다는 뜻이다.

수 있었는데 내 몸이 나인지도 잊어버리게 된다.[21]

　이와 같은 참배활동은 사실 오락적 유람의 성격이 짙었다. 비원록은 『조채관청과電采舘淸課』에서 이러한 종교활동을 언급할 때마다 그것을 민중의 오락으로 간주했다. 일례로, 음력 칠월 [산동성] 항서港西의 행사에서 남녀가 신령 주원군朱元君에게 드리는 참배를 다음과 같이 묘사한다.

　음력 칠월 항서의 행사 중에 남녀들은 주원군에게 예를 드린다. 천여 척의 배에서는 음악소리가 끊이지 않고, 각각 박자에 맞추어 빙글빙글 춤을 추며 신령을 즐겁게 했다. 배에 탄 사람들이 잘린 손가락을 움켜쥘 수 있을 정도로 사람이 많았다.* 나는 용문을 출발하여 자정溎亭을 지나 밤에 항구로 들어갔는데, 항구에는 이미 만여 명이 배를 대고 있었다. 웃음소리 시끌벅적하고 음악소리 그 사이에 섞여 들려왔다. 산세가 휘감아 돌더니 험준한 봉우리 사이에 마을이 숨어 있었고 산악이 어우러져 있었다. 사방 벽에서 불빛이 흘러나왔고, 산 위에서 흰 구름을 바라보니, 작은 별이 수많은 점처럼 줄을 지어 〔구름 속으로〕 뚫고 들어왔다. 여러 남녀가 모임을 마칠 때쯤 온갖 빛깔이 모두 넘쳐흐르다가 날이 밝자 조금씩 사라졌다. 이것이 어찌 천문天門에서 화산옥녀華山玉女에게 예를 드리는 것과 다르겠는가? 이른바 예옥瘞玉**에서 옥을 파묻는 성대한 의식이라 하더라도 이만은 못할 것이다.[22]

---

* 패잔병들이 달아날 때, 배에 탄 사람들이 너무 많아 먼저 배에 올라탄 사람이 배를 붙드는 사람들의 손가락을 마구 잘라 손가락이 배 안으로 떨어져 이를 움켜쥘 만큼 사람이 많았다는 뜻이다.
** 고대에 산에 제사 지내는 의례. 제사가 끝나면 구덩이에 옥을 파묻었다.

"웃고 말하니 물이 끓듯 시끄럽고 음악소리가 그 사이에 뒤섞여 있었"으며 "여러 남녀가 모임을 마칠 때쯤 온갖 빛깔이 모두 넘쳐흐르다가 날이 밝자 조금씩 사라졌다"라는 묘사는 이러한 활동에 오락적 성격이 강했음을 말해준다. 이에 반해 종교적 성격은 부차적인 것으로 변질되었다. 그래서 비원록은 "예옥에서 옥을 파묻는 성대한 의식이라 하더라도 이만은 못할 것이다"라고 했을 것이다. 또 그가 언급한 불교의 7월 보름에 열리는 우란분절盂蘭盆節*은 종교행사로 다음과 같은 활동을 했다. "덕이 있는 사람은 황금을 보시하고 남녀는 금전을 시주하기를 천여 명을 헤아리는데, 복과 이익을 기원했다." 그러나 비원록의 관찰에 따르면, 이것은 또 다른 오락일 뿐이었다. "내가 구양강九陽江에서 강 위에 뜬 등불을 보니, 용문관龍門關에 이르기까지 몇 리에 걸쳐 끝이 없었다. 헤아릴 수 없이 많아 마치 은하수의 별이 흩어져 있는 듯, 해와 달과 별이 동시에 하늘에 떠오른 듯 빛났다. 물결 따라 일렁거리니, [이를] 물놀이水嬉** 삼을 만하다."[23] 따라서 이러한 참배 행사 시에는 '참배객'과 '유람객'을 분명하게 구분하기 어려웠다.[24]

유람식의 참배 행사를 거행하는 명승지에는 부속시설이 완벽하게 갖추어져 있어 숙박, 교통, 오락 등의 문제를 한꺼번에 해결할 수 있었다. 가장 유명한 예가 장대의 「대지岱志」에 실려 있는 태산 관광지의 부대시설에 관한 서술이다.

---

* 불교 행사. 우란분은 범어 Ullambana의 음역으로 '거꾸로 매달려 있는 고통에서 구원해준다'는 의미다. 음력 7월 15일 중원절中元節 하루에 걸쳐 진행된다. 폭죽을 터트리고 배고픈 귀신에게 먹을 것을 주며 강물에 연화등을 띄우는 등의 행위로 조상에게 제사를 지내고 죽은 넋을 위로하며 길상 평안을 기구했다. 우란분회盂蘭盆會, 우란분재盂蘭盆齋, 우란분공盂蘭盆供이라고도 한다.
** 물에서 펼치는 각종 공연.

주州의 중심에서 몇 리 떨어진 곳에서 중개인이 달려와 영접하여 말을 끌고 객점의 문에 이르렀다. 문 앞의 마구간은 열몇 칸이었고, 기방도 열몇 칸이었으며, 배우의 거처도 열몇 칸이었다. 예전에는 한 고을의 일이라고 하던 것이 [지금은] 고작 객점 한 곳의 일이었다는 것은 몰랐다. 그 객점에 도착해보니, 방세에도 규정이 있고 가마 고용에도 규정이 있으며 입산세를 받는 것에서도 규정이 있었다. 방문객은 상중하 세 등급으로 나뉜다. 산을 떠나는 손님은 전송하고, 산을 오르는 손님은 축하해주며, 산에 도착하는 손님은 영접한다. 방문객의 명단이 수천에 이르고 방은 백여 개가 있었다. 안주를 갖춘 술자리가 백여 석이었고, 연주와 노래를 하는 배우가 백여 무리였다. 이리저리 응대만 하는 이가 백여 명이었고 중개를 하는 사람들이 열 집 정도 되었다. 입산자를 합해보면, 하루에 팔구천이고 봄에는 하루에 이만 명을 채운다. 입산세는 한 사람에 일 전 이 푼으로, 천 명이면 백이십 냥이고, 만 명이면 천이백 냥으로, 한 해 수입이 이삼십만 냥이었다. 중개인 집의 크기와 입산세의 규모를 보면 우리 태산의 크기를 가늠할 수 있다. 오호라, 태산이여![25]

위의 글을 보면, 산 아래에 바로 마구간, 기생과 배우들의 숙소 십여 칸이 있었다. 여기에서 방을 빌리는 것, 가마를 빌리는 것, 입산세 내는 것에는 모두 규정이 있었다. 특히 주의할 것은 인용문에서 당시에 오늘날 현대 여행 서비스업과 유사한 중개인인 아가牙家가 보인다는 점이다. 아가들은 손님 접대의 전 과정을 책임지는 관련 설비를 전문적으로 제공해주었다. 이곳에는 묵을 곳, 먹을 것, 즐길 것, 심부름꾼 등을 확보하고 있었다. 산에 오른 뒤에는 추위를 피하게 해주고 술을 대접하는 사람이 있었다. "정상에는 중개인의 토담집이 있어, 손님을 맞이해 불을 쬐게 했다. 나는 추워서 몸이 떨려 손을 내밀 수 없었으므로, 따뜻하게 몸을 좀 데우고 나와 정상을 물어보았고" "붉은 문을 나서니 중개인이 술과 안주를 가져와 발을 씻겨주는데, 이를 '접정接頂'이라 한다. 밤에는 대규모로 공연을 하고 연회를 베풀어 술을 따라주며 축하하는데, 이를 '조산귀朝山歸'라 한다."[26] 이러한 양상은 현대 여행업의 패키지투어와 흡사하다.

3.

여행의 확산과
사회계층 간 경쟁

1) 대중성, 편리성과 오락성

　명말 여행의 특징 가운데 하나가 바로 대중성이다. 명말 대중의 여행 풍조가 성행하자 여행을 하는 이들이 점차 사회 하층까지 확대되었으며, 서민 대중은 이미 참배활동으로도 원거리 여행을 할 수 있었다. 흥미로운 것은 대중의 여행 목적지가 전통 문인들의 여행지와 많이 겹친다는 사실이다. 그 대표적인 예는 소주의 호구산이다. [명대] 황성증黃省曾은 『오풍록吳風錄』에서 "지금 오중[소주]의 사대부들은 화려한 유람선을 띄워 유람하고 기생을 데리고 등산하는데 호구 지역이 특히 더해, 비바람 치는 날이라 해도 한산한 날이 없다"고 언급했지만,[1] 호구는 또 소주 서민 대중의 주요 여행지이기도 했다. 이유방은 『유호산교소기』에서 "이날 밤 호구산에 도착했다. (…) 마을 사람 가운데 유람 나온 자가 있었는데, 삼삼오오 무리를 지어 산꼭대기에 있거나 물가에 있었다"고 했다.[2] 심주沈周 (1427~1509)는 「달밤에 천인석을 홀로 걸으며月夜千人石獨步」라는 시에서 이렇게 노래했다. "성안의 남자와 여자, 그 수가 얼마나 되는지 알 수 없구나! 술판을 벌이고 연회를 베풀며, 춤과 노래로 날이면 날마다 저잣거리처럼 시끄럽네. 오늘 내가 이렇게 밤놀이 나왔으니 향후의 천년을 위한 시작이 되리라."³

이 밖에 명대 중기 이전, 몇몇 명절은 원래 민간신앙과 상관없는 사대부들의 여행 기간이었는데, 이는 후에 대중이 여행하는 묘회의 기념일로 발전했다. 명대 문헌을 보면, 소주부 곤산현에서는 [음력] 9월 9일을 속칭 중양절重陽節이라 했는데, 원래 이날은 사대부들만이 높은 곳에 올라 여행활동을 했다고 한다. 만력 연간 『곤산현지』에도 "구월 구일은 시인과 덕이 높은 선비 중에도 국화와 수유를 가지고 높이 올라가 술을 마시는 이가 있었다"는 기록이 있다.⁴ 그 후 이러한 활동은 다른 민간신앙의 묘회활동으로 바뀌었다. 바로 도광 연간 『곤산신양양현지崑山新陽兩縣志』에 "구월 구일 중양절에 마안산馬鞍山*에 모여 등고회登高會를 가졌다. 또한 신상神像을 들고 높은 곳에 올라가는 사람이 있었는데, 이날은 날이 맑아 기뻐했다"는 기록이 있다.⁵

위의 두 현상은 대중화된 도시 여행과 묘회 행사가 기존 사대부의 여행에 영향을 주었음을 설명해준다.

명말 여행의 두 번째 특징은 편리성과 오락성이다. 위의 명말 사대부의 여행에 대한 서술과 분석으로 볼 때, 이 시기 사대부의 여행 풍조가 매우 널리 퍼져 있었음을 알 수 있다. 그들은 장소 선택에서 중·단거리를 위주로 했으며, 원거리의 모험식 여행은 아니었다. 그들은 모두 교통수단의 편리성을 매우 중시했다. 그들이 여행할 때 시종과 기녀를 동반했던 상황을 참작해보면, 여행은 이미 사대부의 중요한 오락활동이 되어

---

* 강소성 곤산시 서북부에 있는 산.

있었던 것이다.

마찬가지로 대중의 여행 역시 오락성을 목표로 한다. 도시 여행과 관련된 당시 문헌에서 "유람객이 개미떼와 같고" "남녀들이 구름처럼 모여들며" "온 나라가 미친 듯하다" "태평세월을 즐겼다"라는 말로 당시 여행의 광경을 묘사하고 있다. 또한 대중에게 묘회는 중요한 오락 공간이었다. 이러한 사실은 강희 연간 『송강부지』의 작자가 숭정 말기 송강부 성황묘에서 열린 묘회 행사에 대한 인상을 기록해놓은 글에서 여실히 드러난다. "갑자기 두 문 사이에 누대가 세워지고 북쪽을 향해 공연하며 새신賽神*을 하니, 백성들이 모여 구경한다. 남쪽을 향해 앉으니, 전각과 정원 모두 사람들로 가득한데, 기뻐하며 떠들고 즐겁게 웃고 있도다."[6] 참배활동의 실제 목적 역시 오락이었다. 이는 비원록이 주원군의 참배활동을 묘사할 때 언급했던 "웃음소리 시끌벅적하고, 음악 소리 그 사이에 섞여 들려왔다"라고 한 것과 같다.

2) 신분 지위의 경쟁과 과시적 소비

과거 명대 중기 이전에 여행을 할 수 있는 사람은 대부분 지식계층인 사대부였다. 당시 여행은 이미 사대부만의 전유물이 아니었고, 일반 대중도 여행을 할 수 있었으며 원거리 참배 여행까지 했다. 소비의 시각으로 여행을 보면, 앞의 두 장에서 설명한 가마나 복식의 소비와 마찬가지로

---

* 한 해 동안 기른 돼지나 거위를 잡아 죽 늘어놓고 신령(사실은 관람객)에게 어느 집의 돼지나 거위가 제일 큰가를 평가받는 행사. 신령 숭배의 한 형식으로 새대저賽大猪나 새대아賽大鵝 등으로 그 방식이 다양하다. 1월 15일 이후부터 4월 말까지 거행된다.

명말 사회는 이미 '유행 체계'로 진입했음을 다시금 설명해주고 있다. 즉 사회가 더 이상 정체되지 않고 계속 살아 움직이고 있음을 의미한다. 어쩌면 소비 면에서도 더 이상 수많은 제한을 두어 소수인의 신분 지위를 보장해주는 것이 아니라 하층민이 상층사회의 소비 행위를 모방할 능력을 더 많이 갖게 되었음을 말한다. 이는 또 소비물품의 창조와 품격의 갱신 속도가 더욱 빨라졌음을 설명하는 것이기도 하다.[7]

앞서 서술한 대중 여행의 유행은 여행 과정에서 상인의 역할이 중요했다. 오관吳寬(1435~1504)은 「금화로 돌아가는 장정좌를 전송하는 글의 서문送章廷佐還金華序」에서 남경에서 금화로 가는 일대의 풍경이 매우 아름다웠고 여행객이 많았다고 했다. 그런데 여행객의 신분은 결코 관리로 제한되어 있지 않았다. 바로 "반드시 직역職役*을 하지 않더라도, 상업에 종사하면서 이것과 관련된 일을 하는 자는 모두 여행할 수 있었다."[8] 또한 상인들은 여행의 교통수단에서도 사치와 호화의 극치를 달렸다. 특별한 시각적 효과를 갖춘 놀잇배와 화방 종류가 특히 이에 속했다. 명말 상품 경제의 발전으로 상인의 경제적 비중이 커졌으며, 이는 상인의 경제적 지위를 크게 향상시켰을 뿐만 아니라 그들의 사회적 지위 또한 옛날과 비교할 바가 아니었다. 이에 상인이 화방을 소유하는 것은 신기한 일도 아니었다. 대표적인 사례는 남경의 진회하에 운집해 있는 화방의 모습이었으며, 사람들은 이를 '등선'이라 불렀다. 이에 대한 종성鍾惺(1574~1624)의 묘사를 보자.

---

* 직무로 부역하는 일. 고대에 향촌에서 사람들을 교대로 선발해 주와 현의 서리 및 향촌 조직의 업무를 담당시키는 것을 '차역差役'이라 하며, 이러한 업무를 국가에서 고용하는 사람에게 맡기는 것을 '고역雇役'이라 한다. 차역, 고역, 보역保役, 의역義役이 직역을 실행하는 방법이었다.

작은 화방은 사오십 척 정도로 조각한 난간이 둘러싸고 있고, 비취색 장막을 덮었다. 배는 스무 명이 타게 되어 있고, 사람들은 북을 치고 피리를 부는 것을 연습하고 있는데 대개 공연하는 사람들이다. 양쪽에 양각등을 걸었는데, 대략 배 안의 사람 수만큼이고, 장식 술이 늘어져 있었다. 끈으로 배를 연결하여 꼬리가 이어져 있으니 마치 〔전체가〕 하나의 배와 같았으며, 햇불을 든 배우들이 촉룡燭龍*과 같았다. 이윽고 흩어지면 또 오리와 기러기가 파도 사이에서 헤엄치는 듯했고, 바라보면 모두 불빛이 흘러나와, 이에 대해 글 한 편을 족히 지을 만했다.[9]

화방의 화려한 장식은 사람을 경탄시킬 지경이었고, 여러 배를 연결해 하나의 '등선'을 만들어낸 모습은 더더욱 금릉의 기이한 경관이었다. 그래서 종성은 또 이것을 "여러 배가 모여 강물에 떠 있으면, 진회하의 구경거리라네. 만 개의 햇불로 배를 밝히면, 물놀이가 더욱 즐겁다네"라고 묘사했다.[10] 물론 화방과 등선을 가지고 있는 사람이 사대부계층만은 아니었다. 사실 거상 대부분이 이것들을 가지고 있었다. 진회하의 이러한 풍경은 『양주화방록揚州畫舫錄』에서 화려한 염상을 묘사한 것처럼, 상인이나 부자가 자신의 부를 과시하는 것이었다.

과거에 사대부가 자주 가는 여행의 명승지 및 사대부가 항상 사용하는 여행용 소품도 점차 대중 여행에서 모방해 그대로 사용되었다. 게다가 사대부는 상인계층과의 경쟁에 직면해야 했다. 일례로, 화방을 타고 여행하는 것이 일종의 사대부와 상인계층 사이에 사회적 경쟁이 되어버렸다. 강영과는 왕치등王穉登(1535~1612)에게 보내는 편지에서 호구를 유

---

* 고대 중국의 『산해경』에 나오는, 중국 북쪽 종산鍾山이라는 영산靈山에 산다는 용신. 용의 몸에 인간의 얼굴을 하고 있다고 전해진다.

람하다 겪었던 위험한 일에 대해 묘사하고 있다.

막 붓을 내려놓고 바라보니, 산에 석양이 걸려 보랏빛과 초록빛이 어우러져 빛났다. 동자에게 접이식 의자胡床를 가져오게 하여 뱃머리에 앉아 상쾌한 저녁을 만끽했다. 이때 남쪽에서 큰 배가 나타나 내 배와 길을 다투었다. 나는 조심스레 피해 선창으로 뛰어들려 했으나 그마저 할 수 없었다. 두 배가 옆으로 부딪쳐 천둥이 치는 듯했고, 내 배는 뒤집히다시피 했다. 나는 갑자기 물벼락을 맞아 머리 위로 물이 쏟아졌으며, [배는] 기슭에서 더 멀어지게 되었다.[11]

당시 큰 배와 길을 다투던 사건은 하마터면 강영과의 유람선을 전복시킬 뻔했다. 이 큰 배는 아마도 거상의 화방이었을 것이다. 이러한 상황에 이르러 여행의 소비 형식은 사회적 경쟁 영역이 되어버렸다.

사대부는 적극적으로 여행을 떠났다. 그러나 여행은 재화가 상당히 들어가는 여가를 위한 소비였다. 더욱이 명말 사대부와 같이 시종을 데리고 가는 여행은 상당한 재력 없이는 성사되기 어려웠다. 그러나 명말 여행을 좋아하는 사대부가 모두 이를 소비할 재력이 있었던 것은 아니었다. 더욱이 중하층 사대부는 경제력이 상인보다 못했다. 이들은 상인과의 사회적 경쟁 및 도전에 직면하게 되자, 부족한 경제력 때문에 [하고 싶은 바를] 포기하는 대신 자신을 후원해줄 찬조자를 찾아나서게 되었다. 진계유는 일찍이 서홍조徐弘祖(1587~1641)를 칭찬한 바 있다. "부귀한 이에게 아부하지 않고, 우부郵符*를 빌리지도 않으며, 지주의 금전

---

* 역참에서의 숙식과 거마 사용을 허가하는 증서.

을 바라지도 않으니, 청렴하구나."[12] 이 말 속에 담겨 있는 의미는 당시 사대부 가운데 고관대작 이외의 하층 사대부가 여행의 욕망을 채우려면 보통 돈 많은 사람을 찾아가 도움을 받아야 했음을 말한다. 귀장歸莊 (1613~1673)이 「오유서호기五游西湖記」에서 지적한 '포의 유람'의 경우가 이에 해당된다. 일반 문사인의 여행에는 세 종류가 있는데, 첫째가 남에게 의지하는 여행, 둘째가 손님으로 가는 여행, 셋째가 혼자 힘으로 가는 여행이다. 앞의 둘은 모두 자신의 돈을 쓸 필요가 없다. 관직을 맡고 있는 귀인이 재밌게 놀고자 할 때는 반드시 시인 묵객들이 자청해 함께 가니 돈을 들이지 않고도 산천을 여행할 수 있었다. 한편 기회를 이용해 동문수학한 사람이나 같은 해 과거에 급제한 관리를 방문하는 경우, 손님으로 방문 여행을 하는 것이라 역시 돈을 쓸 필요가 없었다.[13] 관리를 따라 여행할 경우에는 관청 인력을 빌릴 수가 있었다. 이에 대해 사조제는 『오잡조』에서 분명하게 말하고 있다. "산을 유람할 때 관적에 몸담고 있지 않으면 숙식비와 거마비가 나올 곳이 없다."[14] 수많은 유람기에서 지식인들이 관리를 따라 여행한 사례를 흔히 찾아볼 수 있다. 어떤 사람은 관원에게서 여행 경비를 갈취하는 경우까지 있었다.[15]

명말 사대부들이 이처럼 겉보기에는 전혀 실용적이지 않은 여행이라는 소비에 열을 올린 것은, 실제로 여행이 일종의 '과시적 소비'로서 바로 신분 지위를 상징해주었기 때문이다. 그래서 여행은 여가활동인 동시에 사대부들을 다른 신분의 사람들과 구분해주는 상징이기도 했다. 더욱이 명말 하층 사대부들은 강력한 상인계층과의 사회적 경쟁에 직면한 상황에서 재력의 한계 때문에, 관리의 도움을 구하는 것 이외에도 결국 부호와 상인의 후원에 기대야만 했을 것이다. 사조제는 관리와 여행하는 것은 많은 불편함과 살풍경한 결점이 존재한다고 지적한다. "그러므로 산을 유람하는 자는 반드시 취향이 같은 지주에게 의지하거나 산림의 고승을 구해야 했고 "부유하고 옳은 것을 좋아하는 주인이 있으면 그 힘을 간혹 빌리기도 했다."[16] 또한 앞서 서술한 이일화의 일기에서도 상인이 여행을 요청하고 찬조한 상황을 볼 수가 있다. 사대부의 유람기에는 상인들이 후원한 일이 거의 언급되고 있지 않았지만, 이러한 단서를 통해 당시 "사대부와 상인이 한데 섞인" 상황에서, 이와 같은 행위가 일반적인 것이었음을 추측할 수 있다. 그래서 명말에 이르면 사대부와 문인 사이에서 상인을 "비린내를 쫓아다니는 파리"[17]와 같다고 하는 말이 유행했다.

품격의 확립과
신분의 구분

아래의 몇 단락에서 우리는 명말 사대부계층
이 여행에 관한 많은 담론을 만들어냈음을 볼 수 있을 것이다. 특별히
문학 명인들은 여행을 논술한 글에서 적극적으로 자신들만의 새로운 여
행 품격을 만들어내고자 했다. 이로써 그들은 자신들의 여행이 대중의
여행과는 다름을 구분하려고 했다. 그 배경에는 사회적 경쟁에 직면한
사대부들의 신분에 대한 위기감이 반영되어 있었다.

1) 우아함과 저속함: 품격의 확립과 신분의 구분

명말의 유람기에서 많은 사대부, 특히 중하층 사대부들은 여행과 신
분을 연계해 자신들의 여행문화는 당연히 일반인의 그것과 달라야 한다
고 인식하고 있었다. 이와 같은 표현 방식은 강남 지역 도시 부근의 여행
객이 많은 명승지에서 가장 두드러지게 드러났다. 왜냐하면 이러한 명승
지가 일반인들이 가장 많이 다니는 여행지였기 때문이다. 사대부들은 여

행 시간을 일부러 일반인들과 달리했다. 이유방은 소주의 호구를 여행하는 데서 "여행객이 혼잡한 시간만은 적합하지 않다"고 하면서 『유호산교소기』에서 다음과 같이 말한다.[1]

중추절에는 호구를 여행하는 사람 수가 더 대단하다. 사람들이 성에서 물밀듯이 쏟아져 나와 음악 소리와 웃음소리가 산림을 들썩여 밤새도록 끝이 없다. 급기야 언덕과 계곡마다 술판이 벌어져 더럽고 혼잡하니 한스러울 지경이다. 나는 초열흘에 군에 도착하여, 며칠 밤을 계속 호구에서 놀았다. 달빛이 정말 아름다웠고, 유람객들은 아직 적었다. 바람 불고 달빛 비치는 정자 사이에, 붉게 단장하고 악기를 연주하며 노래를 부르는 한두 무리가 있는 것도 나쁘지 않았다. 그러나 역시 산이 텅 비고 인적이 없을 때, 혼자 가서 마음속으로 즐기는 것만은 못했다. (…) 올 봄 나는 무제無際, 집안 조카와 함께 이곳에 사는 중화仲和를 방문했다. 한밤중에 달 떠오르고 사람 없을 때, 함께 석대에 앉아 더 이상 술도 마시지 않고 말도 하지 않으며 고요한 마음으로 마주 대하니 그윽하게 맑은 경물과 동화되는 듯했다. (…) 친구 서성원徐聲遠이 시를 읊었다. "오직 추운 계절만이 좋고 꼭 한밤중에 노닐어야 한다네." 정말로 맞는 말이다.[2]

이유방은 다른 사람들이 여행할 때는 사람들의 시끄러운 소리가 아름다운 경관을 저속한 장소로 바꾸어놓으므로, "언덕과 계곡마다 술판이 벌어져 더럽고 혼잡하니 한스러울 지경"이라, 그는 "한밤중에 달 떠오르고 사람 없을 때" 와서 여행해야 비로소 "산이 텅 비고 인적이 없을 때, 혼자 가서 마음속으로 즐기는" 경지에 이를 수 있다고 했다.

또 다른 여행 명승지 항주의 서호 역시 많은 사람이 여행하는 곳이라 사대부들은 특별히 신경을 써서 여행객이 적은 시기를 골라 여행해야만 했다. 장경원張京元은 "소제의 여섯 다리를 넘어가면, 제방 양편에 온통 복사꽃과 버드나무가 심겨 있어 살랑살랑 한들거렸다. 이삼월에 버들과 복사꽃이 피어 유람객으로 꽉 찬 모습을 생각하면 지금의 맑은 아름다움만 못하구나"라고 했는데,[3] 장경원이 선택한 시간은 사람이 드문 계절이었다. 또 다른 사람이 선택한 시간은 하루 중 이른 아침이나 늦은 밤이기도 했는데, 원굉도의 경우가 그러하다. 그는 만력 25년(1597) 오현지현을 사임하고 오월吳越 지역을 이리저리 노닐 때 처음 항주 서호를 여행했다.

> 서호가 가장 흥청거릴 때는 봄에 달이 뜰 때다. 그러나 항주 사람이 서호를 유람할 때는 오시[11~13시], 미시[13~15시], 신시[15~17시]뿐이다. 사실 푸르게 물든 호수의 정교한 빛깔과 산의 안개가 펼쳐놓는 기묘한 색은 모두 아침 해가 막 뜰 때나 석양이 아직 사라지지 않을 때라야 비로소 그 농염함이 절정에 이른다. 달이 비친 경관은 말할 필요도 없다. 꽃의 자태와 버들가지의 정취, 산의 모습과 물의 자태가 특별한 멋을 자아낸다. 이러한 즐거움은 남겨두었다가 산승이나 유람객과 더불어 즐겨야지, 어찌 속된 선비에게 말하겠는가?[4]

원굉도는 평범한 시간에 서호를 유람하는 항주 사람들을 '속된 선비'로 간주했으며, 시간을 잘 이해하여 "아침 해가 막 뜰 때" 놀러 나오는 "산승이나 유람객"을 높이 평가했다. 이와 같은 예는 장대의 「서호칠월반西湖七月半」에도 보인다. 이 글에서는 명말 항주 사람들이 칠월 보름에 서호로 유람 나온 정경을 소개하고 있는데, 사회 각층 인사의 여러 자태를 생동감 넘치게 묘사하는 것 외에, 문장 말미에서 자신의 여행 방식을 설명하고 있다. "호숫가 사람들도 무리를 따라 서둘러 집에 돌아가 드문드문 적어지다가 순식간에 다 흩어졌다. 우리들은 그제야 배를 기슭 가까이 대었다. 단교斷橋*의 돌길이 서늘해지자 그 위에 자리를 펴고 손님을 불러 마음껏 마셨다."[5] 이 글에서 보건대, 사대부들은 일부러 시간을 선택하거나 혹은 자신만의 독특한 여행 시간을 가졌음을 알 수 있다. 이일화는 『미수헌일기味水軒日記』에서 벗과 함께 호수를 여행한 경험을 기록하고 있다. 당시 기온이 매우 낮아 "강물이 얼어 얼음 조각이 배에 달라붙었는데, 석양이 비추니 부서진 옥과 같았다. 기슭에 천 그루 버들은 앙상한 가지가 하늘을 찔렀고 유람객은 자취를 감추었다." 그러나 그는 도리어 매우 득의해져서 "나는 맑고 고요하며 밝은 것은 이때보다 더 나은 때가 없다고 생각하니, 봄날 밤 강에 뜬 달보다 훨씬 좋구나"라고 했다.[6]

이 밖에 일반 사람들과 구분하기 위해 특별히 사람들이 자주 가지 않는 곳을 여행지로 선택한 이도 있다. 그 요건 중 하나는 해당 장소가 도시와 너무 가까워서는 안 된다는 것이었는데, 도시와 너무 가까우면 많은 여행객을 불러들이게 되고, 그러면 그들만이 향유하려는 '우아한' 흥취가 방해받기 때문이다. 이는 왕세정이 명승지를 논할 때 특별히 소주 교외의 석호를 손꼽은 것과 같은 이유다. "우리 오 지역은 명승지라고 할 장소가 적지 않다. 그러나 가까울 경우 저자의 시끄러운 소리가 귀에 닿고 저자 사람들의 발길이 이어진다. 뛰어나지만 멀 경우 거마가 가기 어렵고 연회 물품도 쉽게 고갈된다. 도심과 떨어지면서도 이 둘을 겸비한 곳은 오로지 이 호수뿐이다."[7] 이유방은 소주 부근 호구의 단점을 지적

---

* 서호 고산孤山 옆에 있는 다리. 본 이름은 보우교寶祐橋다. 당대부터 단교라고 불렀다고 한다.

한다. "불행히도 도시와 가까우니 유람객들은 모두 누린내와 악취를 쫓아온 것이지 높이 올라 조망하는 흥취를 아는 사람이 아니다." 그는 중추절에 호구를 유람하며 "더럽고 혼잡하여 가까이 갈 수 없어 코를 막고 떠났다"라고 했다.[8] 또 남경을 예로 들면, 담원춘은 「초유오룡담기初游烏龍潭記」에서 자신은 특별히 성안에 있는 오룡담을 즐겨 찾고 있다고 했다.

> 백문白門(남경) 유람은 대부분 물 구경이다. 물가 중 유람할 만한 곳은 '연자燕子'지만 멀다. 호수로서 유람할 만한 곳은 '막수莫愁'와 '현무玄武'지만 성 밖에 있다. 강으로 유람할 만한 곳은 '진회'지만 아침저녁으로 갈 수 있다. 오직 연못 가운데 유람할 만한 곳으로는 '오룡담'이 있는데, 성안에 있어 가마를 타면 바로 도착하며 그곳에 정말로 볼일이 있는 사람이 아니면 가지 않으므로, 세 골칫거리를 피할 수 있다.[9]

오룡담은 사대부의 품격에서 중시하는 "세 골칫거리를 피할 수 있는" 조건에 딱 들어맞았다. 즉 거리가 멀지 않고, 아름다운 경치가 비교적 오래 지속되며, 여행객이 많지 않다는 것이다. 왜냐하면 일반 사람들은 모두 남경 성내와 근교의 명승지로 유람을 가는데, 유독 오룡담만은 성안에 있어서 가마를 타면 바로 도달할 수 있거니와 "그곳에 정말로 볼일이 있는 사람이 아니면 가지 않는" 곳이어서 맞춤한 장소였다. 혹은 일반 사람들이 여행하는 명승지 가운데 사람들이 그다지 많이 몰리지 않는 장소를 찾는 방법도 있었다. 이일화는 일기에서 만력 43년(1615) 중원절에 친구 및 그의 아들과 함께 항주 서호의 소제를 유람한 뒤 이렇게 기록했다. "민간에서는 중원절의 우란분회를 중시한다. 이날에는 온 성의 남녀가 모두 나와 밤이 되면 호수에 배를 띄우는데, 크건 작건 모두 빌려서

동이 터서야 끝난다. 그러나 단지 동북쪽의 반쪽만 들끓는 듯하고, 호수의 남쪽은 적적하여 한 조각 달빛만이 노래하며 춤추는 몇 무리를 비출 뿐이다."[10] 당시의 여행 경험이 너무 좋아서 이일화는 "그래서 한가할 때 다시 오기로 약속했다"고 했다.[11]

사대부들은 여행할 때 일부러 이상한 행동을 해서 대중들의 이목을 끌기도 했다. 원굉도는 여행할 때 혼자 깃발 꽂아놓는 것을 좋아했고 고의로 특이한 행동을 하기도 했다. 그는 북경에서 고량교를 여행할 때 쓴 유람기에서 자신과 친구들을 일부러 우아하게 묘사했다 "오래된 나무등지 위에 가부좌 틀고 앉아 마시는 차를 술로 여기고, 물결과 나무 그림자로 흥을 돋우며, 오르락내리락하는 물고기와 새, 오가는 사람들을 놀이 도구로 여긴다." 오가는 여행객의 안목에 대해서는 코웃음을 친다. "제방 위 유람객들은 참선에 미친 것처럼 나무 아래 하릴없이 앉아 있는 우리를 보고 서로 쳐다보며 비웃었다. 그러나 우리 또한 저 자리에 있는 사람들을 보고 시끄럽게 떠들고 화내고 트집 잡는 등 산수의 정취를 도무지 느끼지 못하고 있으니 무슨 즐거움이 있겠느냐고 살짝 이야기했다."[12] 이러한 태도gesture를 통해 사대부들은 대중과는 다른 풍격이나 품위를 드러낼 수 있었다.

2) 여행의 도: 품격 확립의 이론화

명말 몇몇 사대부는 특별한 여행 이론을 발전시키려고 했는데, 이것이 바로 그들이 말하는 '여행의 도遊道'다. 여행의 이론화 혹은 형이상학적 화법을 자세히 살펴보면, 사실 모두 특별한 목적이 있다. 소비의 각도에서 보면, 이는 사대부들이 여행이라는 행위를 이론화한다기보다는 소비의 품격을 확립하려는 것이었으며 그 목적은 대중과의 차이에 있었다.

명말의 여행 풍조 속에서 대량의 유람기가 출판되었는데, 심개沈愷*는 이러한 상황을 비판하고 있다. "지금 여행을 좋아하는 이들은 명승지에 갈 때마다 번번이 화려한 표현을 늘어놓는데 모두가 그러하다. 그러나 내가 본 기록들은 대개 풍경에만 마음을 빼앗겨 뜬구름 잡듯 타당하지 않은 허황된 말이다."[13] 전겸익錢謙益은 「월동유초인越東游草引」에서 당시 유람기가 유행하는 풍조에 대해 말하고 있다. "나는 일찍이 오 지역 명사들이 말하는 소리를 들었다. '어느 장소 어느 산은 한 번이라도 여행을 안 할 수가 없다. 어느 산을 여행하면 한 번은 기록하지 않을 수 없다.'" "지금 항성杭城[항주]에서 출판된 명산기가 책상에 가득 쌓여 있다"라고 할 정도였다.[14] 이를 통해 유람기를 쓰는 일이 사대부에게 중요한 문화 자본이 되었음을 알 수 있다. 사대부들은 유람기로 한편으로는 품격을 만들었고 또 한편으로는 일반 여행객들과 자신들을 구분 짓는 중요한 지표로 삼았다. 추적광은 「태응초자서台鷹草自序」에서 이렇게 말한다. "여행에 대해서도 잘 말하기 어렵다. 반드시 명승지에 가려면 여행 도구가 있어야 하고, 반드시 명승지를 기록하려면 문장력이 있어야 한다. 명승지에 가는 데 도구가 없으면 험준한 곳을 오르고 깊은 물가를 가는 데만 영향을 받을 뿐이다. 명승지를 기록하는 데 문장력이 없으면 기이함을 찾으려다 특이함을 놓쳐서 또한 꿈속을 헤매게 된다."[15]

명말의 몇몇 유람기에서는 특별히 자신을 고상하게 여기는 사대부를 볼 수가 있다. 그들은 늘 여행의 도를 내세워 당시의 여행 풍조를 비

---

* 가정 8년(1529) 진사. 자는 순신舜臣, 별호는 봉봉鳳峯, 화정華亭(지금의 상하이시에 속함) 사람. 장욱張旭을 본 뜬 초서를 잘 썼다.

판하고, 고상한 여행의 도가 이미 몰락했다고 주장했다. 호응린胡應麟(1551~1602)은 "대개 시는 여행의 도와 더불어 지금에 이르러 모두 병들었다"고 했다.[16] 그러나 여행의 도가 몰락한 것은 몇몇 사람의 세속화로 인한 결과였는데, 가장 자주 비웃음을 산 대상은 바로 상인과 청객淸客[*]이었다. 이 가운데 후자는 아마도 하층 생원 부류였을 것이다. 진계유는 "여행의 도가 천박해진 것이 어찌 다만 오늘의 일이겠는가"라고 탄식하며 다음과 같이 말한다.

옛날의 여행에는 두 품격이 있었으나, 오늘날〔의 여행〕은 셋으로 늘었다. 보따리를 가지고 다니는 상인들의 여행이 있고, 말만을 앞세우는 청객들의 여행이 있으며, 그들의 두 재주를 아우르는 경우가 있다. 이 경우에 왼손엔 상인을, 오른손엔 청객을 쥐고는, 겉으로는 『시경』과 『초사楚辭』를 나불거리고 뒤로는 실속 있게 주머니를 채운다. 지금에 이런 일이 퍼지니 여행의 도가 모욕당했구나! (…) 반평생 졸며 지낼지언정 청객이나 상인을 따라 해서 청련선생靑蓮老子(이백)의 비웃음을 사지 말기를.[17]

이러한 사람들이 유람기를 쓸 때 남을 비판하는 의도는 사실 자신의 여행 품격이 출중하다는 것을 드러내기 위해서였다. 진계유는 또 다른 글 「민유초서」에서 주공미의 말을 빌려 다시 한번 상인과 청객의 여행 활동을 비판한다.

나는 민閩 지역에 간 사람들이 걸핏하면 시 짓는 것을 보았다. 그러나 장

---

[*] 부잣집에서 주인에게 오락을 제공하는 문인. 대표적인 예가 『수호전』의 공놀이에 뛰어났던 고구高俅다. 방한帮閑이라고도 한다.

사하러 여행하지 않으면 말을 앞세워 여행했다. 오직 나만이 그렇지 않아 역참을 이용하지 않고 가마꾼을 요구하지 않으며 지주에게 술값을 신세 지지 않으니, 이것이 깨끗한 여행이다. 손에는 걸쇠가 없고 발에는 발걸이 가 없으며 허리와 무릎에 비단을 묶지 않고 용감하게 앞장서서 두발을 허 공에 두고 칠 척 몸을 옛 방법死法에 묶어두지 않으니, 이것이 자유로운 여행이다. 원숭이가 가지를 바꾸지 않고 새가 소리를 바꾸지 않으며 나무 꾼과 목동은 만나지도 않고 일행에는 변화가 없으니, 이것이 조화로운 여 행이다. 여행은 이 세 덕목을 근거했고 때때로 시를 지어 바로잡았다.[18]

진계유는 마지막에 자신만의 여행의 도인 '세 덕목'을 제시하는데, 바 로 다른 사람의 도움을 받지 않고, 많은 여행 도구를 준비하지 않으며, 안내자를 찾지 않는 것이다.

유사한 예를 왕사임의 「기유」에서 볼 수 있다. 그러나 그의 비평은 진 계유보다 더욱 넓어져서 관리, 사대부, 부유한 사람, 가난한 사람 등 각종 신분의 사람들, 노인과 청년 등 각종 연령의 사람들, 1인 여행, 위탁 여행, 간편 여행 등 각종 형식의 여행 모두에 대해 단점을 지적하고 있다.

나는 일찍이 이렇게 생각했다. 관리의 여행은 운치가 없고 사대부의 여행 은 남을 따르지 않으며, 부유한 자의 여행은 우아하지 않고 가난한 자의 여행은 윤택하지 못하며, 노인의 여행은 전진하지 못하고 젊은이의 여행은 이해하지 못하며, 떠들썩한 여행은 생각이 없고 나 홀로 여행은 말이 없 으며, 위탁 여행은 영화롭지 않고 간편 여행은 존중받지 못하며, 바쁜 여 행은 흡족하지 않고 단체 여행은 정이 없으며, 폐를 끼치는 여행은 즐겁지 않고 허세 부리는 여행은 달콤하지 않으며, 사서 하는 여행은 멀리 가지 못하고 빚지는 여행은 갚기가 어려우며, 건조한 여행은 특별하지 않고 남을 따르는 여행은 나답지 않으며, 돕는 여행은 구경할 수가 없고 고생스러운 여행은 계속할 수 없으며, 겉핥기식 여행은 감상할 수 없고 제한된 여행은 노닐 수 없으며, 낭비하는 여행은 규율이 없다고 여겼다. 내가 말하는 여행은 이 여럿을 절충하여 꺼리는 것을 피하고 이로운 곳으로 나아가며, 사악한 것을 제거하고 좋은 것을 늘렸다. 여행의 도는 바다와 같이 넓으니 아마도 표주박으로 바다를 측량蠡測*하려는 것과 같으리라.[19]

왕사임은 다른 사람을 비판한 뒤에 문장의 끝부분에서 자신의 '여행의 도'가 가장 깊고 좋다고 하면서 이른바 "여럿을 절충하여 꺼리는 것을 피하고 이로운 곳으로 나아가며, 사악한 것을 제거하고 좋은 것을 늘렸다"라고 하고 있다. 그는 오직 자신만이 여행의 도리를 이해한다고 강조하고 있는데, 사실은 일관되게 자신의 품격이 출중해 자신이 남과 다르다는 점을 밝히는 것이다. 명대 사람이 편찬한 것으로 '취오각'에서 평을 달고 선별翠娛閣評選한 소품집에서는 이 문장에 대해 다음처럼 평한다. "여행하며 멋진 일을 기록하는 것을 사람들은 속되다 여겼으니 이와 같이 제시함이 마땅하다. 여행의 경지는 속된 이가 얻으면 속되고 우아한 이가 얻으면 우아해진다."[20] 이 단락은 더욱 분명하게 여행의 도가 왕사임이 말한 바와 같이 사실 자신이 만든 '우아함'과 일반인의 '저속함'을 구분하기 위한 것임을 나타내준다.

'여행의 도'에 관한 담론에서 몇몇 사대부가 구분하려는 대상은 이미 대중적 여행을 할 수 있는 서민뿐만 아니라 부유한 상인과 청객 노릇을

---

* '대롱으로 하늘을 살피고, 표주박으로 바다를 측량하다以管窺天, 以蠡測海'에서 따온 말이다.

하는 속된 사대부로부터 심지어 관리의 여행에까지 이르렀으며, 이들은 모두 사대부들이 자신과 구분하고 경쟁하는 대상이 되었다.

3) 여행 도구의 정밀화: 품격 확립의 구체화

여행 풍조가 성행함에 따라 명말에 저명한 문인들은 또 일련의 '여행 도구遊具'라는 논점을 전개시켰다. 고렴高濂(약 1527~1603)의 『준생팔전』, 도륭(1542~1605)의 『유구아편遊具雅編』, 문진형의 『장물지』가 대표적이며, 이 세 책은 체계적으로 여행 도구의 종류와 기능을 설명하고 있다. 대체로 여행 도구는 다섯 종류로 구분할 수 있다. 옷·신발·모자, 장비, 음식 그릇, 문방용품, 교통수단 등이다(340쪽의 표 3). 이 세 책에 기록된 많은 부분이 서로 비슷한 것으로 보아 세 책은 상당 부분 서로 베껴 썼음을 알 수 있다. 이 밖에도 여행 도구로 간주되는 범위가 점점 줄어들었거니와 또한 초기의 담론에서는 실용성을 많이 강조했다. 초기에는 "정교하다精"나 "우수하다佳" 또는 "좋지 않다不佳"나 "적당하지 않다不宜"라는 말로 좋고 나쁨을 구분한 반면, 뒤로 올수록 매우 분명하게 우아함과 저속함으로 그 좋고 나쁨을 구분하고 있다. 이를 통해 명말 문인 사대부들은 여행 도구를 사용하면서 이를 정밀하게 다듬어 자신만의 품격을 확립했고 아울러 구체적으로 이를 펼쳐 보였음을 알 수 있다. 몇 가지 대표적인 여행 도구를 소개하면 다음과 같다.

고렴과 도륭의 책에는 그들이 가장 강조한 네 물품이 쓰여 있는데, 바로 제합提盒[휴대용 바구니], 제로提爐[휴대용 난로], 비구갑備具匣[도구 상자], 주준酒樽[술통]이다. '제합'의 용도는 현대의 도시락에 가깝지만 용량이 더 크다. 그 내부는 여러 층으로 되어 있고, 각 층은 다시 네 칸이나 두 칸으로 나뉘어 술잔 6개, 술 주전자 1개, 젓가락 6벌, 권배勸杯* 2개를 넣을 수 있다. 나머지 부분에서 네 칸으로 나뉜 곳은 칸마다 안주를 담는 6개의 작은 접시를 넣을 수 있고, 두 칸으로 나뉜 곳은 칸마다 반찬을 담는 4개의 큰 접시를 넣을 수가 있다. 작자에 따르면 이 도시락 바구니의 용량은 "손님 여섯이 필요한 물품을 넣을 수 있다"[21]고 한다(그림 4-2, 4-5). '제로'는 내부가 3층으로 나뉘는데, 가장 아래층에는 구리로 만든 수화로水火爐**를 바닥에 끼워 놓고 그 위에는 구멍이 2개 뚫린 판을 올려놓는데, 한쪽은 찻주전자를 놓아 차를 끓이는 용도로 쓰고 다른 한쪽은 통 모양의 솥을 놓아 탕을 끓이거나 술을 데우는 데 쓴다. 가장 위층에는 사용할 숯을 놓아둔다(그림 4-3). '비구갑'은 위는 얕고 아래는 깊은 상자로, 안에는 작은 빗 상자, 찻잔, 주사위놀이 통骰盆, 향로, 향 상자, 차 상자 등을 담으며, 그 밖에 문방사우를 넣을 수 있다. 게다가 서적용 작은 상자, 마작패 상자, 향탄(태워 향기를 내는 숯)과 떡 상자, 휴대용 문구 상자 및 시통詩筒등을 담을 수 있다.[22] 이러한 물품을 담는 이유는 "산에서 잘 때 편리하고" "산에 가지고 놀러가도 준비가 매우 잘된 것 같기" 때문이다.[23] '주준'은 멀리 떠날 때 술을 담는 도구다. 고렴과 도륭의 두 책에서는 모두 태극준太極樽과 호로준胡蘆樽의 두 술잔을 기록하고 있다(그림 4-4). 고렴과 도륭 모두 산을 여행할 경우에는 마땅히 위의 네 물건을 휴대해서 "시렁 두 개에 묶어 함께 어깨에 짊어지면, 이 모두가 나의 멋진 흥을 돋운다"라고 했다.[24]

---

* 술잔의 이름. 주로 남에게 경의를 표하며 술을 올릴 때 사용한다. 술잔이 크고 아름답다.
** 이동에 편리한 금속제 소형 화로. 윗부분에 구멍이 2개 나 있어 찻주전자와 작은 솥을 올려놓고 끓일 수 있다.

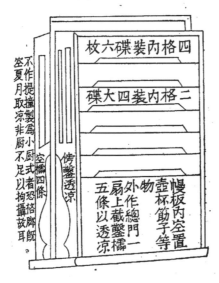

山遊提合圖式

四格內裝碟六枚

二格內裝大碟四

慢板內空置壺杯筋子等物外作總門一扇上截鑿橱五條以透涼

傍鑿透涼

空橱四條

不作提撞製爲小厨式者恐挌脚餒窑夏月取涼非厨不足以拘攝故耳

그림 4-2. 「제합도」

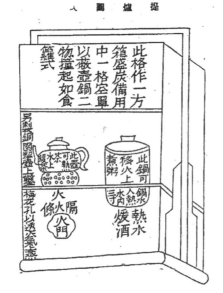

提爐圖

此格作一方箱盛炭備用中一格空單以蔽壺鍋二物撞起如食籠式

此鍋可入熱水內移火上煮粥

熱水煖酒

此壺可茶上煖水

隔火門火條

另刻花鍋圖壺上鑿

梅花孔以透火氣盡

그림 4-3. 「제로도」

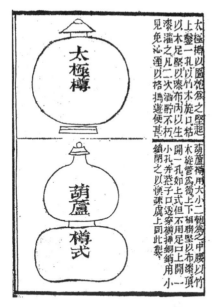

그림 4-4. 「주준도」

그림 4-5. 「고소번화도姑蘇繁華圖」의 가마와 휴대용 바구니, (청) 서양徐揚

교통수단도 비중이 큰 '여행 도구' 중 하나다. 화방과 같은 교통수단은 앞서 서술한 것처럼 상인들이 부를 과시하는 도구가 되었고, 사대부들은 신분의 과시를 위해 또한 교통수단에 주의를 기울였다. 명말에 조금이라도 재력이 있는 사대부라면 스스로 놀잇배나 화방을 사서 여행 도구로 사용하지 않는 경우가 없었다. 이일화는 일기에서 오정소吳貞所를 언급하며 "스스로 '무착거사無著居士'라 했고, 고을에서 추천되어 난양령蘭陽令에 임명되었다가 사직하고 돌아와 집안일을 정리한 뒤, 화방을 타고 강호江湖 사이를 여행했다"라고 했다.[25] 그러나 그들이 간 길은 또 다른 길로서, 이른바 우아한 품격을 강조했다. 문진형은 『장물지』 권9의 앞부분에서 배의 형태에 대해 한차례 비판을 가한다. "배는 물에 익숙한 도구지만 꼬리에 꼬리를 물고 끊임없이 왕래하는 큰 배들은 가난한 선비가 마련할 수 있는 것이 아니다. [가난한 선비들이 마련할 수 있는] 청령주蜻蛉舟와 책맹선蚱蜢船*에서는 생활할 수가 없다." 또한 특히 "누선이나 방주方舟**와 같은 여러 배는 모두 속되다"라고 하고 있다.[26] 문진형은 유행하고 있는 유람선들은 모두 "생활할 수 없"거나 "모두 속되다"라고 비판하고 있다. 그렇다면 '가난한 선비'가 사용할 수 있으며 또한 '속되는' 굴레에 빠지지 않는 기준은 어떤 것인가? 문진형이 기준으로 삼는 형태상 원칙은 다음과 같다. "창문과 난간은 서재처럼 하고, 선실에는 연회를 차려놓으니 마땅하지 않은 것이 없다." 또한 그는 여행할 때의 기능성과 실용성을 강조한다. "멀리 가는 사람을 전송하고 가까이 떠나는 사람을 전별하며 이별의 정을 보이는 데 사용한다. 산에 오르거나 물가에 가서 그윽한 생각을 펼

---

* 절강성 구강甌江 유역에서 유행한 길이 약 9미터에 폭 2.5미터로 양끝이 뾰족한 배. 모양이 메뚜기와 비슷해 이러한 명칭이 붙었다.
** 사각형의 큰 배.

처내는 데 사용한다. 눈이 올 때 방문하거나 달을 감상하며 고상한 운치를 글로 써낼 때 사용한다. 꽃다운 계절을 감상하거나, 아름다운 여인이 연밥을 캐거나, 한밤중에 들리는 맑은 소리나 강의 복판에서 노래하며 춤추는 것은 모두 인생에서 마음에 맞는 한 대목일 것이다.”[27] [여행 도구로서 배는] 종합하면, “서재처럼” 고상함을 요구하면서도 “산에 오르거나 물가에 가거나” “눈이 올 때 방문하거나 달을 감상하는” 실용성을 갖춰야 하며 동시에 충분한 공간이 있어 가기와 배우들이 손님에게 오락을 제공할 수 있어야 했다.

명말의 다른 사대부들 또한 비슷한 견해를 가지고 있었다. 진계유는 「암서유사岩栖幽事」에서 놀잇배의 구매와 관리에 대해 언급하고 있으며 아울러 놀잇배가 생활하거나 여행할 때 가장 좋은 도구임을 강조하고 있다.

> 산에서 살려면 반드시 작은 배 한 척이 있어야 하는데, 붉은 난간과 푸른 휘장, 밝은 격자창과 짧은 돛이 있고, 배 중앙에는 서책과 청동 그릇, 술과 안주를 어지러이 놓아둔다. 가까이로는 봉묘峰泖*까지 가고, 멀리 북으로는 경구京口**까지 가며, 남으로는 전당까지 간다. 바람이 순조롭고 길이 편하면 옛 친구를 찾아가기 좋다. 머무는 사람이 있으면 밤새 얘기하거나 열흘 동안 술을 마셔도 무방하다. 아름다운 산수를 만나면 간혹 고승이나 야인의 거처에서 대나무로 지붕을 잇고 연이어진 풀꽃 속에서 두건 쓰고 지팡이 짚고 서로 마주하고만 있어도 편안하다.[28]

---

* 구봉삼묘九峰三泖. 상해시 송강부에 위치한다. 상해의 유명한 여행지다.
** 강남 운하의 북쪽 입구. 장강의 하류에 있으며 군사적 요충지였다.

위에서 진계유가 강조하는 품격과 기능성 및 실용성에 대한 견해는 문진형의 『장물지』의 견해와 서로 일치한다. 『준생팔전』『유구아편』『장물지』는 모두 배의 형태와 크기 및 장식에 대해 말하고 있다. 고렴의 책에서는 가벼운 배의 형태에 대해 "형태는 부삽과 같고 배의 바닥은 평평하며, 길이는 두 장[6미터] 남짓하고, 뱃머리 너비는 네 자 정도이며, 내부에 손님과 주인 여섯 명과 하인 네 명이 탈 수 있다"고 했다.[29] 나아가 앞, 중간, 뒤의 세 개 선창으로 나뉘어 선창마다 특수한 배치와 기능이 있다고 말한다. 앞 선창에 대한 그의 서술은 길지 않으며, 중간 선창에 대해 그는 천으로 사이를 막고 내부에 고급 가구를 둘 수 있으며, 뒤 선창은 남색 천으로 선체를 장식했는데 이곳은 하인들이 일하는 공간이라고 했다. 그는 노에도 장식을 해야 한다고 했다. 이상적 경지는 한편으로 배를 젓고 한편으로 차를 끓여 "연기가 한 줄기 피어나면 황홀하게 그림 속의 외로운 배처럼" 되는 것이다.[30] 도륭이 말한 이상적인 배의 형태는 고렴이 말한 것보다 크다. "형태는 대패와 같고 배의 바닥은 평평하며, 길이는 두세 장(6~9미터) 남짓하고 뱃머리 부분은 다섯 자 정도로 넓다." 그는 또 "별도로 잎사귀 같은 작은 배를 둔다"고 했는데, 그 주요한 목적은 오고 가는 데에 있지 않고 몸이 산수화 속에 있듯 한가롭고 우아한 정경을 만들어내는 데에 있었다.[31] 문진형은 배에 대한 견해에서 도륭보다 한 걸음 나아가, 배를 네 개 선창 즉 앞, 중간, 뒤, 탑하창榻下倉으로 나누었다. 또한 더욱 엄격하게 장식과 기능을 설계했다. 앞 선창은 하인들이 주인을 위해 근무하는 주방과 비슷하고, 중간 선창에는 가구들을 배치해 손님들이 즐길 수 있게 하며, 뒤 선창은 주인의 서재이고, 탑하창은 옷장과 창고로 쓴다. 문진형 또한 작은 배 한 척을 따로 마련하라고 제시했는데, 그 용도는 도륭의 견해와 유사해, "낚싯대를 들고 음풍농월하기" 위한 것이었다. 그러나 그는 작은 배의 장식에 대해서는 더욱 중시해 "푸른 천으로 긴 천막을 만들어 양쪽으로 처마를 설치하는데, 앞에는 두 개 대나무로 기둥을 세우고 뒤에는 선미의 못이 박힌 두 곳에 묶으며, 동자 하나가 이 일을 맡았다"고 했다.[32]

이들 문진형·고렴·도륭 세 사람의 배와 작은 배에 대한 규제 및 장식의 이론들은 결코 개인의 공상에 그친 것이 아니었다. 실제로 명말 사대부 가운데 확실히 이를 실천한 자들이 있었다. 예를 들면, 왕임형은 호씨胡氏 화방의 기능을 다음처럼 기술한다.

> 호씨는 작은 배 둘을 연결하여 그 위에 목판을 설치하고 사방에 기둥을 세워 푸른 기름을 먹인 장막으로 덮었다. 몇 개 좌석 사이에 부용꽃을 온통 깔아놓으니 과연 화방이 되었다. 명을 내려 배를 물 가운데에 띄우니, 맑은 바람이 천천히 불어오고 은은한 향기가 코를 스치며, 푸른 잎과 붉은 꽃이 무성하여 사람을 맞이하니, 마치 유람객의 소매를 잡아끌며 놓지 않는 듯했다.[33]

호씨의 화방은 도륭과 문진형의 견해에 부합할뿐더러 새롭고 특이한 형태를 선보이고 있다. 그는 기능성뿐 아니라 장식을 매우 중시해 화방에서 향기까지 나게 했기 때문이다.

지금까지 서술한 방식은 상인이 유람선으로 경쟁해오는 상황에 대한 사대부의 대처 방안이라고 할 수 있다. 이리하여 앞다투어 유람선에 신기한 것을 추구하는 경향이 조성되었고, 이뿐 아니라 사대부 스스로 창조한 여행 도구가 나타나면서 사대부들은 자신만의 품격을 표현하게 되었다. 예를 들면, 황여형黃汝亨(1558~1626)은 「부매함기浮梅檻記」에서 새로운 유람선을 발명하는 과정을 서술하고 있다.

내가 여름에 황산과 백악白岳*을 여행할 때 시내와 숲 사이를 지나는 대나
무 뗏목을 보았는데, 호사가가 술을 싣고 가기에 매우 적합하게 여겨졌다.
이에 내 집이 서호가에 있고 호수가 물이 맑고 넓으니 이 도구가 맞을 것
이라고 생각했다. 돌아와 오덕취吳德聚와 상의하여 〔대나무 뗏목을〕 만들고
는 붉은 난간에 푸른 장막을 쳐 사방으로 펼쳤더니, 마침내 안개와 물과
구름과 노을이 한자리에 합쳐져 매우 시원했다.³⁴

황여형은 이것을 '부매함浮梅檻'이라 이름 붙이고 서호로 끌고 나가 유
행시켰다. 그는 스스로 자랑하며 득의하여 다음처럼 말했다. "매번 꽃이
핀 달밤 그리고 산음山陰[소흥]에 눈이 깨끗할 때, 나는 때로 시인 및 선
승과 함께 소제의 여섯 다리를 한가롭게 지나갔다. 구경꾼들이 담처럼
둘러싼 채 모두 서호에서 천 년 이래로 이런 경관이 없었다고 감탄했다.
당시 소식과 백거이白居易의 풍류도 인정이 이처럼 새로운 것을 좋아하리
라고는 생각지 못했을 것이다."³⁵ 황여형은 자신의 품격이 탁월하다고 과
장하며 소동파와 백거이도 자신에 훨씬 미치지 못할 것이라 했다. 그는
항주 사람들이 새로운 유행을 좋아한다는 것을 알고 이처럼 새로운 여
행 도구를 창조해 여러 사람의 이목을 끌었다. 사실 부매함이란 일종의
대나무 뗏목에 불과하다. 이러한 유행의 풍조는 거짓이 아니었으며, 우순
희조차도 "산 계곡 곳곳에 대나무 뗏목을 띄우는 일은 고금의 현인도 한
일이지만 호수에 뗏목을 띄우는 일은 전혀 알지 못했다. 마침내 천 년만

---

* 제운산齊雲山. 안휘성 황산시 휴령현休寧縣 서쪽에 있으며 황산과 남북으로 마주하고 있다. 도교
4대 성지의 하나이기도 하다.

에 사물의 명칭을 창조해낸 것은 정보貞父[황여형의 자字]의 공이로다"라
고 했다.[36] 여행 도구가 강남에서 얼마나 풍미했는지를 알 수 있다.

5.

결론

1

명말 사대부가 여행을 좋아했던 풍조는 몇몇 사대부가 자신의 성격을 묘사한 것에서 혹은 다른 문인을 형용한 것에서 찾아볼 수 있으며, 일상생활 속의 담론에도 많이 찾아볼 수 있다. 이 영향력은 상층과 하층 사대부에게 고루 미쳐서, 관직을 맡은 사람의 '관리의 유람'이나 혹은 하층 문인들의 '사대부의 유람'을 막론하고 모두 매우 성행했다. 당시 유람기의 대량 출현도 이러한 풍조의 영향을 받았음을 알 수 있다. 명말 사대부의 여행에 대한 분석을 통해, 우리는 당시 여행과정의 특징이 쾌적성과 향락주의를 강조한 것이었음을 알 수 있었다. 이는 이전 시대와 비교해 더했으면 더했지 모자라지는 않았다. 반면 [여행과정에서] 지식에 대한 추구와 모험은 부차적 목적에 그쳤던 것 같다. 대략 이와 동시에 대중적 여행도 성행했다. 도시 안과 부근의 유명 여행지마다 도성의 남녀가 모여 즐기는 상황이 연출되었다. 명말에는 많은 묘회 행사도 새롭게 등장해 원거리의 참배활동에 참여하는 이들도 있었다. 명말에는 일반인들의 여행 풍조가 성행해 점차 하층민에게까지 확대되었다. 대중 여행 활동 또한 오락성을 목적으로 했다.

2

소비의 각도에서 명말의 여행문화를 보았을 때, 여행활동의 대중적 보급과 오락성은 사대부의 여행문화에 충격을 주었다. 명대 이전에는 거의 사대부와 귀족 계층만이 여유로운 여행을 할 수 있었으나, 명말에는 일반 대중도 여행을 할 수 있었다. 특히 부유한 상인이 자신의 재력을 여행이라는 소비 형식을 통해 점차 신분 상승의 도구로 만들자, 사대부는 이들과 사회적으로 경쟁해야 하는 국면을 맞게 되었다. 복식의 유행이 사회적 경쟁의 산물이라면 여행이라는 소비활동은 사회 경쟁의 또 다른 영역이었다. 여행 담론에서 우리는 다시 한번 사회적 경쟁 상황 속에서 사대부들이 신분 지위에 대한 위기감을 느꼈음을 살펴보았다. 게다가 여행 경비는 결코 싸지 않았으며 이러한 경비는 일종의 여가 소비였지만, 명말의 사대부들은 이처럼 겉보기에 아무 쓸모없는 여가 소비에 열중했다. 사실 이는 일종의 '과시성 소비'였으며, 여행을 떠날 수 있다는 것 자체가 신분 지위의 표상이었다. 따라서 여행은 단순한 여유로움에 그치는 것이 아니었고, 사대부들이 자신과 다른 사람을 구분하는 상징이기도 했다. 그러나 명말에 여행을 좋아하는 사대부들이 꼭 충분한 재력이 있었던 것은 아니었으므로, 사실 사대부들은 여행할 때 상당히 많은 후원자의 도움을 받았다. 사대부들은 관리에게 자금을 협조받는 것 이외에 부호와 상인들의 도움도 받았을 것이다.

3

　사대부의 유람기에는 품격 확립에 관한 많은 담론이 들어 있어 사대부들의 심리를 충분히 반영해준다. 비록 명말 사대부 가운데에는 우아함과 저속함을 함께 즐겨 서민과 함께 여행하고자 한 이도 있었으나, 적지 않은 사대부들이 여행과 신분을 관련시켜 사대부의 여행문화는 반드시 서민의 그것과 달라야 한다고 여겼다. 그들은 여행을 등급화해 문인과 우아한 사대부만이 명산대천의 의경意境을 마음으로 깨달을 수 있다고 강조했다. 어떤 사대부들은 서민들과 함께 여행하기를 원치 않는다고 분명하게 말했다. 예를 들면, 여행 시간은 반드시 서민들의 여행 시간과 차이를 둘 것을 고집하거나, 자신만이 홀로 떠나는 시간을 만들기도 했다. 그렇지 않으면 서민이 많이 모이지 않는 곳을 여행지로 선택했다. 명말에 몇몇 사대부는 여행 이론을 발전시켰는데, 바로 '여행의 도'라는 것이다. 이와 같은 여행의 이론화 혹은 형이상학적 견해는 사실 일종의 소비 품격을 창조해 자신을 남과 구분하는 것을 목적으로 했다. 명나라 말기 사대부는 항상 '여행의 도'라는 이름으로 당시 여행 풍조를 비판했으며, 그 실질은 사대부 자신이 구축한 '우아함'과·일반 대중의 '저속함'을 구분하고자 함이었다. 이 밖에 명말 사대부들의 품격 확립은 구체적으로 '여행 도구'에서도 드러난다. 이른바 여행 도구란 교통수단과 여행할 때의 휴대품을 아울러 가리킨다. 많은 문인이 특히 여행할 때 가지고 다니는 도구를 중시했으며, 이에 더해 이 도구들을 정밀하게 다듬어 '우아한' 품격을 강조했다. 동시에 사대부들은 교통수단을 잘 꾸미고 장식하는 중요성을 강조했는데, 여행할 때의 교통수단은 신분과 품격을 나타내는 중요한 상징이 되었기 때문이다. 특히 시각적 효과가 뛰어난 유람선과 같은 여행 도구는 명말 사대부 중에 조금이라도 재산이 있는 사람이라면 모두 자비로라도 구매했다.

종합해보면, 사대부들은 이미 법령에 의해서는 하층민의 소비활동을 금지할 수가 없었기 때문에 여가 소비활동을 일종의 문화적 상징으로 바꾸었다. 그들은 신분 지위를 인정해주는 물품인 '여행 도구'를 새롭게 개발하고(또는 전시하고), 옛 물건을 '저속하고 조잡한' 것으로 차별화하는 데 힘을 기울였으며, 특이한 여행 품격인 '여행의 도'를 확립해 자신과 일반 대중 사이 신분상의 차이를 드러내고자 했다. 이렇게 하여 더욱 엄격한 품격의 원칙을 통해 사람들을 이러한 경쟁에 참여시켰다.

이 장의 분석을 통해, 우리는 일종의 소비활동의 확산이 사회 경쟁의 영역이 되어 사대부가 각종 형식으로 소비의 품격을 창조하고 신분을 구분하는 도구를 만들었음을 알게 되었다. 사실 명말의 많은 소비활동이 확산될 수 있었던 것은 제1장에서 제기한 상품화와 매우 밀접한 관계가 있으며, 이는 여행 또한 예외가 아니다.[1] 다음 장에서는 가구의 소비를 사례로 들어 상품화가 어떻게 가구를 소비하는 데 영향을 끼쳤는지 살펴볼 것이다. 이외에도 명말 소비 형태의 복잡한 정도가 단지 이 장에서 논의한 사대부와 서민의 이분법만으로 개괄할 수 있는 것이 아니기 때문에, 다음 장에서는 가구의 소비를 통해 당시 서로 다른 계층의 소비 형태를 살펴보려고 한다. 마지막으로 사대부들이 상품화를 억제하는 것은 품격을 만드는 것 외에 또 다른 방식이 존재했으며, 이는 바로 물품의 특수화였음을 탐색할 것이다.

표 3. 『준생팔전』, 『유구아편』, 『장물지』에 실린 여행 도구 비교

여행도구＼출처	『준생팔전』	『유구아편』	『장물지』
옷 신발 모자	죽관竹冠[대나무 껍질로 만든 관. 한 고조 유방劉邦이 썼다고 한다. 죽피관竹皮冠이라고도 한다.] 비운건　　　평상복 문리文履[화려한 무늬를 넣은 신발] 운두리　　　삿갓斗笠	삿갓笠	평상복 삿갓 신발 두건
장비	부채　　　　먼지떨이道扇 대지팡이　　약 상자 깔개　　　　옷상자 접이식 탁자　비품 상자	지팡이 낚싯대 옷상자 접이식 탁자 약 상자 비품 상자	방석 지팡이
음식 그릇	영배癭杯[영목癭木으로 만든 잔. 영목은 특정한 나무가 아니라 일반적인 나무에 옹이가 진 것을 말한다.] 영표癭瓢[영목으로 만든 표주박] 호리병　　　휴대용 바구니 휴대용 난로　주준[술통]	표주박 호리병 휴대용 바구니 휴대용 난로 주준	표주박
문구류	바둑　　　　시통 규전葵箋[명대 5대 공예지의 하나. 촉규蜀葵의 잎에서 즙을 짜서 죽지竹紙에 바르고 돌로 눌러서 만든다.] 운패韻牌[시의 운이 적혀 있는 조각. 시 짓기 할 때 시의 운을 한정시킬 경우에 사용한다.] 메모지葉箋	메모지	
교통수단	간이 교자便轎　소형 쾌속선輕舟	배	가마藍輿 배 조각배小船
자료 출처	(明) 高濂, 『遵生八箋』, 「起居安樂箋下·溪山逸游條·游具」, 304~310쪽	(明) 屠隆, 『考槃餘事』, 卷4, 「游具箋」, 86~90쪽	(明) 文震亨, 『長物志』, 卷7, 「器具」, 426~427쪽; 卷8, 「衣飾」, 432~433쪽 ; 卷9, 「舟車」, 433~434쪽

제5장

물질의 상품화와
특수화:

가구문화를
사례로

구름이 걸쳐 있는 숲은 맑고 신비하고, 늙은 오동나무는 이끼가 덮인 오래된 바위 사이에 있다. 탁자 하나 걸상 하나만 두어도, 사람들이 그 풍취를 보고 싶어할 정도로 정말 뼛속까지 서늘해진다. 그래서 운치 있는 선비의 거처에는 문을 들어서자마자 속세를 떠난 듯 고상하고 우아한 기풍이 있는 것이다.

_ 문진형, 『장물지·위치位置』[1]

제1장에서 명말 소비사회의 탄생을 지적한 바 있는데, 그 중요한 배경과 추동력 중 하나는 바로 상품경제와 시장의 발달에 따른 소비 수요의 확대였다. 과거에는 상품이라는 성격이 선명하지 않았던 수많은 물품이 점차 시장의 수요에 맞추어 공급되는 소비상품이 되었다. 이 장에서는 가구를 사례로 들어 명말 가구가 상품화되는 과정과 가구업의 발전을 살펴본다. 명말 가구의 소비 현상과 가구의 상품화 및 가구업의 발달은 강남 지역에서 가장 두드러졌던 만큼, 제1절에서는 강남 지역을 중심으로 다룬다.

현대 사회학자들은 '소비문화'란 현대사회에서 소비를 통해 신분의 분화status differentiated와 시장 분할market segmented이 이루어지는 문화라고 본다. 조금 더 생각해보면, 이러한 문화에서 개인의 취향은 소비자의 사회적 위치(나이, 성별, 직업, 집단 등)를 반영할 뿐만 아니라 소비자의 사회적 가치관과 개인의 생활 방식도 포함한다.[2] 이런 각도에서 살펴보면 명말에도, 당시 사회 구조가 현대사회만큼 복잡하지는 않았지만, 서로 다른 사회계층과 신분 집단이 엄연히 존재하고 있었다. 또한 사회계층과 신분 집단마다 상품에 대한 요구는 각기 달랐을 것이다. 특히 상류층의 엘리트일수록 소비를 통해 특수한 상품을 구매해 자신의 신분 지위를 드러내고 이로써 특수한 소비문화를 형성하고자 했다. 이 장에서는 당시 존재했던 가구의 소비 형태를 세 종류 텍스트를 대상으로 세 가지로 나누어 분석한다. 첫째, 휘주 지역의 문서를 통해 일반 사회 대중의 가구 소비 형태를 살펴볼 것이다. 둘째, 고급 관리의 재산 몰수 목록을 통해 고급 가구의 호화 소비 형태를 다룰 것이다. 셋째, 문진형의 『장물지』를 통해 문인과 사대부계층의 가구 소비 형태를 논의할 것이다. 이를 통해 당시 서로 다른 사회계층의 소비문화와 가구 소비 형태에 따른 신분 구분 및 시장 분할의 기능을 살펴본다. 마지막으로 문인과 사대부가 품격 형성을 통해 그들 자신의 고유한 가구 소비 문화를 구축했는지의 여부, 그 외 다른 방법으로 상품화의 추세를 방해했는지의 여부에 대해 탐색해볼 것이다. 이 책의 도입부에서 인류학자 코피토프의 '특수화' 이론을 이미 언급한 바 있다. 코피토프는 사회의 내부집단이 모종의 물품을 특수화해 상품화의 흐름을 통제한다고 주장했는데, 필자는 명말의 문화 예술품은 이러한 각도에서 분석하기에 가장 적합하다고 본다. 클루나스의 연구는 코피토프의 관점을 치용해 명말의 사회를 분석했다. 클루나스는 명말의 문화 예술품이 상품화되는 과정에서 시장을 통해 문인화가 널리 판매되긴 했지만, 오히려 사대부와 문인 집단은 문화 예술품의 상품화를 반대했다고 지적했다. 그는 이를 설명하기 위해 명말에 매매 속도가 빨랐던 「부춘산거도富春山居圖」와 「강산설제도江山雪霽圖」를 사례로 들었다. 동기창董其昌과 같은 문인은 낙관과 도장을 사용해 특수화를 시도했으나, 이것이 도리어 시장 가격을 높이고 상품화를 더욱 가중시켰다.[3] 이 책에서도 서재 가구를 연구의 시발점으로 하여 문인과 사대부가 서재 가구를 어떻게 특수화해 그것이 상품화되는 과정을 막았는지를 분석할 것이다.

명대 가구에 관한 선행 연구는 상당히 풍부하지만, 대부분 '명나라 양식의 가구明式家具'라는 형식 관련 연구에 편향되었으며, 소비문화의 각도에서 분석한 사례는 거의 없다.[4] 이 책에서는 소비문화의 각도에서 명말 가구 소비의 특수성을 분석하고, 아울러 과거의 가구 연구와는 다른 새로운 견해를 제시할 것이다.

가구의 소비와
상품화

1) 명말 강남 지역 가구의 호화 소비

명나라는 초엽에서 중엽에 이르기까지 경제적으로 아직 회복 단계에
있었다. 강남 지역이 경제의 중심이기는 했으나 당시 관리나 부유층을
막론하고 일반적으로 소비 측면에서는 매우 검소한 편이었다. 그러나 명
대 중엽 이후 점차 사치스러운 소비 풍조가 형성되었다. 호화 소비는 여
러 면에서 나타났는데, 가구 소비와 가장 관련이 있는 것은 바로 주거
공간에 대한 소비일 것이다. 명대 중엽 이전 주거 공간은 장식과 공간 활
용 면에서 매우 소박해 지나치게 화려한 경우는 없었다. 부유층이라도
"대부분 삼가 예법을 지켜 집을 감히 지나치게 꾸미지 못했으며" "방이
자그마했고, 대청은 대부분 뒤에 있었다."[1] 관리라 해도 "사는 곳이 초가
집과 같았다."[2] 건륭 연간의 『진택현지震澤縣志』에 명대의 상황이 묘사되
어 있다.

명초에 마을에서는 풍속이 성실함과 소박함을 숭상하여 명문대가가 아니

면 높은 저택을 짓지 않았으며, 의복 장식과 기물도 사치스럽지 않았다. 백성들은 모두 띠풀로 지붕을 이었고 삼베치마나 가시나무비녀가 고작이었다. 중산층의 집에서는 앞쪽 방은 반드시 흙벽에 띠풀로 지붕을 하고, 뒤쪽 방에만 기와와 벽돌을 사용했는데, 이는 관부에서 보고 부잣집이라 여길까봐 두려워한 것이다.[3]

당시의 중산층은 약간의 재산을 소유하고 있었으나, 혹시나 관청에 적발되어 양장糧長*의 부역과 같은 고된 임무를 맡게 될까 매우 두려워 함부로 재력을 과시하지 않았다.

그러나 가정 연간 중엽 이후, 강남의 도시에서는 점차 호화 저택과 정원을 짓는 풍조가 일기 시작했다.[4] 먼저 사대부와 향신의 상황을 살펴보면 『오잡조』에 이렇게 기록되어 있다. "관리가 저택 꾸미기를 좋아했으니 이 또한 폐단의 하나였다. (…) 관직을 그만두고 나이가 들어 주머니가 두둑해지면, 결국 토목공사를 크게 일으켜 잔뜩 사치스럽고 호화롭게 꾸밈으로써 [자신의] 뜻[욕망]을 드러냈다."[5] 이와 같은 현상은 관리가 자신의 성취를 드러내기 위한 것인 한편, 서로 모방해 유행이 된 이후에는 더더욱 서로 이겨야 하는 경쟁이 되었다. 하양준은 다음과 같이 말한다. "무릇 집안에 천금이 쌓여 있으면 집은 조금만 꾸미되 반드시 정원을 잘 꾸미고 싶어한다. 힘이 좀 있는 사대부 집안이라면, 분명 [정원 꾸미는 것으로] 서로 이기고 싶어한다. 대략 삼오 지역에서는 정원이 격자무늬로

---

* 명나라 때 전부田賦(논밭에 부과하는 세금으로서 곡식으로 걷었음)를 거두어 운반하는 일을 담당한 관직. 곡식을 1만 석이나 수천 석 납부하는 지역을 한 구역으로 하여, 관청에서 대부호를 양장으로 임명했으며 세습되었다. 이를 기회로 양장이 수탈을 자행하기도 했다. 명대 중엽 이후 양장의 직권이 줄어들고 윤번제로 바뀌었다. 수익이 줄어들자 대부호가 맡기를 꺼려해 강제로 빈궁한 자에게 충당시켰는데, 이는 커다란 부담으로 작용했다.

배치되어 있어 시전과 민가를 태반이나 침범하고 있다."[6] 이와 같은 풍조가 부유층 집안에도 불어닥쳐서, 지방지에 다음과 같은 기록이 있다. "가정 연간에 이르러 서민의 아내도 대부분 명부의 옷을 입었고 부잣집에서는 또한 수두를 수놓았다. 분수를 지키는 자들은 이러한 상황을 바로 고칠 수 없음을 한탄했다." "부잣집의 침실 밖에는 누각과 별관이 있었다." 강남의 부자들은 장식을 화려하게 하거나 아니면 공간을 넓게 해서, 이른바 "공사를 크게 벌여 아홉 칸 혹은 열 칸짜리 방을 다섯 개나 일곱 개로 짓는 것을 예사로 알았다."[7] 고기원은 더 나아가 다음처럼 말한다.

> 사대부의 집은 말할 것도 없고 백성의 집도 세 칸짜리 집 객실에 천금을 쓰는 경우가 있으니, 집은 눈부시게 화려하고 지나치게 높이 솟아 있었고, 종종 겹처마 지붕에 동물 형상으로 장식한 용마루는 관아처럼 보였으며, 정원은 분수에 지나치게 공후를 모방했다. 아래로는 구란(기방)도 화려하게 장식하는 경우가 많았다.[8]

위 인용문을 통해 일반 백성조차도 이러한 풍조에 물들어 있었음을 알 수 있다. 사람들은 주택 공간을 확장하지 못한다면 객실이라도 내부 장식에 많은 비용을 들여 꾸미려 했으며, 심지어 기방인 '구란'도 매우 화려하게 장식했다. 관리와 부자들은 대저택과 정원을 소유했으며 백성들도 많은 비용을 들여 객실을 장식했다. 따라서 당연히 고급스러운 외관을 드러내고 호화 저택의 분위기를 돋보이게 할 가구가 반드시 필요했다. 명말에 강남의 권문세족과 부호들이 다투어 저택을 지으면서 가구의 사치스러운 소비, 특히 정교한 가구의 소비가 시작되었다. 『견문잡기』

에는 이런 이야기가 실려 있다. 송강부의 오 아무개가 거인이 된 뒤에 남경을 유람하다가 아름다운 기녀와 정이 들자 다른 사람에게 "내가 과거에 합격하면, 이 기녀를 첩으로 삼으리라"라고 했다. 후에 그의 두 희망이 모두 이루어졌다. 이 사람은 뒤에 무호관無湖關*에서 세금 담당 관리를 하며 수입이 풍족해 "집을 대단히 사치스럽게 꾸몄다. 침상 하나를 제작하는 데 천금가량을 썼는데, 무슨 목재인지 무슨 장식인지 알 수가 없었다." 얼마 뒤에 가세가 몰락해 저택은 다른 사람에게 넘어갔다. 그 침상은 지나치게 크고 화려해 쪼갤 수도 없어 결국 그대로 버려졌다.[9]

고급 가구의 수요가 점차 높아지자 보통의 재질로 만든 기존의 가구로는 이미 호화스러움을 과시하기에 역부족이었다. 이에 더욱 희귀하고 단단한 재질로 만든 가구를 찾게 되었는데, 이것이 바로 이른바 '세목 가구細木家伙'다. 명대 범렴은 다음처럼 말한다.

서탁이나 선의 같은 세목 가구는 내가 어렸을 때 본 적이 없다. 민간에서는 은행색이 도는 금칠한 네모난 탁자를 사용하는 정도였다. 막정한莫廷韓과 고씨, 송씨 두 공자가 세목 가구 몇 점을 사용했는데, 이 또한 오문에서 구입한 것이다. 융경과 만력 이래에는 노비와 심부름꾼의 집이라도 모두 세목 가구를 사용했다. (…) 부잣집 자제들은 호사스러워 거목椐木**도 귀하게 여기지 않았다. [그들은] 침상, 장, 소탁자, 탁자 모두 화리花梨,*** 영목癭木,**** 오목烏木,***** 상사목相思木,****** 황양목黃楊木*******을 사용했는데 극히 귀하고 정교하게 만들어 만금을 족히 들였으니, 역시 이러한 풍속이 한때를 풍미했다.[10]

---

* 안휘성 무호에 있던, 상업세를 거두는 호관의 하나.
** 느티나무. 귀중한 목재는 아니나 명청 시기의 전통 가구로, 특히 민간에서 널리 사용되었다.

인용문의 막정한은 바로 막시룡莫是龍(1539~1588)으로 자가 운경雲卿이었고 후에 다시 정한廷韓으로 바꾸었다. 호는 추수秋水로, 송강 화정華亭 사람이며 시문과 서화에 뛰어났고 공생으로 생을 마감했다. 고씨와 송씨는 누구인지 알 수 없다. 범렴이 말한 내용에 따르면, 상류층의 자제들뿐 아니라 사회의 하층에 속하는 "노비와 심부름꾼의 집"에서도 유행을 따라 세목 가구를 사용했던 것으로 추측할 수 있다.

범렴은 또 가구들이 소주에서 구입해온 것이라 했는데, 이는 강남의 도시 가운데 소주가 가구업 발전의 최선두에 서서 유행 풍조를 이끌었음을 말해준다. 왕사성은 소주 사람이 총명하고 옛것을 좋아하며 옛 방법으로 기물을 모방·제작하는 데 뛰어났는데, 가구도 그러하다 했다.

또 서재의 청완淸玩********과 소탁자, 책상, 침상, 걸상은 최근 모두 자단목紫檀과 화리목이 유행이다. 고풍스럽고 소박한 것을 숭상하고 조각한 것은 높이 평가하지 않았는데, 기물에 조각이 있다 하더라도 역시 모두 상나라, 주나라, 진나라, 한나라의 양식이었다. 산간벽지까지 온 세상에서 모두 이를 모방했는데, 이 또한 가정·융경·만력 세 시기 동안 성행한 것이다.[11]

*** 화려목花欄木, 해남단海南檀, 강향황단降香黃檀. 중국의 장강 이남 지구와 베트남에 분포하며, 주산지는 동남아와 남미 및 아프리카다. 심재는 홍갈색으로 단단하며 무늬가 아름다워 조각과 가구용으로 사용된다.

**** 영목影木. 한 종류의 목재가 아니라 옹이가 있는 뿌리 근처의 목재를 통칭한다.

***** 음침목陰沈木, dark wood. 아득한 고대에 지각활동으로 식물이 낮은 지대에 파묻혀 탄화과정을 거쳐 형성된 나무다. 전체적으로 검은색을 띠며, 재질이 단단해 고급 공예품의 제작에 사용된다.

****** 함수초과含羞草科 상사수속相思樹屬에 속하는 약 800종류의 교목이나 관목의 통칭. 변형이 잘 일어나지 않아 귀중한 가구의 제작에 널리 사용된다.

******* 회양목. 분경 제작에서 진귀하게 쓰인다.

******** 완상용의 정교하고 아름다우며 우아한 기물. 서화·분경·골동, 책상 위에 놓는 단계연端溪硯 벼루, 필세筆洗(먹이나 물감이 묻은 붓을 빼는 그릇) 등을 지칭한다.

이처럼 재질이 우수하면서 고풍스럽고 소박해, 조각 장식을 중시하지 않은 '소주 양식蘇式'의 가구는 '우아함'을 대표하는 것으로 공인되었다. 『준생팔전』에서는 몇 종류의 가구를 언급하며 모두 '소주'의 양식과 제작이 가장 우수하다고 했다. 예를 들면, 탁자는 "오중[소주]의 양식이 매우 우아하고 꼭 맞춤하다." 등돈藤墩[등나무의자]은 "옻칠을 하고 문양을 상감한 뒤 자개로 장식한 오중의 둥근 의자는 화려한 저택에 비치하여 미녀가 술잔을 들어 주인에게 권할 때 사용하기에 좋다"고 했다. 포돈蒲墩[부들의자]은 "오중에서 사용하는 것이 정교해 쓸 만하다." 향궤香几[향로 놓은 협탁]는 "지금 오중에서 만든 붉은색의 작은 탁자는 일본 양식과 차이가 적어 모양이 향탁香桌[향로를 놓는 작은 탁자]과 같다. 이 밖에 자단으로 문양을 상감해 장식한 것, 일본 제품으로 둔갑시킨 것, 돌을 박아넣은 것이 있다. 크기는 어떤 것은 일본 것처럼 크고 어떤 것은 한 자 남짓이며 어떤 것은 더욱 작아 대여섯 치에 불과하다. 이것은 서장西藏의 금속 불상이나 불감 종류를 놓는 데 사용하거나, 정교하고 멋진 고대 청동기를 놓거나 향을 피우고 꽃을 꽂는 관요官窯* 및 가요哥窯**의 아주 작은 향로나 병을 놓아두는 데 사용한다. 또는 여기에 두세 치 크기의 수려하고 교묘한 천연석 화분을 놓아두고 우아하게 감상하면 [사물을 알아보는] 마음과 눈이 매우 상쾌해진다."[12]

고급 가구는 이제 '골동'의 수준으로 격상되었다. 『도암몽억陶庵夢憶』의 「중숙고동仲叔古董」에는 다음 이야기가 있다. 장대의 둘째 숙부 장연방張聯芳[13]이 양주揚州를 지나다가 철리목천연궤鐵梨木天然几***하나를 판매하는

---

*   송대에 황실용으로 만들어진 청자의 일종. 명대 이후 황실용으로 만들어진 자기를 지칭한다.
** 송원대에 만들어진 자기의 일종. 표면에 '금사철선金絲鐵線'이라 불리는 흑색과 황색의 선이 나타나는 것으로 유명하다.

사람을 만났는데, 길이가 열여섯 자에 폭은 세 자로 윤이 나고 단단하며 무늬가 기이했다. 장연방은 200금을 주고 그것을 구입했는데, 당시 회양淮揚순무 이삼재李三才가 150금에 사려다가 실패했다. 장연방이 배를 타고 급히 떠나자, 이삼재가 대로해 병사를 보내 추격했지만, 따라잡지 못하고 돌아왔다.[14] 이 이야기에서 말하는 '고동[골동]'은 바로 철리목천연궤다. 명말 귀한 집안의 자제들이 골동을 좋아하는 풍조는 이미 모든 사람에게 공공연하게 알려졌다. 이악李樂은 이렇게 말한다. "지금 귀한 집안의 자제들은 종종 서재에 향로, 화병, 진귀한 골동 등으로 장식하면서도 경전에는 손도 대지 않는다."[15] 문인과 사대부들도 이 세계에 깊이 빠져들었다. 소주의 왕치등은 골동 수집을 좋아하기로 유명한 문인이었다. 기록에 따르면, 왕치등의 집에는 낡은 흑궤黑几[흑색의 소탁자]가 하나 있고 벽에는 또 찢어진 삿갓이 하나 걸려 있었는데, 이 두 물건은 모두 내력이 있는 골동이라 했다 한다. 흑궤는 바로 소주의 명인 오관이 처음 관리가 되었을 때 손에 넣었던 가구이고, 삿갓은 명 성조[영락황제]가 정난공신靖難功臣 요광효姚廣孝(1335~1418)에게 하사했던 것이라 했다. 왕치등은 늘 이 두 물건을 사람들에게 보여주었는데, 이는 신분 지위를 드러내려는 의도가 어느 정도 있었던 것으로 보이며 그가 학문에 뜻을 두고 두 물건을 수집한 것은 아닌 듯하다.[16] 이처럼 골동을 소장하고 중시하는 풍조도 강남 소주에서 기원했는데, 이에 대해 왕세정은 다음과 같이 말한다. "대개 오 지방[소주] 사람들이 시작하고 휘주 사람들이 선도했는데, 모두 괴이하도다." 휘주 상인과 같은 거상은 비교적 늦게 이러한 풍조를 따랐

***   대청에서 정면을 향해 놓이는 진열용 가구. 철리목은 목질이 단단해 선박과 고급 공예품의 제작에 널리 사용되는 나무다. 철력목鐵力木, 철목鐵木, 유창목愈瘡木이라고도 한다. 운남성과 광서성 특유의 진귀한 활엽수다. 천연궤는 탁자의 양끝이 살짝 들려 올라갔으며 여의문如意紋, 뇌문雷紋, 과자剮字(문자 조각) 등이 장식되어 있다.

지만, 강력한 경제력을 바탕으로 골동의 "가치가 갑자기 열 배로 뛰도록" 조장했다.[17]

명말에 이처럼 사회가 상당히 급속하게 변하는 상황에서 고급 가구는 집안이 중도에 몰락하면 호화 주택이나 정원과 마찬가지로 판매품이 되어 매우 신속하게 시장으로 유입되었다.

2) 명말 강남 가구의 상품화와 가구업의 발전

명대 이전에는 가구의 상품화 현상이 그리 두드러지지 않았다. 송대에는 이에 관한 단편적 사료만 남아 있을 뿐이다. 예를 들면, 『동경몽화록東京夢華錄』은 개봉 성내에 '온주溫州 칠기용품점漆器什物舖'이 있었으며 또 저택과 사원 앞에서 매일 옷상자 등의 물품을 판매했다고 묘사하고 있다. 당시 가구를 만들어 판매하는 일이 아직 전문 직업이 되지 않았으므로, 개봉 성내 사람들이 찾아주기를 기다리는 '목죽장인木竹匠人'이 있기는 했지만, 이들은 "집을 고치고, 벽을 바르는" 기술자였지 가구 제작자는 아니었다.[18]

명말에는 가구 산업이 본격적으로 독립되어 대도시에 민영 가구공장과 가구점이 출현했다. 아래에서는 소주를 중심으로 한 가구업 자체의 발전과 변화를 탐색하기로 한다. 명말 소주의 가구업은 '소목작업小木作業'이라고도 불리며 전문적으로 건축에 종사하는 '대목大木'과 구별되었다. 그러나 그 점포와 공장은 엄격하게 분업되지 않았을 것으로 보인다. 이에 대해 소설 『성세항언醒世恒言』 제20회 「장정수가 도망가서 부친을 구출하다張廷秀逃生救父」 이야기를 참고할 만하다. 만력 연간 강서성 남창南昌

그림 5-1. 「건륭남순도乾隆南巡圖」 속의 가구점

진현현進賢縣의 장권張權은 이웃의 휘주 출신 목공에게서 가구 만드는 기술을 익혀, 훗날 소주로 이사해 창합문閶閤門 밖 황화정皇華亭 옆에 가구점을 열었다. 스스로 별호를 만들어 흰 벽 위에 두 줄로 커다랗게 "강서 장앙정이 정교하게 만든 견고한 가구, 손님을 속이지 않습니다"라고 써 놓았다.[19] 장권은 가구를 직접 만들었으며 자신의 가구점에서 이를 팔았다. 훗날 흉년이 들자 점포 앞에 늘어놓은 가구를 찾는 사람이 없어 품을 팔아 살아가려 했다. 며칠이 지나도 여전히 있을 곳이 없어 예전처럼 점포 앞에서 가구를 다듬으면서 단골이 와서 구매해가기를 눈이 빠지게 기다렸다(그림 5-1).

장인들은 자신의 집에서 제품을 만들어 직접 판매하기도 했고 돈 많은 고객의 집에서 장기간 일을 맡아 품질이 정교한 가구를 대량으로 제작하기도 했다. 앞의 『성세항언』에 등장하는 장권은 흉년이 들었을 때 마침 전제항專諸巷 내 천고전天庫前에 옥기점을 개설한 왕원외王員外를 만났다. 왕원외는 장권에게 집에 필요한 혼수 가구 한 벌을 주문했다. 왕원외는 그에게 견고하고 정교하게 만들어달라고 요구했고, 장권이 혼수 가구를 다 만들고 나자 탁자와 의자 및 책궤 등을 더 만들어달라고 요청했다. 그래서 장권은 왕원외에게서 솜씨 좋은 조수 둘을 더 데리고 와도 좋다는 허락을 받았다. 장권은 아들 둘을 데리고 왕씨 집으로 가서 닷새간 일을 했는데, 밤에 등불을 밝혀가면서까지 작업하기도 했다.

이 이야기에서 주목할 사실이 있다. 당시 수많은 휘주 출신의 가구 장인이 외지에서 개업을 했는데, 범렴은 이처럼 말한다. "휘주의 소목장들이 다투어 소주에서 점포를 열었는데, 혼수용 기물이 모두 여기에 속했다."[20] 여러 자료를 종합해볼 때, 휘주 사람들이 아주 일찍부터 가구업에 종사했으며 또 휘주의 가구 장인들이 명대에 소주로 이주했음을 알 수 있다. 청대에 이르러, 휘주에서 온 외지 출신의 칠쟁이들도 소주 성내에서 동업 조직인 '성선공소性善公所'를 설립했다. 비각碑刻[비석에 새겨진 글]의 기록에 의하면, 최초의 칠쟁이는 여송년呂松年이라는 인물인데, 본적은 안휘로 소주에서 칠 작업장을 열었다. 도광 16년(1836) 13칸짜리 손씨의 단층집을 모두 사들였고 그 이듬해에는 그의 동생이 이 건물을 기부해 성내의 반죽항斑竹巷에 성선공소를 설립했다.[21]

명말 수요의 증가에 따라 고급 가구의 제작 기술에도 여러 혁신이 일어났는데, 이 점은 장인의 지위 향상에서 그 실마리를 찾아볼 수 있다. 과거에는 가구와 관련된 죽제품과 칠제품의 장인을 청동업·도자기업과 마찬가지의 천한 직업인으로 간주했으나, 명말에는 사정이 달라졌다. 장대는 당시 이 업계에서 강남 일대의 유명한 장인을 꼽고 있는데, 가흥 지역의 납죽기臘竹器, 왕이王二의 칠죽기漆竹器, 소주 강화우姜華雨의 칠죽기, 가흥 홍칠洪漆의 칠기 등이다. 이들은 모두 칠기와 죽기로 가문을 일으켜 "그 사람들은 또 관리들과 나란히 앉아 예를 대등하게 갖추었다"고 하니, 이러한 사실을 통해 가구 장인들의 사회적 지위가 높았음을 알 수 있다.[22] 또 명대 남경의 유명한 죽기 장인 복중겸濮仲謙은 기술이 정교해 천의무봉의 경지에 이르렀다. 그가 만든 죽기는 빗자루 하나 솔 하나라도 겨우 칼질로 몇 번 다듬은 것 같은데 가격은 두 배로 쳐주었다. 그러나 그가 자부한 것은 구불구불한 대나무에 칼이나 도끼를 대지 않고 손으로 대충 다듬기만 해도 높은 값을 받았다는 점이다.[23] 『금릉쇄사金陵瑣事』에는 또 남경의 유경지劉敬之가 "소목장의 고수"라 기록되어 있다.[24] 소주에서는 만력 연간 이후에 포장鮑匠이라는 사람이 있었다. "소주에 살며 작은 목기를 정교하게 만들었는데, 그 제작법은 당연히 견습공과 달랐다."[25] 바로 이 장인들이 기술을 닦아 발전시켰기 때문에 가구가 '골동'의 지위까지 높아진 것이다. 『몽창소독夢窓小牘』에서 언급한 가흥의 뛰어난 장인 엄망운嚴望雲은 "나무를 잘 다루어, 노반魯般이나 왕이王爾*와 같은 능력이 있었다. 이에 항묵림項墨林이 엄망운을 인정하고 존중해 그에게 천뢰각天籟閣에 놓을 향탁이나 작은 화분과 같은 여러 기물을 만들어 달라고 했는데, 그 물건들은 지금까지도 전해져 고완古玩[골동]으로 소중하게 간직되고 있다.[26] 항묵림은 가흥의 소장가 항원변項元汴(1525~1590)을 말한다. 자가 자경子京 호는 묵림산인墨林山人으로 천뢰각을 지어 서화 명품을 많이 소장했다. 엄망운이 만든 가구는 항원변에게 매우 호평을 받아 '골동'으로까지 평가되었다.

명말 청초, 최고급의 장인들이 모여든 도시는 역시 소주였다. 일찍이 가정 연간의 왕세정은 당시 소주에서 유명한 것으로 육자강陸子剛의 옥

---

* 중국 고대의 교장巧匠.

조각, 포천성鮑天成의 코뿔소 뿔 조각, 주벽산周璧山의 은제 기물, 조양벽趙良璧의 주석朱錫 기물, 마훈馬勳의 부채, 주주周柱의 상감象嵌[금은으로 상감한 청동기물]과 흡감歙嵌[상감 기법으로 장식한 가구], 여애산呂愛山의 금제 기물, 왕소계王小溪의 마노 조각, 장포운蔣抱雲의 동제 기물 등을 들었는데, 모두 일반 가격의 몇 배에 달했다. 이 장인들은 관리와 대등하게 행동했을 뿐만 아니라, 당시 그들의 제품이 이미 궁정으로 유입되어 황실용품이 되었다고 한다.[27] 명말 청초에는 장대와 서수비徐樹丕 등이 또다시 유명한 장인들을 언급하고 있으며[28] 강희 연간의 『소주부지』에도 매우 자랑스럽게 기록되어 있다. "오인吳人[소주 사람] 가운데 뛰어난 자가 많다. 서예·회화·거문고·바둑 종류는 '예藝'라 하고, 의약과 점복 및 천문 종류는 '술術'이라 하며, 목공과 수레바퀴 및 가마를 만드는 종류는 '기技'라고 한다. 이 셋은 서로 다르지만 모두 정교하다. 기술이 이 정도면 도에 이르렀다고 할 것이다."[29]

우리가 발견할 수 있는 재미있는 사실은 바로 위에서 언급한 명대 중엽 이후 유명했던 장인들의 이름이 청대에 이르기까지도 계속 남아 있다는 점이다. 이들이 정말 이렇게까지 오래 장수했을까? 사실 이들 장인의 이름은 이미 인명의 의미 그 이상이었다. 바로 오늘날 상업에서의 '상표'나 '브랜드'가 된 것이다. 소주부 가정현의 유명한 죽제 기물의 창시자인 주학朱鶴은 호가 송린松鄰이었다. 명청 시기 부녀자의 비녀 중에는 '주송린朱松隣'이라 새겨진 것이 있는데, 이는 바로 그의 이름을 딴 일종의 상표였다.[30] 남경의 유명한 죽기 장인 복중겸 역시 그 명성이 한 시절을 풍미했는데, 기물에 그의 관지款識[글자 따위를 음각한 것과 양각한 것을 아울러 이르는 말]가 있으면 가격이 바로 폭등했다. 남경의 유명 상점 거리 삼산가三山街 수십 개 상점에서는 서로 자신이 복중겸의 기술을 전수받았다고 직접 떠벌리며 부를 쌓았다. 이를 통해 복중겸의 이름은 이미 삼산가 가구점의 브랜드가 되었음을 알 수가 있다.[31]

명말 이후, 강남의 가구가 시장의 상품화로 나아가는 현상이 이미 뚜렷해졌다. 위에서 언급한 수많은 사료를 통해 이미 강남에서 가구를 제작해 판매했다는 사실을 알 수 있다. 남경의 삼산가 이외에도 『장물지』에서는 의자 양식을 기록할 때, "오강의 대나무 의자와 전제항의 선의 등 여러 유행 양식"이라고 언급하고 있다.[32] 오강현과 소주 성내 전제항의 많은 상점에서도 선의와 같은 가구를 판매했음을 알 수 있다. 만력에서 천계 연간 사람이 그린 「상원등채도권上元燈彩圖卷」이 현재 남아 있는데, 그림의 배경은 남경 진회하에서 북으로 삼산가를 지나는 내교內橋 일대이며, 그림의 내용은 남경의 골동거리와 수많은 상점과 행상인이다. 이 작품은 등불축제가 열린 골동 시장의 모습으로 그림에는 노점상이 판매하는 가구들도 보인다. 가자상架子床[지붕과 벽이 있는 침상], 나한상羅漢床[크고 넓은 평상], 소탁자几, 책상案, 탁자桌, 걸상凳, 상자箱, 병풍, 모의帽椅[관리의 모자와 유사한 형태의 의자] 등 다양하게 묘사되어 있다. 그림 색깔로 보면, 어느 것은 자단으로 만든 듯하고, 어느 것은 또 대리석을 상감한 듯하다.[33] 강남 이외의 예를 들어보면, 소설 『금병매사화』 제15회에는 오월랑吳月娘 등이 임청가臨淸街에 이르러 등시를 구경하는 광경이 묘사되어 있는데, 거리를 향해 수십 개의 등걸이가 설치되어 있고 사방에서 여러 점포를 에워싸고 장사하는 모습이 보인다.

동쪽을 보면, 조칠상[조각하고 칠을 한 침상]과 나전 침상이 있어 호화찬란했다. 서쪽을 보면, 양피등[얇은 양피지로 만든 등]과 약채등[채색등]이 있어 비단에 수를 놓은 듯하여 눈길을 빼앗긴다. 북쪽 일대는 모두 골동이

그림 5-2. 「상원등채도」 속 가구 시장, (명) 작자 미상

고, 남쪽 부근에는 모두 서화, 화병, 향로가 있었다. (…) 병풍에는 석숭의
비단 휘장이 그려져 있고, 주렴에는 속기가 없이 우아한 매화와 달로 장식
되어 있었다. 비록 오산鰲山*의 경치는 다 볼 수 없지만, 역시 풍족하고 유
쾌한 대보름날이다.[34]

인용문을 통해 임청성臨淸城 내에 등 시장이 집중되어 있으며 조칠상,
나전상, 병풍 등의 고급 가구를 진열해 판매하고 있었음을 알 수가 있다.
이와 같은 광경은 앞에서 언급한 「상원등채도」의 묘사와 매우 비슷하다
(그림 5-2).

가구의 가격에 관해 현재 남아 있는 기록은 대부분 일부 고급 가구

---

* 대보름에 화등花燈을 산처럼 쌓아 놓은 것.

의 가격(제4절에 상세히 나온다)이다. 보통 가구의 가격은 『두편신서杜騙新書』에 기록된 이야기를 통해 알 수 있다. 객잔客棧[지방 상인 등의 숙박 시설]을 직업으로 하는 헐가歇家[일종의 중개인] 손병孫丙은 "점포에 가서 꼭 같은 괘상掛箱[걸어 놓을 수 있는 작은 상자] 두 개를 보고, 은 3전으로 그 중 하나를 구입하고, 또 은 2푼으로 다른 것을 예약했다."[35] 이처럼 일반적으로 점포에서 판매하는 보통의 괘상 가격은 약 0.3냥이었으며 0.02냥으로 예약금을 낼 수 있었다. 이러한 가격은 보통 몇 냥씩이나 하는 정교한 고급 가구와 비교해보면 저렴하다고 할 수 있다. 그러나 소설의 묘사란 늘 과장된 것이다. 뒤이어 보게 될 엄숭 집안의 가구 중에도 가격이 0.18냥인 찬장櫥櫃과 0.02냥의 낮은 걸상脚凳이 있었던 것으로 볼 때, 일반적으로 비교적 간단한 가구는 은 1전 정도, 즉 약 0.1냥이거나 혹은 이보다 더 저렴했다고 봐야 할 것이다.

대중의 가구 소비:
휘주를 사례로

앞서 명대 중엽 이후 유행한 고급 가구를 언급하며 "노비와 심부름꾼의 집이라도 모두 세목 가구를 사용했다"고는 했으나 혹 이러한 묘사가 너무 과장된 것은 아닐까? 위에서 언급한 일반 가구의 가격이 중산층 가정에서 값비싼 물건이었을까? 일반 대중은 비교적 고급스러운 가구를 구매할 수 있었을까?[1] 명말 청초의 요정린은 자신이 편찬한 『역년기』에 어린 시절 송강부 성내에서 보았던 광경을 추억하고 있다.

> 어렸을 때 군에 가서 성안의 풍속을 구경했다. 성은 크기는 작았으나 고관 대작이 너무 많아 깃발이 빽빽했고 패방牌坊*이 거리에 가득했다. 아주 작은 집 혹은 가난한 거리에 있는 집의 방 한 칸에 얻어 사는 사람일지라도 반드시 금칠한 탁자와 의자, 명화와 옛 향로, 화병과 다구를 단정하게 진열해놓았다.[2]

---

* 위에 망대가 있고 문짝이 없는, 대문 모양의 중국 특유의 건축물.

이를 보면 강남 도시 일반 백성의 집에서 사용하는 것들 중에 "금칠한 탁자와 의자" 같은 가구가 모두 있었음을 알 수 있다.

또한 현재 보이는 명대 휘주의 문서에는 부친이 가산을 자식에게 분배하는 분재기分財記류와 집안에서 협의해 가산을 균등하게 분배하는 구서鬮書*류가 있다. 필자가 수집한 다섯 건의 명나라 분재기와 구서에는 모두 분가할 때의 기물이 기록되어 있는데, 어떤 기물에는 "공동 소유衆存"라고 되어 있고 일부는 균등하게 분배한다고 되어 있다. 다섯 건의 명나라 분재기와 구서를 시대순에 따라 열거해보면 다음과 같다.

• 「오씨분가부」

「오씨분가부吳氏分家簿」의 서문을 근거로 추측해보면, 이 오씨 가족은 휘주 사람이지만 정확히 어느 지역인지는 알 수 없다.[3] 이 분재기는 성화 11년(1475)에 작성되었으며, 선조의 "무공武公"으로 남겨진 "공동 소유" 물품이 기록되어 있다. 수량이 많지 않으므로 아래에 열거해본다.

담요氈毯	1장	주판算盤	1개
방석蓆	2개	화료畫了	1개
수놓은 포단繡團	1쌍	저울 상자天平匣	2개
절구研槽	1개	옷걸이衣架	1개
등燈籠	1쌍	가마轎	3대
옛 청동화병古銅花瓶	1쌍	준육반犉陸盤	1개
톱斷鋸	1개	대중변大衆邊	
철충鐵充	1개	술 상자酒箱	1개
주칠한 은쟁반銀硃漆盤	4개	농가籠架	1개

---

* 고대 휘주 지역에서 자주 보이는 일종의 계약 문서. 가산을 분배할 때, 자식들이 추첨의 방식으로 각자 희망하는 가업을 확정해 작성한 계약서. '석저구서析箸鬮書'라고도 한다.

오씨 집안은 상업에 종사하지 않았기 때문에 점포와 관련된 부동산은 없었다. 유산의 규모로 보면 오씨는 중산층일 수밖에 없다. 분재기 중 담요, 옛 청동화병, 주칠한 은쟁반 등 소수만이 비교적 귀한 물품에 속한다. 나머지는 일반적인 물건으로 보인다. 저울 상자, 옷걸이와 술 상자 등 몇 종류는 가구라 할 수 있는데 모두 그리 귀한 것은 아니다.

• 「오상현분가부」

「오상현분가부吳尙賢分家簿」에 기록된 내용은 방계리方溪里 오덕진吳德振이 정덕 2년(1507)과 12년(1517) 두 차례에 시행한 분재기다.[4] 오덕진은 자가 상현尙賢으로 17대째 신안新安에서 거주했다. 서문에서 오상현은 다음과 같이 말한다. "내가 젊었을 적 상업에 종사해 세상의 풍파를 수없이 겪으며 부형의 사업을 보좌했다." 또 분재기에 나오는 "양주의 소금 사업을 깨끗이 정산해서 각자의 실질적 자본금을 뒤에 구체적으로 기록해놓았다"라는 언급을 보면,[5] 오덕진은 양주에서 염업을 운영한 휘상임이 분명하다. 그는 또 이렇게 말한다. "홍치 6년(1493)에 조상 대대로 살아왔던 곳에 이층 건물을 지으니 튼튼하여 편안히 거할 수 있었다. 홍치 16년(1503)에 조상 대대로 살아온 곳 동쪽에 새로 집을 한 채 지었다. 화려한 장식은 없지만 적당히 넓고 우아했고, 또 동원東園에 팔경과 정자 등을 만들었다."[6] 이를 보면 그는 작은 정원을 만들 정도로 재산이 풍족했음을 알 수 있다. 후에 오덕진은 자신의 형제가 죽자 재산을 나누어 정덕 2년(1507)에 세 아들에게 분배했다. 이것이 제1차 재산 분배인데, 금·은 기물을 균등하게 분배한 목록은 상세하지만 애석하게도 가구에 관한 기록은 남아 있지 않고, 다음처럼만 되어 있다. "고화古畫, 향로, 병, 금속 기물, 칠기, 향탁, 병풍, 장롱, 의자, 걸상, 가마, 쟁반, 접시, 상자 등의 물건

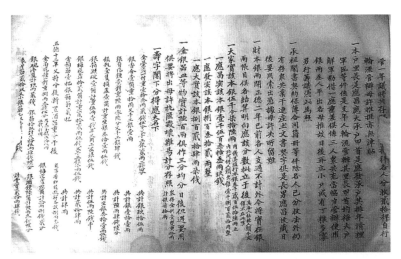
그림 5-3. 「오상현분가부」(부분)

은 모두 이미 수량을 명확히 나누어 분배 목록에 표시했으니, 훗날 각각 나누어진 수량에 따라 관리하도록 하고 이를 건드려 손상시키지 말라."[7] 기록은 이 정도뿐이지만 우리는 그의 재산 가운데 상당한 수량의 향탁, 병풍, 주방용 의자, 걸상류의 가구가 있었으리라고 확실하게 추정할 수 있다(그림 5-3).

또 10년이 지나 뜻하지 않게 작은아들이 죽고 두 아들만 남았다. 그러나 오상현은 손자가 다섯 명이라 다시 가산을 분배했는데, 이것이 정덕 12년(1517)의 제2차 분배다. "옛 청동 향로와 병, 서화, 일상품 등의 물건만 아직 분배하지 못했다."[8] 물품의 종류, 수량, 귀중한 정도만으로 보면 10년 전의 기록보다 훨씬 더 상회한다. 그러나 이것은 이미 한 차례 분배가 이루어지고 난 뒤 두 번째 분배라 그 목록 가운데 가구의 수량은 역시 많지 않다. 가구는 '대향탁 1개大香棹一副' '고배치 1쌍 □구 1쌍靠背耻一

對 □舊一對' 소향탁 1개小香棹一副'뿐이다.

• 「손시입구서」

「손시입구서孫時立圖書」는 손시가 만력 40년(1612)에 작성한 분재기다. 손시가 말하기를, 자신의 부친이 "오흥吳興에서 장사하다 중년에 나를 낳았다. 두 부자가 부지런히 일해서 사업은 꽤 순조로웠다. 이 때문에 재산이 갈수록 많아져 오늘에 이르렀다"고 했다.[9] 손시의 부친도 상업으로 집안을 일으킨 것으로 추정된다. 후에 손시는 아들 셋을 낳아 모두 혼인시킨 뒤, "집안의 재산 전체를 자세히 기록하는 이유는 신중하지 못한 것 때문에 나중에 논란이 일어날까 두려워서이므로, 특별히 사위 오석지를 좌장으로 청하여"[10] 집안 소유의 전답과 산, 점포의 재산, 집안의 기물 등을 삼등분했다. 세 사람이 받은 은자가 모두 약 2000냥이며 또 세를 거두는 토지가 여러 곳에 있었으므로, 최소한으로 계산해도 손시의 재산은 4000냥 이상이었다.[11]

「손시입구서」에는 기물의 명목과 수량이 상세히 기록되어 있으며, 금은으로 장식한 술그릇, 청동 기물, 두루마리 그림, 도자기에다 '칠기' 항목도 있었다. 그중 다수는 가구다.[12]

가구 목록을 보면, 중소상인의 집안이라도 병풍, 침상, 탁자, 의자, 걸상, 시렁, 궤, 상자 등을 모두 갖추고 있었다. 더구나 고가에 속하는 가구가 많은데, 석제 병풍 6개, 금칠한 탁자 40개며, 태사의[등받이와 팔걸이가 있는 의자] 4개가 되었다. 이것들은 통상 대청에 진열해놓는 중요한 가구다. 무광 팔선탁자 4개는 손님용의 8인용 대형 탁자다(그림 5-4). 양상[여름용 침상]과 객상은 각각 주인과 손님이 잠시 쉴 때 쓰는 것이다. 취옹의는 앉을 수도 누울 수도 있는 의자이며 역시 휴식용이다. 이것들은 모두

석제 병풍石屏風 6개	태사의太師椅 4개[13]
양상涼床 1개	머리받이 의자穿腦椅 4개
객상客床 1개	취옹의醉翁椅[14] 1개
대향탁大香桌 1개	큰 걸상大櫈 2개
소형 무광 금탁小退光琴桌 6개	크고 작은 의자大小櫈拾四條 4개
금칠한 탁자金漆桌 40개	큰 걸상 2개
굵고 기다란 추체탁粗長抽屜桌[15] 1개	탑각등榻脚櫈 32개
추체탁 2개	옷걸이 1개
대형 무광 탁자退光大桌 6개	궤 3개
대형 무광 사방탁자大退光四方桌 1개	춘성春盛(침대 깔개) 2개
무광 팔선탁자退光八仙桌 4개	화상火床 1개
오래된 탁자 5개	크고 작은 갑匣 9개
작은 탁자 2개	대방석상大方石廂 1개
굵은 탁자粗桌 3개	주상酒廂 1담擔
	총계: 180건

재력이 좀 되는 사람들이 손님을 맞거나 쉴 때 사용하는 가구로서, 일반
가정생활의 필수품은 아니다. 금탁은 고금古琴 연주 시에 전용으로 사용
하는 장방형의 탁자다(그림 5-5). 손씨 집에는 작은 무광 금탁이 6개나
있었다. 손시가 음악을 좋아했을 가능성도 있지만 단지 겉치레일 수도
있다. 손시의 가구 목록에 칠기라고 되어 있는 것 이외의 가구는 재질이
특출하지 않은 듯한데, 그중 '석제 병풍'만 약간 특이하다. 이에 대해서는
이후 명대 때 매우 고급 가구였던 대리석으로 만든 병풍과 함께 설명할
것이다. 그러나 목제 가구의 경우 자단인지 화리목 종류인지에 대한 기
록이 전혀 없다. 금탁을 제작할 때는 원래 매우 까다롭게 재료를 선택한
다.『격고요론格古要論』에 근거하면 다음과 같다. "금탁에는 유마양維摩楊을

그림 5-4.
「금병매사화」 삽화의
팔선탁자와 병풍

사용해야 한다. (…) 탁자의 표면에는 곽공전郭公磚을 쓰는 것이 가장 좋다. 나무 탁자를 사용하려면 반드시 약 1치 두께의 단단한 나무를 쓰면 좋다. 여러 번 회칠을 해야 하며 칠은 흑색 광택이 나야 좋다."[16] 이렇게 만드는 이유는 주로 거문고 연주 시 가장 좋은 음향 효과를 얻기 위해서다. 하지만 목록에는 금탁이 어떤 재질로 만들어졌는지 언급되어 있지 않다. 또한 칠과 장식 기술에 관한 것으로는, 목록에 '금칠金漆'과 '퇴광退

그림 5-5. 「금탁도琴桌圖」

光' 두 종류의 가구가 있다. 퇴광은 '금광琴光'칠이라고도 하는데,[17] 금광칠은 전문적으로 달여서 만든 칠의 종류로 이것으로 기물에 기름칠을 할 때에는 반드시 [기물을] 문지른 후 빛을 내야 해서 퇴광칠이라고 한다. 다만 '나전'이나 '채칠彩漆'과 같이 매우 정교한 가구는 보이지 않는다.

• 「휴령정허우입분서」

「휴령정허우입분서休寧程虛宇立分書」는 휘주부 휴령현 사람 정허우程虛宇가 숭정 2년(1629)에 작성한 분재기다. 정허우가 「자서自敍」에서 말한 바에 따르면, 그의 조상이 이 지역에 거주한 지 이미 10대나 되었다고 한다. 그는 가정 계축년, 즉 가정 32년(1553)에 태어났다. 부친과 백부가 모두 "장사를 떠날 당시" 동생들이 모두 어려 [자신이] 맏아들로서 집안일을 혼자 관리했으며, 또 "처음에는 선친께서 나에게 유학을 익히라 명하여 조석으로는 일을 하고 낮에는 열심히 노력하여 공명을 얻으려 했다. 융경 임신년(1572)에 집안일이 계속 잘 안 풀려서 전례에 따라 남옹南雍 [남경 국자감]을 그만두었다."[18] 정허우는 원래 국자감 학생으로 후에 백부가 세상을 떠나고 부친도 나이가 많아 그가 부친의 사업을 물려받아 관리했으니 '유학을 버리고 가업을 따른棄儒從家' 예라고 할 수 있다. 그의 형제는 모두 셋이었는데, 아우 하나가 세상을 떠난 뒤 조카들이 이미 성년이 되었음을 감안해 가업을 셋으로 균등하게 나누었다. 그는 「자서」에서 이렇게 말한다. "이제 각각의 집에 그동안 붙은 원금과 이자를 하나하나 명확하게 계산하여 완전히 돌려주고 그 외 안경安慶, 구강九江, 광제廣濟, 황주黃州, 호광湖廣에 있는 일곱 개 전당포에 자본금 은자 1만 냥을 각각 나누어준다. 그 본거지의 건물과 전답 및 산야의 각 항목은 삼등분으로 균등하게 분배한다."[19] 정허우의 가업은 주로 전당업이며 외지에 전당포 분점이 7개가 있었음을 알 수 있다. 분재기에서 이들 세 집은 자본금인 은자와 전당포만 계산해도 이미 약 16만 냥이나 되는 것을 알 수 있다. 또 그 밖의 전답·원림·산장 등의 부동산 및 금은 기물과 기타 잡물이 있어, 이들 가족의 자산은 최소한 20만 냥 이상임에 틀림없다.

분재기에 "기용잡물器用雜物"이라는 항목이 있는데, 그중에 가구가 비교적 많다. 다음은 세 집에 나누어준 가구의 목록이다.[20]

큰 진홍색 향탁大珠紅香桌 1개	금박칠합 12개
주홍색 향탁朱紅香桌 2개	팔각칠합八角漆盒 10개
붉은색 네모난 향궤紅方香几 4개	금곡원 병풍金谷園圍屏 1폭
흑향궤黑香几 4개	백자도 병풍百子圖圍屏 1개
자칠한 향궤紫漆香几 4개	백 마리의 새와 아침 봉황이 그려진 병풍百鳥朝鳳圍屏 1개
금박칠합描金漆盒 12개	동으로 상감한 술 상자銅鑲酒箱 1담

정씨의 재력으로 미루어 볼 때 위에 열거한 가구의 종류와 수량은 손시의 가구 목록과 비교하면 매우 적다. 그러나 다른 각도에서 보면, 정씨

가 나누어준 가구는 사실 손씨 집안의 가구보다 더욱 비싼 것이어서 재분배할 때에 동산으로 취급받은 것이다. 이 목록의 물건들은 결코 정씨 집안이 일상생활에서 사용하던 가구 전체가 아닐 것이다. 새로운 형식의 가구인 향궤, 특별히 칠을 하고 색을 입힌 금박 가구와 주홍색 가구, 동으로 상감한 술 상자, 그림 병풍 등 정씨가 나누어준 가구는 거의 모두 이전의 분재기에서는 보지 못한 것들이다. 위 목록에서 '홍방향궤[붉은색 네모난 향궤]'(그림 5-6)는 제1절 『준생팔전』에서 언급한 바 있는 '소주 양식'임을 알 수 있다. 또 칠기의 장식 기술로 말하자면, 위에 열거한 목록에서 '묘금칠'은 '은행금칠銀杏金漆'과 '퇴광칠'보다 더 고급의 기술이다. 가장 주목해야 할 부분은 삽도가 있는 '병풍' 3점으로, 다음에는 이러한 종류의 그림 병풍이 가격이 매우 높은 귀한 가구였음을 알아볼 것이다.

• 「여정추등입분단구서」

「여정추등입분단구서余廷樞等立分單鬮書」는 여정추余廷樞가 숭정 7년(1634)

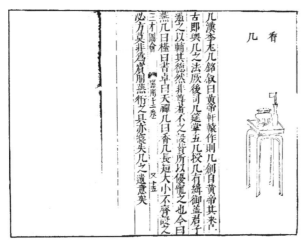

그림 5-6.
『삼재도회』의 향궤도

에 작성한 분재기다. 서두에서 재산을 분배하게 된 까닭을 서술하고 있다. "부친 운정공께서 갑자년 9월 4일 술시에 지점池店에서 돌아가셨다. 내 나이 열다섯 살이고 남겨진 동생은 다섯 살이다. 나이 어린 고아들이 점포를 유지할 수가 없으므로 모친에 의지해 점포를 팔아 부친의 빚을 상환했다. (…) 지금 나는 성안에 사는데, 둘이 각각 사업을 관리하기가 불편하기에 형제가 의논해 친척을 모시고 실제 존재하는 전답, 점포, 산림, 수목, 농작물, 아궁이, 건물, 일용 기물 등의 항목을 하나하나 장부에 다 기록해, 둘로 똑같이 배분한다."[21] 이상의 서술에서 여정추의 부친은 장사에 그리 성공하지 못했으며 죽은 뒤에 여전히 적지 않은 빚이 남아 있었음을 알 수 있다. 게다가 분재기에 적혀 있는 건물과 전답 등 부동산도 많지 않은 것으로 보아 여씨 집안은 기껏해야 점포를 운영하는 영세 상인이라 할 수 있다.

분재기에 별도로 "공동 소유의 일용 기물"과 "여정추 소유의 일용 기물 목록" 두 항목이 있으며, 이 두 항목에서 가구에 속하는 종류는 다음과 같다.[22]

재력과 자산으로 말하자면 여정추 집안은 세 번째의 손시 집안만 못하지만 첫 번째의 오씨 집안보다는 부유하다. 목록에 나오는 가구의 가치도 마침 두 집안의 중간이라 [여정추 집안의] 경제적 지위와 매우 부합한다. 목록에 나오는 가구의 양식으로 금탁, 탁자, 침상, 궤, 걸상, 의자와 사다리 등이 있으며 수량은 모두 44건이지만, 그중에는 정교한 고급 가구가 하나도 없고 대부분 낡고 평범한 양식의 가구이며 병풍과 같은 대형 가구도 없다. 오직 오래되고 낡은 금탁 1점이 있어 매우 흥미롭다. 손씨의 집안과 같은 애호를 가진 듯하다.

이 다섯 사례 중 우리는 적어도 네 사례에서 경제적 지위를 판별할

오래되고 낡은 작은 금탁 2개	대ㅁ결상大ㅁ牀 2개
새 탁자 큰 것 4개, 작은 것 2개, 모두 6개	작고 중간 길이의 칠한 걸상 2개
첩탁貼棹 1개	새로 산 의자 6개
낡은 긴 탁자 2개	조향등朝香橙 2개
낡은 네모 탁자 1개, 모친용	작은 걸상小楬杌 2개
낡고 손상된 탁자 1개	낡고 굵은 걸상 2개
아랫방의 낡은 침상 1개	낡고 뚫어진 종려나무 의자棕椅 6개
향궤 1개	크고 긴 사다리大長梯 2개
	작은 사다리 1개
	총계: 44건

수 있다. 『오잡조』에서 말한 바와 같이 "신안의 대상인大賈 중에 수산업과 염업으로 번 돈이 백만 냥에 이르는 사람이 있었고, 이삼십 만 냥을 번 상인은 중급 정도의 상인이었을 뿐이다."[23] 위에서 첫 번째 사례는 중산층이고, 다섯 번째 사례는 밑바닥에서 점포를 운영하는 영세 상인이며, 세 번째 사례는 몇천 냥 자본을 가진 소규모의 휘상이고, 네 번째 사례는 몇만 냥 자본으로 전당업을 운영하는 중소 규모의 휘상이다. 이 다섯 사례는 완전히 대표적인 것은 아니지만 명대 중엽 이후 일반 대중의 가구 소유와 소비의 실제 상황을 잘 반영하고 있다.

내용을 종합해보면, 우리는 저어도 몇 가지 결론을 얻을 수 있다. 첫째, 이 다섯 사례를 보면 명대 중엽 이후에서 명말까지 분재기나 구서의 기물 목록에 점차 가구가 포함되기 시작했다는 것이다. 이는 수량과 종류도 갈수록 많아지고 더욱 상세해져 당시 이미 가구를 값나가는 물건으로 간주하고 있었다는 사실을 보여준다. 또 제2절에서 언급한 바 있는 가구의 상품화가 심화되었고 사람들의 소비력이 향상되었음을 알 수 있다. 첫 번째 사례와 다섯 번째 사례를 일반 가정의 가구 소비 평균 수준으로 친다면, 일반 중산층의 집에는 적어도 몇 점에서 몇십 점의 그럴듯한 가구가 있었고 그중에는 칠을 한 가구도 일부 있었다. 다시 세 번째 사례와 다섯 번째 사례의 가구 수량을 17세기 영국 상인이나 네덜란드 부농의 그것과 비교해본다면, 17세기 중국 소상인의 가구 소유가 영국 상인보다 높았으며 네덜란드 부농에게도 뒤지지 않았음을 알 수 있다(부록 참조).

또한 경제적 지위는 그들의 가구 소유에도 반영되어 있다. 가구의 수량 면에서 차이가 날 뿐만 아니라 가구에 칠이나 색을 입혔다는 점, 조각하고 문양을 그리거나 장식을 했다는 점 등 형식 면에서도 차이가 있었다. 자본이 더 많고 경제적 지위가 더 높을수록 소장 가구 역시 범상치 않았다. 정허우 집안이 바로 그러한 사례로, 주홍색과 진홍색의 향탁, 홍색과 흑색 및 자칠을 한 향궤, 금박 가구, 상부에 그림이 그려진 병풍 등은 다른 네 사례에는 없었다. 이러한 점은 앞서 범렴이 말한 내용에도 반영되어 있다. 명 중엽부터 민간에서는 은행나무에 금칠한 네모 탁자만을 사용했으며, 융경과 만력 이후에는 부자들이 '세목 가구'를 애호하는 풍조가 나타났다. 돈만 있으면 정교한 가구를 구입할 수 있었으며, 정교한 가구를 소유하는 것은 실제 사용하기 위함뿐만 아니라 사치 소비의 측면도 있었고 재산을 드러내고 자랑하는 기능도 있었던 것이다.

수십 냥에서 많게는 수백 냥에 이르는 '골동' 가구는 경제적 조건이 더 좋은 사람이라야 소비할 수 있었으며 소비 피라미드의 꼭짓점에 위치해 있어야 비로소 소유할 수 있었다. 다음 절에서는 이러한 최상류층 소비자의 가구 소비 형태를 살펴볼 것이다.

3.

고급 가구의
소비

명 가정 연간의 내각 수장이었던 엄숭과 그
의 아들 엄세번嚴世蕃(1513~1565)은 부정부패로 재산이 몰수되었다. 역사
적 기록에 따르면, 엄세번은 중앙과 지방 관리의 재산과 형편뿐만 아니
라 그들이 받은 뇌물까지도 파악하고 있어 관리들은 그에게 자신의 상
황을 터럭만큼도 감추기 어려웠다고 한다. 그는 또 오래된 청동기와 기이
한 물건 및 서화를 좋아한지라, 조문화趙文華, 언무경鄢懋卿, 호종헌胡宗憲과
같은 수많은 관리가 그에게 앞다투어 이러한 것들을 보내주었다. 그렇지
않으면 엄세번은 직접 부자들에게 요구해서라도 그러한 것들을 반드시
소유해야만 했다. 재산은 다음과 같은 과정으로 몰수되었다. 우선 황제
는 엄숭과 엄세번이 소유한 원주袁州와 남창南昌 등의 부府와 분의현分宜縣
등에 있던 저택과 토지, 금은보화 및 가구 등을 해당 지역 관리들에게
직접 조사하게 해 정확한 숫자를 파악한 뒤에 각 항목의 목록을 호부戶
部에 보내서 다시 정확하게 검토하도록 했다. 이후 관리를 파견해 금은보
화와 기이한 물품에 대해서는 호부로 압류하는 한편, 저택과 토지, 가구
와 기물 등은 먼저 돈으로 바꾼 뒤 호부로 보내도록 했다. 『천수빙산록天

水冰山錄』은 바로 몰수당한 엄씨 가산의 세부 목록이다.[1]

우리는『천수빙산록』에 기록된 가구를 통해 고급 가구를 통한 사치 소비 형태를 알 수 있다.『천수빙산록』속의 가구는 크게 네 종류다. 첫 번째 종류와 두 번째 종류는 직접 호부로 압류된 가구로, '병풍과 위병' 108점 및 '대리석과 나전 등으로 장식한 침상' 17점이다. 세 번째 종류와 네 번째 종류는 팔려나간 가구로 '나전과 채색 등으로 장식한 침상'과 '탁자, 의자, 궤짝, 함 등의 항목'으로, 전자는 모두 640점에 전체 가격이 2127.85냥이고 후자는 모두 7444점에 가격이 1415.56냥이었다.[2] 이러한 네 종류의 가구를 각각 알아보자.

• 직접 호부로 압류된 '병풍과 위병'은 재질이 특수한 병풍으로, 주로 석재 병풍, 즉 중소형 대리석 병풍, 기양석병풍祁陽石屏風, 영벽석병풍靈璧石屏風, 흰 칠을 한 백석병풍白石素漆屏風 등이다. 그다음은 양가죽을 재료로 한, 색을 입힌 양가죽대위병羊皮顔色大圍屏, 양가죽중위병羊皮中圍屏, 양가죽소위병羊皮小圍屏이다. 또 일부는 장식 기술을 강조한 병풍으로 채색을 한 위병彩漆圍屏, 금박으로 산수를 그린 위병描金山水圍屏, 흑칠을 하고 금박을 입힌 위병黑漆貼金圍屏, 금으로 송죽매를 그린 위병泥金松竹梅圍屏, 금으로 산수를 그린 위병泥金山水圍屏 등이다(그림 5-7).

특히 주목할 것은 이들 병풍 가운데 수입품이 많다는 점인데, 일본에서 온 병풍이나 위병으로는 금칠을 하고 그림을 그린 일본산 대병풍倭金漆畵大屏風, 금색으로 문양을 그린 일본산 소병풍倭金彩畵小屏風, 금은 조각으로 장식한 일본산 대위병倭金銀片大圍屏, 금은 조각으로 장식한 일본산 소위병倭金銀片小圍屏, 호접문을 금으로 그린 일본산 위병倭金描蝴蝶圍屏, 화초를 금으로 그린 일본산 위병倭金描花草圍屏 등이다. 이들 수입품을 통해 명은 일본과 문화적 교류와 무역이 상당히 빈번했음을 알 수 있다. 풍몽정(馮夢禎(1548~1605)은 『쾌설당일기快雪堂日記』에 어느 날 친구의 서재에 갔다가 "[내가] 진귀한 기물을 보여달라 해서, 보니 새로 산 오래된 일본산 기물 여러 점이 매우 아름다웠다"라고 기록하고 있다.[3] 이를 통해 명말 일본에서 수입된 기물이 상류사회에서 매우 환영받고 있었음을 알 수 있다.

· '대리석과 나전 등으로 장식한 침상'은 재질과 장식을 강조했는데, 이를 세밀하게 구분하면 두 종류로 나눌 수 있다. 하나는 대리석 재질의 침상으로, 조각하고 칠한 대리석 침상雕漆大理石床, 흑칠한 대리석 침상黑漆大理石床, 나전으로 장식한 대리석 침상螺鈿大理石床, 칠을 하고 난간이 있는 대리석 침상漆大理石有架床, 산山자 형태의 대리석 침상山字大理石床 등이다. 다른 하나는 나전으로 장식한 침상으로, 퇴칠해 나전 및 금색으로 장식한 침상退漆螺鈿描金床, 나전으로 상감하고 금색으로 장식한 침상嵌螺鈿描金床, 나전으로 상감하고 천을 두른 침상嵌螺鈿着衣亭床, 나전으로 상감하고 빗살 형태의 난간이 있는 여름용 침상嵌螺鈿有架凉床, 나전으로 상감하고 빗살 형태의 난간이 있는 등나무 침상嵌螺鈿梳背藤床, 대모로 상감하고 병풍이 있는 침상鑲玳瑁屛風床(그림 5-8)이다. 이들 침상은 채색을 하거나 나전으로 만든 판매된["먼저 돈으로 바꾼 뒤 호부로 보내진"] 침상보다 더 귀해서 '병풍과 위병'과 함께 직접 호부로 압류되었고, 현지에서는 팔려나가지 않았다.

· '채색을 하거나 나전으로 만든 판매된 침상'은 같은 침상이긴 하지만 대리석을 사용했다는 점 외에 재질 면에서도 위의 기물보다 약간 떨어지

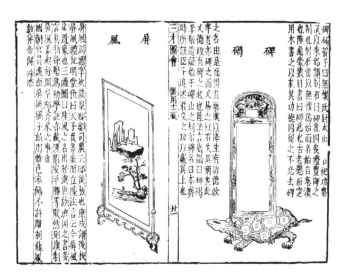

그림 5-7. 『삼재도회』의 병풍도

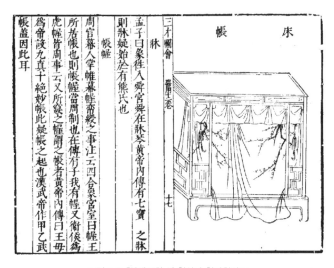

그림 5-8. 『삼재도회』의 침상과 침상휘장도

고 주로 채색과 조각으로 장식했을 뿐이다. 대표적으로 채색을 한 뒤 조각한 대형 나전 팔보상螺鈿雕漆彩漆大八步等床과 채색을 하고 조각한 중형 팔보상彩漆雕漆八步中床을 들 수 있다. 이 밖에 또 '여름용 침상凉床'에 속하는 침상들이 있었는데, 등나무를 조각해 금박을 입힌 여름용 침상描金穿藤雕花凉床, 산 자 모양의 병풍山字屛風, 빗살 형태의 난간이 있는 작은 여름용 침상梳背小凉床, 흰 칠을 한 화리목 등으로 만든 여름용 침상素漆花梨木等凉床 등이며, 또 거목에 시화를 새긴 중형 침상椐木刻詩畫中床도 있었다. 이처럼 고급 가구의 목재로 화리목과 거목이 포함되었음을 알 수 있다.

또한 판매된 가구 목록에는 판매 가격이 첨부되어 있어 당시의 가구 가격을 대략적으로 파악할 수 있다. 다음은 필자가 냥兩 단위로 환산한 것이다.

나전조칠채칠대팔보등상螺鈿雕漆彩漆大八步等床, 1점당 평가액 은 15냥

조감대리석상雕嵌大理石床, 1점당 평가액 은 8냥

거목각시화중상椐木刻詩畫中床, 평가액 은 5냥

채칠조칠팔보중상彩漆雕漆八步中床, 1점당 평가액 은 4.3냥

묘금천등조화양상描金穿藤彫花凉床, 1점당 평가액 은 2.5냥

산자병풍山字屛風, 소배소양상梳背小凉床, 1점당 평가액 은 1.5냥

소칠화리목등양상素漆花梨木等凉床, 1점당 평가액 은 1냥

의사椅, 1점당 평가액 은 0.2냥

궤짝櫥櫃, 1점당 평가액 은 0.18냥

탁자卓, 1점당 평가액 은 0.18냥

난간이 있는 탁자几井架, 선반 1점당 0.08냥

걸상凳杌, 1점당 평가액 0.05냥

발의자脚凳, 1점당 평가액은 0.02냥

위 목록은 가격에 따라 배열한 것이다. 이를 직접 호부로 압류된 가구들과 비교해보면, 병풍과 위병이 침상보다 더 비싸다. 침상은 또 다른 가구보다 훨씬 비싸 보통은 1냥 이상 하지만 다른 가구들은 보통 1냥도 안 된다. 침상은 그 가격이 우선 칠을 한 뒤 조각하는 방법과 나전 장식에 따라 결정되고 그다음으로 재질을 따진다. 침상의 재질은 대리석, 거목, 화리목 순이다. 이 순서는 앞서 언급한 재질의 가격과 약간 차이가 있는 듯하다. 이에 대해서는 다음 절에서 자세히 밝히고자 한다. 가격이 비교적 낮은 것은 의자이며, 궤짝과 탁자는 가격이 서로 비슷하고, 다음으로 난간이 있는 탁자, 걸상, 발의자 등의 순서다.

• 세부 목록의 가장 마지막에는 다음과 같은 조목이 있다. "갖가지 형태의 목제 침상 126점은 합하여 은 83.35냥이다." 이것은 가격이 더 싼 가구일 것이며, 1점에 평균 약 0.66냥이다.

종합해보면, 엄씨 부자 집안의 고급 가구 중 특히 첫 번째, 두 번째, 세 번째 종류에서 가격이 1냥을 넘는 일부 가구는 모두 재질이 희귀하다. 또한 채색과 채색 그림 및 조각이 있거나 금박이나 금칠, 나전으로 장식된 고급 가구는 당시의 사치스러운 소비생활을 묘사한 내용과 일치한다. 소설 『금병매사화』에서 주인공 서문경의 생활은 호화로웠으며, 그의 집안에서 사용하는 고급 가구도 『천수빙산록』의 기록과 부합한다.[4] 『금병매사화』 제45회에는 이에 관한 내용이 나온다. 응백작應伯爵*은 백황친가白皇親家의 '금박 나전 대리석 병풍螺鈿描金大理石屏風' 1점과 동라銅鑼

---

* 서문경의 '회중십우會中十友' 중 한 사람. 호는 남파南坡. 소설에서 응이야應二爺나 응이화자應二花子라 한다.

와 동고銅鼓 2점을 서문경의 전당포에서 은자 30냥에 저당을 잡혔다. 그러나 그는 병풍에 대해 "병풍 하나만 해도 은자 50냥 정도로 다른 곳에서는 구할 수조차 없는 것이다"라고 큰소리치고 있다. 이 병풍은 엄숭 집의 첫 번째 가구류에 속하는 대리석 병풍과 같은 종류다. 제34회에 묘사된 서문경 서재에 놓여 있는 '흑칠을 하고 금실로 장식된 대리석 여름용 침상大理石黑漆縷金涼床'에는 푸른 휘장까지 달려 있다. 이 침상은 엄숭 집의 두 번째 가구류 가운데 '흑칠한 대리석 침상'과 같은 종류다.

『천수빙산록』의 세 번째 가구류인 '채색을 한 나전 침상' 등은 소설 『금병매사화』 제8회에서 서문경이 딸을 시집보내는 광경을 묘사할 때에 나온다. 서문경은 시간이 너무 촉박해 침상을 만들 수 없었는지라, 맹옥루孟玉樓가 시집올 때 가져온 '남경산 채색을 한 금박 발보상南京描金彩漆拔步床'* 1점을 딸에게 혼수로 주었다. 이 침상은 엄숭 집의 '채색을 한 팔보상'과 같은 종류이며 남경에서 만든 것이다. 이 밖에 명말의 부호 집에서도 사용된 사례가 있다. 요정린이 자기 백부의 어느 방에 쌓여 있는 "좋은 가구好傢伙"를 묘사할 때 다음과 같은 가구가 포함되어 있었다. "화리목 여름용 침상花梨涼床 1개, 거유목 여름용 침상椐楡涼床 1개, '동董' 자가 끼워진 가리개董字揷屛 6점, 금칠한 거유목 대형 의자金漆椐楡大椅 6점, 화리목 의자花梨椅 6점, 황양목 작은 탁자黃楊小桌 2점, 수마 거유목 긴 책상水磨椐楡長書桌 2점, 거유목 서가椐楡書架 4개, 거유목 사무용 탁자椐楡官桌 6점, 작은 보조 탁자小副桌 2점 및 일용 잡화가 모두 있었다."[5] 이러한 것들은 대부분 부호가 구입할 수 있는 가구에 속했다.

『금병매사화』에는 고급 가구의 가격에 관한 기록은 많긴 하지만 위에

---

* 발보상拔步床(팔보상八步床을 말함). 목재로 만든 집의 내부에 침대를 놓은 형태의 대형 침상이며, 이 전체를 실내에 놓고 사용한다.

서 서술한 『천수빙산록』의 기록과 비교해보면 과장되어 있는 듯하다. 제 9회에서 서문경이 반금련에게 장가갈 때, 반금련을 위해 은자 16냥으로 '환영하는 모습을 금박으로 장식한 흑칠 침상黑漆歡門描金床'* 1점을 구입했다. 제29회에서는 서문경 집안의 여러 여인이 서문경의 총애를 다투는 광경이 묘사되어 있는데, 그중 하나는 더욱 좋은 침상을 요구하는 것이었다. 반금련이 이병아李瓶兒의 방에 '나전 대청용 침상螺鈿敞廳床'이 놓여 있는 것을 보고, 그녀도 서문경에게 은자 60냥을 써서 난간이 있고 양쪽에 격자 문양이 장식된 나전 침상을 사달라고 요구했다. 앞에서 말한 서문경이 딸을 시집보낼 때 보낸 '남경산 채색을 한 금박 발보상'은 제96회에서 서문경과 그 딸이 죽은 뒤 친정집으로 돌려보냈고 오월랑吳月娘은 그 침상을 은자 8냥에 팔았다고 했다. 당시 가격이 은자 60냥이라던 이병아의 나전 침상도 은자 35냥에 팔렸다. 소설 속의 이 가격은, 좀 과장되긴 했지만 가구의 등급은 가격에 따라 알 수 있는 만큼, 『천수빙산록』의 기록과 부합된다. 즉 '금박으로 장식된 나전 대리석 병풍'과 '대청용 나전 침상'의 가격이 가장 높았고 그다음은 바로 '환영하는 모습을 금박으로 장식한 흑칠 침상'이다. 그리고 소설에서 언급된 기타 동파의東坡椅, 교의交椅, 팔선탁 등은 모두 실용 가구라 가격이 언급되지 않은 만큼 병풍과 침상보다 훨씬 저렴했음을 알 수 있다.

지금까지의 사실을 통해서 볼 때 『천수빙산록』의 첫 번째와 두 번째 종류는 재력이 풍부하고 소비 피라미드 맨 윗부분에 위치하는 소수의 소비자가 향유할 수 있는 정교한 가구였고, 세 번째 종류는 보통의 부잣집에서 대부분 구입할 수 있는 고급 가구였다. 그러나 명말 문인과 사대

---

* 주점이나 식당 전면 문의 장식인 환문歡門이 있고 흑색 칠을 해 금채로 장식한 침상.

부에게 이러한 가치와 미학적 평가 기준이 절대적이지는 않았다. 다음에서는 상류사회의 관점과는 매우 큰 차이를 보이는 또 다른 종류의 가구 평가 기준이 있었음을 살펴볼 것이다.

4.

가구 소비의
문인화

명대 중엽 이후 많은 문인이 가구의 제작에
관해 기록했는데, 위영韋泳의 『침중비枕中祕』, 도륭의 『고반여사』, 고렴의
『준생팔전』 등이 그것이다. 그중에서도 가구 기록과 관련해 가장 상세하
고 대표적인 저서는 바로 문진형의 『장물지』다. 문진형은 『장물지』에서
『천수빙산록』과는 다른 품격을 지닌 또 다른 종류의 '문인화된 가구'를
묘사하고 있다.[1] 문인의 품격을 거론할 때 가장 중요하게 여기는 단어는
'우아함雅'와 '저속함俗'의 구분이다. 문진형의 미학적 관점에서 '우아함'을
간단하게 말해보자면, 형태, 장식, 재질의 무늬 등에서 옛 제도에 부합해
야 하고, 질박하면서 자연스러운 느낌이 중요하며, 지나치게 번잡한 조각
과 장식이 없어야 했다. 조각과 장식이 지나치게 많은 가구는 바로 '저속
함'에 속했다. 문진형은 「궤탑几榻」의 첫머리에서 이처럼 말한다.

옛사람이 만든 탁자는 비록 길이와 폭이 일정하지 않지만 서재에 놓으면
반드시 고풍스럽고 우아하여 좋아할 만하다. (…) 요즘 사람이 만든 것은
그림을 그려넣고 조각하여 꾸미기만 하니 저속한 안목을 기쁘게 할 뿐이

다. 옛날 기법이 모두 없어지니 심히 개탄스럽구나.[2]

이어서 다른 가구를 언급할 때에도 문진형이 이러한 기준으로 평가한 데서 저자가 우아함과 저속함을 대립시켰음을 알 수 있다. 일례로, 그는 우아함과 질박함을 지나친 장식과 대비해 다음과 같이 지적하고 있다.

평상은 "고풍스럽게 무늬가 갈라진 것도 있고 원나라 양식의 나전으로 만든 것도 있는데, 그 기법이 자연스럽고 고아하다. (…) 근래에는 대리석을 상감한 것도 있고 퇴광칠, 주칠, 흑칠을 하고 대나무를 조각하여 분으로 메워 넣은 것도 있고 새롭게 나전으로 만든 것도 있는데, 우아한 물건이 전혀 아니다."[3]

선의는 "옥처럼 더욱 반짝이고 매끄러워야 하며 도구로 다듬은 흔적이 드러나지 않아야 좋다. (…) 근래에 그 위에 오색 영지 장식五色芝黏을 붙여놓는 것이 있는데 아주 쓸데없는 짓이다."[4]

문진형은 적당한 장식을 허용했으나 그것이 반드시 옛 기법에 부합해야 했다. 예를 들면 이러하다. "혹 대리석과 기양석을 상감한 것이 옛 양식에서 나왔으면 역시 좋다." 의자는 "오목에 대리석을 상감한 것이 가장 귀하지만, 역시 옛 양식에 따라 만들어야 한다."[5]

두 번째로, 문진형은 장식 이외에 형태 면에서도 옛 기법에 부합해야 한다고 생각했으므로 그의 글에서 가구의 길이, 높이, 폭 등을 상세히 기록했다. 반대로 당시 시장에 나온 많은 변형된 가구나 새로 만들어진 가구는 그의 눈에는 모두 지나치게 길거나 짧고 또는 넓은 저속한 물건이어서, 그는 "쓸 만하지 못하며" "도저히 쓸 수 없고" "가장 참을 수 없

다"고까지 했다.[6]

평상은 "그 앉는 자리의 높이가 1자 2치, 병풍의 높이는 1자 3치, 길이는 7자 남짓, 가로는 3자 5치 정도로 주위에 나무틀을 설치하고 중간에는 반죽斑竹을 놓으며 아래 자리는 비워두지 않고, 삼면에 등받이를 만드는데, 뒷면과 양쪽은 같게 하는 것이 평상의 정식이다. (…) 근래에 길이와 크기를 개량한 여러 양식은 비록 보기에는 좋지만 모두 저속한 양식으로 전락했다(그림 5-9)."

천연궤는 "넓고 큰 것이 귀하지만 길이는 8자를 넘어서는 안 되고 두께는 5치를 넘어서는 안 되며, 비각飛角*은 너무 뾰족해서는 안 되고 평평하고 둥글어야만 바로 옛 양식이라고 할 수 있다. (…) 다리가 넷인 것과 책상의 양식은 사용할 수 없다. 간혹 고목의 뿌리로 잇기도 한다. (…) 용봉이나 화초를 조각한 여러 저속한 양식은 안 된다. 근래에 만든 것 중에서 좁고 긴 것이 가장 참을 수 없다."

책상은 "중심은 넓고 커야 하고 사방으로 테를 두르는데 테의 폭은 반 치 정도면 된다. 다리는 조금 낮고 가늘어야 고대의 기법이다. 무릇 좁고 길거나 삼각이나 사각 등의 여러 저속한 양식은 모두 사용할 수 없는데, 칠한 것이 특히 저속하다."

대궤臺几는 "근래에 옛 양식을 모방해 만든 것 중에서도 좋은 것이 있으니, 준罇과 이彝 같은 청동 제기 등을 놓아두면 가장 고풍스럽다. 붉게 칠하거나 좁고 작거나 삼각형의 여러 양식은 일체 사용하면 안 된다."

의자는 "예전 원대의 나전 의자를 보았는데, 두 사람이 앉을 수 있을 정도

---

* 탁자나 건물에서 양 끝부분의 살짝 들려 올라간 부분.

로 컸고 그 기법도 가장 고풍스러웠다. (…) 이를 종합하면, 높지 않고 낮

아야 하고 좁지 않고 넓어야 한다. (…) 접을 수 있는 1인용 의자나 오강의

대나무의자, 전제항의 선의와 같은 여러 저속한 양식은 절대로 사용해서

는 안 된다."

접이식 의자交床는 "바로 옛 호상胡床의 양식이다. (…) 금칠을 하고 접을

수 있는 것은 저속하니 사용할 수 없다."[7]

세 번째로, 가구의 재질도 우열을 평가하는 중요한 조건 중 하나였다.

예를 들어 평상은 "옛 양식에 따라 화남목花楠, 자단, 오목烏木, 화리와 같

은 나무로 만들면 모두 사용할 수 있다." 천연궤는 "화리, 철리, 향남香楠

등의 무늬가 있는 나무로 만든다." 재질의 단단함 이외에 자연미 또한 강

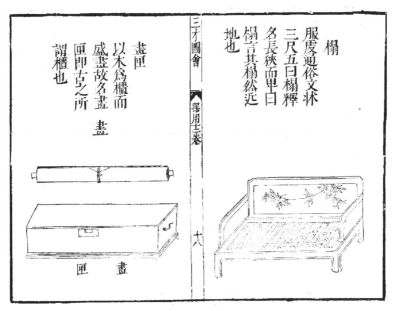

그림 5-9. 『삼재도회』의 평상과 화갑

조한다. 예를 들어 탁자는 "고리나 띠처럼 천연적으로 굽은 괴이한 나무를 반으로 갈라 만들고", 선의는 "천태등天台藤으로 만들거나 고목의 뿌리로 만든다."[8] 문인들은 가구의 재질에 대한 요구가 매우 높았던 일반 부자들의 관점과는 전혀 달랐다. 문진형에게 고급 목재인 자단이나 황화리 등은 결코 가구의 우열을 평가하는 절대적 조건이 아니었고 경우에 따라 기타 '잡목'으로도 대체할 수 있었다.

> 걸상은 "물론 좁게 테를 두른 것이 우아하며, 사천의 잣나무를 사용하면 참신하고, 오목으로 상감하면 가장 고풍스럽다. 그렇지 않고 잡목을 사용할 경우 흑칠을 하면 역시 쓸 만하다(그림 5-10)."
> 궤짝은 "큰 것은 삼나무로 만들어야 좀을 피할 수 있고, 작은 것은 향비죽香妃竹이나 두판남豆瓣楠, 적수赤水, 나목欏木으로 만들어야 고풍스럽다. 흑칠을 한 무늬가 갈라진 것이 일등품이며 잡목도 사용할 수 있다. 하지만 양식은 저속한 것을 없애야 귀하게 본다."[9]

"잡목도 사용할 수 있다. 하지만 양식은 저속한 것을 없애야 귀하게 본다"라는 말에서 알 수 있듯이 문진형의 눈에는 가구의 형태와 양식이 좋은 재질보다 더욱 중요했다. 문인이 선호하는 가구의 재료 중 가장 중요한 기준은 바로 목재의 무늬였다. 하양준은 문장으로 이름을 날린 많은 사대부를 가구에 비유한다. "만들어진 가구들이 모두 화려하고 아름답지 않은 것이 없다. 예를 들어, 무늬목으로 궤를 만들어 정교하게 조각하고 비취색으로 칠하면 예쁘지 않을 수 없다. 그러나 그 속에는 사실 진주가 들어 있지 않은데, 세상은 그 궤만 좋아할 뿐이다."[10]

물론 문인들이 우아함과 저속함으로 가구를 구분하는 것이 유일한

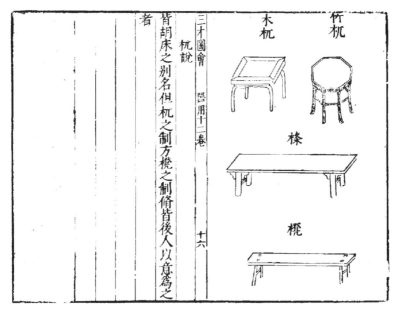

그림 5-10. 『삼재도회』의 걸상

평가 기준은 아니었다. 문인들은 가구의 기능성과 실용성 또한 크게 고려했다. 『장물지』에도 작자의 실용적 관점이 드러나 있다. 그러나 문진형에게 실용적인 가구란 문인의 취미생활이나 사교활동과 연관된 것이다. 따라서 이는 단순한 실용성을 말하는 것도 아니고 현대인이 중요시하는 편안함만을 말하는 것도 아니다.

짧은 평상短榻은 "좌선을 한 채 명상할 수 있거나 속세에서 벗어나 현묘한 도리를 논할 수 있다. 또한 비스듬히 기대기에 편리하여 세속에서는 '미륵탑'이라고도 부른다."

작은 책상几은 "평상 위나 부들자리蒲團에 놓아두고 손을 걸치거나 머리를 괼 수 있다."

네모탁자方桌는 "옛날에는 칠한 것이 가장 많았고, 네모반듯하게 크고 소박해 열몇이 나란히 앉을 수 있는 것이어야 서화를 펼쳐보며 감상하는 데 사용할 수 있었다. 근래에 만든 팔선탁자 등의 양식은 연회에나 겨우 사용할 수 있을 뿐으로 우아한 기물이 아니다."

접이식 의자는 "두 다리에 은으로 상감하거나 은으로 된 못을 둥근 나무에 박은 것이 있는데, 휴대하여 산에 놀러갈 때나 배 안에서 사용하면 가장 편리하다."[11]

네모탁자와 팔선탁자의 기능을 비교하는 문진형의 글을 보면 그의 마음속에는 문인 가구라는 특별한 범주가 있었으며, 그 문인 가구는 기능 면에서 일반인이 사용하는 가구와 큰 차이가 있음을 알 수 있다.

가구에 대한 문인의 품격이 일반 부유한 고관들과는 다르다는 것을 더 깊이 이해하기 위해 『장물지·궤탑』에서 열거한 '병풍'과 '침상' 항목을 『천수빙산록』의 목록과 비교해볼 필요가 있다. 전체적으로 보면, 『천수빙산록』에서는 재질과 장식만을 중요시해 양식에 대한 묘사는 많지 않으나 『장물지』에서는 양식은 옛 기법에 부합해야 하고 지나친 장식을 반대한다는 점을 강조하고 있어서, 두 책의 차이가 뚜렷하게 보인다. 『장물지』의 '병풍' 조에서는 이렇게 설명한다. "아랫부분을 대리석으로 상감한 것이 귀하고, 그다음은 기양석으로 상감한 것이, 또 그다음은 화예석花蕊石으로 상감한 것이 귀하다. 옛것을 얻을 수 없으면 또한 옛 양식을 모방하여 만들어야 한다."[12] 병풍의 재질은 『천수빙산록』에 기록된 것과 부합하지만 『천수빙산록』에서는 조각 장식이 정교한 '위병'도 상당히 많이 나온다. 그러나 문진형의 위병에 대한 평가는 높지 않은데, 그는 "종이를 바른 병풍과 위병, 나무병풍木屏은 모두 상품에 들지 않는다"고 했다.[13] 또한 『장물지』의 '침상' 조에서는 다음과 같이 설명한다.

침상은 송원 시기의 갈라진 무늬로 된 작은 칠상이 제일이며, 그다음은 궁궐에서 만든 독면상獨眠床이고, 그다음은 기술이 뛰어난 장인이 작은 나무로 만든 것인데 이 역시 쓸 만하다. 영가 연간에 광동성 동부에는 접이식이 있었는데, 배 안에서 휴대하여 쓰기 편리했다. 그러나 죽상竹床이나 표첨飄檐, 발보상, 채칠, 만자卍字, 회문回紋 등의 양식은 모두 저속하다. 근래에 잣나무를 대나무처럼 가늘게 다듬어 만든 침상이 있는데 매우 정교하여 규방과 작은 서재에 적합하다.[14]

그러나 『천수빙산록』에 기록된 것은 모두 대리석상, 나전상, 팔보상, 채칠상으로 문인의 품격과는 전혀 다르다. 특히 『장물지』에서 '저속하다'고 비판한 죽상과 채칠상이 『천수빙산록』에는 모두 보인다.

당시 가구에는 또한 '일본풍', 즉 이른바 '왜식' 가구가 유행했으며 문인들도 이를 옛 양식으로 여겼다. 『장물지』에도 많은 일본식 가구를 언급하고 있는데, 모두 상당히 높은 평가를 내리고 있다.

천연궤는 "일본 탁자처럼 아래에 끌 수 있는 꼬리 같은 것이 있으면 더욱 기묘하다."

대궤는 "일본인이 만든 것은 종류와 크기가 다양한데 모두 매우 고아하고 정교하다. 도금으로 네 모퉁이를 상감한 것, 금은 조각으로 상감한 것, 은은한 꽃무늬가 있는 것이 있는데, 모두 매우 비싸다."

일본식 상자倭箱는 "흑칠하여 금은 조각으로 상감한 것으로 큰 것은 1자다. 상자의 못이나 자물쇠, 열쇠가 모두 기이하고 절묘하다."

서궤書櫃는 "작은 것은 궁궐에서 전칠塡漆*하여 만든 것과 일본에서 만든 것이 있는데, 모두 기이한 물품이다."[15]

그러나 『장물지』의 일본 수입 물품과 『천수빙산록』의 물품을 비교해 보면, 『천수빙산록』에서는 일본에서 수입된 병풍이나 위병을 중시한 반면 『장물지』에서는 일본식 궤와 일본식 상자 및 서궤와 같이 서재 가구에 선호가 편중되어 있음을 발견할 수 있다. 이처럼 둘 사이에는 품격과 애호가 분명히 다르게 나타난다.

『장물지』에서는 서재, 즉 '재중齋中'에서 사용하는 가구를 특별히 언급하고 있다. 평상은 "불당과 서재에 두며", 서가는 "서재의 (…) 서가와 서궤에 모두 도서를 두며", 일본식 상자는 "서재에 많이 준비해두었다가 사용하는 것이 좋다"는 등이다.[16] 문인이 서재 가구인 서궤와 서가 및 일본식 상자의 종류에 관해 어느 문인이 한 언급이 특히 상세하다.

서궤는 "책 만 권을 보관할 수 있어야 한다. (…) 작은 궤는 사방 1자 남짓으로 옛 청동기古銅나 옥기와 같은 작은 물건을 두기에 적당하다. (…) 경서 보관용 궤는 붉은 칠을 하고 약간 네모난 양식인데, 경서가 대부분 길기 때문이다. (…) 궤에 박는 못은 백동白銅을 피하고 자동紫銅으로 옛 양식에 따라야 한다. 양쪽 머리가 북처럼 뾰족한 못을 쓰고 평평한 못은 쓰지 않은 것이 좋다."

---

* 기물의 표면에 음각으로 문양을 새긴 뒤에 서로 다른 색으로 이 문양을 칠해 메우고 표면을 매끄럽게 처리하는 장식 기법.

서가書架는 "칸마다 열 권만을 놓을 수 있어야 꺼내 보기가 편리하다. 아래 칸에는 책을 놓으면 안 되는데 지면과 가까워 습하기 때문이다. 다리도 조금 높아야 한다. 작은 서가는 탁자 위에 놓을 수 있다. (…) 두 칸짜리 평평한 네모 나무판이나 대나무로 만든 서가, 붉은 칠과 흑칠을 한 모두 사용할 수 없다."

일본식 상자는 "흑칠하여 금은 조각으로 상감했는데, 큰 것은 1자 정도로 못과 자물쇠, 열쇠 모두 기이하고 절묘하다. 고대 옥기 또는 귀중한 물건을 놓거나 진당晉唐 시기 작은 두루마리를 놓기에 가장 알맞다. 또 약간 큰 다른 종류가 있는데 양식도 고아하고 방승方勝[마름모꼴이 이어진 무늬]이나 영락瓔珞[구슬을 꿴 듯한 문양] 등의 문양이 있는 것으로 종이처럼 가

그림 5-11.
서재의 서가와 서궤

벼워 두루마리나 향, 약, 여러 노리개를 놓을 수 있으며 서재에 많이 두고
사용하면 좋다."[17]

문진형은 또한 서재 가구는 종류의 선택이나 배치·사용 면에서 절대
'상품화'의 함정에 빠져서는 안 된다고 강조한다. 서궤는 "대나무 궤나 나
무로 만든 작은 서랍은 시장의 물건이거나 약방의 물건이므로 모두 사용
할 수 없다"거나, 서가는 "또한 책방에서 사용하는 것처럼 너무 복잡하
면 좋지 않다"는 것이다[18](그림 5-11).

이들은 무슨 이유로 서재 가구를 특별히 자세하게 설명했던 것일까?
서재 가구의 배치와 사용에 왜 특히 주의했던 것일까? 다음 절에서는 서
재의 가구와 문인의 특수한 관계를 더욱 심도 있게 살펴볼 것이다.

서재와 가구 그리고
문인 품격의 특수화

서재가 사대부와 문인에게 중시된 이유는 사
대부와 문인 스스로 자신들만의 서재가 필요하다고 인식했으며 서재는
자신들의 문화자본cultural capital으로 자신들의 지식이나 사상을 드러내
는 재산의 일종으로 보았기 때문이다. 또한 그들은 서재를 이용해 자신
들의 신분 지위와 권력의 합법성을 유지하려 했다. 명 중엽, 대략 16세기
이후부터 사대부와 문인은 이에 관한 책을 저술해 학설을 수립하기 시
작했으며 이상적 서재의 모델을 형상화하려 시도했다. 『준생팔전』 「고자
서재설高子書齋說」에는 문인이 이상적으로 여기는 서재가 묘사되어 있는데
(그림 5-12), 서재의 물건과 가구의 배치는 다음과 같다.

서재에는 긴 탁자 하나, 옛 벼루 하나, 오래된 청동 연적 하나, 오래된 도
자기 붓 받침筆格 하나, 반죽 필통 하나, 오래된 도자기 필세筆洗* 하나, 풀
糊斗 하나, 수중승水中丞** 하나, 청동이나 돌로 만든 진지鎭紙*** 하나를
둔다. 왼편에는 평상 하나, 평상 아래 곤각등滾脚凳**** 하나, 침상 머리에
작은 탁자 하나, 그 위에 고대 청동 꽃병이나 가요哥窯에서 만든 병 하나

를 둔다. (…) 겨울에는 난연暖硯***** 하나를 두고, 벽 사이에는 고금 하나를 걸어놓고 중간에 작은 탁자 하나를 놓아 오중(소주)의 운림궤 양식처럼 하면 좋다. (…) 오흥의 대나무 걸상 여섯 개, 선의 하나, 먼지떨이, 등긁개, 종려나무 빗자루 각각 하나씩, 대나무나 철제 여의如意 하나를 늘어놓는다. 오른편에는 서가 하나를 놓아 그 위에 『주역고점법周易古占法』을 꽂는다.[1]

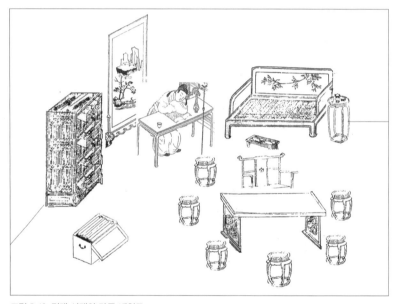

그림 5-12. 명대 서재의 가구 배치도

---

* 먹이나 물감이 묻은 붓을 빠는 그릇.
** 먹을 갈 때 벼루에 따를 물을 담아 두는 그릇.
*** 붓글씨를 쓰거나 그림을 그릴 때 종이를 눌러놓는 도구. 문진文鎭이라고도 한다.
**** 중앙 부위에 발로 굴릴 수 있는 원통이 있는, 발을 올려놓는 발의자.
***** 겨울에 벼루의 물이 얼지 않도록 하부에 숯을 넣게 되어 있는 벼루.

소설 속에서 묘사된 관리의 서재는 『성세항언』 권30, 「이견공이 가난한 집안에서 협객을 만나다李汧公窮邸遇俠客」 이야기에 나온다. 청나라 관리 이면李勉은 관직을 그만둔 뒤에 멀리 옛 친구를 찾아갔다. 도중에 예전부터 알던 지현 방덕房德을 만났는데, 방덕이 이면을 관아로 초청해 옛일을 이야기했다. 방덕은 이면을 후당後堂으로 들인 뒤 왼쪽의 서원 안으로 들어갔다.

이면이 걸어서 바로 안으로 들어가보니 세 칸 서실書室〔서재〕이 남향으로 들어앉아 있고 옆면에는 또 두 칸 행랑채廂房가 있었다. 이 서실은 문이 널찍하고 창문이 환하며 정중앙에는 명인의 산수화 한 폭이 걸려 있었다. 오래된 청동 향로 하나가 놓여 있는데, 향로 안에서 향 연기가 자욱하게 피어올랐다. 왼쪽에는 상비죽湘妃竹*으로 만든 평상竹榻이 하나 놓여 있고, 우측 선반 위에는 책들이 약간 쌓여 있었다. 창가에는 작은 탁자가 하나 있고, 문방사보〔벼루, 먹, 붓, 종이〕가 진열되어 있었다. 정원에는 꽃나무가 많이 심어져 있었는데 매우 청아하게 배치되어 있었다. 이 장소는 바로 현령이 휴식하는 장소라 말끔하게 정리되어 있었다.[2]

서재 안 물건에는 문방사보〔문방사우〕 등의 문구와 서가, 책상, 서궤, 평상 등의 가구가 있고 또 골동과 서화 등이 진열되어 있다.[3] 이것들은 모두 사대부와 문인들이 문화적으로 자신의 지배력hegemony을 확립할 수 있는 중요한 상징들로, 이른바 "현령이 휴식하는 장소라 말끔하게 정리되어 있었다.[4] 이처럼 문인의 품격을 드러내는 서재 모델은 소설과 같은 대

---

* 반죽斑竹. 그 명칭은 순임금이 창오蒼梧에서 죽자 그의 두 왕비 아황娥皇과 여영女英이 상강湘江에서 창오蒼梧를 바라보며 울었는데, 눈물이 대나무에 묻어 얼룩이 생겼다는 전설에서 유래한다.

중매체를 통해 점차 사회 각 계층의 인식세계로 진입하게 되었고 다른 사람들이 모범으로 삼아 모방의 대상이 되었다.

명말에 이르면 서재는 더 이상 문인들만이 독점할 수 있는 대상이 아니었다. 『금병매』 제34회에서 묘사되듯, 서문경 같은 벼락부자도 자신의 서재를 소유해 '비취헌翡翠軒'이라 이름 붙였다.

> 서재 안 바닥에는 대리석으로 만든 흑칠한 금실 장식 여름용 침상이 하나 놓여 있고 푸른 비단 휘장이 걸려 있다. 양편에는 채색을 하고 금으로 장식한 서궤가 있는데, 선물로 보내는 서파書帕*와 비단이 가득 들어 있었으며 탁자와 문방구, 서적이 가득 쌓여 있었다. 초록 비단 창문 아래에는 흑칠을 한 금탁 하나와 나전 교의 하나만이 놓여 있었다. 책 상자 안에는 주고받은 편지와 배첩拜帖[붉은 종이에 쓴 명함] 그리고 중추절에 선물을 보낸 장부가 들어 있었다.[5]

이 서재는 배치가 호화로워 각종 양식의 정교한 가구가 놓여 있고 서적들도 가득 차 있다. 그러나 눈을 서궤와 책 상자로 돌려보면, 모두 선물로 보내는 서파와 비단, 다른 사람들과 주고받은 편지, 명함, 선물 장부 등이고 경사자집經史子集 같은 책은 전혀 없다는 점에서 풍자적 의미가 매우 강하다.

고급 기방의 기녀가 사는 곳에도 작은 서재가 있었다. 『유세명언喩世名言』 권12, 「여러 미인이 봄에 유칠을 조문하다衆名姬春風吊柳七」 이야기를 예로 들어본다. 유칠이 절강으로 부임할 때 강주江州를 지나다가 현지의 유

---

* 명대 관리 사이에서 예물을 보낼 때 사용하는 책 한 권과 보자기 하나. 실제로는 뇌물로 쓰는 금은재화를 지칭했다.

명한 기생 사옥영謝玉英의 집을 방문했다. 사옥영은 유칠의 인물이 문아한 것을 보고 그를 맞이해 바로 작은 서재로 안내했다. 유칠이 서재를 보니 과연 정갈하게 정리되어 있었다.

밝은 창가에는 깨끗한 탁자, 대나무 평상과 차 화로가 있었다. 침상 사이에는 유명한 거문고 하나가 걸려 있고, 벽 위에는 고화 한 폭이 걸려 있었다. 향로에서는 늘 침향을 태워서 향기가 흩어지지 않았다. 꽃병에 물을 자주 새로 갈아주어, 맑은 향기가 코끝을 스쳤다. 만 권의 책을 즐겨 볼 수 있었고, 바둑 한 판으로 기쁨을 더했다.[6]

관리와 사대부 및 유명한 기생이 서재를 소유했을 뿐만 아니라, 심지어는 보잘것없는 조쾌皂快*나 관아의 하인조차도 모두 서재를 소유했다. 이러한 상황은 범렴이 『운간거목초』에서 노여워한 바와 같다.

더욱 괴이한 것은 조쾌 등도 거처를 얻으면, 간혹 작은 휴게실을 하나 만들어 나무판을 깔아두고 정원에는 어항을 놓고 여러 꽃을 심으며, 안에는 세목 탁자와 먼지떨이拂塵를 놓아두면서 서방書房〔서재〕이라 칭한다. 하지만 도대체 조쾌가 무슨 책을 읽는지 모르겠다.[7]

이를 보면 명밀 상품화 과정 속에서 서재라는 공간은 돈으로 구밀 수 있었고 서재 안의 가구도 돈으로 구입할 수 있었으니, 재력만 있으면 누구나 사대부와 문인을 흉내 내어 서재를 만들고 가구를 구입할 수도 있

---

* 주와 현의 관아에 속한 하인. 형벌을 담당한 조반皂班, 문서 전달과 범인 체포를 담당한 쾌반快班, 죄수 관리를 담당한 장반壯班으로 구성되어 있다. 차역差役이라고도 한다.

었다. 원래 사대부와 문인이 가지고 있던 문화자본은 이미 그들만의 전유물이 아니었다. 즉 상품화 이후 형성된 사치문화로 인해 원래 존재하던 사대부와 문인들의 신분과 권력의 상징성은 희미해진다. 특히 명대 중엽 이후 과거라는 통로가 단절됨에 따라 하층의 사대부와 문인들은 관리가 될 기회가 점차 요원해졌으나 상인은 상품화가 진행되면서 그 지위가 도리어 점차 높아졌으므로, 사대부와 문인들은 매순간 자신들의 신분 지위가 위태롭다고 느꼈다. 이렇게 된 상황에서 사대부와 문인들은 또 어떻게 자신들의 신분 지위에 맞는 상징을 찾을 수 있었을까?

일부 사대부와 문인들은 서재 가구에 글자를 새겨 넣기를 특히 좋아했다. 가구에 시와 낙관을 새겨 넣는 전통은 일찍이 위진 시기나 당송 시기에도 있었지만 단지 그 기록만을 찾아볼 수 있을 뿐이다.[8] 명대에는 사대부와 문인들이 원목 가구에 시와 인장을 새겨 넣는 일에 더욱 열중했으며 그 실물도 남아 있다. 명대 문집 일부에서도 가구의 명문銘文을 언급하고 있는데, 이러한 이유는 가구에 글을 새겨 옛사람의 유풍을 계승하려는 의도가 있었기 때문이다. 또한 도덕과 마음의 수양을 위해 의도적으로 글을 새겨놓고는 자기성찰의 도구로 삼기도 했다. 하경명何景明(1438~1521)은 『잡기명雜器銘』에서 이렇게 말한다. "군자는 이름을 관찰해 그 의미를 연구하므로 그것을 본떠 덕을 이롭게 한다. 글을 써놓고 때때로 반성하며 살핌은 잘못을 저지르지 않기 위함이다. 옛사람들의 뜻이 여기에 있지 않았겠는가? 나의 서재에는 크고 작은 물건이 많이 있는데, 품질은 좋으나 진귀한 것은 없다. 내가 그 물건들을 보존하는 것은 여기에 깃들어 있는 기개를 살펴서 고인들의 유지를 지니고자 함이다. 이것들을 각각 한 편씩 새겨 넣으니 모두 열 편이 되었다. 이로써 스스로를 경계하고자 한다."[9] 이렴李濂(1489~1569)도 다음과 같이 말한다. "옛사람들은 모든 상황에서 수양해서 사악하고 편벽된 것을 막고 올바른 길로 [자신을] 인도하기 위하여 반드시 기물마다 경구를 새겼다." 이렴은 상 탕왕湯王과 주 무왕武王의 접시, 그릇, 탁자, 지팡이에 모두 명문이 있음을 예로 든다. "대개 도는 움직여 존재하지 않는 곳이 없고, 일은 작다고 홀시해서는 안 되므로 비록 더럽고 하찮은 기물이라도 지극한 이치가 담겨 있다." 이에 그의 집안에 있는 여러 기물 가운데, "새것과 옛것이 섞여 있지만 모두 적절한 쓰임이 있다. 한가한 날에 글을 새겨 넣어 시동에게 옆에서 읽도록 하니 마음 수양에 도움이 된다. 그러나 내용이 천박하고 부끄러워 감히 사람들에게는 보일 수는 없었다"고 했다.[10] 서가에도 명문이 있는데, 이 역시 자신이 때때로 심신을 수양할 때 경각심을 불러일으키는 내용으로, 황훈黃訓이 『서가명書架銘』에서 말한 바와 같다. "서가는 책을 꽂는 곳이다. 책을 꽂는 곳에 어떻게 먼지를 없앨 것인가? 책에 먼지가 앉으면 그 해로움이 작고 없애기도 쉽다. 그러나 마음에 먼지가 끼면 해로움도 크고 없애기도 어렵다. 나는 서가를 볼 때마다 마음을 사랑함이 책을 사랑함만 못하여 탄식하니 서가에 글을 새겨 넣어 스스로 경계한다."[11]

이외 서재 가구의 명문도 자신에게 경각심을 불러일으켰다. 특히 책상과 탁자 및 서가 같은 가구의 명문은 학문의 중요성과 연계시켰는데, 스스로 성찰해 항상 학문에 힘써야 비로소 위대한 학문을 이룩할 수 있기 때문이었다. 이렴은 「서재의 여러 기물 잠언 12수書室諸物箴十二首」에서 가정 6년(1527)에 성 남쪽 언덕에 집을 짓고 "방 안 여러 물건은 모두 문덕文德과 관련이 있기에 각각 잠언을 새겨 스스로를 경계하고 초심을 변치 않게 했다. 아울러 이로써 자손이 법도에서 벗어나지 않기를 바랄 뿐이다"라고 묘사하고 있다. [그 12수 중] 「서궤잠書几箴」에서는 "옛 현인을 믿지 않고 어떻게 덕을 이룰 것이며, 옛 선현만을 믿는다면 어찌 스스로 터득할 것인가? 그대는 옛말을 듣지 못했는가? 말만 좇으면 본질을 잃고, 문자에만 얽매이면 미혹된다"라고 하고 있다. 「서가잠書架箴」에서는 "장서가 서재에 가득해도 옛사람의 찌꺼기이며, 상자에 책이 가득 쌓여도 지금 사람에게는 쥐가 문 생강처럼 쓸모가 없다. 외워도 의미를 모르니 만권의 책이 있다 한들 한 글자를 깨닫는 것보다 어찌 귀하겠는가! 그것을 쉬지 않고 실천하고 있는지 나는 신중해야 하리라"라고 했다.[12] 육용은 「서가명」에서 이렇게 말한다. "도는 글로 표현된다. 나는 여기에 마음을 기울여 입으로 외고 마음으로 생각하니 지극한 즐거움이 있었다. (…) 이 서가나 이 실천을 높은 누각에만 매어놓지 않는다면 거의 선각자들을 저버리지 않게 될 것이다."[13] 또 귀유광은 「궤명几銘」에서 다음처럼 말한다. "오직 구경九經과 여러 역사책만이 선대의 성현이 전해준 것이니, 젊어서부터 익혀 늙어가면서 전일專一하게 되었다. 이것 모두 내 마음에 자리 잡고 있는 것이므로, 이를 즐기면서 세월 가는 줄 모르겠도다." 이 명문은 그가 서궤에서 독서하다가 받은 희열을 기념한 것이다.[14]

또한 일부 가구의 명문은 정치적인 일까지 언급하고 있는데, 귀유광의 「순덕부궤명順德府几銘」을 예로 들 수 있다. 귀유광이 형태현邢台縣을 다스릴 때였는데, 마침 할 일이 없었다. 관아에는 책을 읽을 책상이 없었는데, 그때 마침 거센 바람에 나무가 뽑혀 성 밖에 수없이 많은 버드나무가 넘어졌으므로 태수에게 나무 한 그루를 요청해 탁자를 만들었다. 그러고는 탁자에 다음과 같은 글을 새겼다. "천하를 다스리는 법을 묻는다면 말 기르는 것과 어찌 다르겠느냐고 하겠다. 책을 끼고 있어도 원칙이 없다면 양을 잃어버린 것[처럼 본분을 망각하는 것]과 같다."[15] 동응거董應舉(1557~1639)는 만력 33년(1605)에 섬서에서 곡식 창고의 행정을 맡았는데, 그때 지은 「독서문서주기讀書文書權記」에서 자신이 창고에 서궤를 구입해 들여놓은 이유를 설명하고 있다. "무릇 관리는 학문을 직업으로 하는 자다. 도에는 조잡함과 정교함의 구분이 없으니 어찌 날마다 놀면서 녹봉을 받고 하는 일 없이 지낼 수 있겠는가? (…) 서궤를 놓으니 일하는 데 편리하고 매일매일 살피게 되고 해마다 잘못을 반성하고 뉘우치면 선함이 생겨 도에 가까워지니, 이것이 내가 학문을 하는 까닭이다."[16] 귀유광의 글은 가구에 새긴 문장이고 동응거의 글은 기록된 것으로, 문체는 다르지만 모두 이러한 가구가 정치를 하는 데 중요함을 강조하고 있다.

명말에 서재의 가구에 글을 새기는 명문은 문인이 서재의 가구를 특수화해 상품화를 저지하는 방식의 하나였다. 또한 사대부와 문인들은 서재 가구의 명문을 도덕과 학문 및 정치와 연결하는 방식으로 서재의 가구에 문화적 신성성을 부여했다. 이와 유사한 실례를 들어보자면 막시룡이 아주 좋은 전형적인 사례다. 막시룡은 명말 '세목 가구'의 사치 풍조를 가져온 선구자라고 할 수 있지만 명대 말기의 부유층이 문인을 따라 골동 가구를 추구하는 풍조에 대해서는 매우 불만스러워했다. 그는 『필진筆塵』에서 다음과 같이 말한다.

지금 부잣집에서도 대부분 고완[골동]을 좋아하면서 무리를 따라 부화뇌동하지만 그것이 왜 좋은지는 모른다. 고서 한 권이 있다면 글자의 오류 그리고 귀와 눈으로 알 수 없는 것을 연구하여 바로잡아야만이 진실로 좋은 벗 하나를 얻는 것과 같다고 할 수 있다. 또 고화 한 점이 있다면 글은 적게 쓰고 맑은 마음으로 도를 보며 누워서 즐겨야 한다. 상나라의 이彝나 주나라의 정鼎과 같이 옛사람들이 얼마나 정교하게 제작했는지를 알아야 유익하다 할 것이다. 그렇지 않으면 [그것들이] 상점에 있는 것과 무엇이 다르겠는가?[17]

막시룡은 부자들이 골동을 추구하는 행위와 [자신의 그것을] 구분하는 데서 당당하게 금석학金石學을 가져다 그 이유로 삼았고, 학문과 고대 기물을 연관시켜 고대 기물에 문화적 신성성을 부여함으로써 일반 부유층의 골동 수집을 비판했다.

이외에도 현재 남아 있는 명대 실물 가구 중에도 글이나 시문이 새겨진 것이 많지만 일부에만 몇몇 명인의 글이나 이름이 있을 뿐이다. 현존하는 실물 가운데 비교적 긴 문장이 새겨진 가구가 셋 있는데, 축윤명祝允明, 문징명文徵明, 동기창이 글을 쓴 관모의官帽椅다.[18] 축윤명은 의자의 등받이 판에 왕희지의 「난정집서蘭亭集序」 한 대목을 썼다. "이날 하늘은 깨끗하고 공기는 맑았으며 은혜로운 바람은 따스하고 부드러웠다. 우주의 광대함을 우러러보고 고개 숙여 만물의 무성함을 살피면서 자유롭게 눈을 놀리며 마음 가는 대로 생각을 달려보고 눈으로 보고 귀로 듣는 즐거움을 다할 수 있게 되니 참으로 즐거운 일이다. 무릇 사람이 세상에 태어나서 하늘을 우러르고 땅을 굽어보며 한평생을 살아감에, 어떤 이는 회포를 끌어내어 벗들과 한 방에 마주앉아 이야기하기도 하고, 또 어떤 이는 자기에게 기탁되어 있는 사상을 근거로 육체의 밖에서 마음대로 놀기도 한다. 이처럼 사람들은 취향이 만 가지로 다 다르고 고요함과 시끄러움이 다 같지 않으나, 저마다 자신이 만난 경우가 기쁘게 느껴지는 때에는 잠시나마 자기 뜻을 얻어 스스로 흡족해한다."[19] 문징명의 글은 다음과 같다.

문 두드리는 소리 들리지 않고 소나무 그림자 들쑥날쑥 비친다. 새소리 오르락내리락 하는데 차 끓여 마시고, 창 아래서 붓을 놀려대며 마음대로 크고 작은 글자 수십 자를 쓴다. 소장한 서예 작품과 그림 두루마리를 펼쳐 맘껏 감상한다.[20]

동기창의 글은 이러하다.

일을 끝내고 돌아온 한가한 날에 학창의를 입고 화양건을 맨 다음에 손에는 『주역』 한 권을 들고 향을 피우며 조용히 앉아 세상의 근심을 풀어버린다. 강산 저 멀리 바람에 떠가는 돛과 모래사장의 새, 구름 속 대나무만 보일 뿐이다(그림 5-13, 5-13-1).[21]

관모의는 서재의 가구로서, 여기에 쓰인 글 세 편은 모두 문인의 우아한 생활 방식을 표현하고 있다. 이러한 글은 가구와 문인의 품격을 연관시킨 것으로, 앞서 말한 문진형의 『장물지』 속 관점과 합치하는 부분이 있다.[22] 따라서 이와 같은 글은 문진형이 『장물지』를 저술했던 것처럼 모두 문인의 품격을 만드는 서재용 가구에 새겨져 있다. 또한 문진형이 때때로 독자에게 서재용 가구를 '상품화'의 나락으로 떨어뜨리지 말라고 알려주었던 것처럼, 모두 물품을 특수화하는 과정을 통해 서재용 가구의 상품화를 저지하려고 했다.

문화적 신성성이 부여된 특수한 가구는 문인 사대부 사이에서 품평하고 아끼는 기물이 되었다. 풍몽정은 일기에서 친구 정루鄭樓가 "구변도九邊圖* 병풍이 있는데 다른 날 빌려서 매우 자세히 모사하고 싶어했다"

---

* 명대 북방 변경의 9개 군사 요충지의 모습을 그린 그림.

그림 5-13.
동기창의 글이 새겨진 관모의

그림 5-13-1.
동기창의 글

라고 기록하고 있다.[23] 그러나 문인들의 특수화와 신성화를 거친 가구가 일단 시장에 유입되면 오히려 낙양의 종이 값 올리듯 판매가 매우 잘되어 가구의 상품성이 더욱 심화되었다. 이를 통해 『천수빙산록』에서 '거목에 시화를 새긴 중형 침상'은 평가액이 5냥이었지만, 재질이 더욱 귀한 '푸른 칠을 한 화리목 여름용 침상靑漆花梨木涼床'은 평가액이 오히려 1냥에 불과했는지의 이유를 알 수 있다. 이는 문인의 글과 시문이 새겨지거나 그림이 그려진 가구가 고급 재질로 만들어진 가구보다 더욱 가치가 있었기 때문이다.

6.

결론

1

이 장을 통해 소비사회의 탄생은 상품화와 밀접한 관계가 있음을 알
수 있다. 가구를 사례로 들면, 강남의 부유층과 관리들이 다투어 저택
과 정원을 짓던 명말의 풍조는 정교한 가구의 호화 소비를 가져왔을뿐
더러 가구를 '골동'의 수준으로까지 올려놓았다. 이와 동시에 우리는 가
구가 상품화되는 과정을 살펴볼 수 있었다. 명대 이전에는 가구의 상품
화 현상이 그리 명확하게 나타나지 않았고 가구를 만들어 판매하는 일
도 아직 전문적인 직업이 아니었다. 명말에 이르러, 가구 수요가 대량으
로 늘어남에 따라 가구 제조업이 정식으로 독립했고 대도시에서는 수많
은 민영 가구 공장과 점포가 생겨났다. 생산 방면에서는 가구 제조 기술
의 향상으로 사회에서 기술자의 지위도 점차 높아졌다. 특히 소주와 남
경 등의 강남 대도시에서는 가구의 상품화와 가구 시장이 모두 한 걸음
더 발전했음을 뚜렷이 알 수 있었다.

2

이어서 휘주 문서, 엄숭의 몰수된 재산 목록, 문진형의『장물지』세 문건의 분석을 통해, 당시 서로 다른 가구의 소비 형태 세 가지를 밝혀냈다. 이 세 소비 형태에는 서로 다른 세 소비문화가 반영되어 있었다. 명대 일반 가정에서 소유한 가구의 수량은, 휘주 문서 속 분재기와 구서의 사례를 통해 본 결과, 일반 중산층 가정이라도 몇 점의 그럴듯한 가구를 가지고 있었으며 소상인과 점포에서도 소유한 가구가 많게는 수십 점에 이른다는 사실을 알 수가 있었다. 명말에는 명대 중엽의 분재기 및 구서와 비교해 가구의 명칭과 수량이 더욱 명확하고 자세하게 기록되었으며, 가구의 상품화로 가구가 이미 유가 동산이 되어 분가 시 자산이 되고 있음을 보여주었다. 그리고 경제적 지위가 더욱 높은 사람이 소유한 가구는 품질과 수량 면에서도 정비례함을 알 수 있었다. 정교한 가구는 이미 실용성뿐만 아니라 사치 소비의 한 경향이 되었으며 더욱더 부를 드러내고 과시하는 기능을 지니게 되었다.

최상류층의 소비자가 소비하는 고급 가구는 엄숭의 몰수된 재산 목록인『천수빙산록』을 통해 알 수 있었는데, 이처럼 고급스럽고 정교한 가구는 대부분 재료가 희귀하며 또한 채색, 채색 그림, 조각 혹은 금박, 금칠, 나전 등으로 장식된 것이었다. 경제적 능력으로 사회 구조를 구분해 보면 가구 소비 형태의 구분은 다음의 도표와 같을 것이다.

또 다른 한 부류 사람들의 소비는 이 도표로 위치를 정할 수 없는데, 그들은 바로 경제적 능력으로 신분 지위가 정해지지 않는 사대부다. 명청 시기 사회 구조에서 사대부는 가장 중요한 신분 집단이라 할 수 있다. 그리고 그 사대부 집단에서 가장 수가 많은 부류가 바로 하층의 생

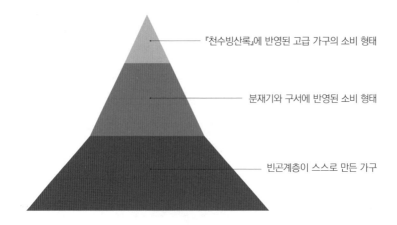

『천수빙산록』에 반영된 고급 가구의 소비 형태

분재기와 구서에 반영된 소비 형태

빈곤계층이 스스로 만든 가구

원인 선비들이었다. 이들 중 일부는 문학 창작에 종사해 유명한 문인이 되었다. 이러한 신분 집단은 종종 자신만의 특수한 소비 행위와 형태를 가지고 있었고 소비의 기호와 격조를 이용해 자신의 사회 지위를 구분했다. 소비가 바로 사회 신분을 분화하고 시장을 구분하는 상징이 된 것이다. 명말에는 일부 문인과 사대부들이 정교한 가구와는 품격에서 차이가 있는 다른 종류의 문인화된 가구를 적극적으로 만들어냈다. 이들은 '우아함'과 '저속함'의 구분을 강조했고, 질박함과 자연스러운 감각을 중시했으며, 분수에 맞지 않고 지나치게 번잡한 조각과 장식을 비난했다. 이들은 형태 면에서도 옛 양식에 부합할 것을 주장했고, 재료를 가구 우열의 평가 기준으로 삼지도 않았으며, 또한 가구의 실용성을 문인의 우아한 생활이나 사교활동과 연계했다.

이 장은 명대 가구의 또 다른 측면을 보여주는데, 한 사회계층의 소비 문화는 순수한 실용적 필요만이 아니라 다른 의미와 기능 또한 가지고 있다는 것이다. 근대 초기 중국에서는 상품화가 발달한 소비사회 속에서 이미 소비문화가 신분을 분화하고 시장을 구분하는 작용을 하고 있었다. 또한 사대부와 문인들이 확립한 특수한 품격에도 그들 특유의 가치관과 생활 방식이 반영되어 있었다. 과거에는 일반적으로 고아하고 질박하다는 등의 특징으로 '명나라 양식의 가구'로 표현하고 이를 복잡하고 화려한 '청나라 양식의 가구淸式家具'와 구분했다. 형식주의로 기물의 차이를 구분하는 것은 물론 합리적이지만, 지나치게 형식주의에 얽매인다면 문자 사료에 반영되어 있는 시대의 특수성을 소홀히 여길 여지도 있다. 이 장의 분석을 통해 '소주 양식' 가구로 대표되는 이른바 '명나라 양식의 가구'가 사실은 문인의 격조로 형상화된 가구 양식이었음을 알 수 있었다.

3

문인과 사대부는 특히 서재용 가구를 중시했는데, 이는 서재가 문화자본으로서 그들이 문화적으로 가진 지배력의 중요한 상징이었기 때문이다. 그러나 명말에 가구의 상품화가 이루어진 뒤, 서재는 더 이상 사대부의 전유물이 아니게 되었다. 서재라는 공간은 누구나 돈을 들여 장식할 수 있고 서재 안의 가구도 돈으로 구입할 수 있게 되었다. 이러한 사실은 또한 사대부, 특히 하층 사대부와 문인들에게 신분적인 위기로 다가왔다. 그래서 일부 문인들은 서재의 가구에 대해 어떻게 해야 할지 고심했다. 문진형은 『장물지』를 저술해 가구의 품격을 이론화했고 사대부와 문인들은 서재의 가구에 글을 즐겨 새겨 넣었다. 어떤 사람은 서재용 가구의 명문은 옛사람의 유풍을 계승했음을 강조하면서 심성과 도덕을 수양해 스스로를 경계하기 위함이라고 했다. 어떤 사람은 학문을 연구하는 데 서재용 가구가 중요하다는 점을 강조했고, 어떤 사람은 가구의 명문은 정치와 연계되거나 우아한 품격을 가진 사대부의 생활을 표현한다고 했다. 명말 문인들은 서재용 가구에도 글을 새겨 넣어 물품을 '특수화'하는 방식을 사용해 서재용 가구에 문화적 신성성을 부여했다. 이는 그들이 낙관과 도장을 이용해 서화를 특수화한 방식과 같다. 그러나 이들 가구가 일단 시장에 유입되면 결과적으로, 문인이 낙관한 서화가 시장에 유입된 것과 마찬가지로, 도리어 가구의 상품적 가치를 강화시켰다.

제6장

문인 품격의
진화와 지속:

음식문화를
사례로

채식의 좋은 점을 논하는 자는 채소의 맑음과 깨끗함, 향긋함과 아삭함만을 말한다. 그들은 육식보다 좋은 채식의 가장 뛰어난 점이 단지 '신선함' 한 글자에 있다는 것을 모른다.[1]

_ 이어, 『한정우기』「채식 제일·죽순蔬食第一·筍」

명말에 힘써 품격을 만들고자 한 사대부의 소비문화는 과연 청대에도 이어졌는가? 기존 연구는 대부분 명청 사대부의 소비문화는 비연속적이어서 단절되는 경향이 있다고 본다. 클루나스는 명말 품격 감상의 문화가 청대에는 사라졌다고 주장한다. 왜냐하면 청대에는 신분 계급과 지위제도가 새롭게 정비되면서 물질 소비의 상징적 의미도 약해지고 명말 '소비사회'의 발전 또한 그 '핵심 대중critical mass'이 없어지면서 멈추었기 때문이라는 것이다. 포머랜즈 역시 청 조정에서 사회질서와 엘리트계층의 신분제도를 효율적으로 회복시켜서 이미 '특허 체계'로의 복귀가 충분히 가능했으며 이에 '최신 유행'의 발전 속도를 어느 정도 늦추게 되었다고 보고 있다.[2]

명말 『장물지』 같은 서적은, 위 두 학자의 추론이 성립되는가의 여부와 상관없이, 확실히 청대에는 감소했다. 그렇다고 해서 명말 사대부의 소비문화가 청대에 이르러 발전이 멈췄다고 과연 말할 수 있을까?

명청 시기 음식문화의 발전 역시 소비문화의 일환이라 할 수 있다. 음식문화의 각도에서 음식 서적과 식보의 맥락을 본다면, 앞서 서술한 사대부 품격 문화의 지속이나 단절의 문제는 과거의 학자들이 논의한 방향과는 다르게 나타날 수 있다. 인류학자들은 항상 음식문화의 연구에서 인류가 음식을 먹는 행위는 절대 '순수하게 동물적인' 행위에 그치지 않고 우리의 마음과 머리가 위장과 긴밀하게 연결된 것임을 일깨워준다. 따라서 음식은 생리활동일 뿐 아니라 움직이는 문화활동이기도 하다. 하지만 역사학자들은 이러한 문화활동을 인류가 오랫동안 역사적 과정을 거쳐 형성·변화된 것이라고 한 단계 더 발전적으로 설명해야 한다. 이러한 점에서 이 장에서는 음식문화의 각도에서 사대부의 소비문화를 살피고자 한다.

과거 명청 시기 음식사 관련 서적은 매우 많지만[3] 명청 시기 이후 음식 서적과 식보의 변화에 대해 심도 있게 연구한 사람은 그리 많지 않은 편이다.[4] 특히 출판문화의 측면에서 음식 서적과 식보를 다루면서 당시 음식 풍조와의 관계를 논의한 것은 더욱 적다. 텍스트 분석을 통해 음식 서적과 식보의 감각에 대한 서술을 관찰한 것은 아예 없다. 음식 이론에 대한 저작 중 음식 서적과 식보를 소비문화의 배경하에 품격 구분이라는 측면에서 분석한 사람 역시 없었다. 이 장은 명청 시기 음식 서적과 식보를 바탕으로 서술을 시작하는데, 이는 바로 과거 학자들이 정의한 '맛있는 음식佳肴類' 관련 서적과 식보에서 출발하려는 것이다. 이에 우선 사회경제사적 측면에서 명청 시기 음식 소비가 사치 풍조로 전환되는 것을 고찰해 명청 이후 음식문화 발전의 경제적 배경과 물질적 기초에 대해 이해하고자 한다. 다음으로 출판문화의 측면에서 명청 시기 음식 풍조와 식보 간행 사이의 관계를 풀어보고자 한다. 그리고 이어서 식보 속 감각 묘사의 변화와 발전에 주목해 텍스트 분석 방식을 통해 간단함에서 복잡함으로의 변화 과정을 밝히고자 한다.

이 장의 네 번째 부분은 기존의 음식사 저작 및 연구 방향과 가장 크게 다른 부분이다. 명청 시기 문인들이 지은 음식 서적과 식보를 분석 대상으로 삼아 그들이 제기한 미각 이론을 분석하고, 또 명청 사대부 소비문화의 품격 맥락에서 음식 서적과 식보의 배경에 담긴 의의를 살펴볼 것이다. 이로써 우리는 명청 이후 음식 관련 소비문화에서 사대부들이 주장한 품격이 변화되고 지속되었는지의 여부를 검토할 수 있을 것이다.

음식 소비의
사치 풍조

1) 사치 소비의 성행

제1장에서 제기한 명말 사치 풍조 가운데 가장 심하게 두드러지는 사치 풍조는 음식 소비다. 상류층 연회의 사치 소비는 더욱 심해, 명 사조제는 『오잡조』에서 부유한 상류층의 음식 사치를 다음과 같이 지적하고 있다.

오늘날 부잣집에서는 산속의 진미와 바닷속의 먹을 것까지 힘닿는 대로 구하여 남쪽 굴 껍데기, 북쪽의 곰 발바닥, 동해의 전복 구이, 서역의 말젖까지 갖추었으니 진정 옛사람이 말하는 작은 천하를 갖추었다고 하겠다. 연회 한 번 여는 비용이 중간층의 가산을 다 털어도 마련할 수가 없도다. 이렇게 함으로써 득의하고 부를 과시하는 것은 괜찮지만, 습관적으로 늘 상 그렇게 하는 것은 자손이 교만해지는 문을 여는 것일 뿐 아니라 인생의 유한한 복이 다 없어질까 걱정이다.[1]

사조제는 또 당시 왕족과 환관들의 연회 음식에서의 사치를 기록하고 있다.

손승우孫承佑는 연회를 한 번 베풀면 생물 천여 마리를 죽이고, 이덕유李德裕는 국을 한 번 끓이면 이만 냥을 썼으며, 채경蔡京은 메추라기를 먹는데 하루에 천 마리는 잡았으며, 제나라 왕은 닭발을 좋아하여 하루 칠십 개가 진상되었다. 강무외江無畏는 하루에 붕어鯽魚 삼백 마리를 썼으며, 왕보王輔의 창고에는 작자雀鮓[참새절임]가 세 기둥으로 쌓여 있었다. 음식을 먹고자 하는 욕망으로 잔인하게 살생함이 이처럼 극에 달했도다! 오늘날 왕족과 환관에게 이와 같은 풍조가 있다. 선대부先大夫가 처음 길번吉藩에 도착하여 한 감찰사의 연회에 우연히 참석했는데, 주인과 객이 모두 세 자리뿐이었다. 요리사에게 물었더니, 오리 열여덟 마리, 닭 일흔두 마리, 돼지고기 백오십 근을 썼다고 했다. 다른 재료도 이와 같으니 진정 우습구나![2]

인용문에 따르면, 당시 연회의 사치 가운데 특히 육식의 비중이 매우 컸음을 분명하게 알 수 있다.

명말 지방지의 풍속 관련 기록에서는 음식 소비가 점차 사치 숭배로 가는 세태를 작자가 탄식하고 있는 걸 흔히 볼 수 있다. 이러한 분위기는 남쪽으로 갈수록 더욱 성행했다. 음식 사치가 가장 두드러진 곳은 바로 강남 지역이었다. 강남 지역의 음식 사치가 시작된 시기는 지방지 기록에 따르면 대략 가정 연간(1522~1566)이며 연해 지역은 왜구의 침입 이후 눈에 띄게 사치로 치달았다. 송강부 상해현의 『현지』에는 다음과 같이 기록되어 있다. "가정 연간 계축년(1553)에 왜놈들이 나라를 어지럽히자, 여염집에서는 이에 지쳐 습속이 일변했다." 이에 시정의 일반인들은 가난해도 화려한 옷에 비싼 신을 신었으며, 대부호들은 이에 더해 서로 사치 경쟁을 하며 연회에서는 모든 산해진미를 다 내놓았다.[3] 광서光緒 시기 『청포현지靑浦縣志』에도 이와 유사한 기록이 있다. "명 가정 연간 왜놈들이 나라를 어지럽혀 병화가 잦아지자, 장삿배들이 자리를 옮기고 백성들의 생업이 점차 쇠락했다. 진을 현으로 승격하고 치소를 당행진唐行鎭으로 옮겨가자 마을도 쇠락했고 습속이 일변했다."[4]

명대 강남 지방지 「풍속지」에는 당시 강남의 연회 모임에 대해 계속해서 언급하고 있다. 명대 전기에는 음식의 재료를 그다지 신경 쓰지 않았고 음식의 종류나 가짓수도 많지 않았지만, 명대 중엽 이후에는 음식이 점차 화려해지고 사치스러워졌다. 가정 연간 『육합현지』에도 역시 "음식의 풍성함과 검소함은 집안 연회와 맞추었으니, 술과 안주, 연회 자리의 크기는 형편에 따랐다"[5]고 기록되어 있다. 다음은 정덕 연간 『송강부지』의 기록이다. "연회 때의 과실과 고기는 네댓 가지에 그쳤다. 성화 연간 이래로 사치해졌고 근래에는 더욱 심해졌으니, 그 풍성함은 전일과 비교할 바가 아니다."[6] 명나라 사람 이락李樂 역시 이렇게 언급하고 있다. "내가 젊어서 선친의 명을 받아 일찍이 친척의 연회에 참석한 적이 있었다. 과일은 다섯 접시를 넘지 않았고, 고기는 여섯 접시를 넘지 않았으며, 탕은 세 그릇을 넘지 않았는데, 이것이 혼인 잔치였다. 정월 초하룻날 같은 경우 이웃을 손님으로 부르면 여섯이나 여덟아홉 정도였고, 사품냉채에 뚜껑 달린 자기 술병磁鍾으로 돌아가며 마셨는데, 손님 한 사람당 한 잔도 마시지 못했다. 내가 약관이 된 이후부터는 이러한 풍조가 다시는 보이지 않았다."[7]

고기원은 『객좌췌어』에 외삼촌이 명대 중엽 정통 연간 남경에서 '식사 대접'을 하는 상황을 기록하고 있다. "여섯 혹은 여덟 명의 경우 큰 팔선

탁자 하나면 족하고, 고기 요리는 큰 접시 네 개를 넘지 않았다. 한 접시에 네 가지 채소를 함께 담고 과일은 놓지 않았으며, 술은 큰 잔 두 개를 돌아가며 사용했다. 탁자 가운데에는 큰 대접을 두고 물을 부어 잔을 씻어가며 다음 손님에게 술을 따랐는데, 이를 '산완汕碗'이라 했다. 오후에는 자리를 파했다." 다시 십 여 년이 지나 연회에서 손님을 대접할 때에는 "탁자에 고기는 예전과 같았지만, 잔을 네 개 사용했고 여덟 개를 쓰는 경우도 있었다." 또 이십 년이 지난 뒤에는 "두 사람에 상이 하나일 경우 과실과 고기가 일고여덟 접시가 되었고 또 사시[오전 9~11시]에 연회를 시작해 신시[오후 3~5시] 끝 무렵에야 파했다. 정덕·가정 연간에는 음악도 연주하고 요리사도 불렀다."[8] 특히 대도시 부자들은 음식 사치 풍조를 조장하는 선도자로서, 이에 대해 『객좌췌어』에 기록되어 있다. "가정 10년(1531) 이전 매우 부유한 집안에서는 대부분 삼가 예법을 지켜 집을 감히 지나치게 꾸미지 못했으며, 음식도 감히 넘치게 하지 못했다. 후에는 방자하게도 조심하지 않아 복식과 기물, 주택과 거마의 사용에 분수의 지나침이 이루 말로 다할 수 없었다."[9] 만력 연간(1573~1619)의 『무석현지無錫縣志』에서도 "성안의 풍속이 대체로 꾸미길 좋아하고 사치스러웠다. 부잣집에서는 아예 부엌의 산해진미로 서로 경쟁했다"고 형용하고 있다.[10]

명말 강남 연회의 사치는 사대부 집단도 벗어날 수 없는 풍조였다. 명대 전기에는 정부에서 사대부 및 관원의 연회와 관련한 법령이 제정됐다. 명대 이락은 『견문잡기』에서 가정 34년(1555) 과거 시험에 합격한 뒤를 떠올렸다. 능적지凌迪知·전석錢錫·엄문량嚴文梁과 함께 지부와 동지同知에게 연회를 베풀었는데, 그 연회는 관부館夫가 모든 책임을 맡았다. 차린 음식은 밀가루 음식과 육류로 모두 여덟 종류인데 탕은 반으로 줄고 찬은 열두 접시가 나왔다. 이락이 관부에게 꾸중하며 그 이유를 물으니 관부는 "옛 규정에 따라 더 늘릴 수 없다"고 대답했다. '관부'는 명대 요역의 일종으로 잡역부에 속하며 통상 관청과 같은 국가기관의 연회를 담당했는데, 이 글을 통해 명초 관청 연회의 규모는 엄격한 규정이 제정되어 마음대로 화려하게 차리지 못했음을 알 수 있다. 이락은 또 "이 정도 연회를 오늘날 연다면 이서吏書를 불러도 안 올 텐데 하물며 부공府公인들 올까!"라고 언급했다.[11] 이러한 상황은 점차 변화해 원래 있던 연회의 격식은 이미 현실에 맞지 않게 되었다. 이런 연회에 서리胥吏나 문서담당관書役을 불러 대접한다고 해도 초라하다고 싫어할 지경이 되었다.

이와 같은 상황은 후대로 갈수록 극단으로 치달아 사치 풍조가 나날이 만연해갔다. 이락은 서계徐階(1503~1583)가 예전에 송강부에 갔을 때 지부와 추관이 연회를 연 일을 기록하고 있다.

내가 송강부에 갔을 때, 순안인 서계가 부에 오니 네 부의 절추(추관)가 모두 송강부에 왔다. 태부(지부)가 주관하여 연회를 열었고 막료들이 배석했다. 네 절추는 답례 연회를 하지 않았다. 오늘날에는 태부 이하 모두 각각 연회를 열고 네 절추 또한 각각 답례를 한다. 무릇 성대하게 연회를 차리는 경우가 열이면 [답례 연회는] 그 열 배가 드니 비용을 감당할 수 없었다. [순안과] 전별할 때마다 제비집 요리 두 근짜리 한 접시가 들었다. 고을에는 이러한 요리가 매우 드물어 절추의 심부름꾼에게 사 오게 하여 연회를 치렀다.[12]

이 글을 통해 공공기관의 연회가 점차 빈번해졌거니와 식재료도 일반적인 육류에 그치지 않고 진귀한 제비집까지 나타났음을 알 수 있다. 또 가정 연간의 하양준은 『사우재총설』에서 송강부 사대부 연회 풍조의 변화를 적고 있다.

내가 어릴 적 사람들의 손님 초대를 보면 단지 과일 다섯 가지, 요리 다섯 가지뿐이었다. 중요한 손님이나 친척이 집에 왔을 때에만 새우, 게, 바지락, 대합 중 서넛을 더 냈을 뿐이다. 이 역시 일 년 동안 한두 번에 그친다. 오늘날엔 보통의 연회도 걸핏하면 요리 열 가지는 필수고, 또 산해진미를 차려내야 하며, 장거리의 진귀한 물건을 찾아 구해야 만족스러워 한다. 예전에 한 사대부가 조순재趙循齋(이는 조방재趙方齋를 잘못 옮긴 것으로 보인다. 이름은 조작趙灼, 자는 시장時章, 호는 방재方齋로 상해현 사람이다. 가정 35년 진사가 되었고 형과刑科·이과吏科의 급사중을 거쳐 통정사 우통정右通政까지 지냈다)를 초대해서 거위 삼십여 마리를 잡았는데, 그 형상이 마치 서찰을 쌓아 올려둔 것 같았다. 최근 한 사대부는 원택문(원여시袁汝是, 자가 공유公儒, 호가 택문澤門으로 호광 석수石首사람이다. 가정 연간 일찍이 송강부 추관을 맡았고 후에 지부로 올랐으며 절강 부사副使까지 지내다 융경 2년에 해임되었다)을 초대했는데, 듣기로 백여 종의 요리를 내놓았으며 비둘기나 산비둘기 같은 것까지 있었다고 한다.[13]

이어서 말하기를 청렴한 사대부가 이 광란의 풍조를 애써 막아보고자 해도, 안타까운 것은 "이런 말세에 어찌 경쟁심이 없을 수 있겠는가? 사람마다 경쟁에서 이기고자 했으니 점차 [이것이] 풍속이 되었다"고 했다. 더욱이 송강부의 사치 풍조가 이미 형성된 후여서, "공자가 부활한다 하더라도 이러한 말세를 어찌할 수 없을 것이다"라고 했다.[14]

전형적인 사례를 하나 더 든다면, 왕세정이 그의 아버지 왕서王忬가 어사를 그만두고 고향으로 돌아갈 때 어떤 순안이 방문하여 그를 초대해 연회를 베푼 일이 있다. "죽, 밥, 생선, 야채가 열 가지를 넘지 않았고 또 설탕으로 만든 과일 경단糖蜜果餌을 내놓았다. 간혹 산해진미에 속하는 새끼 거위를 내놓을 때는 반드시 머리와 꼬리를 제거하고 닭 머리와 꼬리로 그것을 대신했는데 어사는 그것이 거위를 먹는 규정이 없기 때문이라고 했다."[15] 명대 전기에는 음식 가운데 거위를 귀하게 여겨 명 태조가 어사는 거위를 먹을 수 없도록 법률로 제한했으나, 후에는 언제든지 맛볼 수 있게 되었다.[16] 이외에도 연회는 음식을 더 많이 더 맛있게 먹으려고 할 뿐 아니라, 배우의 공연을 오락 프로그램으로 삼아 "근래에 산해진미를 모두 벌여놓고 밤낮으로 즐겼으며 가무를 동원하는 경우도 있었다."[17]

숭정崇禎 연간『송강부지』에도 같은 현상이 실려 있다. "상사의 관부 연회에 우연히 참석하게 되었는데, 향신들이 돈을 갹출하여 기물은 정요靖窯를 사용했으며, 안주가 백 가지로 산해진미를 다 늘어놓았다. 배우를 골라 연극을 시키고 금잔과 옥잔, 무소뿔잔으로 돌아가며 술을 마셨으며, 다른 곳에 별도의 자리를 마련하여 화려한 등을 설치해 빛나는 나무가 가득했다. 새벽이 될 때까지 마음껏 즐겼으니 가난한 세상 사람들이 이를 보고 사치스럽다 했다. 이러한 풍조를 처음 만든 이는 누구인가?"[18]

명말 강남의 음식 사치 정도는 그 소비 비용 면에서도 평가할 수 있다. 이락은 명말 호주부의 상황을 다음처럼 말하고 있다. "근래 가호嘉湖의 향신이 마을 관리에게 연회를 열었는데, 걸핏하면 객석 탁자 하나에 은 한 냥씩 든다고 하니, 나는 감히 그 무리를 따를 수 없었다. 내가 생각하기에 은 한 냥이면 안주 백 접시는 마련할 수 있으니 주인도 진정 현명한 주인이라 할 수 없고 손님도 어찌 좋은 손님이라 할 수 있겠는가? 서로 잘못되었으니 이 얼마나 개탄스러운가!"[19]

연회상 하나 차리는 데 백은 한 냥에 가까우니, 이는 거의 중산층 집 안에서 수개월 동안 먹고 사는 비용과 맞먹었다. 명말 연회의 사치가 어 떠했는지 알 수 있다.

이처럼 사치스럽고 화려한 연회 풍조는 부잣집과 사대부 집안뿐 아니 라 일반 대중에게도 그 영향이 전해져 중산층 집안에서도 이를 모방했 다. 다음은 만력 연간 『가정현지』의 기록이다.

> 부잣집에서 손님을 초대하면, 차린 음식이 매우 고급스러웠다. 산해진미가 매번 한 상 가득했다. 중인들도 그것을 선망하며 따라 했는데 연회 한 번 비용으로 매번 수개월치 음식값을 썼다.[20]

숭정 연간 『가흥현지』에 인용된 「승오보술承吳補述」에 명말 가흥현의 풍조 변화가 설명되어 있다. "내 삶의 초창기에는 풍속이 검소하고 소박 하며, 백성들은 순수하고 성실하여 잘되는 집안이 많았다. 십 년이 안 되 어 풍속이 사치스럽고 방탕해져서 사람들은 잘난 체하고 거만하며, 사치 한 음식을 차려놓는 집이 손으로 꼽을 수도 없었다. 그 유래를 따져보면 사치는 화근을 낳고 경박함은 파장을 일으킴이 여기에 이르렀으니, 대략 개술하면 다음과 같다. 집안이 겨우 먹고살 만한 수준인데도 음식을 차 릴 때 번번이 산해진미를 늘어놓으니 가산을 탕진하게 된다."[21] 당시 조 금의 재력이라도 있으면 '그저 먹고살 만한' '중인' 집안에서도 큰 비용을 들여 연회를 벌이는 것을 따라했다.

강남 지역의 음식 사치 풍조는 주변 지역으로 점차 퍼져나갔다. 바로 가정 연간에 간행된 강서 광신부의 부지와 강서 길안부의 현지에는 연회 풍조의 변화에 대해 똑같이 실려 있다. "예전에는 연회의 과실과 고기는 모두 네댓 가지였고, 과실은 모두 토산품에서 가져오고 가축으로 만드는 고기는 필요한 몇 가지를 갖추는 것에 그쳤다. 그래서 명절 때가 되면 먼 친척이나 이웃들이 모두 모였다. 오늘날에는 연회 한 번에 수십 금을 쓰고 음식 종류도 수십 가지에 이르며, 채색으로 장식한 음식의 화려함은 완연히 도성을 모방했다. 그리하여 시류에 맞추지 못하는 것을 부끄러이 여겼다."22

강서 건창부建昌府에서도 유사한 변화가 있었다. 정덕『건창부지』의 기록을 보자. "옛날 연회는 과실과 고기에 큰 그릇을 이용하고 대부분 다섯 가지를 넘지 않아 '취반聚盤'이라 했다. 이후 소반小盤을 사용했는데 수십 종이 넘어 '족반簇盤'이라 불렀다. 근래에는 도성에서부터 새로운 상품이 잡다하게 늘어져 있어 이 역시 분에 크게 넘치는 일이다. 아! 음식의 변화에서 풍속을 살필 수 있구나."23 명말 강서에서도 음식의 사치 현상이 출현했는데, 이는 남경의 풍조에 전염된 것이다.

2) 사치 풍조의 단절과 지속

청초에는 명청 교체기의 잦은 전쟁과 천재지변이 사람들의 생계에 영향을 주어 음식 풍조가 다시 검소해졌는데, 강남 또한 예외는 아니었다. 항주부 신등현新登縣의 청초 상황은 다음과 같았다. "콩과 쌀이 일용 양식이었고 닭과 돼지, 채소는 주민들이 매번 많이 준비해두어 아침부터 저녁까지 죽에 네 가지 반찬을 먹었다. 관혼상제 중 혼례 때에도 매번 네 가지를 넘지 않았고 사치스러운 음식은 거의 보이지 않았다."24 과거 연회 때의 사치 풍조는 보이지 않는다. 가흥부의 수수秀水는 명말에 "풍속이 매우 사치스러워 연회를 열 때 종류가 많은 것을 매우 좋아해 음식을 남기고 과실을 버리니, 음식과 채소가 상자와 시렁에 가득 쌓였다"고 했다. 그러던 것이 청초 강희 연간에는 "근자에 사대부들이 옛날 방식에 따라 연회에서 다섯 가지 반찬에 그치고 사치스럽지 않은 음식을 먹으니, 이 또한 검소함을 숭상하고 사치를 물리친 증거의 하나다"[25]라고 했다.

그러나 경제가 점차 회복되고 정세가 안정됨에 따라 음식문화와 음식 풍조 역시 사치스러워졌는데, 특히 강남 지역이 가장 빨리 원상태로 되돌아가니 음식이 사치스러워지는 상황도 강남 지역이 가장 빨랐다. 강희 연간의 『소주부지』에 관련 기록이 있다. "토산품이 풍요로워 쓰는 것이 더 사치스러워졌다. 높은 문이 있는 저택에 살고, 배와 가마를 타며, 음식은 진기한 것을 높이 치고 기예는 지나친 것을 숭상하니, [이런 풍조에서] 벗어나기 어려웠다."[26] 사대부와 관원의 연회 역시 명말 사치 풍조와 같거나 더 심했다. 송강부 화정華亭 사람 동함은 "소주와 송강의 풍습은 사치를 좋아했다. 한 향신이 총병總兵 마봉지馬逢知에게 연회를 베풀었는데, 진기한 음식이 널려 있었고 닭과 거위 등은 두 마리를 한 접시에 담았고 과일은 6~7척 높이로 쌓여 있었으며, 사탕수수로 만든 패방 아래로 서너 살짜리 아이가 지날 수 있었다. 명말을 돌아보면 그저 흙 숫돌에 흙 제기를 썼을 뿐이다."[27]

강희 연간의 강남 순무 탕빈湯斌(1627~1687)은 『고유告諭』에서 다음처럼 말했다. "음식의 근원은 검소함에 있다. 삼오 지역의 풍습은 화려함을 좋아하고 분수를 지키지 않는 것이었다. (…) 배우와 기녀들을 불러 술판을 벌이고, 배 위에서 술을 내어 모임을 성대하게 하며, 값비싼 과실을 늘어놓고 구경하는 자리를 만들었다. 여기에 쓰는 돈은 셀 수 없을 정도

이고 서로 경쟁적으로 과시했다. 심지어 상 치르고 염을 하면서도 즐기고 음악을 들으며 참배하니 더더욱 무례하다."[28] 이로써 다시 기녀들을 불러 연회를 베푸는 명말의 풍조로 돌아갔음을 알 수 있다.

강남 연회의 사치 상황은 청대 중엽에 이르러 더욱 심해져서, 탕빈 이후의 강남 순무 진굉모陳宏謀(1696~1771)는 「풍속조약風俗條約」을 반포한 적이 있다.

> 연회는 모여 즐기는 것이므로, 음식은 입에만 맞으면 된다. 어찌 음식의 진귀함을 경쟁하여 과시하겠는가? 모두 희귀하고 기이한 것을 숭상하여 산해진미 중에서도 또 각 재료에 맞는 요리법을 따져 여러 음식을 내놓으니 연회 한 번에 많은 비용을 쓴다. 자잘한 모임에서도 중인들이 일 년 동안 버는 돈을 써버리니, 욕망을 드러내는 것은 한때뿐이고 배불리 먹는 것에는 한계가 있어, 쓸데없이 사치스럽다는 이름만 얻고, 아까운 사물을 낭비하는 죄를 거듭 짓게 되는도다.[29]

위 인용문을 통해 당시의 음식이 사치스러워진 상황을 명대와 비교해보면, 요리의 가짓수를 강조하는 것은 비슷하고 조리 기술에 대한 중시는 이전보다 더 심해졌음을 알 수 있다. 또 건륭 연간의 『평호현지平湖縣志』에 따르면, 가흥부 평호현은 과거에 "간편하고 소박한 것을 숭상하여" 선조들이 술자리를 열어 손님 접대를 할 때는 작은 그릇의 요리 하나와 술 몇 잔에 불과했다고 적고 있다. 그러나 "근래 부잣집 자제는 오로지 사치를 일삼고" "술잔 돌리는 데 깊이 빠지고, 진미를 다 늘어놓으며, 식기와 술잔을 첩첩이 쌓아놓고, 날마다 새롭고 기이한 것을 좇으니, 그 비용이 나날이 사치스러워지고 물량이 점차 부족해졌다."[30] 다시 말해, 연회의 사치는 식재료의 진귀함뿐만 아니라 음식의 식기에도 매우 신경을 썼던 것이다. 청대 중엽 향진의 지방지에도 이와 비슷한 기록이 있다. 가경嘉慶 연간(1795~1820) 『송남지淞南志』에서 여기하余起霞의 말을 인용한 부분이다.

> 내 고향의 풍속은 나날이 새로워졌다. 내가 어렸을 때 친구네 연회에 가보면 사용하는 것이 송나라 그릇宋碗에 불과했다. 음식 종류 역시 네 가지 혹은 여섯 가지이며, 그 재료 역시 생선, 새우, 닭, 돼지뿐이었다. 혼인 잔치에 쓰는 과일도 실제로 대추와 밤뿐이었다. 후에 송나라 그릇이 관부의 그릇官碗으로 변하고, 관부의 그릇이 수반水盤*으로 변하고, 수반은 또 다섯 가지 궤簋**나 십경구운라十景九雲羅***로 변했다. 여기에 최고의 산해진미를 내놓으니 연회 한 번 치르는 데 가히 가난한 집안의 일 년 수입을 다 써야 가능했다.[31]

이로 볼 때, 연회 음식의 사치 풍조는 이미 향진에도 만연했음을 알 수 있다.

청대 몇몇 필기나 지방지에 보면 청대 초기에서 중엽까지의 연회는 간소한 것에서 사치스러운 것으로 변화했고 연회 비용 역시 점차 증가하는 추세였다. 소주 곤산 사람 주용순朱用純(1617~1688)의 『무기록毋欺錄』에 다음 내용이 있다.

---

* 물을 담아 꽃을 꽂거나 괴석을 담아두는 그릇.
** 뜨거운 음식을 담는 용기. 입구가 둥글고 양쪽에 손잡이가 있다. 의식에 많이 사용된다.
*** 구리로 만든 접시 모양의 징 10개가 달린 악기. 여기서는 요리의 가짓수가 많다는 의미로 쓰였다.

내가 어렸을 때는 친한 벗이 왔을 때 술 한 병에 한 냥, 삭힌 두부 한 접시에 한 냥, 달걀과 오리알 한 접시에 두 냥이면 넉넉히 대접할 수 있었다. 지금은 풍성한 음식이 아니면 감히 손님을 초대하지 못한다. 이삼백 냥이 아니면 갖추어 마련할 수 없게 되었다. 낭비가 심할수록 물가는 더욱 올랐으며 재정 형편이 곤궁해질수록 우정도 더욱 시들해졌다.[32]

위에서 인용한 진굉모의 「풍속조약」과 『송남지』에서 표현한 "연회 한 번에 많은 비용을 쓴다"는 말은 바로 중인과 가난한 자들의 "일 년 수입"을 쓴다는 것이다. 이를 이락의 "객석 탁자 하나에 은 한 냥씩 든다"는 표현과 비교할 수 있다. 또 만력 연간 『가정현지』의 "연회 한 번 비용으로 매번 수개월치 음식값을 썼다"라는 표현과 비교해볼 때 청대 연회에 사용되는 비용은 중인의 일 년 소득에 해당하는 은 수 냥에 달해 그 사치의 수준이 명대보다 훨씬 심했음을 알 수 있다. 그러나 이러한 서술은 단지 전통 사대부의 형용일 뿐 정확한 수치는 아니다. 민국 시기 『오현지吳縣志』에 청대 초기에서 말기까지의 물가와 연회 비용의 변화가 나와 있다.

청초 물가는 명대보다 더 비싼데, 이는 소주에 국한되는 것은 아니었으나 소주가 특히 심했다. 순치 연간 어떤 어사가 사치 풍속에 대해 연회 한 번에 1은량이 들며 공연 한 번에 6은량이 든다고 상소를 올렸다. (…) 동치 광서 연간 이후에는 연회 한 번에 수십 은량, 공연 한 번에 수백 은량이 들었다. 보통의 손님도 갑자기 주인이 되면 그 또한 1은량을 들이지 않고는 연회를 치를 수 없었다. 사람은 사치하고 물건은 비싼 이 두 상황이 함께 있었다.[33]

우리는 청 순치(1644~1661) 연간에 연회 한 번 치르는 비용이 은 한 두 냥, 공연 한 번 하는 데에는 은 여섯 냥에 불과하고, 음식의 수와 재료도 그리 비싸지 않음을 알 수 있다. 동치·광서 연간 이후에 "연회 한 번에 수십 금, 공연 한 번에 수백 금이 든다"고 했으니, 이는 청초보다 열 몇 배가 뛴 것이다. 이와 같은 소비의 증가는 부분적으로 통화 팽창이 야기한 것이긴 하지만, 어찌되었든 부정할 수 없는 것은 바로 음식 풍조가 점차 사치스러워졌다는 점이다. 따라서 "사람은 사치하고 물건은 비싼" 이 두 상황이 함께 있었"던 것이다.

정리하면, 명말에서 청 중엽의 음식 풍조는 소박함에서 점차 사치스러움으로 변하는데, 이러한 조류는 명청 교체기에 잠시 중단되긴 했지만 큰 흐름에서 말하자면 지속적으로 발전했다고 볼 수 있다. 특히 강남 지역의 음식 사치는 전국에서 최고였다. 이런 현상은 연회 풍조에서 가장 뚜렷하게 나타나, 단순히 많이 먹으려 했을 뿐만 아니라 좋은 것을 먹으려 했다. 이에 일반 육류 요리뿐 아니라 상어지느러미와 제비집 같은 희귀한 식재료도 연회에서 반드시 갖추어야 할 요리가 되었다. 배우가 공연하고 기녀가 흥을 돋우는 경우도 있었다. 청대에는 조리법을 더욱 중시했다. 식기에도 매우 신경을 써서 일반적으로 연회 비용도 명대보다 많이 들었다.

2.

음식 풍조와
식보의 간행

앞 절에서 서술한 명청 시기 음식의 사치 상황은 연회, 특히 강남 지역의 연회에서 가장 잘 보인다. 이러한 유행 풍조는 음식 고급화를 요구하는 소비 수요를 이끌어냈다. 그래서 음식 조리에 대해 기록한 음식 서적과 식보는 점점 세상의 관심을 받게 되었다. 출판문화의 각도에서 이를 다시 살펴본다면, 우리는 또한 명청 시기 음식 서적과 식보의 간행이 앞서 언급한 음식문화 풍조와 긴밀히 연계되어 있음을 발견할 수 있을 것이다.

1) 음식 관련 서적의 발굴과 중시

명대 음식 관련 서적을 형식상으로 분류해보면 대체로 다음 몇 가지로 나눌 수 있다. 첫째는 백과전서식의 일용 수첩용 서적으로, 학자들은 소위 '일용유서日用類書'라고 한다. 이러한 책은 통상 저자의 이름이 없거나 가명을 사용한다. 이 종류로는 『편민도찬便民圖纂』『거가필용사류전집

居家必用事類全集』『묵아소록墨娥小錄』『고금비원古今祕苑』, 유기가 지은『다능비사多能鄙事』 등이 있다. 또 다른 부류는 문인이 쓴 양생養生 혹은 준생遵生을 위주로 하는 서적이다. 고렴의『준생팔전』, 주이정周履靖의『군물기제群物奇制』, 이어의『한정우기』 등이다. 이 두 부류의 서적은 음식을 부분적으로 언급했을 뿐이지만, 다음 세 번째 부류는 음식 내용만 다룬 서적이다. 명대에는 한혁韓奕의『역아유의易牙遺意』, 송후宋詡의『송씨양생부宋氏養生部』, 용준서龍遵敍의『음식신언飮食紳言』세 권뿐인데, 앞의 두 권은 식보이고 마지막 것은 음식에 관한 개념을 가르치는 서적이다. 육용의『숙원잡기』, 양신의『승암외집升庵外集』, 사조제의『오잡조』, 왕사성의『광지역』 등은 음식에 관한 기록이 있기는 하지만 수필의 성격을 띠는 책으로 결코 음식 관련 서적 혹은 식보라고 할 수 없다.

이들 음식 관련 책은 이미 원말 명초에 지어진 것이지만 명대 중엽 이후에야 주목받았다. 원명 시기에 출현했던 수많은 일용유서는 많은 음식 관련 사료를 포함하고 있는데 대부분 명대 중엽 이후에 재판되었다.

당시 가장 널리 유행한 것은 이 분야에서 비교적 체계적인『편민도찬』이다. 이 책은 민간에서부터 전해져 내려오던 글로, 어느 한순간에 만들어진 것도 어느 한 사람이 쓴 것도 아니다.『편민도찬』은 성화·홍치 연간에서 만력 연간 중기까지 112년 동안 소주·운남·귀주·북경 및 다른 지역에서 최소 6판까지 출간되었다. 가정 31년 임자년(1552) 귀주각본에 있는 이함李涵의 서문을 보면,『편민도찬』은 홍치 7년(1494) 오현의 지현직을 맡은 "광정서鄺廷瑞가 오중 지역에서 처음 출간했다"고 기록하고 있다.[1] 원나라 무명씨가 편찬한『거가필용사류전집』 역시 명대 중엽에야 새로 교정을 보고 재판이 나왔다. 융경 2년(1568) 비래산인飛來山人의 서문에 따르면,『거가필용사류전집』은 비록 "옛날에 우리 항주 홍씨가 출판했지만 (…) 지금은 버려두었다. 이에 대해 나는 매우 애석하게 생각하다가 돈을 출자해 자료를 수집하여 교정하고 빠진 부분을 보충하니, [이를] 길이 전하여 뜻을 같이하는 이들과 공유하고 싶어서"[2] 출판하게 되었다고 한다. 또 명초 유기가 편찬한 『다능비사』는 가정 연간에 간행한 것이다. 하남 포정사를 맡은 소주 사람 범유일范惟一은 가정 42년(1563)에 쓴 서문에서 다음과 같이 적었다. "내가 도성에 있을 때 친구의 거처에서 우연히 책 두 권을 보게 되었는데 전권이 다 있지는 않았다. 내가 절강 지방에 시학視學으로 있을 때, 청전윤青田尹에게 부탁해서 그것을 구입했는데, 역시 많은 부분이 틀리고 누락되어 있어 여남汝南으로 가져가 약간 교정을 해서 출간했다. 빠진 내용 중 고증할 수 없는 부분은 그냥 두었다."[3] 또 『묵아소록』은 저자가 아마도 명초 사람일 것이지만[4] 융경 5년(1571)에야 간행되었다. 『묵아소록』을 간행한 계현도인啓玄道人 오계식吳繼識이 쓴 「인언引言」은 이 책이 발굴된 과정을 적고 있다.

나는 쉬는 날 상자에 넣어둔 서적을 검토하다 우연히 『묵아소록』이라는 책을 보게 되었다. 문예, 재배, 복식, 치생治生에서 여러 놀이에 이르기까지 하나도 빠지지 않고 다 있었다. 예를 들어, 원개元凱의 무기고와 같은 것도 기록하고 있지만 어떤 이가 모았는지 모르겠다. 또한 탈고하여 세상에 내놓지 않아 [내용을] 알기 어려워 사장된 지도 오래되었다. 손님이 방문하여 나는 그것을 꺼내어 함께 읽었는데, 백성들의 일상생활에서 대단히 필요한 것이라 생각되었다. 『거가필용』『다능비사』『편민도찬』과 같은 책에서 구비되어 있지 않은 것을 직접 붓을 들어 모두 수록했는데 간략하게 처리했으니 어리석은 이는 밝아지고 우둔한 이는 공교해질 것이다. 그것을 새겨 널리 알리는 일 역시 세상을 일깨우는 하나의 도가 될 것이다.[5]

위 인용문을 볼 때, 명 중엽 이후 시중에 이미 음식 관련 정보를 담은 『거가필용』『다능비사』『편민도찬』 등의 일용유서가 유행했음을 알 수 있다.

명 중엽 이후 특히 강남 지역에서는 산물이 풍성하고 사치 풍조가 성행해서 음식에도 점차 신경을 쓰게 되었다. 그래서 옛날의 음식 관련 서적을 수집하고 발굴하는 데 주목하게 되었고, 더 나아가 출판하게 되었다. 가흥 사람 주이정은 원말 명초 사람 한혁이 편찬한 『역아유의』의 서문에 다음처럼 적고 있다.

> 오늘날 사치가 가장 극에 달한 곳을 말하라 하면 삼오 지방이 특히 심하다. 평범한 곳에서도 크고 작은 그리고 방형과 원형의 그릇을 사용하고 검소한 자들조차도 거의 오십 개는 가지고 있으니 이는 『식경食經』에서도 본적 없는 것으로, 매우 이상하도다. (…) 나는 이 책을 본받아 〔음식을〕 다스렸다. 독한 술을 마셔도 위가 거북하지 않았고 담백하여 혀가 마르지 않았다. 〔책을〕 꺼내어 식객들에게 보여주니 종종 좋다고들 했다. 그래서 간행하여 공개한다.⁶

주이정은 자가 일지逸之로 절강 가흥 사람이며, 명대 융경·만력 연간의 은사隱士인데 명성이 자자했다. 책을 저술할 때마다 진계유와 같이 명사들을 청해 서로 치켜세워주었다. 그는 『역아유의』의 서문 외에 『군물기제群物奇制』를 직접 썼는데, 『군물기제』는 수많은 음식 관련 사료를 포함하고 있다. 『역아유의』는, 인용문으로 추론해보면, 명말 강남 음식의 사치 풍조가 유행하는 차에 발굴되어 다시 간행된 책으로 보인다.

또 홍치 17년(1504)에 출간된 『송씨양생부』는 명대 강남의 중요한 식보 중 하나라고 할 수 있다. 저자 송후는 서문에서 자신의 집안 내력에 대해 말하고 있다. "우리 집안은 대대로 송강에서 살았는데, 연해 지역에 있어서 송강의 음식 맛은 잘 알지만 세상의 음식이 어떤 맛인지 알지 못한다."[7] 송후가 강남 송강부의 세족이었음을 알 수 있다. 뒤이어 그는 자신의 어머니가 "주태안인朱太安人"이라는 것과 책이 만들어진 과정을 이야기하고 있다.[8]

> 어머니 주태안인은 어려서는 외조부를 따라, 커서는 아버지를 따라 도성에 오래 머물렀다. 또 포정사와 안찰사로 근무하던 지역 두세 곳에서도 관직을 수행하는 데 내조한 현처였다. 시골 풍속에서는 요리를 할 때 음식으로 인사하는 것을 중시하는지라 [어머니는] 음식의 양을 조절하고 맛을 조화시키는 것을 살피고 그 지역의 입맛에 마땅한지를 두루 알았다. 그리하여 천하 입맛의 공통점과 그 요점을 얻을 수 있었다.[9]

이 식보는 원래 송후의 어머니가 "입과 마음으로 전수하던" 것이었으나 이후에 송후가 기록해 책으로 만든 것이다. "이후 천하의 올바른 맛을 알고자 하는 마음은 모든 사람이 다 똑같아 이처럼 한 것으로, 비단 역아易牙*의 요리만 즐길 만한 것은 아니다."[10] 명대 소설에서도 당시 강남 지역에서 중시하던 음식 서적에 관한 상황이 반영되어 있다. 『성세항언』 제26권 「설록사어복증선薛錄事魚服證仙」 제1회를 보면, 청렴한 관리가 금색 잉어로 변한 뒤 잡혀 동제부同儕府 안의 요리사 왕사량王士良이 자신을 죽이려고 할 때 큰소리로 얘기한다. "왕사량, 그대는 어찌 내가 설삼

---

* 춘추시대 제나라 환공桓公의 궁중 요리사. 당대 제일가는 요리 솜씨를 지녔다고 전해 내려온다.

예薛三爺임을 알아보지 못하는가? 내가 오 지방의 식보를 그대에게 전수해주지 않았다면 그대는 어떤 요리를 해서 내놓았을 것인가? 어찌 여러 어르신이 이렇게 너를 칭찬할 수 있었겠는가? 그대는 오늘 나에게 [내가] 지난날 [그대를] 보살펴준 은혜를 갚을 생각을 하여 서둘러 여러 어르신에게 가 아뢰고 빨리 나를 아문으로 돌려보내야 할 것인데 오히려 도마 위에 올려놓다니, 어쩔 셈인가?"[11] 이 이야기에는 "오 지방의 식보"를 언급하고 있는데, 이것이 가리키는 것은 바로 강남 지역 식보다. 또한 주인공이 이 식보를 왕사량에게 전수해주었다고 지적하고 있는데, 이를 통해 강남 지역에서는 음식 관련 서적을 특별히 귀하게 여겼음을 알 수 있다.

명 중엽 이후 강남 지역은 많은 문인 사단이 결성되었던 문화 중심지였으며 또 출간과 인쇄의 출판 중심지였다. 방각본 서적 가운데 음식 서적 역시 여기에 속한다. 『준생팔전』『음식신언』『군물기제』는 모두 명말 출판물이다.[12] 이어는 『한정우기』에서 떡과 전병을 만들 때에 대해 다음과 같이 언급하고 있다. "정교함과 세심함이 모두 뛰어나야만 비로소 공졸工拙(정교함과 졸렬함)을 언급할 수 있다. 정교함을 구하는 방법은 방각본 서적에 매우 상세히 기록되어 있다. 나는 [이를] 정리하고 말해주어 전병과 떡 만드는 방법을 인쇄본으로 만드니, 보시는 분들은 필시 크게 웃을 것이다."[13] 당시 방각본 서적 중에는 어떻게 떡과 전병을 만드는지를 알려주는 이와 같은 책이 많았음을 알 수 있다. 이외에도 명말 강남 문인 사단 가운데서도 음식 연구로 이름을 날린 이가 있었고, 또 이를 서로 보완하여 음식 서적을 편찬한 이들도 있었다. 장대의 『노도집老饕集』 서문을 보자.

내 부친과 무림武林의 포함소包涵所, 황정보黃貞父 선생과 함께 음식사飮食社

를 결성해 바른 맛을 연구했다. 『도사饕史』 네 권을 썼지만 대부분 『준생팔전』에서 취하여 여전히 고추·생강·파를 없애버리지 못하고 대관大官들의 굽는 방식을 사용하니, 나는 아주 싫다. 그래서 이 때문에 [자료를] 수집하고 바로잡았다. 그 책[『준생팔전』]에서 취하기는 했으나 배열을 다시 하고 [오류를] 제거하여 올바른 방향으로 돌아갔다. 맛은 신선함을 취해야 하므로 [재료를] 부드럽게 만들거나 굽고 찌는 방식은 일체 남겨놓지 않았다. 비록 『식사食史』와 『식전食典』의 광범위한 지식과 정교한 풍성함은 없으나 정예군 삼천 명만 있으면 반대편 장수 십만 명도 족히 이길 수 있는 것이다.[14]

인용문에 따르면, 장대 아버지는 항주 사람 포함소와 황정보 두 사람과 음식사를 결성했고 『도사』 네 권을 썼는데 장대가 다시 그것을 수정해서 출간했다고 한다.[15]

명말 강남 음식 소비의 사치 풍조가 바로 강남 지역에서 음식 관련 서적을 중시하는 데 영향을 끼쳤으며 또 분분히 새로운 음식 관련 서적을 출판하게 했다. 이에 이르러 강남의 음식문화가 중국의 음식문화의 주류가 된다.

2) 식보 출판의 전성기

청대 출판된 음식 서적을 명대 출판된 음식 서적과 비교해보면, 그 차이는 다음과 같다. 형식 면에서 가장 크게 다른 점은, 청대의 단순히 음식을 내용으로 하는 식보나 식단食單은 종류와 수량 면에서 명대보다 훨씬 많아 유사 이래 절정을 이루었다고 할 수 있다. 청 중엽에는 최소 다섯 권의 전문 서적이 있었다. 예를 들어, 청초 절강 가흥 사람인 고중顧仲이 편찬한 『양소록養小錄』은 대략 강희 37년(1698) 전후에 출판되었다. 주이존朱彝尊(1629~1709)이 지은 『식헌홍비食憲鴻祕』는 옹정 9년(1731)의 간본이 있다. 주이존은 호가 죽타竹坨이고 절강 가흥부 수수현秀水縣 사람으로, 강희 18년(1679)에 박학홍사博學鴻詞 시험을 치고 한림검토翰林檢討를 제수받았으며, 시와 사에 모두 이름이 났다. 어떤 이는 『식헌홍비』가 아마 건륭 중기 사람이 가짜로 만들었을 것이라 했으며, 또한 어떤 이는 '신성新城 왕사진王士禛 지음'이라고 쓰인 판본도 있다고 했다. 그러나 고중이 책에서 주이존의 말을 인용한 것을 보면, 이 책이 지어진 시기는 『양소록』보다 아마 더 빠를 것이다. 이후 사천의 이화남李化楠이 지은 『성원록醒園錄』이 있는데, 이화남은 건륭 7년(1742)에 진사가 되어 절강 여요餘姚와 수수秀水의 현령을 지냈다. 『성원록』의 초고는 절강 지역을 임지로 다니며 수집한 음식 자료에 관한 이화남의 친필 원고이며, 청대 문학이론가이자 희곡이론가인 그의 아들 이조원李調元(1734~1802)이 그 원고를 정리·편찬해 출판한 것이다. 건륭 47년(1782)에 출판하고 가경 연간에 이씨李氏 만권루萬卷樓에서 다시 출간했다. 청대 가장 유명하고 영향력이 큰 식보는 원매袁枚(1716~1797)가 지은 『수원식단隨園食單』으로, 이 책은 건륭 57년(1792)에 출판해 이후 수차례 간행되었다. 이외에도 처음에는 건륭 연간 강남의 염상 동악천童岳薦이 편집한 것으로 추측되는 책이 한 권 있는데, 이 책은 『조정집調鼎集』으로 언제 누가 완성했는지는 고증되지 않았다. 이상 책 몇 권의 내용은 모두 전문 식보로 음식과 관련된 내용을 일부만 담았던 명대의 음식 서적과는 다르다.

청대 전기와 중엽 지식인 사회에서는 문인 단체를 결성하는 풍조가 명대의 문인 사단에 비해 그다지 성행하지 않았지만, 음식 사료의 수집에 대한 관심은 줄어들지 않았고 오히려 더 적극적이었다. 이러한 식보의 서문에서는 그들의 적극적인 면을 잘 볼 수 있다. 고중의 『양소록』「서이序二」에서는 이 책을 편찬한 과정에 대해 이야기하고 있다.

무인년 중주中州[하남성의 옛 명칭]를 여행하다 보풍寶豊의 관사에 묵었다. 그곳은 외진 곳이라 물산이 별로 없었다. 관사의 요리사는 소박했고 솜씨가 서툴렀다. 나는 매번 음식을 꾸짖었는데 [음식이] 청결하지 않고 익지 않았을까 걱정한 것이지 담백함에 대해 불안했던 것은 아니었다. 광문廣文 양자건楊子健에게 갔는데 [그는] 하남 지역의 명문 종족이다. 선조가 편집한 『식헌食憲』이라는 책이 있어, 나는 곧 천문千門 양명부楊明府(명부는 지현의 별칭)에게 그것을 빌려서 베꼈다. 그 가운데 잡스럽고 어지러운 부분은 다시 수정했고 중복된 것은 삭제하고 잘못된 내용은 수정했으며, 옛 자료를 모으고 증거를 인용했다. 음식의 경전食經에 없는 것은 기록하지 않았다. 열 개 중 다섯 개는 거기에서 베낀 것이고 열 중에 셋은 내가 보고 들은 것을 추가한 것이다. 그래서 제목을 『양소록』이라 바꾸고 아울러 그동안의 생각과 견해를 서문에 썼다.[16]

인용문에는 다음과 같은 사실이 드러나 있다. 고씨는 음식 서적 수집에 매우 주의를 기울였으며 『양소록』이 출판될 수 있었던 것은 그가 기회를 잡아 하남 지역 명문세족 양자건의 집안 선조가 편집한 『식헌』을 빌려 베낄 수 있었기 때문이다. 그에 더해 다시 내용을 추가하고 삭제해 책을 완성한 것이다.

또 주이존이 찬술한 『식헌홍비』에 옹정 9년(1731) 공부우시랑工部右侍郎

연희요年希堯(?~1738)가 서문에 다음처럼 쓰고 있다. "출판한 공公께서 [나와] 뜻이 맞아 흔쾌히 이렇게 독특한 맛을 나 혼자 맛볼 수 있게 해주었다. 책이 널리 퍼지게 된다면 백성들에게 긴요한 방법이 될 수 있을 것이다."[17] 이화남의 『성원록』 첫머리에 그의 아들 이조원은 서문에서 소리 높여 주장하고 있다. "무릇 음식은 하찮고 잡스러운 것이 아니다." "맛을 알고 나면 신선함을 거듭 탄복한다!" "옛날에는 가사협賈思勰의 『제민요술齊民要術』이 백성들에게 널리 보급되었는데, 근래에 유청전劉青田이 『다능多能』을 쓴 것이 어찌 천한 일이겠는가? 『다경茶經』과 『주보酒譜』는 나그네의 시름을 족히 해결해준다. 사슴 꼬리와 게장도 함께 싣지 못한 것이 한스럽다. 어찌 좋은 일이 아니겠는가! 그 또한 의미가 있는 것이다."[18]

이들 저자와 간행자의 서문을 보면 그들이 이러한 종류의 서적 편찬을 중요한 일로 보고 있으며 동시에 이러한 음식 서적의 지위를 크게 끌어올리고 있음을 알 수 있다.

청대 사대부들이 자료를 수집하고 기존의 책을 개정하는 과정에서 이전 사람들의 저작과 다른 점은 작자가 실제 요리 경험이 있다는 점이다. 대표적인 것이 원매의 『수원식단』이다. 원매는 서문에서 이렇게 말한다.

나는 이 취지를 대단히 우러렀다. [나는] 누군가에게 밥을 배불리 얻어먹을 때마다 우리 집 주방장을 시켜 그곳 주방에 가서 제자의 예를 지키게 했다. 사십 년 동안 여러 뛰어난 것을 꽤 많이 모았다. 배운 것 중에 열에 예닐곱은 보존했고 열에 두셋 정도는 결국 없어진 것도 있다. 내가 그 방도를 묻고 모아서 보존했는데 그다지 기억력이 뛰어나지는 않으나 어떤 집안의 어떤 맛을 기재함으로써 (이들을) 경앙하는 데 뜻을 두었다.

원매는 이뿐 아니라 직접 예전 식단의 요리법을 시행해보고 그 가운데 대부분이 실제와 맞지 않음을 발견해냈다. "무릇 『설부說郛』에 실린 삼십여 종의 음식과 같은 것은 미공眉公(진계유)과 입옹笠翁(이어)도 이야기했었다. 일찍이 그것을 직접 요리해보니, 코를 톡 쏘고 입을 자극했다. 대부분 견문 좁은 학자들이 견강부회한 것이니, 나는 이를 취하지 않았다."[19] 이전의 중국에는 음식에 관한 서적이 있었는데, 이를 통상적으로 '식경'과 '식보' 등 일반적인 명칭으로 불렀다. 그러나 명청 시기에는 '식보'라는 단어가 점차 보편적으로 사용되었고 당시 유행어까지 되었을뿐더러 의미 역시 이미 현재 우리가 사용하는 의미와 매우 비슷했다. 소설 속에서도 자주 '식보'라는 단어가 나온다. 청대 이여진李汝珍(1763~1830)이 지은 『경화연鏡花緣』 제9회 「육지肉芝를 먹어 장수하고, 주초朱草*를 먹어 성인이 되어 속세를 떠나네服肉芝延年益壽, 食朱草入聖超凡」에서 주인공 중 한 사람인 임지양林之洋이 다음과 같이 말하고 있다. "나는 주경酒經도 식보도 출판하지 않았으니 그걸 먹어 무얼하겠소?" 당오唐敖는 "그 말은 무슨 말이요?"라고 묻는다. 이에 임지양은 "내 이 배는 술주머니와 밥주머니에 불과할 뿐입니다. 책을 출판하려면 모두 주경과 식보일 것인데, [제가] 어찌 두 분과 비교할 수 있겠습니까? 어쩐지 매제는 산수 유람을 가장 좋아하더라니. 오늘 내가 이 신기한 짐승과 기이한 화초들을 보니, 과연 근심이 사라집니다."[20] 이 이야기 역시 식보를 즐겨 출간했던 당시 상황을 반영하고 있다.

---

* 육지는 제비의 일종으로 도가에서는 이를 먹으면 장수한다고 한다. 주초는 전설에 나오는 풀로 붉은색을 띠며, 왕이 덕이 있으면 이 풀이 자란다고 한다.

3.

음식 서적 속
오감 묘사의 진화

1) 명대 음식 서적 속 구체적인 오감 묘사

명대 음식 서적은 언제나 크게 술과 차 종류, 장과 조미료 종류, 죽과 주식 종류, 채소와 육류 종류, 탕 종류, 전병과 간식 종류, 과실과 약용 음식 종류 등을 포함하고 있고, 육류를 들짐승과 날짐승, 생선 등의 종류로 세분하고 있다. 그러나 분류상에서 알 수 있듯, 이와 같은 서적은 음식을 조리하는 부분이 책 전체에서 아주 적고 그 주요 내용은 대부분 음식의 가공 기술이다. 이는 현대 식보에서 강조하는 조리 기술이나 요리 위주의 상황과 거리가 매우 멀다. 육류에 관한 내용이라 하더라도 역시 육류를 어떻게 절이는가와 가공하는가, 즉 소위 '포와 젓脯鮓'에 대한 기록이 상당히 많은 비중을 차지하고 있다. 음식 서적은 대부분 이 점에 편중되어 있어, 이러한 음식 서적이 음식에 대한 미각의 민감도가 높지 않고 또 음식 맛에 대한 감각적 요구도 그다지 높지 않았을 것이라고 생각할 수 있다.[1]

명대의 각종 식보에서 미각에 관한 기록을 살펴보면, 마치 백과전서의 일용유서와 같이, 그 내용에서 부분적으로 음식에 관한 사료가 있긴 하지만 미각에 관한 내용은 그리 많지 않다. 『다능비사』에서는 비린내 제거, 누린내 제거, 썩은내 제거 등 몇 절이 기록되어 있거나 "매우 오묘한 맛이다" "역시 훌륭하다" "아삭함이 좋다"와 같이 간단하게 묘사하고 있다.[2] 『편민도찬』은 대부분 『거가필용사류전집』과 『다능비사』 등에서 베낀 것이라 특별한 점이 없다. 『고금비원』은 미각에 관한 묘사로 겨우 두 문장이 있다. 하나는 「피조탕 만들기做皮條糖」*의 "백설탕으로 술과 식초와 함께 끓여 말리면 된다. 유리처럼 빛나고 맛은 매우 달다"와 「건녕지역의 두부 삭히는 방법建寧腐乳法」의 "꽃과 약죽篛竹(대나무 명칭)을 잘 짜서 진흙으로 며칠 봉하면 맛있다. 한 달을 묵혀두면 맛이 완전해져 입에 넣으면 부드럽다"[3] 정도다. 『묵아소록』은 미각 관련 기록이 거의 없고, 『숙원잡기』와 『승암외집』 등은 필기의 특징이 있어 새롭고 기이한 음식이나 식재료를 주로 기록하고 있고 미각 내용은 거의 없다.

비교적 특출난 서적은 『거가필용사류전집』으로, 이 책에는 향·색·미각을 언급한 내용이 있다. 맛에 대한 묘사는 다음과 같다. 「아삭한 생강 만드는 법造脆薑法」에서 "연한 생강은 껍질을 제거한다. 감초와 백지白芷, 영릉향零陵香 적은 양을 함께 삶아 익혀 절편으로 자른다. 그것을 먹으면 매우 아삭하고 맛이 좋다"거나,[4] 「콩나물 만드는 법造豆芽法」에서 "탕을 끓여 생강, 식초, 기름, 소금과 함께 그것[콩나물]을 먹으면 신선하고 맛있다"거나,[5] 「소병燒餅」에서 "철판 위에 딱딱하게 말리고, 잿불 속에 푹 익히면 아주 아삭하고 맛있다" 등이다.[6] 향에 대한 기록도 부가적으로 기록되어 있다. 「밤 볶는 법旋炒栗子法」에서 "기름 종이에 넣고 하나씩 문지른

---

* 피조탕은 설탕을 원료로 해서 만드는 투명한 젤리 종류다.

후 돌 냄비에 볶거나 위두熨斗[인두. 다리미]에 볶아도 역시 괜찮다. 다 익으면 매우 연하면서도 달콤하다. 향이 독특해지는 방법이다"라거나,[7] 「성도부 시즙 만드는 법造成都府豉汁法」*에서 "반드시 참기름을 사용해야 하며, 눅눅한 것과는 가까이 두지 말아야 [즙의] 향이 매우 좋다" 등이다.[8] 색에 대한 묘사도 보인다. 「강주 악부의 납육 방법江州岳府臘肉法」**에서는 "붉은색을 내고자 한다면 반드시 도살한 직후 뜨거울 때 피를 고기에 발라야 선홍색을 띠며 보기에 좋다"고 쓰고 있다.[9] 조미료의 맛을 언급하기도 했다. 예를 들어 오미자가 여러 곳에서 언급되는데, 오미자는 목련과 식물로 과실은 단맛이 있으면서 신맛을 띠고, 씨는 쓰고 매우면서도 짠맛이 있어 항상 조미료로 사용된다고 쓰고 있다. 「일곱 가지 귀한 소七寶餡」에는 "밤, 잣, 호도, 면근麵筋[글루텐], 강미薑米, 익은 시금치, 살구기름杏麻泥에 오미자를 섞어 비벼 맛이 스며들면 소를 눌러서 싼다"고 나와 있다.[10] 「채소로 만든 소菜餡」에는 "노란 부추를 짓이겨 자르고, 팥紅豆, 묵粉皮, 산약山藥 조각에 밤을 더 첨가하면 맛이 아주 좋다. 다섯 가지 맛을 섞어 [이것을] 소로 넣어 싼다"고 기록되어 있다.[11]

순수 음식 서적은, 앞서 언급한 책들과 비교해보면, 실용성에 편중된 식보에 속한다. 『역아유의』에서는 조리법에 대해 비교적 상세히 기록하고 있는데, 특히 '조미료'에 대한 묘사가 가장 풍부해 조리 시 어떤 식재료나 조미료를 사용하는지를 여러 번 언급하고 있다. "맛이 어울리도록 조화시킨다"는 말 역시 맛이 조화롭고 적절하다는 것을 의미한다. 식재료 및 조미료 사용에 대한 언급으로는 「살짝 언 생강을 넣은 초어帶凍薑

---

* 시즙이란 콩을 발효해 만든 청국 비슷한 것에 소금, 생강, 고추 등을 넣어서 만든 가공식품이다.
** 납육이란 소금에 절인 뒤 굽거나 햇볕을 쬐는 과정을 거쳐서 만든 육가공품으로 오랫동안 보존이 가능하다.

醋魚」*에서 "신선한 잉어를 작은 덩어리로 잘라 소금에 절이고 간장에 졸여 익혀 내놓는다. 생선 비늘을 벗겨내고 겨자를 넣어서 함께 졸여 찌꺼기를 제거한 뒤 국물을 내어 익히면 조화롭게 맛이 스며든다"거나,[12] 「화채和菜」**에서 "묽은 초 약간, 술 약간, 물 약간, 소금, 감초는 제 맛이 나도록 잘 섞어, 굴려가면서 지진 후 뜨거울 때 뿌려준다"거나,[13] 「박하병薄荷餅」에서 "두도박하頭刀薄荷***는 잔가지째 가루로 만들어 볶은 면 여섯 냥, 말린 사탕 한 근을 고루 섞으면 맛이 아주 좋다"거나,[14] 「조자육면燥子肉面」****에서 "췌장의 지방을 갈아 즙을 만들고 간장을 따라 넣은 다음, 풋고추와 사인砂仁을 넣으면 그 맛이 조화롭다" 등이 있다.[15]

책에서는 "맛이 조화로울 때"의 조미료 몇 가지에 대해 더욱 상세히 묘사하고 있다. 「해생 만드는 방법蟹生方」*****에서 "살아 있는 게를 잘라 다듬는다. 때로는 참기름으로 볶아 익히기도 한다. 차가운 것은 딸기草果, 회향茴香, 사인, 산초 가루花椒末, 생강, 후추를 모두 가루로 만들고, 파, 소금, 식초를 더해 모두 열 가지 맛을 게에 넣어 골고루 비벼주면 바로 먹을 수 있다."[16] 「소분素粉」******에서는 "단지 겨자의 매운맛만으로 아주 오묘한 맛이 난다"고 하고 있다.[17] 입에서 씹는 촉감에 대해서도 여러 곳에서 "아삭거림脆"이나 "부드러움酥"이라 묘사하고 있다. 「조가糟茄」*******에서는 "가지 한 근마다 소금 네 냥과 아주 향기가 좋은 지게미 한 근을 넣어 사흘 묵히면 기묘하게 아삭하다"고 나와 있다.[18] "사흘 묵히면 기묘하게 아

---

* 초어는 새콤달콤하게 졸이는 생선 요리를 의미한다.
** 단오절에 먹는 전통 음식의 하나. 녹말, 지단, 부추, 고기, 숙주 등을 함께 섞어 만든다.
*** 박하에는 두도박하와 이도박하二刀薄荷가 있다.
**** 돼지고기 간 것과 첨장, 생강, 마늘, 각종 야채를 넣고 볶아 먹는 국수 요리.
***** 해생을 만드는 방법. 해생은 보통 익히지 않은 게에 각종 양념을 한 것을 말한다.
****** 녹두 가루나 기타 콩 분말로 된 당면을 물에 끓여서 만든 것.
******* 가지에 술지게미를 섞어 항아리에 넣고 한 달 정도 두었다가 먹는 음식.

삭하다"는 사흘 동안 절이면 가지절임이 아삭하고 맛있게 되는 것을 의미한다. 「감두당甘豆糖」*에서는 "다시 볏짚으로 재 한두 국자를 만들어 [콩에] 끼얹고 소금을 조금 넣고 부드러워질 때까지 다시 고아야 한다"고 쓰고 있다.[19] 「아삭한 청매탕青脆梅湯」**의 한 항목에는 '청매탕' 잘 만드는 비결을 기록하고 있다. "대부분 청매탕은 집집마다 만드는 방법이 다른데 그 양은 대동소이하다. 처음 만들 때는 향 역시 같다. [푸른 매실을] 몇 개월 묻어두면 푹 익으면서 황매탕처럼 된다. 이렇게 해야 '아삭함脆'이라는 글자에 부합하는 맛을 얻을 수 있다."[20] 색과 모양에 대한 묘사도 있다. 「전병말이卷煎餅」에서는 "양쪽은 밀가루로 붙여 고정해두고 기름으로 지지면 붉으면서 누르스름한 색이 된다"고 하고 있다.[21]

또 송후의 『송씨양생부』 또한 『역아유의』와 같이 비교적 맛에 대해 많이 묘사하고 있다. "모두 오묘하다皆妙" "매우 맛있다甚美" "더욱 맛있다愈美"와 같은 추상적인 형용사를 사용하고 있고, 때론 더욱 구체적인 형용사를 쓰고 있기도 하다. 예를 들어 「매소탕梅酥湯」에서 "아삭한 매실을 다시 갈고 탕으로 끓여 꿀을 잘 넣어 적당히 새콤달콤해지면 마신다"거나, 「담백한 부추淡韭」에서 "따뜻한 두부즙을 부추에 부어두었다가 신맛이 나면 먹을 수 있다" 등이다.[22] 또 어떻게 하면 "나쁜 맛을 제거하는지"도 기록하고 있다. 예를 들어 모과와 다래 설탕 졸임을 만들 때는 "석회를 탕에 넣고 끓여 식힌 후 그 맑아진 것을 가지고 시고 떫은맛을 제거해 탕을 팔팔 끓인 후 약하게 끓인다." 감람橄欖과 오동 열매 설탕 졸임을 만드는 것 "역시 쌀뜨물과 함께 도자기에 넣고 끓이면 쓰고 떫은맛이 나지 않는다"[23]고 기록하고 있다. 『역아유의』는 "나쁜 맛을 제거하는"

---

* 콩에 설탕을 넣고 볶거나 고아 만든 음식.
** 청매탕은 매실을 소금에 절여 만든 음식이다.

묘사 외에도 조미료 맛에 큰 관심을 보이고 있다. 『역아유의』 권3, 「수속제獸屬制」에는 "적당량의 마늘과 식초" "적당량의 식초" "마늘을 더 많이 넣으면 소금과 잘 어울린다"와 "오신초五辛醋와 매운 겨자"에 관한 기록이 자주 보인다.[24] 또 '오신초' 만드는 법이 나와 있는데 다음과 같다. "파의 흰 부분 다섯 줄기, 산초와 후추 50알, 생강 약간, 사인 세 알, 간장 한 숟가락, 참기름 조금을 잘 찧어서 식초를 넣고 볶는다."[25] 식재료의 색 묘사도 보인다. 「오리구이燒鴨」에서의 "기름이나 식초를 뜨거운 냄비에 두르고 김이 나면 [여지의 일종인] 황향黃香에 [오리를] 훈제한다"나, 「장팽압醬烹鴨」*에서의 "기름이나 식초를 냄비에 한 번에 떨어뜨려 넣고 그것이 타면 누런 김이 나는데, 색이 황색이 되면 그 향기가 알맞다" 등이다. 식품을 염색하는 법까지도 묘사해놓았다. 「대두大豆」에서는 "소목蘇木처럼 홍색을 내려면 (…) 감나무와 석회를 물에 끓이고 그것을 차가운 소금탕에 오래 담가두면 선홍색으로 변한다" 등이다.[26] 몇 군데에서는 '향'을 어떻게 내는지에 대해 언급하고 있는데, 「장팽압」의 예 외에도 다음과 같은 예가 있다. 「자라구이魚鼈」에서 "냄비에 참기름을 더 넣고 끓이다가 신와新瓦[약재의 한 종류]를 넣고 자라 껍데기를 통째로 굽고, 술을 여러 번 바르면 맛이 액체와 융합되어 적당하다."[27] 이러한 감각에 대한 묘사는 책 전체로 봤을 때 출현하는 빈도가 그다지 높지는 않다.

명 중엽 이후 출판된 음식 관련 서적에서 조리법에 관한 기록이 이전의 서적보다 반드시 더욱 상세한 것은 아니었지만 맛에 관한 묘사는 더욱 구체적이었다. 예를 들어, 주이정의 『군물기제』에는 맛에 관한 묘사가 매우 많아서 시고 달고 쓰고 향기로운 느낌과 부드럽고 아삭한 감촉

---

* 간장 양념으로 졸인 오리고기.

이 모두 기록되어 있다. "오징어를 지져 갈아서 간장을 놓고 물이 나오지 않을 때까지 졸이면 맛이 매우 좋다. 혹은 꿀을 넣으면 가장 기가 막힌다." "백장白腸*을 지질 때는 막 익으려 할 때 올방개 가루荸薺末를 뿌리면 향기롭고 아삭거린다." "연뿌리 껍질과 마름씨菱米는 연하고 달콤하다." "겨자를 갈아 족두리풀細辛을 조금 넣고, 식초와 꿀과 함께 갈면 아주 맵다." "붉은 홍조산紅糟酸**을 오리에 넣어 술과 함께 하면 달콤하다." "무청과 함께 삶으면 은행이 쓰지 않다."[28]

고렴의 『준생팔전』은 비록 이전의 서적을 부분적으로 베끼긴 했지만 내용 면에서는 더욱 상세하고 구체적이다. 예를 들어 「아삭한 청매탕」은 『역아유의』의 "대부분 청매탕은 집집마다 만드는 방법이 다른데 그 양은 대동소이하다"를 베꼈다. 그러나 고렴은 제조과정을 상세히 제시하는데, 우선 [매실의] 씨를 두들겨 제거한 뒤 마른 나무 수저로 젓고, 두 번째는 생감초를 넣고, 세 번째는 접시를 달궜다 식히고, 네 번째는 생강을 넣고, 다섯 번째는 피망을 넣는 등의 다섯 가지 절차를 포함하고 있다."[29]

『준생팔전』은 맛과 냄새, 입안의 식감을 모두 명확하게 기록하고 있다. 「가지절임 만드는 법」에서는 "가지 다섯, 지게미 여섯, 소금 열일곱에 하천 물을 넣으면 꿀과 같이 달다"고 쓰고 있다. 또한 가지 다섯 근, 지게미 여섯 근, 소금 열일곱 냥에 작은 그릇으로 물을 두 번 넣어 섞으면 "가지 맛이 단데, 이는 가지를 저장하는 법이지 말려서 먹는 법은 아니다"[30]라고 쓰고 있으며, 여러 곳에 맛과 향이 언급되어 있기도 하다. 「말리탕茉莉湯」***의 "매일 새벽 말리화 이삼십 송이를 따서 그 꽃으로 꿀 그릇을 덮어

---

* 소나 양의 내장에 쌀을 넣어 만든 순대의 일종.
** 붉은 쌀의 누룩으로 만든 식초.
*** 각종 약재를 갈고 말리화茉莉花를 넣어 끓인 탕.

향기를 스미게 한다. 정오에 꽃을 빼고 탕에 넣으면 향기가 매우 짙다"거나, 「정향 넣은 뜨거운 물丁香熟水」의 "정향 한두 알을 잘게 빻아 주전자에 담아 끓는 물을 넣으면 그 향이 매우 짙지만, 너무 뜨거워서는 안 된다" 등이다.[31] 또한 식감에 대한 것으로는 「금대화錦帶花」*에서 "꽃을 따서 죽을 끓이면 부드러우면서도 아삭하게 먹을 수 있다"라는 형용이 있다.[32]

더욱 주목할 점은 저자가 마치 의식적으로 식재료의 다채로운 느낌을 즐기고 있는 듯한 것이다. 앞서 언급한 『거가필용사류전집』에서도 "아삭하고 맛있다" "향기롭고 맛있다"라고 동시에 묘사하고 있어서 이러한 의식의 초보적 형태를 볼 수 있다. 그런데 『준생팔전』에서는 더 많은 기록이 보이는데, 고렴은 여러 곳에서 "향기롭고 맛있다"라는 표현을 함께 언급하고 있다. 「옥잠화玉簪花」에서 "소금과 설탕을 밀가루에 조금 넣고 고르게 잘 섞어 면을 늘리면 향기롭고 맛있다"라고 한 것과, 「감국묘甘菊苗」에서 "감초 물과 산약 가루를 섞어 싹 모양으로 늘려 기름에 튀기면 그 향이 매우 좋다"라고 한 것을 예로 들 수 있다.[33] 또 「살반화채撒拌和菜」**에서도 "배추, 콩나물, 미나리를 섞어서 반드시 끓는 물에 넣어 익히고, 맑은 물에 헹궈내고 먹을 때 꼭 짠다. 기름을 쳐서 먹으면 야채의 색이 푸르고 검지 않으며 또 아삭거려 먹기에 좋다"라고 하고 있다. 이는 저자 고렴 또한 야채를 조리할 때 색과 촉감 모두에 관심을 가졌음을 알게 해준다.[34] 고렴 역시 조리할 때 불의 세기와 조미료 배합이 식재료의 맛에 영향을 끼친다는 점을 인식하고 있었다. 바로 「초양두아炒羊肚兒」***에 다음처럼 나

---

* 금대화(때죽나무꽃)로 끓인 죽.
** 배추와 콩나물, 미나리를 데쳐서 기름에 무친 요리.
*** 양의 위장을 볶은 요리.

온다. "센 불에 기름을 넣고 볶아 익으려 할 때 파와 마늘, 산초, 회향茴香, 간장, 술, 식초를 넣고 잘 섞는다. 익자마자 바로 내리면 향기롭고 아삭거려 먹기에 좋다. 늦어지면 가죽 끈처럼 눅눅해져 먹기 힘들다."35

명말 청초 이어의 저서는 맛 묘사가 상당히 심도 있어 이전의 저작을 훨씬 뛰어넘었다. 이어는 「곡식제이·분穀食第二·粉」에서 '식감'에 대해 많이 언급한다. "가루를 내서 먹는 음식 중 식감이 좋은 것으로는 고사리가 최상이고, 녹두가 그다음이다. 녹두 가루의 식감을 좋게 하려면 고사리 가루와 조금 섞어야 한다. 무릇 음식물은 입으로 바로 삼킬 수 없는 것이다. 바로 삼킬 수 없으니 또 사람이 그것을 씹어 맛이 나게 된다. 씹어도 소리가 나지 않으면 이것이 절묘한 경지다. 내가 온갖 음식을 다 찾아보았으나, 오로지 이 두 가지만을 얻었다." 그는 식재료의 후각과 미각을 구분했는데, 「육식제삼·야수, 금수肉食第三·野獸, 禽獸」에서는 다음과 같이 썼다. "야생의 재료로 만든 음식이 집에서 기른 재료로 만든 음식보다 떨어지는 것은 기름기가 없기 때문이다. 집에서 기른 재료로 만든 음식이 야생의 재료로 만든 음식보다 못한 것은 향기롭지 못한 점이다. 집에서 기른 재료로 만든 음식 맛의 기름기는 스스로 먹을 것을 찾지 않고 주는 것에 길들어 살이 찐 것이다. 야생의 재료로 만든 음식의 향기로움은 초목을 집으로 삼고 행동이 자유로운 데서 오는 것이다."36 이어가 보기에 미각에도 층차와 등급을 나눌 수 있는데, 그는 미각에 관해 신선함鮮, 기름짐肥, 달콤함甘, 느끼함膩 등의 어휘로 표현하고 그 가운데 신선한 맛을 제일 우선으로 두었다. 이러한 표현은 「육식제삼·어肉食第三·魚」에 잘 나타나고 있다.

우리가 물고기와 새우를 먹는 죄는 다른 것을 먹는 죄보다 조금 낫다. 내가 만든 간단한 법규는 구체적인 법률과는 비교하기 어렵지만, 역시 무자비한 관리보다는 좀 덜하다. 물고기를 먹는 자는 가장 먼저 신선함을 중시해야 하며, 다음으로 살져 있는지를 보아야 하는데 살져 있으면 이미 신선한 것으로 물고기로는 제일 좋은 것이다. 그러나 둘이 다 갖추어졌다 하더라도 또 하나에 더 치중해야 할 것들이 있다. 철갑상어, 쏘가리, 붕어, 잉어는 신선한 것이 우선이다.[37]

2) 청대 음식 서적 속 감각 묘사의 다양화와 심화

청대의 음식 서적은 전문화 추세를 보였을 뿐 아니라 내용이 더 광범위해졌고 요리의 비중이 더 커졌으며 조리 기술의 서술에 더욱 치중했다. 『식헌홍비』에서는 고기를 크게 생선, 들짐승, 게, 알, 육류 등으로 분류했다. 또 『성원록』에는 모두 121종이 기록되어 있는데, 그중 식품 가공 및 저장과 관련된 것은 모두 30종이다. 그러나 조리법은 39종가량이며, 기타 양조 식품은 24종, 떡과 간식에는 24종, 음료는 4종이 기록되어 있을 뿐이다. 『수원식단』에는 14가지 관련 목록이 있다. 「반드시 알아야 할 요리須知單」와 「주의해야 할 요리戒單」는 이론에 대해, 「밥과 죽 식단飯粥單」과 「차와 술 식단茶酒單」 이외의 다른 부분은 요리와 간식의 식단에 대해 서술하고 있다. 『조정집』은 1권에 전적으로 연회 음식만을 기록해놓았다.

청대 음식 서적에 표현된 감각 형용사는 명대보다 더 다양하다. 주이존의 『식헌홍비』에 묘사된 감각은 더욱 구체적이고 세밀한데, 과거 명대 음식 서적에서와 같이 단지 몇 자 정도로 간단하고 추상적으로 묘사하지 않는다. 『식헌홍비』에는 다양화된 감각 형용사를 사용해 해당 방면에 대한 저자의 한 단계 더 깊은 인식을 반영하고 있다. 특히 두드러지는 것은 그가 '오미五味'에 대한 인식을 「음식의기飲食宜忌」에서 말하고 있는 점이다. "신맛은 비장을 상하게 하고, 짠맛은 심장을 상하게 하며, 쓴맛은 폐를 상하게 하고, 매운맛은 간을 상하게 하며, 단맛은 신장을 상하게 한다."[38] 그는 오미를 나열하고 이를 또 양생에서 금지하는 것과 연결해 이야기하고 있다. 그는 또 다음처럼 말한다. "옛사람은 음식 간을 할 때 반드시 소금과 매실을 언급했다. 오미에서 소금이 우선임을 알 수 있다."[39] 사람들에게 오미를 알려주는 데에는 짠맛이 첫째라는 것이다.

『식헌홍비』에는 다른 감각 역시 세밀하게 표현되고 있다. 후각에 대해 「봉아封鵝」*에서는 "거위를 항아리에 넣고 조미료를 전혀 사용하지 않아도 자연스럽게 기운이 상승하니, 맛이 걸쭉하고 좋다"고,[40] 시각에 대해 「수계랍水雞臘」**에서는 "색은 노릇노릇하되 태우지 않은 것이 기가 막히다"고 강조한다.[41] 입안의 식감을 언급한 부분 역시 많다. 「향면근響面筋」***에는 음식을 어떻게 만들어야 "입에 들어가 치아에서 소리가 나는지"나 "돼지기름을 두르지 않으면 아삭할 수 없다"는 언급이, 「살반화채법」에는 어떻게 하면 "채소의 색이 푸르고 아삭해서 입맛에 맞는지"라는 언급이, 「목이木耳」에는 목이버섯을 냉수에 담고 연달아 네댓 번 불리면 그것이 "점점 부풀어 커지면서 부드러워진다"는 언급이 있다.[42]

『식헌홍비』의 저자 주이존은 더 많은 사례를 통해 좋은 조리와 나쁜 조리, 색·향·맛 등 다양한 감각 조건의 구비에 대한 이해를 보여준다. 그런 만큼 수많은 사례는 모두 다양한 감각을 형용하고 있다. 「취라복醉蘿

---

* 거위를 잡아 뱃속에 각종 양념을 넣고 삶아 만든 요리.
** 소금에 절여 바람에 말린 닭.
*** 납작한 국수를 기름에 볶아서 젓가락을 이용해 나선형으로 꼬인 형태로 만들어 먹을 때 아삭거리는 소리가 나는 국수.

ㅏ」[*] 만드는 방법에서는 "소주를 붓고 입구를 봉하지 말아야 한다"는 것과 함께 "며칠 후 무에서 발효돼 냄새가 가시면, 무가 노르스름한 살구 빛이 되는데 아주 달콤하고 맛있다"라 하고 있고, 「당매리·우방糖梅李·又方」^{**}에서는 "비파, 능금, 양매楊梅를 넣으면 색이 변하지 않고 맛이 시원해서 먹기 좋다"고 하고, 「해파리海蜇」에서는 "해파리를 깨끗하게 씻어 두부와 함께 익히면 떫은맛이 다 없어지고 부드러우며 아삭하다"고 하고, 「훈제 고기薰肉」에서는 "자색 사탕수수껍질을 햇볕에 말려 잘게 찧어 고기에 재워놓으면 맛이 달콤하고 향기로우며, 껍질을 차게 하면 딱딱하지 않게 아삭거려 맛이 일품이다"라고 하고 있다.[43]

주이존은 고렴보다 더 상세하게 다른 조미료를 비교하거나 조리와 양조 시간에 따라 맛이 달라질 수 있음을 설명했다. 「노병爐餅」^{***}에는 "꿀 넷에 기름 여섯을 하면 너무 부드럽고, 꿀 여섯에 기름 넷을 하면 너무 달기에 [꿀과 기름을] 똑같은 비율로 해야 한다"고 나와 있고, 「백일내조아단百日內糟鵝蛋」^{****}에는 조리 과정이 기록되어 있는데 항아리 속에 두 달 정도 넣어두면 "처음 삼백장三白漿에서 꺼낼 때 계란을 잘못 깨뜨렸다면 함부로 맛을 보지 말아야 한다. 그것을 맛보면 너무 매워 혀가 붓는다. 술이 발효된 후에는 매운맛이 없어지고 단맛이 스며들어 아주 맛있다"고 되어 있다.[44]

이화남은 『성원록』에서 명대 음식 서적과 같이 많은 부분에 걸쳐 "맛있다好吃" "매우 맛있다吃之甚美" "그 맛이 매우 좋다其味甚美"와 같은 추상적인 형용사로 맛을 표현했지만, 색과 신선도를 매우 중시했고 다양한

---

* 술에 절인 무.
** 당매리는 설탕에 절인 매실과 자두를 말한다.
*** 꿀을 섞어 반죽하여 화로에 구운 떡.
**** 지게미에 백 일 동안 절인 거위 알.

감각 형용사를 사용했다. 「첨장 만드는 법作甛醬法」*에서 "냄비마다 붉은 설탕 한 냥을 넣고 색이 아주 빨갛게 될 때까지 계속 저어가며 끓인다. 단지에 넣고 식을 때까지 기다렸다가 입구를 봉하고 며칠 햇볕을 쬐면 신선한 맛이 좋다"거나, 「신선염백채초계법新鮮鹽白菜炒雞法」**에서 "냄비에 뚜껑을 닫아두면 안 되는데, 닫으면 황색으로 변해 신선하지 않다"거나, 「자채배물법煮菜配物法」***에서 "조미료와 함께 [채소를] 익을 때까지 끓이면 그 파란색은 여전하다. 황색으로 변하지도 무르지도 않으면서 매우 보기에 좋다" 등이다.[45] 이화남은 맛에 대한 표현 역시 매우 많이 하고 있다. 「백자육법白煮肉法」****에서 "수시로 뒤집어야 해서 냄비 뚜껑을 닫지 않는다. 고기 냄새가 나면 적당히 익은 것이다. 냄새가 날 때 아궁이 불을 끄고 냄비 뚜껑을 닫아 잠시 뜸을 들이고 꺼내 잘라 먹으면 맛있다"거나, 「주청장법做淸醬法」*****에서 "향기롭게 하려면 버섯, 회향, 산초, 생강, 참깨를 각각 조금씩 넣는다"거나, 「엄숙육법腌熟肉法」******에서는 "부뚜막에서 지게미나 젖은 사탕수수 찌끼로 불을 피워 훈제하고 아궁이 입구를 벽돌로 막아서 가끔 뒤집는다. 수분이 없어지고 향기가 나면 된 것이다" 등이다.[46] 이뿐 아니라 『식헌홍비』와 마찬가지로 조미료 배합의 비율을 달리하여 얻을 수 있는 각기 다른 맛도 중시해 이에 대해서도 자세히 기록하고 있다. 「주향두시법*******·우법做香豆豉法·又法」에서 "이상의 것을 다 갖추고 모두 무게를 저울에 달아보고, 싱겁게 하고 싶으면 각 10냥마다 소금 1냥을

---

* 첨장은 밀가루를 주성분으로 하여 발효를 거쳐 만드는 장 종류를 말한다. '첨면장'이라고도 하며 단맛과 짠맛이 모두 있다.
** '소금과 배추를 넣고 볶은 닭 요리' 만드는 법.
*** 조미료와 섞어 채소를 끓이는 방법.
**** 고기를 양념하지 않고 삶는 방법.
***** 진하지 않은 간장을 만드는 방법.
****** 익혀 조리해 먹고 남은 고기를 소금에 절이는 방법.
******* 콩을 발효시켜 두시豆豉를 만드는 방법.

넣고, 짜게 하고 싶으면 각 10냥마다 소금 2냥이나 1냥 5전을 넣는다"거나, 「주랄채법做辣菜法」*에서 "입구를 부뚜막 위에 두세 시간 엎어놓고 바닥에 옮겨놓은 뒤 1주일 뒤에 뚜껑을 열면 맛있다. 짜게 먹을 때는 소금, 식초, 돼지기름이나 참기름을 섞으면 맛있다. 달게 먹을 때는 설탕, 식초, 기름을 섞는다" 등이다.[47]

원매는 『수원식단』에서 각 집안의 요리를 품평하면서 곳곳에 "최고로 맛있다最佳" "역시 맛있다亦佳" "가장 유명하다最有名" "매우 기묘하다甚妙" "일품이다絶品" "다시 없이 훌륭하다絶色無雙" 등 명대 음식 서적과 비슷하게 표현하고 있다. 물론 여전히 미각에 대한 단어도 사용하고 있다. 예컨대 식감에 대해서는 다음과 같다. 「양공원楊公圓」**에서는 "양명부에서는 찻잔처럼 고기가 둥그렇고 매우 연하고 부드러우며, 탕은 매우 신선하고 깔끔해서 입에 넣으면 연유酥와 같다"고 했고, 「양주홍부종자揚州洪府粽子」***에서는 "그것을 먹으면 기름지고 부드럽다. 고기와 쌀이 어우러졌다"라 했다.[48] 색을 중시하는 예로는 다음과 같다. 「엄단腌蛋」****에서 "고우高郵 지역의 것이 가장 좋은데, 색이 붉고 기름이 많다"거나, 「천층만두千層饅頭」*****에서 "양삼융楊參戎의 집안에서 만두를 만들면 눈처럼 하얗고, 그것을 찢어보면 그 안의 결이 천 결이나 되니, 금릉인은 만들 수 없다"거나, 「소미인점심蕭美人點心」******에서 "무릇 만두(찐빵), 떡, 교자 종류는 자그마한 것이 눈처럼 하얗다" 등이다.[49] 원매는 간식의 모양에 대해 다음과 같은 표

---

* 매운 요리를 만드는 방법.
** 광동 양명부 집안에서 만든 고기 완자.
*** 양주 홍부 집안에서 만들어 먹는 종자. 종자는 찹쌀을 댓잎이나 갈잎에 싸서 쪄 먹는 단옷날 음식의 한 종류다.
**** 계란, 거위알, 오리알 등을 간장 등에 한 달여간 절여서 먹는 요리.
***** 만두는 소 없는 찐빵을 의미한다. '천층'이란 여러 겹이 층층이 쌓인 것을 형용한 것이다.
****** 점심이란 찐빵, 만두 등의 간식류를 의미한다. 소미인은 건륭 연간에 점심의 대가로 이름난 여성이었다.

현을 한다. 「도방백십경점심陶方伯十景點心」*에서 "기이하고 독특한 형상으로 오색찬란하여, 그것을 먹으면 모두 맛있어서 사람들이 어쩔 줄 몰라 한다."[50]

원매는 아마도 자신만의 취향과 애호 때문에, 특별히 '신선한' 맛에 관심을 두어 책 여러 곳에서 "신선함"을 강조하고 있다. 「가향육家鄕肉」**에서 "항주 지역의 고기는 좋고 나쁨이 달라 상중하 세 등급으로 나뉜다. 대개 담백하면서도 신선하며 살코기도 바로 먹을 수 있는 것이 상품이며 오래 두면 좋은 훈제고기가 된다"고 했다. 「사슴꼬리鹿尾」에서 "윤계선尹繼善은 사슴꼬리가 최고라고 품평한다. 그러나 남방 사람에게는 자주 먹을 수 없고, 북경에서 온 사람들도 신선하지 않은 것을 힘들어했다." 「말린 생선台鯗」에서 "태주台州에서 나는 말린 생선에는 좋은 것과 나쁜 것이 있는데, 태주 송문松門에서 온 것이 좋아 고기가 연하고 신선하며 두툼하다." 「민어黃姑魚」에서 "휘주에서 온 작은 물고기는 길이가 두세 치가량이며 햇볕에 말려 부쳐오는데, 술을 부어 껍질을 벗기고는 냄비에 넣고 쪄서 먹는다. 그러면 맛이 가장 신선하다. 이것을 황고어黃姑魚라 부른다"고 했다.[51] 앞서 언급한 예는 단지 이 책의 일부분일 뿐이다. 학자들의 연구에 의하면, 원매는 『수원식단』에서 40여 곳에 "신선함"이란 말을 언급했고 이어의 영향을 받았음이 분명하다.[52]

청대 중엽의 또 다른 중요한 음식 서적인 『조정집』은 『수원식단』과 『성원록』 두 책과 많은 유사성을 보이고 있다. 『조정집』의 「가향육家香肉」은 『수원식단』과 같고, 『조정집』의 「익혀서 절인 고기腌熟肉」는 『성원록』과 비

---

* 도방백 집안에서 만든 간식류. 도방백의 부인이 명절 때마다 만든 간식류가 독특한 모양과 맛으로 대단히 유명했다고 한다.
** 돼지고기와 고추, 죽순 등을 볶아서 만드는 요리.

슷하다. 또 많은 부분에서 『수원식단』에서의 "신선해서 맛있는鮮美" 개념을 언급하고 있다. 예를 들어, 「곰 발바닥熊掌」의 "신선한 것이 상품이고, 마른 것이 그다음이다." 「첨장 만들기造甜醬」에서 양주의 달콤한 간장은 "콩 한 자루마다 밀가루 400근을 사용한다. 또한 햇볕에 쐰 간장에 볶은 참깨를 조금 넣으면 윤기가 흐르고 맛이 신선하다. 이것을 간장이 들어가는 음식에 넣으면 더없이 좋다." 「면첨장麵甜醬」*에서 "한 냄비당 붉은 설탕 한 냥을 넣고 아주 빨간색으로 변할 때까지 손으로 계속 저으며 끓이고 항아리에 넣어 식을 때까지 기다렸다가 입구를 봉한다. 곧 그것을 햇볕에 쐬면 맛이 아주 새롭다." 「장훈단醬燻蛋」**에서 "계란을 익혀 껍질을 까고 훈제고기와 함께 익히거나 혹은 생육고기와 익혀서 반으로 갈라 먹으면 맛이 아주 새롭다." 그는 식재료의 신선함을 강조했는데, 예를 들어 식재료로서의 닭의 좋고 나쁨에 대해 원매는 다음과 같이 생각했다. "기름지고 통통한 것을 고르면 조리법에 상관없이 모두 가능하니 대개 그 맛이 원래 신선하기 때문이다."[53] 원매는 생선에 대해 특히 많이 따졌는데, 「어론魚論」에 잘 나타나 있다.

생선은 신선함이 가장 중요하고 다음으로 살진 것(말리거나 절인 것은 논하지 않겠음)을 보는데, 살지고 신선함을 모두 갖추면 찌거나 끓여도 입에 잘 맞는다. 신선하기만 하면 당연히 그것으로 맑은 탕을 끓이고, 살지기만 하면 당연히 그것을 푹 익혀 숙회를 만든다. (…) 대개 최고의 생선 맛은 신선함에 있고, 신선함의 궁극적인 맛은 막 익혀서 냄비에서 꺼낼 때에 있다.[54]

---

* 첨장.
** 가정 요리 중 하나로 계란을 간장에 졸인 후 다시 훈제한 것.

「게와 함께 졸인 고기蟹根肉」에도 "무릇 술지게미에 절인 게를 덩어리로 자를 때는 자르면 소금을 치지 않고 육고기(혹은 육고기 무릎살)와 서서히 졸이면 그 맛이 아주 신선하다"고 나와 있다.[55] 채소 역시 신선함을 중시하는데, 버섯을 예로 들면 "신선함을 보존하기 어렵다. 간장을 넣고 햇볕에 말린 것을 모과주에 재어두면 조리용 술이 되어 그 맛이 더욱 새롭다." 다른 채소에 대한 언급도 있다. "도성에서는 완두콩 즙이 가장 신선한데, 갓을 넣으면 더욱 신선하다."[56] 또한 『성원록』에서 맛과 색의 배합을 중시했던 것과 마찬가지로 예를 들어 '첨장로甜醬鹵',* 즉 '첨장희즙甜醬稀汁'을 언급하며 "그것으로 고기를 구우면 색이 매우 좋다. 기름진 고기를 여기에 찍어 갓과 곁들여 먹으면 기가 막히다"라고 한다.[57]

『수원식단』은 색과 맛의 조화에 대해 매우 독특한 견해를 보이는데, 「법제우육法制牛肉」**에서는 찌는 과정을 다음과 같이 언급하고 있다. "이튿날 즙도 같이 냄비에 넣고 물 두 근을 붓고는 약한 불에 끓여 익힌 후, 향료, 회향 가루, 산초 가루 각각 팔 푼씩 넣고, 대파 머리 8개, 식초 반 근을 넣으면 맛이 아주 좋다."[58] 불의 세기에 따라 맛의 결과가 변할 수 있다는 데 더욱 주의를 했다. 「배추 볶음炒黃芽菜」에서는 "닭을 볶을 때 섞으면 매우 맛있고, 그냥 볶아도 맛있다. 거기에 식초를 넣어 반 정도 익히면 더욱 아삭거리는데, 이는 북방 음식이다"라고 했다. 그는 맛을 잃은 원인에 주목했는데, 「갓 요리燒芥菜」에서 "신선한 갓을 바람에 조금 말려 한 치 정도로 잘라서 달콤한 간장과 식초를 넣어 익히되 너무 익히면 안 된다. 그 맛이 매워지면 무를 작게 편으로 잘라 넣는다"고 했다.[59]

---

* 고기를 구울 때 사용하는 양념. 달콤하고 짭짤한 소스를 말한다.
** 법제 방식으로 삶은 쇠고기. 법제란 한약을 제조할 때 사용하는 방식을 의미하며 보통 한약재가 들어간다.

이에 대해 「홍외육紅煨肉」*에서 더욱 자세히 말하고 있다.

[이것을 만드는] 세 방법은 모두 [색깔이] 호박과 같이 붉어야 하며 설탕을 볶아서 나는 색은 안 된다. 냄비를 빨리 내리면 누런색이 되고 적당할 때 내리면 붉은색이 된다. 너무 늦게 불을 끄면 붉은색이 보라색으로 변하고 고기는 딱딱해진다. 뚜껑을 여러 번 열면 기름이 날아가는데, 기름이 적당히 있어야 좋은 맛이 난다. 대개 고기는 네모로 잘라야 하며 모서리가 보이지 않을 때까지 삶아야 한다. 입에 넣으면 기막히게 살살 녹는데, 이는 모두 불의 세기가 관건이다.[60]

주의해서 볼 것은 『수원식단』에 연회에 관한 기록이 매우 많다는 점인데, 「채식菜式」에서 요리를 배합하는 것에 대해 언급하고 있다.

음식을 배합할 때는 그 맛을 취하든지 그 색을 취해야 한다. 또 음식을 배합하는 방법은 마치 부부나 형제와 같이 각 식재료가 조화롭게 융합되어야 한다. 그래야만 이를 배합이라 할 수 있다.[61]

명청 시기 식보에는 항상 "색, 향, 미味'란 단어가 등장하는데, 이러한 단어는 역사상의 의미 변천을 거쳐 사람들이 음식의 느낌을 어떻게 깊이 이해했는지를 한층 더 잘 알 수 있게 한다. '색, 향, 미'란 단어는 과일에 최초로 사용되었다. 당나라 시인 백거이는 「여지도서荔枝圖序」에서 여지를 다음과 같이 표현한다. "원래의 가지에서 떨어지면 첫날은 색이 변

---

* 고기를 토막 내어 약한 불로 오랫동안 끓인 요리.

하고, 둘째 날은 향이 변하고, 셋째 날은 맛이 변하고, 사오일이 지나면 색, 향, 미가 모두 없어진다."[62] 후대의 책에서 여지를 언급할 때는 백거이의 이 구절을 항상 인용한다. 송대에는 술을 형용하는 데 이 구절을 인용한 이도 있었다. 송나라 사람 주휘周輝는 『청파잡지淸波雜志』의 「설배雪醅」 항목에서 태주의 유명한 청주를 기록하고 있다. "술 빚는 법은 사람마다 달라서 색, 향, 미 역시 다 다르다. 순후한 맛과 맑고 톡 쏘는 맛은 사람들의 기호에 달렸다."[63] 명청 이후에는 과일로 된 가공식품과 차를 형용하는 데 [색, 향, 미를] 이용하기도 했다. 명나라 사람 섭성葉盛(1420~1474)은 『수동일기水東日記』에서 "색, 향, 미가 유명한 과실에는 다 있으니, 더욱이 앵두임에랴?"라고 했다.[64] 근대 사람 유성목劉聲木(1878~1959)은 『장초재수필삼필萇楚齋隨筆三筆』에서 인용한 『시보時報』에서 서호의 용정차龍井茶에 대해 이렇게 말한다. "좋은 색, 향, 미를 갖춘 것은 애석하게도 생산량에 한계가 있어 공급이 수요를 따라가지 못한다."[65] 명청 이후 여지, 과일, 술 외에 또 다른 식재료와 요리를 평가하기도 했다. 고렴은 『준생팔전』에서 소동파의 아들이 음식에 뜻을 두었다고 기록하고 있다. "아들이 문득 새로운 의견을 내서 고구마로 옥삼갱玉糝羹*을 만들었는데, 색, 향, 미가 모두 기가 막혔다."[66] 또 이어도 「육식제삼·해肉食第三·蟹」에서 '색, 향, 미'란 단어를 언급했다.

세간에 좋은 물건은 이로운 점이 한 가지만 있다. 그런데 게는 신선하고 통통하며 달고 기름지며 옥과 같이 희고 황금처럼 누래서 이미 색, 향, 미 이 세 가지가 매우 뛰어나니, 그 이상의 것은 더 없다.[67]

---

* 소동파가 유배를 갔을 때 아들이 부친을 위해 고구마를 주재료로 하여 만들었다는 죽.

『조정집』에서는 식재료의 색, 향, 미에도 매우 주의를 기울였다. '화퇴火
腿*육'에 대한 언급을 예로 들어보겠다.

금화金華의 것이 최상이고, 남계藍溪, 동양東陽, 의오義烏, 신풍辛豐이 그다음
이다. 금화에서 나온 것은 다리의 굽이 하얗고, 겨울에는 다리에 녹색 무
늬가 생기고 봄에는 흰색 무늬가 생긴다. 다리는 곧아야 하는데, 곧지 않
은 것은 늙은 암퇘지다. 껍데기가 얇고 육질이 좋으며 다리가 곧고 발톱이
투명하고, 붉은색이 돌고 맛이 담백하며, 대나무 막대를 끼워 넣으면 향기
가 매우 좋다.[68]

『향언해이鄕言解頤』 같은 청나라 사람의 필기에도 "예선신芮宣臣 집안 고
립高立의 부인"을 언급했는데, 책에 이 부인의 조리 기술을 기술하고 있
다. "고기를 잘 삶으려면 약간 딱딱하고 짧은 근육 다섯 근을 열 덩어리
로 잘라 솥에 넣고 조미료용 술과 간장을 치고 그릇으로 뚜껑을 덮는다.
불은 우선 세게 했다가 차차 은근히 하여 한소끔 끓여 향이 나면 끈다.
푹 익기만 하는 것이 아니라 색, 향, 미가 모두 훌륭해진다."[69] 이때 현대
중국 음식문화에서 상용되는 "색, 향, 미가 모두 훌륭하다色香味俱佳"라는
표현이 출현했다. 이 단어의 변천을 통해 명대 사람들이 식재료와 요리
표현에 대해 더욱 깊이 인식하고 있었음을 알 수 있다.

앞의 글을 통해 명청 시기 음식 서적 혹은 식보의 맛에 대한 형용과
묘사의 변화과정이 나타났다. 명대 전기와 중기의 추상적 형용사 혹은
한 가지 맛에 대한 형용에서 명말 청초의 더 구체적이면서 다양한 감각

---

* 소금에 절여 불에 그슬린 돼지 다리.

에 대한 형용으로 변화했다. 우리는 청대 이후 식보의 저자가 오미에 대해 한 단계 더 발전된 인식을 여러 예를 통해 다양하게 묘사하고 있음을 알 수 있었다. 그들은 조미료와 불의 세기가 식감에 영향을 끼칠 수 있음을 이해하고 있었다. 또한 식감을 품평하는 기준에 대해서도 점차 엄격해졌고, 더 나아가 '색, 향, 미'를 두루 갖추어야 한다는 주장과 요구가 있었으며, 오늘날 현대 중국 음식문화의 핵심이 되는 가치관을 성립했다. 명청 시기에는 음식 서적과 식보에서 맛 표현이 섬세·다양해지고 심도가 깊어지는 변천과정이 있었다. 이는 명청 시기 경제 발전과 물질의 풍요를 바탕으로 그들이 음식에 대한 감각을 점차 중시하고 그 요구 수준 또한 점차 높아진 때문이었다. 이외에 맛 묘사의 변천 역시 이 시기 사람들이 식감을 인지하는 것뿐만 아니라 표현하는 것에 있어서도 발전하고 있음을 반영한다.

4.

'맛'의 품격과 신분:
문인화된 식보의 미각 이론

명청 시기 복잡하고 다원화된 식보의 미각 묘사는 사람들의 미각에 대한 인식과 표현이 점차 깊어졌음을 보여준다. 그러나 수많은 식보 또는 음식 관련 서적 중에서 다만 일부만이 음식과 미각을 이론 차원으로 끌어올리고 있는데, 이와 같은 서적을 필자는 '문인화된 식보'라 부르겠다. 이러한 서적의 저자들은 이론을 이야기할 때 전통적인 '양생'이나 '준생遵生'을 기치로 내걸었다. 그러나 이들이 이처럼 해야 했던 데는 실질적인 이유가 있었다. 즉 그들의 음식 이론은 사실 당시 사회현상 때문에 발생했다. 예를 들어 용준서의 『음식신언』에서는 당시 사대부 집안의 사치스러운 음식 풍조를 다음과 같이 비평한다. "요즘 사대부 집안에서는 술이 내법內法(궁중의 양조 비법)이 아니면, 과일이 먼 곳의 진기한 것이 아니면, 음식이 종류가 많지 않으면, 그릇이 상에 가득 차지 않으면 감히 모임을 열지 않는다. 몇 개월간 준비하고서야 초대장을 보내니 풍속이 이처럼 퇴폐했구나."[1] 용준서는 음식을 절약해야 한다고 주장하면서 절약에는 좋은 점이 많다고 말한다.

나는 일찍이 근검절약의 좋은 점이 비단 하나가 아니라고 여겼다. 대개 탐욕스럽고 방탕함이 지나치면 사치가 생기지 않을 수 없다. 근검하면 탐욕스럽지도 방탕하지도 않게 되니 덕을 기를 수 있다. 사람이 쓰는 데는 양이 정해져 있으니 절약하고 아끼며 욕심이 없으면 오랜 이치를 얻어 장수할 수 있다. 독한 술에 취하고 좋은 음식에 배부르면 사람의 정신도 혼탁해진다. 채식한다면 위장이 맑아져 찌꺼기도 없고 더럽지도 않으니 정신을 기를 수 있다. 사치스러우면 함부로 취하고 구차히 구하게 되니 기개가 비천해진다. 근검절약하면 남에게 요구하지도 않고 자신에게 부끄럽지도 않으니 기氣를 기를 수 있다. 이에 늙은 나는 〔근검절약을〕 보물로 여긴다.[2]

음식을 아끼는 것은 "덕을 기를 수 있을" 뿐만 아니라 "장수할 수 있고" "기를 기를 수 있다." 용준서는 또 특별히 '채식'의 효능을 표방하고 있는데, "정신을 기를 수" 있기 때문에 사람의 정신을 혼미하게 하는 "독한 술과 좋은 음식"보다 "채식"이 훨씬 더 낫다는 것이다.

또 고렴은 『준생팔전』의 「음찬복식전飮饌服食箋」에서 "준생遵生"을 제시하며 당시 지나치게 사치스러운 연회와 먼 곳의 진미를 수집하기 좋아하는 풍조를 비판한다.

내가 말한다. 음식은 양생하는 바이지만 먹고 씹는 데 거리낌이 없다면 나를 살리려던 것이 또한 나를 해칠 수도 있다. 하물며 사는 데 도움이 안되는데도 특이한 맛을 탐하여 내 입을 즐겁게 하려 한다면 종종 숨어 있는 화가 적지 않을 것이다. 채소 하나에 생선 하나, 고기 하나에 밥 하나가 사대부에게는 풍성하게 차린 것이지만, 맑은 노래를 부르며 술잔을 부딪치고 금그릇이 자리에 가득한 연회에는 부족하다고 여긴다. 그러나 다섯 솥을 가득 채우고 진미를 벌여놓으며 하늘의 주방에서 내린 것처럼 융성한데도 어찌 또 먼 곳에서 구해온 진미만을 기다려 입과 배를 즐겁게 하려 하는가? 나는 옥배에 든 경소瓊蘇*와 항아리에 든 술에도 똑같이 취하고 닭발, 곰 발바닥과 현미밥, 명아찜도 똑같이 배부르다고 생각한다. 취하고 배부름은 같은데도 어찌 사치함과 소박함으로 나누는가? 사람들은 복을 아껴야 마땅함을 모른단 말인가?[3]

고렴은 '사대부'로서 마땅히 가져야 할 음식에 대한 태도를 지적하고 있다. 그것은 바로 절제를 알아야 하고, 지나치게 풍성하게 먹지 말며, 적당히 배만 부르면 된다는 것이다. 지나치게 맛을 찾아 즐겨서 "먼 곳에서 구해온 진미만을 기다려 입과 배를 즐겁게 하는" 것은 따르면 안 되고, 이는 오히려 해가 되기 쉽다고 했다. 연이어 그는 "오미"를 지나치게 추구하는 것은 오히려 "오장을 해칠" 수 있다고 지적한다.

하물며 오미를 물리게 먹는다면 오장을 해치리라! 내가 살펴보니 날짐승, 들짐승, 곡식은 사람에게 맞는 음식으로 이 세상에서 맛볼 수 있는 식품이다. 먼 곳의 진품이나 깊은 계곡의 야생 음식野味 같은 것은 독이 많을까 두렵다. 일시적으로 진귀하다고 하나 그것이 사람의 오장육부에 해를 끼치고, 또 아직 알려지지 않았으니 입을 즐겁게 하고 장을 채운다고 해서 어찌 이를 귀하다고 여기겠는가? 석가모니가 내게 살생을 금하고 채식을 하라고 하니 어찌 과연 이도異道라 할 수 있겠는가? 사람이 살생을 하지 않으면 성정이 자애롭고 선한 생각을 하게 된다. 채식을 하면 입이 맑

---

* 술의 한 종류.

아지고 위장이 두꺼워져 화를 내지도 않게 되고 탐욕도 없어진다. 이와 같이 한다면 공자가 말한 나쁜 옷 나쁜 음식에 대한 경계와 군자는 먹음에 배부름을 구하지 않는다는 말과 같은 도리가 아니겠는가?[4]

고렴은 "먼 곳의 진품이나 깊은 계곡의 야생 음식"을 지나치게 추구하면 오히려 이 음식들에 독이 들어 있을 수 있어 병이 나기 쉽고 심신을 훼손할 수 있으니, 불교의 "살생을 금하고 채식을 하는 것"을 배우는 것만 못하다고 했다. 이뿐 아니라 사람의 마음에 선한 생각을 보존할 수 있고 "입이 맑아지고 위장이 두꺼워져 화를 내지도 않게 되고 탐욕도 없어진다"고 했다. 그는 채식의 가치를 높이 평가해, 들판의 채소는 "봄 냉이"의 맛이 나서 사람들에게 "바다와 땅의 여덟 진미가 다 싫어진다"고까지 말하고 있다.[5] 그는 자서에서 직접 『준생팔전』의 편찬 순서를 언급하는데, 그 이유는 다음과 같다.

나는 책을 내면서 처음에 차를, 다음에는 죽과 채식을 두고, 포와 반찬, 술, 면, 떡, 과실류는 간단하게 서술하면서 적용되는 바만 쓰고 특이한 일은 언급하지 않았다. 삶고 구운 육식과 향료를 넣은 진미는 고관대작의 주방에나 있고 천자를 위해서나 하는 요리다. 나처럼 산에 사는 사람에게는 적절한 바가 아니니 모두 기록하지 않았다.[6]

위 문장은 특별히 고렴이 채소와 죽을 맨 앞에 두고 고기 요리를 뒤에 두었음을 강조하고 있다. 이는 분명 육식이 채식보다 못하다는 주장을 하는 것으로, 명대 이후 문인화된 식보에 자주 나타나는 논조다.[7] 더 흥미로운 것은 고렴이 자신과 같이 "산에 사는 사람에게 적절한" 입맛과

"삶고 구운 육식과 향료를 넣은 진미"를 좋아하는 풍조를 구분하고 있다는 점이다.

장대는 『노도집』 서문에서 음식의 진정한 맛은 "성인이 아니면 판별할 수 없다"고 했다. 그래서 그는 "중고시대에는 공자만이 맛을 알았다"고 밝힌다.[8] 왜냐하면 『논어·향당鄕党』에서 공자는 "밥은 정미한 것을 싫어하지 않고, 회는 가는 것을 싫어하지 않았다"고 했는데,[9] 장대는 이 "정미함精과 섬세함細" 두 글자가 바로 음식의 미언대의微言大義라고 했다. 그래서 그는 과거 음식 서적에서 조리법의 새로움과 다양함을 지나치게 강조해 오히려 음식 '본미本味'를 잃어버리는 것을 비판한다.

공자 이후 음식의 분야가 나누어졌으니 일찌기 어떤 식보가 있었던가? 위 거원韋巨源의 『식경食經』, 단문창段文昌의 『식헌장食憲章』 50권, 우종虞宗의 『식방食方』 10권, 사풍謝諷의 『식사食史』 10권, 맹촉孟蜀의 『식전食典』 100권이 있다. 그러나 달이고 고고 굽고 지지며, 발기름*과 삶은 육고기를 섞으니 음식 본미는 모두 잃어버렸다. 지금 고관대작의 일상 음식은 오로지 설탕만을 사용해서 그 진미를 어지럽힌다. 저들이 억지로 만들어낸 그 잘못은 익히지 않은 것을 삼키고 살아 있는 것을 벗겨 먹는 자들이나 매한가지다.[10]

그래서 장대는 '본미'가 바로 미각을 추구하는 최고의 경지라고 생각했다. 이후로 문인 식보에서는 '본미'론이나 '진미'론이 매우 중요한 음식 이론이 되었다.

---

* 짐승의 뱃가죽 안쪽에 낀 지방덩어리.

이어의 『한정우기』에 나타난 음식에 대한 견해는 명말 청초 경전적 지위를 차지하고 있는데, 이는 그가 음식 이론을 구체화하고 문인화했기 때문이다. 이어가 『한정우기』에서 첫 번째로 음식을 언급한 이유는 바로 "검소함을 숭상하여 사치스럽지 않기" 위함이었다.[11] 그는 식재료 가운데 채소가 육류보다 훨씬 뛰어나다고 주장한다. "나는 음식의 도가 회는 고기만 못하고, 고기는 채소만 못하다고 생각한다. 이는 그것들이 자연에 더 가깝기 때문이다." 그리고 그가 이렇게 주장한 목적은 바로 "검소함을 숭상하여" 당시 사치 풍조를 비판하는 것이었으며 또 다른 목적은 바로 '복고復古'를 위해서였다.

풀로 옷 하고 나무를 먹는 것草衣木食은 상고시대의 유풍이다. 사람이 기름진 고기를 멀리하고 푸성귀를 먹는 것을 달게 여겨 뱃속의 채소밭을 양이 와서 밟아 망치지 못하게 한다면 이는 복희씨의 백성이나 요순 시대의 백성들처럼 배를 두드리는 격으로 상고시대의 골동을 숭상하는 것과 똑같다. 세상에서 탓하는 이유는 듣기 좋은 이름을 버리고 [한자리에] 머물지 않기 때문이다. 일부러 그 학설을 이단으로 여기며 불교의 교리가 이와 같다고 하니, 이는 잘못된 말이다. 내가 『음찬飮饌』 한 권을 엮어 육식을 뒤에 두고 채식을 우선으로 함은, 첫째 검소함을 숭상함을 말하고, 둘째 복고를 말하려는 것이다. 동물을 도살하는 것을 무겁게 여기고 생명을 애석히 여기는 행위는 항상 생각하여 혹시라도 차마 잊어서는 안 되는 것이다.[12]

이어는 채소를 먹으면 사람이 기름진 고기를 멀리하게 되는데, 이는 원시시대부터 내려온 전통인데도 후대 사람들은 이를 불교의 교리로 여긴다고 했다. 그는 채식을 숭상하는 것이 바로 일종의 복고라고 말하며, 채식은 마치 골동을 숭상하는 것과 똑같다고 주장했다. 그는 채소가 육식보다 훨씬 더 나은 이유가 바로 지극히 뛰어난 미감인 '신선함' 때문이라고 말한다.

> 채식의 좋은 점을 논하는 자는 채소의 맑음과 깨끗함, 향긋함과 아삭함만을 말한다. 그들은 육식보다 좋은 채식의 가장 뛰어난 점이 단지 '신선함' 한 글자에 있다는 것을 모른다. 『예기』에 "달아야 조화로울 수 있고 희어야 색칠할 수 있다"고 했다. 신선함에서 단맛이 나오는 것이다.[13]

신선함을 깨달을 수 있으려면 상당한 혜안이 필요한데, 바로 이어가 연이어 언급하는 말과 같다. "맛을 누리는 것은 오직 밭을 힘써 가꾸는 산승이나 시골 늙은이들만 할 수 있다. 도시 사람이 채소를 팔아 먹고 사는 사람들에게 신선한 것을 구한다고 해도 얻을 수 없다. 그러나 다른 종류의 채식은 도시의 산림이나 집 근처의 밭에서 따 즉시 먹는 것으로, 이 또한 때때로 그 즐거움이 있다."[14] 이어는 매우 전형적인 '문인화'된 음식 이론을 세웠는데, 특히 그가 주장한 '신선함'에 관한 이론은 이후 청대 문인의 음식 이론에 지대한 영향을 끼쳤다. 원매의 『수원식단』에서 여러 번 '신선함'을 사용한 것은 바로 이어의 영향을 받았기 때문이다.

청대에도 문인화된 식보가 있었는데 마찬가지로 '본미' '진미'와 유사한 이론이 제기되었다. 고중顧仲은 『양소록』 서문에서 다음처럼 말한다. "입과 배를 지나치게 채우려 하면 오히려 매우 피곤하다"고 말한다. 그는 역사적으로 맹상군孟嘗君, 소이간蘇易簡, 소동파蘇東坡, 황정견黃庭堅 등이 사치스러운 진미를 좋아하지 않았음을 사례로 들면서 "이 여러 공이 어찌 온갖 맛을 두루 보지 않았겠는가? 참된 보물은 소박함을 보여줌으로써 사치를 경계한다고 했으니 정말로 그러하다. 게다가 삶아 익히고 불에 구우면 결국 맵고 신 맛을 얻게 되니 이미 본연의 맛을 잃는 것이다'라고 했다. 또 이렇게 쓰고 있다. "먹는 것 외에도 여전히 일이 있으니 어찌 음식에 깊이 빠지겠는가! 속담에 '삼대가 관직을 해야 옷을 입고 밥 먹는 것을 제대로 알 수 있다'라는 말이 있다. 어찌 사치만을 부리겠는가! 이는 절도에 맞고 합당해야 함을 말한다"[15]

고중이 비판하려 했던 것 역시 "사치스러운" 풍조였다. 그래서 사치함과 부유함을 경계한 것이다. 그는 음식을 중시하는 세 유형을 지적하고 있다.

음식을 먹는 사람에는 대략 세 유형이 있다. 첫째는 음식을 먹는 사람餔餟之人으로, 먹는 양이 거대해 많으면 많을수록 좋으니〔음식의〕정교하거나 조잡함을 가리지 않는다. 또 하나는 맛을 음미하는 사람滋味之人으로, 조리의 기술이 궁구하고 진기한 것을 널리 추구하며 여기에 명성도 중시하니 돈을 아끼지 않고〔음식이〕사람에게 손해인지 이익인지도 따질 겨를이 없다. 다음은 양생하는 사람養生之人으로, 맑고 깔끔함에 애쓰고 음식을 익히는 데 애쓰고 조화에 애쓰고 비용을 사치하지 않으려 하고 기이한 것을 먹지 않으려 한다. 음식은 원래 많으나 피해야 할 음식이 적지 않다. 조건을 따지고 절제하는 것은 이익만 있고 손해가 없으니, 잘 살고 보양하여 遵生頤養 몸에 잘 맞게 한다. 일용 음식은 이러한 것을 중시한다."[16]

고중은 '양'만을 강조하는 "음식을 먹는 사람"과, 조리 기술과 진귀한 식재료에 돈을 아끼지 않는 "맛을 음미하는 사람"을 비판한다. 또한 그는 사대부는 "양생하는 사람"이 되어야만 음식 속의 "잘 살고 보양하는" 도리를 이해할 수 있다고 말한다. 고중이 주장하는 '본연의 맛'은 바로 '담백함淡'이다.

> 게다가 삶아 익히고 불에 구우면 결국 맵고 신 맛을 얻게 되니 이미 본연의 맛을 잃는다. 본연의 맛이란 담백한 것으로, 담백함이 진정함이다. 옛사람이 우연히 진귀한 음식을 끊고 담백한 밥을 먹으며 "오늘 드디어 그 맛을 알았으니 옛날에는 거의 혀에 속았구나"라고 했다. 이러한즉 날마다 먹는 데 만금을 쓰면서도 젓가락 둘 데가 없다는 말을 하니, 부족해서도 아니고 맛이 나빠서도 아니다. 오미에 빠져버렸으니 혀에 이미 주인이 없게 되었구나.[17]

고중의 입장에서 보면 진귀한 식재료가 반드시 본미를 느낄 수 있는 것은 아니라는 말이다. 그는 「가효편·총론嘉殽篇·總論」에서 주이존의 말을 인용한다. "무릇 요리사의 기술은 진기할 필요가 없다. 단지 고기 한 접시, 채소 한 접시, 두부 한 접시만으로 요리사가 지닌 재능이 즉시 드러난다."[18]

주이존의 『식헌홍비』에서도 문인화된 미각 이론이 드러나 있다. 「음식의기」 편에서는 고중의 『양소록』처럼 '음식을 먹는 사람'의 세 유형에 대해 이야기하고 있지만 더 구체적이고 자세하다.

> 음식을 먹는 사람에는 세 유형이 있다.
> 하나는 음식을 먹는 사람이다. 먹는 양이 원래 많아 정교하거나 거칠거나를 따지지 않고 오직 배만 부르면 된다. 사람들은 어리석다고 보나, 그는

사실 양만 맞추려고 하니 손해든 이익이든 따질 필요가 없다.

하나는 맛을 음미하는 사람이다. 음식을 두루 맛보려 애쓰고 좋은 명성이 있는 것을 얻으려 한다. 그래서 기름지고 진하고 신선하고 시원한 것을 생으로든 익혀서든 다 갖추어놓는다. 산해진미를 보통 음식이 아니라고 자랑한다. 그 맛을 보게 되면 비록 입에는 맞을지라도 음식에는 각각 좋은 점과 나쁜 점이 있어 생것은 비장을 상하게 하고 구운 것은 피를 상하게 할 경우가 많다. 간혹 독성이 있는 것을 살피지 못하는데 〔이럴 경우〕 냉기가 생기고 열기가 발생하는 것에 그치지 않는다. 이는 입과 배를 채우느라 생명을 저버리는 자다. 좋은 명성과 비싼 가격이지만 맛은 진실로 얻을 만한 것이 못 되는데, 왜 그러려고 하는가?

하나는 양생하는 사람이다. 마실 때는 반드시 좋은 물을, 밥은 반드시 좋은 쌀을, 채소와 생선과 고기는 제철 음식으로만 취한다. 신선함에 힘쓰고, 깨끗함에 힘쓰고, 익힘에 힘쓰고, 조리 방법이 적당한지에 힘쓴다. 진기한 것을 고려하지 않지만 자체에 진미가 있고, 굽는 것을 궁리하지 않지만 정신에 도움을 줄 수 있다. 진기한 음식을 구하고 요리하는 비용을 아껴 깨끗한 물과 쌀, 제철 채소를 조절하며 보양하니 몸에 조화롭다. 땅에 사는 신선은 이와 같아야 마땅하지 않은가?[19]

주이존은 새로운 맛을 찾는 것을 매우 좋아하는 사람도 함께 비판한다. 또한 고렴의 견해와 같이 "산해진미"가 "독성이 있는 것을 살피지 못해" 먹은 후에 몸을 상하게 할 수도 있다고 여겼다. 그는 "진기한 것을 고려하지 않지만 자체에 진미가 있"는 "양생하는 사람"을 숭상하면서 이러한 사람만이 음식 속의 '진미'를 맛볼 수 있다고 보았다. 그는 또 음식과 양생을 연결해 양생하는 사람은 반드시 절제해야 한다고 주장한다. "음식에 많은 맛이 필요 없고 식사마다 한두 가지 좋은 맛만 있으면 적당하다. 다른 좋은 맛이 있다 하더라도 뱃속에서 소화가 된 후 다시 먹어야지 비로소 도움이 될 수 있다."[20]

원매의 『수원식단』은 청대 때 문인화된 식보의 전형적인 대표 저작이라 할 수 있다. 원매는 당시 음식 풍조에 대해 매우 깊이 있게 관찰하고 체험했기 때문에 이 책에 각종 요리의 목록을 적었을 뿐 아니라 당시 음식 풍조를 비평한 「반드시 알아야 할 요리」와 「주의해야 할 요리」를 포함시켰다. 우선 원매는 당시 음식의 사치 풍조를 비평하고 그의 유명한 견해인 '이찬耳餐'과 '목식目食'을 제기한다. 무엇을 이찬이라 하는가?

> 이찬이란 명성에 힘쓴다는 말이다. 귀한 음식의 명성을 탐하여 손님을 존경하는 뜻을 과장하니 귀로 듣는 음식耳餐이지 입으로 먹는 음식口餐이 아니다. 두부가 맛이 있으면 제비집보다 훨씬 낫고, 해조류가 맛이 없으면 채소나 죽순이 더 낫다는 것을 모른다. (…) 한번은 아무개 태수가 연회에서 절구통 같은 큰 그릇에 제비집 네 냥을 끓였는데 아무런 맛이 없었는데도 사람들은 그것을 다투어 칭찬했다. 내가 웃으며 말했다. "우리는 제비집을 먹으러 왔지 제비집을 팔러 온 것이 아닙니다. 팔 수는 있지만 먹을 수는 없으니 비록 많아도 어쩌하겠습니까? 여러분이 체면을 차리려면 차라리 진주 백 알을 넣는 것이 낫겠네요. 값이 진주만큼은 나갈 테니까요. 정말 못 먹겠는 걸 어쩌겠습니까!"[21]

원매가 비평하는 이찬이란 바로 당시 고가의 진귀한 식재료로 연회를 베풀어 거짓 명성을 얻는 풍조를 말한다. 그는 아무개 지부의 집에서 손님을 초대한 일을 사례로 들었는데, 이 지부는 큰 그릇에 네 냥이나 되는 제비집을 요리한 것을 호화롭다 여기고 체면이라 생각했지만, 원매는 오히려 "아무런 맛이 없다"고 생각했다. 그래서 그는 이러한 연회가 단지 듣기 좋게 과장된 '이찬[귀로 듣는 음식]'이지, 진정 맛있는 것을 먹을 수 있는 '구찬[입으로 먹는 음식]'이 아니라고 여겼다. 무엇을 목식이라 하는가?

목식이란 많은 것을 탐한다는 말이다. 오늘날 사람들은 식전방장食前方丈* 을 좋아해서 많은 접시와 많은 그릇을 사용하는데, 이는 눈으로 먹는 음식이지 입으로 먹는 음식이 아니다. (…) 내가 한번은 한 상인의 집을 방문했는데, 요리를 올린 상을 세 번이나 치우고 간식을 열여섯 가지나 놓아 요리를 모두 세어보니 사십 여 종에 이르렀다. 주인은 스스로 즐거워하며 만족했지만 나는 자리를 파하고 집에 돌아와 죽을 끓여 배고픔을 채웠다. 생각해보면 그 자리는 풍성했지만 정갈하지 못했다. 남조의 공임지孔琳之가 말하길 "오늘날 사람들은 많은 음식을 차리길 좋아하지만 입에 맞는 것 외에는 모두 눈을 기쁘게 하는 재료일 뿐이다"라고 했다. 나는 훈제하고 찌고 비리고 지저분한 음식을 화려하게 마구 늘어놓아도 입이 즐거울 수 없다.[22]

원매가 말한 목식은 당시 연회 때 "많은 접시와 많은 그릇을 사용하는" 풍조를 비평하는 말이다. 원매는 아무개 상인의 연회를 사례로 들었는데, 주인은 툭하면 사십여 종의 음식을 차려놓고선 스스로 만족했지만 그는 자리가 끝난 후 집에 돌아가 죽을 끓여 허기를 채웠다. "그 자리는 풍성했지만 정갈하지 못했"기 때문에 그는 "훈제하고 찌고 비리고 지

---

* 사방四方 열 자의 상에 호화롭게 차린 음식.

저분한 음식을 화려하게 마구 늘어놓아도 입이 즐거울 수가 없다"고 여겼다. 이는 단지 보기에 좋은 '목식'을 구할 뿐이지 결코 진정으로 음식예술을 이해한 것은 아님을 말한다. 이 두 사례는 당시 음식문화를 주도하고 있던 두 계층, 바로 관리와 상인을 거리낌 없이 비판하는 것이다.

원매의 당시 풍조에 대한 비판 중에는 연회 예절에 대한 것도 있는데, 그는 연회 때 주인이 손님에게 음식을 집어주는 행동을 매우 싫어했다. "종종 보면 주인이 젓가락으로 음식을 집어 손님 앞에 쌓아놓는데, [이는] 접시와 그릇이 지저분해지니 정말 싫어하는 바다." "요즘 기생집에는 특히 이러한 악습이 많아 젓가락으로 음식을 집어 억지로 입에 넣어주는데, [이는] 강제로 유린하는 것과 같은 짓으로 너무 싫다." 원매는 반드시 손님이 직접 음식을 집어 먹어야 한다고 주장했는데, "사람마다 살코기나 비계, 완정한 것이나 쪼갠 것을 좋아하는 것이 다르니 손님이 편한 대로 따라야 함이 도리인데, 어찌 억지로 하게 하는가?"[23]라고 했다.

원매는 또한 관청에서 연회를 열 때 각종 연회에 나오는 음식에 명칭을 다는 것을 반대했다. "오늘날 관청의 음식 이름에는 십육접十六碟, 팔궤八簋, 사점심四點心도 있고 만한석滿漢席, 팔소흘八小吃, 십대채十大菜도 있다. 이런 갖가지 속된 명칭은 모두 나쁜 주방의 비천한 관습이다. 단지 사돈이 집을 방문하거나 윗사람이 고을 입구에 들어섰을 때에만 쓸 수 있는 것인데, 이를 억지로 퍼뜨린 것이다." 원매는 이것은 모두 "속된 관습俗套"으로 고무할 가치가 없다고 생각했다. 가정의 연회나 문인들의 술자리에서는 "악습惡套"을 사용하지 말아야 하며, "반드시 접시와 그릇은 다양하게 준비해서 한 벌로 된 것과 낱개로 된 것을 함께 들여야 비로소 고귀한 기상이 있다"고 했다.[24] 그는 당시 만주족과 한인의 연회 풍조에 대해서도 비판하는데, 만주족과 한족의 음식에 각각의 장점이 있다고 여겼다.

"만주족 음식은 대부분 끓이고 삶으며, 한족 음식은 죽과 탕이 많으니", 한족이 만주족을 초대할 때나 만주족이 한족을 초대할 때는 각각 [자신들의] 장점을 지닌 요리로 손님을 초대해 "입에 들어오면 새로움을 느끼도록 해야 한다"고 했다. 그러나 "사람들은 그 본분을 잊고 상대방에게 맞추려고만 한다. 그래서 한족이 만주족을 초대할 때는 만주족 음식으로 대접하고, 만주족이 한족을 초대할 때는 한족의 음식으로 대접한다. 이는 오히려 남의 조롱박을 본떠 그리는 격으로 유명무실하여 '호랑이를 그리려 했으나 오히려 개와 닮게 되는' 것이다."[25]

원매 역시 '본미'에 관한 논지를 제기한다.

> 나는 일찍이 닭, 돼지, 생선, 오리는 호걸과 같아 각각 본미가 있으므로 스스로 일가를 이루지만, 해삼, 제비집은 용렬한 사람처럼 아무런 본성도 없어 남에게 얹혀산다고 말했었다.[26]

원매는 각종 식재료를 사람에 비유하는데, 일반적으로 항상 먹는 식재료는 모두 호걸처럼 '본미'를 지니고 있으나 해삼과 제비집과 같이 먼 곳에서 온 진귀한 식재료는 용렬한 사람처럼 아무런 본성도 없고 '본미'도 없어 "남에게 얹혀산다"고 여겼다. 그의 '진미론'은 이어의 영향을 많이 받아 '신선함'을 매우 중시한다.

> 맛은 진하고 두터워야지 느끼해서는 안 된다. 맛은 맑고 신선해야지 담박해서는 안 된다. 이처럼 머뭇거리는 사이에 약간의 차이가 생기고 이로써 천 리의 간격이 벌어진다. 진하고 두텁다는 것은 정수를 많이 취하고 조박함을 제거한 것을 말한다. 느끼함만을 탐한다면 비계만을 먹는 것만 못하

다. 맑고 신선하다는 것은 진미가 나와 세속의 먼지가 없는 것을 말한다. 담박함만을 탐한다면 물을 마시는 것만 못하다.[27]

원매는 맛의 "맑고 신선"함을 중시한 것 외에도 맛이 "진하고 두터워야" 한다는 견해를 제시했다.

대체로 우리는 문인화된 식보의 음식 이론을 통해 몇 가지 공통점을 발견할 수 있다. 첫째, 그들의 음식 이론은 당시 사회에서 유행하는 음식 풍조를 정면으로 비판했다는 점이다. 그들은 사치스러운 음식이 유행하는 풍조에 불만을 가졌고, 관리나 상인들이 산해진미를 찾아다니는 풍속과 걸핏하면 수십 가지 요리를 올리는 풍성한 연회를 반대했다. 또한 당시 연회 예법의 폐단을 비판하기도 하며 연회상에 이름을 붙이는 속된 관습을 반대했다. 그들은 자신이 사대부임을 내세우며 음식에서는 절제를 해야 하고, 너무 지나치지 않아야 하며, 관리와 상인들처럼 기이하고 비싼 것을 다투지는 말아야 한다고 했다. 게다가 문인들은 양생과 준생의 구호를 높이 내걸고 먼 곳의 진귀한 식품과 야생의 맛을 지나치게 추구하는 것을 비판했는데, 특히 이러한 음식은 맹독이 들어 있을지도 모르니 인체에 오히려 백해무익하다고 했다.

다음으로, 그들은 음식에서 가장 중요한 것이 음식의 '본미'와 '진미'를 맛볼 수 있는 것임을 강조했다. 그들은 음식을 너무 지나치게 조리하면 음식의 '본미'를 잃어버린다고 주장했다. 그렇다면 음식의 '진미'는 또한 무엇인가? 어떤 사람들은 '담백함'으로 귀결할 수 있다고 여겼지만, 이어가 '신선함'을 제기한 이후에는 더욱 많은 문인이 이 생각에 동의했다. 그들은 또한 진미를 품평하고 본미를 맛보는 것을 양생 및 준생과 연결해 진미와 본미를 맛볼 수 있는 사람이야말로 비로소 '양생하는 사람'이며 진정으로 '잘 살고 보양할' 수 있다고 주장했다.

셋째, 문인들의 마음속에 각종 음식이나 식재료는 점차 각기 다른 등급으로 자리 잡았다. 이를 자세히 분석해보면, 명대 문인들의 식보에는 비교적 엄격하게 육식과 채식이 구분되고 채식을 우선으로 강조하고 있다. 반면 청대 문인들의 식보에서는 이것이 다른 차원에서 인식되기에 이르렀다. 그들은 해삼, 제비집, 상어지느러미 같은 진귀한 식품이 닭, 돼지, 오리, 생선 등의 일반 식재료만 못하고 육식 또한 채식만 못하다고 여겼다. 이와 같은 구분의 기준은 '신선함'의 유무와 정도에 따른 것이다. 이는 문인들의 이상이 바로 기이하지 않고 평범한 식재료 속에서 그들의 진미를 발굴하는 것이었음을 말해준다. 이는, 불교에서 참선으로 도를 깨닫는 것처럼, 단지 이러한 도리를 깨닫는 사람만이 바로 그들의 이상적인 문인이 되는 것이다.

청대 사대부의 필기 속 기록에서도 위 문인들의 식보를 찬성하는 음식 이론을 많이 찾아볼 수 있는데, 특히 원매의 견해와 부합한다. 이광정李光庭의 『향언해이』와 양장거梁章鉅(1774~1849)의 『낭적총담浪迹叢談』 두 책에서는 원매의 『수원식단』을 많이 인용하고 있다. 여기에서 우리는 결론을 내릴 수 있다. 명청 시기 사대부에게 음식의 진미를 맛보는 것은 이미 이른바 일종의 '품격'이 되었다는 점이다. 사대부들은 이를 이용해 당시 관리와 상인들의 음식 풍조와 거리를 둘 수 있었으며 자신들의 신분 지위를 드러낼 수 있었다. 바로 양장거의 『수원식단』에 대한 평가처럼 말이다.

『수원식단』에서 중요시하는 조리법은 대개 항상 채소를 먹고, 산해진미가 없어도 우아한 사람의 깨끗한 정취를 잃지 않는 것이다.[28]

양장거는 원매의 음식 품격인 '우아함'을 일반인이 중시하는 음식 풍조와 확실하게 구분하고 있다. 그는 스스로 원매를 배우고 싶어서 「먹어서는 안 되는 식품 목록不食物單」에서 다음과 같이 말한다. "나는 한미한 집안 출신이니 어찌 감히 식단 만드는 것을 배워 먹보라는 비웃음을 사겠는가? 마침 평생 깊이 경계하고 깊이 싫어하는 바들이 있으니 먹지 말아야 할 음식을 나열하여 집안사람들에게 보여주고 아울러 요리사를 조심히 하여 입의 번거로움을 줄이려 한다."[29]

결론

명청 시기 음식문화가 고도로 발달할 수 있었던 것은 당시 사회경제적 조건과 관계가 있다. 명대 말기에서 청대 중엽의 음식 소비는 검소에서 사치로 풍조가 변화했는데, 이러한 사회경제적 조건이 음식문화 발달에 유리하게 작용했다. 음식 서적과 식보 역시 시대의 요구에 따라 생겨난 것이라 할 수 있다.

음식 서적은 중국에서 아주 오래전에 출현했으나 식보와 음식 서적이 대량으로 간행되고 보급된 것은 명말 이후였다. 이는 음식이 점차 사람들에게 중시되었음을 설명하는 것 외에 사회경제적 환경의 외재적 변천을 반영하는 것이기도 하다. 명대 중엽 이후 사치 소비 풍조는 특히 강남에서 가장 심했는데, 이는 강남의 출판문화에 영향을 끼쳐 음식 서적과 식보가 대량으로 간행되었으며, 음식 서적과 식보는 점차 일용유서에서 독립하게 된다. 또한 사대부와 문인도 이와 같은 서적의 기능을 직시하고 음식 서적과 식보의 지위를 높였다. 음식 서적과 식보의 출판은 음식문화의 정밀화와 다원화를 이끌었으며 이로써 강남의 음식문화가 중국 음식문화의 주류가 되었다.

명청 시기 식보의 변화 역시 중국 음식문화의 형성 및 변천의 중요한 부분으로 나타났다. 이 장에서 다룬 명청 시기 음식 서적과 식보는 요리의 맛에 대한 표현이 추상적인 것에서 구체적인 것으로, 단일한 것에서 다원적인 것으로, 간단한 것에서 복잡한 것으로 변천하는 과정이었다. 이러한 식보에서의 맛에 대한 복잡한 묘사는 당시 사람들의 음식을 감각의 즐거움의 기원으로 보는 보편적 가치관을 증명한다. 감각적 향락에 대한 요구 또한 점차 높아졌다. 또 다른 측면에서 당시 사람들은 요리를 향유하는 감각에 대한 표현과정이 단순히 생리적 반응에 대한 움직임이 아니라 장시간 학습을 통해 습득한 결과였음을 설명하고 있다. 특히 더욱 복잡하고 세밀한 맛의 표현은 문화의 축적을 필요로 하는 것으로 단순히 혀의 감각에 따른 것이 아니다.

인류학자는 음식문화를 연구할 때 섭식의 선택이 사회집단의 인정과 관련 있음을 지적한다. 복잡한 구조를 지닌 사회에서 선택적 섭식을 통해 한 사회집단의 정체성과 사람과의 소통 방식을 형성할 수 있다는 것이다. 이런 논점은 근대 초기 중국에도 성립될 수 있다. 명청 시기 상품경제의 발전으로 상인의 지위가 높아지고 사농공상의 구분이 점차 모호해지는 사회에서 사대부 집단은 사대부 혹은 문인의 식보를 지음으로써 자신들만의 특수한 미각관을 널리 알리고 이를 통해 특수한 품격의 '문인화된 식보'를 만들었다. 사실 선택적 섭식으로 자신의 '맛'을 표현하는 것은 자신이 속한 집단을 다른 사회집단과 구분하는 데 유리하다. 명청 사대부 필기는 이러한 문인 식보의 이론에 대해 적극적으로 찬성하고 있고 또한 그들 집단의 정체성을 반영하고 있다.

이 장의 서두에서 제기한 핵심 문제로 돌아가보자. 명말 사대부의 소비문화가 형성한 감상과 품격의 전통이 청대에 이르러서는 발달을 멈추었을까? 이 장에서 분석한 결과, 이러한 소비문화는 명청 두 시기를 거치면서 단절되지 않았고 오히려 상당히 밀접한 지속성을 지니고 있음을 알 수 있었다. 품격을 형성해 신분 지위를 구분하는 각도에서 보면 명말 문인 식보에서 제기한 음식 이론은 발달의 초기였지만 청대에 들어 더욱 구체적으로 완비되었음을 알 수 있다. 이를 통해 명말 사대부의 소비문화는 청대에서 완전히 발전을 멈춘 것이 아님을 알 수 있다. 우리는 다른 시각에서 아마 이렇게 볼 수 있을 것이다. 명말 사대부의 소비문화가 만들어낸 품격은 계속 이어져 청대에 이르러 새로운 전환을 맞았다.

표 4. 원대 말기에서 청대 중엽까지의 음식 서적 변천

작자	서명	성서 시기	서간본序刊本 혹은 최초 간행 시기	유형	감각기관 묘사	경향
여러 명	『편민도찬』	원명	홍치 7년(1494) 가정 31년(1552, 재판)	일용 유서	묘사가 많지 않음	실용
익명	『거가필용 사류전집』	원	융경 2년(1568) 보다 좀더 이른 시기	일용 유서	약간의 묘사	실용
(원) 한혁	『역아유의』	원명	융경·만력 연간	식보	조미료, 촉각, 양념	실용
(명) 유기	『다능비사』	명초	가정 42년(1563)	일용 유서	묘사가 많지 않음	실용
(명) 익명	『묵아소록』	명초	융경 5년(1571)	일용 유서	묘사가 많지 않음	실용
(명) 송후	『송씨양생부』	홍치 17년 (1504)	홍치 17년(1504)	식보	맛의 제거, 양념, 색과 형태	실용
(명) 장대	『노호집老饕集』	명말		식보	미상	문인화
(명) 고렴	『준생팔전』	만력 19년 (1591)	만력 19년(1591)	양생 서적	맛, 향, 식감, 이중 감각	문인화
(명) 용준서	『음식신언』		만력 24년(1596)	양생 서적	없음	문인화
(명) 주이정	『군물기제』		만력 25년(1597)	양생 서적	맛, 향, 식감	문인화
(청) 이어	『한정우기』	명청	강희 10년(1671)	양생 서적	향/맛의 구분, 미각의 층차	문인화
(청) 고중	『양소록』	강희 37년 (1698)		식보	없음	문인화
(청) 주이존	『식헌홍비』	강희 초년	옹정 9년(1731)	식보	이중 감각, 오미, 양념	문인화
(청) 이화남·이조원	『성원록』		건륭 47년(1782)	식보	이중 감각, 이중 향기, 양념	실용
(청) 원매	『수원식단』		건륭 57년(1792)	식보	맛, 색, 식감	문인화
(청) 익명	『조정집』	건륭 이후	건륭 이후	식보	색과 맛의 조화, 색, 향, 맛 모두	실용

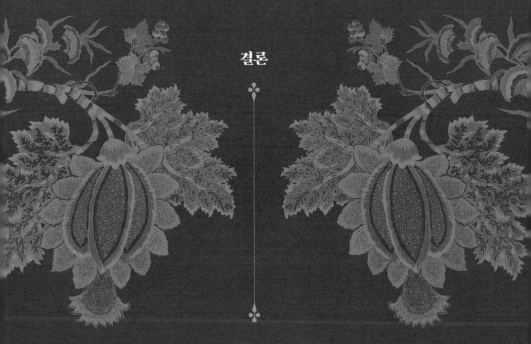

소비로 본
세계사 속
명말의 위치

영국은 18세기에 산업혁명이 일어났으며, 그 산업혁명의 영향이 매우 막강해 서양의 근대 초기를 연구하는 수많은 사학자는 산업혁명이 영국에서 일어난 원인을 밝히는 데 힘을 기울이고 있다. 과거 수십 년 동안 서양의 유럽 경제사 전문가들은 수많은 논증을 통해 산업혁명의 기원이 장기간에 걸쳐 쌓여온 일련의 경제혁명에 있다고 보았다. 이를 통해 유럽 문명의 우세함을 산업혁명 이전까지 끌어올렸던 것이다. 영국사학자 매켄드릭·브루어·플럼 등이 제기한 '소비혁명'론 역시 이러한 연구 풍토의 산물이다. 그들은 영국이 산업혁명 이전인 18세기 초·중엽 가정의 수입과 수요, 시장의 확대, 도시 인구의 성장과 같은 원인이 사회경제와 사상 관념에 수많은 새로운 변화를 가져왔다고 했다. 여기에는 사치품의 보급, 최신 유행의 흥성, 사회모방 작용, 사치 관념의 변천 등이 포함된다. 그들은 영국에서 가장 먼저 소비사회가 탄생했으며 수요가 대량생산을 가져와 산업혁명이 도래하도록 길을 개척했다고 주장하고 있다.

그러나 위와 같은 현상은, 제1장에서 언급한 바와 같이, 명말에도 보인다. 일례로, 과거에는 수많은 일용품을 가정에서 직접 만들어 썼지만 명말에는 일용품이 상품으로 만들어져 시장에서 편하게 살 수 있었기 때문에 시장에서 물품을 구매하는 일도 점차 빈번해졌다. 이전에 사치품이던 것이 점차 일반 서민의 일상품이 되었는데, 이런 현상은 복식 소비에서 가장 잘 드러났다. 예전의 사치 행위는 고관대작이나 귀족 혹은 대부호 등과 같이 대부분 상류층의 극소수에 국한되어 있었지만, 명말의 사치 풍조는 사회 중하류층까지 확산되었을 뿐 아니라 도시에서 지방으로 퍼져나갔다. 명말의 사치 소비는 생계형 소비 차원을 넘어 일종의 기호의 소비 패턴으로 고정되었거나 끊임없이 변화를 추구해 최신 유행을 형성했다. 다수의 하류층은 상류층의 소비 행위와 품격을 모방해 정부가 규정한 신분 등급과 특수 소비 형태에 관한 제도를 점차 와해시켰다. 명말 사치 풍조의 성행으로 지식계에서도 사치 관념에 대한 새로운 논의가 출현했다. 영국의 기준으로 명말을 저울질해본다면, 중국의 첫 번째 소비사회 형성 시점은 바로 이 시기라 할 수 있다.

소비사회가 명말에 탄생한 이유는 명 중엽 이후 경제, 사회, 사상, 문화 등의 변화 때문으로, 이는 18세기 영국의 상황과 상당히 비슷하다. 국내 시장의 확대와 시장 기능의 성숙은 사람들의 시장 구매 빈도를 점차 증가시켰고, 국제무역으로 국외 시장이 확대되어 국내외에 판매할 상품 생산이 촉진되었으며 중국에 수입품이 들어와 새로운 소비 품격과 풍조를 불러왔다. 명말 도시화의 발전으로 공상업자와 지방 향신들이 성진에 모이게 되었고 이들은 놀랄 만한 소비 잠재력을 가진 소비 대중이 되었다. 또 명말 부녀자들이 부업인 방직업에 종사하다보니 가정 수입이 늘어 소비에 유리했다. 이뿐 아니라 명말 사대부와 서민의 문화에서는 인간의 욕망을 인정하는 가치관이 출현해 물질적 향락에 대한 사람들의 수요와 욕망을 합리화했고 동시에 사치 풍조도 일으켰다.

명말에도 소비사회 현상이 나타났다는 점은 영국 사학자의 '소비혁명'에 관한 역사적 해석을 수정할 수 있다. 우선 명말 상황은 영국에서 발생한 소비사회 현상이 결코 전 세계에서 유일한 것이 아니라 1세기 전의 중국에서도 이미 그와 유사한 현상이 출현했음을 설명해준다. 소비사회의 탄생을 산업혁명의 기원으로 본다면, 중국에서도 영국보다 더 좋은 조건이 있었으니 그보다 더 빨리 산업혁명이 일어났어야 하지 않는가? 18세기에 형성된 영국의 소비사회가 산업혁명의 초석을 마련했다 하더라도, 중국의 예는 앞의 가설을 증명하는 데 반드시 또 다른 설명을 덧붙여야 함을 의미한다. 즉 소비사회의 형성이 반드시 산업혁명을 일으키는 것은 아니라는 점이다.

최신 유행과 사회의 모방 작용

명말 소비사회가 갖는 가장 중요한 특징은 최신 유행의 출현으로 볼 수 있다. 매켄드릭 같은 서양 학자들이 주장하는 소비혁명론의 논지는 바로 18세기 영국에서 최신 유행의 빠른 변화와 유행을 쫓는 조류가 나타났고, 이 조류가 상품을 빠르게 교체하려는 소비 수요를 촉진해 산업혁명이 일어날 수 있었다는 것이다.[1]

우리가 소비라는 시각으로 다시 새롭게 명말을 조명해보면, 과거 서양 문명 중심의 세계사나 비교사학적 저작은 근대 초기 중국의 소비 상황을 논할 때 간혹 중국이 서양보다 못한 부분을 지나치게 부각하고 있음을 쉽게 발견할 수 있다. 예를 들어, 제3장에서는 명말에 복식 소비의 유행이 출현한 것을 언급하면서 동시에 두 서양 사학자의 연구를 검토했다. 우선 아날학파 브로델은 중국 사회가 안정적인 상황이어서 몇백 년 동안 큰 변화가 없어 복식의 유행이 없었다고 생각했다. 또 다른 학자 애드셰드는 중국이 '예법'을 유행보다 더 중요하게 여겨 복식에 유행이 없었고 또 더 많이 소비하고 더 잘 누리고자 하는 '소비 심리'가 없었다고 인식했다. 그래서 중국이 서양에 비해 소비 심리와 소비 능력이 떨어져 근대 경제성장 과정에서 차이를 가져왔다는 결론이었다. 이는 명백히 두 사학자가 중국과 서양을 비교할 때 명대 후기 복식 소비의 변화를 간과한 결과다.

명말에는 이미 확실히 최신 유행이 출현했는데, 특히 제3장에서 언급한 복식 소비는 생계형 소비 차원을 넘어 끊임없이 유행의 변화를 추구했다. 명말 강남 지방지의 「풍속지」는 사대부와 민간인의 의복·모자·장식에 '새로운 조류를 포기할 수 없고' '수시로 양식이 달라지고' '달마다 달라지고 해마다 새로워지며' '매우 빠르게 변화하는' 현상이 출현했으며, 이뿐 아니라 최신 '유행복'도 성행했음을 기록하고 있다. 유행 복식의 형식 변화는 복고풍도 있고 새로움과 기이함을 추구하는 풍조도 있었는데, 이러한 새롭고 기이한 복식의 발달이 최고조에 이를 때는 남녀 복식이 엇섞이는 현상도 나타났다. 서민이 상류층을 모방하는 데서 '분수에 지나치는' 풍조가 형성하는 '사회모방' 현상까지도 나타났다. 이를 통해 명말 유행 의상이 출현하면서 '예법'도 붕괴되었음을 알 수 있다. 또 더 많은 사람이 소비를 통해 자신의 감각기관을 즐겁게 하고 또 사회 지위를 더욱 상승시키고자 했다. 한편 유행을 전파하는 데서 기녀와 배우가 주요 역할을 했다는 점을 보면, 사회모방 현상은 결코 일방적으로 하류층이 상류층을 따라 했던 것만은 아니며 하류 사회 역시 유행을 창조하는 능력과 조건을 지니고 있었음을 알 수 있다.

또한 유행이 생산 제조업에 영향을 끼쳤다는 점을 복식 유행의 사례를 통해 살펴보면, 명말 평민 복식의 유행은 매우 빠르게 변화해서 이에 맞는 소비 수요를 불러왔다는 걸 알 수 있다. 강남 지역의 방직업과 봉제업은 소비 수요를 자극했다. 명말 강남의 유행 복식은 전국을 풍미했고 강남 지역에서 만든 의복은 화려함과 새로움과 기이함을 추구해서 중국 패션의 중심이 될 수 있었다. 강남은 봉제업 역시 매우 발달해서 의상 디자인이 전국 최고였고 "사방[전국]에서 오 지역의 복식을 중시하니 오 지역의 복식은 더욱 정교해졌다." 명 중엽 소주 지방지에는 소주 수공업자들이 이미 사람들이 유행을 쫓아 소비하는 것을 이해하고 때에 맞춰 시장의 수요에 적합한 최신 유행 상품을 내놓았다고 말하고 있다. 강남 3대 봉제업의 최대 집산지는 항주, 남경, 소주다.

게다가 명대 강남 방직업의 발달은 소비 수요의 확대 때문이기도 하다. 명말에 강남 면 방직과 명주 방직의 생산 규모는 매우 확대되었고 생산 기술 면에서도 한 단계 더 발전했다. 명말 사치 소비의 수요와 유행의 변화에 따라 강남 비단 산업은 형형색색 다양한 형태의 신상품을 개발해 내놓았다. 과거 사치품으로 여겨지던 고급 복식은 대량생산으로 가격이 크게 떨어져 일반인의 일상품이 되었다. 가장 전형적인 예가 명말 생원과 부잣집에 유행하던 '와릉종모'다. 와릉종모는 원래 4~5냥 정도의 높은 가격이었으나 만력 이후 1~2전 정도로 가격이 많이 떨어져 일반인의 일상품이 되어 부유한 자나 가난한 자 모두 쓰게 되었다. 또 청초 강남의 긴 갓끈에 시원한 모자는 가격이 30여 냥으로 당시 지위가 높은 자를 위한 것이었으나 몇 년 후 상인들이 그것을 모방해 만들기 시작하면서 결국 가격이 떨어지기 시작했다.

이에 대해 중국 학자 리보중은 명청 시기 강남 지역을 사례로 들어 '초기 상업화'에 관한 연구 방향을 제시하고 '매우 간단한 구조'로 명청 강남 공업 생산의 특징과 한계를 분석하고 있다.[2] 수요 관점에서 보면, 명말 강남 소비사회와 유행의 형성은 생산에 동력을 제공하고 강남을 초기 상업화로 발전하도록 촉진했다. 다시 말해, 명말 강남 소비사회와 초기 상업화 현상은 상호 보완으로 생긴 공생관계라고 말할 수 있다.

사회 변화와 '사대부와 상인의 경합' 관계

과거 명청 시기 사회변동을 검토한 결과 다음 몇 가지 중요한 경로를 발견했다. 일찍이 사학자 허빙디는 과거科擧를 통해 명청 사회에서의 변화 흐름을 살피고 있다.[3] 사회질서의 관점에서 연구한 한 일본 학자는 명말 사회가 급격히 변하여 예전의 귀함과 천함, 나이의 많고 적음, 양민과 천민, 상류층과 하류층, 주인과 소작인, 주인과 하인, 신사와 백성 등의 사회관계가 전도되는 현상이 일어나, 명초에는 차등을 두었던 전통사회의 계급제도에 충격을 주었다고 고찰하고 있다.[4] 우리의 이 책은 소비문화의 관점으로 명말 사회변동을 분석했다.

이 책에서 우리는 소비문화의 관점으로 관련 주제에 대한 분석과 토론을 통해 명말 소비사회가 형성되는 환경에서 가마, 명복(명부命婦의 의복과 장식) 등의 의상과 장식, 도시 근교의 유락활동 그리고 서재 가구의 구입 등 수많은 소비활동이 점차 사회 하류층까지 전파되어 명말 사회에 모두 체현되고 있음을 알 수 있었다. 따라서 이 시기에 원래 사회적 유동성이 정체되고, 소비에 수많은 제약이 따르며, 소수의 신분 지위만을 보장했던 사회가 많은 사람이 능력만 있으면 상류층의 소비를 모방하고, 정부의 사치금지령은 줄어들며, 새로운 소비품과 취향이 생겨나는 속도가 빨라지는 사회로 점차 변해갔다. 이러한 현상은 당시 사회가 소위 '특허 체계'의 사회에서 '유행 체계'의 사회로 전환되었음을 보여준다. 이 같은 전환 속도를 지닌 소비사회에서 사회 구조 역시 변화했다.

필자는 이 책에서 소비문화로 명말 사회 구조의 변화를 살펴본 결과, '사대부와 상인이 한데 섞여 있는 것' 외에, 사대부와 상인이 서로 경쟁하면서도 협력하는 관계였음을 발견할 수 있었는데, 우리는 이를 '사대부와 상인이 경합하는土商競合' 관계라 부를 수 있다. 의심할 여지 없이 상인의 지위 상승은 명말 사회 구조의 최대 변화로, 명말 사대부와 상인계층의 신분 강등과 상승 및 이합 과정에서 '사대부와 상인이 한데 섞여 있는' 현상이 나타났다. 그러나 이 두 계층은 사실 결코 글 속에서 생각하는 것만큼 조화롭게 융합되지 않았고 상당히 팽팽한 긴장관계에 있었는데, 이는 실제로 소비문화에서 경쟁으로 나타났다. 제3장에서 상인계층은 경제적 지위 때문에 사회적 지위가 높아진 뒤, 복식이 사회적 지위를 상징한다고 여기는 소비 심리를 지니고 있었다. 이 때문에 상인들은 당시 유행을 일으키는 데 적극적이었고 유행의 창조에서도 상당히 중요한 역할을 했다. 사대부계층은 상인들의 경쟁과 도전을 신분 지위와 문화 패권을 둘러싼 경쟁으로 여기고, 그들 역시 최선을 다해 새로운 유행 복식을 창조함으로써 자신의 신분과 지위를 다시금 확보하고 유지하지 않을 수 없었다. 이러한 점에서 유행 복식과 유행 조류는 사회 경쟁의 산물이라 할 수 있다.

제4장에서는 과거 사대부들이 항상 여행 다녔던 명승지와 그때 사용했던 여행 도구가 점차 대중의 놀이에 모방되고 사용되었음을 서술했다. 특히 사대부는 상인계층과의 경쟁에 직면하게 되었다. 그러나 명말 여행을 좋아하는 사대부 모두가 경쟁에 쓸 만큼 재력이 충분한 것은 아니었다. 사대부계층 가운데 중하류층 문인들은 경제력이 상인보다 못해서 상인들의 사회적 경쟁과 도전을 받았으며, 경제력이 부족해 활동을 포기

하거나 찬조자의 지원을 얻어야만 했다. 사대부가 쓴 유람기에는 상인이 이들을 찬조한 일이 적잖게 기록되어 있었다. 이 밖에 다른 여러 단서를 통해서도 당시 '사대부와 상인이 한데 섞여 있는' 현상을 추측해낼 수 있다. 문인은 관원의 지원을 구했을뿐더러 부호와 상인의 찬조에도 기댔을 가능성이 있는데, 이 때문에 명말에는 문인들 사이에 상인을 "비린내를 쫓아다니는 파리"와 같다고 한 말이 유행했다. 이는 문인과 상인의 관계가 일종의 경쟁적이면서 협력하는 관계임을 말해준다.

사대부의 소비문화와 신분상의 정체성

클루나스는 명말 문화 소비에서는 골동이 상품화를 거쳐 돈만 있으면 살 수 있게 되어 골동의 수요가 공급을 넘는 사회 경쟁이 조성되었다고 지적하고 있다. 부유층에서 골동 구매가 유행할 때, 사대부들 역시 겉치레로 앞다투어 골동을 사들였다. 이는 원래 문인만의 특수한 소비활동이지만 상인은 물론 평민까지도 이를 모방했다. 이에 따라 문인들이 받는 사회 경쟁의 압력이 극대화되어 위기의식이 조금씩 생겨났다. 이와 함께 문진형의 『장물지』와 같은 책이 출현해 문인의 눈에 드는 좋은 상품을 분류해 보여주며 이러한 유행을 더욱 조성했다. 그러나 이와 같은 '유행' 관념의 출현은 바로 명대 문인이 물질에 위기의식을 느꼈음을 반영하는 것이다.

명말 사대부가 직면한 세계는 상품경제가 흥성하고 소비활동이 활발하게 일어나는 사회였다. 원래 신분 지위를 상징하는 것은 토지와 재물이었으나, 당시에는 사치 소비와 사치품 소장으로 바뀌었다. 과거에는 소수만이 소유할 수 있었던 물건이 이제는 누구나 사려고 각축하는 상품이 되었다. 누구든 재산과 자본만 있으면 사치품을 구매할 수 있었고 일종의 과시적 소비를 통해 자신의 신분과 지위를 드러낼 수 있었다. 당시 사람들 역시 이를 신분 지위와 동일시했고 더 이상 예전처럼 과거 시험의 성과를 유일한 신분 지위의 표준으로 삼지 않았다. 게다가 과거제도의 길이 막혔기에 특히 문인은 새로운 도전과 자극에 직면했다. 이 책의 각 장을 통해 문화재나 예술품 같은 문화 소비뿐 아니라 보통 일상생활에서의 물질 소비에서도 소비가 사회 경쟁의 장이 되었음을 볼 수 있었다. 특히 하층의 문인계층은 문화재나 예술품의 소유에 대해 매우 위기감을 느꼈다. 상인과 서민이 하나둘씩 문인의 의복, 여행, 서재 가구 등을 모방해 원래 자신들의 신분을 상징하는 물건이 점차 사라지게 되자, 문인들은 자신들의 신분 지위에 대해 매우 심각한 위기위식을 갖게 되었다. 그들은 경제력이 미치는 테두리에서 자신들의 특수한 소비문화를 발전시키고 이를 빌려 자신들의 신분 지위를 새롭게 다지고자 했다.

제2장에서, 가마는 바로 명대 정부에서 특히 소수의 관료계층에게 우월성을 부여하기 위해 사용한 것으로 신분 지위를 드러내는 교통수단이었다. 그러나 명말의 거인과 생원들은 상류층 관리들의 가마를 모방해 이를 빌려 자신의 신분 지위를 높였다. 제3장에서, 명말 사대부는 자신들의 새로운 품격과 형식을 지닌 의관을 적극적으로 만들어 자신의 신분과 지위를 다시 새롭게 형성했다. 제4장에서, 명말 사대부는 여행 품격을 만들고 또 이를 단계적 이론에 따라 구체적 실천으로 승화시켰다. 어떤 사람은 '여행의 도'라는 여행 이론을 극력으로 발전시켰고 또 옛것 중에 좋은 것을 가져와 새로운 '여행 도구(혹은 전시 방법)'를 만들어 자신과 일반인의 신분을 구분하고자 했다. 제5장에서, 문인들은 특수 취향의 '문인화된 가구'를 만들었고, 그들이 좋아하는 서재 가구에 글자를 새기는 등 물품을 특수화하는 방식으로 [서재 가구가] 상품화되지 않도록 저

지했다. 제6장에서, 일부 문인들은 식보를 만드는 것으로 자신들의 독특한 미식관을 널리 알려 특별한 풍격의 '문인화된 식보'를 형성했다. 선택적 섭식으로 자신의 품격을 표현하는 행위는 다른 사회집단과 자신을 구분하는 데 유리했다. 명말 사대부가 자신의 소비문화를 만들 때 품격을 조성하는 핵심 개념은 '우아함과 저속함'이라는 대립과 변증이었다. 이와 같은 관념의 출현은 일반인과 구분해서 사대부 집단의 신분 지위를 두드러지게 하기 위함이었다.

사대부의 소비문화와 유행 속도

명말 유행의 변화 속도와 주요 선도자는 모두 사대부와 관계가 있다. 제3장 복식 소비를 언급한 부분에서는 많은 사대부가 평민 복식과 구분하기 위해 더욱 적극적으로 자신들의 특별한 복식을 새롭게 만들거나 유행에 따르려 했으며, 이에 더해 유행을 앞서가려 했음을 보여주고 있다. 이에 평민들은 문인이 새로운 복식 형태로 바꾸면 얼마 되지 않아 곧 경쟁적으로 이를 모방하려고 했다. 이런 상황에서 명말 유행 의상은 끊임없이 새로운 것을 쫓고 다시 새로운 것으로 바뀌면서 유행 의상의 발전 속도 역시 점점 가속화되었다. 제4장에서는, 사대부가 만든 '여행 도구' 특히 화방류의 교통수단은 아마도 그것이 유행한 뒤에 바로 상인들이 모방했을 가능성이 높다. 제5장에서 언급한 바와 같이, 문인이 서재 가구에 글자를 새겨 가구를 특수화해 상품화를 억제했지만 유행 풍조가 한바탕 돌고 나서 이런 가구가 일단 시장에 진입하기만 하면 오히려 그 가격은 크게 올랐다.

어떤 학자는 청대에는 이러한 유행의 발전이 점차 완화되는 추세라고 했다. 클루나스는 사대부의 복식으로 분석해본 결과 명말의 품격 감상 문화는 청대 들어 점차 사라졌다고 한다. 청대는 어느 정도 안정이 된 후(약 1683년) 신사들에게 특혜를 주어 요역을 면제해준 명대의 제도를 바꾼다. 청대에는 공공 서비스를 통해 그들을 회유하고 부추겨 공적으로 봉사하는 명예(관부에서 일을 하거나 민간 자선사업 장려)를 엘리트계층의 모범이자 신분 지표로 삼았다. 이처럼 제도를 신분 등급 및 지위와 동일시하는 분위기는 물품 소비의 상징적 의미를 점차 약화시켰다. 명말 이후 소비사회의 발전은 '핵심 대중'이 없어지면서 멈추었는데, 이는 역시 유행의 발전에도 방해되었다. 포머랜즈도 이에 대해 청 조정이 사회질서와 엘리트계층의 신분제도를 효과적으로 회복시켰다고 생각했다. 이는 '특허 체계'를 다시 회복해서 '유행'의 발전 속도를 어느 정도 늦추었던 것이다.

그러나 이와 같은 주장은 좀더 진전된 고찰이 필요해 보인다. 우리는 우선 청대의 유행이 발전론적 관점으로 볼 때 쇠퇴 경향을 띠었거나 혹은 정체 현상을 나타낸 것은 아닌지 생각해보아야 할 것이다. 왜냐하면 현재 관련 연구가 많지 않아 결론을 내리기가 어렵기 때문이다. 복식의 유행 측면으로 보면, 청대 강남 지역의 복식풍은 명말과 똑같이 유행하고 있음을 잘 드러내주는 연구가 있다.[5] 다음으로 명말 사대부가 만든 소비문화는 청대에 들어 단절된 것인지 아닌지 생각해보아야 한다. 제6장의 분석 결과를 보면, 이러한 소비문화는 명청 두 왕조가 단절되지 않았거니와 상당히 긴밀한 연속성을 지니고 있었음을 보여준다. 품격의 형성을 신분 구분과 동일시한다는 관점에서 본다면, 명말 문인의 식보에서 언급한 음식 이론은 겨우 발달 초기 단계일 뿐이고 청대에 들어 더욱 구체화되고 완비되었다. 그다음으로 청대 건륭 시기 가산을 몰수당한 관리의 재산 목록에서 『준생팔전』과 같은 책이 있음도 발견할 수 있다.

이 책을 통해 우리는 청대 사대부가 여전히 품격을 감상하는 서적에 관심이 많았고 또 그들이 물품 소비를 중시하고 있었음을 알 수 있다.[6] 아마도 명말 사대부의 물품으로 만들어진 품격 감상 문화는 이미 최고조에 달했을 것이며 청대에 이르러 또 다른 품격문화로 발전 방향을 돌렸던 것이다.

그러나 이 같은 견해는 분명 신중하게 고려해야만 한다. 왜냐하면 청대 이후 사대부는 유행을 창조하는 데 있어 그 역할의 중요성이 명말 시기보다 못했기 때문이다. 이들을 대신해 유행을 선도하는 배역은 궁정이 맡았는데, 특히 18세기 건륭 시기에 궁정의 역할은 두드러졌다. 상대적으로 명 황제가 유행에 끼친 영향은 매우 한정적이었으며 명대에 궁정과 연관된 것은 마미군이나 접이부채와 같은 소수의 물건뿐이었다.[7] 그러나 청 궁정의 영향력은 실로 대단했다. 라이후이민賴惠敏의 연구에 따르면, 건륭은 소주 직조국織造局에서 제작한 기물을 좋아해서 매번 소주 직조국에 단필緞疋과 기물 등을 바치도록 명을 내렸고, 별도로 직조국은 황제를 도와 궁정 물자를 구매했다. 관리들은 위의 뜻을 헤아려 소주에서 공납품을 구입했으며, 이뿐 아니라 점포를 열어 장거리 무역을 시행하기도 했다. 황제의 품격은 관리들이 상업에 참여하는 계기를 마련했고 또 소주 지역의 소비 풍조도 양산했다. 예를 들어 강남 사회의 엘리트 가정에서는 자명종, 휴대용 시계, 가죽옷을 입는 등의 최신 유행을 쫓았으며, 이는 서민들의 소비 취향에도 영향을 끼쳤다.[8]

명청 유행 복식의 중심지 변천에는 앞서 서술한 바와 같은 변화된 현상이 반영되어 있다. 명대에는 강남 특히 소주가 유행의 중심이었으며, 북경의 복식도 모두 강남의 영향을 받았다. 그러나 청대에 와서는 궁정이 유행에 끼친 영향력이 명대보다 훨씬 더 커져서 북경이 유행의 주요 중심지가 되었다. 북경 궁정에서 착용하는 모피 스타일은 민간에 널리 퍼졌으며, 강남에도 영향을 끼쳐 "여염집 아녀자들도 모두 갖옷을 입었다." 심지어 청대 중엽 이후에는 겨울철 모피 착용 여부에 따라 빈부가 결정되고 신분 구분의 척도가 될 정도로 온 사회에 모피가 유행했다.[9]

중국사에서 '소비'관의 위치

명말의 소비 현상은 중국 역사상 중요한 의미를 지니지만 꽤 오랫동안 역사학계의 주목을 받지 못했다. 1990년대에 학계에서 명말의 사치 소비에 관심을 갖기 시작했지만, 서론에서 언급한 바와 같이, 명청 사치 풍조의 역사적 위치에 대한 학계의 평가는 여전히 양극화 현상을 보이고 있다. 우리는 이를 사학사와 관념사의 관점에서 '소비'가 중국사에서 차지하는 위치를 정립하는 문제를 다시 새롭게 검토하고 과감한 추론들을 제기해야 할 것이다.

과거 중국의 명청사 학계에서 제시한 '자본주의 맹아론'은 선험적 연구 방법으로, 당시 정치적 분위기와 민족적 정서의 영향 아래에서 서양의 자본주의가 중국에도 있어야만 한다고 하여 중국 역사에서 자본주의 맹아를 찾는 풍조가 형성되었다. 이러한 연구 풍조는 20세기 초 중국 학계에 깊은 반성을 가져왔다. 리보중은 이를 일종의 콤플렉스라고 하고 과거 자본주의 맹아론의 중대한 결함을 지적하며 생산관계를 지나치게 중시한 연구라고 일갈한다. 이와 같은 '유일생산관계론惟生産關係論'의 연구 방향은 사실 마르크스 이론에 위배되는 것이며 또 이런 논조 역시 서양 자본주의 산업혁명 연구 취지와 완전히 다름을 알 수 있다. 설령 서양 학자들이 영국의 산업혁명은 역사의 필연이 아님을 인정하더라도 명청 시기 중국을 자본주의의 맹아로 보고 자본주의를 자체적으로 발전시켰음을 직접 인정한다면 이는 논리적으로 맞지 않는다. 따라서 리보중이 주장한 '초기 상업화早期工業化'의 연구 취지는 과거 '자본주의 맹아론'을 수정한 것이다.[10]

자본주의 맹아나 초기 상업화와 상관없이 생산에 관한 연구는 여전히 명청 경제사 연구의 중심이며, 소비에 관한 연구는 아무런 비중도 차지하고 있지 않은 듯하다. 1980년대 이후 중국과 타이완 학계에서는 '사치 풍조'에 관한 연구가 일어나기 시작해 소비 문제에 주목하긴 했지만, 역시 경제사적 시각으로 분석한 것이라 사회사적 시각에서 소비의 풍조와 풍속 변화를 보기는 힘들었다. 따라서 연구 결과는 대부분 사치에 대해 부정적으로 평가했다. 한마디로, 연구자들 마음속에 소비란 오랫동안 의미를 두고 연구할 과제가 아니었다.

우리는 '소비'가 오랫동안 역사학자들에게 홀대받은 탓을 모두 사학자들에게 돌리지 말아야 하며, 전통 문헌과 당시 지식인의 관념에서 소비를 탐구해야 한다. 명청 소비문화 연구에서 가장 중요한 사회 사료 하나는 전통 지방지의 「풍속지」다. 지방지의 작자는 소비 현상에 대한 묘사를 「식화지食貨志」가 아닌 「풍속지」에 실었다. 이는 당시 지식인의 마음속에 소비가 경제적 문제가 아닌 사회적 문제로 받아들여지고 있었음을, 특히 사치품의 소비가 그러했음을 잘 나타내준다. 지방지의 작자는 주로 사치 소비 현상에 주목해 이를 '사치 풍조'로 형용하거나 사치를 민간의 '경박함'이라 말하면서 백성들에게 '검소함을 숭상하고 사치를 배척하도록' 교화하고자 했다. 이러한 내용은 지식인의 관념을 잘 나타낸 유가의 풍속 교화에 관한 도덕적 논술로서, 결국 최종 목표는 사회질서의 안정과 융합이었다.

또 명청 관리가 쓴 문헌을 통해 이를 분석해보면, 제1장에 언급한 장한과 신시행은 강남의 유람활동이 모두 사치이며 낭비이므로 '본업'을 손상시키고 국가의 재정 세수에 해를 끼친다고 비난했다. 청대 강남에 부임해왔던 순무 가운데 다음 두 사람은 이렇게 말했다. 탕빈은 『고유』에서 백성들의 묘회 관람에 대해 "함부로 낭비하면서 절약이라곤 조금도 생각하지 않으니, 백성의 힘이 어찌 쇠하지 않겠으며 국가의 세금이 어찌 체납되지 않겠는가"라고 훈시하고 있다. 또 다른 순무 진굉모 역시 「풍속조약」에서 "사람을 모아 잔치를 하고 신을 모셔와 집회를 하니, 농사를 그르치고 재산을 탕진하는구나"라고 하고 있다.[11] 지방관은 지식인과 비교해볼 때 사회질서에 대한 고민 외에 정부 재정에 대한 생각을 더 많이 했음을 알 수 있다.

개괄하자면, 명청 시기 소비를 언급한 문헌에서 당시 소비 현상에 대한 논술과 평가는 사회질서와 재정 세수의 안정에 입각하고 있어 가치 판단적 경향을 띠고 있다. 당대의 역사가들이 이 문헌을 열람할 때 문헌 사료의 제약을 받지 않기는 매우 어렵다. 그러나 명청 시기에는 이외에 또 다른 종류의 사치론이 제기되었는데, 바로 제1장에서 예를 든 육집 등과 같은 경우다. 과거 많은 학자가 육집의 "사치는 민생에 도움이 된다奢易治生"는 견해를 18세기 영국의 맨더빌이 쓴 『꿀벌의 우화』와 비교했다. 물론 우리는 육집이 중국 경제사상사에서 차지하는 위치를 의심할 여지가 없지만, 여기에서 한 단계 더 깊이 탐구해보자면 중국과 서양이 이 시기에 매우 큰 차이가 있었음을 발견할 수 있다. 이 차이는 사상 자체가 아니라 영향으로서의 '사치'라는 개념에서 '사치'를 중성적 명사로 볼 수 있는가의 여부, 그리고 가치 판단으로 사치 소비를 보지 않을 수 있는지의 여부에 있다.

서양의 사치관에 대해 말하자면, 고대 그리스 철학에서는 과도한 소비인 사치가 부정부패를 조성하고 국가의 재정 손실을 일으킨다고 주장했다. 중세 기독교 철학은 사치를 유죄로 인정하며 구원에 영향을 끼칠 수 있다고 말하고 있다. 17세기 영국의 사치관에 관한 논의는 고대와 중세의 도덕론에서 점차 분리해 나온 개념으로, 니컬러스 바본Nicholas Barbon(1640?~1698) 같은 학자는 개인 소비와 국가 이익을 분리해야 한다고 인식했다. 그는 인류의 욕망과 요구에 대한 합리성을 새롭게 평가하면서 부자들의 사치를 취업을 만들어내는 기회라고 생각했다. 이는 고전주의가 관심 갖던 도덕, 종교가 관심 갖던 구원에서 점차 벗어나 사치가 '탈도덕화demoralisation'된 것이라고 말할 수 있다. 맨더빌은 18세기 영국을 생활수준과 사회모방 현상을 쫓아가는 소비사회로 보았다. 그는 『꿀벌의 우화』에서 사치는 인류 본성의 보편적 가치를 추구하는 것이며, 여기에서 더욱 중요한 것은 사치가 악덕이 아닌 공익 측면을 가지고 있다는 의견을 명확하게 제기했다는 점이다. 이는 전통 기독교의 관념과 완전히 대립되는 것으로 매우 큰 충격과 광범위한 논쟁을 일으켰다. 이후 데이비드 흄David Hume(1711~1776)의 주장과 애덤 스미스Adam Smith(1723~1790)의 '탈정치화depoliticization' 논의를 거쳐, 과거 사치를 타락과 부패의 관념으로 보았던 것을 점차 국가 사회에 유익한 '공익public good'의 개념으로 전환시켜 18세기 말 사치와 관련된 개념이 널리 수용되었다.[12]

'탈도덕화'와 '탈정치화'의 기준으로 명청 시기 사치론의 수용 양상을 살펴보면, 중국의 사치론은 지식계에서의 논의와 반향으로 볼 때 사실상 서양과 나란히 논의될 수 없음은 분명하다. 육집은 명말에 이름 있는 사대부가 아니었기에 그의 주장은 1950년대에 들어 사학자 푸이링과 양렌성에 의해 비로소 발견되어 그 중요성을 인정받는다. 비록 청대에도 청초 위세효魏世效(1655~?), 건륭·가경 시기 법식선法式善(1753~1813)과 고공섭顧公燮, 가경·도광 시기 전영錢泳(1759~1844) 등과 같이 육집의 학설을 계승한 이들이 있어 사치를 '탈도덕화'와 '탈정치화'의 방향으로 발전시키고자 했지만, 이러한 학설은 대부분 비주류 지식계의 '한미한 유생들'의 주장으로 사상계와 지식계에 끼친 영향이 매우 제한적이었을 것이다. 실제로 육집의 주장이 사회에 끼쳤던 영향을 살펴본다면, 명대에는 숭정 시기 『장주부지漳州府志』와 같은 소수의 지방지에 기록되어 있는 바대로 단지 몇몇 지방관만이 사치 풍조에 대한 육집의 생각에 동조했다. 청대 지방지는 사치 풍조에 대해 사실적으로 덤덤하게 기술했고 객관적 현상에 대해서는 결코 포폄의 의견을 넣지 않았다. 그러나 육집의 사치론에 대해 찬성하지도 않았다. 앞서 언급한 탕빈과 진굉모의 사례를 통해 관리들의 정책에 영향을 끼친 정도를 살펴보면, 이 시기에도 사치 금지 정책을 진행하는 관리들이 여전히 주류였음을 알 수 있다.

정리하자면, 명말에서 청대까지의 사회질서와 재정 세수를 고려해볼 때 사치는 낭비라는 개념을 완전히 벗지 못했기 때문에 '탈도덕화'될 수는 없었다. 또 사치가 중국을 망치고 있다는 어두운 그림자를 없앨 수도 없었다.

육집 등과 같은 이들의 견해는 과연 청대 황제가 강남 일대에 사치를 금하는 정책을 시행하는 데 영향을 끼쳤을까? 건륭 황제는 여러 차례 상유上諭에서 이처럼 분수에 지나치게 사치하는 현상을 인정하고 있다. 그는 건륭 33년(1768)과 46년(1781)에 우발세尤拔世와 유천성劉天成이 상주한 사치 금지 정책이 실제 현실과 맞지 않다고 했다. 또한 그가 건륭 30년(1765) 양주를 순행할 때 쓴 시의 주註를 보면 역시 육집의 개념과 매우 근접해 있다. 물론 이것만 가지고 건륭제가 육집의 개념에 영향을 받았다고 증명하기에는 역부족이고, 또 당시 사치론이 이미 보편적으로 수용되고 있었던 새로운 개념이라 할 수도 없다. 그러나 이는 청 중엽 사치금지령이 완화되었음을 반영할 뿐 아니라 유사 이래 중앙정부의 입장에서 사치를 '탈정치화'했을 가능성이 매우 높음을 보여준다. 안타깝게도 이러한 정책은 훗날 지속되지 않았고 그리 큰 영향력이 있지도 않았다.

사치론은 중국과 서양에서 각기 다른 반응을 얻었는데, 그 배경에는 두 사회의 차이가 반영되어 있다. 일례로, 크리스토퍼 베리Chrisitopher Berry의 주장과 같이, 18세기 사치 변화론 자체가 반영하는 것은 바로 당시 사회의 특성이다. 당시 영국은 '상업' 시대라 사치론의 변화가 있어야 했고 이는 무역, 상업, 정치·경제 등과 같은 '새로운 지식'도 포괄할 수 있어야 했다.[13] 중국과 서양의 사치 관념을 수용하는 데서 차이가 생긴 것은 아마도 지금까지 중국과 서양에서 역사가 다르게 발전한 것이 주요 원인이라고 할 수 있을 것이다. 당시 하나는 여전히 농본 국가임을 강조했고 또 다른 하나는 이미 상업 시대에 들어와 있었다. 이처럼 중국과 서양 양자 간 사회경제적 배경이 다른 것은 마치 이미 두 갈림길로 나누어진 미래의 모습을 미리 보는 것과 같다.

후기

　　명청 시기 유명 산문가이자 사학자인 장대는 대대로 관직을 하는 집안에서 태어났다. 비록 그의 아버지 대부터 집안은 몰락했지만, 그는 여전히 부유한 집안의 자제로서 유복한 생활을 했다. 갑신년(1644) 명나라가 멸망하고 청나라 군대가 들어와 전 국토가 전란으로 뒤덮였고, 장대는 황급히 산중으로 피란을 가게 되어 생활이 곤궁해졌다. 그렇게 2년이 지나 지천명의 나이가 된 그는 화려했던 생활을 되돌아보는 책을 썼는데, 『도암몽억』이라 이름 붙였다. 그는 서언에서 다음처럼 말한다.

배고픔 가운데서도 글 쓰는 것을 좋아해서, 이에 옛사람이 왕王씨와 사謝씨와 같이 부귀한 집안에서 나고 자라 자못 호화로운 생활을 하다가 오늘날 이러한 지경에 처하게 되었구나. (…) 닭 울음소리 베갯머리에서 들리고 밤기운 사방에서 감돌기에 나의 평생을 생각해본다. 온갖 호화롭고 화려했던 생활이 눈 깜짝할 사이에 모두 헛되고, 오십여 년의 삶이 결국 한바탕 꿈이었구나. 기장이 누렇게 익는 동안 내 수레는 개미굴을 돌아다녔으니 어찌 이런 일을 견딜 수 있겠는가? 옛일을 아득히 생각하고 기억하여 이것을 적고 부처님 앞에 가지고 오니 하나하나가 후회스럽구나. 시간의 순서대로 기록하지 않았으니 연보와 다르도다. 유형을 나누지 않았으니 『지림志林』*과도 다르도다. 한 이야기를 우연히 꺼내면 옛길을 노니는 듯도 하고 옛사람을 만나는 듯도 하다. 성안의 사람들이 들춰보며 즐거워하니 진정 어리석은 사람 앞에서는 꿈 이야기도 할 수 없도다.[1]

학자들은 장대가 『도암몽억』을 쓴 의도에 대해 갖가지 추측을 하는데, 어떤 이는 장대가 회한을 강조하는 것이 주목적이라고도 하고, 또 어떤 이는 장대가 과거 영화롭던 생활에 여전히 연연해서 이 책을 썼을 것이라고도 주장한다. 어떻든 간에 『도암몽억』은 내가 명말 문인의 소비 품격에 관해 최초로 접한 책이다. 그러나 『도암몽억』의 서문은 이 책에서 언급한 수많은 먹거리와 놀거리와는 너무 큰 차이가 있어 나에게 더욱 깊은 인상을 심어주었다.

『도암몽억』을 처음 접할 당시 나는 아직 대학원생이었는데, 석사논문은 명청 경제사와 관련된 주제였고 박사논문은 사회사를 중점적으로 다루었다. 이는 명말 사대부의 소비문화와 그다지 큰 연관이 없다. 졸업 후 2년 동안 군대에 갔다가 제대 후 운 좋게 중앙연구원 근대사연구소에서 일하게 되었다. 연구소에 들어가기 전 한 달여간 브로델의 『물질문명과 자본주의, 1400~1800』을 사서 아무런 부담 없이 재미있게 읽기 시작했다. 나는 이 책을 읽으면서 중국사 문제, 특히 복식문화를 생각하게 되었고, 그때부터 명말의 복식을 연구하기 시작했다. 그 후 1년 동안 완성한

---

* 소동파의 저서. 다양한 주제를 자유롭게 다룬 책이지만 여행·꿈·이별 등 주제별로 글을 배치했다.

논문이 바로 이 책 제3장의 원형이다. 이는 지금까지도 나 스스로 매우 만족하고 있으며 가장 좋아하는 논문이기도 하다.

연구소에 들어온 이후, 슝빙전熊秉眞 교수의 요청으로 물질문화 독서회를 만들었다. 독서회 토론과정에서 독서의 즐거움을 누렸을 뿐 아니라 물질문화 연구에 관한 다른 전공의 연구 방법론을 접하게 되어 많은 것을 얻었다. 이때 나는 물질문화의 각도에서 명대 가마문화와 권력상징 사이의 관계를 연구하려고 준비하기 시작했다.

리샤오티李孝悌 학장이 주관하는 프로젝트에 참가하면서 또 다른 계기가 마련되었다. 그는 창의력을 충분히 발휘하도록 연구원들을 격려해주었고, 나는 문화사 방면으로 또 다른 연구를 시작했다. 그래서 나는 여행문화를 제목으로 관련 논문 몇 편을 썼고, 사대부 여행문화로 사대부의 소비 취향에 관해 더 깊이 연구하게 되었다. 승진하고 나서 심리적 긴장감이 조금 느슨해져 1년 동안 아무 일 없이 편안한 상태에서 가구와 식보에 관한 논문 두 편을 연이어 단숨에 썼다. 전자는 사회 구조가 소비의 차이를 반영한다는 것을 분석했고, 후자는 왕조 전환에서 소비문화의 연속과 단절에 중점을 둔 것이었다.

그러나 소비사 관점에서 소비문화를 연구해야만 나의 연구와 과거 명청사 학계 관련 연구를 하나로 묶어 정리할 수 있기 때문에, 결국 나는 소비사 연구 쪽으로 방향을 돌렸다. 따라서 과거에 읽었던 쉬훙徐泓과 린리웨林麗月의 사치에 관한 연구 저작을 다시 여러 차례 복습하면서 유럽사 관련 저작을 읽어보기도 했다. 내 능력의 한계로 모든 연구를 다 꿰뚫을 수는 없었지만, 독서 경험이 쌓이면서 영국사학자 매켄드릭·브루어·플럼 등이 많은 자극을 주는 『소비사회의 탄생: 18세기 영국의 상업화』를 발견해 이 책을 읽고 시야를 넓힐 수 있었고, 명말 소비사에 대한 새로운 사고의 큰 틀을 제공받을 수 있었다. 이 책 제1장의 영감은 바로 이 『소비사회의 탄생』에서 얻은 것이다.

중앙연구원 근대사연구소에서 개원 50주년을 경축하는 대규모 국제 학술대회가 열렸다. 나에게는 명청 소비와 물질문화에 관한 회고성 논문 한 편을 쓰라는 지시가 내려졌다. 나는 당시 연구하고 있던 작업을 내려놓고, 소비와 관련한 연구 성과물을 수집하고 읽어나갔다. 이와 동시에 지난대학暨南大學 역사연구소 겸 학과에 강의를 나갈 기회가 있어 연구토론 과정을 개설했다. 이미 개설되어 있는 연구를 부문별로 나누어 정리하고 강의실에서 다시 한번 강의를 해서 더 확실하게 기억해두었다. 이 외에 또 대학원생들과 열심히 토론하는 과정에서 새로운 아이디어를 얻었다. 지난대학에서는 이번 학기에 이 과목이 새로 개설된 것이었다. 이 대학에서 여러 해 강의를 해왔지만 그중 이 6개월은 나 자신을 가장 깊이 들여다보는 시간이 되었다. 아마도 이를 '교학상장敎學相長'이라고 하는가 보다! 학회 발표문을 완성하고 나니 무거운 짐을 벗은 듯했다. 나는 이 학회에서 발표한 논문을 수정한 뒤, 부분적으로 『신사학新史學』이란 잡지에 발표하고 또 다른 부분은 이 책 서론에 넣었다.

승진 즈음에 천융파陳永發 소장이 나에게 언제든 책을 써서 출판하라고 간곡히 말했다. 그렇지만 어떻게 그럴듯한 전문서적을 써낼 수 있단 말인가? 이 문제가 나를 항상 괴롭혔던 것은 아니었다. 어느 날 점심시간에 연구소를 나와 밖에서 도시락을 사는데 문득 번쩍하고 영감이 떠올라 "내가 예전에 썼던 글들이 책의 살과 뼈가 아닌가?"라는 한마디가 머릿속을 맴돌았다. 이 책의 여러 장은 원래 학술지에 게재한 단편 논문을 다시 수정한 것이다. 서론 부분은 원래 「명청 소비문화 연구에 관한 새로운 방향과 문제明淸消費文化硏究的新取徑與新問題」로 『신사학』 17권 14기

(2006. 12)에, 제2장의 원제목은 「명대 사대부와 가마문화明代士大夫與轎子文化」로 『중연원근대사연구소집간中硏院近代史硏究所集刊』 38기(2002. 12)에 게재했던 것이고, 제3장은 『신사학』 10권 3기(1999. 9)에 게재했던 「명대 평민 복식의 유행과 사대부의 반응明代平民服飾的流行風尚與士大夫的反應」을 수정해서 실은 것이다. 제4장은 원래 「명말 여유활동과 소비문화: 강남을 중심으로 논의晚明的旅遊活動與消費文化: 以江南爲討論中心」라는 주제로 『중연원근대사연구소집간』 41기(2003. 9)에 발표했던 것이고, 제5장의 일부분은 『절강학간浙江學刊』(중국) 2005년 6기(2005. 11)에 게재했던 「명말 문사의 소비문화: 가구를 사례로 고찰晚明文士的消費文化: 以傢俱爲個案的考察」이다. 제6장은 원래 『중국음식문화中國飮食文化』 20권 2기(2006)에 실린 「명청 음식문화에 대한 오감의 변천과 품격 형성: 음식 서적과 식보를 중심으로 탐구明淸飮食文化中的感官演化與品味塑造: 以飮膳書籍與食譜爲中心的探討」이다. 유일하게 이 책의 제1장과 결론만 새로 쓴 것이다. 이 글들과 이 책을 쓰는 과정에서 자오수민趙淑敏, 옌야메이嚴雅美, 류위전劉宇珍, 장하오정張皓政, 장샤오팅江筱婷, 웡지안翁稷安 등 우수한 조교들이 준 정성 어린 도움에 감사한다.

원고를 책에 맞는 글로 수정하는 데 이미 3개월이나 걸렸는데도 나는 출판하려는 지금까지 전혀 자신이 없고 어느 출판사에서 이 책을 출판할지도 몰랐다. 그러다 갑자기 리샤오티 학장께서 연구원의 출판 업무를 맡게 되었고, 나는 리 학장께 의견을 타진했다. 생각지도 않게 그분은 한마디로 바로 얘기하셨다. "빨리 가져와!" 이 말은 나를 용감하게 나아가게 해준 격려였다. 나를 더 놀라게 했던 것은 두 달도 안 되어서 평가 의견을 받은 것이다. 나는 무기명 심사자의 주옥같은 수많은 의견을 받았는데, 어떤 의견은 현 단계에서 내 능력으로선 할 수 없는 것이었지만 마음속으로 두 심사자에게 깊은 감동을 받았다. 이뿐만 아니라 두 심사자 의견의 진정한 가치는 학술적 객관성과 공정성에 있다. 학계에는 여러 학파 간에 견해 차이와 감정적 논쟁이 있을 수 있지만 결국 권력과 주관적 편견이 전적으로 새로운 지식을 완전히 논단할 수는 없다.

과거 8년 동안 명말 소비문화에 관한 연구에 빠져 있다가 결국 이렇게 책으로 출판하게 되니 정말 꿈만 같다. 바로 장대가 "한바탕 꿈일 뿐이로구나, 그것이 꿈이 아닐까 두렵기도 하고 또 그것이 꿈일까도 두렵기도 하니, 이 어리석은 사람에게는 매한가지구나—夢耳, 惟恐其非夢, 又惟恐其是夢, 其爲痴人則一也"라고 말한 의미와 같다. 그렇다면 나야말로 정말 어리석은 사람이구나! 이 책이 사학계에 아주 작은 공헌이라도 하게 된다면 나를 도와준 선배, 친구, 동료, 나를 지원해준 친척들께 감사드려야 한다. 오래지 않아 관련 저서들이 세상에 나올 것이며 또 더욱더 훌륭한 연구들이 내 견해를 뒤집을 것이라 믿는다. 그렇다 할지라도 이 책은 여전히 나에게 가장 좋은 약이다. 왜냐하면 이 책은 어리석은 나에게 점점 무겁게 다가오는 '중년의 위기'를 완화해주기 때문이다.

부록

우리가 중국과 서양 일반인들의 생활수준 비교 기준, 특히 그것의 역사적 비교 기준을 가구 소유율로 삼는다면 먼저 선행되어야 할 작업은 대대적인 사료 검증일 것이다. 포머랜즈는 일찍이 이러한 작업을 거쳤지만, 중국 사료는 사료의 한계로 단지 20세기 초 존 로싱 벅John Lossing Buck(1890~1975)의 조사 통계만을 이용한 반면 서양 자료는 얀 더프리스가 17세기 네덜란드 프리슬란트Friesland 농가에서 소유한 가구의 평균 통계를 사용했다.[1] 20세기 중국과 17세기 네덜란드의 비교에서 방법상 가장 큰 문제는 양자 간 비교 시기가 맞지 않는다는 점이다.

또 다른 비교 연구는, 우선 17세기 중국과 서양에서 상인 혹은 경제적 지위가 중간 계층인 사람들을 비교하는 것이다. 중국 사료는 제5장 제2절에 세 번째와 다섯 번째 사례로 든 휘주 상인으로, 그 비교 대상군은 영국의 17세기 사례다. 필자가 근거한 것은 로나 웨더릴Lorna Weatherill이 연구한 대표적인 세 사례로, 1674년의 부유한 점주와 1676년의 경리 사무원 및 수학자다.[2] 양측의 가구 소유 수량을 부록 표 1로 정리한 결과, 서가를 제외하고 중국 상인의 가구 소유 수량이 상대적으로 영국의 경우보다 높았는데, 휘주의 소점주라고 해도 부유한 영국 점주보다 더 많은 가구를 소유하고 있었다.

부록 표 1. 17세기 중국 상인과 영국 상인의 가구 소유 수량 비교

	17세기 중국 휘주 소상인의 가구 소유 수량		17세기 영국 중산층의 가구 소유 수량		
	1612년 휘주 소상인	1634년 휘주 소점주	1674년 부유한 점주	1676년 경리 사무원	1676년 수학자
함	3		1		
낮은 상	3				
탁자	71	11	4	3	2
긴 걸상	4	4	1		1
의자	9	12	19	20	4
침대	2	2	2	1	
서가			1		3
걸상	44	6	13		3
사다리		3	1		

또 다른 비교 연구는 [17세기 중국 상인을] 더프리스가 연구한 17세기 네덜란드 프리슬란트의 농민과 비교하는 것이다. 휘주 상인은 중국에서 비교적 부유한 집단에 속했던 만큼 이와 비교할 때 당연히 네덜란드 부농을 대상으로 해야 한다. 필자 역시 17세기 프랑스의 플랑드르 지역 농민의 평균 가구 소유 수량을 함께 정리했다.

부록 표 2. 17세기 중국 상인과 네덜란드 농민의 가구 소유 수량 비교

	17세기 중국 휘주 소상인의 가구 소유 수량		17세기 네덜란드 프리슬란트 부농이 소유한 가구 평균 수량[3]			17세기 프랑스 플랑드르 지역 농민이 소유한 가구 평균 수량[4]	
	1612년 휘주 소상인	1634년 휘주 소점주	1616~1641	1646~1654	1677~1686	내륙 지역	연해 지역
함	3		1.3	1.6	1.7	1.0	1.2
낮은 상	3		1.2	1.0	0	1.0	1.1
탁자	71	11	2.8	2.5	2.6	1.3	2.6
긴 걸상	4	4	4.2	2.4	4.0	2.5	4.3
의자	9	12	14.9	14.5	12.2	6.7	13.5
침대	2	2				3.3	5.2
서가							
걸상	44	6					
사다리		3					

  표 2의 두 번째 항, 네덜란드 부농의 가구 소유 수량에서 알 수 있듯이 17세기 프리슬란트 지역은 가구의 소유 수량이 그다지 큰 증가를 보이지 않고 있다. 두 예를 비교한 결과, 중국 상인은 가구 소유 수량이 몇몇 항목에서는 네덜란드 부농보다 조금 적지만 탁자 항목에서는 네덜란드를 훨씬 초과하고 있다. 이 두 항목의 비교는 17세기 중국 소상인이 소유한 가구가 서양의 영국 및 네덜란드의 경우와 비교해도 양과 질에 손색없다는 것을 보여준다.
  그러나 필자가 말하려는 바는 단순히 17세기 중국과 서양의 생활수준 비교 측면만을 가지고 중국과 서양의 대중 생활수준의 높고 낮음을

단정하기에는 충분치 않다는 점이다. 왜냐하면 중국과 서양의 가구 사용과 취향이 각기 다른 특징을 지니고 있기 때문이다. 서양에서는 유산 명부에 거울이 매우 많은데, 거울은 중국인의 분재기 명목에는 거의 보이지 않는다. 또 중국인이 상용하는 걸상도 서양인의 세부 목록에는 보이지 않는다. 이보다 더 중요한 점은 서양에서는 이 시기 전반적으로 소유 물품이 변화하고 증가했지만 가장 두드러진 부분이 가구류는 아니라는 것이다. 웨더릴의 연구에 따르면 1675년에서 1725년 사이는 영국인이 소유한 기물이 대량으로 증가하고 크게 변화한 시기였다. 그러나 가구는 이 시기 소비의 대표적인 사례가 아니었고 오히려 시계, 도자기, 서적, 뜨거운 음료를 담는 그릇 같은 물품의 수량이 급증했다.[5] 마찬가지로 더 프리스 역시 네덜란드 프리슬란트 농민이 소유한 물품 중 가구 소유 수량에는 특별한 증가가 없었다고 했다.[6] 우리는 여전히 청대 서민들의 분재기와 명부를 통해 물건 유형의 변화와 수량에서의 변화를 전면적으로 연구해야 할 필요가 있다. 그래야만 명청 소비 물품과 생활수준의 상황을 한 단계 더 깊이 해석할 수 있을 것이다.

주 ____

서론: 생산에 관한 연구에서 소비에 관한 연구로

1) 소비문화와 관련된 다른 관점에 대해서는 陳坤宏, 『消費文化理論』(臺北, 揚智文化事業股份有限公司, 1998)을 참조.

명청 소비문화 연구의 흥기

1) 石錦, 「中國資本主義萌芽一研究理論的評介」, 石錦, 『中國近代社會研究』(臺北, 李敖出版社, 1990), 101~137쪽; 仲偉民, 「資本主義萌芽問題研究的學術史回顧與反思」, 『學術界』, 2003年 第4期 223~240쪽에 수록.
2) 黃宗智, 『中國研究的規範認識危機: 論社會經濟史中的悖論現象』(香港, 牛津大學出版社, 1993), 2~6쪽.
3) 傅衣凌, 『明代江南市民經濟試探』(上海, 上海人民出版社, 1957), 106~108쪽; Lien-sheng Yang, "Economic Justification for Spending: An Uncommon Idea in Traditional China," *Harvard Journal of Asiatic Studies* 20. 1/2(June 1957), pp. 48, 50~52. 양롄성은 이 글 뒤에 또 자신의 *Studies in Chinese Institutional History*(Cambridge, MA: Harvard University Press, 1961), pp. 70, 72~71를 수록했다.
4) 명청 시기 사치 풍조와 관련한 연구 성과 소개는 다음을 참조. 林麗月, 「世變與秩序一明代社會風尙相關研究評述」, 『明代研究通訊』, 期4(2001年 12月), 9~19쪽; 鈔曉鴻, 「近二十年來有關明淸"奢靡"之風研究評述」, 『中國史研究動態』, 2001年 第10號, 9~20쪽.
5) 劉志琴, 「晚明時尙與社會變革的曙光」, 『文史知識』, 1987年 第1期, 55쪽; 劉志琴, 「晚明城市風尙初探」, 『中國文化研究集刊』(上海, 復旦大學出版社, 1984), 輯1, 205쪽.

6) 劉志琴, 「商業資本與晚明社會」, 『中國史研究』, 1983年 第2期, 81쪽.

7) 王家範, 「明淸江南消費風氣與消費結構描術─明淸江南消費經濟探測之一」, 『華東師範大學學報(哲學社會科學版)』, 1988年 第2期, 41쪽.

8) 劉和惠, 「論晚明社會風尙」, 『安徽史學』, 1990年 第3期, 25쪽.

9) 徐鴻, 「明代社會風氣的變遷─以江·浙地區爲例」, 『第二屆國際漢學會議論文集: 明淸與近代史組』(臺北: 中央研究院歷史語言研究所, 1989), 144~159쪽; 徐鴻, 「明代後期華北商品經濟的發展與社會風氣的變遷」, 『第二次中國近代經濟史研討會論文集』(臺北: 中央研究院經濟研究所, 1989), 152~154쪽. 또 이와 같은 견해를 보이는 연구 성과에는 다음이 있다. 邱仲麟, 「明代北京社會風氣變遷─禮制與價値觀的改變」, 『大陸雜誌』, 卷88期 3(1994), 28~42쪽; 陳學文, 「明代中葉民情風尙習俗及一些社會意識的變化」, 『中國封建晚期的商品經濟』(長沙: 湖南人民出版社, 1989), 290쪽.

10) 牛建強, 「明代中後期社會變遷研究」(臺北, 文津出版社, 1997), 77~82쪽; 巫仁恕, 「明淸湖南市鎭的社會與文化結構之變遷」, 『九州學刊』, 4卷3期(1991), 66~67쪽.

11) 이와 같은 견해는 최초로 허빙디何炳棣의 양주 염상揚州鹽商 연구에서 보인다. Ho, Ping-ti, "The Salt Merchants of Yang-chou: A Study of Commercial Capitalism in Eighteenth-Century China," *Harvard Journal of Asiatic Studies* 17(1954) 참조. 이후 于宗先 等 編, 『中國經濟發展史論文選集』(臺北: 聯經, 1980), 1389~1449쪽에 수록했다. 중국어 번역본, 巫仁恕 譯, 「揚州鹽商: 十八世紀中國商業資本的研究」, 『中國社會經濟史研究』, 1999年 第2期, 59~76. 이후 많은 대륙 학자가 위와 유사한 견해를 제기하고 있다.

12) 王衛平, 「明淸時期太湖地區的奢侈風氣及其評價─吳地民風嬗變研究之四」, 『學術月刊』, 1994年 第2期, 61쪽.

13) 陳國棟, 「經濟發展·奢侈風氣與傳統手工藝的發展」, 曹添旺 等 主編, 『經濟成長·所得分配與制度演化』(臺北: 中央研究院中山人文社會科學研究所, 1999), 57~59쪽.

14) Craig Clunas, *Superfluous Things: Material Culture and Social Status in Early Modern China*(Urbana, Ill.: University of Illinois Press. 1991), pp. 116~165.

15) Timothy Brook, *The Confusions of Pleasure: Commerce and Culture in Ming China*(Berkeley: University of California Press, 1998), pp. 190~194; 204~210; 218~229.

16) S. A. M. Adshead, *Material Culture in Europe and China, 1400-1800: The Rise of Consumerism*(Houndmills, Basingstoke: Macmillan Press, 1997), pp. 23~30, 207, 244.

17) 이외에도 이 책은 서양 소비주의가 기독교의 물질주의Christian materialism에서 기원한다는 이론과 소비주의를 촉진하는 역할에서 중국의 여성들이 서양의 여성들보다 못하다는 이론을 분석하고 있는데, 이 역시 고려해볼 만하다. 이에 대해서는 포머랜즈의 서평 *The Journal of Asian Studies* 58.1(Feb. 1999), pp. 151~153을 참조. 또 명청 시기 여성의 소비 상황에 대해서는 다음을 참조. 巫仁恕, 『奢侈的女人: 明淸時期江南婦女的消費文化』(臺北, 三民書局, 2005), 31~87쪽을 참조.

18) 포머랜즈는 황쭝즈黃宗智와 여러 차례 필전필전筆戰이 있었는데, 이에 대해서는 다음을

참조. 黃宗智, 「發展還是內卷? 十八世紀英國與中國—評彭慕蘭『大分岔: 歐洲, 中國及現代世界經濟的發展』」, 『歷史研究』, 2002年 4期, 3~48쪽; Kenneth Pomeranz, 史建雲 譯, 「世界經濟史中的近世江南: 比較與綜合觀察—回應黃宗智先生」, 『歷史研究』, 2003年 4期, 149~176쪽; 黃宗智, 「再論十八世紀的英國與中國—答彭慕蘭之反駁」, 『中國經濟史 研究』, 2004年 2期, 13~21쪽.

19) Kenneth Pomeranz, *The Great Divergence: China, Europe, and the Making of the Modern World Economy*(Princeton: Princeton University Press, 2000), pp. 114~165.

서양 소비문화 연구의 맥락

1) 관련 연구 성과를 검토해보고자 한다면, 아래의 논문을 참조. Paul Glennie, "Consumption within Historical Studies," in Daniel Miller ed., *Acknowledging Consumption: A Review of New Studies*(London and New York: Routledge, 1995), pp. 164~203; Lisa Tiersten, "Redefining Consumer Culture: Recent Literature on Consumption and the Bourgeoisie in Western Europe," *Radical History Review* 57(1993), pp. 116~159; Jonathan Friedman, "Introduction," in Jonathan Friedman ed., *Consumption and Identity*(Chur, Switzerland: Harwood Academic Publishers, 1994), pp. 1~22; Jean-Christophe Agnew, "Coming up for Air: Consumer Culture in Historical Perspective," in John Brewer and Roy Porter eds., *Consumption and the World of Goods*(London and New York: Routledge, 1993), pp. 19~39; Daniel Miller, *Material Culture and Mass Consumption*(Oxford: Basil Blackwell, 1987), pp. 137~157.

2) Paul Glennie, "Consumption within Historical Studies," p 166.

3) Lis Tiersten, "Redefining Consumer Culture: Recent Literature on Consumption and the Bourgeoisie in Western Europe," pp. 118~119.

4) 미국 UCLA는 근래에 17·18세기 문화와 소비에 관한 3년간의 연구를 진행해 다음과 같은 책 세 권을 출판했다. John Brewer and Roy Porter eds., *Consumption and the World of Goods*(London and New York: Routledge, 1993); John Brewer and Susan Staves, eds., *Early Modern Conceptions of Property*(London and New York: Routledge, 1995); Ann Bermingham and John Brewer eds., *The Consumption of Culture, 1600~1800: Image, Object, Text*(London and New York: Routledge, 1995). 특히 첫 번째와 세 번째 두 저작의 많은 논문은 매켄드릭 등이 제기한 견해에 대한 비평 혹은 보충 의견이다.

5) Joan Thirsk, *Economic policy and Projects: The Development of a Consumer Society in Early Modern England*(Oxford: Clarendon Press, 1978); D. E. C. Eversley, "The Home Market and Home Demand, 1750~1780," in E. J. Jones and E. E. Mingay eds., *Land, Labour and Population in the Industrial*

Revolution(London: Edward Arnold, 1967), pp. 206~259; Jan de Vries, "Peasant Demand Patterns and Economic Development: Friesland, 1550~1750," in William N. Parker and Eric L. Jones eds., *European Peasants and Their Markets: Essays in Agrarian Economic History*(Princeton, N.J.: Princeton University Press, 1975), pp. 205~238; Neil McKendrick, "Home Demand and Economic Growth: A New View of the Role of Women and Children in the Industrial Revolution," in Neil McKendrick, ed., *Historical Perspectives: Studies in English Thought and Society in Honour of J. H. Plumb*(London: Europa Publications, 1974). pp. 199~200.

6) 본문에서 설명하는 조앤 서스크Joan Thirsk와 얀 더프리스Jan de Vries의 작품은 사실 시장의 확대가 소비에 끼친 영향에 주목하는 것이다.

7) 머커지는 생산이 늘어나면 소비를 고려하지 않을 수 없다고 하며, 18세기 영국의 소비가 조성한 수요의 변화는 과학기술의 발전보다 더 빨랐다고 주장한다. 또한 막스 베버의 학설에 반박해 당시 금욕주의와 쾌락주의가 동시에 생긴 것으로 보아 물질에 대한 구체적이고 추상적인 태도 역시 점차 명확해진다고 주장하고 있다. Chandra Mukerji, *From Graven Images: Patterns of Modern Materialism*(New York: Columbia University Press, 1983), pp. 1~16. 또 다른 학자는 현대 서양 물질문화의 발달이 르네상스 시기를 기원으로 한다고 제기하고 있다. Richard A. Goldthwaite, *Wealth and the Demand for Art in Italy, 1300~1600*(Baltimore: Johns Hopkins University Press, 1993); Lisa Jardine, *Worldly Goods: A New History of the Renaissance*(New York: Nan A. Talese, 1996).

8) 대중문화사가의 연구는 1940년대 소비문화 이론의 대가인 프랑크푸르트학파 막스 호르크하이머Max Horkheimer와 테오도어 아도르노Theodor Adorno의 '문화산업 cultural industry'에 도전장을 내밀었다. 호르크하이머와 아도르노는 당시의 개인 소비 영역이 이미 자본가의 생산 영역에 병합되었으며, 자본주의의 제조 규격화와 표준화된 문화상품은 대중을 통제해 소비문화가 사회 통제의 도구가 되었다고 주장했다. 이러한 이론은 '소비'를 생산 영역의 다음 단계에 둔다. 그러나 인문학 연구는 대중문화와 여성사 학자들의 연구를 포함하는 것으로, 그처럼 사회와 정치 통제를 강조하는 도구적 의의는 단지 대중문화관이라는 한 면에만 해당할 뿐 전체는 아니라고 힘주어 지적하고 있다.

9) Jonathan Friedman. "Introduction," pp. 4~6.

10) '물질문화' 연구의 기원은 그 시기가 매우 이르다. 1870년대 미국 인류학계와 고고학계에서는 '물질문화' 연구라 명명하고 미국 인디언 문화를 연구했다. 역사학계와 사회과학계에서 이런 문화적 관점의 분석 연구는 비교적 최근의 일이다. 물질문화 연구는 1970년대 중반 이후 매우 발달해, 역사학계에서는 이미 예술사에서 사회사로 그 연구를 확대했다. 또 다른 학문 영역에서도 이 같은 연구의 대열에 합세했다. 즉, 고고학과 인류학을 시작으로 문화지리학·민속학 등도 연구 대열에 진입해 연구 범위를 더욱 넓혔다. 따라서, 이러한 학문 간에 '물질문화'의 정의를 내리는 데서 그 의견이 자못 분분하지만, 공통 관점은 물질과 인간 행위 사이의 상호 작용으로 인류가 만든 '물질' 이면

의 함의를 파악하려는 점이다.

이 책의 취지와 방법 및 구성

1) 최초로 사회모방이 산업혁명을 가져왔다고 주장한 사람은 바로 해럴드 J. 퍼킨이다. H. J. Perkin, "The Social Causes of the British Industrial Revolution," *Transactions of the Royal Historical Society* 5.18(1968), p. 140 참조.

2) Neil McKendrick, John Brewer and J. H. Plumb eds., *The Birth of a Consumer Society: The Commercialization of Eighteenth-Century England*(London: Europa Publications, 1982), pp. 11~13, 43, 98.

3) 예를 들어, 18세기 농촌 농민들이 일할 때 입었던 프록코트frock coat는 이후 황족들에게 유행한 복식이다. 또 18세기 영국의 비단상mercer과 포목상draper은 전문직 종사자와 계급이 낮은 신사들보다 정교한 물품을 더 많이 소비했으며, 또 장인들의 대외 소비는 귀족 노비들의 대외 소비를 초과했다. Ann Bermingham, "Introduction. The Consumption of Culture: Image, Object, Text," in Ann Bermingham and John Brewer eds., *The Consumption of Culture, 1600~1800: Image, Object, Text*, pp. 12~13; Ben Fine and Ellen Leopold, "Consumerism and the industrial Revolution," *Social History* 15.2(1990), p. 172; Lorna Weatherill, *Consumer Behaviour and Material Culture in Britain, 1660~1760*(London and New York: Routledge, 1988), pp. 194~196.

4) Arjun Appadurai, "Introduction: Commodities and the Politics of Value," in *The Social Life of Things: Commodities in Cultural Perspective*(Cambridge: Cambridge University Press, 1986), pp. 4~5. 인류학의 '물질문화'와 관련한 연구는 다음을 참조. 黃應貴, 「導論: 物與物質文化」, 黃應貴 編, 『物與物質文化』(臺北: 中研院民族學研究所, 2004), 1~26쪽.

5) Arjun Appadurai, "Introduction: Commodities and the Politics of Value," pp. 29~34, 56~58.

6) Igor Kopytoff, "The Cultural Biography of Things: Commoditization as Process," in Arjun Appadurai ed., *The Social Life of Things: Commodities in Cultural Perspective*, pp. 64~91. 중국어 번역본, 「物的文化傳記: 商品化過程」, 羅鋼·王中忱 主編, 『消費文化讀本』(北京: 中國社會科學出版社, 2003), 397~427쪽.

7) Bryan Stanley Turner, 慧民·王星 譯, 『地位』(臺北: 桂冠圖書公司, 1991), 1~11쪽.

8) Thorstein B. Veblen, *The Theory of the Leisure Class: An Economic Study of Institutions*(London: George Allen & Unwin, 1970), pp. 60~80. 중국어 번역본, 「誇示性消費」, 羅鋼·王中忱 主編, 『消費文化讀本』, 3~24쪽.

9) Pierre Bourdieu, *Distinction: A Social Critique of the Judgement of Taste*, translated by Richard Nice(London: Routledge & Kegen Paul, 1984), pp. 1~7. 중국어 번역본, 「「區分」導言」, 羅鋼·王中忱 主編, 『消費文化讀本』, 41~50쪽.

10)   Georg Simmel, 「時尚心理的社會學研究」, 劉小楓 選編, 顧仁明 譯, 『金錢·性別·現代
生活風格』(臺北: 聯經, 2011), 101~110쪽.

제1장 소비사회의 형성

1)   "邸第從御之美, 服飾珍羞之盛, 古或無之. 甚至儲隸賣傭, 亦泰然以侈靡相雄長, 往往有僭
禮踰分焉." 萬曆 『重修昆山縣志 疆域·風俗』

1. 소비의 사치 풍조

1)   "大抵始於城市, 而後及於郊外, 始於衣冠之家, 而後及於城市."(明) 歸有光, 『震川先生集』
(臺北: 源流文化事業有限公司, 1983), 卷3, 「論議說」, 84~85쪽.
2)   "只是果五色, 看五品而已. 惟大賓或新親過門, 則添蝦蟹蜆蛤三四物, 亦歲中不一二次也."
3)   "今尋常燕會, 動輒必用十肴. 且水陸畢陳, 或覓遠方珍品, 求以相勝."(明) 何良俊, 『四友齋
叢說』(北京, 中華書局, 1959), 卷34, 「正俗一」, 314쪽.
4)   "今之富家巨室, 窮山之珍, 竭水之錯, 南方之蠣房, 北方之熊掌, 東海之鰒炙, 西域之馬媼
(按: 馬奶), 眞昔人所謂富有小四海者, 一筵之費, 竭中家之産, 不能辦也."(明) 謝肇淛,
『五雜組』(臺北, 偉文圖書出版社, 1977), 卷11, 「物部三」, 275쪽.
5)   "乃今太府而下, 各伸款, 四節推又各伸箇. 凡爲盛筵者十; 以一倍十, 所費不貲. 每送下程,
用燕窩菜二斤一盤. 郡中此菜甚少, 至賂節推門子市, 出而成禮焉."(明) 李樂, 『見聞雜記』
(上海: 上海古籍出版社, 1986), 卷8, 690~691쪽.
6)   "賓客往來, 粗蔬四五品, 加一肉, 大烹矣. 木席團坐, 酌一陶, 呼曰: '陶同知.'(…) 今士大
夫家賓餐踰百物, 金玉美器, 舞姬駿兒, 喧雜弦管矣."(明) 何喬遠, 『名山藏』, 明淸史料叢
編委員會 編纂, 『明淸史料叢編』(北京: 北京大學據明崇禎刻本影印, 1993), 卷102, 「貨殖
記」, 8b쪽.
7)   "國初時, 民居尙儉樸, 三間五架制, 甚狹小. (…) 成化以後, 富者之居, 僭侔公室."(明) 趙
錦 修, 張袞 纂, 嘉靖 『江陰縣志』, 『天一閣藏明代方志選刊』(上海: 上海古籍書店據嘉靖
26年刻本重印, 1963), 冊13, 卷4, 「風俗記」, 2b쪽.
8)   "當時人家房舍, 富者不過工字八間, 或窖圈四圍十室而已. 今重堂窈寢, 迴廊層臺, 園亭池
館, 金暈碧相, 不可名狀矣."(明) 何喬遠, 『名山藏』, 卷102, 「貨殖記」, 11b쪽.
9)   "縉紳喜治第宅, 亦是一蔽. (…) 及其官罷年衰, 囊槖滿盈, 然後窮極土木, 廣侈華麗, 以明
得志"(明) 謝肇淛, 『五雜組』, 卷3, 「地部一」, 75쪽.
10)   "凡家累千金, 垣屋稍治, 必欲營治一園. 若士大夫之家, 其力稍贏, 尤以此相勝, 大略三吳
城中, 園苑棋置, 侵市廛民居大半."(明) 何良俊, 『何翰林集』(臺北: 國立中央圖書館據明嘉
靖44年何氏香嚴精舍刊本影印, 1971), 卷12, 「西園雅會集序」, 9a쪽.
11)   "邑在明初, 風尙誠樸." "若小民咸以茅爲屋, 裙布荊釵而已." "其嫁娶止以銀爲飾, 外衣亦只
用絹."

12) "至嘉靖中, 庶人之妻多用命婦, 富民之室亦綴獸頭." (淸) 丁元正 等修, 倪師孟 等纂, 乾隆
     『吳江縣志』,『中國方志叢書·華中地方·江蘇省』(臺北: 成文出版社據淸乾隆12年修石印
     重印本, 1975), 號163, 卷38,「崇尙」, 1b쪽.

13) "衣不過細布土縑, 仕非宦達官員, 領不得輒用紵絲, 女子勤紡績蠶桑, 衣服視丈夫子. 士人
     之妻, 非受封, 不得長衫束帶."

14) "丈夫衣文繡, 襄以靑絹靑紬, 謂之'襯衣'. 履絲策肥, 女子服五綵, 衣金珠, 石山·虎魄·翠翟
     冠, 嫁娶用長衫束帶, 貲裝緹帷竟道." (明) 曾才漢 修, 葉良佩 纂, 嘉靖『太平縣志』,『天一
     閣藏明代方志選刊』(臺北: 新文豐出版社據明嘉靖19年刻本影印, 1985), 冊6, 卷2,「輿地
     志下·風俗」, 20b쪽.

15) "轎邊隨從約有二十餘人, 皆穿新靑布衣, 甚是赫奕."; "凡道上見轎子之帷幔鮮整, 儀從赫
     奕者, 問之必兵馬也." (明) 何良俊,『四友齋叢說』, 卷35,「正俗二」, 321쪽; 卷12,「史八」,
     103쪽.

16) "初有航船·游山船·座船·長路船, 今爲浪船·樓船·朱欄·翠幕·淨如·精盧, 游人往往召
     客, 張燕其中, 遠近通行." (明) 方岳貢 修, 陳繼儒 纂, 崇禎『松江府志』,『日本藏中國罕見
     地方志叢刊』(北京: 書目文獻出版社據崇禎3年刻本影印, 1991), 卷7,「風俗」, 34a쪽.

17) (明) 錢希言,『戲瑕』,『松樞十九山』(據日本內閣文庫藏明萬曆28年序刊本影印), 卷3,「舫」,
     22a~22b쪽 참조.

18) "小舫可四五十隻, 周以雕檻, 覆以翠幃. 每舫載二十許人, 人習鼓吹, 皆少年場中人也. 懸
     羊角燈於兩傍, 略如舫中人數, 流蘇綴之. 用繩聯舟, 令其啣尾, 有若一舫." (明) 鍾惺,「秦
     淮燈船賦」, (明) 陸雲龍 等 選評, 蔣金德 點校,『明人小品十六家』(杭州: 浙江古籍出版社,
     1995), 278쪽.

2. 소비사회의 형성

1) "余弱冠至燕市上, 百無所有, 雞·鵝·羊·豕之外, 得一魚, 以爲稀品矣. 越二十年, 魚·蟹反
    賤於江南, 蛤蜊·銀魚·蟶蚶(按: 一種海産軟體帶殼動物)·黃甲, 累累滿市. 此亦風氣自南
    而北之證也." (明) 謝肇淛,『五雜俎』, 卷9,「物部一」, 234쪽.

2) "邇來則又衣絲躡縞者多, 布販菲屨(按: 應爲屏屨, 指粗陋的草鞋)者少, 以是薪桀而下, 百物
    皆仰給於貿居." (明) 顧起元,『客座贅語』(北京: 中華書局, 1987), 卷2,「民利」, 67쪽.

3) "往時履襪之屬出女紅, 今率買諸市肆矣. 往時茶坊酒肆無多, 家販脂胃脯者, 恒慮不售, 今
    則遍滿街巷, 且且陳列, 暮輒罄盡矣. (…) 至於衣履有舖, 茶酒有肆, 日增於舊. 懶惰者可以
    不紉針, 不擧火, 而服食鮮華, 亦風俗之靡也." (淸) 陳祖范,『陳司業文集』(淸乾隆29年刊
    本, 中硏院傅斯年圖書館藏善本書), 卷2,「召文縣志未刻諸序·風俗」, 38b~39a쪽.

4) "郡城五方都會, 所妻巾幘意製相詭, 市肆所鬻, 有晉巾·唐巾·紫薇巾·逍遙巾·東坡巾, 種
    種不一." (明) 楊洵 修, 陸君弼 纂, 萬曆『揚州府志』(北京: 書目文獻出版社據萬曆刻本影
    印, 1988), 卷20,「風俗·冠服」, 1a쪽.

5) "郡中絶無鞋店與蒲鞋店, 萬曆以來, 始有男人制鞋, 後漸輕俏精美, 遂廣設諸肆於郡東.
    (…) 自宜興史姓者客於松, 以黃草結爲口鞋甚精, 貴公子爭以重假購之, 謂之'史大蒲鞋', 此

後宜興業履者, 律以五六人爲群, 列肆郡中, 幾百餘家. (…) 松江舊無署襪店, 署月間穿氈襪 甚署月間穿氈襪者甚衆, 萬曆以來, 用尤墩布爲單署署襪, 極輕美, 遠方爭來購之, 故郡治 西郊, 廣開署襪店百餘家." (明) 范濂, 『雲間據目抄』, 筆記小說大觀編纂委員會編, 『筆記小 說大觀』(臺北: 新興書局, 1978), 22編5冊, 卷2, 「記風俗」, 2a~2b쪽.

6) "州治前及兵備道西, 遍開列酒肆, 嘗日征歌選優, 酒肉繁溷. 凡衙役豪僕所破人家, 強半耗 此." (明) 錢肅樂 修, 張采 纂, 崇禎 『太倉州志』(明崇禎十五年刊本, 國立故宮博物院藏原 北平圖書館善本書), 卷5, 「風俗志·流習」, 10b~11a쪽.

7) "絲布不服, 魚鮯蔬菜不食, 而務窮四方綺麗, 極水陸珍味." (明) 蕭良幹 修, 張元忭 纂, 萬 曆 『紹興府志』, 四庫全書存目叢書編纂委員會編, 『四庫全書存目叢書』(臺南: 莊嚴文化事 業有限公司據北京師範大學圖書館藏明萬曆刻本影印, 1996), 史部, 地理類, 冊200~201, 卷12, 3a쪽.

8) "往時閭井間衣服強半布褐." "今則夏多紗縠, 冬或重裘." (淸) 鄭鍾祥 等重修, 龐鴻文 等纂, 光緒 『常昭合志稿』(南京: 江蘇古籍出版社據淸光緒30年活字本影印, 1991), 卷6, 「風俗 志」, 4a쪽. 陶正靖의 「志」를 인용.

9) "細木家夥, 如書棹禪椅之類, 余少年曾不一見, 民間止用銀杏金漆方棹."

10) "紈袴豪奢, 又以椐木不足貴, 凡床廚幾棹, 皆用花梨·癭木·烏木·相思木與黃楊木, 極其貴 巧, 動費萬錢, 亦俗之一靡也." (明) 范濂, 『雲間據目抄』, 卷2, 「記風俗」, 3b쪽.

11) (明) 范濂, 『雲間據目抄』, 卷2, 「記風俗」, 1a~2b쪽.

12) (明) 許敦球, 『敬所筆記』, 「紀世變」, 陳學文, 『中國封建晚期的商品經濟』(長沙: 湖南人民 出版社, 1989), 「附錄」, 318~319쪽.

13) "而今又非昔比矣." "邸第從御之美, 服飾珍羞之盛, 古或無之. 甚至儲隸賈傭, 亦泰然以侈 靡相雄長, 往往有僭禮踰分焉." (明) 周世昌, 萬曆 『重修昆山縣志』, 中國史學叢書編纂委 員會編, 『中國史學叢書·華中地方·江蘇省』(臺北: 臺灣學生書局據明萬曆4年刊本影印, 1987), 3編4輯, 冊42, 卷2, 「疆域·風俗」, 6a쪽.

14) "市井輕佻, 十五爲群, 家無担石, 華衣鮮履." (淸) 李文耀 修, 談起行·葉承 纂, 乾隆 『上海 縣志』(北京: 中國書店據淸乾隆15年刻本影印, 1992), 卷1, 「風俗」, 18b쪽. 『舊志』를 인용.

15) "毋論富豪貴介, 紈綺相望, 卽貧乏者, 強飾華麗, 揚揚矜詡, 爲富貴容." (明) 張瀚, 『松窗夢 語』(北京: 中華書局, 1985), 卷7, 「風俗記」, 139쪽.

16) "乃近世貧賤之家, 往往效顰於富貴. 見富貴者偶尙綺羅, 則耻布帛爲賤, 必覓綺羅以肖之, 見富貴者單崇珠翠, 則鄙金玉爲常, 而假珠翠以代之. 事事皆然, 習以成性, 故因其崇舊而 黜新, 亦不覺生今而反古." (明) 李漁, 『閑情偶寄』(臺北: 長安出版社, 1990), 卷10, 「器玩· 制度第一上」, 231쪽.

17) "原其始, 大約起於縉紳之家, 而婢妾效之, 寖假而及於親戚, 以逮鄰里. 富豪始以創起爲 奇, 後以過前爲麗, 得之者不以爲僭而以爲榮, 不得者不以爲安而以爲耻. 或中人之産, 營 一飾而不足, 或卒歲之資, 製一裳而無餘, 遂成流風, 殆不可復, 斯亦主持世道者所深憂也. 餘幼所聞, 內飾猶樸. 崇禎之際, 漸卽於侈, 至今日而濫觴極矣." (淸) 葉夢珠, 『閱世編』(臺 北: 木鐸出版社, 1982), 卷8, 「內裝」, 178쪽.

18) "若夫富室召客, 頗以飮饌相高. 水陸之珍, 常方丈. 至於中人亦慕效之, 一會之費, 常耗 數月之食." (明) 韓浚, 萬曆 『嘉定縣志』, 『中國史學叢書·華中地方·江蘇省』(臺北: 臺灣學

生書局據明萬曆33年刊本影印, 1987), 3編4輯, 卷2, 「疆域·風俗」, 7b쪽.

19) "或有好事者, 畵以羅木, 皆朴素渾堅不淫."

20) "士大夫家不必言, 至於百姓有三間客廳費千金者, 金碧輝煌, 高聳過倍, 往往重檐獸脊如官衙然, 園囿僭擬公侯. 下至勾闌之中, 亦多畵屋矣."(明) 顧起元, 『客座贅語』, 卷5, 「化俗未易」, 170쪽.

21) "凡家累千金, 垣屋稍治, 必欲營治一園."(明) 何良俊, 『何翰林集』, 卷12, 「西園集會序」, 9a쪽.

22) "隆萬以來, 雖奴隸快甲之家, 皆用細器."(明) 范濂, 『雲間據目抄』, 卷2, 「記風俗」, 3b쪽.

23) "肩輿之作, 古人有以人代畜之感, 然卿大夫居鄕, 位望旣尊, 固當崇以體統, 不謂僭濫之極. 至優伶之賤, 竟有乘軒赴演者."(淸) 龔煒, 『巢林筆談』(北京: 中華書局, 1981), 卷4, 104쪽.

24) "除士夫法服外, 民間衣帽長短高卑, 隋時異制."(明) 董邦正 修, 黃紹文 纂, 嘉靖 『六合縣志』, 天一閣藏明代方志選刊續編編纂委員會編, 『天一閣藏明代方志選刊續編』(上海: 上海書店據明嘉靖年間刊本影印, 1990), 冊7, 卷2, 「風俗」, 4a쪽.

25) "在三十年前, 猶十餘年一變矣." "邇年以來, 不及二三歲, 而首髻之大小高低, 衣袂之寬狹修短, 花鈿之樣式, 渲染之顏色, 鬢髮之飾, 履綦(按: 指鞋帶)之工, 無不變易."(明) 顧起元, 『客座贅語』, 卷9, 「服飾」, 293쪽.

26) "其後巾式時改, 或高或低, 或方或扁, 或仿晉·唐, 或從時制, 總非士林, 莫敢服矣."(淸) 葉夢珠, 『閱世編』, 卷8, 「冠服」, 174쪽.

27) "足之所履, 昔惟雲履·素履, 無它異式. 今則又有方頭·短臉·毬鞋·羅漢……."(明) 顧起元, 『客座贅語』, 卷1, 「巾履」, 24쪽.

28) "儇薄子衣帽悉更古制, 謂之時樣."(明) 俞弁, 『山樵暇語』, 『四庫全書存目叢書』(臺南: 莊嚴文化事業有限公司據商務印書館影印明朱象玄鈔本影印, 1995), 子部, 雜家類, 冊152, 卷8, 7b쪽.

29) "今者里中子弟, 謂羅綺不足珍, 及求遠方吳紬宋錦雲縷駝褐, 價高而美麗者以爲衣, 下逮褲襪亦皆純采, 其所製衣, 長裾闊領, 寬腰細摺, 倏忽變易, 號爲'時樣', 此所謂'服妖'也."(明) 林雲程 修, 沈明臣 纂, 萬曆 『通州志』, 天一閣明代方志選刊委員會編, 『天一閣藏明代方志選刊』(上海: 上海古籍書店據明萬曆6年刻本重印, 1963), 冊10, 卷2, 「風俗」, 47a~47b쪽.

30) "望其服而知貴賤, 睹其用而明等威."

31) "地廣人稀" "人尙儉樸."(明) 曾才漢 修, 葉良佩 纂, 嘉靖 『太平縣志』, 卷2, 「輿地志下·風俗」, 20a쪽.

32) "衣不過土布, 非達宦不得輒用紵絲. 居室無大廳, 爭高廣惟式."

33) "生養日久, 輕役省費, 民弥滋殖, 此後漸侈."(明) 丘時庸 修, 王延榦 編纂, 嘉靖 『涇縣志』, 『天一閣藏明代方志選刊續編』(上海: 上海書店據明嘉靖刊本影印, 1990), 冊36, 卷2, 「風俗」, 16b쪽.

34) "國朝士女服飾, 皆有定制. 洪武時律令嚴明, 人遵畵一之法. 代變風移, 人皆志於尊崇富侈, 不復知有明禁, 群相踏之. (…) 今男子服錦綺, 女子飾金珠, 是皆僭擬無涯, 逾國家之禁者也."(明) 張瀚, 『松窗夢語』, 卷7, 「風俗記」, 140쪽.

35) "習俗奢靡, 故多僭越. 庶人之妻多用命服, 富民之室亦綴獸頭, 不能頓革也."(明) 曹一麟,

嘉靖『吳江縣志』(明嘉靖40年刊本, 中硏院傅斯年圖書館藏善本書), 卷13,「典禮志三·風俗」, 31b~32a쪽.

36) 邱仲麟,「從禁例厘申看明代北京社會風氣的變遷過程」,『淡江史學』. 期4(1992), 67~88쪽.

37) 사학계에서는 이미 명말의 사치 풍조에 대한 풍부한 연구 성과가 있다. 林麗月,「晚明 "崇奢"思想隅論」,『臺灣師大歷史學報』, 期19(1991), 215~234쪽; 陳國棟,「有關陸楫"禁 奢辨"之硏究所涉及的學理問題: 跨學門的意見」,『新史學』, 卷5期2(1994), 159~179쪽; 余英時,「士商互動與儒學轉向: 明淸社會史與思想史之一面相」, 郝延平·魏秀梅 主編,『近 世中國之傳統與蛻變: 劉廣京院士七十五歲祝壽論文集』(臺北: 中央硏究院近代史硏究所, 1998), 28~34쪽; 林麗月,「『蒹葭堂稿』與陸楫"反禁奢"思想之傳衍」,『明人文集與明代 硏究』(臺北: 中國明代硏究學會, 2001), 121~134쪽.

38) "吾浙之俗, 燈市綺靡, 甲於天下, 人情習爲固然.""末業之趨""且有悅其侈麗, 以耳目之觀, 縱宴遊之樂""今之世風, 上下俱爲矣.″(明) 張瀚,『松窗夢語』, 卷4,「百工紀二」, 79~80쪽.

39) "若狂擧國空豪奢, 比歲倉箱多匱乏, 縣官賦斂轉增加, 閭閻凋瘵(按: 此指受災之苦)誰能 恤, 杼軸空虛更可嗟.″牛若麟 修, 王煥如 纂, 崇禎『吳縣志』,「天一閣藏明代方志選刊」(上 海: 上海書店據明崇禎刊本影印, 1990), 冊15~19, 卷10,「風俗」, 4b~5a쪽.

40) "畫船鱗次, 管弦如沸, 都人士女, 靚妝麗服, 各持酒餚, 彈棋博陸.""比歲不登, 稀米若珠, 白晝大都持糒過市, 健兒從之, 紛臂奪食. 丁男霓人, 才得斗菽, 老贏稚弱, 橫死相屬.""今之 畫船簫鼓, 首尾銜接者""今之黍苗芃芃, 嫩綠被畝, 三農畢踏而慶豐稔者.""昔何以苦, 今何 以樂""維予與子追昔日之苦, 幸今日之樂"(明) 江盈科,『游虎丘記』, 江盈科 著, 黃仁生 輯 校『江盈科集』(長沙: 岳麓書社, 1997), 卷7,「記文」, 345쪽.

41) "客有病予此書多述遊冶之事, 歌舞之談, 導欲宣奢, 非以長化也.""而欲諱遊冶之事, 歌舞 之談, 假借雄觀, 只益浮僞尔, 史家不爲也."(明) 田汝成,『西湖遊覽志』(上海: 上海古籍出 版社, 1998),「序」, 2쪽.

42) "通功易事, 以羨補不足."

43) "只以蘇杭之湖山言之, 其居人按時而遊, 遊必畫舫·珍饈·良醞·歌舞而行, 可謂奢矣. 而不 知興夫·舟子·歌童·舞妓仰湖山而待爨者, 不知其幾!(…) 彼以粱肉奢, 則耕者, 庖者分其 利, 彼以紈綺奢, 則鬻者, 織者分其利, 正『孟子』所謂『通功易事, 羨補不足』者也."(明) 陸楫, 『蒹葭堂稿』, 續修四庫全書編纂委員會編,『續修四庫全書』(上海: 上海古籍出版社據淸華 大學圖書館藏明嘉靖45五年陸郊刻本影印, 1995), 集部, 別集類, 冊1354, 卷6, 3b~4a쪽.

44) "游觀雖非樸俗, 然西湖業已爲游地, 則細民所藉爲利, 日不止千金, 有司時禁之, 固以易俗, 但漁者·舟者·戱者·市者·酤者咸失其本業, 反不便於此輩也."(明) 王士性,『方志繹』(北 京: 中華書局, 1981), 卷4,「江南諸省」, 69쪽.

45) "杭州之奢侈, 錢氏時已然, 南宋更靡, 有自來矣. 城中人不事耕種, 小民仰給經紀, 一春之計 全賴西湖. 大家墳墓俱在兩山, 四方賓旅渴想湖景, 若禁其遊玩, 則小民生意絶矣.""余少時 則見其逾遊逾盛, 小民愈安樂耳, 何煩禁之."(明) 葉權,『賢博編』(北京: 中華書局, 1987), 9쪽.

46) 송대의 사치 소비에 관한 연구는 다음을 참조. 斯波義信,『宋代商業史硏究』(東京: 風間 書房, 1979), 467~482쪽.

47) 또한 어떤 학자는 송대 사치금지령이 특정한 시기에 집중되었다고 지적한다. 금지령의

주요 목적은 신분제도 유지가 아니라 재정 경제를 우선적으로 고려하는 것으로, 이는 귀중한 금속으로 장식품을 만드는 것이 유통되는 화폐량의 감소에 영향을 끼칠 것으로 여겨졌기 때문이다. 勝山稔, 「北宋代に於ける奢侈禁令實施とその構造について: 仁宗代の各種禁令施行の要素とその變化」, 『社會文化史學』, 號36(1996), 90~104쪽 참조. 송대의 대도시라고 해도 사치 소비를 할 수 있는 사람은 소수의 관료귀족, 지주, 대상인, 부자뿐이었다. 陳國燦, 「宋代江南城鎭の物資供應與消費」, 『中國社會經濟史研究』, 2003年 1期, 36~43쪽 참조.

48) Neil McKendrick, John Brewer and J. H. Plumb, eds., *The Birth of a Consumer Society: The Commercialization of Eighteenth-Century England*(London: Europa Publications, 1982), pp. 1~2, 9~13, 13~19.

3. 소비사회의 흥성 배경

1) 중국 학계에서는 비교적 보수적인 견해를 가지고 있어 1840년 이전의 중국을 여전히 '봉건사회'라고 여긴다. 당시에 상품경제가 존재하고 있었지만, 이는 모두 지방적이고 지역적인 시장이어서 상품도 현지 농업 부산물과의 교환에 국한되어 있었다는 것이다. 외국학자, 예를 들어 G. 윌리엄 스키너G. William Skinner도 중국이라는 거대 경제 구역marco-region에서 각각의 정합성整合性은 비교적 높았지만 상호적으로는 오히려 정합성 즉 전국적 시장 체계가 갖추어지지 않았다고 여겼다. 비교적 낙관적인 대륙 학자들의 견해는 이와는 다른데, 그들은 명청 시기에 이미 전국적 시장이 형성되었고 이는 중국의 '자본주의 맹아'의 전제 중 하나였다고 주장한다. 또 다른 학자들은 장거리 무역의 발전을 통해 지역 시장 간 가격 변동 지수가 일치했다는 것이 중국이 이미 전국적 시장을 형성했다는 가능성을 보여준다고 여긴다. 이와 관련된 논의는 黃宗智, 『中國研究的規範認識危機: 論社會經濟史中的悖論現象』, 20~22쪽; 李伯重, 「中國全國市場的形成, 1500~1840年」, 『淸華大學學報』(哲學社會科學版), 卷4期4(1999), 48~54쪽을 참조. 후자는 당시에 이미 전국적 시장이 형성되었음을 주장한다.

2) 리보중李伯重은 상품·노동·자금·소식 등 네 방면의 흐름을 통해 1500~1840년 사이 중국은 이미 정합적이고 양호한 전국적 시장을 형성했다고 주장한다. 그러나 그가 지적하는 네 흐름 중 상품의 흐름을 제외한 다른 방면은 18세기에 들어서야 비로소 형성되었다.

3) 藤井宏, 「新安商人の研究(一)」, 『東洋學報』, 卷36期1(1953), 1~44쪽; 傅衣凌 主編, 楊國禎·陳支平 著, 『明史新編』(北京: 人民出版社, 1993), 299~305쪽; 韓大成, 『明代社會經濟初探』(北京: 人民出版社, 1986), 238~272쪽; 吳承明, 『中國的現代化: 市場與社會』(北京: 三聯書店, 2001), 111~166쪽.

4) 예를 들면 명청 시기 시장의 발전은 양식을 기초로 했고, 시장은 천(이나 소금)을 주요 대상으로 하는 소생산자 간에 교환이 이루어지는 구조였으며, 시장으로 들어오는 상품량이 총생산의 15~20퍼센트를 차지했다. 또한 생산 방면, 일례로 면 생산도 여전히 농촌의 농민 가정에서 부업으로 이루어져서 결코 아주 크고 새로운 생산관계나 생

산조직의 변화는 없었다. 명말에 이미 중개 상인들이 출현해 생산 환경을 조절하긴 했지만 외부에서 지방 시장을 독점할 뿐 서양의 포매상包買商, putting-out system제도[선대先貸제도] 같지는 않았다. 포매상은 원료를 제공함으로써 생산 속도, 노동력 구매를 확정하고 내부적 생산과정을 조절했다. 吳承明, 『中國的現代化: 市場與社會』, 111~166쪽; Timothy Brook, *The Confusions of Pleasure: Commerce and Culture in Ming China*, pp. 198~201.

5) 張彬村, 「明淸兩朝的海外貿易政策: 閉關自守?」, 吳健雄 主編, 『中國海洋發展史論文集』(臺北: 中研院中山人文社會科學研究所, 1991), 輯4, 45~59쪽.

6) Andre Gunder Frank, *Reorient: Global Economy in the Asian Age*(Berkeley, Calif.; University of California Press, 1988), pp. 108~117, 126~128.

7) 全漢昇, 「明淸間美洲白銀的輸入中國」, 『中國文化硏究所學報』, 卷2期1(1996), 59~80쪽; 「再論明淸間美洲白銀的輸入中國」, 『陶希聖先生八秩榮慶論文集』(臺北: 食貨月刊社, 1979), 164~173쪽; 「明淸間美洲白銀輸入中國的估計」, 『中央硏究員歷史語言硏究所集刊』, 第66本 第3分(1995), 679~693쪽; 「美洲白銀與明淸間中國海外貿易的關系」, 『新亞學報』, 期16(1991), 上冊, 1~22쪽; William S. Atwel, "International Bullion Flows and the Chinese Economy circa 1530~1650," *Past and present* 95(May 1982), pp. 68~79.

8) William S. Atwel, "Note on Silver, Foreign Trade, and the Late Ming Economy," *Ch'ing-shih Wen-t'i* 3.8(December 1977), pp. 4~8; "International Bullion Flows and the Chinese Economy circa 1530~1650," pp. 80~86.

9) 어떤 학자는 명말 숭정 연간 말년인 약 1640년대에 스페인·포르투갈·네덜란드·일본과 중국 사이의 무역에 장애가 발생하면서 백은이 더 이상 중국에 대량으로 유입되지 못했고, 이것이 명말 경제에 영향을 끼쳐 통화 팽창, 물가 상승, 공장工匠 실업, 세수 단축 등을 가져왔기 때문에 명이 멸망했다고 지적한다. 이 주장은 이른바 '17세기 위기론'으로 다음을 참조. Atwell, "International Bullion Flows and the Chinese Economy circa 1530~1650," pp. 86~89; "Some Observations on the 'Seventeenth-Century Crisis'in China and Japan," *The Journal of Asian Studies* 45.2(Feb. 1986), p. 229; Frederic Wakeman, "China and the Seventeenth-Century Crisis," *Late Imperial China* 7.1(1986), pp. 3~4. 그러나 이 주장은 적지 않은 논쟁을 불러일으켰다. 어떤 학자는 명말의 경제 조건과 백은의 유입은 중국의 쇠락과 상관이 없다고 본다. 일례로, Jack A. Goldstone, "East and West in the Seventeenth Century: Political Crisis in Stuart England, Ottoman Turkey, and Ming China," *Comparative Studies in Society and History* 30.1(January 1988), pp. 108~109이 그러하다. 이에 대해서는 애트웰이 반박한 적이 있는데 다음을 참조. William S. Atwell, "A Seventeenth-Century 'General Crisis'in East Asia?" *Modern Asian Studies* 24.4(October 1990), pp. 661~682. 또한 어떤 학자는 통계를 통해 17세기 중국으로 유입된 백은의 수량은 결코 감소하지 않았다고 본다. 倪來恩·夏維中, 「外白銀與明帝國的崩潰: 關於明末外來白銀的輸入及其作用的重新檢討」, 『中國社會經濟史硏究』, 1990年 第3期, 46~56쪽 참조. 리처드 폰 글란Richard Von Glahn

은 이론적 기초, 통계 자료, 물가 파동, 은전 교환 비율 등 여러 방면에서 이 주장의 오류를 반박한다. Richard Von Glahn, "Myth and Reality of China's Seventeenth Century Monetary Crisis," *The Journal of Economic History* 56.2(June 1996), pp. 439~440, 451 참조. 백은 유입이 줄어들면서 명이 멸망했다는 주장은 약간 과장된 점이 있다. 그러나 '17세기 위기론'을 주장하는 학자들을 반대한다고 해도 명말 수입된 백은이 경제 발전에 큰 영향을 끼쳤다는 사실은 부인할 수 없다.

10) William S. Atwell, "Relations With Maritime Europeans, 1514~1662," *The Cambridge History of China, Volume 8, The Ming Dynasty, 1368~1644, Part 2*(Cambridge: Cambridge University Press, 1988), edited by Denis Twitchett and Frederick W. Mote, p. 407.

11) 이 책의 제5장과 張維屏, 「滿室生香: 東南亞輸入之香品與明代士人的生活文化」, 『政大史粹』, 期5(2003), 69~93쪽 참조.

12) 石錦, 『中國資本主義萌芽: 硏究理論的評介』, 氏著, 『中國近代社會硏究』(臺北: 李放出版社, 1990), 133쪽.

13) 趙岡·陳鍾毅, 「中國歷史上的城市人口」, 『食華復刊』, 卷13期3~4(1983), 9~31쪽; 趙岡, 「論中國歷史上的市鎭」, 『中國社會經濟史』, 1992年 第2期, 5~18쪽.

14) 龍登高, 『江南市場史: 十一至十九世紀的變遷』(北京: 淸華大學出版社, 2003), 56~58쪽; 曹樹基, 『中國移民史: 第五卷明時期』(福州: 健康人民出版社, 1997), 424~425쪽; 『中國人口史: 第五卷淸時期』(上海: 復旦大學出版社, 2001), 757쪽; 李伯重, 『江南的早期工業化(1550~1850年』(北京: 社會科學文獻出版社, 2000), 409~417쪽; 劉石吉 「明淸時代江南市鎭之數量分析」, 『思與言』, 卷16期2(1978), 26~47쪽 참조.

15) 또한 그 이하 교외 지역은 '위성도시'가 되었는데, 공업 방면에서 대도시의 영향을 받아 합리적 공업 배치가 이루어졌다. 李伯重, 「工業發展與城市變化: 明中葉至淸中葉的蘇州」, 『多視角看江南經濟史(1250~1850)』(北京: 三聯書店, 2003), 377~446쪽.

16) "鄕士大夫多有居城外者." "今縉紳必城居." (明) 方岳貢 修, 陳繼儒 纂, 崇禎 『松江府志』, 卷7, 28a~28b쪽.

17) 1950년대 중국 신사층에 관한 연구 이후 일본 학계에서는 '향신의 토지 소유론'이 중요한 논점의 하나가 되었다. 먼저 기타무라北村敬直는 명초의 '마을지주鄕居地主'가 명말 청초가 되면 '도시지주城居地主'로 변화하게 됨을 지적한다. 야스노 쇼조安野省三는 기타무라의 의견을 수정해 명말 청초에 출현한 도시화되고 현지화되지 않은 대토지 소유자가 향신과 동일한 사회계층에 속하면서 '도시 지주'가 되었다고 본다. 고야마 마사아키小山正明는 여기에서 더 나아가 가설을 세웠는데, 바로 명말에서 청초까지 국가의 토지 지배 체제가 변화해 과거의 사회 지배계급이었던 형세호形勢戶[송나라 때의 신흥 지주층 및 관료]나 양장층糧長層이 이미 향신층으로 바뀌게 되었다는 것이다. 北村敬直, 「明末·淸初における地主について」, 『歷史學硏究』, 號140(1949), 13~25쪽; 安野省三, 「明末淸初·揚子江中流域の大土地所有に闘すの一考察」, 『東洋學報』, 卷44期3(1961), 61~88쪽; 小山正明, 「中國社會の變容とその展開」, 『東洋史入門』(東京: 有斐閣, 1967), 50~55쪽. 이와 관련된 다른 자료는 吳金成, 「日本における中國明淸時代紳士階層硏究について」, 『明代史硏究』, 號7(1979), 21~45쪽; 檀上寬, 「明淸鄕紳論」,

『日本學者硏究中國史論著選譯』「第二卷 明淸」(北京: 中華書局, 1993), 453~483쪽; 于志嘉,『日本明淸史學界對"士大夫與民衆"問題之硏究』,『新史學』, 卷44(1993), 141~175쪽을 참조.

18) 石錦,「明淸時代桐鄕縣社會精華分子的社會組成和變化稿」,『漢學硏究』, 卷3期20(1985), 739~767쪽.

19) "當時人皆食力, 市廛之民, 布在田野, (…) 今人皆食人, 田野之民, 聚在市廛. 奔競無賴, 張拳鼓舌, 詭遇博貨, 誚胼胝爲愚矣." (明) 何喬遠,『名山藏』, 卷102,「貨殖記」, 9a쪽.

20) Lorna Weatherill, *Consumer Behaviour and Material Culture in Britain, 1660~1760*, pp. 70~90.

21) F. W. Mote, "A Millennium of Chinese Urban History: Form, Time and Space Concepts in Soochow," *Rice University Studies* 58.4(Winter 1973), pp. 101~154; "The Transformation of Nanking, 1350~1400," in G. William Skinner ed., *The City in Late Imperial China*(Stanford: Stanford University Press, 1977), pp. 103~116, 117~119.

22) 王正華,「過眼繁華: 晚明城市圖, 城市觀與文化消費的硏究」,『中國的城市生活』(臺北: 聯經出版文化事業有限公司, 2005), 1~57쪽;「乾隆朝蘇州城市圖象: 政治權力·文化消費與地景塑造」,『中硏院近代史硏究所集刊』, 期50(2005年 12月), 115~184쪽.

23) Jan de Vries, "The Industrial Revolution and the Industrious Revolution," *The Journal of Economic History* 54.2(June 1994), pp. 251~252; Jan de Vries, "Between Purchasing Power and the World of Goods: Understanding the Household Economy in Early Modern Europe," in John Brewer and Roy Porter, eds., *Consumption and the World of Goods*(London and New York: Routledge, 1993), 85~132쪽.

24) "里嬬晨抱紗入市, 易木棉以歸, 明旦復抱紗以出, 無頃刻間, 織者率日成一匹, 有通宵不寐者. 田家收穫, 輸官償息外, 未卒歲, 室廬已空, 其衣食全賴此." (明) 陳威·顧淸 纂修 正德『松江府志』,『四庫全書存目叢書』(臺南: 莊嚴文化事業有限公司據天一閣藏明代方志選刊續編影印明正德刻本影印, 1996), 史部, 地理類, 冊181, 卷4,「風俗」, 11b쪽.

25) 어떤 학자는 수공업이 송에서 명청 시기로 오면서 면직업이든 방직업이든 상관없이 전문화와 시장화로 남성 노동력이 점차 여성 노동력을 대체했고 [이에 따라] 부녀자의 가정에서의 경제 지위 또한 점차 '주변화'되는 상황이 되었다고 지적한다. Francesca Bray, *Technology and Gender: Fabrics of power in late Imperial China*(Berkeley: University of California Press, 1997), pp. 225, 233~236 참조. 그러나 총체적으로 말해 명청 시기 농촌 부녀자들은 가정의 수입에 일정 정도 공헌을 했는데, 이는 상당히 중요한 요소로 이 때문에 부녀자들이 사치 소비를 할 수 있었다. Ming-te Pan(潘敏德), "Rural Credit Market and the Peasant Economy(1600~1949): The State, Elite, Peasant, and 'Usury'," Ph. D. dissertation(University of California, Irvine, 1994), pp. 97~101; Hanchao Lu(盧漢超), "Arrested Development: Cotton and Cotton Market in Shanghai, 1350~1843," *Modern China* 18.4(October 1992), pp. 482~483 참조.

26) 李伯重,「從"夫婦並作"到"男耕女織": 明清江南農家婦女勞動問題探討之一」,『中國經濟史研究』, 1996年 第3期, 99~107쪽;「"男耕女織"到"半邊天": 明淸江南農家婦女勞動問題探討之二」,『中國經濟史研究』, 1997年 第3期, 17쪽.

27) Kenneth Pomeranz, *The Great Divergence: China, Europe, and the Making of the Modern World Economy*, pp. 121~128.

28) "好爲艶黲妝炫服." (明) 張德夫 修, 皇甫汸·張鳳翼 等纂, 隆慶『長洲縣志』,『天一閣藏明代方志選刊續編』(上海: 上海書店據明隆慶5年刊本影印, 1990), 冊23, 卷1,「風俗志」, 8b쪽.

29) 巫仁恕,『奢侈的女人: 明淸時期江南婦女的消費文化』, 31~51쪽 참조.

30) 캠벨은 욕망을 추구하는 '백일몽白日夢'을 강조하는데, 이는 정신적 쾌락주의mentalistic hedonism의 일종이라 할 수 있다. 특히 환상이 깨진 이후에도 계속해서 백일몽을 이어나가는 것은 새로운 소비품에 대한 수요를 형성해 유행의 출현을 이끌어낸다. 바로 낭만주의적 자아가 소비 윤리의 발전을 촉진한다는 말이다. Colin Campbell, *The Romantic Ethic and the Spirit of Modern Consumerism*(Oxford: B. Blackwell, 1987), pp. 1~35, 202~227 참조.

31) "天地間惟聲色, 人安能不溺之? 聲色者, 五行精華之氣以之爲神者也. 凡物行窈則凡物有竅則聲, 無色則歇, 超乎此而不乎此, 謂之不溺." (明) 李夢陽,『空間集』(蘭州: 蘭州古籍書店據刻本影印, 1990), 卷65,「外篇·化理上篇」, 2b쪽.

32) "目極世間之色, 耳極世間之聲, 身極世間之鮮, 口極世間之談, 一快活也. 堂前列鼎, 堂後度曲, 賓客滿席, 男女交舄, 燭氣熏天, 珠翠委地, 金錢不足, 繼以田土, 二快活也. 篋中藏萬卷書, 書皆珍異, 宅畔置一館, 館中約直正同心友十餘人, 人中立一識見極高, 如司馬遷·羅貫中·關漢卿者爲主, 分曹部署, 各成一書, 遠文唐宋酸儒之陋, 近完一代未竟之篇, 三快活也. 千金買一舟, 舟中置鼓吹一部, 妓妾數人, 游閑數人, 浮家泛宅, 不知老之將至, 四快活也. 然人生受用至此, 不及十年, 家資田地蕩盡矣, 然後一身野狼狽, 朝不謀夕, 托鉢歌妓之院, 分餐孤老之盤, 往來鄉親, 恬不知恥, 五快活也." (明) 袁宏道 著, 錢伯城 箋校,『袁宏道集箋校』(上海: 上海古籍出版社, 1981), 卷5,「錦帆集之三—尺牘」,「龔惟長先生」條, 205~206쪽.

33) 王崗,『浪漫情感與宗教精神: 晚明文學與文化思潮』(香港: 天地圖書館有限公司, 1999), 5~46쪽.

34) "夫古稱吳歌, 所從來久遠. 至今遊惰之人, 樂爲俳優. 二三十年間, 富貴家出金帛, 制服飾器具, 列笙歌鼓吹, 招至十餘人爲隊, 搬演傳奇, 好事者競爲淫麗之詞, 轉相唱和, 一郡城之內, 衣食於此者, 不知幾天人矣. 人情以放蕩爲快, 世風以侈靡相高, 雖逾制犯禁, 不知忌也." (明) 張瀚,『松窗夢語』, 卷7,「風俗紀」, 139쪽.

35) 최근『금병매金瓶梅』와 관련된 연구 성과가 매우 많다. 그중 다수의 학자가『금병매』에서 일용유서의 지식을 아주 많이 인용하고 있음을 지적한다. 최근 대표적 저서로는 다음의 두 책이 있다. 小川陽一,『日用類書による明淸小說の研究』(東京: 硏文, 1995); 蔡國梁,『金瓶梅考證與研究』(西安: 陝西人民出版社, 1984). 상웨이商偉는 더 나아가 명말 출판문화와『금병매』의 관계에 대해 분석하고 소설가가 어떻게 복잡하고 다양한 일용유서의 일상생활 지식을 소설 속에 녹여냈는지 상세히 서술하며 또한 명말 출판문화

의 유행 형식이 『금병매』에 어떠한 영향을 주었는지를 검토하고 있다. 새로운 판면版面의 구상에서부터 독서 습관의 변화를 가져왔다는 점과, 마지막으로『금병매』가 유사한 형식을 사용함으로써 상업화 시장에 뛰어들었고 독자층을 확대했음을 밝힌다. Shang Wei, "The Making of the everyday World: Jin Ping Mei cihua and Encyclopedias for Daily Use," in *Dynastic Crisis and Cultural Innovation: From the Late Ming to the Late Qing and Beyond*(Cambridge, Mass: Harvard University Asia Center, 2005), edited by David Der-wei Wang and Shang Wei, pp. 63~92 참조.

4. 사대부의 신분 지위 변화

1) 宮崎市定,「明淸蘇松地方の士大夫と民衆」, 氏著,『アジア史硏究』(東京: 岩波書店, 1964), 輯4, 321~360쪽.

2) "吾鄉之俗, 遠者不可睹已. 弘德之間, 猶有淳本務實之風, 士大夫家居多素練, 衣緇布冠, 卽諸生以文學名者, 亦白袍靑履, 游行市中"(明) 沈明臣 纂修, 萬曆『通州志』, 卷2,「風俗」, 47a쪽.

3) "右族以侈靡爭雄長, 燕窮水陸, 字盡雕鏤, 獲多至千指, 廝養興服至陵轢士類."(明) 顔洪範 修, 張之象·黃炎 纂, 萬曆『上海縣志』(明萬曆16年刻本), 卷1,「地理志·風俗」, 8a쪽.

4) (明) 顧炎武,『顧亭林詩文集』(北京: 中華書局, 1595), 卷1,「生員論上」, 21~22쪽.

5) 宮崎市定,「科擧: 中國の試驗地獄」, 氏著,『宮崎市定全集』(東京: 岩波書店, 1993), 輯15, 424쪽.

6) 巫仁恕,「明淸城市民變硏究: 傳統中國城市群衆集體行動之分析」(臺灣大學歷史學硏究所博士論文, 1996), 194쪽; 林麗月,「科場競爭與天下之"公": 明代科擧區域配額問題的一些考察」,『臺灣師範大學歷史學報』, 期20(1992), 8~18쪽; 위잉스余英時 또한 실례를 통해 16세기 이후 명대에서는 과거 합격의 정원이 수없이 늘어나는 과거 준비생의 수에 미칠 수 없었음을 증명하고 있다. 余英時,「士商互動與儒學轉向」, 郝延平·魏秀梅 主編,『近世中國之傳統與蛻變: 劉廣京院士七十五歲祝壽論文集』(臺北: 中硏院近代史硏究所, 1998), 5~7쪽.

7) 『新校本明史』, 卷19,「選擧志一」, 1686~1687쪽.

8) Ping-ti Ho, *The Ladder of Success in Imperial China: Aspects of Social Mobility, 1368~1911*(New York: Columbia Univ. Press, 1962), pp. 181~183.

9) 토목보의 변 이후에 감생이 비단을 준 상황은, 같은 책, 32~33쪽을 참조.

10) "吳中惡濫不售之貨, 謂之店底, 故庠生久治不中者, 亦以此目之. (…) 然宣德·正通間, 藍生惟科·貢·官生三種而已, 故此輩得以次進用. 景泰以來, 藍生有納成芻粟及馬助邊者, 有納栗販荒者, 雖科貢之士, 亦爲阻塞. 中間有自度不能繼次者, 多就敎職, 餘至選期, 老死殆半矣."不著撰人,『蓬軒類記』, (明) 鄧士龍 輯,『國朝典故』(北京: 北京大學據北大善本書室藏明鄧氏刊本影印, 1993), 卷68, 1526쪽에 수록. 이 책은 육용陸容의『숙원잡기菽園雜記』의 한 부분을 따르고 있으나 수록한 내용이 약간 많다.

11) (明) 陸人龍 編, 『型世言』(臺北: 中央研究所中國文哲研究所, 1992), 冊中, 1027쪽.

12) "朝廷所重者名爵, 庶民所畏者縣官. 近年富兒入銀得買指揮者, 三品官也, 縣官豈能抑之? 餘偶入城, 忽遇騶呵(按: 舊時職官出行, 有小卒引馬喝道)屬路, 金紫煌赫, 與府僚分道而行. 士夫見之, 欽避不暇. 因詢於人, 始知其爲納銀指揮, 虎而翼之, 無甚於此." (明) 王錡, 『寓圃雜記』(北京: 中華書局, 1984), 卷10, 「納粟指揮」, 79쪽.

13) "近年補官之價甚廉, 不分良賤. 納銀四十兩, 卽得冠帶, 稱義官." "故皂隷·奴僕·乞丐·無賴之徒, 皆輕資假貸以納, 凡僭擬豪橫之事, 皆其所爲." (明) 王錡, 『寓圃雜記』, 卷5, 「義官之濫」, 40쪽.

14) 명대 생원이 재물 소송을 독점한 것에 대해서는 吳晗, 「明代新仕宦階級, 社會的政治的文化的關系及其生活」, 『明史研究輪叢』第5輯(南京: 江蘇古籍出版社, 1991), 26~27쪽; 鈴末博, 『明末包攬之一考察』, 『集刊東洋學』號41(1979), 67~81쪽 참조.

15) "官員之家, 不得於所部內賣買." "公侯內外文武官員四品以上官, 不得放債." 『明仁宗實錄』, 卷5, 永樂22年12月癸丑條, 179쪽; 『明英宗實錄』, 卷66, 正統5年4月己未條, 1277쪽.

16) "有質舍百餘處, 各以大商主之, 歲得子錢數百萬."

17) "在無錫·蘇·常各處者十餘舖, 每舖不啻二三萬金."

18) "多蓄織婦, 歲計所積, 與市爲賈." (明) 范守己, 『曲洧新聞』, 『御龍子集』(臺南: 莊嚴圖書公司據重慶市圖書館藏明萬曆18年侯延珮刻本影印, 1997), 卷2, 14a쪽; (明) 沈鐵「劾貪婪撫臣疏」, (淸) 張奇勛·周士儀 纂修, 譚弘憲·周士儀 續修, 康熙『衡州府志』(北京: 書目文獻出版社據靑康熙10年刻杠年續修本影印, 1988), 卷19, 「藝文志·疏」, 48b쪽; (明) 于愼行, 『谷山筆塵』(北京: 中華書局, 1984), 卷4, 「相鑒」, 39쪽

19) "吳中縉紳士大夫多以貨殖爲急." "其術倍克於齊民." "吳人以織作爲業, 卽士大夫家, 多以紡績求利, 其俗勤嗇好殖, 以故富庶." (明) 黃省曾, 『吳風錄』, 『筆記小說大觀』(臺北: 新興書局, 1985), 6編5冊, 165b쪽; (明) 于愼行, 『穀山筆塵』, 卷4, 「相鑒」, 39쪽.

20) (明) 李詡, 『戒庵老人漫筆』(北京: 中華書局, 1982), 卷1, 16쪽.

21) 大木康, 『明末江南の出版社文化』(東京: 硏文出版社, 2004), 189~213쪽.

22) 余英時, 『中國近世宗敎倫理與商人精神』(臺北: 聯經出版公司, 1987), 108쪽.

23) "以賞得官."

24) "士商異術而同心." "良賈何負閎儒." "士商相混." 같은 책, 95~166쪽.

25) "棄儒就賈." 같은 책, 104~121쪽. 余英時, 『士商互動與儒學轉向』, 10~14쪽.

제2장 소비와 권력의 상징: 가마문화를 중심으로

1) "車行歷碌騎行徐, 早晩誰來問起居. 聖旨分明優老大, 特敎三品用肩輿." 陸深, 『儼山集·奉旨三品乘轎』.

2) 劉增貴, 「漢隋之間的車駕制度」, 『中央硏究院歷史語言硏究所集刊』, 第63本 第2分, 371~449쪽.

3) 고대 이집트 및 페르시아와 고대 로마에서도 견여나 보련과 유사한 도상圖像이나 기록이 있지만, 교자는 나타나지 않는다.

4) (宋) 佚名, 『愛日齋叢抄』; (明) 李濂, 『乘轎說』; (明) 何孟春, 『餘冬序錄』; (明) 朱國禎, 『涌幢小品』; (淸) 趙翼, 『陔餘叢考』; (淸) 兪正燮, 『癸巳類稿』; (淸) 嚴有禧, 『漱華隨筆』를 비롯해 근대 상빙허尚秉和, 천덩위안陳登原 등이 이에 관해 연구했다.

5) 王子今, 『交通與古代社會』(長安: 陝西人民敎育出版社, 1993); 馬洪路 『行路難』(臺北: 臺灣中華書局, 1993); 王崇煥 『中國古代交通』(天津: 天津敎育出版社, 1991); 孫順霖 「從 "車"到"轎"」, 『尋根』, 1998年 第3期, 27~29쪽; 吳美鳳, 「十世紀初期以前的人舁乘具略考」, 『歷史文物』, 號82(2000年 5月), 60~71쪽. 근래 대륙 각지에서 교통사와 도로사 등에 관해 서술한 전문 서적은 일상생활에서의 가마 사용에 대해 간략하게 언급했을 뿐으로 그 범위가 한정되어 있다. 張立 主編, 『鎭江交通史』(北京: 人民交通出版社, 1989); 江蘇省 南京市 公路管理處 史志編審委員會編, 『南京古代道路史』(南京: 江蘇科學技術出版社, 1989) 참조.

6) 常建華, 「論明代社會生活性消費風俗的變遷」, 『南開學報』, 1999年 第4期, 56쪽; 邱仲麟, 『明代北京的社會風氣變遷──禮制與價値觀的改變』, 3~5쪽; 陳大康, 『明代商賈與世風』(上海: 上海文藝出版社, 1996), 203~210쪽; 陳寶良, 『飄搖的傳統: 明代城市生活長卷』(長沙: 湖南出版社, 1996), 116~119쪽; 岸本美緖, 「明淸時の身分感覺」, 森正夫 等編, 『明淸時代史的基本問題』(東京: 汲古書院, 1997), 408~411쪽에 수록. 또 관련 연구의 소개와 토론은 林麗月, 『世變與秩序: 明代社會風尚相關硏究評述』, 9~20쪽 참조.

1. 명대 초기·중기의 가마문화

1) (宋) 王銍, 『默記』(北京: 中華書局, 1981), 卷上, 3쪽.

2) 『新校本宋史』, 卷153, 「輿服五·士庶人服」, 3576쪽.

3) 일부 드문드문 나타나는 기록을 보면, 일찍이 북송 중기에 관리들이 지붕 있는 견여를 타고 행차한 사례가 있다. (宋) 李燾, 『續資治通鑑長篇』(北京: 中華書局, 1979~1995), 卷317, 起神宗元豐4年10月乙卯盡是月乙丑, 7658쪽; (宋) 司馬光, 『涑水記聞』(北京: 中華書局, 1989), 卷15, 「富弼爲人溫良寬厚」, 295쪽.

4) (宋) 佚名 撰; (淸) 紀昀 等撰, 『文淵閣四庫全書』(臺北: 臺灣商務印書館, 1983~1986), 冊854, 卷1, 626~627쪽에 수록. 인용된 두 책 가운데 전자는 이미 왕조汪藻의 『부계집浮溪集』(『文淵閣四庫全書』, 冊1128), 卷6, 6b~7b쪽에 수록되었으며, 후자는 이미 실전되어 현재 보이지 않는다.

5) "大雨雪, 連十餘日不止, 平地八尺深, 氷滑, 人馬不能行, 詔百官乘轎入朝." 『新校本宋史』, 卷62, 「五行一下·水下」, 1342쪽.

6) (宋) 李燾, 『續資治通鑑長篇』, 卷322, 起神宗元豐5年丁月正月盡其月, 7760쪽.

7) 『新校本宋史』, 卷153, 「志106·輿服五·士庶人服」, 3576쪽.

8) "今京城內暖轎, 非命官至富民·娼優·下賤, 遂以爲常." 같은 책, 3577쪽; (宋) 周煇, 劉永翔 校注, 『淸波雜志』(北京: 中華書局, 1994), 卷2, 「涼傘」, 46쪽.

9) "故事百官出入皆乘馬. 建炎初, 上以維揚磚滑, 謂大臣曰: 君臣一體, 朕不忍使群臣奔走危地, 可特許乘轎. (…) 今行在百官, 非入朝無乘馬者." (宋) 李心傳, 『建炎以來朝野雜記』

(石家莊市: 河北敎育出版社, 1995), 甲集, 卷3, 「百官肩輿蓋」, 53쪽; (元) 馬端臨, 『文獻通考』(臺北: 臺灣商務印書館, 1987), 卷119, 「王禮十四·皇太子皇子公卿以下車輦鹵簿」, 1078~1081쪽.

10) (元) 馬端臨, 『文獻通考』, 卷119, 「王禮十四·皇太子皇子公卿以下車輦鹵簿」, 1078~1081쪽. 『문헌통고』에 남송 시기 이러한 대우를 받은 사례를 기록하고 있으며, 교자나 견여를 타고 황성의 궁문이나 대전의 문을 들어오도록 특별히 허가된 대신이 있었다. 장도張燾는 조서를 받고 황제를 알현하기 위해 교자를 타고 황성의 성문을 들어와 궁문 안의 하마처下馬處에 이르렀으며, 참지정사參知政事 주규周葵는 말에서 떨어져 다쳤으므로 잠시 교자를 타고 궁에 들어와 조회에 참석하도록 허가를 받았다. 『송사宋史』 기록에는 또 진회, 진강백陳康伯(1097~1165), 종실 조백규趙伯圭 등이 포함되어 있다. 『新校本宋史』, 卷30, 「本紀三十·高宗趙構七」, 572쪽; 卷473, 「列傳二三二·姦臣三·秦檜」, 13761~13762쪽; 卷33, 「本紀三十三·孝宗趙昚一」, 629쪽; 卷384, 「列傳一二三·陳康伯」, 11810~11811쪽; 卷244, 「列傳三·宗室一·秦王德芳·秀王子偁」, 8688~8689쪽 참조.

11) "南渡以前, 士大夫皆不甚用轎." "自南渡後至今, 則無人不乘轎矣." (宋) 朱熹, 『朱子語類』(臺北, 華世出版社, 1987), 卷128, 「本朝二·法制」, 3067쪽.

12) (宋) 朱熹, 『朱子語類』, 卷91, 「禮八·雜儀」, 2326쪽; 卷41, 「論語二十三·顏淵篇上·顏淵問仁章」, 1069쪽; 卷103, 「羅氏門人胡氏門人·胡氏門人·張敬夫」, 2610쪽; 卷49, 「論語三十一·子張篇·仕而優則學章」, 1211쪽.

13) "今却百官不問大小, 盡乘轎, 而宦者將命之類皆乘轎." (宋) 朱熹, 『朱子語類』, 卷127, 「本朝一·高宗朝」, 3058쪽.

14) (宋) 孔武仲 等, 『清江三孔集』, 『文淵閣四庫全書』, 冊1345, 卷4, 「舍轎馬而步」, 209~210쪽에 수록.

15) "施全刺之黿, 褻厚不得入, 則帷轎矣" (清) 王棠, 『燕在閣知新錄』, 『四庫全書存目叢書』(臺南: 莊嚴出版社據清華大學圖書館藏清56年刻本影印), 子部, 雜家類, 冊100, 610쪽에 수록.

16) "自二父在, 而四方之過莆者無不造於庭. 蓋今之轎大於舊矣, 乃世變也." (宋) 葉適, 『水心集』, 四庫備要編輯委員會, 『四庫備要』(臺北, 臺灣中華書局, 1965), 集部, 冊210, 卷18, 「劉建翁墓誌銘」, 10b~11a쪽에 수록.

17) "南中亦有無驢馬雇覓處, 縱有之, 山嶺陡峻局促處, 非馬驢所能行. 兩人肩一轎, 便捷之甚, 此又當從民便, 不可以執一論也." (明) 陸容, 『菽園雜記』(北京, 中華書局, 1985), 卷11, 132쪽.

18) "人謂南京俱靑石砌, 馬善倒, 每每告苦者, 又無馬可覓, 買馬又値甚高, 人稱自備銀, 覓兩人小轎, 出入頗爲便云." (明) 鄧球 編, 『皇明泳化類編』(北京: 書目文獻出版社據明隆慶刻本影印, 1988), 卷134, 「兩京轎傘」, 1383쪽.

19) "蓋乘馬不惟雇馬, 且雇控馬持杌者, 反費於肩輿, 不但勞逸之殊已也." (明) 謝肇淛, 『五雜組』, 卷14, 「事部二」, 362쪽.

20) 『금병매』 제78회에 금동琴童이 반금련에게 교자전으로 은자 6푼을 요구하는 내용이 있으며, 제43회에 서문경이 운리수雲離守에게 말 두 필을 70냥에 구입하는 내용이 있

다. 제38회에 서문경이 상등급 청마靑馬 한 필을 바꾸었는데, 하제형夏提刑은 이 말이 매우 잘 달릴 수 있고 가격은 은자 70~80냥이라고 칭찬했다.『금병매』에 나타난 물가 자료에 관해서는 蔡國梁『金瓶梅考證與研究』, 259~260쪽 참조.

21) 紙價: 蘇州市場上一婁紙售八兩銀子(「狡牙脫紙以女償」).

馬價: 一匹好馬價四十兩銀子(「假馬脫緞」).

絲綢價: 絲綢三匹, 價銀四兩四錢, 平均每匹一兩四錢多(「京城店中響馬賊」).

攬轎價: 福建陸路一百二十里, 攬轎價一錢六分, 有時還可降至一錢二分或一錢四分(「詐以帶柄要轎夫」).

中藥材: 江西樟樹鎭當歸一擔十兩, 川芎一擔六兩, 價低時當歸一擔僅三兩七錢(「高攬重價反失利」).

─陳學文,『明淸時期商業書及商人書之研究』(臺北, 洪葉文化公司, 1997), 229쪽.

22) "國初進士皆步行, 後稍騎驢. 至弘·正間, 有二三人共雇一馬者, 其後遂皆乘馬. 余以萬曆壬辰(萬曆20年, 1592)登第, 其時郞署及諸進士皆騎也, 遇大風雨時, 間有乘輿者, 迄今僅二十年, 而乘馬者遂絶跡矣, 亦人情之所趨. 且京師衣食於此者殆萬餘人, 非惟不能禁, 亦不必禁也." (明) 謝肇淛,『五雜俎』, 卷14,「事部二」, 362쪽.

23) 何高濟 等譯,『利瑪竇中國札記』(北京: 中華書局, 1983), 330쪽.

24) 예를 들면,『일통노정도기一統路程圖記』에 항주부에서 휴령현休寧縣 제운산齊雲山에 이르는 노정에서 "항주의 교자는 관음교에서 빌려지고, 흡현의 교자는 여항에서 빌린다杭州轎, 在觀音橋雇, 歙縣轎, 在餘杭雇"라고 기록되어 있다. 휘주부 숭안현까지의 길은 "산이 많고 길이 좁아 가마 한 대에 짐 오육십 근을 실으면 가마꾼이 너무 힘들어 두 사람이 한 사람의 노고를 대신하는데, 후덕한 업자는 [길이] 험한 곳에서 [자신의] 한 어깨를 빌려주었다嶺多路小, 每轎一乘, 駕行李五·六十斤, 轎夫甚苦, 兩人代一人勞, 仁厚客商. 險處怨饒一肩." (明) 黃汴,『一統路程圖記』, 楊正泰,『明代驛站考』(上海: 上海古籍出版社, 1994), 222~223, 225쪽.

25) 북송 시기 사람들은 이처럼 연로하거나 병이 있는 중신에게 견여를 타고 입조해 정사를 논하도록 허가하는 것이 신종 희령 연간(1068~1077)의 좌복야左僕射 부필富弼(1004~1083)부터 시작되었다고 생각했다. 그러나 남송 이도李燾가 편찬한『속자치통감장편續資治通鑑長編』과『송사』에 진종眞宗 대중상부大中祥符 8년(1015) 재상 왕단王旦(957~1017)이 병에 걸려 오래도록 낫지 않자, 황제가 왕단에게 견여를 타고 궁에 들어오도록 하고, 그의 아들 왕옹王雍과 직성리直省吏에게 왕단을 부축하도록 하여 편전에서 만났다는 사실이 기록되어 있다. 이를 통해 늦어도 진종 시기에는 이미 이러한 예우의 선례가 있었음을 알 수 있다. 이 밖에 북송 시기의 유명한 두 사례가 있다. 진종 시기 상서좌복야를 지낸 사마광司馬光(1019~1086)과 문언박文彦博이다.

26) "令人持扇圍蔽." (宋) 謝深甫 等 纂修,『慶元條法事類』(北京: 中國書店, 1990), 卷3,「失門名·服飾器物敕令格」, '儀制令'條 9쪽.

27) 명 하맹춘何孟春(1474~1536)은 역대 교자 사용 규정을 비교한 뒤, 명대의 규정이 이전 시대의 법령 규제와 비교해 더욱 상세해졌다고 지적했다. (明) 何孟春,『餘冬序錄』,『四庫全書存目叢書』(臺南: 莊嚴文化事業有限公司據明嘉靖7年郴州家塾刻本影印, 1995), 子部, 冊101~102, 卷58, 12a쪽.

28) "洪武元年, 定不得雕飾龍鳳紋. 職官一品至三品, 許用間金妝飾銀螭, 繡帶靑幔. 四品五品
素獅子頭, 繡帶靑幔. 六品至九品用素雲頭, 素帶靑幔. 轎子比車製. 庶民車用黑油齊頭平
頂皂幔. 轎子同車轎子比同車製, 并不許用雲頭." "六年, 令凡舟車坐轎, 除紅漆外, 許雜色
漆飾. 五品以上車用靑幔, 餘并不許. 其坐轎止許婦人及官民老疾者乘之." (明) 李東陽 等
奉勅撰, 申時行 等 奉勅重修, 『大明會典』(臺北: 東華書報社據萬曆15年司禮監刊本印行,
1964), 卷62, 「房屋器用等第」, 3a~3b쪽; 『新校本明史』, 卷65, 「志四十一 · 輿服一 · 公卿以
下車輿」, 1611쪽.

29) "景泰四年, 令在京三品以上許乘轎, 其餘不許違例. 在外各衙門, 俱不許乘轎." 『大明會典』,
卷62, 「房屋器用等第」, 3b쪽; 『新校本明史』, 卷65, 「志四十一 · 輿服一 · 公卿以下車輿」,
1611~1612쪽.

30) "申明兩京及在外文武官員, 除奉有旨及文武例應乘轎者, 只許四人扛擡. 其兩京五府管事,
并內外鎭守 · 守備等項, 公 · 侯 · 伯 · 都督等官, 不分老少, 皆不許乘轎. 違例乘轎及擅用八
人者, 指實奏聞." 『大明會典』, 卷62, 「房屋器用等第」, 3b쪽.

31) 『新校本明史』, 卷76, 「志五十二 · 職官五」, 855~856쪽.

32) (明) 來斯行, 『槎庵小乘』, 四庫禁燬書叢書編纂委員會 編, 『四庫禁燬書叢書』(北京: 北京
出版社據明崇禎4年刻本刊印, 2000), 子部, 冊10, 卷15, 「肩輿」, 13b~15a쪽; (淸) 孫承澤,
『春明夢餘錄』(北京: 北京古籍出版社, 1992), 卷40, 「肩輿」, 784쪽.

33) "蓋自太祖不欲勳臣廢騎射, 雖上公, 出必乘馬."

34) "惟文職大臣乘轎, 庶官亦乘馬." 『新校本明史』, 卷65, 「志四十一 · 輿服一 · 公卿以下車輿」,
1611~1612쪽.

35) "凡街市軍民人等, 買賣及乘坐驢馬出入者, 遙見公侯駙馬一品官以下, 至四品官過往, 卽便
下馬讓道." 『大明會典』, 卷59, 「官員禮」, 4a~5a쪽.

36) Galiote Pereira, 『關於中國的一些情形』, 王鎖英 譯, 『葡萄牙人在華見聞錄——十六世紀
手稿』(澳門: 澳門文化司署 等, 1998), 77쪽.

37) 『明英宗實錄』, 卷292, 天順2年6月己卯條, 6245쪽.

38) "不失爲君子云." 『明憲宗實錄』, 卷127, 成化10年夏4月壬申條, 2424~2425쪽.

39) 『新校本明史』, 卷65, 「志四十一 · 輿服一 · 公卿以下車輿」, 1612쪽. 이처럼 특수한 은전을
받을 수 있는 경우는 분명히 소수다. 그다음 등급은 궁중에서 말을 타도록 허락하는
것으로, 가정 시기의 하언夏言과 적란翟鑾의 경우다. 그러나 이 둘은 사사로이 요여腰
輿[작은 교자]를 사용해, 가정 황제가 이를 듣고 분수에 지나치다고 여겨 마음에 담
아두었다. 일설에 훗날 둘 중 하나는 화를 당하고 하나는 쫓겨났는데, 이 사건에서 기
인했다 한다. 이에 대해서는 (明) 沈德符, 『萬曆野獲編』(北京: 中華書局, 1997), 卷8, 「內
閣 · 禁苑用輿」, 207쪽에 기록되어 있다.

40) 명대 광의의 언로는 사방의 신하와 백성의 건의를, 협의의 언로는 '과도관科道官'의 상
주上奏를 가리킨다. '과관科官'은 6과 급사중을, '도관道官'은 도찰원의 13도 어사를 가
리킨다. 과도관은 대성관臺省官이나 대쇄청반臺瑣淸班이라고도 한다. 王天有, 『明代國
家機構硏究』(北京: 北京大學出版社, 1992), 59쪽 참조.

41) "朝廷以言官優容之, 讓益肆, 每會議, 必與六卿幷坐, 遇大臣於道不爲禮, 或兩人肩輿行,
讓必策馬從中左右顧而過之, 縉紳側目, 無敢與抗者." 『明憲宗實錄』, 卷74, 成化6年12月壬

申條, 1430쪽.

42) 『明武宗實錄』, 卷56, 正德4年冬10月己酉條, 1260쪽.

2. 명말 가마의 유행과 보급

1) "布按二司官, 方面重臣, 府·州·縣官, 民之師帥, 跨驢出入, 非所以示民." (明) 鄭曉, 『今言』 (北京: 中華書局, 1997), 卷1, 44쪽.

2) "五品京官亦美哉, 腰間銀帶象牙牌. 有時街上騎驢過, 人道遊春去不回."

3) "成化末, 爲御史時, 常騎驢朝參, 同列多有然者."

4) (明) 胡侍, 『眞珠船』(蘭州: 蘭州古籍書店, 1990), 卷8, 「京官騎驢」, 90쪽.

5) 『明英宗實錄』, 卷74, 正統5年12月庚寅條, 1442~1443쪽.

6) "多不乘馬, 私役京操軍士, 肩輿出入, 呵從實繁, 將驕卒惰."

7) "舊例將臣在病, 得請方許乘轎, 止可於暫時行之. 今京營將官, 多有久離鞍馬, 以坐轎爲常者, 非惟不能制禦急變, 恐亦無以表率六軍." 『明孝宗實錄』, 卷119, 弘治9年11月甲申條, 2141쪽.

8) 가정 18년(1539) 도호부장군都護副將軍 주희충, 가정 18년 선성백宣城伯 위순衛錞과 수안백遂安伯 진혜陳鏸(?~1572), 가정 33년(1554)의 영국공英國公 장용張溶(?~1581) 과 안평백安平伯 방승유方承裕(?~1572) 및 좌도독 육병陸炳(1510~1560) 등은 모두 견여 타기를 요청해 허가를 받았다. 『明世宗實錄』, 卷223, 嘉靖18年4月庚戌條, 4630쪽; 卷227, 嘉靖18年閏7月丙申條, 4705쪽; 권417, 嘉靖33年12月甲午條, 7248쪽 참조.

9) 만력 45년(1617) 도지휘사都指揮使 만위萬煒가 견여 타기를 요청해 허가받았다. 만력 46년(1618) 중부대봉中府帶俸 무청후武淸侯 이성명李誠銘의 모친 태부인 오씨가 아들을 위해 상주하여 견여를 요청해 허가를 받았다. 광종 태창泰昌 원년(1620) 척신 좌도독 곽진명郭振明에게 견여를 하사했으며, 희종 천계 원년(1621) 성국공成國公 주 순신朱純臣이 견여를 요청하여 허락받았다. 『明神宗實錄』, 卷554, 萬曆45年2月壬子條, 10462쪽; 『明神宗實錄』, 卷576, 萬曆46六年11月丁酉條, 10902쪽; 『明熹宗實錄』, 卷3, 泰昌元年11月庚寅條, 149쪽; 『明熹宗實錄』, 卷13, 天啓元年8月辛巳條, 660쪽 참조.

10) 『明神宗實錄』, 卷537, 嘉靖43三年8月丙子, 8709~8710쪽.

11) 『明熹宗實錄』, 卷1, 泰昌元年秋9月乙亥朔卯, 23쪽; 卷6, 天啓元年2月辛未春分條, 318쪽; 卷40, 天啓3年閏10月壬寅條, 2076쪽.

12) "舊制京朝文職四品以下, 及公·侯·伯·都督等官, 不得乘轎. 軍職不得用馬杌, 出入不得乘 小轎. 夫何邇年以來, 勳臣厭馬弗乘, 以轎相競, 是果出於朝廷之賜與. 抑知其不可而爲之 者與."

13) "武職官不習騎射, 至有占用軍士, 交牀上馬, 出入乘轎者." 『明世宗實錄』, 卷166, 嘉靖13年 8月庚戌, 3650~3651쪽.

14) "嘗聞長老言, 祖宗朝, 鄕官雖見任回家, 只是步行. 憲廟時, 士夫始騎馬. 至弘治正德間, 皆 乘轎矣." (明) 何良俊, 『四友齋叢說』, 卷35, 「正俗二」, 320쪽.

15) "『四友齋叢說』中記前輩服官乘驢者, 在正嘉前乃常事, 不爲異也. 頃孫冢宰丕揚嘗對人言:

'其嘉靖丙辰登第日, 與同部進士騎驢拜客, 步行入都.' 先伯祖亦言, '隆慶初, 見南監廳堂官, 多步入衙門, 至有便衣步行入市買物者. 今則新甲科輿從爲舄奕長安中, 首蓿冷官, 非鞍籠·肩輿·腰扇固不出矣. 又景前溪中允爲南司業時, 家畜一牝騾, 乘之以升監, 旁觀者笑之亦不顧. 今即幕屬小官, 絶無策騎者. 有之, 必且爲道傍所揶揄. 憶戊戌己亥間, 余在京師猶騎馬, 後壬寅入都, 則人人皆小輿, 無一騎馬者矣. 事隨時變, 此亦其一也.'' (明) 顧起元, 『客座贅言』, 卷7, 「輿馬」, 231쪽.

16) ''朝制南北官俱騎馬, 隆慶間因南人不慣, 始乘小轎. 不數年, 北亦如南矣.'' (明) 姚旅, 『露書』, 『四庫全書存目叢書』(臺南: 莊嚴文化事業有限公司據北京圖書館藏明天啓刻本影印, 1996), 子部, 雜家類, 冊111, 卷8, 「風篇上」, 679쪽에 수록.

17) ''舊制, 文臣三品以上, 始得乘輿. 今凡在京大小官員, 俱肩輿出入, 初猶女轎蔽帷, 不用呵殿. 今則褰帷前驅, 與南京相似矣.'' (明) 沈德符, 『萬曆野獲編』, 卷13, 「禮部·舊制一廢難復」, 353쪽.

18) ''今南中無大小, 皆乘轎, 惟有四人兩人之分, 猶曰留都稍自便. 北京亦用肩輿出入, 即兵馬指揮若衛經歷皆然, 雇直甚賤, 在外惟典史乘馬, 恐不久亦當變矣.'' (明) 朱國禎, 『涌幢小品』(臺北: 廣文書局, 1991), 卷15, 「人輿」, 18쪽.

19) ''近來士庶奢靡成風, 僭分違制, 依擬嚴行內外衙門, 訪拏究治. 法之不行, 自上犯之. 近聞在京庶官, 槪住大房, 肩輿出入, 晝夜會飮, 輦轂之下, 奢縱無忌如此, 廠衛部院一幷訪緝參究.'' 『明神宗實錄』, 卷263, 萬曆二十一年八月庚戌, 4893쪽.

20) ''董子元云, 擧人乘轎, 蓋自張德瑜始也. 方其初心回, 因病不能看人, 逶乘轎以行, 衆人因之, 盡乘轎矣. 然蘇州袁吳門魯尼與余交, 其末中進士時, 數來下顧. 見其只是帶羅帽二童子跟隨, 徒步而來. 某以壬辰年應歲貢出學, 至壬子年謁選到京, 中間歷二十年, 未嘗一日乘轎. 今監生無不乘轎矣.'' (明) 何良俊, 『四友齋叢說』, 卷35, 「正俗二」, 320쪽.

21) ''春元(擧人)用布圍轎, 自嘉靖乙卯張德瑜起, 此何元朗所致慨也. 自後率以爲常.'' (明) 范濂, 『雲間據目抄』, 卷2, 「記風俗」, 7b쪽.

22) ''日偶出去, 見一擧人轎邊隨從約有二十餘人, 皆穿新靑布衣, 甚是赫奕. 余惟帶村僕三四人, 豈敢與之爭道. 只得避在路旁以俟其過.'' (明) 何良俊, 『四友齋叢說』, 卷35, 「正俗二」, 321쪽.

23) ''士子暨登鄉科, 與衆逈別, 則以肩輿加布圍, 亦不爲過.''

24) ''獨近來監生生員通用, 似覺太早耳.'' (明) 何良俊, 『四友齋叢說』, 卷35, 「正俗二」, 321쪽.

25) ''大率秀才以十分言之, 有三分乘轎子矣. 其新進學秀才乘轎, 則自隆慶四年是也. 蓋因諸人皆士夫子弟或有力之家故也.'' (明) 何良俊, 『四友齋叢說』, 卷35, 「正俗二」, 320쪽.

26) ''尤可笑者, 紈褲子弟爲童生, 即乘此轎, 帶領僕從, 招搖街市, 與春元一體, 此微獨爲父兄無教, 即子弟自己爲地, 原不宜如此, 蓋童生人品未定, 不知終身作何狀. 正宜習服勤老, 勿使惰慢. 況處松江澆薄之俗, 朝華夕零, 變態立見.'' (明) 范濂, 『雲間據目抄』, 卷2, 「記風俗」, 7b쪽.

27) ''近開捐納之例, 於是紈袴之子, 村市之夫, 輦貲而往, 歸以搢紳自命, 張蓋乘輿, 僕從如雲, 持大字刺, 充斥衢巷, 揚揚自得.'' (清) 董含, 『三岡識略』(沈陽: 遼寧敎育出版社, 2000), 卷10, 「三吳風俗十六則」, 225쪽.

28) ''富人入錢得秩, 不過公士簪裘之流, 亦復出入輦, 自同蹶痿. 風氣澆薄, 有識掩口.'' (清) 王

應奎,『柳南隨筆』(北京: 中華書局, 1983), 卷4, 75쪽.

29) "近日事例濫開, 一切徒隸輩, 俱得以白鏹授勇爵, 披金紫, 戴黃蓋, 充塞道路, 而無如之何." (明) 沈德符,『萬曆野獲編』, 卷13,「禮部·褐蓋」, 355~356쪽.

30) "俱坐八人轎, 覆褐蓋." 같은 곳.

31) (明) 馮夢龍 著, 劉德權 校點,『古今譚概』(福州: 海峽文藝出版社, 1985),「微詞部第三十」, 張伯起條, 973~974쪽.

32) "通灣宣大稅監張燁參原奏書役毛鳳騰, 擅坐肩輿, 假丈田地, 恐嚇民財, 輕斃民命, 及侵盜子粒銀兩, 紛擾緊峙地方諸奸狀."『明神宗實錄』, 卷351, 萬曆28年9月癸卯, 6569, 6573쪽.

33) "胡掾吏幷駕爲軒之鶴, 輒敢群然命駕, 相將侈爾. (…) 胥徒盡從超乘, 循名旣稱亡等, 物利亦復虛糜."; "如縣驛有給轎命坐者, 給與受給者一體提究連坐." (明) 吳玄,『衆妙齋集』(據日本內閣文庫藏明天啟間序刊本影印), 卷7,「飭革驛給吏書以省物力以辨等威事」, 30~31쪽.

34) "肩輿之作, 古人有以人代舁之感, 然卿大夫居鄉, 位望旣尊, 固當崇以體統, 不謂僭濫之極, 至優伶之賤, 竟有乘軒赴演者." (清) 龔煒,『巢林筆談』, 卷4, 104쪽.

35) 명초의 지주계층도 과거를 통해 상류계급화gentility되면서, 자신들이 보유한 부를 사회적 지위로 전화했다. Timothy Brook, *The Confusions of Pleasure: Commerce and Culture in Ming China*, pp. 79~80 참조. 청나라 경제자본을 문화 소비에 투입한 가장 유명한 사례는 바로 양회염상兩淮鹽商이다. 何炳棣 著, 巫仁恕 譯,「揚州鹽商: 十八世紀中國商業資本的研究」,『中國社會經濟史研究』, 1999年 第2期, 59~76쪽 참조.
＊양회염상: 회하淮河가 바다로 들어가는 연해 지역의 소금 생산 지역인 강소성 동부를 '양회'라 하며, 이곳의 염상을 '양회염상'이라 한다.

3. 정부의 대응 정책

1) 『新校本明史』, 卷65,「志四十一·輿服一·公卿以下車輿」, 1611~1612쪽;『明太宗實錄』, 卷19, 337, 350쪽.

2) 『明英宗實錄』, 卷205,「廢帝郕戾王附錄第二十三」, 景泰2年6月壬午條, 4402쪽.

3) "乘八人轎, 擅操歇班, 官舍違法甚多."『明英宗實錄』, 卷343, 天順6年8月己丑條, 6951쪽.

4) 『明武宗實錄』, 卷166, 正德13年9月丁巳條, 3225쪽.

5) "今成國公朱儀, 魏國公徐俌, 武靖伯趙承慶, 南京錦衣衛帶俸指揮使王銳, 乘轎出入, 儀·俌·承慶乘八人轎, 僭侈尤甚."『明孝宗實錄』, 卷101, 弘治8年6月庚午條, 1853쪽. 기타 사례는『明武宗實錄』, 卷33, 正德2年12月甲戌條, 803~804쪽;『明武宗實錄』, 卷121, 正德10年2月甲辰條, 2438쪽 참조.

6) "遇兄於途, 乘轎不下."『明憲宗實錄』, 卷99, 成化7年12月壬辰條, 1920쪽.

7) 『明世宗實錄』, 卷197, 嘉靖16年2月辛亥條, 4156쪽.

8) 『明神宗實錄』, 卷34, 35, 萬曆3年正月乙丑條, 803~809쪽; 萬曆3年二月戊寅條, 799~800쪽.

9) 『明神宗實錄』, 卷85, 萬曆7年3月戊申條, 1778쪽.

10) 『明世宗實錄』, 卷134, 嘉靖11年正月乙亥條, 3184쪽.

11) 『明世宗實錄』, 卷185, 嘉靖15年3月己巳條, 3915쪽.

12) 『明世宗實錄』, 卷286, 嘉靖23年5月丙寅條, 5540쪽.

13) 『明世宗實錄』, 卷196, 嘉靖16年正月丁未條, 4153쪽.

14) 『明穆宗實錄』, 卷27, 隆慶2年12月癸未條, 717~718쪽.

15) 『明神宗實錄』, 卷91, 萬曆7年10月癸未條, 1885쪽.

16) "武臣任主兵差遣緣邊撫官走馬承受, 幷不得乘轎." (宋) 李燾, 『續資治通鑑長編』, 卷322, 起神宗元豐5年正月盡其月, 7760쪽; 卷119, 起仁宗景祐3年7月盡是年12月, 2798~2799쪽. 『新校本宋史』, 卷153, 「志一○六·輿服五·士庶人服」, 3576~3577쪽; (宋) 周煇 撰, 劉永翔 校注, 『清波雜志』, 卷2, 「京辇」, 46쪽.

17) "故事在京三品大臣始得坐轎 (…) 萬曆初年, 承世廟末年朝儀久曠之後, 四品卿寺皆乘圍轎, 其下則兩人小興, 相沿已久, 江陵當國數年, 復修舊制, 以至留都亦奉行惟謹." "比年上深居不視朝, 辇下肩興紛紜載道, 恐當復如初元時也." (明) 沈德符, 『萬曆野獲編』, 卷20, 「京職·京官肩興」, 522쪽.

18) "禮儀定式, 京官三品以上乘轎, 邇者文官皆用肩興, 或乘女轎. 乞申明禮制, 俾臣下有所遵守."

19) "武職勳戚等官, 俱不得僭用四人帷轎. 軍職不得交牀上馬." "違者聽科道官及巡視衙門, 參奏重處. 指揮以下, 京衛調外衛, 外衛調邊衛, 俱帶俸差操."

20) "自萬曆初年此制甚嚴, 今武職皆用大帷轎, 開棍數人前呵. 文職雖下至兵馬縣佐貳, 無不肩興者. 時事之變遷遂至於此, 故老言之無不興嘆." (明) 來斯行, 『槎庵小乘』, 卷15, 「肩興」, 13b~15a쪽.

21) "勅於檢身, 嚴於治吏, 不得僭乘轎, 濫役民, 確事實惠, 抹撤虛泛, 猾官貪人始不便矣." (明) 崔銑, 『洹詞』, 『文淵閣四庫全書』, 冊1267, 卷11, 「三仕集」, 「都察院右僉都御史王君墓誌銘」, 637쪽에 수록.

22) "王御史禁乘轎, 各郡多給(按: 欺騙)報, 君月上役興夫若干, 王服其不欺, 禁隨弛." (明) 羅洪先, 『念庵文集』, 『文淵閣四庫全書』, 冊1275, 卷16, 「明故四川按察司副使雲泉吳君墓誌銘」, 364~367쪽에 수록.

23) "且乘轎一事言之, 御史乘馬, 憲章昭然. 惟御史在外乘轎, 所以有司皆僭, 而御史不能禁也. 臣謂有司僭侈, 當責之御史." (明) 王邦直, 『東溟文集』, 卷之一, 「陳愚忠以恤民窮以隆聖事·恤民十事」, (明) 陳子龍 編, 『皇明經世文編』(北京, 中華書局, 1962), 卷251, 3b쪽에 수록.

24) 『新校本元史』, 卷101, 「兵四·站赤·各處行中書省所割站赤」, 2592~2593쪽.

25) "聞福建等處差遣者, 不乘應給舡馬, 皆欲乘轎, 亦多違例強索, 百姓苦之爾." 『明宣宗實錄』, 卷54, 宣德4年5月癸酉條, 1303쪽.

26) 『明英宗實錄』, 卷68, 正統5年6月庚辰條, 1307쪽.

27) 『明英宗實錄』, 卷157, 正統12年8月庚申朔條, 3052쪽.

28) 이갑에서 파견한 요역에 접체부역接遞夫役이 출현한 과정은 蘇同炳, 『明代驛遞制度』 (臺北: 中華叢書編審委員會, 1969), 300~306쪽 참조.

29) "巡城御史乘轎, 多役官夫, 設酒科及樂戶, 耳聞目見, 殊失官常, 乞勅兩京部院嚴禁." 『明世宗實錄』, 卷505, 嘉靖四41年正月辛亥條, 8338쪽. 변경 군사지구 이외에 귀주와 같이 내지의 외진 지역에서도 [역참 가마군 제도를] 남용한 사례가 있었다. "去冬棍徒吳德亮以行黜劣生, 投充新鎮用事, 擅用勘合, 假充指揮, 賀天恩名色, 乘傳直至騰永夷, 方擅用八轎, 凌虐官吏, 至與知府爭道而馳." (明) 毛堪, 『臺中疏略』, 『四庫禁燬書叢刊』(北京: 北京出版社據明萬曆42年刻本印行, 2000), 史部, 冊57, 卷3, 「條列地方行過事迹疏」, 67b~68b쪽.

30) "三曰戒有司可以去奢僭. (…) 近年以來, 法網疏闊, 有司放肆. 如上司出巡, 廩給自有定制也, 今則加以支應. 品味竭水路之珍, 蔬果盡南北之異, 是其所費者, 皆民之財也. 如各官乘馬往來, 自有定法也, 今則皆變之以肩輿. 倒班代換, 而萬里可行. 裹糧迎候, 而經旬不已. 是其所用者, 皆民之力也." (明) 王邦直, 『東溟文集』, 卷之一, 「陳遇忠以恤民窮以隆聖事·恤民十事」, (明) 陳子龍 編, 『皇明經世文編』, 卷251, 2b~3b쪽에 수록.

31) "官府之往來不依勘合, 專用飛牌, 役使之差遣, 依恃衙門, 惟憑紙票. 轎或一二十乘, 或八九十人擡, 多者用夫二三百人, 少者用馬四五十匹. 民財既竭, 民力亦疲, 通之天下莫不皆然." (明) 王邦直, 『東溟文集』, 卷之一, 「陳遇忠以恤民窮以隆聖事·恤民十事」, 3b~4a쪽.

32) "雖系公差人員, 若轎杠夫馬過溢本數者, 不問是何衙門, 俱不許, 應付撫按官." 『明神宗實錄』, 卷39, 萬曆3年6月甲午條, 916쪽.

33) "有司驛遞衙門, 疲困已甚." "臣訪得原任南京太僕寺卿, 今升光祿寺卿王某, 遷官赴任, 行李多至一百一十扛, 先發四十扛, 分從蒙城亳州, 至潼關入陝, 赴某原籍. 後發七十扛, 分作三運, 隨某赴任. 每一重扛, 用人夫三名, 輕扛用人夫二名, 而又某及家口乘坐八人大轎三乘, 每乘人夫二班, 共一十六名. 四人大轎四乘, 每乘用人夫六名. 贏駝轎二乘, 幫轎人夫共八名. 詳照某之一行, 除伴僕男女騎坐馬贏數多未計外, 實用轎夫共八十名, 皀隸一十六名, 扛夫兩路共二百四十餘名, 每夫一名日行兩跕, 工銀一錢二分, 是某一日共費差銀四十餘兩. 自南京到任, 與入陝西兩路, 皆幾三千里, 縻費差銀不下千兩. (…) 臣嘗往來山東南直隸地方, 見鄒·滕·徐之間, 昔之村舍, 今逃爲墟. 昔之壤田, 今鞠爲莽. 詢之皆謂, 民疲於力役所致." (明) 張永明, 『張庄僖文集』, 『文淵閣四庫全書』, 冊1227, 卷1, 「乞黜恣肆大臣疏」, 318~319쪽에 수록.

34) "假推官名色, 借用勘合馳驛, 用轎損夫至二百六十九名, 隨從人騎驛馬一百四十匹, 旗幟各項稱是." 『明神宗實錄』, 卷483, 萬曆39年5月辛丑條, 9091쪽.

35) "出必乘大轎, 有門下皀隸跟隨, 轎傘夫五名, 俱穿紅背心, 首戴紅氈笠, 一如現任官體統." (淸) 葉夢珠, 『閱世編』, 卷4, 「士風」, 85쪽.

36) "故雖元老致仕, 朝廷優賢, 始有歲撥人夫之命, 然止是二人, 必有旨然後許撥, 其餘則安得濫用?"

37) "近日士大夫家居, 皆與府縣討夫皀, 雖屢經禁革, 終不能止. 或府縣不與, 則謗議紛然, 此是蔑棄朝廷紀綱也." (明) 何俊良, 『四友齋叢說』, 卷35, 「正俗二」, 318쪽.

4. 가마의 상징적 의미

1) "唐代人君, 雖在宮禁, 出輿入輦. 宋太祖內訓皆步, 自內庭出御前殿, 亦欲涉歷廣庭, 稍冒寒暑, 此勤身之法也. 事見呂大防奏議. 余謂人主宮闕深遠, 輿輦不爲過. 今之官府, 自廳事送客, 至中門, 多乘轎. 而迴數十步之間, 何必乃爾. 況皆起自徒步寒儒乎."(明) 楊愼, 『升庵集』, 『文淵閣四庫全書』, 冊1270, 卷48, 「宋之人君勤身」, 393~394쪽에 수록.

2) "車行歷礫騎行徐, 早晩誰來問起居. 聖旨分明優老大, 特敎三品用肩輿."(明) 陸深, 『儼山集』, 『文淵閣四庫全書』, 冊1268, 卷22, 「奉旨三品乘轎」, 137~138쪽에 수록.

3) "史良佐, 南京人, 爲御史巡西城, 而家往東城. 每出入, 怒其里人不爲起, 一日執數輩送東城御史. 御史詰之, 其居首者曰, '民等總被倪尙書誤卻.' 曰, '尙書何如.' 答曰, '尙書亦南京人, 其在兵部時, 每肩輿過我門, 衆或走匿, 輒使人諭止之曰, '與爾曹同鄕里, 吾不能過里門下車, 乃勞爾輩起耶.' 民等愚意史公猶倪公, 是以無避, 不虞其怒也.' 御史內善其言, 悉解遣之."(明) 陸粲, 『說聽』, 『筆記小說大觀』, 16編 5冊, 卷下, 2682쪽에 수록.

4) "方雙江巡撫時, 余尙在南京. 聞其出巡至柘林, 家兄與舍弟同往相見. 門上人逕請了舍弟進去, 將家兄轎子一把扯出. 蓋方雙江在任, 凡鄕官進見, 皆要分別出身脚色故也. 夫未受朝命之前可論脚色, 旣受命爲京朝之官, 則同是朝廷供奉之臣矣. 古稱王臣雖微, 加於諸侯之上, 故重王臣, 乃所以尊天子也, 安得更論脚色耶. 雙江可謂不知體. 家兄豈不知撫臺有此條敎, 則當自量, 深藏遠避. 夫見一巡撫不加益, 不見不加損, 何栖栖如此以自取辱耶. 家兄可謂不知分."(明) 何良俊, 『四友齋叢說』, 卷35, 「正俗二」, 321쪽.

5) "我出巡在九江, 六月五日得家書, 始知汝考試的信. 但列名在四等, 得與觀場, 亦是當道獎進之意. 汝宜自立, 以無負知己也. 若往南京, 只與姚子明同船甚好.(…) 須往丹陽上陸路雇一女轎, 多備一二夫力擡之, 行李載用. 江西載入城, 雇一闊頭船, 甚爲方便, 不可於此等處惜費."(明) 陸深, 『儼山集』, 卷96, 「書·江西家書十一首」, 620~624쪽.

6) 이러한 상황은 청대 초기에도 볼 수 있다. 육롱기陸隴其(1630~1693)는 강희 연간에 영수지현靈壽知縣에 임명되어 봉급이 많지 않아 심지어 숙부가 북으로 가는 여비도 감당이 안 되었지만, 여전히 숙부와 아들에게 경성인 북으로 올 때 돈을 빌려 교자를 타며 작은 돈을 아끼지 말라고 당부한다. (淸) 陸隴其, 『三魚堂文集』, 『文淵閣四庫全書』, 冊1325, 卷7, 「尺牘·與叔元旂翁與三兒宸征」, 115~118쪽에 수록.

7) 『明宣宗實錄』, 卷69, 宣德5年8月甲午條, 1628~1629쪽.

8) "又有以逢迎從事者, 私具船轎, 守候迎送, 妨民生理."『明宣宗實錄』, 卷100, 宣德8年3月壬戌條, 2239~2240쪽.

9) "大臣致政則有輿卒, 恩出於上, 請養非致仕比也. 然無所事事而燕居私第, 迹則近之無卒而以爲有卒, 方之乘傳, 其嫌不尤大乎? 夫禮所以別嫌也, 某雖不敏, 不敢不勉."(明) 邵寶, 『容春堂集』, 後集, 『文淵閣四庫全書』, 冊1258, 卷14, 「復侯明府」, 390~391쪽에 수록.

10) "王荊公辭相位, 居鍾山, 惟乘驢遊. 或勸其令人肩輿, 公正色曰, '自古王公雖不道, 未嘗敢以人代畜也.'"(宋) 邵伯溫, 『邵氏聞見錄』(北京: 中華書局, 1984), 卷11, 115쪽. 이 사건은 또 (宋) 胡仔 撰集, 『漁隱叢話前集』, 『文淵閣四庫全書』, 冊1480, 卷37, 「兪淸老秀老」에서 『冷齋夜話冷齋夜話』를 인용한 245쪽에 수록되어 있다. 그러나 내용이 앞의 책과 약간 다르다.

11) 명대 당시 소수는 여전히 '사람으로 가축을 대신하지 않는다'는 이상을 고수했다. "한 漢나라에 안거安車와 입거立車가 있었다. 안거는 앉아 탈 수 있는 것으로 보련이다. 지금의 사인교와 팔인교의 시초다. 고인은 걸왕이 사람이 끄는 수레를 탄 것을 비난하는데 지금 사용하는 면교眠轎[잠을 잘 수 있을 만큼 편안한 교자]는 그 좌악이 걸주보다 클 것이다. 사대부가 참을 수 있겠는가? 漢有安車, 有立車. 安車, 可坐者也, 即步輦. 今之四轎八轎, 其濫觴也. 古人譏桀駕人車, 則今之用眠轎者, 其罪惡浮於桀紂矣. 士大夫是可忍哉!"(明) 田藝衡, 『留靑日札』, 卷18, 「立車·眠轎」, 339쪽.

12) "肩輿之作, 古人有以人代畜之感, 然卿大夫居鄕, 位望旣尊, 固當崇以體統. 不謂僭濫之極, 至優伶之賤, 竟有乘軒赴演者."(淸) 龔煒, 『巢林筆談』, 卷4, 104쪽.

13) "昔孔子曰, 以吾從大夫之後, 不可徒行也. 夫士君子旣在仕途, 已有命服, 而與商賈之徒挨雜於市中, 似爲不雅, 則乘轎猶爲可通."(明) 何良俊, 『四友齋叢說』, 卷35, 「正俗二」, 320쪽.

14) "夫士子旣登賢書, 肩輿亦不爲過, 乃昔賢猶或非之."「此又人心之漓者愈漓, 而世道之下者愈下也."(淸) 董含, 『三岡識略』, 卷10, 「三吳風俗十六則」, 225쪽.

15) "舊制京官四品以下, 不得濫乘幃轎, 生徒不得聚衆殿宇, 南京序班郭廷林肩輿除道, 監生聶文賢途遇, 毆競擁噪呼公署, 都察院劾奏幷黜之."『明神宗實錄』, 卷87, 萬曆7年5月甲寅條, 1811쪽.

16) "閣臣禮絶百僚, 大小臣工, 無不引避. 唯太宰(按: 吏部尙書)與抗禮, 然亦有不盡然者. 至太宰之出, 唯大九卿尊官及祠林, 則讓道駐馬, 以俟其過. 他五部則庶僚皆引避, 雖科道雄劇, 亦不敢抗. 至少宰(按: 吏部侍郞)之出, 其體同五部正卿, 他亞卿則不然矣. 至庶吉士向來止避閣師及太宰, 餘卿貳俱竟於道上遙拱. 吾鄕陸五臺(陸光祖)太宰, 先於今上癸未甲申間佐銓, 遇庶常於道上, 抑其引避, 反大受窘辱, 訴之閣下, 亦不能直, 因憤極語人曰, '當今京師異類, 不知等威不避大轎者有四等, 一爲小閣宦, 二爲婦人, 三爲入朝象隻, 四爲庶吉士.' 諸吉士聞之益恚恨, 立意與抗, 今不知何如!"(明) 沈德符, 『萬曆野獲編』, 卷11, 「吏部·京官避大轎」, 298쪽.

17) "自來六卿皆避內閣, 惟太宰則否. 自分宜(嚴嵩)勢張, 冢宰(按: 皆指吏部尙書)亦引避, 遂爲故事. 陸平湖(陸光祖)始改正之, 然預囑輿夫, 宛轉迂道, 不使與內閣相值, 以故終其任, 閣部無爭禮之嫌. 後來孫富平(孫丕揚)但循陸故事, 不能授意於异卒, 卒遇張新建(張位), 下輿欲揖, 張擁扇蔽面, 不顧而去, 遂成仇隙. 蓋兩家構兵, 自有大局, 然此亦其切齒之一端也. 富平再出時, 福淸(葉向高)獨相, 故號聲氣, 意其前輩重望, 或未必相下, 富平鑒前事, 獨引避恐後, 福淸大喜過望, 一切批答, 相應如壎篪."(明) 沈德符, 『萬曆野獲編』, 卷8, 「內閣·冢宰避內閣」, 244쪽.

18) "按禮儀定式京官三品以上, 乘轎官員相遇回避有等制, 甚明也. 邇者南京無論品秩崇卑皆用肩輿, 或乘女轎, 街衢相遇, 卑不避尊. 舊年給事中曾鈞騎馬, 逕沖尙書劉龍潘珍兩轎之間, 鈞尋與龍互相訐奏. 臣禮官也, 乞申明禮制, 俾臣有所遵守."

19) 이 사건은 『明世宗實錄』, 卷194, 嘉靖15年12月辛卯條, 4092~4095쪽 참조. 『新校本明史』, 卷197, 「列傳八十五·郭範」, 5212~5213쪽.

20) "舊制給事中回避六卿, 自嘉靖間, 南京給事中曾鈞, 騎馬逕衝尙書劉應龍潘珍兩轎之中, 彼此爭論, 上命如祖制, 然而終不改. 今南六科六部, 同席公會, 儼如僚友, 途間相値, 彼此

下興揖矣." (明) 沈德符, 『萬曆野獲編』, 卷13, 「禮部·舊制一廢難復」, 353~354쪽. 그러나 북경의 육과급사중은 결코 이러한 특수한 우대를 받지 못했다.『萬曆野獲編』, 卷11, 「京官避大轎」. "또 북경 중앙기구의 여러 장관이 육부의 장관을 만나면 반드시 길을 피했으나, 남경에서는 그렇지 않았다又北京臺省諸公, 遇六卿必避, 而南京則不然." (298쪽)

21) "張鸞皇親, 傑撻辱之. 日永與有姻, 則縱其殺人不恤, 且傑乘八人轎, 擅操歇班, 官舍違法甚多.""乖憲體不可復.『明英宗實錄』, 卷343, 天順6年8月己丑條, 6951쪽.

22) 『明憲宗實錄』, 卷85, 成化6年11月丁亥條, 1649쪽.

23) "洪武永樂間, 人臣無敢乘轎者. 正統時, 文官年老或乘肩輿. 景泰以來, 師保旣多, 延至於今, 兩京五品以上, 無不乘轎者. 文職三品年六十以上可許, 武職宜一切禁止.""輒見施行, 人皆畏懼, 雖司禮當道, 亦謹避之云." 『明憲宗實錄』, 卷172, 成化13年11月丙寅條, 3103~3104쪽.

24) 『明憲宗實錄』, 卷172, 成化13年11月己巳條, 3105쪽.

25) "前此奉使遠行者, 多乘轎, 從者亦得乘驛馬, 因襲之弊久矣. 劉瑾專政, 欲廣法禁以立威, 瑢等遂以違例得罪.""『明武宗實錄』, 卷22, 正德2年閏正月乙丑條, 622~623쪽. 또 『新校本明史』, 卷181, 「列傳六十九·李東陽」, 4822쪽에 보인다. (明) 王世貞, 『弇山堂別集』(北京, 中華書局, 1985), 卷94, 「中官考五」, 1795쪽.

26) "逆瑾方欲竊柄張威, 遂差官校逮捕下獄." (明) 陳洪謨, 『繼世紀聞』(北京, 中華書局, 1985), 卷1, 72쪽.

27) 이 사건은 또 일설에 유근이 나졸을 보내어 도중에 한문韓文을 정탐했으나 소득이 없었다고 한다. 최선 등은 마침내 이 사건을 상주했다. (淸) 谷應泰 編, 『明史紀事本末』(北京, 中華書局, 1997), 卷43, 明武宗正德2年春正月, 10쪽 참조.

28) 심지어 멀리 요동의 관리도 제도를 위반한 교자 탑승으로 옥에 갇혔다. 정덕 2년(1507) 호부랑중 유역劉繹이 요동으로 저장 양곡을 총괄하기 위해 갔다가, 동창교위에게 규정을 위반한 교자 탑승과 인부 등을 제멋대로 부린 사실 등이 적발되어 칼을 차고 진무사鎭撫司[금의위에서 옥무를 담당하는 부서]의 옥에 갇혔다.『明武宗實錄』, 卷24, 正德2年3月乙丑條, 660쪽 참조.

29) "沮格上供.""僭用轎乘."『明武宗實錄』, 卷142, 正德11年冬10月甲戌條, 805~806쪽.

30) 『明武宗實錄』, 卷173, 正德14年夏4月己巳條, 3350~3351쪽.

31) 吳晗, 『明代的軍兵』, 『讀史札記』(北京: 三聯書店, 1956), 99~101쪽에 수록.

32) 王天有, 『明代國家機構硏究』, 129쪽.

33) Ray Huang, *Taxation and Governmental Finance in Sixteenth-Century Ming China*(London and New York: Cambridge University Press, 1974), pp. 29~31.

34) "公·侯·伯·皇親駙馬不許乘輿, 祖制也! 瑞安伯陳景行武淸伯李偉爲兩宮皇太後之父, 受封於衰白之年, 始賜肩輿. 邇年定國公徐文璧以班首重臣, 襲封年久, 亦以陳乞而得. 今偉雖親, 視太後之父則有間, 爵雖尊, 按授封之年則尙賤, 何得以居守故濫行陳乞."『明神宗實錄』, 卷152, 萬曆12年8月庚午條, 2824쪽.

35) "查條例凡勳戚錦衣衛堂上官, 欽賜各服色, 俱係特恩, 其有比例奏討勘劄題請, 若肩輿則恩例未有, 非出欽賜而違例奏討者, 俱立案不行. 今據錦衣衛都督駱思恭題請蟒衣飛魚服色,

540 | 사치의 제국

疏中并無此例, 竟不請下部覆, 而倖徼照例給與之旨, 於是朱純臣接踵而請, 請無不允, 臣部不得問, 恐國家車服從此輕矣. 振飭伊始, 不宜開, 請乞而廢."『明熹宗實錄』, 卷13, 天啓元年8月辛巳條, 660~661쪽.

36) "前王明輔三疏請肩輿, 俱不部議, 而純臣獨捷取旨, 不獨乖政體違祖制, 國家恩數有限, 臣子願望無涯, 亦難爲繼, 乞收回成命, 以示愼惜."같은 곳.

37) "宮保晉秩, 肩輿特畀, 乃先朝創見之恩. 今敵愾無聞, 輒邀殊眷. 又其甚者, 人臣以死勤事例得優恤, 然必其立大功, 捍大患, 以身殉焉之謂. 今不衡輕重, 但身沒於官, 卽授禮瀆擾, 所當一體申飭者也."『明熹宗實錄』, 卷27, 天啓2年10月辛巳條, 1374~1375쪽.

38) "武臣貴至上公, 無得乘轎, 卽上馬不許用凳机, 至近代惟定·成·英三公, 或以屢代郊天, 或以久居班首, 間賜肩輿, 以爲曠典."言官爭之不得, 自是戚里紛紛陳乞肩輿, 不勝紀, 亦不足貴矣."(明) 沈德符,『萬曆野獲編』, 卷5,「勳戚·戚里肩輿之濫」, 152쪽.

39) "我國家定制, 兩京文職三品上者, 許乘轎. 四品以下, 雖堂官亦乘馬, 得以方杌隨其在外服司, 府州縣官并乘欽給馬. 若武臣自公侯伯以下, 皆乘馬, 亦不得用方杌. 有弗遵者, 罪以違制. 士夫老病閒退, 去京遠者從便, 載在令甲炳如也. 屬者閫司亦乘轎, 市人見而譁之, 咸以爲自昔所未有. 而觀察弗之詰, 臺臣弗之問, 良可嘆也. (…) 又按唐輿服志(按: 應爲『舊唐書·輿服志』),「開成未定制, 宰相·三公·師保·尙書令·僕射及致仕官, 疾病許乘檐子, 如漢·魏載輿·步輿之制. 三品以上官, 及刺史, 有疾者亦許暫乘."夫唐制如此, 當時藩鎭跋扈之臣, 亦未有敢僭逾者, 而今乃有之, 吾不知彼何所據而乘之也."(淸) 黃宗羲 編,『明文海』,『文淵閣四庫全書』, 冊1454, 卷105, 李濂,「乘轎說」, 202~203쪽에 수록.

40) "余初至南京時, 見五城兵馬尙不敢用帷轎, 惟乘女轎. 道上遇各衙門長官, 則下轎避進人家, 雖遇我輩亦然. 不三四年間, 凡道上見轎子之帷幔鮮整, 儀從赫奕者, 問之必兵馬也, 遂與各衙門官分路揚鑣矣. 其所避者, 惟科道兵部各司官而已. 蓋因有一二巡城道長欲入苞苴, 有事發五城兵馬勘處, 兵馬遂爲之鷹犬, 卽爲其所持而莫敢誰何之, 故任道長之勢而恣肆無忌若此, 乃知朝廷之體, 皆爲此輩人所壞. 可惜可惜."(明) 何良俊,『四友齋叢說』, 卷8, 103쪽.

41) "路遇督府, 將下馬謁之, 部卒屛予從者, 三驅馬不得下.『會典』七品引道一對, 知縣親民正官, 又欽與隨從皀隷四名. 文官制有乘轎, 都督不許及擅用八人, 奏聞隨從人馬有數. 彼所帶步擁者百餘人不計, 而儀衛儼如王者, 予竊記而疑之矣. 矧例總兵官依哨出入, 各乘原關馬匹, 驛遞馬驢車輧不許應付, 今如檄以具, 不知其有別例否也. 余乘馬往謁, 導者二人, 部卒顧眸之, 而且驅予馬. 蓋部卒目不知書, 安責其知典制? 故驕橫至此, 亦豈主將使之乎."(明) 葉春及,『石洞集』,『文淵閣四庫全書』, 冊1286, 卷9,「禁諭士民」, 564쪽에 수록.

42) "因憶近年, 京師有一快心事, 故駙馬許從誠, 尙世宗女嘉善公主, 有孽子名顯純, 以太學生入貲, 遂授指揮僉事, 其人擁多金, 負小慧, 學詩畫, 以此得交士大夫. 一日擁驪騎乘小轎, 過正陽門所謂碁盤街者, 下輿遇巡城御史穆天顔, 相遜而揖, 別去. 穆問何官. 從者素憎之, 對曰,「此納級武弁也.」穆大怒, 追還, 裸而笞於道旁, 路人莫不揶揄."(明) 沈德符,『萬曆野獲編』, 卷13,「禮部·褐蓋」, 355쪽.

5. 결론

1) Arjun Appadurai, ed., *The Social Life of Things: Commodities in Cultural Perspective*, p. 25.

2) Fernand Braudel 著, 顧良 等譯, 『15世紀至18世紀的物質文明』(北京: 三聯書店, 1992), 卷1, 498~506쪽.

제3장 새로운 유행의 형성: 복식문화를 사례로

1) "闊狹高低逐旋移, 本來尺度盡參差; 眼看弄巧今如此, 拙樣何能更入時."

2) Fernand Braudel 著, 顧良 等譯, 『15世紀至18世紀的物質文明』, 卷1, 367쪽.

3) 통론적 복식사 이외에 명대 복식에 관한 전문 연구들은 다음과 같다. 常建華, 『論明代社會生活性消費風俗的變遷』, 53~63쪽; 周紹泉, 「明代服飾探論」, 『史學月刊』, 1990年 第4期, 34~40쪽; 岸本美緒, 「明淸時代の身分感覺」, 403~428쪽; 陳大康, 『明代商賈與世風』, 第8章 「封建服飾制度的崩潰」, 160~178쪽.

1. 명초의 평민 복식제도와 사회 풍조

1) 葛承雍, 『中國古代等級社會』(西安: 陝西人民出版社, 1992), 3~37쪽.

2) "詔復衣冠如唐制." "悉以胡俗變易中國之制." "廢棄禮敎." "悉復中國之舊." 『明太祖實錄』, 卷30, 洪武元年二月壬子, 525쪽.

3) "古昔帝王之治天下, 必定制禮制以辨貴賤, 明尊威." "流於僭侈, 閭里之民服食居處與公卿無異, 而奴僕賤隷, 往往肆侈於鄕曲." "貴賤無等, 僭禮敗度." 『明太祖實錄』, 卷55, 洪武三年八月庚申, 1076쪽.

4) "別貴賤, 明等威." 周紹泉, 『明代服飾探論』, 34~36쪽.

5) 陳大康, 『明代商賈與世風』, 161~164쪽.

6) 명대 선비의 복식 규정에 관해서는 (明) 李東陽 等纂, 申明行 等編修, 『大明會典』(臺北: 東南書報社, 1964), 卷61, 「冠服二·生員巾服, 士庶巾服」, 35a~38a쪽; (明) 郞瑛, 『七修類稿』(臺北: 世界書局, 1984), 卷8, 「國事類·生員巾服」, 136쪽; (淸) 張廷玉 纂, 『新校本明史』, 卷67, 「輿服三·儒士, 生員, 監生巾服」 1649쪽을 참조.

7) 또 『칠수유고七修類稿』에서 기록한 사방평정건은 양유정楊維禎이 주원장에게 아첨하던 말에서 나왔다. 이 사건은 (明) 郞瑛, 『七修類稿』, 卷14, 「國事類·平頭巾網巾」, 210쪽에 나와 있다.

8) "洪武三年二月, 命制四方平定巾頒行天下, 以四民所服四帶巾未盡善, 復制此, 令士人吏民服之." (明) 沈文, 『聖君初政記』, 『中國野史集成』(成都: 巴蜀書社據廣百川學海甲集影印, 1993), 冊22, 616쪽에 수록.

9) 沈從文, 『中國古代服飾硏究』(香港: 香港商務印書館, 1992年 增補第一版), 453쪽.

10) "衣服詭異, 上下無辨."

11) "近日士民冠服詭異, 製爲凌雲等巾, 僭擬多端, 有乖禮制."

12) (明) 王圻, 『三才圖會』(上海: 上海古籍出版社據明萬曆王思義校正本影印, 1988), 「衣服一卷」, 23b쪽. 또 黃能馥, 陳娟娟 纂, 『中國服裝史』(北京: 中國旅遊出版社, 1995), 296쪽; 周錫保, 『中國古代服飾史』(北京: 中國戲劇出版社, 1984), 384쪽 참조.

13) (明) 郎瑛, 『七修類稿』 卷14, 「國事類·平頭巾網巾」, 210쪽.

14) "自領至裔, 去地一寸, 袖長過手, 復回至肘. 袖桩廣一尺, 袖口九寸."

15) (明) 李東陽 等撰, 申明行 等重修, 『大明會典』, 卷61, 「冠服二·士庶巾服」, 35b~37a쪽; 『明史』, 卷67, 「興服三·庶人服飾」, 1649~1650쪽; (明) 郎瑛, 『七修類稿』, 卷9, 「國事類·衣服制」, 147쪽; 『明史』, 卷67, 「興服三·庶人冠服」, 1649~1650쪽.

16) "禁商販·僕役·倡優·下賤, 不許服用貂裘."(明) 李東陽 等撰, 申明行 等重修, 『大明會典』, 卷61, 「冠服二·士庶巾服」, 36a~36b, 37b쪽; 『明史』, 卷67, 「興服三·庶人冠服」, 1649~1650쪽.

17) "先年商賈之家, 食鮮服麗, 品竹彈絲, 視世祿家尤勝, 獨屋宇冠袍, 限於制度, 則不敢僭拟." (明) 孫世芳 修, 欒尙約 纂, 嘉靖 『宣府鎭志』(北京: 北京圖書館出版社據明嘉靖40年刻本影印, 2002), 卷20, 「風俗考·政化紀略」, 60b쪽.

18) "漢高帝八年, 令賈人毋得衣錦繡綺縠, 苻堅制, 金銀錦繡, 工商卓隸婦女, 不得服之, 犯者棄市. 洪武十四年(1381), 令農民之家, 許穿紬紗綢布, 商賈之家, 止穿絹布, 如農民家但有一人爲商賈, 亦不許穿紬紗. 今農民絺(按: 細葛布)袴不蔽體, 而商賈之家, 往往以錦綺爲襦(按: 短衣)袴衣."(明) 胡侍, 『眞珠船』, 『叢書集成簡編』(臺北: 臺灣商務印書館, 1966), 冊136, 卷2, 「商賈之服」, 13~14쪽에 수록.

19) 『明史』, 卷67, 「興服三·命婦冠服」, 1641~1643쪽.

20) "高頂髻, 絹布狹領長襖, 長裙. 小婢使, 雙髻, 長袖短衣, 長裙."

21) (明) 李東陽 等撰, 申明行 等重修, 『大明會典』, 卷61, 「官服二·士庶妻冠服」, 38a~38b쪽; 『明史』, 卷67, 「興服三·士庶妻冠服」, 1650쪽.

22) 그러나 조정에서 여성의 복식을 정할 때 금·은·보석·비취 등을 사용할 수 있었던 규정에 비추어보면, 절약을 강조하려 한 것은 신분 등급을 유지하려는 본뜻에 비해 결과적으로는 단지 부수적 위치를 차지했던 것으로 보인다. 陳大康, 『明代商賈與世風』, 164쪽 참조.

23) "明初頗近古, 人尙樸素. 城市衣履, 稀有純綺, 鄕落父老, 或簷帕毦履(按: 戴帽穿鞋)不襪, 器惟瓦瓮, 屋宇質陋."(淸) 劉於義 修, 沈靑崖 纂, 雍正 『陝西通志』, 中國西北文獻叢書編輯委員會 編, 『中國西北文獻叢書第一輯稀見方志文獻』(蘭州: 蘭州古籍書店據淸擁正13年刻本影印, 1990), 第3卷, 卷45, 「風俗·習尙」, 7a쪽에 수록.

24) "國初時民居尙儉樸, 三間五架制甚狹小, 服布素, 老者穿紫花布長衫, 戴平頭巾, 少者出游於市, 見一華衣市, 人怪而嘩之."(明) 趙錦 修, 張㤗 纂, 嘉靖 『江陰縣志』, 卷4, 「風俗」, 2b쪽.

25) "國初, 民間婦人遇婚媾飮宴, 皆服團襖爲禮衣, 或羅或紵絲, 皆繡領下垂, 略如霞帔(按: 卽指披肩)之制, 予猶及見之. 非仕宦族有恩封者, 不敢用冠袍."(明) 徐威, 『西園雜記』, 『叢書集成初編』(上海: 商務印書館據鹽邑志林本影印, 1935), 冊2913, 卷上, 「巾帽之說」,

81~82쪽.

26) "先輩黌門衿士, 常服衣履, 率用靑布, 非仕宦不批繪帛(按: 絲織品總名)."(明) 宋祖舜 修, 方尙祖 纂, 天啓『淮安府志』(據明天啓間刊淸順治5年印本, 傅斯年圖書館藏縮影資料), 卷 2,「風俗志·服飾」, 23a쪽.

27) "入國朝來一變而爲儉樸. 天順景泰以前, 男子窄袖短躬, 衫裾幅甚狹, 雖士人亦然. 婦女平 髻寬衫, 制甚樸古. 婚會以大衣(按: 俗謂長襖子), 領袖緣以圈金或挑線爲上飾, 其彩繡織金 之類, 非仕宦家絶不敢用."(明) 陳威, 顧淸 纂修, 正德『松江府志』, 卷4,「風俗」, 11b~11a 쪽.

28) "成化以前, 平民不論貧富, 皆遵國制, 頂平定巾, 衣靑直身, 穿衣靴鞋, 極儉素."(明) 田琯 纂, 萬曆『新昌縣志』,『天一閣藏明代方志選刊·浙江省』(臺北市: 新文豐出版公司據寧波天 一閣藏明刻本影印, 1985), 冊7, 卷4,「風俗志·服飾」, 5a쪽.

29) "風俗淳美, 相傳明隆萬之代, 庠無踏雲履之士, 庶民之家不帶金銀珠翠."陳夢雷,『古今圖 書集成·職方典』(臺北: 鼎文書局鼎文書局據民國20年間上海中華書局影印淸聚珍本影印, 1976), 卷432,「河南府部彙考六·河南風俗考」, 38a쪽.

30) "國初新離兵革, 人少地曠, 上田率不過畝一金, 是時懲元季政嫡, 法尙嚴密, 百姓或奢侈踰 度犯科條, 輒籍沒其家, 人罔敢虎步行. 丈夫力耕稼, 給徭役, 衣不過細布土縑, 仕非仕宦達 官員, 領不得輒用紵絲, 女子勤紡績蠶桑, 衣服視丈夫子. 士人之妻, 非受封, 不得長衫束帶. (…) 至宣德正統間, 稍稍盛, 此後法網亦漸疏闊. (…)."(明) 曾才漢 修, 葉良佩 纂, 嘉靖 『太平縣志』, 卷2,「輿地志下·風俗」, 20a쪽.

31) "國初, 新離兵革, 地廣人稀, 上田不過畝一金, 人尙儉樸. 丈夫力耕稼, 給徭役, 衣不過土 布, 非達宦不得輒用紵絲. 女子勤績蠶女勤紡績蠶桑."(明) 丘時庸 修, 王廷斡 編纂, 嘉靖 『涇縣志』, 卷2,「風俗」, 16b쪽.

2. 명말 평민 복식의 유행 양상

1) 徐泓,『明代社會風氣的變遷─以江浙地區爲例』,『第二屆國際漢學會議論文集·明淸與近 代史組』(臺北: 中央硏究院, 1989), 137~139쪽; 徐泓,『明代後期華北商品經濟的發展與 社會風氣的變遷』, 107~173쪽; 陳學文,『明代中葉民情風尙習俗及一些社會意識的變化』, 『山根幸夫教授退休記念明代史論叢』(東京: 汲古書院, 1990), 1207~1231쪽; 劉志琴,『晚 明城市時尙初探』, 190~208쪽; 牛健强『明代中後期社會變遷硏究』, 125~138쪽.

2) "馬尾裙始於朝鮮國, 流入京師, 京師人買服之, 未有能織者. 初服者, 惟富商貴公子歌妓而 已. 以後武臣多服之, 京師始有織賣者. 於是無貴無賤, 服者日盛, 至成化末年, 朝官多服之 者矣. 大抵服者下體虛奢, 取美觀耳. 閣老萬公安冬夏不脫, 宗伯周公洪謨重服二腰. 年幼 侯伯駙馬, 至有以弓弦貫其齊者. 大臣不服者, 惟黎吏侍淳一人而已. 此服妖也. 弘治初, 始 有禁例."(明) 陸容,『菽園雜記』, 卷10, 123~124쪽.

3) "京中士人好著馬尾衬裙, 因此官馬被人, 偸拔縈尾, 有誤軍國大計, 乞要禁革."(明) 馮夢 龍,『古今譚槪』,『馮夢龍全集』(南京: 江蘇古籍出版社, 1993), 卷1,「迂腐部·成弘嘉三朝 建言」, 3쪽.

4) "袴褶戎服也. 其短袖或無袖, 而衣中斷, 其下有橫摺, 而下復竪摺之. 若袖長則曳撤, 腰中間斷, 以一線道橫之, 則謂之'程子衣', 無線導者, 則謂之道袍, 又曰直掇. 此三者, 燕居之所常服用也. 邇年以來, 忽謂程子衣道袍皆過簡, 而士大夫宴會, 必衣曳撤, 是以戎服爲盛, 而雅服爲輕, 吾未之從也." (明) 王世貞, 『觚不觚錄』, 叢書集成初編編纂委員會 編, 『叢書集成初編』(上海: 商務印書館, 1937), 冊2811, 17~18쪽.

5) "倡優子衣帽 悉更古制 謂之時樣." (明) 兪弁, 『山樵暇語』, 卷8, 7쪽.

6) "舟中麗人, 皆時妝淡服. 摩肩簇舃, 汗透重紗如雨." (明) 袁宏道, 『錦帆集之二』, 『袁宏道集錢校』(上海: 上海古籍出版社, 1981), 卷4, 「荷花蕩」, 170쪽.

7) "南都服飾, 在慶曆前猶爲樸謹, 官戴忠靜冠, 士戴方巾而已. 近年以來, 殊形詭製, 日異月新, 於是士大夫所戴其名甚伙, 有漢巾·晉巾·唐巾·諸葛巾·純陽巾·東坡巾·陽明巾·九華巾·玉臺巾·逍遙巾·紗帽巾·華陽巾·四開巾·勇巾." (明) 顧起元, 『客座贅語』, 卷1, 「巾履」, 23쪽.

8) "嘉靖初年, 士夫間有戴巾者, 今雖庶民亦戴巾矣. 有唐巾·程巾·坡巾·華陽巾·和靖巾·玉臺巾·諸葛巾·凌雲巾·方山巾·陽明巾, 制各不同, 閭閻之下, 大半服之, 俗爲一變." (明) 徐咸, 『西園雜記』, 卷上, 「巾帽之說」, 80~81쪽.

9) "唐巾唐製, 四脚, 二繫腦後, 二繫領下, 服年不脫. 有兩帶, 四帶之異. 今則二帶上繫, 二繫向後下垂也. 今之進士巾, 亦稱唐巾." "東坡巾, 雲蘇子遺制." "葛巾, 諸葛孔明, 又淵明用以漉酒. 唐武則天賜群臣葛巾子, 呼爲武家高巾子." (明) 田藝衡, 『留青日札』(上海: 上海古籍出版社, 1992), 卷20, 「細簡裙」, 411쪽.

10) "其制類古毋追, 嘗見唐人畫像帝王多冠. 此則古非士大夫服也, 今率爲士人服矣." "以老坡所服, 故名. 嘗見其畫像, 至今冠服猶爾." "漢時冠服多從古制, 未有此巾. 疑厭常喜新者之所爲, 假以漢名." (明) 王圻 輯, 『三才圖會』, 「衣服一卷」, 22a~22b쪽.

11) "翟耆年好奇巾服一如唐人, 自名唐裝. 一日往見許彦周, 彦周驚髻(按: 女性的髮式, 將頭髮梳攏盤結於頭頂所成的髻, 亦作抓髻), 著犢鼻褌, 躡高履出迎. 翟愕然, 彦周徐曰, 吾晉裝也, 公何怪. 只容得你唐裝." (明) 馮夢龍, 『古今譚概』, 卷2, 「怪誕部·異服」, 34쪽.

12) "梁簡文詩, '羅裙宜細簡.' 先見廣西婦女衣長裙, 後曳地四五尺, 行則以兩婢前携之. 簡多而細, 名曰馬牙簡, 或古之遺制也, 與漢文後宮衣不曳地者不同. 『韻書』曰, '襉裙, 幅相攝也.' 杭婦女闊簡高係, 以軟薄爲尙, 北方尙有貼地者, 以不纏足, 欲裙蓋之也. 又杜牧「詠襪」詩, '五陵年少欺他醉, 笑把花前出畫裙.' 是唐之裙, 亦足以隱足也. 畫裙, 今俗盛行." (明) 田藝衡, 『留青舊札』, 卷20, 「細簡裙」, 379쪽.

13) "今天下諸事慕古, 衣尙唐段宋錦, 巾尙晉巾, 唐巾, 東坡巾. 硯貴銅雀, 墨貴李廷珪, 字宗王羲之·褚遂良, 畫求趙子昻·黃大癡. 獨作人不思古人." (明) 李樂, 『見聞雜記』, 卷6, 468쪽.

14) "間有少年子弟, 服紅紫, 穿珠履, 異其巾襪, 以求奇好" (明) 劉熙祚 修, 李永茂 纂, 崇禎 『興寧縣志』, 『稀見中國地方志彙刊』(北京: 中國書店據日本國會圖書館藏明崇禎10年刻本影印, 1992), 冊44, 卷1, 「風俗」, 82a~82b쪽.

15) "皆用道袍, 而古者皆用陽明衣." "乃其心好異, 非好古也." (明) 范濂, 『雲間據目抄』, 卷2, 「記風俗」, 23쪽.

16) "今世人已陋唐晉諸製" "少年俱純陽巾." (明) 方岳貢 修, 陳繼儒 纂, 崇禎 『松江府志』, 卷7, 「風俗·俗變」, 25a~25b쪽.

17) "富貴公子衣色 大類女粧巾式 詭異難狀." (明) 李樂, 『見聞雜記』, 卷2, 60a~60b쪽.

18) "又有女戴男冠, 男穿女裙者, 陰陽反背 不祥之甚." (明) 蕭雍, 『赤山會約』, 『叢書集成初編』 (上海: 商務印書館據涇川叢書本排印, 1936), 冊733, 10a쪽.

19) "迨至明季囂陵益甚. 伎女露髻巾網, 全同男子, 衿庶短衣修裙, 遙疑婦人. 九華是幘, 羅漢爲履, 傲侮前輩, 墮棄本類, 良可悼也" (淸) 張俊哲 修, 張壯行, 馬士驚 纂, 順治 『祥符縣志』, 『稀見中國地方志匯刊』 (北京: 中國書店據日本內閣文庫藏順治18年刻本影印, 1992), 冊34, 卷1, 「風俗」, 7b쪽.

20) "承平旣久, 風俗日侈. 士庶服飾僭擬王公, 恥儉約而愚貞廉, 男爲女飾, 女爲道裝." (淸) 汪楫 編, 『崇禎長編』 (臺北: 中央硏究院歷史語言硏究所, 1967), 卷31, 崇禎3年2月戊寅條, 49쪽.

21) "邑井別戶, 無貴賤率方巾長服. 近且趨奇炫詭, 巾必駭衆, 而飾以王服, 必耀俗而緣以彩. 昔所謂唐巾鶴氅之類, 又其庸庸者矣. 至於婦女服飾, 歲變月新, 務窮珍異, 誠不知其所終也." (明) 史樹德, 萬曆 『新修余姚縣志』, 中國方志叢書編纂委員會 編, 『中國方志叢書‧華中地方‧浙江省』 (臺北市: 成文出版社據明萬曆年間刊本影印, 1983), 冊501, 卷5, 「輿地志五‧風俗」, 160쪽.

22) "今婦人之衣如文官, 其裙如武職, 而男子之制迥殊於此, 是時制耶." (明) 郎瑛, 『七修類稿』, 卷9, 「衣服制」, 147쪽.

23) "習俗奢靡, 故多僭越. 庶人之妻多用命服, 富民之室亦綴獸頭, 不能頓革也." (明) 曹一麟 修, 徐師曾 等纂, 嘉靖 『吳江縣志』, 卷13, 「典禮志三‧風俗」, 31b쪽.

24) "男飾皆瓦籠帽, 衣履皆紵絲, 時改新樣. 女飾衣錦綺, 披珠翠黃金橫帶, 動如命婦夫人." (明) 何孟倫 輯, 嘉靖 『建寧縣志』, 『天一閣藏明代方志選刊續編』 (上海: 上海書店據明嘉靖年間刊本影印, 1990), 卷1, 「地理志‧風俗」, 15b쪽.

25) "邑在明初, 時尙誠樸." "若小民咸以茅爲屋, 裙布荊釵而已." "其嫁娶止以銀爲飾, 外衣亦止用絹." "至嘉靖中, 庶人之妻多用命婦, 富民之室亦綴獸頭. 循分者歎其不能頓革." (淸) 丁元正 修, 倪師孟 等纂, 乾隆 『吳江縣志』, 卷38, 「崇尙」, 1b쪽.

26) "國朝士女服飾, 皆有定制. 洪武時律令嚴明, 人遵畵一之法. 代變風移, 人皆志於耆崇富侈, 不復知有明禁, 群相踦之. 如翡翠珠冠, 龍鳳服飾, 惟皇後王妃始得爲服. 命婦禮冠, 四品以上用金事件, 五品以下用抹金銀事件, 衣大袖衫. 五品以上用紵絲綾羅, 六品以下用綾羅紬絹, 皆有限制. 今男子服錦綺, 女子飾金珠, 是皆僭擬無涯, 踰國家之禁者也." (明) 張瀚, 『松窗夢語』, 卷7, 「風俗記」, 140쪽.

3. 유행의 기능

1) "天下服飾僭擬無等者." (明) 沈德符, 『萬曆野獲編』, 卷5, 「勳戚‧服色之僭」, 147~148쪽.

2) "南曲衣裳妝束, 四方取以爲式. (…) 衫之短長, 袖之大小, 隨時變異, 見者謂'時世妝'也." (淸) 余懷, 『板橋雜記』, 『艶史叢鈔』 (臺北: 廣文書局據淸光緖4年淞北玉鯁生刊行本印行, 1976), 4~5쪽; "弘治正德初, 良家恥類娼妓." "余觀今世婦女裝飾, 幾視娼妓爲轉移." (明) 談遷, 『棗林雜俎』, 『四庫全書存目叢書』, 子部, 雜家類, 冊113, 和集, 「叢贅‧女飾」, 37b쪽

에 수록.

3) "士女皆效之."

4) 복식 유행의 전파와 이를 이끌어내는 매개자에 관해서는 陳大康, 『明代商賈與世風』, 172~174쪽; 王鴻泰, 「流動與互動─由明淸間城市生活的特性探測公衆場域的開展」(臺北: 國立臺灣大學歷史學硏究所博士論文, 1995), 470~474쪽을 참조.

5) "其在今日, 則大有不然者, 蓋以四方商賈陳肆其間, 易抄什一起富. 富者輒飾宮室, 蓄姬滕, 盛僕御, 飮食配服與王者埒. 又輸貲爲美官, 結納當塗, 出入輿馬都甚, 婦人無事, 居恒修治容, 鬪巧粧, 鏤金玉爲首飾, 雜以明珠翠羽. 被服綺繡, 袒衣皆純采, 其侈麗極矣. 此皆什九商賈之家, 閭右輕薄子弟率起效之." (明) 張寧 修, 陸君弼 纂, 萬曆 『江都縣志』, 『稀見中國地方志匯刊』(北京: 中國書店據明萬曆年間刻本影印, 1992), 冊12, 卷7, 「提封志·謠俗」, 28b~29a쪽에 수록.

6) "男子危冠, 其聳或加簹, 已而短縮, 名 '邊鼓', 又或銳顚爲蓮子. 衣長上短下, 曰 '罄垂'. 又或短上長下. 髻則或如螺已, 又如筍, 甚有如小浮圖者, 已或又縮而小, 皆不知所從. 其甚俳優戲劇, 相率爲胡表帽服, 騰逐詛謀, 戰鬪跳跟, 居然胡也. 然諸蕩侈, 皆往數十歲事." (明) 戴瑞卿 修, 於永亨 等纂, 萬曆 『滁陽志』, 『稀見中國地方志匯刊』(北京: 中國書店據明萬曆年間刻本影印, 1992), 冊22, 卷5, 「風俗」, 2b~3a쪽에 수록.

7) "除士夫法服外, 民間衣帽長短高卑, 隨時異制." (明) 董邦政 修, 黃紹文 纂, 嘉靖 『六合縣志』, 卷2, 「風俗」, 4a쪽.

8) "在三十年前, 猶十餘年一變矣." "邇年以來, 不及二三歲." (明) 顧起元, 『客座贅語』, 卷9, 「服飾」, 293쪽.

9) "女子髻亦時變, 近小而矮. 如髮髻, 有雲而覆後者, 爲純陽髻, 有梁者爲官髻, 有綴以珠或垂絡於後, 亦有翠飾爲龍鳳者." (明) 方岳貢 修, 陳繼儒 纂, 崇禎 『松江府志』, 卷7, 「風俗·俗變」, 25b쪽.

10) "巾服器用, 士子巾幘(按: 包髮之巾) 內人筓(按: 用來揷頭髮的簪)總, 特無定式. 初或稍高, 高不已而得簹已復, 稍低, 低不已而貼額, 倏尖·倏渾·乍扁·乍恢·爲晉·爲唐·爲東坡·爲樂天·爲華陽, 靡然趨尙. 不知誰爲鼓倡而興, 又熟操緝約而一, 殆同神化, 莫知爲之者." (明) 羅炫 修, 黃承昊 纂, 崇禎 『嘉興縣志』, 『日本藏中國罕見地方志叢刊』(北京: 書目文獻出版社據日本宮內省圖書寮藏明崇禎10年刻本影印, 1991), 卷15, 「里俗」, 18a쪽.

11) "弘治間, 婦女衣衫, 僅掩裙腰. 富用羅緞紗絹, 織金彩通袖, 裙用金彩膝襴(按: 裙幅上的折疊處). 髻高寸餘. 正德間, 衣衫漸大, 裙褶漸多, 衫惟用金彩補子, 髻漸高. 嘉靖初, 衣衫大至膝, 裙短褶少, 髻高如官帽, 皆鐵絲胎, 高六七寸, 口周尺二三寸餘." (明) 安都 纂, 嘉靖 『太康縣志』, 『天一閣藏明代方志選刊續編』(上海: 上海書店據嘉靖3年刊本影印, 1990), 冊58, 卷4, 「服舍」, 11a쪽.

12) "城市中, 絶無男子服褌衫兩截者, 有之則衆笑曰 '村夫.' 絶無婦人戴銀簪餌者, 有之則衆笑曰 '村婦.' 絶無著巾服跨驢者, 有之則衆笑曰 '街道士.'" (明) 孫世芳 修, 欒尙約 纂, 嘉靖 『宣府鎭志』, 卷20, 「風俗考·政化紀略」, 90a쪽.

13) "國初時, 衣衫褶前七後八, 弘治間, 上長下短, 褶多. 正德初, 上短下長三分之一, 士夫多中停. 冠則平頂高尺餘, 士夫不減八九寸. 嘉靖初帽上長下短, 似弘治. 時市井少年, 帽尖長, 俗云邊鼓帽.'" (明) 安都 纂, 嘉靖 『太康縣志』, 卷4, 「服舍」, 3a쪽.

14) "男婦服製不常, 率仿傚省城. 然儉素之風終, 不盡泯." (明) 程嗣功 修, 駱文盛 纂, 嘉靖 『武康縣志』, 『天一閣藏明代方志選刊』(上海: 上海古籍書店據寧波天一閣藏明嘉靖29年刻 本重印, 1962), 卷3, 「風俗志·宮室服飾」, 10a쪽.

15) "吾觀近日都城, (…) 衣服器用不尙繁添, 多仿吳下之風, 以雅素相高." (明) 于愼行, 『谷山 筆塵』, 卷3, 「國體」, 29쪽.

16) "帝京婦人, 往悉高髻居頂. 自一二年中, 鳴蟬墜馬, 雅以南裝自好. 官中尖鞋平底, 行無履聲, 雖聖母亦槪有吳風." (明) 史玄, 『舊京遺事』, 『筆記小說大觀』(臺北: 新興書局, 1975), 9編 8冊, 5122쪽에 수록. 명대 북경의 복식 변화에 관해서는 邱仲麟, 『明代北京社會風氣變 遷─禮制與價値觀的改變』, 29~30쪽 참조.

17) (明) 李漁, 『閒情偶寄』, 卷7, 「治服第三·衣衫」, 146쪽; (明) 凌濛初, 『二刻拍案驚奇』(上海: 上海古籍出版社, 1983), 卷39, 「神偸寄興一枝梅, 俠盜慣行三昧戱」, 729쪽.

18) 소의와 소양에 관해서는 林麗月, 「大雅將還: 從'蘇樣'服飾看晚明的消費文化」, 『明史硏究 論叢』(合肥: 黃山書社, 2004), 輯6, 194~208쪽을 참조.

19) "'蘇意', 非美談, 前無此語. 丙申歲, 有甫官於杭者, 笞窄襪淺鞋人, 枷號示衆, 難於書封, 卽 書蘇意犯人, 人以爲笑柄. 轉相傳播, 今逢一槪稀奇鮮見, 動稱蘇意. 而極力效法, 北人尤 甚." (明) 薛岡, 『天爵堂筆餘』, 『明史硏究論叢』(南京: 江蘇古籍出版社, 1991), 輯5 卷1, 326쪽에 수록.

20) "視諸京而以時變易之." (明) 張士鎬, 江汝璧 等纂修, 嘉靖 『廣信府志』, 『四庫全書存目叢 書』(臺南縣: 莊嚴文化事業有限公司據明嘉靖年間刻本影印, 1996), 史部, 地理類, 冊185, 卷1, 「地輿志·風俗」, 27b~28a쪽에 수록.

21) "他方衣裳冠履之制, 視諸京色, 而以時變易之." (明) 景暹 編纂, 嘉靖 『永豐縣志』, 『天一 閣藏明代方志選刊』(上海: 上海古籍書店據寧波天一閣藏明嘉靖23年刻本重印, 1964), 冊 39, 卷2, 「風俗」, 13b쪽에 수록.

22) 명청 시기 소주 수공업의 발전에 관해서는 段本洛, 張圻福 著, 『蘇州手工業史』(上海: 江 蘇古籍出版社, 1986), 2~68쪽 참조.

23) "至於民間風俗, 大都江南侈於江北. 而江南之侈, 尤莫過於三吳. 自昔吳俗習奢華, 樂奇異, 人情皆觀赴焉. 吳製服而華, 以爲是者弗文也. 吳制器而美, 以爲非者弗珍也. 四方重吳服, 而吳益工於服. 四方貴吳器, 而吳益工於器. 是吳俗之侈者愈侈, 而四方之觀赴於吳者, 又 安能挽而之儉也. 蓋人情自儉, 而趨於奢也易, 自奢而返之儉也難. (…). 工於織者, 終歲纂 組, 幣不盈寸, 而錙銖之縑, 勝於尋丈. 是盈握之器, 足以當終歲之耕, 累寸之華, 足以當終 歲之織也." (明) 張瀚, 『松窗夢語』, 卷4, 「百工紀」, 79쪽.

24) "市井多機巧繁華, 而趨時應求, 隨人意指." (明) 吳冠·王鏊 修, 正德 『姑蘇志』, 『天一閣藏 明代方志選刊續編』(上海: 上海書店據明正德刊本影印, 1990), 冊11~14, 卷13, 「風俗」, 9a 쪽에 수록.

25) "今天下之財賦在吳越, 吳俗之奢, 莫盛於蘇杭之民, 有不耕寸土, 而口食高粱, 不操一杼, 而 身衣文繡者, 不知其幾何也. 蓋俗奢而逐末者, 衆也." (明) 陸楫, 『蒹葭堂雜著摘抄』, 『中國 野史集成』(成都: 巴蜀書社, 1993), 冊37, 3a쪽.

26) 李伯重, 『江南的早期工業化(1550~1850年)』, 144~151쪽.

27) 과거의 연구에서는 면 방직이나 비단 방직 모두 명청 시기 강남에서 '양적으로 뚜렷한

증가는 나타났으나 '질적인 변화'는 없었다고 주장했다. 예를 들면, 徐新吾, 『江南土布史』(上海: 上海社會科學院出版社, 1992), 40~51쪽; 徐新吾 主編, 『近代江南絲織工業史』(上海: 上海人民出版社, 1991), 37~38쪽; 許滌新·吳承明 主編, 『中國資本主義發展史第一卷: 中國資本主義的萌芽』(北京: 人民出版社, 1985), 140~143쪽 등이 있다. 그러나 근래의 새로운 연구를 통해 수정된 견해가 나왔는데, 바로 명청 시기에는 생산기술, 분업과 전문화, 생산조직 변화, 노동생산성 향상 등에서 모두 변화가 나타났다는 것이다. 관련 연구로는 范金民·金文, 『江南絲綢史』, 349~352, 359~364, 381~386쪽; 李伯重 『江南的早期工業化(1550~1850年)』, 37~57쪽이 있다. 자오강趙岡은 중국의 14세기 초 면 방직 기술이 영국의 18세기 초 면 방직 기술보다 훨씬 앞섰으며 산업혁명 전야의 기술 수준보다 크게 높았다고 주장했다. 중국에서는 아주 이른 시기에 여러 사람이 조작하고 효율이 높은 도구를 발명했으나 장기간 소규모 농가에서 생산이 이루어진 만큼 여러 사람을 선발해 작업을 할 경우에는 원래 존재했던 고효율의 기구를 포기할 수밖에 없었다. 또한 생산조직이 기술 수준보다 낙후되어 있었으므로 600년 동안 중국의 면 방직업에 중대한 기술적 개량이 없었다고 했다. 趙岡, 『中國棉業史』(臺北: 聯經出版事業公司, 1977), 81~102쪽 참조.

28) 許滌新·吳承明 主編, 『中國資本主義發展史第一卷: 中國資本主義的萌芽』, 124~125, 128쪽.

29) "嘉靖初年, 惟生員始戴. 至二十年外, 則富民用之, 然亦僅見一二, 價甚騰貴 (…) 萬曆以來, 不論貧富, 皆用鬃, 價亦甚賤". (明) 范濂, 『雲間據目抄』, 卷2, 「記風俗」, 1a~2b쪽.

30) (明) 許敦球, 『敬所筆記·紀世變』, 318~319쪽.

31) "男子則士冠方巾, 餘爲瓦楞帽." (明) 束載 修, 張可述 纂, 嘉靖 『洪雅縣志』, 『天一閣藏明代方志選刊』(上海: 上海古籍書店據寧波天一閣藏明嘉靖41年刻本重印, 1982), 冊66, 卷1, 「疆域志·風俗」, 13a쪽.

32) "初亦珍異之." "價始甚賤, 土人亦爭受其業." (明) 范濂, 『雲間據目抄』, 卷2, 「記風俗」, 2b쪽.

4. 복식의 유행에 대한 사대부의 반응

1) "乃今鑿樸爲瑂, 易儉爲侈. 服飾器用, 燕飲之浮薄, 轉相慕效, 而又不分貴賤, 不論賢愚, 戴方巾被花繡躡朱履, 蓋裝銀頂, 樂用銅鼓, 犯上亡等, 法制謂何. 後進之士, 自行一意, (…) 踏至不能爲齊民倡, 而反有甘同市井者, 則不學之過也." (明) 余文龍·謝詔 纂修, 天啓 『贛州府志』, 『四庫全書存目叢書』(臺南縣: 莊嚴文化事業有限公司據淸順治17年湯斌刻本影印, 1996), 史部, 地理類, 冊202, 卷3, 「土俗」, 38b~39a쪽.

2) "冠服所以章身, 匪爲飾美."

3) 蓋前王陰寅重本抑末之意, 今無論細縠輕紈商賈, 恬不知爲僭妄, 且士而賈, 官而賈者, 何限販豎, 暴於金貂邸店, 燦於川陸, 風俗民生, 亦可重爲歎息矣. (淸) 黎士弘, 『仁恕堂筆記』, 『叢書集成續編』(臺北: 新文豐出版公司據昭代叢書排印, 1989), 文學類, 冊215, 卷25, 44b쪽에 수록.

4) "近年補官之賈甚廉, 不分良賤, 納銀四十兩, 卽得冠帶, 稱義官." "故皂隸·奴僕·乞丐·無賴之徒, 皆輕資假貸以納, 凡僭擬豪横之事, 皆其所爲." (明) 王錡, 『寓圃雜記』, 卷10, 「納粟指揮」, 79쪽.

5) "當時子弟不輕易習擧子業, 卽習未成, 亦不敢冒儒生巾服." (明) 何喬遠, 『名山藏』, 卷102, 「貨殖記」, 5857쪽.

6) "萬曆初, 童子髮長猶總角, 士子入泮始加網, 名曰'冠巾'. 民亦至二十餘歲始戴網, 皆冠之遺意也. (…) 萬曆初, 庶民穿腥靸, 秀才穿雙臉鞋, 非鄕先生首戴忠靜冠者, 不得穿厢邊雲頭履. 夫雲頭履, 名曰朝履, 俗呼'朝鞋', 謂朝天子之鞋也. 至近日, 而門快皂輿無非雲履, 星相醫卜無不方巾, 又有唐巾·晉巾·東坡巾·樂天巾者." (明) 高翔漢 修, 喬中和 纂, 崇禎『內邱縣志』(據明崇禎15年刊本攝製, 傅斯年圖書館藏縮影資料), 卷7, 「風紀·冠履」, 1b~2a쪽.

7) (明) 李東陽 等纂, 申明行 等重修, 『大明會典』, 卷61, 「官服二·文武官冠服」, 24a~24b쪽; 『明史』, 卷67, 「輿服三·儒士, 生員, 監生巾服」, 1649쪽.

8) "鄕紳·擧·貢·秀才俱戴巾, 百姓戴帽." "庶民極富, 不許戴巾" (淸) 姚廷遴, 『歷年記』, 『上海史資料叢刊—淸代日記匯抄』(上海: 上海人民出版社, 1982), 165쪽.

9) "成化以前, 平民不論貧富, 皆遵國制, 頂平定巾, 衣靑直身, 穿衣靴鞋, 極儉素. 後漸侈, 士夫峨冠博帶, 而稍知書爲儒童者, 亦方巾彩履色衣, 富室子弟, 或僭服之." (明) 田琯 纂, 萬曆『新昌縣志』, 卷4, 「風俗志·服食」, 5a쪽.

10) "布袍乃儒家常服, 邇來鄙爲寒酸. 貧者必用紬絹色衣, 謂之薄華麗. 而惡少且從典肆中, 覓舊段舊服, 翻改新制, 與豪華公子列坐, 亦一奇也." (明) 范濂, 『雲間據目抄』, 卷2, 「記風俗」, 2656쪽.

11) "駔儈庸流么麽賤品, 亦帶方頭巾, 莫知禁厲, 其俳優·隸卒, 窮居負販之徒, 躡雲頭履行道上者踵相接, 而人不以爲異." (明) 林雲程 修, 沈明臣 纂, 萬曆『通州志』, 卷2, 「風俗」, 47a~47b쪽.

12) "往者僑役, 衣靑衣, 隸賤役, 易厭所欲. 今身御羅綺, 妻女列繡裳. 巳午年間, 服絨表綾緣裏者, 二百幾十." (明) 錢肅樂 修, 張采 纂, 崇禎『太倉州志』, 卷5, 「流習」, 7b쪽.

13) "僮豎之變, 初士夫隨從, 皆靑布衣, 夏用靑苧, 冬有衣□色褐者, 便爲盛服, 然不常用. 近僮豎皆穿玄色羅綺, 至有天靑暗綠等色, 中裙裏衣, 或用紅紫見賓客, 侍左右, 恬不爲異, 雖三公八座間, 亦有之. 凡一命之家, 與豪侈少年, 競爲姣飾, 不第亡等, 家法可知矣." (明) 方岳貢 修, 陳繼儒 纂, 崇禎『松江府志』, 卷7, 「風俗·俗變」, 31b~32a쪽.

14) "邸第從御之美, 服飾珍羞之盛, 古或無之. 甚至儲隸賣佣, 亦泰然以侈靡相雄長, 往往有僭禮踰分焉." (明) 周世昌 撰, 萬曆『重修昆山縣志』, 卷2, 「疆域·風俗」, 6a쪽.

15) "雖卑賤暴富, 俱幷齒衣冠, 置之上列." 嘉靖『冀州志』, 卷7, 「人事志三·風俗」. 韓大成, 『明代社會經濟初探』(北京: 人民出版社, 1986), 303쪽에서 재인용.

16) "俗侈而凌替, 方巾盈路, 士大夫名器爲村富所竊, 而屠販奴隸亦有著雲履而白領緣者." (明) 陸以載 等纂, 萬曆『福安縣志』, 『日本藏中國罕見地方志叢刊』(北京: 書目文獻出版社據明萬曆25年刻本, 1991), 卷2, 「輿地志·風俗」, 17a쪽에 수록.

17) "輓近, 衣飾雲錦, 豪富綺靡, 至於巾裾奢侈異制, 閨閣麗華炫耀, 佣流優隸混與文儒衣冠相雜, 無分貴賤." (明) 宋祖舜 修, 方尙祖 纂, 天啓『淮安府志』, 卷2, 「風俗志·服飾」, 23a쪽.

18) "民間亡論貧富貴賤, 一歲至十餘勢, 皆得戴巾, 乳臭僕僮袒裼(按: 袒袖露臂)赤脚携薪負

米, 加巾於首, 則何取義也. 甫弱冠者, 則率皆凌雲·忠靜, 貧者胥竭財爲之矣. 甚至賤藝術者流, 亦得凌雲·忠靜, 而唐·晉之巾, 則視爲當然. 一瞥目卜人也, 衣牟不遮體, 如鶉結(按: 比喻破舊之衣), 然手搖篦板, 頭帶冠巾, 盈衢逵皆然也. 冠之僭濫者也, 一至是. (明) 邢雲路 纂修, 萬曆『臨汾縣志』(明萬曆19年刊本, 傅斯年圖書館藏縮影資料), 卷9, 「藝文志」, 44~45쪽.

19) "今則佻達少年, 以紅紫爲奇服, 以綾紈作袓衣羅綺, 富貴家縱容僕隷, 亦僭巾履, 新巧屢更, 珍錯爭奇, 只供日食, 至博戲呼, 衣冠輩亦視顏爲之, 此則大挽回者." (明) 劉沂春 修, 徐守綱·潘士遴 纂, 崇禎『烏程縣志』, 稀見中國地方志匯刊編纂委員會 編, 『稀見中國地方志匯刊』(北京: 中國書店據明崇禎11年刻本影印, 1992), 卷4, 「風俗」, 23a쪽.

20) "故有不衣文采而赴鄕人之會, 則鄕人竊笑之, 不置之上座." (明) 林雲程 修, 沈明臣 纂, 萬曆『通州志』, 卷2, 「風俗」, 47a~47b쪽.

21) "裘馬錦綺, 充填衢巷, 羅褲雲履得僭於娼優卒隷之輩." "無貴賤悉然." (淸) 劉於義 修, 沈靑崖 纂, 雍正『陝西通志』, 卷45, 「風俗·習尙」, 5a쪽.

22) "日來, 俗尙浸奢, 男必漢唐宋錦, 女必金玉翠飾, 冠履華靡尤甚, 凌雲·東坡·忠靜·匾巾, 赤鳥(按: 重底之鞋)·雲頭·箱邊·片瓦, 照耀於街市間, 殆無貴賤一矣." (明) 孫丕揚 纂, 萬曆『富平縣志』(明萬曆甲中年刊本攝製, 傅斯年圖書館藏縮影資料), 卷9, 「工藝」, 3~4쪽.

23) "國初風俗淳厚, 貴賤有等, 故家子弟雖不能繩祖武, 而胥隷之流, 猶知讓之, 不敢抗禮, 不敢幷行, 或相遇於途, 則拱立而俟其過, 故舞文者少焉. 正德以前, 此風尙存, 近年來縱肆無忌, 而隷卒尤甚, 勾攝則以拒爲詞, 索賕則呼錢爲分, 至有自謂不願博一擧人者. 吁痛哉." (明) 曹一麟 修, 徐師曾 等纂, 嘉靖『吳江縣志』, 卷13, 「典禮志三·風俗」, 31b~32쪽.

24) "晉漢唐巾, 乃先朝儒者之冠. 我明興科甲, 監儒兼用之, 數十年前, 人心猶古, 非眞斯文, 盡安分焉. 漸至業鉛槧, 賦詩章者戴矣, 此猶之可也. 邇來大可駭異, 一介細民耳, 未聞登兩榜而入黌宮, 一丁不識, 驟獲資財, 不安小帽, 巍然峩其冠, 翩然大其袖, 揚揚平康曲里, 此何巾哉? 曰'銀招牌'也. 至於諸人亦僭用之, 曰'省錢帽'也. 一人僥倖科甲, 宗族姻親, 皆換儒巾, 曰'蔭襲巾'也. 故諺有'滿城文運轉, 遍地是方巾'之諧. 噫! 亦太濫矣. 獨惜此事臺中乏人, 不然朝廷當差巡巾御史, 攬轡中原, 遇此輩杖而裂之可也." (明) 洪文科, 『語窺今古』, 『筆記小說大觀』(臺北: 新興書局, 1985), 38編 4冊, 「戴巾之濫」, 2b~3a쪽.

25) "今之富民男女衣服首飾, 僭用太甚, 遍身錦繡, 盈前金寶, 恬不爲異. 何無行令巡按御史, 督同州府州縣掌印官, 嚴加禁約. 今後但有前項違禁服飾, 許地方里老酌佑捉拏呈送, 依律問罪, 服飾追奪入官, 如是地方徇情不擧, 事發一體究治." (明) 孫旬 編, 『皇明疏鈔』, 『中國史學叢書三編』(臺北: 臺灣學生書局據明萬曆12年兩浙都轉運鹽使司刊行本影印, 1986), 卷49, 「風俗」, 3730쪽.

26) 왕횡의 전기는 다음에 자세히 나타나 있다. (明) 焦竑『國朝獻徵錄』(臺北: 臺灣學生書局, 1984), 卷25, 「吏部二·尙書·實錄本傳」, 20쪽; (明) 徐乾學 等撰, 『徐本明史列傳』(臺北: 明文書局, 1991), 卷57, 251쪽.

27) "國初, 民間婦人遇婚媾飮宴, 皆服團袄爲禮衣, 或羅或紵絲, 皆繡領下垂, 略如霞帔(按: 卽指披肩)之製, 予猶及見之. 非仕宦族有恩封者, 不敢用冠袍. 今士民之家遇嫁娶事, 必假珠冠袍帶, 以榮一時. 鄕間富民必假黃凉傘, 以擁蔽其婦. 僭亂至此, 殊爲可笑, 非有司嚴申禁例, 其何以革之." (明) 徐咸, 『西園雜記』, 卷上, 「巾帽之說」, 81~82쪽.

28) "按『舊志』: '人有恒産, 多奢少儉.' 則知人情之易於流於奢也, 在昔已然, 而今又非昔比矣. 邸第從御之美, 服飾珍羞之盛, 古或無之. 甚至儲隷賣佣, 亦泰然以侈靡相雄長, 往往有僭禮踰分焉. 爲民師帥者, 執其機而轉化化導之, 正風俗之首務也." (明) 周世昌 撰, 萬曆『重修昆山縣志』, 卷1, 「風俗」, 6a쪽.

29) "人情輕賢而重利如此, 轉移變化之機, 能不望於賢有司乎. 如近日生員某等, 貧不能婚, 某等貧不能葬, 知縣出俸貲以濟之得完, 是亦變化之一機也." (明) 鄔桂枝 修, 劉岸 等編, 嘉靖『翼城縣志』, 『天一閣藏明代方志選刊續編』(上海: 上海書店據明嘉靖刊本影印, 1990), 冊4, 卷1, 「地理」, 8a쪽에 수록.

30) (明) 胡容 重修, 嘉靖『威縣志』, 『重修昆山縣志』, 『天一閣藏明代方志選刊續編』(上海: 上海書店據明嘉靖刊本影印, 1990), 冊2, 卷2, 「風俗」, 4b쪽에 수록. 지현은 가정 25년에 풍기문란 금지령禁光棍令을 내리고, 가정 26년에 백성을 훈계하는 금약禁約 여러 조를 내렸으며, 또 사치금지령을 내렸다.

31) "檢會『大明會典』, 忠靜冠服, (⋯) 其州佐兩司首領俱不許. 武職都督許用, 副總兵·參·遊俱不許, 僭者以違制論. 又周子巾·東坡巾·陽明巾, 自非譜德綴秩之人, 亦不許用, 違者罪之." (明) 商文昭, 盧洪夏 纂修, 萬曆『南京府志』, 『稀見中國地方志匯刊』(北京: 中國書店據日本尊經閣藏明萬曆年間刻本影印, 1992), 冊30, 卷15, 「禮樂志·歲時」, 17a쪽에 수록.

32) 『新校本明史』, 卷275, 「列傳一六三·左懋第傳」, 7048쪽.

33) "白丁商役及各僕隷, 止穿靑布衣, 至靑屯絹而止, 不可擅穿紬緞紗羅, 不可登顔色鑲履. 婦人士庶之家, 不許著織金粧花·酒線補服, 并束銀帶. 僕隷之婦, 不許戴金銀珠玉首飾, 著紬緞紗羅等服, 只穿梭布夏布. (⋯) 士民衣服, 不許服紅紫黃色." (淸) 劉於義 修, 沈靑崖 纂, 雍正『陝西通志』, 卷45, 「風俗·化導」, 36a쪽.

34) "服舍違式, 本朝律禁甚明, 『大明律』所著最爲嚴備. 今法久就弛, 士大夫間有議及申明, 不以爲迂, 則群起而姍之矣, 可爲大息." (明) 顧起元『客座贅語』, 卷9, 「服飾」, 293쪽.

35) "若夫繁簡淳薄之間, 往往與世推移, 或古無而今有, 或古盛而今衰, 欲御之而不能也" (明) 戴瑞卿 修, 於永享 等纂, 萬曆『滁陽志』, 卷5, 「風俗」, 3b쪽.

36) "最異者, 文學見方巾, 仕宦見忠靜冠, 必厭唾之以爲俗物. 而星卜猥賤, 流外卑庸, 公然襲用而莫之詰, 何哉?" (明) 羅炫修, 黃承昊 纂, 崇禎『嘉興縣志』, 卷15, 「里俗」, 18a쪽.

37) "童生用方包巾, 自陳繼儒出, 用兩飄帶束頂." (明) 范濂, 『雲間據目抄』, 卷2, 「記風俗」, 2625쪽.

38) "語云, '當官不接異色人.' 又曰, '不應與小人作緣. 眞名言也.' 頃士大夫風俗一變, 求田問舍, 則牙儈滿堂. 請拖居間, 則吏胥入幕, 怙勢作威. 壟斷財賄, 則輿臺私義, 倡優下賤, 皆儒裝士服, 列爲上賓. 爾汝酣歌, 徹夜達旦, 不復知有人問廉恥事矣." (明) 陳繼儒, 『白石樵眞稿』, 叢書集成編纂委員會 編, 『叢書集成三編』(臺北: 新文豐, 1997), 冊51, 卷21, 「雜書·書遠斂人」, 14a~14b쪽.

39) "至於忠靜巾之製, 雜流·武弁·驛遞·倉散等官皆僭之, 而儒生學子羨其美觀, 加以金雲, 名曰'凌雲巾.'" (明) 翁相修, 陳棐 纂, 嘉靖『廣平府志』, 『天一閣藏明代方志選刊』(上海: 上海古籍書店據寧波天一閣藏明嘉靖29年刻本重印, 1963), 冊5, 卷16, 「風俗志」, 2b쪽.

40) "崇禎間, 服飾怪侈, 巾或矮至數寸, 袖或廣至覆地, 或不及尺. 先生獨仿深衣意, 袂(按: 衣袖)尺有二寸, 冠守舊製. 謔者呼先生爲'長方巾', 或謂先生何必以衣冠自異, 先生笑曰, '我何

嘗異人, 人自異耳!'" (淸) 蘇惇元 編纂, 『張楊園先生年譜』(臺北: 臺灣商務印書館, 1981), 3b쪽.

41) "夏月作希網置頭巾, 僅僅可數目, 郡人爭效之." (明) 張鳳翼, 『譚輅』, 『筆記小說大觀』(臺北: 新興書局, 1985), 38編 4冊, 323b쪽.

42) "居常敝帷穿榻, 瓦竈破釜, 士大夫飾騎而來者, 多毀衣以入. 偶服紫花布衣, 士大夫從而效之, 布價頓高." (淸) 佚名, 『松下雜抄』, 『叢書集成續編』(上海: 上海書店據涵芬樓秘笈影印, 1994), 子部, 冊96, 卷上, 13a쪽.

43) "部使者王化按浙, 一擧人冠員帽入謁. 王問曰, '此冠起自何時?' 擧人曰, '起自大人乘轎之年.' 王大慚, 反加禮焉. 村老(按: 作者自稱)曰, '員帽之制, 聞祖宗以畀辟公車者, 長途遮陽之用, 想卽唐之席帽, 宋之重戴. 乃春元輩欲以自別於生員監生, 取以爲本等冠服. 三十年前, 吾邑春元盡皆用之, 郡城獨不然. 無論用違其制, 亦殊不雅觀. 今則吾邑亦用儒巾矣. (…).'" (明) 徐復祚, 『花當閣談叢』(臺北: 廣文書局, 1969), 卷7, 「員帽」, 34b~35a쪽.

44) "邇來又有一等巾樣, 以紬絹爲質, 界以藍線繩, 似忠靜巾制度, 而易名曰'凌雲巾', 雖商販白丁, 亦有戴此者. 噫! 風俗之壞極矣." (明) 余永麟, 『北窓瑣語』, 『叢書集成初編』(上海: 商務印書館據硯雲甲乙編本影印, 1936), 冊2923, 41쪽.

45) "進士曹奎作大袖袍, 楊衍問曰, '袖何須此大?' 奎曰, '要乘天下蒼生.'" 衍笑曰, '乘得一個蒼生矣.'" 今吾蘇遍地曹奎矣." (明) 馮夢龍, 『古今譚概』, 卷2, 「怪誕部·異服」, 34쪽.

46) "闊狹高低逐旋移, 本來尺度盡參差. 眼看弄巧今如此, 拙樣何能更入時." (明) 兪弁, 『山樵暇語』, 卷2, 7b쪽.

5. 복식 풍조를 비판하는 사대부들의 담론

1) "今有二十不冠至三十者, 諱年飾貌曰, '吾尙總角(按: 舊時未成年男女, 編紮頭髮,形如兩角, 稱爲總角), 少也.' 少則宜少之矣, 而乃儼然加巾, 高至尺許, 且稱字號堂堂焉, 倨傲長者, 長者反却避之, 則何禮也!" (明) 邢雲路 輯, 萬曆 『臨汾縣志』, 卷9, 「藝文志」, 44쪽.

2) "今不以分制, 而以財制, 侈富踰節者, 亦旣多矣." "噫! 失侈甚而犯禮多, 渾樸消而殷富替, 豈惟信哉. 觀俗者可感矣." (明) 張士鎬·江汝璧 等纂修, 嘉靖 『廣信府志』, 卷1, 「地輿志·風俗」, 28a쪽.

3) 小島毅 著, 張文朗 譯, 『明代禮學的特點』, 林慶彰, 蔣秋華 主編, 『明代經學國際硏討會』(臺北: 中硏院文哲所, 1996), 393~409쪽에 수록.

4) "民窮於侈且僭, 侯爲申洪武禮制, 參之文公冠婚喪祭之儀, 節爲『禮式』一書, 使民有所據守." (明) 陳獻章 撰, 孫通海 點校, 『陳獻章集』(北京: 中華書局, 1987), 卷1, 「丁知縣行狀」, 102쪽.

5) "南京俗尙侈靡, 爲定喪葬之制頒行之." 『新校本明史』, 卷283, 「列傳一七一·儒林二·湛若水」, 7267쪽.

6) "然贏餘之家, 只知競尙奢麗, 而守禮之意或寡矣." "立敎齊政, 責在令長與鄕大夫矣." (明) 趙惟勤 修, 嘉靖 『獲鹿縣志』, 『天一閣藏明代方志選刊續編』(上海: 上海書店據明嘉靖年間刊本影印, 1990), 冊1, 卷2, 「地理·風俗」, 14b, 16a쪽.

7) (清) 屈大均, 『廣東新語』(北京: 中華書局, 1985), 卷16, 「冠巾」, 450~451쪽.

8) 청대 예학禮學의 부흥에 대해서는 Kai-wing Chow(周啓榮), *The Rise of Confucian Ritualism in Late Imperial China: Ethics, Classics, and Lineage Discourse*(Stanford, Calif.: Stanford University Press, 1994); 張壽安, 『以禮代理─凌廷堪與淸代中葉儒學思想之轉變』(臺北: 中硏院近史所, 1994) 참조.

9) "嗟乎! 使志五行者, 而有征於服妖也." (明) 顧起元, 『客座贅語』, 卷1, 「巾履」, 24쪽.

10) "貌之不恭, 是謂不肅, 厥咎狂, 厥罰恒雨, 厥極惡. 時則有服妖."

11) "傳曰, '貌之不恭, 是謂不肅, 厥咎狂, 厥罰恒雨, 厥極惡. 時則有服妖, 時則有龜孼, 時則有雞禍, 時則有下體生上之痾, 時則有靑眚靑祥. 唯金沴木.' (…) 風俗狂慢, 變節易度, 則爲剽輕奇怪之服, 故有服妖." 『漢書』, 卷27中之上, 「五行志七中之上」, 1352쪽.

12) 『宋書』, 卷30, 「志二十 · 五行一」, 886쪽.

13) 『後漢書』, 「志三十 · 五行一」, 3270쪽.

14) "人之一身, 所居不過一室, 所食不過一飽, 所服不過一暖. 近時奢侈成風, 凡宮室服食, 爭趨淫巧, 豈知濫費則暴殄天物, 過享則受福有限, 禍敗隨之, 理勢之必然也." (明) 錢琦, 『錢子語測』, 『叢書集成新編』(臺北: 新文豊出版社據百陵叢書本排印, 1985), 冊14, 329쪽에 수록.

15) "傳曰: '君子衣之不衷, 身之災也.' 予讀此言, 每疑之左. 夫彼其子之不稱其服, 只取辱而已, 何至於爲災. 予往見今皇上刊定忠靜巾服圖制, 階級等威, 截乎莫逾, 僭用之者, 皆罪矣. 予又見京師每每禁捕巾服詭異之人, 繫逮囹圄, 與囚徒伍, 有至於罹罪捐身者, 乃知爲災之言, 有明驗也." (明) 翁相修, 陳棐 纂, 嘉靖 『廣平府志』, 卷16, 「風俗志」, 2b~3a쪽.

16) "今河間男子, 間有左衽者, 而婦人尤多. 至於孩子環狐狗之尾以爲冠, 而身被毛革以爲服, 謂之'達雛'. 夫披髮野祭, 聖人憂之, 則奈何其可勿禁也. 晉太康中, 俗以氈爲紵頭, 及絡帶袴口, 百姓彼此互爲嘲戲以爲胡兒. 未幾, 劉石之變遂起." (明) 杜應芳 修, 陳士彥 · 張文德 纂, 萬曆 『河間府志』, 『稀見中國地方志匯刊』(北京: 中國書店據日本內閣文庫藏明萬曆間刻本影印, 1992), 冊3, 卷4, 「風俗志 · 風俗」, 28b쪽.

17) "衣者身之章, 古服未之能復也, 必寬樸雅斯可, 豈可隨俗爲狷狡乎? 夫風俗之變, 自服飾始, 故周人思都士王制禁異服, 前史譏服妖." (明) 崔銑, 『士翼』, 『四庫全書珍本 · 五集』(臺北: 臺灣商務印書館據國立故宮博物院藏文淵閣四庫全書影印, 1974), 冊132, 卷1, 12b쪽에 수록.

18) 梁冠, 劉復生, 「宋代"衣服復古"及其時代特徵─兼論"服妖"現象的社會意義」, 『中國史硏究』, 1998年 第2期, 90~91쪽; 勝山稔, 「宋代の翠羽飾について奢侈令の構造考察─五行災異說において服飾を中心として」, 『中央大學大學院硏究年報』, 25號(1996), 47~59쪽.

19) "萬曆間遼東興冶服, 五彩炫爛, 不三十年而淪於虜, 玆花袍二十年矣, 服之不衷身之災也. 兵災交集, 死塡溝壑, 取忌於天, 其奚□焉?" (明) 高翔漢 修, 喬中和 纂修, 崇禎 『內邱縣志』, 卷7, 「風紀 · 冠履」, 2a쪽.

20) "此書作於萬曆四十三年, 不二蠟而遼東之難作矣! 至於今日, 胡服緩緩, 咸爲戎俗. 高冠重履非復華風, 有識之士得不悼其橫流, 追其亂本哉." (明) 顧炎武, 『原抄本日知錄』(臺北: 文史哲出版社, 1979), 卷29, 「胡服」, 826쪽.

21) "『漢書 · 五行志』, '風俗狂慢, 變節易度, 則爲剽輕奇怪之服, 故有服妖.' 余所見五六十年服飾之變亦多矣, 卒至裂冠毁冕而戎制之, 故錄其所聞以視後人焉." (明) 顧炎武, 『原抄本

日知錄』, 卷29, 「冠服」, 822쪽.

22) "風俗好尙之遷移, 常有關於氣數. 此制不防於今, 而防於崇禎末年. 予見而詫之, 嘗謂人曰, '衣衫無故易形, 殆有若或使之者, 六合以內, 得無有土崩瓦解之事乎.' 未幾而闖氛四起, 割裂中原, 人謂予言不幸而中."(淸) 李漁, 『閒情偶寄』, 卷7, 「治服第三·衣衫」, 145쪽.

23) "崇禎時, (…) 時北方小民製幘, 低側其檐, 自掩眉目, 名曰"不認親." 其後寇亂民散, 途遇親戚, 有飲泣不敢言, 或掉臂去之者."『新校本明史』, 卷29, 「志第五·五行二」, 479쪽.

24) "乃今婦人之衣如文官, 去地寸許, 裙與衣等, 而男子之制迥殊古昔. 袖之廣幾於全匹帛, 男女盡然, 殊不耐觀."(明) 徐復祚, 『花當閣叢談』, 卷1, 「衣制」, 13a~13b쪽에는 명초 태조가 정한 복식제도를 기록하고 있는데, 『칠수유고』와 대동소이하지만 마지막 몇 구절의 기록이 비교적 상세하며, 미학적 견지에서 평가하고 있다.

25) "暴殄天物, 不待言矣. 而又不甚美觀, 蓋下體之服, 宜淡不宜濃, 宜淳不宜雜."(淸) 李漁, 『閒情偶寄』, 卷7, 「治服第三·衣衫」, 146쪽.

26) "晚近競奢崇侈, 寢失古意, 家無磚石之儲, 身有執綺之飾, 一筵之費當貧家數月饔餐, 而士人巾擬漢唐, 衣必曳地, 閭閻轉相慕效, 雅俗不分."(明) 余讓 修, 王宗本 纂修, 萬曆『衡州府志』(據明萬曆21年修刊本攝製, 傅斯年圖書館藏縮影資料), 卷2, 「地理志」, 41쪽.

27) "習俗奢靡, 愈趨愈下. 庶民之家, 僭用命婦服飾, 加以鈒花銀帶, 恬不知愧, 愚俗無知可笑也."(明) 莫旦 撰, 弘治『吳江志』, 『中國方志叢書·華中地方·江蘇省』(臺北市: 成文出版社據明弘治元年刊本影印, 1983), 冊446, 卷6, 「風俗」, 239쪽.

28) "靚妝炫服, 墮馬盤鴉, 操籌倚市, 荳·婁·齊蓋罕矣. 惟以織造爲業者, 俗曰 '機房婦女', 好爲艶妝, 雖縟欠雅矣."(明) 張德夫 修, 黃甫汸 纂, 萬曆『長洲縣志』(據明崇禎8年補刻萬曆26年刊本攝製, 傅斯年圖書館視聽室藏縮影資料), 卷1, 「地理志·風俗」, 55~56쪽.

29) "衣冠制度, 必與時宜, 吾儕旣不能披鶉帶索, 又不當綴玉垂珠, 要須夏葛冬裘, 被服嫻雅, 居城市有儒者之風, 入山林有隱逸之象, 若徒染五彩, 飾文績, 與銅山金穴之子侈靡鬪麗, 亦豈詩人粲粲衣服之旨乎."(明) 文震亨, 『長物志』, 『飮食起居編』(上海: 上海古籍出版社, 1993), 卷8, 「衣食」, 432쪽에 수록.

30) 명말 사대부가 '우아함과 저속함'으로 엘리트계층의 품격과 일반적 품격의 차이를 구분했지만, 사실 이는 엘리트계층인 사대부가 대중의 사치스러운 소비자와 자신들을 구분하려는 일종의 책략이었다. 이러한 책략은 복식뿐만 아니라 골동과 서화 및 기물 등의 방면에서도 더욱 분명하게 드러났다. Craig Clunas, *Superfluous Things: Material Culture and Social Status in Early Modern China*(Urbana, Ill.: University of Illinois Press, 1991) 참조.

31) "皆以美觀, 不甚雅." "稱爲蝶夢者, 亦俗." "唐巾去漢式不遠, 今所尙批雲巾最俗, 或自以意爲之, 幅巾最古, 然不便於用."(明) 文震亨, 『長物志』, 卷8, 「衣食」, 433쪽.

32) "當時套鞋蒲鞋俱深面高跟, 今則淺面低跟, 欲急走則脫, 脫而難行, 此又其可笑者也."(明) 許敦球, 『敬所筆記』, 319쪽.

33) "士子峨冠大帶, 袖長且褖膝. 履則靑紅黃綠靡一, 咸低頭淺根, 履稍蔽, 襪輒曳地, 可笑."(明) 戴瑞卿 修, 於永享 等纂, 萬曆『滁陽志』, 卷5, 「風俗」, 3b쪽.

6. 결론

1) Fernand Braudel 著, 顧良 等譯, 『15世紀至18世紀的物質文明』, 卷1, 368~369쪽.
2) S. A. M. Adshead, *Material Culture in Europe and China, 1400~1800: The Rise of Consumerism*, pp. 67~75, 100~101, 244.
3) Timothy Brook, *The Confusions of Pleasure: Commerce and Culture in Ming China*, pp. 218~219.

제4장 소비의 품격과 신분의 구분: 여행문화를 사례로

1) "仕女傾城而往, 笙歌笑語, 塡山沸林, 終夜不絶. 逐使丘壑化爲酒場, 穢雜可恨. 予初十日到郡, 連夜遊虎丘, 月色甚美, 游人尙稀, 風亭月榭間, 以紅粉笙歌一兩隊點綴, 亦復不惡. 然終不若山空人靜, 獨往會心."
2) "旅遊媚年春, 年春媚游人."
3) 鄭焱, 『中國旅遊發展史』(長沙:湖南教育出版社, 2000年), 2~3쪽.
4) 陳萬益, 『晚明小品文與明季文人生活』(臺北:大安出版社, 1988); 毛文芳, 「閱讀與夢憶—晚明旅遊小品試論」, 『中正中文學報年刊』, 期3(2000年 9月), 1~44쪽.
5) 傅立萃, 「謝時臣的名勝四景圖—兼談明代中期的壯遊」, 『美術史研究集刊』, 期4(1997年), 185~222쪽; James Cahill, "Huang Shang Paintings as Pilgrimage Pictures," in Susan Naquin & Chün-fang Yü, eds., *Pilgrims and Sacred Sites in China*(Berkeley: University of California Press, 1992), pp. 246~292.
6) 다음 자료들을 참조하라. 周振鶴, 「從明人文集看晚明旅遊風氣及與地理學的關係」, 『復旦學報』(社會科學版), 2005年 第1期, 72~78쪽; 陳建勤, 「明淸時期的旅遊消費及其支出—以長江三角洲爲例」, 『消費經濟』, 期4(2000年), 63~65쪽; 陳建勤, 「論"游道"—明淸文士旅遊觀研究之一」, 『旅遊刊刊』, 期4(2000年 8月), 64~68쪽; 林皎宏, 「晚明黃山旅遊的興起」, 『史原』, 期19(1993年 10月), 131~171쪽; 張嘉昕, 「明人的旅遊生活」(宜蘭羅東: 明史研究小組, 2004年); 吳智和, 「明人山水休閒生活」, 『漢學研究』, 卷20期1(2002年 6月), 101~128쪽; Timothy Brook, *The Confusions of Pleasure: Commerce and Culture in Ming China*(Berkeley: University of California Press, 1998), pp. 174~182.

1. 사대부들 사이에 퍼진 여행 풍조

1) "天下質有而趣靈者, 莫過山水. 予少時知好之, 然分於雜嗜, 未篤也. 四十之後, 始好之成癖, 人有詫予爲好奇者." (明) 袁中道 著, 錢伯城 點校, 『珂雪齋集』(上海:上海古籍出版社, 1989), 卷10, 「王伯子岳游序」, 460쪽.
2) "余故屛弱, 少所濟勝, 不能游, 而獨好游. 當余口屬之未解拮據, 鞅掌蒿目焦心, 一食而停匕箸者再. 而所過佳山水, 未嘗不游." (明) 鄒迪光, 『鬱儀樓集』, 『四庫全書存目叢書』(臺南:

莊嚴文化事業有限公司據北京大學圖書館藏明萬曆刻本影印出版, 1997), 集部, 別集類, 冊 158, 卷36, 「遊吳門諸山記」, 1a~b쪽.

3) "余性愛游往. 雖仕宦不廢, 登臨後, 以老親在堂, 不敢遠出. 旣而讀禮廬舍, 游道已矣." (明) 鄭材, 『悅倦齋文集』(日本京都大學人文科學硏究所藏明刊本), 卷10, 「游上方山記」, 10a쪽.

4) "未四十, 敕斷家務, 有子孝且賢, 不遺世事經懷. 公美日與群從讀書食酒, 爲名'山游.'" (明) 陳繼儒, 「閩游草序」, 黃卓越 輯, 『閑雅小品集觀─明淸文人小品五十家』上(南昌: 百花洲 文藝出版社, 1995), 冊上, 260쪽.

5) "性旣好遊, 而天又助之, 宦迹半天下." (明) 朱國禎, 『涌幢小品』(臺北: 廣文書局, 1991), 卷 10, 「己丑館選」, 8b~9a쪽.

6) 周振鶴, 『從明人文集看晚明旅游風氣及其與地理學的關係』, 73~74쪽.

7) "台蕩之勝.""入懷者廿年, 入夢者幾夜.""偶讀駕部張肅之「台游草」, 遂投袂而起, 展及於窒 皇, 裝及於寢門之外, 舟及於五雲之涯." (明) 王思任, 『王季重雜著(下)』(臺北: 偉文圖書公 司, 1977), 「紀遊」, 645쪽.

8) 사대부 가운데는 직접 여행에 나설 수 없어서 유람기를 읽고 그 목마름을 해소한 사 람들도 있었다. 예를 들면, 심회선는 늘 월 지역 사람들이 서호의 아름다움을 얘기 하는 것을 들었으나 평생토록 한 번도 가보지 못하여 유감으로 여겼다. 이에 급기야 전여성의 『서호유람지』를 구해 읽었다. 다음을 참조. 沈愷 著, 「小西湖記」, 『環溪集』, 『四 庫全書存目叢書』(臺南: 莊嚴文化事業有限公司據明隆慶5年至萬曆2年沈紹祖刻本影印出 版, 1997), 集部, 別集類, 冊92, 卷3, 33쪽.

9) "近世有「岱史」·「岱宗記」·「五岳記」·游名山記」, 而王恒叔太仆有「游岳圖文」, 附以異迹, 質 之輿乘桑鄒諸家言, 一日臥游, 未能周五嶽矣. 況復舅亥步莊運, 專勝游婚嫁之後哉." (明) 虞淳熙, 「五岳勝覽序」, (明) 陸雲龍 等選評, 蔣金德 點校, 『明人小品十六家』(杭州: 浙江古 籍出版社, 1995), 203쪽.

10) "余觀古之登山者, 皆有遊名山記, 縱其文筆高妙, 善於摩寫, 極力形容, 處處精到, 然於語 言文字之間, 使人想象, 終不得其面目. 不若圖之縑素. 則其山水之幽深, 烟雲之吞吐, 一擧 目皆在, 而吾得以神遊其間, 顧不勝於文章萬耶耶." (明) 何良俊, 『四友齋叢說』, 卷28, 「畫 一」, 257쪽.

11) "正恐筋力衰憊, 不能遍歷名山, 日懸一幅於堂中, 擇溪山深邃之處, 神往其間, 亦宗少文臥 遊之意也. (明) 何良俊, 『四友齋叢說』, 卷28, 「畫一」, 255쪽.

12) 이로부터 명말에 유행한 '사실적 산수화풍'과 여행 풍조의 성행이 관계가 있음을 알 수 있다. 명말 여행의 유행과 산수화의 관계에 대해서는 다음을 참조. 傅立萃, 「謝時 臣的名勝四景圖─兼談明代中期的壯遊」, 185~222쪽; James Cahill, "Huang Shang Paintings as Pilgrimage Pictures," 246~292쪽.

13) "四月某日, 又校射於郊堂, 無訟事, 日脚尙未至地, 予命轡, 不至二里而哺, 遂馳還." (明) 文翔鳳, 「游靑泥潤吉祥寺雜記」, (明) 陸雲龍 等選評, 蔣金德 點校, 『明人小品十六家』, 339쪽.

14) "讞畢無事, 同兩別駕遊金城. 顧而樂之, 謂柱史之言不謬也." (明) 王臨亨, 『粵劍編』(北京: 中華書局, 1987), 卷4, 「志遊覽·鳳城遊紀」, 98쪽.

15) "子誠山人也, 癖耽山水, 不顧功名, 可謂山輿."(明) 朱國禎, 『湧幢小品』, 卷17, 「山遊」, 16a쪽.

16) "近日遊興發不? 茂苑主人(袁宏道自稱)雖無錢可贈客子, 然尙有酒可醉, 茶可飮. 太湖一勺水可遊, 洞庭一塊可登, 不大落寞也. 如何?"(明) 袁宏道, 『袁宏道集箋校』, 卷5, 「丘長孺」, 208쪽.

17) "老猿孤鶴." "每欲斷絕家事, 一了名山之緣."(明) 陳繼儒, 『陳眉公集』, 『續修四庫全書』(上海: 上海古籍出版社據上海圖書館藏明萬曆43年史兆斗刻本影印, 1995), 集部, 別集類, 冊1380, 卷6, 「紀遊稿引」, 17a쪽.

18) 高彦頤, 「'空間'與'家'—論明末淸初婦女的生活空間」, 『近代中國婦女史硏究』, 期3(1995年8月), 30~41쪽.

19) 명대의 여행 명승지는 아주 많다. 지면의 제한으로 여기서는 생략한다. 특별히 거론할 만한 것은 송대 이학가의 '오도처悟道處[도를 깨달은 곳]'가 명말 사대부들에게 여행의 성지가 되었다는 점이다. 고헌성顧憲成은 만력 15년 도주道州를 지나면서 주돈이周敦頤*가 도를 깨우친 곳이 도주의 치소에서 약 40리 떨어진 월암月巖이라는 말을 듣고 이튿날 바로 그곳에 머물렀다. 고헌성은 월암에 도착한 뒤 벗으로부터 그곳이 주돈이의 옛집이라는 것을 듣고 매우 고무되어 '온몸이 가벼워지는 듯 마음속 깊이 매료됨'을 느꼈다. 또한 말하기를 "평생 선생을 경모하기를 배고픈 사람처럼 목마른 사람처럼 했는데, 어느 날 갑자기 그 노닐던 곳에 와보니, 그 덕택에 눈은 더 밝아지는 듯, 귀는 더 총명해지는 듯, 마음은 더 명석해지는 듯하다生平傾慕先生, 如飢如渴, 一旦得游其處, 以故目若爲之加明, 耳若爲之加聰, 心若爲之加爽"라고 했다. (明) 李詡, 『戒庵老人漫筆』, 卷8, 「遊月巖記」, 342~345쪽 참조.

　* 주돈이(1017~1073): 북송의 저명한 철학가. 자는 무숙茂叔, 호는 염계濂溪. 송대의 새로운 유가 이론인 이학理學을 창시했다. 만년에 여산 기슭의 염계에 은퇴했기 때문에 염계선생이라 불렸다.

20) "要以地僻, 故未經驗雅之士品題耳, 不當以目論也."(明) 費元祿, 『鼉采舘淸課』, 卷下, 3a쪽.

21) "吳中之山, 多在郡城西, 其來遠矣. 今吳人之所恒游者, 特其至近人迹者耳. 至於幽僻奇絕之境, 固莫是也. 然遠方之客, 雖至近可到之山, 亦鮮有能及游者焉."(明) 楊循吉, 『燈窓末藝』, 『四庫全書存目叢書』(臺南: 莊嚴文化事業有限公司據明人文集叢刊影印明鈔本, 1997), 集部, 別集類, 冊43, 「西山游別詩後序」, 336쪽.

22) "山川須生得其地, 若在窮鄕僻壤, 輪蹄絕跡之處, 埋沒不稱者多矣. 如姑蘇之虎丘, 鄒之大嶧, 培塿何足言? 而地當舟車之會, 遂令遊詠賞實, 千載不絕, 豈亦有幸不幸耶?"(明) 謝肇淛, 『五雜組』(臺北: 偉文圖書出版社, 1977), 卷4, 「地部二」, 88쪽.

23) "良一快遊." "但舟制不佳, 四檣搖撼, 板木皆動, 舟中之人, 不能穩坐. 況咿啞之聲聒耳, 對面語不相聞. 較他處舟航迥異."(明) 張瀚, 『松窓夢語』(北京 :中華書局, 1982年), 卷2, 「西遊紀」, 40~41쪽.

24) "凡游以一人司會, 備小船·坐氈·茶點·盞箸·香爐·薪米之屬, 每人携一簋·一壺·二小菜. 游無定所, 出無常期, 客無限數, 過六人則分坐二舟. 有大量則自携多釀. 約○日遊○舟次○右啓. 某老先生有道, 司會某具."(明) 張岱, 『琅嬛文集』, 卷2, 「啓·游山小啓」, 101쪽.

25) (明) 胡廣, 『游陽山記』, 勞亦安 輯, 『古今遊記叢鈔』(上海: 中華書局, 1924), 冊4, 卷15, 「江蘇省」, 26쪽에 수록. 작자는 자신이 유람할 때 행각승이 이렇게 말하는 것을 묘사하고 있다. "준치를 잡은 사람이 있는데, 한 근에 18전을 하길래, 사서 솥에 넣었더니, 고기가 아직도 펄떡거리며 살아 움직였다漁鱘魚者, 斤可十八錢, 買而及釜, 猶鱗鱗生動也." 그들은 그 얘기를 듣고 과연 식욕이 크게 일었는데, "얼마 뒤에 손님 가운데 준치를 사온 사람이 있었다. 과연 신선하여 살과 함께 먹으며, 색은 푸르고 아가미는 들썩거렸다. 마침내 물고기를 삶아 수정암과 석정암에서 술을 마시며, 강을 내려다보았다頃之客有買鱘魚來者, 果鮮活, 色靑, 鰓微開合. 遂烹魚, 酌水晶庵石庭庵, 瞰江."

26) "斗酒尤不可少."

27) "列席而飮, 用司馬公貞率會例, 酒至自斟, 杯行無筭. 於時黃花方盛開, (…) 而山珍海味錯間之. 每酒行三五巡, 則一瀹以茗. 故雖酣而不醉, 醉而不亂."(明) 徐有貞, 『雲巖雅集志』, (明) 林世遠 修, 王鏊 纂, 正德 『姑蘇志』, 卷8, 「山上」, 11쪽.

28) "命舟子移棹山陰, 汲泉煮茗, 飽嘔嫩綠."(明) 王臨亨, 『粤劍編』, 卷4, 「志遊覽·紀行」, 98쪽.

29) "遂同細君亨兒丑孫, 携酒罌茗床泛雪."(明) 李日華, 『味水軒日記』(上海: 上海遠東出版社, 1996), 卷7, 514쪽.

30) "余以花朝後一日, 呼陳山人父子, 暖酒提小橰, 同胡安甫·宋賓之·孟直夫, 渡河梁踏至城以東, 有桃花蓊然."(明) 陳繼儒, 『陳眉公集』, 卷9, 「游桃花記」, 9a~b쪽에 수록. 이것은 또한 이유방이 「유호산교소기遊虎山橋小記」에서 호산에 밤이 되어 "달이 막 나오자 술통을 들고 다리 위에 앉아 조금 마셨다. 호수와 산은 탁 트여 넓고, 바람과 이슬이 어찌 이렇게 아름다울 수 있는지, 진실로 특이한 풍경이었다月初出, 携橰坐橋上小飮. 湖山遼闊, 風露號然, 眞異哉也"라고 한 것과 같다. (明) 李流芳, 『檀園集』, 卷8, 「遊虎山橋小記」, 7a쪽 참조.

31) "遊者鼓吹間作, 絲肉雜陳, 亦有以火花煙爆佐之者." "令家童度新聲或演劇, 以佐歡笑, 超然自得."(明) 李日華, 『味水軒日記』, 卷2, 122쪽; 卷6, 365쪽.

32) "諸童善歌, 不欲以筋力敗咽喉, 故於諸酒肴二担, 衾被三担, 從者四五人, 循松蘿而進."(明) 鄒迪光, 『鬱儀樓集』, 卷36, 「遊吳門諸山記」, 3a쪽.

33) "藏鈎肆謔, 令小靑奴罰盞."(明) 袁宏道, 『袁宏道集箋校』, 卷4, 「上方」, 159~161쪽.

34) "廚人尾我, 以一觴勞之留雲閣上"(明) 王思任, 『王季重雜著(下)』「游敬亭山記」, 560쪽.

35) "敕一書記, 一童子, 一庖, 一管辦, 二粗力人行矣."(明) 王思任, 『王季重雜著(下)』「紀遊」, 645쪽.

36) 명대 강남 지역에서는 부녀자를 '희姬'라고 부른다(錢希言, 『戲瑕』, 卷1, 「稱姬」, 12a~13b쪽에 근거). 그러나 유람기 가운데 유람객을 따라 여행한 '희'는 아마도 일반 가정의 부녀자는 아닐 것이며 분명히 기녀나 배우였을 것이다.

37) "下雨霏霏濕幔, 猶無上岸之意. 已而雨注下, 客七人姬六人, 各持蓋立幔中, 濕透衣表. 風雨一時至, 潭不能主, 姬惶恐求上, 羅襪無所惜. 客乃移席新軒, 坐未定, 雨飛自林端, 盤旋不去. 聲落水上, 不盡入潭, 而如與潭擊. 雷忽震, 姬人皆掩耳, 欲匿至深處. (…) 忽一姬昏黑來赴, 始知蒼茫歷亂, 已盡爲潭所有, 亦或卽爲潭所生. 而問之女郞來路, 曰不盡然, 不亦異乎."(明) 譚元春, 「再游烏龍潭記」, 譚元春 著, 陳杏珍 標校, 『譚元春集』(上海: 上海古籍出版社, 1998), 卷20, 『鵠灣集一』, 「記」, 558쪽.

38) 하양준은 『사우재총설』에 문징명에 관한 재미난 이야기를 기록하고 있다. "전동애錢同愛"가 소년 시절, 하루는 형상衡山(문징명의 자호)을 초청하여 석호에 배를 띄웠다. 유람선을 빌려 배를 저어갈 때, 기녀 한 명을 불러 숲에 숨겨두었다. 배가 이미 출발하고 나서 이 기녀를 불러 나타나게 했다. 문징명이 당황하여 데리러 가려 했지만, 전동애가 사공에게 빨리 가도록 명하니, 문징명은 궁색해져 방법이 없었다 錢同愛少年時, 一日請衡山(按: 文徵明的字號)泛石湖, 雇遊山船以行, 喚一妓女匿以梢中. 船旣開, 呼此妓出見. 衡山倉惶求去, 同愛命舟人速行, 衡山窘迫無計." (明) 何良俊, 『四友齋叢說』, 卷28, 158쪽. 이 이야기는 또 (淸) 唐仲冕 編, 『六如居士外集』(臺北: 新文豊出版社據昭代叢書排印, 1989), 『叢書集成續編』, 史地類, 冊262, 6b～7a쪽에도 실려 있다. 그러나 주인공은 전동애가 아닌 당인唐寅으로 문징명을 희롱하고 있다.

* 전동애(1475～1549): 명대의 장서가이자 문학가. 자는 공주孔周, 호는 야정野亭, 소주 사람. 당인 및 문징명과 매우 친했으며 시문에 뛰어났다.

39) "呼廣陵摘阮伎二人, 絲肉競發, 頗有凉州風調. 酒酣月出, 登煙雨樓淸嘯. 二伎更爲吳歈新聲, 殊柔曼攪人也." (明) 李日華, 『味水軒日記』, 卷4, 247쪽. 또 만력 43년(1615) 5월 29일 일기에는, 벗 정연程掾이 호수를 유람하는 배를 마련하여 이일화 등과 같은 예부의 관원 하립암賀立庵을 맞이하여 배를 띄우고 유람했다. 아울러 완함을 잘 연주하는 양희楊姬[양씨 기녀]를 불러 함께 술을 마셨다. 이일화가 말하기를 3년 전에 양희를 알았는데 "지금은 머리를 높이 틀어 올렸고, 비상하게 환하고 요염했다 今高鬐綽約, 光艷異常"라고 했으며, 이 밖에 어린 기녀 한 명과 함께 놀았다. 같은 책. 卷7. 464쪽.

2. 대중 여행의 성행

1) "每至盛夏之月, 芙蓉十里如錦, 香風芬馥, 士女騈闐, 臨流泛觴, 最爲勝處矣." (明) 袁中道, 『珂雪齋集』, 卷12, 「西山十記」, 535쪽.

2) "京師最勝地也." "當春盛時, 城中士女雲集, 縉紳士大夫, 非甚不暇, 未有不一至其地者也." (明) 袁宏道, 『袁宏道集箋校』, 卷17, 「游高梁橋記」, 628쪽.

3) "至於良辰佳節, 都人士女, 連佩接軫 綺羅從風, 香汗飄雨, 繁華巨麗, 亦一名勝." (明) 袁宏道, 『珂雪齋集』, 卷12, 「西山十記 · 記三」, 537쪽.

4) "升頂則日輪旭生, 浮江映湖. 江舟如葉, 湖舟如晃. 錦塘蘇堤, 游人如蟻, 簫鼓隱隱, 聲如蝍蛆, 而瓦如鱗 · 山如鬐, 則城中浙外之景也." (明) 虞淳熙, 『慧日峰記』, (明) 陸雲龍 等選評, 蔣金德 點校, 『明人小品十六家』, 214쪽에 수록.

5) "杭俗春秋展墓, 以兩山逼近城中, 且有西湖之勝. 故淸明 · 霜降二候, 必拜奠墓下. 此亦『禮』云, '雨露旣濡, 履之怵惕, 霜露旣降, 履之凄愴'遺意也. 然暮春桃柳芳菲, 蘇堤六橋之間, 一望如錦, 深秋芙蓉夾岸, 湖光掩映, 秀麗爭姸. 且二時和煦淸肅, 獨可人意. 闔城士女, 盡出西郊, 逐隊尋芳, 縱葦蕩槳, 歌聲滿道, 簫鼓聲聞. 遊人笑傲於春風秋月中, 樂而忘返. 四顧靑山, 徘徊烟水, 眞如移入畵圖, 信極樂世界也." (明) 張瀚, 『松窓夢語』, 卷7, 「時序紀」, 136～137쪽.

6) "湖中盡植紅蓮, 異時若春夏晩秋, 則錦雲萬頃. 湖船 · 遊舫 · 畵艦或舴艋, 輕橈如葉, 士女

好遊, 多爲靑樓冶妝, 遊無休時, 綺繒與花柳相艷也."(明) 王叔承,「武林富春遊記」,『古今遊記叢鈔』, 冊4, 63쪽.

7) "夏水初闊, 蘇常遊山船百十只, 至中流, 簫鼓士女闐駢, 閣上舟中者彼此更相覰爲景."王士性,『廣志繹』, 卷2,「兩都」, 24쪽.

8) "二月携酒遊山, 城南雨花臺最盛, 謂之踏靑, 每日遊人晩歸如蟻, 迄三月終無間日."(明) 王誥, 劉雨 纂修, 正德『江寧縣志』,『北京圖書館古籍珍本叢刊』(北京: 書目文獻出版社據明正德刻本影印, 1988), 史部, 地理類, 冊24, 卷2,「風俗」, 18a쪽에 수록.

9) "二月始和, 樓船載管簫遊山, 其虎丘·天平·觀音·上方, 諸山最盛. 山下竹輿輕窄, 上下如飛."(明) 林世遠 修, 王鏊 纂, 正德『姑蘇志』, 卷13,「風俗」, 3b쪽.

10) "幷爲遊者所走集, 雖素玩麗矚不同, 皆爲山林生色."「蘇人遊冶."(明) 牛若麟 修, 王煥如 纂, 崇禎『吳縣志』, 卷3,「山」, 42쪽.

11) "畵舫雲集, 漁刀小艇, 雇覓一空.""舟中麗人, 皆時妝淡服, 摩肩簇舄, 汗透重紗如雨. 其男女之雜, 燦爛之景, 不可名狀. 大約露帷則千花競笑, 擧袂則亂雲出峽, 揮扇則星流月映, 聞歌則雷輥濤趨"(明) 袁宏道,『袁宏道集箋校』, 卷4,「荷花蕩」, 170쪽.

12) "自前代時, 城內外曁村落百餘里間, 男女稚耋, 當春夏月, 遠近各相率舟行, 載酒肴, 雜樂戲具. 徒行, 乘馬驢竹兜, 競以壺楹食器自隨, 或登以樂神耳. 肩摩迹接, 畢則宴遊, 以樂太平, 逮今如之."(明) 朱逢吉,「遊石湖記」,『古今遊記叢鈔』, 冊4, 卷15,「江蘇省」, 36~37쪽.

13) 명대 중엽 이후 신흥 명절의 출현에 관한 강남 지역의 사례에 관해서는, 졸고「節慶·信仰與抗爭—明淸城隍信仰與城市群衆的集體抗議行爲」,『中央硏究院近代史硏究所集刊』, 期34(2000年 12月), 152~157쪽 참고; 북경의 사례는 Susan Naquin, *Peking: Temples and City Life, 1400~1900*(Berkeley: University of California Press, 2000), pp. 226~239 참조.

14) "荒隅小市, 城陰井落之間, 不能爲會, 或偏門曲局, 一部半伍, 山裝海飾, 各殫其智, 以俟大會成幷入會之者, 曰助會."(明) 王穉登,「吳社編」,『筆記小說大觀』(臺北: 新興書局, 1970), 4編6冊, 4042쪽. 청나라 소주의 성황묘회城隍廟會에도 '모임의 조력자'가 있었으며, 또 향촌과 도시에서 묘회를 열 수 없으면 대형 묘회로 병합되었다. (淸) 袁景瀾,『吳郡歲華紀麗』(南京: 江蘇古籍出版社,1998), 卷3,「三月」, "山塘淸明節會"條, 99쪽.

15) 濱島敦俊,「明淸江南城隍考」, 唐代史硏究會 編,『中國都市の歷史的硏究』(東京: 刀水書房, 1988), 226~229쪽; 濱島敦俊,「明淸時代·江南農村の"社"と土地廟」,『山根幸夫教授退休記念明代史論叢』(東京: 汲古書院, 1990), 1343~1351쪽.

16) "始惟府城隍出, 數年來兩縣隍亦出, 未幾而各鄕土地盡出. 山塘一帶觀者如雲, 鼓樂幡幢, 盈塞道路, 婦女至賃屋而觀. (…) 乙酉亂後, 人更多, 山塘至虎丘, 無一寸隙地, 識者以爲不祥."(淸) 徐樹丕,「識小錄」,『筆記小說大觀』(臺北: 新興書局據國中央圖書館藏佛蘭草堂手鈔本影印, 1990), 40編 3冊, 卷4,「吳中巫風」, 565~566쪽에 수록.

17) "明末好事者, 並以十鄕土地陪祭, 香華儀從之盛, 絡繹山塘, 游人雜沓."(淸) 沈世奕 撰, 康熙『蘇州府志』(臺北: 漢學硏究中心據日本內閣文庫藏康熙22年序刊本景照), 卷21,「風俗」, 12b~13a쪽.

18) (明) 牛若麟 修, 王煥如 纂, 崇禎『吳縣志』, 卷10,「風俗」, 3b쪽.

19) "過西湖凡三次."

20) "天竺之山, 周遭攢簇如城, 余仲春十八夜宿此. 燒香男女, 彌谷被野, 一半露地而立, 至次早方去. 堂上堂下, 人氣如烟不可近."(明) 袁宏道, 『袁宏道集箋校』, 卷10「湖上雜敍」, 438쪽.

21) "過涿州之日, (…) 時聞鍾磬聲, 或曰: '此碧霞宮香客也'. 往覘之, 市上士女駢集, 予馬兒不得行. 亟出市門外, 則疊騎聯鞍, 結束妖麗, 每百十人爲一聚, 持幡捧爐, 鳴金擊析, 以萬萬計. 而道旁巫師佛嫗, 乞兒歌郎, 啞女攣子, 獻天堂稀有之福利, 以祈半菽者. 鼠竄猬起, 多於黃土之茅. 一帶幽香, 陣陣撲人鼻孔間. 麥風毛雨, 寒沁肌骨, 遂舍輿走沙上, 忘其身之爲我也."(明) 張大復, 「梅花草堂全集」, 『續修四庫全書』(上海: 上海古籍出版社據華東師范大學圖書館藏明崇禎刻本影印, 1995), 集部, 冊1380, 卷4,「濟上看月記」, 26a~27a쪽에 수록.

22) "孟秋港西之役, 士女禮朱元君. 簫鼓不絶者千艘, 各爲婆娑按節以樂神, 舟中之指可掬也. 余發龍門過赭亭, 日夕而入港, 則港已泊萬人矣. 笑語喧騰, 樂聲間作, 山勢回合, 墟里藏陜峭間, 山岳爲應, 漏半燎火四壁. 從山上望華山玉耶, 至所稱瘞玉埋璧之盛, 故遜之矣."(明) 費元祿, 『鼂采舘清課』, 卷上, 9b쪽.

23) "長者布金, 士女施金錢以千計, 冀徼福田利益.""余從九陽江望河燈, 下龍門關數里不絶. 無慮萬點, 若星漢錯落, 珠連璧合, 波文蕩漾, 足當水嬉."(明) 費元祿, 『鼂采舘清課』, 卷下, 7b쪽.

24) 대중의 참배 여행에 관한 연구로는 Susan Naquin and Chün-fang Yü, eds., *Pilgrims and Sacred Sites in China*를 참조.

25) "離州城數里, 牙家走迎, 控馬至其門. 門前馬廏十數間, 妓舘十數間, 優人寓十數間. 向謂是一州之事, 不知其爲一店之事也. 到店, 稅房有例, 募轎有例, 納山稅有例. 客有上中下三等, 出山者送, 上山者賀, 到山者迎. 客單數千, 房百十處. 葷素酒筵百十席, 優侯彈唱百十群. 奔走祗應百十輩, 牙家十餘姓. 合計入山者日八九千人, 春初日滿二萬, 山稅每人一錢二分, 千人百二十, 萬人千二百, 歲入二三十萬. 牙家之大, 山稅之大, 總以見吾泰山之大也. 嗚呼泰山!"(明) 張岱, 『琅嬛文集』(長沙: 岳麓書社, 1985), 卷2,「岱志」, 67~68쪽.

26) "頂上牙家有土房, 延客入向火. 余寒顫不能出手, 熱炙移時, 方出問頂.""出紅門, 牙家携酒核洗足, 謂之接頂. 夜巨戲開筵, 酌酒相賀, 謂朝山歸."(明) 張岱, 『琅嬛文集』(長沙: 岳麓書社, 1985), 卷2,「岱志」, 71~72쪽.

3. 여행의 확산과 사회계층 간 경쟁

1) "至今吳中士夫畫船遊泛, 携妓登山, 虎丘尤甚, 雖風雨無寂寥之日"(明) 黃省曾,『吳風錄』, 1a쪽.

2) "是夜, 至虎山. (…) 居人亦有來遊者, 三五成隊, 或在山椒, 或依水湄."(明) 李流芳,『檀園集』, 卷8,「遊虎山橋小記」, 6b쪽.

3) "城中士與女, 數到不知幾. 列酒卽爲席, 歌舞日喧市. 今我作夜遊, 千載當隗始."(明) 林世遠 修, 王鏊 纂, 正德『姑蘇志』, 卷8,「山上」, 2b쪽에 수록.

4) "重九, 詩人高士, 亦有以菊花茱萸飲酒登高者."

5) “九日重陽節, 集馬鞍山爲登高會, 亦有舁神像登高者, 是日喜晴.” (明) 周世昌 撰, 萬曆『重修崑山縣志』, 卷2, 「風俗」, 195~196쪽; (淸) 張鴻·來汝緣 修, 王學浩 等纂, 道光『崑山新陽兩縣志』, 『中國地方志集成·江蘇府縣志輯』(南京: 江蘇古籍出版社據道光6年刻本影印, 1991), 冊15, 卷1, 「風俗·占候」, 26b~27a쪽.

6) “忽於二門起樓, 北向演劇賽神. 小民聚觀, 南向而坐, 殿庭皆滿, 歡呶嬉笑.” (淸) 郭廷弼 修, 周建鼎 等纂, 康熙『松江府志』(淸康熙二年刊本, 傅斯年圖書館藏縮影資), 卷54, 「遺事下」, 21b쪽.

7) Arjun Appadurai, ed., *The Social Life of Things: Commodities in Cultural Perspective*(Cambridge: Cambridge University Press, 1986), p. 25.

8) “非必供職役, 服商賈而有事干玆者, 皆可游也.” (明) 吳寬, 『匏翁家藏集』, 『四部叢刊初編』(臺北: 臺灣商務印書館據明正德刊本影印出版, 1967), 卷39, 「送章廷佐還金華序」, 242쪽.

9) “小舫可四五十隻, 周以雕檻, 覆以翠幙, 每舫載二十許人, 人習鼓吹, 皆少年場中人也. 懸羊角燈於兩旁, 略如舫中人數, 流蘇墜之. 用繩聯联舟, 令其銜尾, 有若一舫, 火擧伎作如燭龍焉. 已散之, 又如鳧雁槳蹦波間, 望之皆出於火. 値得一賦耳.” (明) 鍾惺, 「秦淮燈船賦」, 『明人小品十六家』, 278쪽.

10) “集衆舫而爲水兮, 乃秦淮之所觀. 借萬炬以爲舟兮, 縱水嬉之更端.”

11) “甫投筆, 見夕照在山, 紫綠交映. 命童子提胡床, 坐船頭, 披夕爽. 乃南來巨艦, 與我舟爭道, 不佞僅避之, 躍入船窗, 不能得. 兩舟橫沖如霆擊. 我舟幾覆, 不佞倏而墮水. 水沒吾頂, 去岸逾尋.” (明) 江盈科, 「與王百穀」, 『江盈科集』, 卷13, 「尺牘」, 590쪽.

12) “不謁貴, 不借郵符, 不覬地主金錢, 淸也.” 陳繼儒, 『答徐霞客』, (明) 徐弘祖 著, 褚紹唐與吳應壽 整理, 『徐霞客遊記』(上海: 上海古籍出版社, 1980), 「附編」, 1183쪽에 수록.

13) (明) 歸莊, 『歸莊集』(北京: 中華書局, 1962年), 卷6, 「五游西湖記」, 374쪽.

14) “遊山不藉仕宦, 則廚傳輿儓之費, 無所出.” (明) 謝肇淛, 『五雜組』(臺北: 偉文圖書出版社, 1977年), 卷4, 「地部二」, 87쪽.

15) 가장 유명한 예는, 전하는 바에 따르면, 당인과 축윤명 두 사람이 양주揚州를 노닐 적에 가희 및 무녀와 극도로 즐긴 뒤에 비용이 떨어져, 소주의 원묘관元妙觀의 도사道士로 위장해 염운사에게 자금을 요구했고, 자금을 얻은 뒤에는 여러 기녀 및 함께 유람한 자들과 며칠 동안 진탕 마시고서야 그만두었다고 하는 것이다. (淸) 唐仲冕 編, 『六如居士外集』, 3a~b쪽.

16) “故遊山者, 須藉同調地主, 或要丘壑高僧.” “富厚好是之主, 時借其力.” (明) 謝肇淛, 『五雜組』(臺北: 偉文圖書出版社, 1977年), 卷4, 「地部二」, 87쪽.

17) “蠅之集羶也.” 이러한 종류의 풍자는 다음 기록에 보인다. (明) 周暉, 『二續金陵瑣事』, 『筆記小說大觀』, 16編4冊(臺北: 新興書局, 1977), 卷上 「蝇聚一羶」, 50~51쪽; (明) 文元發, 『學圃齋随筆』(臺北: 偉文圖書出版社, 1976), 578쪽에 수록.

4. 품격의 확립과 신분의 구분

1) “獨不宜於遊人雜沓之時.”

2) "虎丘中秋, 遊者尤勝. 仕女傾城而往, 笙歌笑語, 填山沸林, 終夜不絶. 遂使丘壑化爲酒場, 穢雜可恨. 予初十日到郡, 連夜遊虎丘, 月色甚美, 游人尙希, 風亭月榭間, 以紅粉笙歌一兩隊點綴, 亦復不惡, 然終不若山空人靜, 獨往會心. (…) 今年春中, 與無際舍姪偕訪仲和於此. 夜半月出無人, 相與趺作石臺, 不復飮酒, 亦不復談, 以靜意對之, 覺悠悠欲與淸景俱往也. (…) 友人徐聲遠詩云, '獨有歲寒好, 偏宜夜半遊. 眞知言哉.'"(明) 李流芳, 『檀園集』, 卷8, 「遊虎丘小記」, 6a~6b쪽.

3) "蘇堤度六橋, 堤兩旁盡種桃柳, 蕭蕭搖落. 想二三月柳葉桃花, 游人闐塞, 不若此時之爲淸勝."(明) 張京元, 「蘇堤」, 『西湖小記』, 『古今遊記叢鈔』 冊4, 卷18, 「浙江省」, 1쪽에 수록.

4) "西湖最盛, 爲春爲月. 然杭人遊湖, 止午未申三時. 其實湖光染翠之工, 山嵐設色之妙, 皆在朝日始出, 夕春末下, 始極其濃媚. 月景尤不可言. 花態柳情, 山容水意, 別是一種趣味. 此樂留與山僧遊客受用, 安可爲俗士道哉."(明) 袁宏道, 『袁宏道集箋校』, 卷10, 「西湖二」, 423~424쪽.

5) "岸上人亦逐隊赶門, 漸稀漸薄, 頃刻散盡矣. 吾輩始艤舟近岸, 斷橋石磴始涼, 席其上, 呼客縱飮."(明) 張岱, 『陶庵夢憶』(臺北: 漢京文化事業有限出版, 1984), 卷7, 「西湖七月半」, 63쪽.

6) "時河冰片段蝕舟, 夕陽射之如碎玉. 岸柳千樹, 寒條刺天, 游者絶迹.""余以爲淸虛洞朗, 無逾此時者, 勝春江夜月多矣"(明) 李日華, 『味水軒日記』, 卷5, 352쪽.

7) "以吾吳之勝, 地非不足, 而其邇者, 迫於市囂之屬耳, 而市人子之接迹. 其勝而遠者, 車馬怠而供張易竭. 能離而又能兼之者, 獨有玆湖而已."(明) 王世貞, 『越西莊圖記』, 崇禎 『吳縣志』, 卷23, 「園林」, 31b쪽에 수록.

8) "蓋不幸與城市密邇, 游者皆以附膻逐臭以來, 非知登覽之趣者也.""穢雜不可近, 掩鼻而去."(明) 李流芳, 『檀園集』, 卷11, 「『江南臥游冊』題辭之一」, 12b쪽.

9) "白門(按: 卽南京)游, 多在水. 磯之可游者, 曰 '燕子', 然而遠. 湖之可游者, 曰 '莫愁', 曰 '玄武', 然而城外. 河之可游者, 曰 '秦淮', 然而朝夕至. 惟潭之可游者, 曰 '烏龍', 在城內, 擧昇創造, 士女非實有事於其地者, 不至, 故三患免焉."(明) 譚元春, 「初游烏龍潭記」, 『譚元春集』, 卷20, 「鵠濟集一」, 「記」, 557쪽에 수록.

10) "俗重中元盂蘭佛事, 至是士女傾城, 夜泛湖中, 大小船無不受雇者, 迨明乃止. 然亦只東北半壁如沸, 若湖南, 寂寂一片月光, 照踏歌數輩而已."(明) 李日華, 『味水軒日記』, 卷7, 471쪽.

11) "因相約暇時訪之."

12) "趺坐古根上, 茗飮以爲酒, 浪紋樹影以爲侑, 魚鳥之飛沈, 人物之往來, 以爲戲具.""堤上游人, 見人枯坐樹下若痴禪者, 皆相視以爲笑. 而余等亦竊謂彼筵中人, 喧囂怒詬, 山情水意, 了不相屬, 於樂何有也."(明) 袁宏道, 『袁宏道集箋校』, 卷17, 「游高梁橋記」, 682쪽.

13) "今夫好遊者遇有名勝, 輒捵詞擠藻, 非不人人能. 然以余所睹記, 率多留連光景, 凌虛駕空而侈言無當."(明) 沈愷, 『環溪集』, 卷3, 「奇游漫記序」, 12a쪽.

14) "余嘗聞吳中名士語曰, 至某地某山, 不可少一游. 游某山, 不可少一記.""今杭城刻名山記, 累積充几案."(明) 錢謙益, 『牧齋初學集』(上海: 上海古籍出版社, 1985), 卷32, 「越東游草引」, 927~928쪽.

15) "夫遊亦難言矣. 必濟勝有具, 尤必紀勝有筆. 濟勝無具, 則陟巘臨深, 祇涉影響. 紀勝無筆,

則搜奇剔異, 亦落夢境." (明) 鄒迪光, 『始青閣稿』, 『四庫全書禁毀書叢刊』(北京: 北京出版社據明天啓刻本影印, 2000), 集部, 冊103 卷11, 「台鷹草自序」, 21b쪽에 수록.

16) "蓋詩與遊道, 迄於今胥病矣." (明) 胡應麟, 『少室山房集』, 『景印文淵閣四庫全書』(臺北: 臺灣商務印書館據國立故宮博物院藏本影印, 1983), 冊1290, 卷82, 「王生四遊草序」, 5b쪽에 수록.

17) "游道之賤也, 寧獨今日哉." "昔游有二品, 而今加三焉. 賈之裝游也, 客之舌游也, 而又操其邊幅之技, 左挈賈而右挈客, 陽吹其舌於風騷, 而陰實其裝於稠橐. 施於今而游道辱矣. (…) 瞌睡半生, 毋與客賈肩隨而趨, 爲青蓮老子(指: 李白)所笑." (明) 陳繼儒, 『陳眉公集』, 卷6, 「記游稿序」, 2a쪽.

18) "我見入閩者, 動以爲題. 然非游以買賈, 則游以舌. 獨余則否, 不借郵符, 不乞騶騎, 不丈地主酒錢, 此游之清者也. 手無鐍, 趾無坎, 腰膝無絚帛, 賈勇先驅, 置兩足於空外, 置七尺於死法外, 此游之任者也. 猿不易枝, 鳥不變聲, 樵牧無故識, 伴侶無異同, 此游之和者. 游據此三德, 而時以詩爲政." (明) 陳繼儒, 『閩游草序』, 260쪽.

19) "予嘗謂官游不韵, 士游不服, 富游不都, 窮游不澤, 老游不前, 稚游不解, 哄游不思, 孤游不語, 托游不榮, 便游不敬, 忙游不慊, 套游不情, 挂游不樂, 勢游不甘, 買游不遠, 賒游不償, 燥游不別, 趁游不我, 幇游不目, 苦游不繼, 膚游不賞, 限游不逍, 浪游不律. 而予之所謂游, 則酌衷於數者之間, 避所忌而趨所吉, 釋其回而增其美, 游道如海, 庶幾乎蠡測之矣." (明) 王思任, 『王季重雜著(下)』「紀游」, 646~647쪽.

20) "游識趣事, 人嘗俗之, 故宜有此指示. 游境, 俗人得之自俗, 雅人得之自雅."

21) "足以供六賓之需."

22) 휴대용 문구상자에는 재봉가위, 귀이개, 이쑤시개, 손톱 정리 도구 등이 들어 있다. 또 시통에는 붉은색 편지지가 들어 있어 시를 기록할 수 있다.

23) "以便山宿." "携之山遊, 亦似甚備."

24) "束以二架, 共作一肩, 彼此助我逸興" (明) 屠隆, 『考盤餘事』, 『叢書集成初編』(上海: 商務印書館, 1937), 卷4, 「遊具箋」, 86~90쪽에 수록. 해당 권은 후에 단독으로 한 책으로 간행되어 『유구아편』이라는 이름을 달았다. (明) 高濂, 『遵生八箋』(成都: 巴蜀書社, 1988), 「起居安樂箋下·溪山逸游條·游具」, 310쪽.

25) "自號'無著居士', 以鄉薦授蘭陽令, 致政歸, 卽敕斷家事, 以書舫游江湖間." (明) 李日華, 『味水軒日記』, 卷6, 365쪽.

26) "舟之習於水也, 宏舸連軸, 巨艦接艫, 旣非素士所能辦. 蜻蛉蚱蜢, 不堪起居." "他如樓船方舟諸式, 皆俗."

27) "要使軒窗欄檻, 儼若精舍, 室陳厦饗, 靡不咸宜." "用之祖遠餞近, 以暢離情. 用之登山臨水, 以宣幽思. 用之訪雪載月, 以寫高韻. 或芳辰綴賞, 或艶女采蓮, 或子夜清聲, 或中流歌舞, 皆人生适意之一端也."

28) "住山須一小舟, 朱欄碧幄, 明檣短帆, 舟中雜置圖史鼎彝, 酒漿荈脯. 近則峰泖而止, 遠則北至京口, 南至錢塘而止. 風利道便, 移訪故人. 有見留者, 不妨一夜話, 十日飮, 遇佳山水處, 或高僧野人之廬, 竹樹蒙茸, 草花映帶, 幅巾杖履, 相對夷然." (明) 陳繼維, 『巖棲幽事』(『四庫全書存目叢書』, 臺南: 莊嚴文化事業有限公司據清華大學圖書館藏明萬曆繡水沈氏刻寶顔堂秘笈本影印刊行, 1995), 子部, 雜家類, 冊118, 17b~18a쪽에 수록.

29) "形如鏟, 船底惟平, 長可二丈有餘, 頭闊四尺, 内容賓主六人, 僮僕四人."

30) "起煙一縷, 恍若畫圖中一孤航也." (明) 高濂, 『遵生八箋』, 「起居安樂箋下·溪山逸游條·游具」, 308쪽.

31) "形如剗, 船底惟平, 長可二三丈有餘, 頭闊五尺." "別置一小船如葉." (明) 屠隆, 『考槃餘事』, 卷4, 「遊具箋」, 87쪽.

32) "執竿把釣, 弄月吟風." "以藍布作一長幔, 兩邊走檐, 前以二竹爲柱, 後縛船尾釘兩圈處, 一童子刺之." (明) 文震亨, 『長物志』, 卷9, 「舟車」, 433~434쪽.

33) "胡氏以二小艇相維, 而施木其上, 四圍立柱, 以青油幕覆之. 幾席間揷芙蓉殆遍, 居然畫舫也. 下令放舟水中央, 淸風徐來, 暗香逆鼻, 綠葉紅葩, 簇簇迎人, 似牽遊袂而不舍者." (明) 王臨亨, 『粤劍編』, 卷4, 「志遊覽·遊羅浮山記」, 102쪽.

34) "客夏游黃山白岳, 見竹筏行溪間. 好事者載酒從之, 甚适. 因想吾家西湖上, 湖水淸且廣, 雅宜此具. 歸而與吳德聚謀制之, 朱欄青幕, 四披之, 竟與烟水雲霞通爲一席, 泠泠如也." (明) 虞淳熙, 『浮梅檻詩』, (明) 陸雲龍 等選評, 蔣金德 點校, 『明人小品六十家』, 423쪽에 수록.

35) "每花月夜, 及澄雪山陰, 予時與韵人禪衲尙羊六橋. 觀者如堵, 俱嘆西湖千載以來未有. 當時蘇白風流, 亦想不及此人情喜新之談."

36) "山溪處處浮竹筏, 古今賢達如許, 都不解浮筏於湖, 遂令千秋開物名, 獨歸貞父." (明) 虞淳熙, 『浮梅檻詩序』, 208쪽.

5. 결론

1) 비록 명말에는 엄격히 말해 현대에서의 여행업이나 여행사가 아직 형성되지 않았지만 여행과 관련된 시설이 상품화되고 있었다는 사실만은 매우 분명하다. 여행 관련 서적, 숙박, 교통, 일정에 관해서는, 졸고 「晚明的旅遊活動與消費文化: 以江南爲討論中心」, 『中央研究院近代史研究所集刊』, 期41(2003年9月), 89~97쪽 참고.

제5장 물질의 상품화와 특수화: 가구문화를 사례로

1) "雲林淸秘, 高梧古石中, 僅一几一榻, 令人想見其風致, 眞令神骨俱冷. 故韻士所居, 入門便有一種高雅絶俗之趣."

2) David Jary & Julia Jary 著, 周業謙&周光淦 譯, 『社會學辭典』(臺北: 猫頭鷹出版社, 1998), 135~136쪽.

3) Craig Clunas, *Superfluous Things: Material Culture and Social Status in Early Modern China*(Urbana, Ill.: University of Illinois Press, 1991), pp. 116~140쪽.

4) 극히 드물게 보이는 연구로 Craig Clunas, "Furnishing the Self in Early Modern China," in Nancy Berliner ed., *Beyond the Screen: Chinese Furniture of the 16th and 17th Centuries*(Boston: Museum of Fine Arts, 1996), pp. 21~35에 나타난다.

1. 가구의 소비와 상품화

1) "多謹禮法, 居室不敢淫." "房屋矮小, 廳堂多在後面."(明) 顧起元, 『客座贅語』, 卷5, 「化俗未易」, 170쪽.

2) "所居室閭, 同於白屋."(淸) 劉光業 等撰, 康熙 『淮安府志』(康熙24年刊本, 國家圖書館漢學研究中心藏), 卷1, 「風俗」 3b쪽.

3) "邑在明初, 風俗誠樸, 非世家不架高堂, 衣飾器皿不敢奢侈. 若小民咸以茅爲居, 裙布荊釵而已. 卽中産之家, 前房必土墻茅蓋, 後房始用磚瓦, 恐官府見之以爲殷富也."(淸) 陳和志 修, 倪師孟 等撰, 乾隆 『震澤縣志』(『中華方志叢書』·「華中地方·江蘇省」(臺北: 成文出版社據淸乾隆11年修光緖19年重刊本影印, 1970), 號20, 卷25, 「風俗序」, 2a쪽.

4) (淸) 曹家駒, 『說夢』(『筆記小說大觀』, 臺北: 新興書局, 1974), 4編8冊, 卷2, 「紀松江園亭之興衰」, 15b쪽에 수록.

5) "縉紳喜治第宅, 亦是一蔽. (…) 及其官罷年衰, 囊橐滿盈, 然後窮極土木, 廣侈華麗, 以明得志."(明) 謝肇淛, 『五雜組』, 卷3, 「地部一」, 75쪽.

6) "凡家累千金, 垣屋稍治, 必欲營治一園. 若士大夫之家, 其力稍贏, 尤以此相勝. 大略三吳城中, 園苑棋置, 侵市肆民居大半."(明) 何良俊, 『何翰林集』, 卷12, 「西園雅會集序」, 9a쪽.

7) "至嘉靖中, 庶人之妻多用命服, 富民之室亦綴獸頭, 循分者嘆其不能頓革." "富家堂寢外間有樓閣別館." "輒大爲營建, 五間七間, 九架十架, 猶爲常耳."(淸) 陳和志 修, 倪師孟 等纂, 乾隆 『震澤縣志』, 卷25, 「風俗序」, 2a쪽; (明) 董邦政 修, 黃紹文 纂, 嘉靖 『六合縣志』, 冊7, 卷2, 「風俗」, 4a쪽; (明) 唐錦, 『龍江夢餘錄』, 『續修四庫全書』(上海: 上海古籍出版社據上海圖書館藏明弘治17年郭經刻本影印, 1997), 子部, 雜家類, 冊1122, 卷4, 13a쪽에 수록되었다.

8) "嘉靖末年, 士大夫家不必言, 至於百姓有三間客廳費千金者, 金碧輝煌, 高聳過倍, 往往重檐獸脊如官衙然, 園圃僭擬公侯. 下至勾闌之中, 亦多畫屋矣."(明) 顧起元, 『客座贅語』, 卷5, 「化俗未易」, 170쪽.

9) "治第太侈, 製一臥床, 費至一千餘金, 不知何木料, 何粧飾所成. (明) 李樂, 『見聞雜記』, 卷3, 242쪽.

10) "細木家伙, 如書棹禪椅之類, 余少年曾不一見. 民間止用銀杏金漆方棹, 自莫廷韓與顧宋兩公子, 用細木數件, 亦從吳門購之. 隆萬以來, 雖奴隸快甲之家, 皆用細器. (…) 紈綺豪奢, 又以椐木不足貴, 凡床廚几棹, 皆用花梨·癭木·烏木·相思木與黃楊木, 極其貴巧, 動費萬錢, 亦俗之一靡也."(明) 范濂, 『雲間據目抄』, 卷2, 「記風俗」, 3b쪽.

11) "又如齋頭淸玩几案牀榻, 近皆以紫檀花梨爲尙, 尙古樸不尙雕鏤, 卽物有雕鏤, 亦皆商·周·秦·漢之式, 海內僻遠皆效尤之, 此亦嘉隆萬三朝爲盛."(明) 王士性, 『廣志繹』, 卷2, 「兩都」, 33쪽.

12) "吳中之式雅甚, 又且適中." "吳中漆嵌花螺甸圓凳, 當置之金屋, 爲阿嬌持觴介主之用." "吳中置者, 精妙可用." "今吳中制者有朱色小几, 去倭差小, 式如香案, 更有紫檀花嵌, 有假模倭制, 有以石鑲, 或大如倭, 或小盈尺, 更有五六寸者. 用以坐烏思藏鎏金佛像·佛龕之類, 或陳精妙古銅, 官·哥絕小爐瓶, 焚香㼚花, 或置三二寸高天生秀巧山石小盆, 以供淸玩, 甚快心目."(明) 高濂, 『遵生八箋』, 「起居安樂箋下·晨昏怡養·怡養動用事具」, 334~335,

338쪽; 「燕閑淸賞箋中·論文房器具·香几」, 617~618쪽.

13) (明) 張岱, 『琅嬛文集』(長沙, 岳麓書社, 1985), 卷4, 「附傳」: "仲叔諱聯芳, 字爾葆, 以字行, 號二酉生."168쪽.

14) (明) 張岱, 『陶庵夢憶』, 卷6, 「仲叔古董」, 57쪽.

15) "今貴家子弟, 往往致飾精舍·鑪香·瓶卉·珍玩種種, 羅列於前, 而一經四籍, 未嘗觸手." (明) 姚士麟, 『見只編』, 『叢書集成初編』(上海: 商務印書館據鹽邑志林本影印, 1936), 卷上 61쪽에 수록.

16) (明) 沈德符, 『萬曆野獲編』, 卷26, 「玩具·假骨董」, 655쪽.

17) "大抵吳人濫觴, 而徽人導之, 俱可怪也." "價驟增十倍." (明) 王世貞, 『觚不觚錄』, 17쪽.

18) "修整屋宇, 泥補墻壁." (宋) 孟元老 撰, 鄧之誠 注, 『東京夢華錄注』(北京: 中華書局, 1982), 卷2, 「宣德樓前省府宮宇」, 52쪽; 卷3, 「諸色雜賣」, 119쪽; 卷4, 「修整雜貨及齋僧請道」, 125쪽.

19) "江西張仰亭精造堅固小木家火, 不誤主顧."

20) "徽之小木匠, 爭列肆於郡治中, 卽嫁裝雜器, 俱屬之矣."

21) 蘇州博物館·江蘇師範學院歷史系·南京大學明淸史硏究室 編, 『明淸蘇州工商業碑刻集』(南京: 江蘇人民出版社, 1981), 「吳縣爲呂松年捐置房屋永爲性善公產給示杜擾碑」, 147~148쪽; (淸) 顧震濤, 『吳門表隱』(南京: 江蘇古籍出版社, 1986), 卷6, 68쪽.

22) "其人且與縉紳列坐抗禮焉"(明) 張岱, 『陶庵夢憶』, 卷5, 「諸工」, 42쪽.

23) (明) 張岱, 『陶庵夢憶』, 卷1, 「濮仲謙雕刻」, 9쪽.

24) "小木高手." (明) 周暉, 『金陵瑣事』(臺北: 新興書局, 1977), 16編3冊, 卷3, 「良工」, 187b쪽에 수록되었다.

25) "寓吳精造小木器, 其制度自與傭工不同."

26) "善攻木, 有般爾之能, 項墨林賞重之, 其爲天籟閣所製諸器, 如香几小盆等, 至今流傳, 什襲, 作古玩觀."僕安國, 『明淸蘇式家具』(杭州, 浙江攝影, 1999), 18쪽에서 인용했다.

27) (明) 王世貞, 『觚不觚錄』, 17쪽.

28) (明) 張岱, 『陶庵夢憶』, 卷1, 「吳中絶技」, 9쪽; (明) 徐樹丕, 『識小錄』, 『筆記小說大觀』(臺北: 新興書局據國立中央圖書館藏佛蘭草堂手鈔本影印, 1985), 40編3冊, 卷1, 「時尚」, 90쪽에 수록되었다.

29) "吳人多巧, 書畫琴棋之類曰藝, 醫卜星相之類曰術, 梓匠輪輿之類曰技. 三者不同, 其巧一也. 技至此乎, 進乎道矣."(淸) 沈世奕, 康熙『蘇州府志』, 卷78, 「人物·藝術傳」, 1a쪽.

30) (淸) 王應奎, 『柳南隨筆·續筆』(北京: 中華書局, 1983), 卷2, 「竹器」, 161쪽.

31) (明) 張岱, 『陶庵夢憶』, 卷1, 「濮仲濂雕刻」, 9쪽.

32) "吳江竹椅專諸禪椅諸俗式."

33) 楊新, 「明人圖繪的好古之風與古物市場」, 『文物』, 1997年 第4期, 53~61쪽.

34) "往東看, 雕漆床螺鈿床, 金碧交輝, 向西瞧, 羊皮燈掠彩燈, 錦繡奪眼. 北一帶都是古董玩器, 南壁廂, 盡皆書畫瓶爐. (…) 圍屛畫石崇之錦帳, 珠簾彩梅月之雙淸. 雖然覺不盡鰲山景, 也應豐登快活年."

35) "往匠鋪見兩挂箱一樣, 用銀三錢買其一, 又以銀二分定後隻."(明) 張應兪, 『杜騙新書』(上海: 上海古籍出版社, 1990), 4卷20類, 「買學騙·鄕官房中押封條」, 312쪽.

2. 대중의 가구 소비: 휘주를 사례로

1) 명청 필기소설에 나오는 이야기를 통해, 우리는 일반 백성의 집이라도 좋은 가구를 다소 보유하고 있었다는 일부 실례를 확실하게 발견할 수 있다. 예를 들면, 청대 허봉은 許奉恩의 『이승리승』에 관련 이야기가 하나 실려 있다. "읍내의 모모는 섣달 그믐날에도 생계를 꾸려갈 수가 없었고 집 안에 오래된 대나무 걸상 하나만 있었다. 그의 처가 그에게 걸상을 짊어지고 서촌의 부자 노인의 집에 가서 얼마간의 곡식과 바꾸기를 희망했다. 부자 노인은 이 기물이 옻칠을 한 듯 윤이 나는 것이 좋아서 한 말에 1000전이나 하는 쌀과 바꾸기로 약속했다邑人某甲, 歲除無以爲計, 家僅存一舊竹榻, 妻使負往西村富翁家, 冀易升斗粟. 富翁愛其光如漆漆, 言定以斗米千錢易之." (淸) 許奉恩, 『里乘』 (四川: 重慶出版社, 2000), 卷4, 「邑人某甲」, 115쪽 참조. 그러나 이것은 청대의 사례로, 명대 서민의 가구 소비나 소장을 연구하는 데 최대의 난제는 사료의 결핍이다.

2) "余幼年到郡, 看城中風俗, 池廓雖小, 名宦甚多, 旗杆稠密, 牌坊滿路. 至如極小之戶, 極貧之弄, 住房一間者, 必有金漆桌椅, 名畵古爐, 花瓶茶具, 而鋪設整齊." (淸) 姚廷遴, 『歷年記』, 「歷年記上」, 59쪽.

3) 「吳氏分家簿」(淸 乾隆年間寫本, 上海圖書館).

4) 「吳尙賢分家簿」(明正德13年寫本, 上海圖書館藏).

5) "吾少年從商, 江湖飽歷風霜, 助佐父兄之志." "算揚州塩買賣各人實該本銀開具於後"

6) "弘治六年於祖居創造樓屋二重, 緊固安身. 弘治十六年於祖居東畔鼎新屋宇一區, 雖無華飾, 寬雅得宜, 又建東園八景, 亭池等等."

7) "古畵‧爐瓶‧銅錫漆器‧香株‧屛風‧廚(櫥)‧椅‧凳‧轎‧盤‧合(盒)‧綺楪等件, 俱已見數, 分在存坐分撥簿上, 日後各照分數管業, 毋許動 用損壞."

8) "第未分古銅爐瓶書畵什物等件."

9) "經商吳興, 中年慨我, 父子辛勤, 生計用是頗逐, 資産用是益新, 至有今日."

10) "第恐家業才本末行開載, 日後言論皆起於始之不謹也, 特請女婿吳錫之爲主盟."

11) 中國社會學院歷史硏究所 收藏整理, 王鈺欣‧周紹泉 主編, 『徽州千年契約文書宋‧元‧明編』(石家庄, 花山文藝出版社, 1991), 卷5, 415~417쪽.

12) 『徽州千年契約文書宋‧元‧明編』 卷5, 433~434쪽.

13) 태사의는 일설에 송 진회가 당시 이미 '태사'로 지위가 높아진 데서 이렇게 이름 붙었다고 한다. (淸) 丁傳靖 輯, 『宋人軼事匯編』(北京, 中華書局, 1981), 卷15, 「秦檜」, 827쪽 참조.

14) (淸) 曹庭棟, 『老老恒言』(『四庫全書存目叢書』, 臺南縣: 莊嚴文化事業有限公司據北京圖書館藏淸乾隆38年自刻本影印, 1995), 子部, 雜家類, 冊119, 卷3, 「坐榻」에 수록. "취옹의라 이름하는 것은 기대는 부분을 비스듬하고 넓게 하여 베개를 추가하고, 좌우의 난간을 수직으로 길게 하여 앉을 때 다리를 각각 좌우로 폈다. 머리에 베개를 놓으며 비스듬하고 넓은 부분에 등을 기대면, 앉아서도 잠들 수 있으며, 가끔 피곤할 때 여기서 잠깐 쉴 수 있다有名醉翁椅者, 斜坦背後之靠而加枕, 放直左右之環而增長, 坐時伸足, 分置左右, 首臥枕, 背着斜坦處, 雖坐似眠, 偶倦時, 可以就此少息." (8b쪽)

15) 추체탁은 서랍이 달린 탁자다. 일설에 송대에 출현했다고 하지만, 지금 보이는 송대의

문물과 그림에는 추체탁이 없다. 산서성 문수현文水縣 북유구촌北裕口村에서 발견된 몽골족의 원나라 시절 무덤벽화에 추체탁이 하나 보이는데, 서랍은 탁자의 상부에 있어 전체 높이의 3분의 1 정도를 차지하며, 이미 명대 추체탁의 형식과 비슷했다.

16) "琴桌需用維摩楊, (⋯) 桌面用郭公磚最佳. 如用木桌, 須用堅木厚一寸許則好. 再三加灰, 漆以黑光爲妙." (明) 曹昭, 『新增格古要論』(北京: 中華書店, 1987), 卷1,「古琴論・琴桌」, 3b~4a쪽.

17) 고금古琴은 대부분 이 칠을 사용하여 만들었으므로 '금광琴光'이라 한다. (清) 祝鳳喈, 『與古齋琴譜』,『續修四庫全書』(臺南縣: 莊嚴文化事業有限公司據清咸豊5年浦城祝氏刻本影印(1997), 子部, 藝術類, 冊1094, 卷2, 38b쪽에 퇴광칠로 고금을 만드는 방법이 서술되어 있다.

18) "初先君命予習儒, 朝夕肄業, 惟日孜孜以期上進. 逮隆慶壬申, 家事紛紜不獲, 已援例南雍."

19) "今將各房歷年所附本利, 逐一算明批還完足外, 餘安慶, 九江, 廣濟, 黃州, 湖廣七典, 每個分授本銀一萬兩, 其基址屋宇田地山塘各項品搭三股均分."『徽州千年契約文書宋・元・明編』, 卷8, 285쪽

20) 같은 책, 380~385쪽.

21) "因父雲禎公於甲子年九月初四日戌時, 故在池店, 身年十五, 遺弟五歲, 孤幼不能扶店, 憑母將店變易, 眼同抵償父帳. (⋯) 今身在城住寓, 兩各管業不便, 兄弟嘀議, 自願請憑親族, 將實在田地産業山場樹木作種廚竈廳屋什物等項, 逐一個具載簿, 貳分均搭."『徽州千年契約文書宋・元・明編』, 卷9, 347쪽.

22) 『徽州千年契約文書宋・元・明編』, 卷9, 358, 360, 362쪽.

23) "新安大賈, 魚鹽爲業, 藏鏹有至百萬者, 其他二三十萬則中賈耳." (明) 謝肇淛, 『五雜組』, 卷4,「地部二」, 96쪽.

3. 고급 가구의 소비

1) (明) 佚名, 『天水冰山錄』, 中國歷史研究社 編, 『明武宗外記』(上海: 上海書店, 1982), 128~129쪽에 수록.

2) 이른바 '나전螺鈿'은 장식예술의 일종이다. 얇은 조개껍데기로 인물, 새·길짐승, 화초 등의 모양을 만들어 장식한 것으로, 기원은 아주 이르지만 명대에 이르러서야 성행했다. 명 조소曹昭의『신증격고요론新增格古要論』권8에 다음과 같이 나온다. "나전으로 장식한 기물은 강서 길안부 여릉현廬陵縣에서 나왔다. 송대 내부內府에 있던 기물과 옛날에 만든 것은 모두 칠이 견고하고, 간혹 구리선을 상감한 것이 있는데 매우 아름답다. 원대에 부잣집 기물은 언제 만들었는지에 상관없이 칠이 견고하고 인물이 정교하게 묘사되어 보기에 좋았다. (⋯) 지금 길안부 각 현의 옛집에 소장되어 있는 나전상, 의자, 병풍은 인물 묘사가 정교하고 절묘하며, 사람을 보는 듯이 사랑스럽다螺鈿器皿, 出江西吉安府廬陵縣, 宋朝內府中物及舊做者, 俱是堅漆, 或有嵌銅線者, 甚佳, 元朝時富豪不限年月做造, 漆堅而人物細, 可愛. (⋯) 今吉安各縣舊家藏有螺鈿床·椅·屏風·人物

細妙, 可愛照人." 2b~3a쪽

3) "索觀珍玩, 新得舊倭器數事, 甚佳." (明) 馮夢禎, 『快雪堂集』, 『四庫全書存目叢書』(臺南: 莊嚴文化事業有限公司據明萬曆44年黃汝亨朱之蕃等刻本影印, 1997), 集部, 別集類, 冊 165, 卷56, 12b~13a쪽에 수록되었다.

4) 蔡國梁, 『金瓶梅考證與研究』(西安, 陝西人民出版社, 1984), 204~207쪽. 여기서는 초보 적으로 논의했으며, 본서에서 더욱 구체적으로 분석할 것이다.

5) "花梨涼床一只, 椐楡涼床一只, 童字插屛六扇, 金漆椐楡大椅六把·花梨椅六把·黃楊小桌 兩只·水磨椐楡長書桌兩只, 椐楡書架四個, 椐楡官桌六只, 小副桌二只, 及動用什物, 件件 皆有." (淸) 姚廷遴, 『歷年記』, 「歷年記中」, 74쪽.

4. 가구 소비의 문인화

1) (明) 文震亨 著, 海軍·田君注 譯, 『長物志圖說』(濟南, 山東畫報出版社, 2004), 卷6, 「几 榻」, 259~287쪽; 卷10, 「位置」 411~428쪽 참조.

2) "古人制几榻, 雖長短廣狹不齊, 置之齋室, 必古雅可愛. (…) 今人制作, 徒取雕繪文飾, 以悅 俗眼, 而古制蕩然, 令人慨嘆實深."

3) "榻, 有古斷紋者, 有元螺鈿者, 其制自然古雅. (…) 近有大理石鑲者, 有退光朱黑漆·中刻 竹樹·以粉塡者, 有新螺鈿者, 大非雅器."

4) "禪椅, 更須瑩滑如玉, 不露斧斤者爲佳. (…) 近見有以五色芝黏其上者, 頗爲添足."

5) "或用大理及祁陽石鑲者, 出舊制, 亦可." "烏木鑲大理石者, 最稱貴, 然亦須照古式爲之."

6) "不可用." "不堪用." "最可厭."

7) "榻, '榻座高一尺二寸, 屛高一尺三寸, 長七尺有奇, 橫三尺五寸, 周設木格, 中貫湘竹, 下座 不虛, 三面靠背, 後背與兩旁等, 此榻之定式也. (…) (近有)一改長大諸式, 雖曰美觀, 俱落 俗套.'

"天然几, 第以闊大爲貴, 長不可過八尺, 厚不可過五寸, 飛角處不可太尖, 須平圓, 乃古式. (…) 不可用四足如書桌式, 或以古樹根承之. (…) 不可雕龍鳳花草諸俗式. 近時所製, 狹而 長者, 最可厭.'

"書桌, '書桌中心取闊大, 四周鑲邊, 闊僅半寸許, 足稍矮而細, 則其制自古. 凡狹長混角諸 俗式, 俱不可用, 漆者尤俗.'"

"臺几, '近時仿舊式爲之, 亦有佳者, 以置罇彝之屬, 最古. 若紅漆狹小三角諸式, 俱不可 用.'"

"椅, '曾見元螺鈿椅, 大可容二人, 其制最古. (…) 總之, 宜矮不宜高, 宜闊不宜狹. (…) 其折 疊單靠吳江竹椅專諸禪椅諸俗式, 斷不可用.'"

"交床, '卽古胡床之式, (…) 金漆折疊者, 俗不敢用.'"

8) "他如花楠紫檀烏木花梨, 照舊式制成, 俱可用." "以文木如花梨鐵梨香楠等木爲之." "以怪 樹天生屈曲若環若帶之半者爲之." "以天台藤爲之, 或得古樹根."

9) "凳, '亦用狹邊鑲者爲雅, 以川柏爲新, 以烏木鑲之, 最古. 不則竟用雜木, 黑漆者亦可用.'" "櫥, '大者用杉木爲之, 可辟蠹, 小者以香妃竹及豆瓣楠赤水櫂木爲古. 黑漆斷紋者爲甲品,雜木亦俱可用, 但式貴去俗耳'"

10) "其製作非不華美, 譬之以文木爲櫝, 雕刻精工, 施以采翠, 非不可愛, 然中實無珠, 世但喜
其櫝耳."(明) 何良俊, 『四友齋叢說』, 卷23, 「文」, 212쪽.

11) "短榻, '可以習靜坐禪, 談玄揮塵, 更便斜倚, 俗名彌勒榻'"
"几, '置之榻上或蒲團, 可倚手頓顙'"
"方卓, '舊漆者最多, 須取極方大古樸列坐可十數人者, 以供展玩書畫. 若近制八仙等式, 僅
可供宴集, 非雅器也'"
"交床, '兩脚有嵌銀銀鉸釘圓木者, 携以山游, 或舟中用之, 最便'"

12) "以大理石鑲下座精細者爲貴, 次則祁陽石, 又次則花蕊石. 不得舊者, 亦須仿舊式爲之'"

13) "若紙糊及圍屏木屏, 俱不入品'"

14) "床以宋元斷紋小漆床爲第一, 次則內府所製獨眠床, 又次則小木出高手匠作者, 亦自可用.
永嘉, 粤東有摺疊者, 舟中携畜亦便. 若竹床及飄檐拔步彩漆卍字回紋等式, 俱俗. 近有以
柏木琢細如竹者, 甚精, 宜閨閣及小齋中'"

15) "天然几, '照倭几下有拖尾者, 更奇'"
"臺几, '倭人所制, 種類大小不一, 俱極古雅精麗, 有鍍金鑲四角者, 有嵌金銀片者, 有暗花
者, 價俱甚貴'"
"倭箱, '黑漆嵌金銀片, 大者盈尺, 其鉸釘鎖鑰, 俱奇巧絶倫'"
"書櫥, '小者有內府塡漆, 有日本所制, 皆奇品也.

16) "置之佛堂, 書齋""齋中 (…) 書架及櫥俱列以置圖史.""齋中宜多蓄以備用."

17) "藏書櫥, 須可容萬卷, (…) 小櫥有方二尺餘者, 以置古銅玉小器爲宜. (…) 經櫥用朱漆, 式
稍方, 以經冊多長耳. (…) 鉸釘忌用白銅, 以紫銅照舊式, 兩頭尖如棱子, 不用釘釘者爲佳.
"書架, 每格僅可容書十冊, 以便檢取. 下格不可以置書, 以近地卑濕故也. 足亦當稍高, 小
者可置几上. (…) 二格平頭, 方木竹架及朱墨漆者, 俱不堪用."
"倭箱, 黑漆嵌金銀片, 大者盈尺, 其鉸釘鎖鑰, 俱奇巧絶倫, 以置古玉重器或晉唐小卷最宜.
又有一種差大, 式亦古雅, 作乃勝瓔珞等花者, 其輕如紙, 亦可置卷軸香藥雜玩, 齋中宜多
蓄以備用."

18) "竹櫥及小木直楞, 一則市肆中物, 一則藥室中物, 俱不可用.""亦不宜太雜, 如書肆中"

5. 서재와 가구 그리고 문인 품격의 특수화

1) "齋中長桌一, 古硯一, 舊古銅水注一, 舊窯筆格一, 斑竹筆筒一, 舊窯筆洗一, 糊斗一, 水中
丞一, 銅石鎮紙一, 左置榻床一, 榻下滾脚凳一, 床頭小几一, 上置古銅花尊, 或哥窯定瓶一.
(…) 冬置暖硯爐一, 壁間挂古琴一, 中置几一, 如吳中雲林幾式佳. (…) 坐列吳興筍凳六,
禪椅一, 拂塵搔背棕帚各一, 竹鐵如意一, 右列書架一, 上置周易古占. (…)."(明) 高濂, 『遵
生八箋』, 「起居安樂箋上·居室安處條·高子書齋說」, 306~307쪽.

2) "當下李勉步入裏邊去看時, 却是向陽一帶三間書室, 側邊又是兩間廂房. 這書室庭戶虛敞,
窗榻明亮, 正中挂一幅名人山水, 供一個古銅香爐, 爐內香煙馥鬱. 左邊設一張湘妃竹榻,
右邊架上堆滿若干圖書. 沿窗一只几上, 擺列文房四寶. 庭中種植許多花木, 鋪設得十分淸

雅. 這所在乃是縣官休沐之處, 故爾恁般齊整."(明) 馮夢龍, 『醒世恒言』(臺北, 三民書局, 1989), 卷30, 「李汧公窮邸遇俠客」, 610쪽.

3) 명대의 걸어놓은 그림과 서재의 관계에 관해서는 石守謙, 「雅俗的焦慮: 文徵明·鐘馗與大衆文化」, 『美術史研究集刊』, 期16(2004), 307~339쪽을 참고했다.

4) 공간적 관점에서 말하자면, 서재는 사대부가 일을 하는 장소이며 그들이 가정사에서 벗어나 있는 장소이기도 하다. 부녀와 어린이는 보통 멋대로 서재에 들어갈 수 없었다. 위치 면에서 서재는 항상 정원에 가까이 있었으며, 실외의 경치는 사대부와 문인에게 고요한 느낌을 향유시켰고, 문학적 영감을 제공할 수 있었다. 프란체스카 브레이 Francesca Bray는 성별 관점에서 분석해, 서재는 남성의 공간이며 규방은 여성의 공간이라 주장한다. 서재 내의 문방구는 남성의 전유물이었는데, 벽 위에 걸어놓은 악기(거문고)까지도 모두 부녀자가 평소에 연주하는 것(비파)과 달랐다. Francesca Bray, *Technology and Gender: Fabrics of Power in Late Imperial China*, pp. 136~139. 하지만 이는 지나치게 경직된 이원화일 가능성이 크다. 명청의 판화에는 양가 규수와 문인들이 서재에 함께 있는 장면이 많다. 규수 혼자 서재에 있는 장면(『원명희곡집元明戲曲葉子』의 「비파기琵琶記」 판화)도 있다. 더구나 아래의 토론에서는 명청 시기의 고급 기녀들이 자신의 서재를 소유하고 있었음을 보게 될 것이다. 또한 당시에는 적지 않은 여성 작가가 출현했고 그녀들은 분명 자신의 서재를 소유했을 것이다.

5) "裏面地平上安着一張大理石黑漆縷金凉床, 挂着青紗帳幔. 兩邊彩漆描金書廚, 盛的都是送禮的書帕尺頭, 几席文具, 書籍堆滿. 綠紗窗下, 安放一隻黑漆琴桌, 獨獨放着一張螺鈿交椅. 書儀內都是往來書柬拜帖, 幷送中秋禮物帳簿."(明) 蘭陵笑笑生, 『繡像金甁梅詞話』(臺北: 雪山圖書有限公司, 출판연도 불명), 第34回, 「書童兒因寵攬事 平安兒含憤戳舌」, 490쪽.

6) "明窗淨几, 竹榻茶壚. 床間挂一張名琴, 壁上懸一幅古畫. 香風不散, 寶爐中常爇沉檀. 淸風逼人, 花瓶內頻添新水. 萬卷圖書供賞玩覽, 一枰棋局佐歡娛."(明) 馮夢龍, 『喻世明言』(臺北: 三民書局, 1992), 卷12, 「眾名姬春風吊柳七」, 179쪽.

7) "尤可怪者, 如皀快偶得居止, 卽整一小憩, 以木板裝鋪, 庭畜盆魚雜卉, 內列細棹拂塵, 號稱書房, 竟不知皀快所讀何書也."(明) 范濂, 『雲間據目抄』, 卷2, 「記風俗」, 3b쪽.

8) 사료의 기록에 따르면, 진대晉代에는 '제자병풍題字屛風'이 있었고, 당대 방현령房玄齡에게는 '훈자병풍訓子屛風'이 있었으며, 당 태종에게는 관리를 심사한 '기사병풍記事屛風'과 위징魏徵의 상소를 써놓은 '좌우명병풍座右銘屛風' 및 우세남虞世南의 '열녀병풍烈女屛風'이 있었다.

9) "君子察名繹義, 則而象之所以益德也. 著之銘章, 以時觀省, 所以閑邪也, 古人之意將不在是哉. 予室雜用大小器, 皆質良無他珍異, 予以其具自存, 覽志氣攸寓, 乃私古人之遺意, 各著銘一章, 凡十章, 用以自儆."(明) 何景明, 『大復集』, 『四庫全書珍本』(臺北: 臺灣商務印書館據國立故宮博物院藏文淵閣四庫全書影印, 1977), 集7, 冊243~247, 卷38, 「雜器銘」, 12a쪽에 수록되었다.

10) "古之人動息有養, 所以防邪僻而導中正者, 必隨器寓警焉.""蓋道無往而不在, 事無微而可忽, 故雖藝御末器, 至理存焉.""新故不齊, 咸切於用, 暇日爲之銘, 命童子諷誦我側, 以爲養心之助, 所愧辭旨蕪謭, 不敢示諸人人."(明) 李濂, 『李氏居室記』, 『四庫全書存目叢書·補

編』(濟南: 齊魯出版社據臺灣漢學研究中心藏嘉靖嘉靖12年李氏家刻本影印, 2001), 冊95, 卷5, 「室中雜器物銘三十三首」, 1a쪽에 수록되었다.

11) "書架, 架乎其書者也. 架乎其書者, 何絶夫塵也. 書之有塵, 其害也小, 絶之也易. 心之有塵, 其害也大, 絶之也難. 余每顧架, 輒嘆愛心之不及愛書也, 故銘書架以自警."(明) 黃訓, 『黃澤先生文集』(明嘉靖38年新安黃氏家刊本, 國家圖書館藏善善本書), 卷7, 「書架銘」, 11b쪽.

12) "室中所有諸物, 皆與文事相周旋, 因各爲之箴, 庸自警飭, 雁渝初志, 兼以乖范子孫雲爾." "弗信前哲, 何以成德, 專信前哲, 何以自得, 君不聞古語乎? 承言者喪, 滯句者惑."藏書滿閣, 古人糟粕, 積書滿箱, 今人鼠蠹, 誦言忘味, 萬卷奚貴一字有得. 行之不息, 小子愼乎"(明) 李濂, 『李氏居室記』, 卷4, 「書室諸物箴十二首」, 1a~3b쪽.

13) "道由文載, 吾於此種愛, 口誦心思, 至樂斯在. (…) 若斯架斯作, 勿束高閣, 庶幾無負先覺."(明) 陸容, 『澣藩文稿』, 『式齋先生文集』(明弘治14年崑山陸氏家刻本, 傅斯年圖書館視聽室縮影資料), 卷上, 「書架銘」, 2a쪽.

14) "惟九經諸史先聖賢所傳, 少而習焉, 老而彌專, 是皆吾心之所固, 然是以樂之, 不知其歲年."(明) 歸有光, 『震川先生集』, 卷29, 「几銘」, 356쪽.

15) "問治天下, 何異牧馬. 挾冊而狂, 自同亡羊."(明) 歸有光, 『震川先生集』, 卷29, 「順德府几銘」, 356쪽.

16) "夫仕以職學者也, 道無粗細, 豈有憩日日食祿, 而不日事事乎焉 (…) 置櫥以便事, 積日以考, 歲動而思其過, 悔而生其善, 庶矣乎, 是亦予之所爲學也."(明) 董應擧, 『崇相集』, 『四庫禁燬書叢刊』(北京: 北京出版社據北京大學圖書館藏明崇禎刻本影印, 2000), 集部, 冊102~103, 卷3, 「督署文書櫥記」, 48a~48b쪽에 수록.

17) "今富貴之家, 亦多好古玩, 亦多從衆附會, 而不知所以好也. 且如畜一古書, 便須考校字樣僞繆及耳目所不及見者, 眞似益一良友. 蓄一古畵, 便須少文澄懷觀道, 臥以遊之. 其如商彝周鼎, 則知古人制作之精, 方爲有益, 不然與在賈肆何異."(明) 莫是龍, 『筆塵』, 『叢書集成初編』(上海: 商務印書館據百陵學山本影印, 1936), 冊2923, 15~16쪽.

18) Robert Hatfield Ellsworth, *Chinese Furniture: Hardwood Examples of the Ming and Early Ch'ing Dynasties*(Hong Kong: Magnum[offset] Printing Company, 1997), pp. 27~42. 중국어 소개는 다음을 참조. 胡文彦・於淑岩, 『中國家具文化』(石家庄: 河北美術出版社, 2002), 80~82쪽.

19) "是日也, 天朗氣淸, 惠風和暢. 仰觀宇宙之大, 俯察品類之盛, 所以游目騁懷, 足以極視聽之娛, 信可樂也. 夫人之相與, 俯仰一世, 或取諸懷抱, 悟言一室之內, 或因寄所託, 放浪形骸之外, 雖趣舍萬殊, 靜躁不同, 當其欣於所遇, 暫得於己, 快然自足."

20) "門無剝啄, 松影參差, 禽聲上下, 煮苦茗啜之, 弄筆窗間, 隨大小作數十字, 展所藏法帖筆跡畵卷縱觀之."

21) "公退之暇, 披鶴氅衣, 帶華陽巾, 手執『周易』一卷, 焚香默坐, 消遣世慮. 江山之外, 第見風帆沙鳥, 煙雲竹樹而已."

22) 명말에 가구와 문인의 우아한 생활 방식을 문인이 묘사한 가구 시도 있다. 예를 들면, (明) 費元祿, 『甲秀園集』, 『四庫禁燬書叢刊』(北京: 北京出版社據北京大學圖書館藏明崇禎刻本影印, 2000), 集部, 冊62, 券16에 수록되었다. 오언절구 「상죽궤湘竹几」에 "탁자에 기대니 적막하여 소리조차 없는데, 반죽의 무늬는 머리카락처럼 가늘구나. 고요

한 밤에 전단栴檀의 향을 피우고, 뜰 가운데서 가을 달에 절을 한다隱几寂無聲, 湘紋細如髮, 靜夜薰栴檀, 中庭拜秋月"라고 읊었고, 「서가書架」에서는 "옥 같은 서가에 많은 책 쌓여 있고, 상아 책갈피는 흰 벽에 매달려 있네. 가을 창가에 사람 소리 들리지 않아, 책을 펼치니 좋은 친구와 같아라玉架積群書, 牙簽懸素壁, 秋窓閴無人, 開卷如三益"(19a~19b쪽)라고 했다.

23) "有九邊圖屏風, 頗詳細, 冀異日借臨之" (明) 馮夢禎, 『快雪堂集』, 卷48, 2a쪽.

제6장 문인 품격의 진화와 지속: 음식문화를 사례로

1) "論蔬食之美者, 曰淸, 曰潔, 曰芳馥, 曰鬆脆而已矣. 不知其至美所在, 能居肉食之上者, 只在一字之'鮮'."

2) Craig Clunas, *Superfluous Things: Material Culture and Social Status in Early Modern China*, p. 169, 173; Kenneth Pomeranz, *The Great Divergence; China, Europe, and the Making of the Modern World Economy*, pp. 154~156.

3) 명청 음식사 연구에 관해 비교적 중요한 통론서인 伊永文, 『明淸飮食硏究』(臺北: 洪葉文化, 1997)는 요점이 좀 분산되어 있지만, 많은 자료를 제공하며 또한 명청 시기 음식의 윤곽을 대략적으로 서술하고 있다. 서양 서적으로는 K. C. Chang ed., *Food in Chinese Culture: Anthropological and Historical Perspectives*(New Haven: Yale University Press, 1977)가 가장 유명하며 그중 원명 시기는 모트가, 청 시기는 조너선 스펜스Jonathan Spence가 집필했다. 두 글은 당시 주식, 음식 예법, 음식 보건 및 풍조, 궁중 음식, 미식가, 요식업 등에 대해 분석해놓았다. 최근 연구에는 徐海榮 主編, 『中國飮食史』(北京: 華夏出版社, 1999)로서 卷5가 명청 시기 부분이다. 이 책은 구성이 매우 짜임새 있고 음식의 재료와 가공, 음식 생활 및 풍조, 음식 도구, 음식 사상 등을 망라하고 있다. 그러나 초점이 과도하게 분산되어 있고 각 장이 다 다른 사람이 집필해서 논증이 연결이 되지 않아 명청 시기의 변화를 쉽게 파악할 수 없다는 단점이 있다.

4) 篠田統, 『中國食物の史硏究』(東京: 八坂書房, 1978), 232~319쪽에 보면, 명청 시기 식경食經에 대해 상세하게 서술되어 있다. 그는 음식을 크게 좋은 음식, 제물, 특수한 음식, 기타 네 종류로 분류했는데, 주로 각 책의 분류와 내용을 베껴 쓰거나 전해져오는 것을 고증해 교정한 것이다. 이외에 원매의 『수원식단』의 논의와 분석에 대해 중국에서는 자오룽광趙榮光의 연구가 최고로, 그 논문은 『趙榮光食文化論集』(哈爾濱市: 黑龍江人民出版社, 1995)에 수록되어 있다. 타이완에서는 胡衍南, 「文人化的『隨園食單』—根據中國飮膳文献史作的考察」, 『中國飮食文化』, 卷1期2(2005) 97~122쪽이 있다. 전자는 원매가 제기한 진미론에 대해, 후자는 『수원식단』의 문인화 경향에 대해 모두 심도 있게 분석하고 있다. 명대 음식 서적 중에는 고렴의 『준생팔전』이 가장 주목할 만한데, 이에 관한 연구는 江潤祥·關培生, 「論高濂『遵生八箋』之養生思想與服食之修爲」, 『第二屆中國飮食文化學術硏討會論文集』(臺北: 財團法人中國飮食文化基金會, 1993), 23~37쪽이 있고, 관련 최신 연구는 쑤헝안蘇恒安이 高濂, 『飮饌服食箋』의 내용과 명

말 음식문화가 차지하는 위치에 대해 훌륭한 분석을 해놓았다. Heng-an Su, *Culinary Arts in Late Ming China: Refinement, Secularization and Nourishment: A Study on Gao Lian's Discourse on Food and Drink*(Taipei: SMC Publishing Inc., 2004) 참조.

1. 음식 소비의 사치 풍조

1) "今之富家巨室, 窮山之珍, 竭水之錯, 南方之蠣房, 北方之熊掌, 東海之鰒炙, 西域之馬嬭, 眞昔人所謂富有小四海者, 一筵之費, 竭中家之產, 不能辦也. 此以明得意, 示豪擧, 則可矣, 習以爲常, 不惟開子孫驕溢之門, 亦恐折此生有限之福."(明) 謝肇淛, 『五雜組』, 卷11, 『物部三』, 275쪽.

2) "孫承佑一宴, 殺物千餘, 李德裕一羹, 費至二萬, 蔡京嗜鵪子, 日以千計, 齊王好雞跖, 日進七十: 江無畏日用鯽魚三百, 王鑄庫積雀鮓三缸. 口腹之慾, 殘忍暴殄, 至此極矣! 今時王侯閣宦尙有此風. 今时王侯阁宦尙有此風. 先大夫初至吉藩, 遇宴一監司, 主客三席耳, 詢庖人, 用鵝一十八, 雞七十二, 猪肉百五十斤, 它物稱是, 良可笑也!"(明) 謝肇淛, 『五雜組』, 卷11, 『物部三』, 276~277쪽.

3) "嘉靖癸丑, 島彝內訌, 閭閻凋瘵, 習俗爲之一變."(淸) 李文耀 修, 乾隆 『上海縣志』, 『稀見中國地方志匯刊』(北京: 中國書店據淸乾隆15年刻本,1992), 冊1, 卷1, 『風俗』, 18b쪽 舊志 인용함.

4) "明嘉靖間島夷內訌, 兵燹頻仍, 市舶遷徙, 民業漸就衰矣. 及鎭升爲縣, 移治唐行鎭, 閭閻凋瘵, 習俗爲之一變."(淸) 黎庶昌 等修, 熊其英 等纂, 光緖 『靑浦縣志』(淸光緖5年尊經閣刊本, 中研院傅斯年圖書館古籍線裝書), 卷2, 『疆域·風俗』, 16a~16b쪽.

5) "飮食豐儉, 稱家燕會, 則豐肴醇酎, 其席面之廣狹隨宜."(明) 董邦政 修, 黃绍文 纂, 嘉靖 『六合縣志』, 冊7, 卷2, 『風俗』, 4a쪽.

6) "燕會果殽, 以四色至五色而止. 成化來漸侈靡, 近歲益甚然, 其殽甚非前日比矣."(明) 陳威·顧淸纂 修, 正德 『松江府志』, 『風俗』, 12a쪽.

7) "予垂髫時領先瞻君命, 嘗赴親都席, 水果不過五盤, 殽不過六盤, 湯不過三盞, 此喜筵也. 若歲朝鄰人相呼坐客, 或五六人, 或八九人, 俱用冷殽四品, 以有蒂磁鍾輪飮, 幷無一客一杯者. 自于弱冠後, 此風杳然不復見矣."(淸) 胡承謨 主修, 乾隆 『湖州府志』, 『中國民俗志』(臺北: 東方文化供應社據淸乾隆23年刊本影印, 1970), 輯1, 卷39, 『風俗』, 5b쪽. 引 『見聞雜記』.

8) "如六人, 八人, 止用大八仙棹一張, 殽止四大盤, 四隅四小菜, 不設果, 酒用二大杯輪飮, 棹中置一大碗, 注水滌杯, 更斟送次客, 曰'汕碗', 午後散席." "棹及殽如前, 但用四杯, 有八杯者." "兩人一席, 設果殽七八器, 亦已刻入席, 申末卽去. 至正德, 嘉靖間, 乃有設樂及勞廚人之事矣."(明) 顧起元, 『客座贅語』, 卷7, 『南都舊日宴集』, 225쪽.

9) "嘉靖十年以前, 富厚之家, 多謹禮法, 居室不敢淫, 飮食不敢過. 後遂肆然無忌, 服飾器用, 宮室車馬, 僭擬不可言."(明) 顧起元, 『客座贅語』, 卷5, 『建業風俗集』, 170쪽.

10) "城中之俗, 大抵好文而奢, 居室率以庖廚珍麗相高."(明) 周邦傑 修, 秦梁 纂, 萬曆 『無錫

縣志』(明萬曆2年刊本, 傅斯年圖書館視聽室縮影資料), 卷4, 『風俗』, 7a쪽.

11) “此舊規, 不可增也.”“此席若在今日, 移以款吏書且不可, 況府公乎!” (明) 李樂, 『見聞雜記』, 卷2, 199~200쪽.

12) “吾松往时, 巡按臨府, 則四府節推(按: 乃推官也)偕至本府, 太府(按: 知府)作主款之, 而僚友陪席, 其四節推亦未嘗答席也. 乃今太府而下, 各伸款, 四節推又各伸答. 凡爲盛筵者十, 以一倍十, 所費不貲. 每送下程, 用燕窩菜二斤一盤. 郡中此菜甚少, 至賂節推門子市, 出而成禮焉.” (明) 李樂, 『見聞雜記』, 卷8, 690~691쪽.

13) “余小時見人家請客, 只是果五色·肴五品而已. 惟大賓或新親過門, 則添蝦蟹蜆蛤三四物, 亦歲中不一二次也. 今尋常燕會, 動輒必用十肴, 且水陸畢陳, 或覓遠方珍品, 以求相勝. 前有一士大請趙循齋(按: 應爲趙牙齋之誤, 趙灼, 字時章, 號方齋, 上海縣人, 嘉靖35年進士, 歷任刑科·吏科給事中, 累官至通政司右通政), 殺鵝三十餘頭, 遂至形於奏牘. 近一士大請袁澤門(按: 袁汝是, 字公儒, 號澤門, 湖廣石首人. 嘉靖年間曾任松江推官, 後陞知府, 仕至浙江副使, 隆慶2年免官), 聞殽品計百餘樣, 鴿子·斑鳩之類皆有.” (明) 何良俊, 『四友齋叢說』, 卷34, 『正俗一』, 314쪽. 조작趙灼과 원녀袁汝와 관련된 전기는 다음의 책을 참조했다. (明) 何三畏 編, 『雲間志略』(『中國史學叢書』(臺北: 臺灣學生書局據明刊本影印, 1987), 3編4輯, 冊48, 卷14, 『人物』, 12a~14a쪽; 卷3, 『名宦』, 20a~21b쪽

14) “然當此末世, 孰無好勝之心. 人人求勝, 漸以成俗矣.” “雖仲尼復生, 亦未如之何也已.” 같은 책에서는 또 명나라 말 송강부에서 유행한 ‘과산접가果山楪架’라는 이름의 음식 도구에 관해서도 기록했다. 그것에 관해 말하기를, “과산증고접가果山增高楪架는 대체로 최근에 생겼고 30년 전에는 없었다. 그런데 역시 송강에서만 쓰이고 남경, 소주, 항주에서는 아직 보이지 않는다”고 했다. 다음을 참조. 『四友齋叢說』, 卷 34, 『正俗一』, 315쪽.

15) “鶯飯腥蔬不過十簋, 或少益糖蜜果餌. 海味之屬, 進子鵝必去其首尾, 以雞首尾盖之, 曰御使無食鵝例也.”

16) (明) 徐復祚, 『花當閣叢談』(臺北: 廣文書局, 1969), 卷1, 『食鵝』, 28a쪽.

17) “邇以來則水路畢陳, 留連卜夜, 至有用聲樂者矣.” (明) 王世貞, 『觚不觚錄』, 14쪽.

18) “遇公宴上司, 鄉紳釀分器用靖窯, 殽菜百種, 遍陳水路, 選優演劇, 金玉犀斝(按: 酒杯), 遒擧行觴, 或翻席復設於別所, 張華燈, 盛火樹, 流連達曙, 俗貧而視之以侈, 作俑其誰.” (明) 方岳貢 修, 陳繼儒 纂, 崇禎 『松江府志』(『日本藏中國罕見地方志叢刊』(北京: 書目文献出版社, 1991), 卷7, 『風俗』, 25a쪽.

19) “近年嘉湖鄉土大宴郡邑官者, 動言客席須銀一兩一卓, 余不敢隨集. 竊謂用銀一兩辦肴百盤, 主人固不稱賢主, 其客亦焉得爲佳客哉, 胥夫之矣, 可慨!” (明) 李樂, 『見聞雜記』, 卷10, 829쪽.

20) “若夫富室召客, 頗以飲饌相高. 水陸之珍, 常至方丈. 至于中人亦慕效之, 一會之費, 常耗數月之食. (明) 韓浚 纂修, 萬曆 『嘉定縣志』, 卷2, 『疆域·風俗』, 7b쪽.

21) “我生之初, 俗猶儉樸, 民猶淳謹, 殷厚之家尚多. 不數十年而俗奢蕩, 人桀傲, 鐘鳴鼎食之家, 指不數屈矣, 揆厥所繇, 奢侈孕其源, 浮薄鼓其波, 以至於是, 請略言其槩: 家苟溫飽, 則酒核之設, 輒羅水陸之珍, 室卽空虛.” (明) 羅烑修, 黃承昊 纂, 崇禎 『嘉興縣志』, 『日本藏中國罕見地方志叢刊』(北京: 書目文献出版社據日本宮內省圖書寮藏明崇禎10年刻本影

주 | 577

印, 1991), 卷15, 『里俗』, 27a쪽.

22) "先是燕會果殽, 以四色至五色而止, 果取諸土産, 殽用家畜, 所宜聊且其數而已, 於是遇節慶, 遠親鄕鄰無弗會者. 今一會或費數十金, 爲品至數十, 剪彩目食之華, 宛效京師, 耻弗稱者, 率自挨焉."(明) 管景纂 修, 嘉靖 『永豊縣志』, 『天一閣藏明代方志選刊』, 卷2, 『風俗』, 13b~14a쪽; (明) 張士鎬·江汝璧 等纂修, 嘉靖 『廣信府志』, 卷1, 『地與志·風俗』, 27b~28a쪽.

23) "先時燕會, 果肴用大器, 多不過五品, 謂之'聚盤'; 後用小盤, 至數十品, 謂之'簇盤'. 近時昉京師, 雜陳奇品, 亦旣汰矣. 噫! 服食之變, 可以觀俗也."(明) 夏良勝 纂修, 正德 『建昌府志』, 『天一閣藏明代方志選刊』(上海: 上海古籍書店據明正德12年刻本, 1964), 冊34, 卷3, 『風俗』, 6a쪽.

24) "豆米爲常食品, 鷄雞豚蔬菜土人每多自備, 自晨至晚, 粥飯四餐, 婚喪嫁娶不過每食四簋, 奢侈之品殊不多見."(淸) 徐士瀛 等修, 張子榮 等纂, 民國 『新登縣志』(臺北: 成文出版社 據民國11年鉛印本影印, 1969), 卷10, 『風俗』, 2a쪽. 雍正 『省志』를 인용함.

25) "俗境奢靡, 張筵設席, 務崇多品, 饋遺牲果, 饈蔬盈箱疊架.""近士大夫居古道者, 讌止五簋, 餽不靡物, 亦崇儉救奢之一端也."(淸) 許瑤光 等修, 吳仰賢 等纂, 光緒 『嘉興府志』, 『中國方志叢書·華中地方·浙江省』(淸光緒5年重印淸光緒3年鴛湖書院刊本印, 1970), 號53, 卷34, 『物産』, 3b~4b쪽. 康熙 『嘉興縣志』을 인용함.

26) "土物豐饒, 用度侈溢. 高閎大宅, 乘舟御輿, 飮饌尙珍異, 技藝尙淫巧, 殆不免焉."(淸) 沈世奕, 康熙 『蘇州府志』, 卷21, 『風俗』, 1a쪽.

27) "蘇松習尙奢華, 一紳宴馬總兵逢知, 珍奇羅列, 雞鵝等件, 率一對爲一盆, 水果高六七尺, 甘蔗牌坊下可走三四歲兒. 視明季, 直土硎土簋耳."(淸) 董含, 『三風識略』, 卷10, 『三吳風俗十六則』, 223쪽.

28) "衣食之原, 在於勤儉. 三吳風尙浮華, 不安本分, (…) 有優觴妓筵, 酒船勝會, 排列高果, 鋪設看席, 糜費不貲, 爭相誇尙, 更或治喪擧殯, 戲樂參靈, 尤爲無禮. (淸) 李銘皖 等修, 馮桂芬 纂, 光緒 『蘇州府志』, 『中國方志叢書·華中地方·江蘇省』(臺北市: 成文出版社據淸光緒9年刊本影印, 1970), 號5, 卷3, 『風俗』, 『附錄湯文正公撫吳條諭』, 30b~31a쪽.

29) "宴會所以合歡, 飮食止期適口, 何乃爭夸貴重, 群尙希奇, 山珍海錯之中, 又講配合烹調之法, 排設多品, 一席費至數金, 小小宴集, 卽耗中人終歲之資, 逞欲片時, 果腹有限, 徒博豪侈之名, 重造暴殄之孽."(淸) 李銘皖 等修, 馮桂芬 纂, 光緒 『蘇州府志』, 卷3, 風俗, 33a~33b쪽.

30) "向崇簡朴.""邇來富家子弟, 傳事奢華.""飛觴沉湎, 羅致珍錯, 器具繢疊, 日趨新異, 費用愈奢, 物力愈匱."(淸) 彭潤章 等重修, 葉康鍔 等纂, 乾隆 『平湖縣志』, 『稀見中國地方志匯刊』(北京: 中國書店據淸乾隆10年刻本影印, 1992), 冊16, 卷4, 『風俗·習尙四之二』, 2b~3a쪽.

31) "吾鄕習尙日異月新. 予幼時見親朋讌集, 所用不過宋碗. 其品或四或六, 其味亦祇魚蝦雞豕. 嫁娶盛筵例用果單, 實以棗·栗數枚而已. 自後宋碗變爲宮碗, 宮碗變爲水盤, 水盤又變爲五簋·十景九雲羅, 其中所陳窮極水陸, 一席所費可作貧家終歲需矣."(淸) 秦立 纂, 嘉慶 『淞南志』, 『中國地方志集成·鄕鎭志專輯』(上海: 上海書店據上海圖書館藏淸嘉慶10年秦鑑本影印, 1992), 冊4, 卷1, 『風俗』, 2b~3a쪽.

32) "我生之初, 親朋至, 酒一壺爲錢一, 腐一簋亦錢一, 雞鳧卵一簋爲錢二, 便可款留. 今非豐饌嘉肴不敢留客, 非二三百錢不能辦具, 耗費益多, 而物价益貴, 財力益困, 而情誼益衰." (淸) 朱用純, 『毋欺錄』(臺北: 藝文印書館據淸同治13年虞山顧氏刊本影印, 1972), 18b쪽.

33) "淸初物價已較明代爲昻, 此不第蘇州爲然, 而蘇州爲尤甚. 順治時某御使疏言風俗之侈, 謂一席之費至於一金, 一戲之費至於六金. (…) 同光以後, 則一筵之費或數千金, 一戲之費或數百金, 而尋常客至倉猝作主人, 亦非一金上下不辦. 人奢物貴, 兩兼之矣." 曹允源·李根源 纂, 民國 『吳縣志』, 『中國地方志集成·江蘇府縣志輯』(南京: 江蘇古籍出版社據民國22年蘇州文新公司鉛印本影印, 1991), 冊11~12, 卷52上, 「風俗一」, 4b~5a쪽.

2. 음식 풍조와 식보의 간행

1) "鄺廷瑞始刻於吳中" (淸) 鄺璠 編, 『便民圖纂』 冊2, 『中國古代版畵叢刊』(上海, 上海古籍出版社, 1988), 冊2, 『『便民圖纂』後記」, 997쪽.

2) "往年梓於吾杭洪氏." "今則廢置矣, 予深惜之, 於是捐貲收集, 重加校正, 補刻遺闕, 使永其傳, 以公於同志云." (元) 佚名 編, 『居家必用事類全集』, 『續修四庫全書』(上海, 上海古籍出版社, 1997), 冊1184, 「居家必用事類序」, 309쪽.

3) "余在京師, 從友人所偶見二冊, 非全書. 己視學浙中, 屬靑田尹購得之, 然亦多錯亂脫落, 携至汝南, 因稍爲校訂而刻焉. 其脫無考者, 仍闕之." 劉基, 『多能鄙事』, 『續修四庫全書』(上海, 上海古籍出版社據明嘉靖42年范惟一刻本影印, 1997), 子部, 雜家類, 冊1185, 「刻多能鄙事序」, 1b~2b쪽.

4) 홍치 17년 출판된 『송씨양생부』는 일찍이 『묵아소록』을 인용했는데, 『묵아소록』의 성서成書 연대는 최대한 늦게 잡아도 16세기를 넘지 않는다. 『明史·藝文志』에 오계吳繼의 『묵아소록』이 있는데, 이는 아마도 같은 책으로 저자의 생평生平은 알 수 없다.

5) "余暇日檢篋藏書, 偶及是集, 名『墨娥小錄』, 自文藝, 種植, 服食, 治生, 以至諸凡怡玩一切不廢, 如元凱武庫, 隨取其之, 不知輯於何許人, 並無脫稿行世, 晦而湮者, 亦卽久矣. 客有訪, 余出共閱之, 以爲民生日用所需甚愍, 『居家必用』及『多能鄙事』『便民圖纂』類諸所未備者, 聿皆栽之, 按簡應事, 則愚可明, 拙可巧, 鋟而廣之, 亦覺世之一道也." (明) 佚名, 『墨娥小錄』, 『續百子全書』(北京: 北京圖書館出版社據明刻本影印, 1988), 冊18, 「刻墨娥小錄引」, 1a~1b쪽.

6) "今天下號極靡, 三吳尤甚. 尋常過處, 大小方圓之器, 儉者率半百, 而『食經』未有聞焉, 可怪也. (…) 予效其書治之, 釀不輓(按: 脹之意)胃, 淡不槁舌, 出以食客, 往往稱善, 因梓以公." (元) 韓奕, 『易牙遺意』(北京: 中國商業出版社, 1984), 「易牙遺意序」, 2~3쪽.

7) "余家世居松江, 偏於海隅, 習知松江之味, 而未知天下之味竟爲何味也."

8) 명청 시기 육품관의 부인을 부르는 호칭. 모친과 조모가 봉작을 받았을 경우, 태안인太安人이라고 부른다.

9) "家母朱太安人, 幼隨外祖, 長隨家君, 久處京師, 暨任二三藩臬之地, 凡宦游內助之賢, 鄕俗烹飪所尙, 於問遺飮食, 審其酌量調和, 遍識方士味之所宜, 因得天下味之所同, 及其肯綮(按: 比處指關鍵·要領)."

10) "口傳心授." "而後知天下正味, 人心所同, 有如此焉者, 非獨易牙之味可嗜也." (明) 宋詡, 『宋氏養生部』(北京: 中國商業出版社, 1989),「序」, 2~3쪽.

11) "王士良, 你豈不認得我是薛三爺? 若非我將吳下食譜傳授與你, 看你整治些甚樣看饌出來? 能使各位爺這般作興你? 你今日也該想我平昔抬擧之恩, 快去稟知各位爺, 好好送回商去. 却把我來放在砧頭上, 待要怎的?" (明) 馮梦龍 編, 『醒世恒言』(臺北: 三民書局, 1989), 卷26,「薛錄事魚服證仙」, 518~519쪽.

12) 『준생팔전』은 처음 명나라 만력 19년(1591)에 저자가 직접 출판했고, 제목을 『아상재준생팔전雅尚齋遵生八箋』이라고 했다. 『음식신언』은 명 만력 수수침繡水沈이 출판한 『보언당비급寶顏堂秘笈』본과 만력 24년 오침吳沈의 충서당간본忠恕堂刊本이 있다. 저자는 그 유명한 개춘거사皆春居士다. 『군물기제』는 만력 25년(1597) 금릉金陵 형산서림荊山書林에서 출판한 『이문광독夷門廣牘』본이 있다.

13) "精細兼長, 始可論及工拙(按: 精巧與粗筆). 求工之法, 坊刻所載甚詳. 予使拾而言之, 以作制餠制糕之印板(翻版文章), 則觀者必大笑." (淸) 李漁, 『閒情偶寄』(臺北: 長安出版社, 1990),「穀食第二·糕餠」, 262쪽.

14) "余大父與武林涵所包先生, 貞父黃先生爲飮食社, 講求正味, 著『饕史』四卷, 然多取『遵生八箋』, 犹不失椒姜葱渫, 用大官炮法, 余多不喜, 因爲搜輯訂正之. 逢取其書而銓次之, 割歸於正, 味取其鮮, 一切矯揉泡炙之制不存焉. 雖無『食史』·『食典』之博洽精腆, 精騎三千, 亦足以勝彼贏師十萬矣." (明) 張岱, 『琅嬛文集』, 卷1,「序·老饕集序」, 24~25쪽.

15) 인용문의 황정보는 황여향黃汝亨의 집안으로, 자가 정보이고 인화현仁和縣 사람이다. 만력 26년(1598)에 진사가 되었고, 후에 항주 서호에 은거했다.

16) "歲戊寅游中州, 客寶豐館舍, 地僻無物産, 官庖人樸且拙, 余每每告食, 誠恐不洁與熟, 非不安澹泊也. 適廣文楊君子健, 河內名旅也, 有先世所輯『食憲』一書, 余乃因千門楊明府(按: 明府係知縣別稱), 得以借錄. 其間雜亂者重訂, 重覆者從刪, 訛者改正, 集古旁引, 無預食經者置弗錄, 錄其十之五, 而增以已所見聞十之三, 因易其名曰『養小錄』, 並述夙昔臆見以爲序." (淸) 顧仲, 『養小錄』, 『飮食起居編』(上海: 上海古籍出版社, 1993),「序二」, 320쪽에 수록.

17) "梓公同好, 肯如異味之獨嘗. 版任流傳, 可補齊民之要術." (淸) 朱彝尊, 『食憲鴻秘』(北京: 中國商業出版社, 1985),「序」, 4~5쪽.

18) "夫飮食非細故也." "知味之喩, 更嘆能鮮." "在昔, 賈思勰之『要述』, 遍及齊民. 近卽, 劉靑田之『多能』, 豈眞鄙事. 『茶經』·『酒譜』, 足解羈愁, 鹿尾·蟹螯, 恨不同載. 夫豈好事, 盖亦有意存焉." (淸) 李化楠, 『醒園錄』(北京: 中國商業出版社, 1984),「醒園錄序」, 2~3쪽.

19) "余雅慕此旨. 每食於某氏而飽, 必使家廚往彼灶觚(按: 指廚房), 執弟子之禮. 四十年來, 頗集衆美. 有學就者, 有十分中得六七者, 有仅得二三者, 亦有竟失傳者. 余都問其方略, 集而存之, 雖不甚省記, 亦載某家某味, 以志景行." "若夫『說郛』所載飮食之書三十余種, 眉公, 笠翁亦有陳言. 曾親試之, 皆關於鼻而蟄於口, 大牛陋儒附會, 吾無取焉." (淸) 袁枚, 『隨園食單』(北京: 中國商業出版社, 1984),「序」, 2~3쪽.

20) "俺又不刻酒經, 又不刻食譜, 吃他作甚?" "此話怎講" "俺這肚腹不過是酒囊飯袋, 若要刻書, 無非酒經食譜, 何能比得二位? 怪不得妹大最好遊山玩水. 今日俺見這些奇禽怪獸, 異草仙花, 果然解悶." (淸) 李汝珍, 『鏡花綠』(臺北: 世界書局, 1974), 第9回,「服肉芝延年益

壽食朱草入聖超凡」, 30쪽.

3. 음식 서적 속 오감 묘사의 진화

1) 비교적 예외적인 것으로『송씨양생부』가 있는데, 모두 여섯 권으로, 그중 권3과 권4에 수獸, 금禽, 인鱗, 충蟲 네 종류를 육식에 넣고, 권5는 야채와 과일을 죽으로 만드는 방법을 기록해서 전체의 반을 차지한다.

2) "甚妙." "亦佳." "脆美."

3) "用白糖霜以酒醋同煮, 乾則成矣. 明如光膠, 味甚甛." "以花箬(音若, 竹名)紮好, 泥封固數日, 即好吃. 如遏一月, 則其味全, 入口細膩矣."

4) "嫩生姜, 去皮. 甘草, 白芷, 零陵香少許, 同煮熟, 切作片子. 食之, 脆美異常."(元) 無名氏編, 邱龐同 注釋,『居家必用事類全集』(北京: 中國商業出版社, 1986),「造脆薑法」, 66쪽.

5) "沸湯焯, 姜, 醋, 油, 鹽和食之, 鮮美." 같은 책,「造豆芽法」, 73쪽.

6) "鏊上焊得硬, 爐火內燒熟極脆美." 같은 책,「庚集·燒餠」, 124쪽.

7) 入油紙撚一個, 沙銚中炒, 或熨斗中炒亦可. 候熟, 極酥甜. 香美異常法." 같은 책,「已集·旋炒栗子法」, 34쪽.

8) "須用清香油, 不得濕物近之, 香美絶佳." 같은 책,「造成都府豉汁法」, 60쪽.

9) "如欲色紅, 須才宰時, 乘熱以血涂肉, 卽顏色鮮紅可愛." 같은 책,「江州岳府臘肉法」, 74쪽.

10) "栗子黃, 松仁, 胡桃仁, 麵筋, 薑米, 熟波菜, 杏麻泥, 入五味, 牽打拌, 滋味得所, 搦餡包." 같은 책,「七寶餡」, 130쪽.

11) "黃韭碎切, 紅豆, 粉皮, 山藥片, 加栗黃尤佳. 五味拌, 搦餡包." 같은 책,「菜餡」, 130쪽.

12) "鮮鯉魚切作小塊, 鹽淹過, 醬煮熟, 收出, 卻下魚鱗及荊芥同煎滾, 去渣, 候汁稠, 調和滋味得所."(元) 韓奕,『易牙遺意』, 卷上,「脯鮓類·帶凍姜醋魚」, 20~21쪽.

13) "淡醋一分, 酒一分, 水一分, 鹽, 甘草, 調和其味得所, 煎滾, 乘熱下菜." 같은 책, 卷上,「蔬菜類·和菜」, 30~31쪽.

14) "頭刀薄荷連細枝爲末, 和炒面餳六兩, 乾沙糖一斤, 和勻, 令味得所." 같은 책, 卷下,「爐造類·薄荷餅」, 42쪽.

15) "用胰脂硏成膏, 和醬, 傾入, 次下清椒, 砂仁, 調和其味得所." 같은 책, 卷下,「湯餅類·燥子肉面」, 40쪽.

16) "用生蟹剁碎, 以麻油, 或熬熟. 冷, 幷草果, 茴香, 砂仁, 花椒末, 水姜, 胡椒, 俱爲末, 再加蔥, 鹽, 醋, 共十味, 入蟹內拌勻, 卽時可食." 같은 책,「脯鮓類·蟹生方」, 15쪽.

17) "只用芥辣尤妙." 같은 책, 卷下,「湯餅類·索粉」, 51쪽.

18) "每斤用鹽四兩, 好香糟一斤, 三宿脆妙." 같은 책, 卷上,「蔬菜類·糟茄」, 30쪽.

19) "再以稻草灰淋一兩杓, 入些許鹼, 再煮至十分酥美." 같은 책, 卷下,「果實類·甘豆糖」, 57~58쪽.

20) "大率青梅湯家家有方, 其分兩亦大同小異. 初造之時, 香味亦同, 藏至經月, 便爛熟如黃梅湯耳. 蓋有說焉, 如此方得一'脆'字也." 같은 책, 卷下,「諸湯類·青脆梅湯」, 64~65쪽.

21) "兩頭以面糊粘住, 浮油煎, 令紅焦色." 같은 책, 卷下,「爐造類·卷煎餅」, 42쪽.

22) "梅酥再研, 作沸湯, 調加蜜, 酸甛得宜, 飮.";"有溫豆腐泔浸沒老菜, 遂作酸味可食." (明) 宋詡, 『宋氏養生部』, 卷2, 「漿水制·梅酥湯」, 80쪽; 卷5, 「菜果制·淡韮」, 165쪽.

23) "以石灰泡湯俟冷, 取絶淸者, 漬去酸澀味, 作沸湯微焯.";"同淅米水入瓷器煮, 味不苦澀." (明) 宋詡, 『宋氏養生部』, 卷2, 「蜜煎制·木瓜, 羊桃」, 68쪽; 卷2, 「蜜煎制·橄欖, 梧桐子」, 69쪽.

24) "宜蒜醋.";"宜醋.";"多加蒜蘘, 與鹽調和卽起.";"或五辛醋, 芥辣澆."

25) "蔥白五莖, 用花椒, 胡椒共五十粒, 生姜一小块, 縮砂仁三顆, 醬一匙, 芝麻油少許, 同擣糜爛, 入醋少熬用." (明) 宋詡, 『宋氏養生部』, 卷3, 「獸屬制·淸燒猪」, 「蒜燒猪」, 「藏煎猪」, 98~99쪽; 卷3, 「獸屬制·熟猪膾」, 102쪽.

26) "以油或醋澆熱鍋上, 生煙, 熏黃香.";"一取油或醋滴入鍋中, 發焦煙觸之, 色黃味香爲度.";"如欲色紅, 如蘇木白帆.";"柿子石灰湯濫者, 用冷鹽湯浸之, 久則色亦紅鮮." (明) 宋詡, 『宋氏養生部』, 卷3, 「禽屬制·燒鴨二制」, 122쪽; 卷3, 「禽屬制·醬烹鴨」, 124쪽; 卷5, 「菜果制·大豆」, 184쪽; 卷5, 「菜果制·鹽腌十六制」, 177쪽.

27) "鍋中再熬香油, 取新瓦礫藉其甲炰之, 頻沃以酒, 香味融液爲度." (明) 宋詡, 『宋氏養生部』, 卷4, 「蟲屬制·炰鱉二制」, 147쪽.

28) "煎烏賊, 硏入醬同煎, 不出水, 且味佳. 或入蜜最妙.";"煎白腸用荸薺末, 臨熟撒之, 則香脆.";"藕皮和菱米食則軟而甛.";"紅糟酸入鴨子, 與酒則甜.";"硏芥辣用細辛少許, 醋與蜜同硏則極辣.";"用蘿卜梗同煮, 銀杏不苦." (明) 周履靖, 『群物奇制』『飮食起居編』(上海: 上海古籍出版社, 1993), 「飮食」, 383~385쪽.

29) (明) 高濂, 『飮饌服食箋』(北京: 中國商業出版社, 1985), 「湯品類·靑脆梅湯」, 37쪽.

30) "五茄六糟鹽十七, 更加河水甜如蜜."此茄味自甜, 此藏茄法也, 非暴用者." (明) 高濂, 『飮饌服食箋』, 「家蔬類·糟茄子法」, 89쪽.

31) "每於凌晨采摘茉莉花三二十朶, 將蜜碗盖花, 取其香氣薰之, 午間去花, 點湯甚香;"用丁香一二粒, 搥碎入壺, 傾上滾水, 其香郁然, 但少熱耳." (明) 高濂, 『飮饌服食箋』, 「湯品類·茉莉湯」, 43쪽; 「熟水類·丁香熟水」, 51쪽.

32) "采花作羹, 柔脆可食." (明) 高濂, 『飮饌服食箋』, 「野蔌類·錦帶花」, 105~116쪽.

33) "若少加鹽, 白糖入面調勻, 拖之, 味甚香美.";"以甘草水和山藥粉拖苗油煤, 其香美佳甚." (明) 高濂, 『飮饌服食箋』, 「野蔌類·玉簪花」, 117쪽; 「野蔌類·甘菊苗」, 105쪽.

34) "如拌白菜, 豆芽, 水芹, 須將菜入滾水焯熟, 入淸水漂著, 臨用時榨乾, 拌油方吃, 菜色靑翠, 不黑, 又脆可口." (明) 高濂, 『飮饌服食箋』, 「家蔬類·撒拌和菜」, 89쪽.

35) "就火急落油鍋內炒, 將熟, 加蔥, 蒜片, 花椒, 茴香, 醬油, 酒醋調勻, 一烹卽起, 香脆可食. 加遲慢, 卽潤如皮條, 難吃." (明) 高濂, 『飮饌服食箋』, 「脯鮓類·炒羊肚兒」, 81쪽.

36) "粉食之耐咀嚼者, 蕨爲上, 綠豆次之. 欲綠豆粉之耐嚼, 當稍以蕨粉和之. 凡物入口而不能卽下, 不卽下而又使人咀之有味, 嚼之無聲者, 斯爲妙品. 吾遍索飮食中, 惟得此二物.";"野味之遜於家味者, 以其不能盡肥. 家味之遜於野味者, 以其不能有香也. 家味之肥, 肥於不自覺食而安享其成; 野味之香, 香於草木爲家而行止自若." (淸) 李漁, 『閒情偶寄』, 「穀食第二·粉」, 264쪽; 「肉食第三·野獸, 禽獸」, 268쪽.

37) "我輩食魚蝦之罪, 較食他物爲稍輕. 玆爲約法數章, 雖雖比乎祥刑, 亦稍差於酷吏. 食魚者首重在鮮, 次則及肥, 肥而已鮮, 魚之能事畢矣. 然二美雖兼, 又有所重在一者: 如鱘·如鯚

· 如鯽 · 如鯉, 皆以鮮勝者也. (淸) 李漁, 『閒情偶奇 · 肉食第三 · 魚』, 269~270쪽.

38) "酸多傷脾, 鹹多傷心, 苦多傷肺, 辛多傷肝, 甘多傷腎." (淸) 朱彝尊, 『食憲鴻秘』 卷上, 「飮食宜忌」, 1쪽.

39) "古人調鼎, 必曰鹽梅. 知五味以鹽爲先. (淸) 朱彝尊, 『食憲鴻秘』, 卷上, 「飛鹽」, 48쪽.

40) "鵝入罐, 通不用汁, 自然上升之氣, 味凝重而美. (淸) 朱彝尊, 『食憲鴻秘』, 卷下, 「封鵝」, 117쪽.

41) "色黃勿焦爲妙." (淸) 朱彝尊, 『食憲鴻秘』, 卷下, 「水雞臘」, 104쪽.

42) "入齒有聲" "不經豬油, 不能堅脆也." ; "菜色靑翠, 脆而可口." ; "漸肥厚而鬆嫩." (淸) 朱彝尊, 『食憲鴻秘』, 卷上, 「響面筋」, 37쪽; 卷上, 「撤拌和菜法」, 69쪽; 卷上, 「木耳」, 81쪽.

43) "滴燒酒澆入, 勿封口" "數日後, 卜氣發酒臭, 臭過, 卜作杏黃色, 甜美異常." ; "投浸枇杷, 林檎, 楊梅, 顏色不變, 味凉可食." ; "海蜇洗淨, 拌豆腐煮, 則澀味盡而柔脆." ; "紫甘蔗皮, 曬乾, 細到, 薰肉, 味甜香美, 皮冷終脆不硬, 絶佳." (淸) 朱彝尊, 『食憲鴻秘』, 卷上, 「醉蘿卜」, 84쪽; 卷下, 「糖梅李 · 又方」, 96쪽; 卷下, 「海蜇」, 108쪽; 卷下, 「薰肉」, 126쪽.

44) "蜜四油六則太酥, 蜜六油四則太甜, 故取平." ; "初出三白漿時, 若觸破蛋汁, 勿輕嘗. 嘗之辣甚, 舌腫. 酒釀糟後, 撥去辣味, 沁入恬味, 佳." (淸) 朱彝尊, 『食憲鴻秘』, 卷上, 「爐餅」, 30쪽; 卷下, 「百日內糟鵝蛋」, 119쪽.

45) "每一鍋放紅糖一兩, 不住手攪, 熬至顏色極紅爲度. 裝入罈內, 俟冷封口, 仍放日地曬之. 鮮美味佳." ; "不可蓋鍋, 蓋則黃色不鮮." ; "配物同者至熟, 其靑翠之色仍舊也, 不變黃亦不過爛, 甚爲好看." (淸) 李化楠, 『醒園錄 · 作甜醬法』, 3쪽; 「新鮮鹽白菜炒雞法」, 25쪽; 「煑菜配物法」, 58쪽.

46) "隨時翻轉, 不可蓋鍋, 以聞得肉香爲度. 香氣出時, 卽抽去灶內火, 蓋鍋悶一刻撈起, 片吃食之有味." ; "如要香, 可加香蕈, 大茴, 花椒, 姜絲, 芝麻, 各少許." ; "灶內用粗糠或濕甘蔗粕生火薰之, 灶門用磚堵塞, 不時翻轉, 總以乾香爲度." (淸) 李化楠, 『醒園錄 · 作甜醬法』, 「白煑肉法」, 24쪽; 「做淸醬法」, 6쪽; 「腌熟肉法」, 20쪽.

47) "以上備齊, 總秤若干重, 欲淡, 每十兩配鹽一兩; 欲咸, 每十兩配鹽二兩, 或一兩五錢." ; "將嘴倒覆灶上二三時久, 移覆地下, 一周日開用. 好吃. 鹹的, 用鹽, 醋, 豬油或麻油拌吃, 好吃. 甜的, 用糖, 醋, 油拌吃." (淸) 李化楠, 『醒園錄 · 作甜醬法』, 「做香豆豉法 · 又法」, 11~12쪽; 「做辣菜法」, 55쪽.

48) "楊明府作肉圓大如茶杯, 細膩絶倫, 湯尤鮮潔, 入口如酥." ; "食之滑膩, 溫柔, 肉與米化." (淸) 袁枚, 『隨園食單』, 卷2, 「特牲單」, 62쪽; 卷4, 「點心單」, 140쪽.

49) "以高郵爲佳, 顏色紅而油多." ; "楊參戎家制饅頭, 其白如雪, 揭之如有千層, 金陵人不能也." ; "凡饅頭, 糕餃之類, 小巧可愛, 潔白如雪." (淸) 袁枚, 『隨園食單』, 卷3, 「小菜單」, 122쪽; 卷4, 「點心單」, 128쪽; 卷4, 「點心單」, 134쪽.

50) "奇形詭狀, 五色紛披, 食之皆甘, 令人應接不暇." (淸) 袁枚, 『隨園食單』, 卷4, 「點心單」, 135쪽.

51) "杭州家鄕肉好醜不同, 有上中下三等, 大槪淡而能鮮, 精肉可橫咬者爲上品, 放久卽是好火腿." ; "尹文端公品味以鹿尾爲第一. 然南方人不能常得, 從北京來者, 又苦不鮮新." ; "台鯗好醜不一, 出台州松門者爲佳, 肉軟而鮮肥." ; "徽州出小魚, 長二三寸, 曬乾寄來, 加酒剝皮, 放飯鍋上蒸而食之, 味最鮮, 號黃姑魚." (淸) 袁枚, 『隨園食單』, 卷2, 「特牲單」, 60쪽; 卷2,

「雜牲單」, 68쪽; 卷3, 「水族無鱗單」, 88쪽; 卷3, 「水族無鱗單」, 89쪽.

52) 趙榮光, 『趙榮光食文化論集』, 312~316쪽.

53) "鮮者爲上, 干者次之.": "每豆一擔, 用麵四百斤. 又, 曬豉醬, 加炒熟芝麻少許, 滋潤而味鮮,
用以醬物更佳.": "每一鍋放紅糖一兩, 不住手攪熬至顏色極紅, 裝壇, 候冷封口. 仍曬之, 味
甚鮮美.": "熟蛋去壳, 同火腿煮, 或同鮮肉煮, 對開用之, 味甚鮮美.": "要油而肥者, 不拘如
何作法俱可, 蓋其味本鮮也." (淸) 佚名, 『調鼎集』(北京: 中國商業出版社, 1986), 卷3, 「特
牲部」, 226쪽; 卷1, 「造甜醬」, 7쪽; 卷1, 「麵甜醬」, 11~12쪽; 卷4, 「醬熏蛋」, 323쪽; 卷2,
「雞, 鴨」, 79쪽.

54) "魚首重在鮮, 次則肥(風腌別論), 肥鮮相兼, 可烹可煮, 無不可适口. 其仅一鮮, 可取者宜淸
煮作湯. 一肥, 可取者宜厚烹作膾. (…) 盖魚之至味在鮮, 鮮之至味在初熟起鍋之際." (淸)
佚名, 『調鼎集』, 卷5, 「魚論」, 353~354쪽.

55) "凡腌醉糟蟹切塊, 不必加鹽, 同肉(或肘)煨, 味極其鮮美." (淸) 佚名, 『調鼎集』, 卷3, 「蟹煨
肉」, 132쪽.

56) "鮮者難存. 入醬油曬乾者, 加木瓜酒浸之, 以之做料酒, 其味更鮮.": "京中靑豆芽汁最鮮, 陳
大頭菜更鮮." (淸) 佚名, 『調鼎集』, 卷2, 「磨菇」, 94쪽; 卷2, 「持需論」, 98쪽.

57) "以之燒肉, 色甚佳. 蘸白肉, 拌黃菜, 俱妙." (淸) 佚名, 『調鼎集』, 卷1, 「甜醬鹵」, 9쪽.

58) "次日連汁一同入鍋, 再下水二斤, 微火煮熟後, 加香料, 大茴末, 花椒末各八分, 大蔥頭八個,
醋半斤, 色味俱佳." (淸) 佚名, 『調鼎集』, 卷3, 「法制牛肉」, 234~235쪽.

59) "炒雞作配搭甚佳, 單炒亦佳, 醋搜之, 半生半熟更脆, 北方菜也.": "鮮菜略風乾, 切寸段, 加
甜醬, 醋燒, 不可過熟, 其味乃辣, 亦有加蘿卜小片者." (淸) 佚名, 『調鼎集』, 卷7, 「炒黃芽
菜」, 561쪽; 卷7, 「燒芥菜」, 565쪽.

60) "三種治法皆順紅如琥珀, 不可加糖炒色也. 早起鍋則黃, 當可則紅, 過遲則紅色變紫色, 而
精肉轉硬, 多起蓋則油走, 而味都在油中矣. 大抵割肉需力, 以爛到不見鋒棱, 入口而化爲
妙, 全以火候爲主." (淸) 佚名, 『調鼎集』, 卷3, 「紅煨肉」, 130쪽.

61) "凡配菜, 或取其味, 或取其色. 又, 凡配菜之道, 須所配各物融冷調和, 如夫妻·如兄弟, 斯
可配合." (淸) 佚名, 『調鼎集』, 卷8, 「菜式」, 705쪽.

62) "若離本枝, 一日而色變, 二日而香變, 三日而味變, 四五日外, 色, 香, 味盡去矣." (淸) 董誥
等編 『全唐文』(北京: 中華書局, 1983), 卷675, 「白居易二十·荔枝圖序」, 6895~6902쪽.

63) "酝法言人人殊, 故色, 香, 味亦不等, 醇厚, 淸勁, 復系人之嗜好." (宋) 周輝撰, 『淸波雜志』
(北京: 中華書局, 1994), 卷10, 「雪酹」, 439쪽.

64) "色, 香, 味在, 名果多具此, 況又櫻桃邪." (明) 葉盛, 『水東日記』(北京: 中華書局, 1980), 卷
36, 「時林廣記參評」, 349쪽.

65) "其色, 香, 味之美, 惜産量有限, 供不應求." (淸) 劉聲木, 『萇楚齋隨筆三筆』(北京: 中華書
局, 1998), 卷5, 「西湖龍井」, 582쪽

66) "過子忽出新意, 以山芋作玉糝羹, 色, 香, 味皆奇絶." (明) 高濂, 『飮饌服食箋·序古諸論』,
713쪽.

67) "世間好物, 利在孤行, 蟹之鮮而肥, 甘而膩, 白似玉而黃似金, 已造色·香·味三者之至極,
更無一物可以上之." (淸) 李漁, 『閒情偶寄·肉食第三·蟹』, 272쪽.

68) "金華爲上, 藍溪·東陽·義烏·辛豐次之. 出金華者, 細莖而白蹄(按: 獸蹄), 冬腿起花綠色,

春腿起花白色. 脚要直, 不直是老母猪. 須看皮薄肉細, 脚直瓜明, 紅活味淡, 用竹簽透入, 有香氣者佳." (清) 佚名, 『調鼎集』, 卷3, 「火腿」, 216쪽.

69) "善煨肉, 大約硬短肋肉五斤, 切十塊, 置釜中, 加酒料醬湯, 以盎覆之. 火先武後文, 一炷香爲度, 色, 香, 味俱佳, 不但熟爛也." (清) 李光庭, 『鄕言解頤』(北京: 中華書局, 1982), 卷3, 43쪽.

4. '맛'의 품격과 신분: 문인화된 식보의 미각 이론

1) "近日, 士大夫家酒非內法(按: 宮廷釀造之法), 果非遠方珍異, 食非多品, 器非滿案, 不敢作會, 嘗數月營聚, 然後發書, 風俗頹弊如是." (明) 龍遵敍, 『飮食紳言』(北京: 中國商業出版社, 1989), 「戒奢侈」, 188쪽.

2) "予嘗謂節儉之益, 非止一端. 大凡貪淫之過, 未有不生於奢侈者. 儉則不貪不淫, 是可以養德也. 人之受用自有劑量, 省吝淡泊, 有長久之理, 是可以養壽也. 醉濃飽鮮, 昏人神志. 若蔬食菜羹, 則腸胃淸虛, 無滓無穢, 是可以養神也. 奢則妄取苟求, 志气卑辱. 一從儉約, 則於人無求, 於己無愧, 是可以養氣也, 故老氏以爲一寶." (明) 龍遵敍, 『飮食紳言·戒奢侈』, 189쪽.

3) "高子曰: 飮食所以養生, 而食嚼無忌, 則生我亦能害我. 況無補於生而欲貪異味以悅吾口者, 往往隱禍不小. 意謂一菜一魚, 一肉一飯, 在士人則爲豐具矣, 然不足以充淸歌擧觸·金匏盈席之燕. 但豐五鼎而羅八珍, 天廚之供應隆矣, 又何俟搜奇致遠, 爲口腹快哉? 吾意玉瓚瓊蘇與壺槳瓦罐, 同一醉也, 雞蹠熊蹯與糲飯藜蒸, 同一飽也. 醉飽既同, 何以侈儉各別, 人可不知福當所惜." (明) 高濂, 『飮饌服食箋·飮食當知所損論』, 189쪽.

4) "剋五味殘飮, 五內害哉! 吾考禽獸穀食者宜人, 此世之嘗品是也. 若遠方珍品, 絶壑野味, 恐其食多毒. 一時尙珍, 其於人之臟腑宣忌, 又未可曉, 悅口充腸, 何貴於此? 故西方聖人使我戒殺茹素, 豈果異道哉? 人能不殺, 則性慈而善念擧. 茹素, 則口淸而腸胃厚, 無嗔無貪. 罔不如此, 則宣尼惡衣惡食之戒, 食無求飽之言, 謂非同一道邪." (明) 高濂, 『飮饌服食箋·飮食當知所損論』, 189~190쪽.

5) "東風薺." "海陸八珍皆可厭也." (明) 高濂, 『飮饌服食箋·野蔌類·東風薺』, 117쪽.

6) "余集, 首茶水, 次粥麋蔬菜, 薄敍脯饌, 醇醴·面粉·糕餠·果實之類, 惟取適用, 無事異常. 若彼烹炙生靈, 椒馨珍味, 自有大官之廚, 爲天人之供, 非我山生所宜, 悉進不錄." (明) 高濂, 『飮饌服食箋·高濂自序』, 1쪽.

7) 고렴은 『음찬복식전』의 '야채류野菜類' 항목에서 새로운 특색을 만들어냈다. 이 책에서 야채를 식보에 포함시킨 것에 대해서는 다음을 참조하라. Heng-an Su, *Culinary Arts in Late Ming China: Refinement, Secularization and Nourishment: A Study on Gao Lian's Discourse on Food and Drink*, pp. 127~152.

8) "非聖人不能辨也."; "中古之世, 知味維孔子."

9) "食不厭精, 膾不厭細."

10) "孔子之後, 分門立戶, 何曾有單? 韋巨源有『食經』, 段文昌有『食憲章』五十卷, 虞宗有『食方』十卷, 謝諷有『食史』十卷, 孟蜀有『食典』百卷. 煎熬燔炙, 雜以脟腺膻薌, 食之本味盡失. 於

今之大官法膳, 純用蔗霜亂其正味, 則彼矯強造作, 罪且與生吞活剝者等矣." (明) 張岱, 『瑯嬛文集』, 卷1, 「老饕集序」, 24쪽.

11) "崇儉吝不導奢靡" (淸) 李漁, 『閒情偶寄·蔬食第一』, 254쪽.

12) "吾謂飮食之道, 膾不如肉, 肉不如蔬, 亦以其漸近自然也."; "草衣木食, 上古之風, 人能疏遠肥膩, 食蔬蕨而甘之, 腹中菜園不使羊來踏破, 是猶作羲皇之民, 鼓唐虞之腹, 與崇尙古玩同一致也. 所怪於世者, 棄美名不居, 而故異端其說, 謂佛法如是, 是則謬矣. 吾輯『飮饌』一卷, 後肉食而首蔬菜, 一以崇儉, 一以復古. 至重宰割而惜生命, 又其念茲在茲, 而不忍或忘者矣." (淸) 李漁, 『閒情偶寄·蔬食第一』, 254쪽.

13) "論蔬食之美者, 曰淸, 曰潔, 曰芳馥, 曰松脆而已矣. 不知其至美所在, 能居肉食之上者, 只在一字之'鮮'. 『記』曰: "甘受和, 白受采.'鮮卽甘之所從出也." (淸) 李漁, 『閒情偶寄·蔬食第一·筍』, 254쪽

14) "此種供奉, 惟山僧野老躬治園圃者, 得以有之. 城市之人向賣菜傭求活者, 不得與焉. 然他種蔬食, 不論城市山林, 凡宅旁有圃者, 旋摘旋烹, 亦能時有其樂."

15) "窮極口腹, 反覺多累."; "此數公者, 豈未嘗閱歷滋味, 而寶眞示樸, 以警侈欲, 良有以也. 且烹飪燔炙, 畢聚辛酸, 已失本然之味矣."; "口腹之外, 尙有事在, 何至沈緬於飮食中也. 諺云: '三世作官, 才曉著衣吃飯.'豈徒以侈富哉, 謂其中節合宜生也." (淸) 顧仲, 『養小錄·序一』, 319쪽.

16) "夫飮食之人, 大約有三: 一曰餔餟(按: 指飮食)之人, 秉量甚宏, 多多益善, 不擇精粗. 一曰滋味之人, 求工烹飪, 博及珍奇, 有兼好名, 不惜多費, 損人益人, 或不暇計. 一曰養生之人, 務潔淸, 務熟食, 務調和, 不侈費, 不尙奇. 食品本多, 忌品不少, 有條有節, 有益無損, 遵生頤養, 以和於身. 日用飮食, 斯爲尙矣." (淸) 顧仲, 『養小錄·序二』, 320쪽.

17) "且烹飪燔炙, 畢聚辛酸, 已失本然之味矣. 本然者淡也, 淡則眞. 昔人偶斷殽羞, 食淡飯, 曰: "今日方知其味, 向者幾爲舌本所瞞."然則日食萬錢, 猶日無下箸處也, 非不足也, 亦非味劣也, 汨沒於五味, 而舌本已無主也." (淸) 顧仲, 『養小錄·序一』, 319쪽.

18) "凡試庖人手段, 不須珍異也, 只一肉一菜一腐, 庖之抱蘊立見矣." (淸) 顧仲, 『養小錄·嘉殽篇·總論』, 339쪽.

19) "飮食之人(按: 講究吃喝之人)有三: 一飽啜之人: 食量本弘, 不擇精粗, 惟事滿腹. 人見其蠢, 彼實欲副(按: 符合)其量, 爲損爲益, 總不必計.
一滋味之人: 嘗味務遍, 兼擅好名, 或肥濃鮮爽, 生熟備陳, 或海錯陸珍, 夸非常饌. 當其得味, 盡有可口, 然物性各有損益, 且鮮多傷脾, 炙多傷血之類. 或毒味不察, 不惟生冷發氣而已. 此養口腹而望性命者也. 至好名費價而味實無足取者, 亦復何必?
一養生之人: 飮必好水, 飯必好米, 蔬菜魚肉但取目前常物, 務鮮, 務潔, 務熟, 務烹飪合宜. 不事珍奇, 而自有眞味, 不窮炙煿, 而足益精神. 省珍奇烹炙之貲, 而潔治水米及常蔬, 調節頤養, 以和於身. 地神仙不當如是耶." (淸) 朱彝尊, 『食憲鴻秘』, 卷上, 「飮食宜忌」, 5~6쪽.

20) "食不須多味, 每食只宜一二佳味, 縱有他美, 需俟腹內運化後再進, 力得受益." (淸) 朱彝尊, 『食憲鴻秘』, 卷上, 「飮食宜忌」, 6쪽.

21) "耳餐者, 務名之謂也. 貪貴物之名, 夸敬客之意, 是以耳餐非口餐也. 不知豆腐得味, 遠勝燕窩; 海菜不佳, 不如蔬筍. (…) 嘗見某太守宴客, 大碗如缸白, 煮燕窩四兩, 絲毫無味, 人爭夸之. 余笑曰: 我輩來吃燕窩, 非來販燕窩也. 可販不可吃, 雖多奚爲? 若徒夸體面, 不如

碗中竟放明珠百粒, 則價值萬金矣. 其如吃不得何."(淸) 袁枚, 『隨園食單·戒單·戒耳餐』, 24~25쪽.

22) "目食者, 貪多之謂也. 今人慕食前方丈之名, 多盤疊碗, 是以目食非口食也. (…) 余嘗過一商家, 上菜三撤席, 點心十六道, 共算食品, 將至四十餘種. 主人自覺欣欣得意, 而我散席還家, 仍煮粥充饑. 可想見其席之豐而不潔矣. 南朝孔琳之曰: "今人好用多品, 適口之外, 皆爲悅目之資." 余以爲看饌橫陳, 熏蒸腥穢, 口亦無可悅也."(淸) 袁枚, 『隨園食單·戒單·戒目食』, 25~26쪽.

23) "常見主人以箸夾取, 堆置客前, 汚盤沒碗, 令人生厭";"近日倡家尤多此種惡習, 以箸取菜, 硬入人口, 有類强奸, 殊爲可惡";"精肥整碎, 各有所好, 聽從客便, 方是道理, 何必强讓之?"(淸) 袁枚, 『隨園食單·戒單·戒强讓』, 33쪽.

24) "今官場之菜號有十六碟, 八簋, 四點心之稱, 有滿漢席之稱, 有八小吃之稱, 有十大菜之稱, 種種俗名, 皆惡廚陋習. 只可用之於新親上門, 上司入境, 以此敷衍";"必須盤碗參差, 整散雜進, 方有名貴之氣象."(淸) 袁枚, 『隨園食單·戒單·戒落套』, 35~36쪽.

25) "滿洲菜多燒煮, 漢人菜多羹湯.";"轉覺入口新鮮.";令人忘其本分, 而要格外討好; 漢請滿人用滿菜, 滿請漢人用漢菜. 反致依樣葫蘆, 有名無實, '畵虎不成, 反類犬'矣.'"(淸) 袁枚, 『隨園食單』, 「須知單·本分須知」, 21쪽.

26) "余嘗謂雞·猪·魚·鴨豪傑之士也, 各有本味, 自成一家. 海蔘·燕窩, 庸陋之人也, 全無性情, 寄人籬下."(淸) 袁枚, 『隨園食單』, 「戒單·戒耳餐」, 24~25쪽.

27) "味要濃厚, 不可油膩; 味要淸鮮, 不可淡薄. 此疑似之間, 差之毫釐, 失以千里. 濃厚者, 取精多而糟粕去之謂也; 若徒貪肥膩, 不如專食猪油矣. 淸鮮者, 眞味出而俗塵無之謂也; 若徒貪淡薄, 則不如飮水矣."(淸) 袁枚, 『隨園食單』, 「須知單·疑似須知」, 20쪽.

28) "『隨園食單』所講求烹調之法, 率皆常味蔬菜, 幷無山海奇珍, 不失雅人淸致. (淸) 梁章鉅, 『浪跡叢談續談』(北京: 中華書局, 1981), 卷4, 「不食物單」, 322쪽.

29) "余由寒儉起家, 更何敢學製食單, 徒取老饕之誚, 而恰有生平所深戒及所深惡者, 列爲不食物單, 聊示家人, 兼飭廚子, 以省口舌之煩雲."

결론

1) Neil McKendrick, John Brewer and J. H. Plumb, eds., *The Birth of a Consumer Society Society: The Commercialization of Eighteenth-Century England*, pp. 11~13, 43, 98.

2) 李伯重, 『江南的早期工業化(1550~1850)』(北京: 社會科學文獻出版社, 2000) 참조.

3) Ping-ti Ho, *The Ladder of Success in Imperial China: Aspects of Social Mobility, 1368~1911*(New York: Columbia University Press, 1976).

4) 森正夫, 「明末の社會關係における秩序の變動につ、て」(『名古屋大學文學部三十周年記念論集』, 1978. 135~159쪽); 森正夫, 「明末における秩序變動再考」(『中國-社會と文化』, 期 10, 1995) 3~25쪽; 岸本美緒, 「明淸時代の身分感覺」, 406~413쪽.

5) 則松彰文, 「淸代中期社會における奢侈·流行·消費—江南地方を中心として」, 『東洋學報』,

卷80期2(1998), 31~58쪽.

6) 건륭 47년 하남순무부륵혼사초河南巡撫富勒渾査抄 감숙경주지주甘肅涇州知州 진상陳常의 재산 목록에 『준생팔전』이 들어 있다. 이는 다음을 참조. 第一歷史文書館 編, 『乾隆朝懲辯貪污檔案選編』(北京: 中華書局, 1994), 2044쪽.

7) 접이부채가 중국에서 유행한 것은 약 15세기 초인 명대 선종宣宗 시기부터다. 16세기 이후 소주 오파 화가들은 이미 부채에 수많은 그림을 그렸고, 명말에는 사람마다 손에 접이부채를 들었다.

8) 賴惠敏, 「寡人好貨: 乾隆帝與姑蘇繁華」, 『中央硏究院近代史硏究所集刊』, 號50(2005. 12), 185~234쪽.

9) "里巷婦孺皆裘矣." 賴惠敏, 「乾隆朝內務府的皮貨買賣與京城時尙」, 『古宮學術季刊』, 卷21期1(2003), 101~134쪽.

10) 李伯重, 『江南的早期工業化(1550~1850年)』, 522~531쪽.

11) "恣其浪費, 毫不檢惜, 民力安得不竭, 國稅安得不逋."; "聚衆賽會, 酬神結會, 誤農耗財." 吳秀之 等修, 曹允源 等 纂, 民國『吳縣志』, 卷52下, 「風俗二」, 9b, 13a쪽.

12) Christopher J. Berry, *The Idea of Luxury: A Conceptual and Historical Investigation*(Cambridge: Cambridge University Press, 1994). pp. 126~176: Joyce Appleby, "Consumption in Modern Social Thought," in john Brewer and Roy Poter eds., *Consumption and the World of Goods*, pp. 148~161.

13) Christopher J. Berry, *The Idea of Luxury: A Conceptual and Historical Investigation*, p. 42.

후기

1) "飢餓之餘, 好弄筆墨, 因思昔人生長王·謝, 頗事豪華, 今日罹此果報. (…) 雞鳴枕上, 夜氣方回, 因想餘生平, 繁華靡麗, 過眼皆空, 五十年來, 總成一夢. 今當黍熟黃粱, 車旅蟻穴, 當作如何消受? 遙思往事, 憶卽書之, 持向佛前, 一一懺悔. 不次歲月, 異年譜也. 不分門類, 別志林也. 偶拈一則, 如游舊徑, 如見故人, 城郭人民, 翻用自喜, 眞所謂痴人前不得說夢矣."

부록

1) Kenneth Pomeranz, *The Great Divergence: China, Europe, and the Making of the Modern World Economy*, pp. 145~146.

2) Lorna Weatherill, *Consumer Behaviour and Material Culture in Britain, 1660~1760*, pp. 179~182.

3) Jan de Vries, "Peasant Demand Patterns and Economic Development: Friesland 1550~1750," in William N. Parker and Eric L. Jones eds., *European*

Peasants and Their Markets: Essays in Agrarian Economic History, table 6~8.

4) Jan de Vries, 앞의 글, table 6~15.
5) Lorna Weatherill, 앞의 글, pp. 25~29.
6) Jan de Vries, 앞의 글, pp. 220~221.

1판 1쇄 2019년 4월 29일
1판 2쇄 2019년 12월 11일

지은이 우런수
옮긴이 김의정 정민경 정유선 최수경
펴낸이 강성민
편집장 이은혜
편집 좌세훈 강민형
마케팅 이숙재 양서연 안남영
홍보 김희숙 김상만 이천희
독자모니터링 황치영

펴낸곳 (주)글항아리 | 출판등록 2009년 1월 19일 제406-2009-000002호
주소 10881 경기도 파주시 회동길 210
전자우편 bookpot@hanmail.net
전화번호 031-955-3578(마케팅) 031-955-2560(편집부)
팩스 031-955-2557

ISBN 978-89-6735-569-2 93910

이 도서의 국립중앙도서관 출판예정도서목록(CIP)은 서지정보유통지원시스템 홈페이지(http://seoji.nl.go.kr)와
국가자료종합목록시스템(http://www.nl.go.kr/kolisnet)에서 이용하실 수 있습니다.
(CIP제어번호 : CIP2018038198)